GRöls
Verlage

„Bücher sind wie Fallschirme. Sie nützen uns nichts, wenn wir sie nicht öffnen."

Gröls Verlag

Redaktionelle Hinweise und Impressum

Das vorliegende Werk wurde zugunsten der Authentizität sehr zurückhaltend bearbeitet. So wurden etwa ursprüngliche Rechtschreibfehler *nicht* systematisch behoben, denn kleine Unvollkommenheiten machen das Buch – wie im Übrigen den Menschen – erst authentisch. Mitunter wurden jedoch zum Beispiel Absätze behutsam neu getrennt, um den Lesefluss zu erleichtern.

Um die Texte zu rekonstruieren, werden antiquarische Bücher von Lesegeräten gescannt und dann durch eine Software lesbar gemacht. Der so entstandene Text wird von Menschen gegengelesen und korrigiert – hierbei treten auch Fehler auf. Wenn Sie ebenfalls antiquarische Texte einreichen möchten, finden Sie weitere Informationen auf www.groels.de

Viel Freude bei der Lektüre wünscht Ihnen das Team des Gröls-Verlags.

Adressen

Verleger: Sophia Gröls, Im Borngrund 26, 61440 Oberursel

Externer Dienstleister für Distribution & Herstellung: BoD, In de Tarpen 42, 22848 Norderstedt

Unsere „Edition | Werke der Weltliteratur" hat den Anspruch, eine der größten und vollständigsten Sammlungen klassischer Literatur in deutscher Sprache zu sein. Nach und nach versammeln wir hier nicht nur die „üblichen Verdächtigen“ von Goethe bis Schiller, sondern auch Kleinode der vergangenen Jahrhunderte, die – zu Unrecht – drohen, in Vergessenheit zu geraten. Wir kultivieren und kuratieren damit einen der wertvollsten Bereiche der abendländischen Kultur. Kleine Auswahl:

Francis Bacon • Neues Organon • **Balzac** • Glanz und Elend der Kurtisanen • **Joachim H. Campe** • Robinson der Jüngere • **Dante Alighieri** • Die Göttliche Komödie • **Daniel Defoe** • Robinson Crusoe • **Charles Dickens** • Oliver Twist • **Denis Diderot** • Jacques der Fatalist • **Fjodor Dostojewski** • Schuld und Sühne • **Arthur Conan Doyle** • Der Hund von Baskerville • **Marie von Ebner-Eschenbach** • Das Gemeindekind • **Elisabeth von Österreich** • Das Poetische Tagebuch • **Friedrich Engels** • Die Lage der arbeitenden Klasse • **Ludwig Feuerbach** • Das Wesen des Christentums • **Johann G. Fichte** • Reden an die deutsche Nation • **Fitzgerald** • Zärtlich ist die Nacht • **Flaubert** • Madame Bovary • **Gorch Fock** • Seefahrt ist not! • **Theodor Fontane** • Effi Briest • **Robert Musil** • Über die Dummheit • **Edgar Wallace** • Der Frosch mit der Maske • **Jakob Wassermann** • Der Fall Maurizius • **Oscar Wilde** • Das Bildnis des Dorian Grey • **Émile Zola** • Germinal • **Stefan Zweig** • Schachnovelle • **Hugo von Hofmannsthal** • Der Tor und der Tod • **Anton Tschechow** • Ein Heiratsantrag • **Arthur Schnitzler** • Reigen • **Friedrich Schiller** • Kabale und Liebe • **Nicolo Machiavelli** • Der Fürst • **Gotthold E. Lessing** • Nathan der Weise • **Augustinus** • Die Bekenntnisse des heiligen Augustinus • **Marcus Aurelius** • Selbstbetrachtungen • **Charles Baudelaire** • Die Blumen des Bösen • **Harriett Stowe** • Onkel Toms Hütte • **Walter Benjamin** • Deutsche Menschen • **Hugo Bettauer** • Die Stadt ohne Juden • **Lewis Caroll** • *und viele mehr….*

Oswald Spengler

Der Untergang des Abendlandes

Zweiter Band

Inhalt

Erstes Kapitel: Ursprung und Landschaft 7

I. Das Kosmische und der Mikrokosmos 7

II. Die Gruppe der hohen Kulturen 22

III. Die Beziehungen zwischen den Kulturen 48

Zweites Kapitel: Städte und Völker 73

I. Die Seele der Stadt 73

II. Völker, Rassen, Sprachen 95

III. Urvölker, Kulturvölker, Fellachenvölker 134

Drittes Kapitel: Probleme der arabischen Kultur 159

I. Historische Pseudomorphosen 159

II. Die magische Seele 194

III. Pythagoras, Mohammed, Cromwell 219

Viertes Kapitel: Der Staat 271

I. Das Problem der Stände: Adel und Priestertum 271

II. Staat und Geschichte 300

III. Philosophie der Politik 364

Fünftes Kapitel: Die Formenwelt des Wirtschaftslebens 387

I. Das Geld 387

II. Die Maschine 409

Erstes Kapitel: Ursprung und Landschaft

I. Das Kosmische und der Mikrokosmos

1

Betrachte die Blumen am Abend,wenn in der sinkenden Sonne eine nach der andern sich schließt: etwas Unheimliches dringt dann auf dich ein, ein Gefühl von rätselhafter Angst vor diesem blinden, traumhaften, der Erde verbundenen Dasein. Der stumme Wald, die schweigenden Wiesen, jener Busch und diese Ranke regen sich nicht. Der Wind ist es, der mit ihnen spielt. Nur die kleine Mücke ist frei; sie tanzt noch im Abendlichte; sie bewegt sich, wohin sie will.

Eine Pflanze ist nichts für sich. Sie bildet einen Teil der Landschaft, in der ein Zufall sie Wurzel zu fassen zwang. Die Dämmerung, die Kühle und das Schließen aller Blüten – das ist nicht Ursache und Wirkung, nicht Gefahr und Entschluß, sondern ein einheitlicher Naturvorgang, der sich neben, mit und in der Pflanze vollzieht. Es steht der einzelnen nicht frei, für sich zu warten, zu wollen oder zu wählen.

Ein Tier aber kann wählen. Es ist aus der Verbundenheit der ganzen übrigen Welt gelöst. Jener Mückenschwarm, der noch am Wege tanzt, ein einsamer Vogel, der durch den Abend fliegt, ein Fuchs, der ein Nest beschleicht – sie sind *kleine Welten für sich in einer andern großen*. Ein Infusor, welches dem menschlichen Auge nicht mehr sichtbar im Wassertropfen ein Dasein führt, das eine Sekunde dauert und dessen Schauplatz ein winziger Winkel dieses kleinen Tropfens ist – *es ist frei und unabhängig dem gesamten All gegenüber*. Die Rieseneiche, an deren einem Blatt dieser Tropfen hängt, ist es nicht.

Verbundenheit und Freiheit: das ist der tiefste und letzte Grundzug in allem, was wir als pflanzenhaftes und tierhaftes Dasein unterscheiden. Doch nur die Pflanze ist *ganz*, was sie ist. Im Wesen eines Tieres liegt etwas Zwiespältiges. Eine Pflanze ist nur Pflanze, ein Tier ist Pflanze und noch etwas außerdem. Eine Herde, die sich zitternd vor einer Gefahr zusammendrängt, ein Kind, das weinend seine Mutter umklammert, ein verzweifelter Mensch, der sich in seinen Gott hineindrängen möchte, sie wollen alle aus dem Dasein in Freiheit zurück in jenes verbundene, pflanzenhafte, aus dem sie zur Einsamkeit entlassen sind.

Der Samen einer Blütenpflanze zeigt unter dem Mikroskop zwei Keimblätter, welche den später dem Licht zugewandten Sproß mit seinen Organen des Kreislaufs und der Fortpflanzung bilden und schützen, und gleichsam ein drittes, den Wurzelschoß, welcher das unwiderrufliche Schicksal der Pflanze andeutet, wieder den Teil einer Landschaft zu bilden. Bei höheren Tieren sehen wir, wie das befruchtete Ei in den ersten

Stunden des sich ablösenden Daseins ein äußeres Keimblatt bildet, welches das mittlere und innere, die Grundlage künftiger Kreislauf- und Fortpflanzungsorgane, also des pflanzenhaften Elements im Tierleib, umschließt und gegen den mütterlichen Leib und damit *die ganze übrige*Welt abhebt. Das äußere Keimblatt ist das Sinnbild des eigentlich tierhaften Daseins. Es unterscheidet die beiden Arten von Lebendigem, welche in der Erdgeschichte hervorgetreten sind.

Es gibt alte schöne Namen dafür: die Pflanze ist *etwas Kosmisches*, das Tier ist *außerdem ein Mikrokosmos in bezug auf einen Makrokosmos*. Erst damit, daß ein Lebewesen sich derart aus dem All absondert, daß es seine Lage zu ihm bestimmen kann, ist es ein Mikrokosmos geworden. Selbst die Planeten sind in ihrer Bahn an die großen Kreisläufe gebunden; nur diese kleinen Welten bewegen sich frei im Verhältnis zu einer großen, deren sie sich als ihrer Umwelt bewußt sind. Erst damit hat für unser Auge das, was das Licht im Räume darbietet, den Sinn eines *Leibes* bekommen. Etwas in uns widerstrebt, wenn wir auch der Pflanze einen eigentlichen Leib zuschreiben möchten.

Alles Kosmische trägt das Zeichen der Periodizität. Es besitzt *Takt*. Alles Mikrokosmische hat Polarität. Das Wort „gegen“ drückt sein ganzes Wesen aus. Es besitzt *Spannung*. Wir sprechen von gespannter Aufmerksamkeit, von gespanntem Denken, aber alle wachen Zustände überhaupt sind ihrem Wesen nach Spannungen; Sinne und Gegenstände, Ich und Du, Ursache und Wirkung, Ding und Eigenschaft, alles das ist zerdehnt und gespannt, und wo die mit tiefer Bedeutung sogenannte Abspannung sich meldet, tritt alsbald Müdigkeit der mikrokosmischen Seite des Lebens, zuletzt der Schlaf ein. Ein schlafender, aller Spannungen entledigter Mensch führt nur noch ein Pflanzendasein.

Kosmischer Takt aber ist alles, was sich auch mit Richtung, Zeit, Rhythmus, Schicksal, Sehnsucht umschreiben läßt, vom Hufschlag eines Gespanns von Rassepferden und dem dröhnenden Schritt begeisterter Heere an bis zum schweigenden Sichverstehen zweier Liebender, zum gefühlten Takt einer vornehmen Gesellschaft und zum Blick des Menschenkenners, den ich früher schon als physiognomischen Takt bezeichnet habe.

Dieser Takt kosmischer Kreisläufe lebt und webt noch unter jeder Freiheit mikrokosmischer Bewegungen im Raume und löst zuweilen die Spannung aller wachen Einzelwesen in *einen* großen gefühlten Einklang auf. Wer je einen Vogelzug im Äther verfolgt hat, wie er in immer gleicher Gestalt aufsteigt, wendet, wieder abbiegt und sich in der Ferne verliert, fühlt das pflanzenhaft Sichere, das „es“, das „wir“ in dieser Gesamtbewegung, das keiner Brücke der Verständigung zwischen dem Ich und Du bedarf. Das ist der Sinn der Kriegs- und Liebestänze unter Tieren und Menschen; so wird ein stürmendes Regiment im feindlichen Feuer zur Einheit geschmiedet, so ballt sich die Menge bei einem aufregenden Vorfall plötzlich zu einem Körper zusammen, der jäh, blind und rätselhaft denkt und handelt und nach wenig Augenblicken wieder zerfallen sein kann. Hier sind die mikrokosmischen Grenzen aufgehoben. *Es* tobt und droht, *es* drängt und zieht, *es* fliegt, biegt und wiegt. Die Glieder verschlingen sich, der Fuß stürmt, *ein* Schrei erklingt aus aller Munde, *ein* Schicksal liegt über allen. Aus einer Summe kleiner einzelner Welten ist plötzlich eine Ganzheit entstanden.

Das Gewahrwerden kosmischen Taktes nennen wir *Fühlen*, das mikroskosmischer Spannungen nennen wir *Empfinden*. Das doppeldeutige Wort Sinnlichkeit hat diesen klaren Unterschied der allgemein pflanzlichen und der nur tierhaften Seite des Lebens verdunkelt. Sagen wir für die eine Geschlechtsleben, für die andere Sinnenleben, so erschließt sich ein tiefer Zusammenhang. Jenes trägt immer das Merkmal der Periodizität, des Taktes, noch in seinem Einklang mit den großen Kreisläufen der Gestirne, in der Beziehung der weiblichen Natur zum Monde, des Lebens überhaupt zur Nacht, zum Frühling, zur Wärme; dieses besteht aus Spannungen: des Lichtes zum Belichteten, des Erkennens zum Erkannten, des Schmerzes zur Waffe, die ihn verursacht hat. Beides hat sich in den höher entwickelten Gattungen zu besonderen Organen ausgeprägt. Je vollkommener sie sich gestalten, desto offener reden sie von der Bedeutung der beiden Lebensseiten. Wir besitzen zwei *Kreislauforgane des kosmischen Daseins*: den Blutkreislauf und das Geschlechtsorgan, und zwei *Unterscheidungsorgane der mikrokosmischen Beweglichkeit*: Sinne und Nerven. Wir müssen annehmen, daß ursprünglich der ganze Leib Organ des Kreislaufs und zugleich Tastorgan gewesen ist.

Das Blut ist für uns das Sinnbild des Lebendigen. Es kreist ohne Pause durch den Leib von seiner Zeugung bis zum Tode, aus dem mütterlichen Leibe in den des Kindes hinüber, im Wachen und Schlafen, niemals endend. Das Blut der Ahnen fließt durch die Kette der Geschlechter und verbindet sie zu einem großen Zusammenhange des Schicksals, des Taktes und der Zeit. Ursprünglich geschah das nur durch Teilung und immer neue Teilung der Kreisläufe, bis zuletzt ein eigenes Organ der geschlechtlichen Zeugung erschien, das *einen* Augenblick zum Sinnbild der Dauer machte. Wie nun diese Wesen zeugen und empfangen, wie das Pflanzenhafte in ihnen danach drängt, sich fortzupflanzen, den ewigen Kreislauf über sich selbst hinaus dauern zu lassen, wie der *eine* große Pulsschlag durch entfernte Seelen hindurch anziehend, treibend, hemmend und auch vernichtend wirkt, das ist jenes tiefste aller Lebensgeheimnisse, das alle religiösen Mysterien und alle großen Dichtungen zu durchdringen versuchen und dessen Tragik Goethe in dem Gedicht „Selige Sehnsucht“ und in den „Wahlverwandtschaften“ angerührt hat, wo das Kind sterben mußte, weil es aus entfremdeten Kreisen des Blutes und also gleichsam durch eine kosmische Schuld ins Dasein gezogen worden war.

Für den Mikrokosmos, insofern er sich im Verhältnis zum Makrokosmos frei bewegt, tritt das Unterscheidungsorgan hinzu, „der Sinn“, der ursprünglich Tastsinn ist und nichts anderes. Was wir heute noch, auf so hoher Stufe der Entwicklung, ganz allgemein Tasten nennen, mit dem Auge, dem Gehör, dem Verstande tasten, ist die einfachste

Bezeichnung für die Bewegtheit eines Wesens und damit die Notwendigkeit, sein Verhältnis zur Umgebung unaufhörlich festzustellen. Fest-stellen aber bedeutet ein Bestimmen des *Ortes*. Deshalb sind alle Sinne, sie mögen noch so ausgebildet und ihrem Ursprung noch so entfremdet sein, ganz eigentlich *Ortssinne*; es gibt keine andern. Das Empfinden jeder Art unterscheidet Eignes und Fremdes, und um die Lage des Fremden in bezug auf das Eigne festzustellen, dient die Witterung des Hundes so gut wie das Gehör der Rehe und das Auge des Adlers. Farbe, Helligkeit, Töne, Gerüche, alle überhaupt möglichen Empfindungsweisen bedeuten Abstand, Entfernung, Ausdehnung.

Ursprünglich ist, wie der kosmische Kreislauf des Blutes, so auch die unterscheidende Tätigkeit des Sinnes eine Einheit; ein tätiger Sinn ist immer auch ein verstehender Sinn; Suchen und Finden sind in diesen einfachen Verhältnissen eins, eben das, was wir sehr verständlich mit Tasten bezeichnen. Erst später und bei hohen Forderungen an ausgebildete Sinne ist Empfinden nicht zugleich auch Verstehen des Empfindens und allmählich setzt sich das Verstehen immer deutlicher gegen das bloße Empfinden ab. Im äußeren Keimblatt trennt sich das *kritische* Organ vom Sinnesorgan – und dieses sehr bald wieder in scharf abgesonderte Einzelsinne – wie das Geschlechtsorgan vom Blutkreislauf; wie bestimmt wir alles Verstehen als abgeleitet aus dem Empfinden auffassen und wie gleichartig beide noch beim Menschen in ihrer unterscheidenden Tätigkeit wirken, bezeugen Worte wie scharfsinnig, feinfühlig, Einsicht, gelehrte Schnüffelei, Tatsachenblick, ganz zu schweigen von den Ausdrücken der Logik wie Begriff und Schluß, die sämtlich aus der Welt des Sehens stammen.

Wir sehen den Hund unaufmerksam, dann aber plötzlich gespannt aufhorchend und witternd: das Verstehen wird zum bloßen Empfinden hinzugesucht. Aber auch ein Hund kann nachdenklich sein – da ist das Verstehen fast allein tätig und spielt mit matten Empfindungen. Die älteren Sprachen haben diese Steigerung sehr klar ausgedrückt, indem sie jeden neuen Grad als Tätigkeit von besondrer Art scharf unterschieden und mit einem eignen Namen belegten: hören, horchen, lauschen; riechen, wittern, schnüffeln; sehen, spähen, beobachten: in solchen Reihen wird der Gehalt an Verstehen immer stärker im Verhältnis zu dem an Empfinden.

Endlich aber entfaltet sich ein höchster Sinn unter den anderen. Ein Etwas im All, das unserm Verstehenwollen für immer unzugänglich bleiben wird, weckt sich ein leibliches Organ: das Auge entsteht und im Auge, mit dem Auge entsteht als Gegenpol das Licht. Mag abstraktes Denken vom Licht das Licht fortdenken wollen und ein Gedankenbild von Wellen und Strahlen zeichnen, als Wirklichkeit ist von nun an das Leben *durch die Lichtwelt des Auges* umfaßt und einbezogen. Dies ist das Wunder, dem alles Menschliche untersteht. Erst in der Augenwelt des Lichtes gibt es Fernen als Farben und Helligkeit, erst in dieser Welt gibt es Tag und Nacht, sichtbare Dinge und sichtbare Bewegungen in einem weitgedehnten Lichtraum, eine Welt unendlich ferner Gestirne, die über der Erde kreisen, einen Lichthorizont des einzelnen Lebens, der weit über die Nachbarschaft des

Leibes hinausreicht. In dieser Lichtwelt, welche alle Wissenschaft nur durch mittelbare, innerliche Augenvorstellungen – „theoretisch“ – umdeutet, geschieht es, daß auf dem kleinen Erdenstern menschliche sehende Scharen wandern, daß das ganze Leben mitbestimmt ist davon, ob die Lichtflut des Südens über der ägyptischen und mexikanischen Kultur oder Lichtarmut über dem Norden liegt. Für sein *Auge* zaubert der Mensch seine Bauten und setzt damit das leibliche Tastempfinden der Tektonik in lichtgeborene Beziehungen um. Religion, Kunst, Denken sind für das Licht entstanden und alle Unterschiede beschränken sich darauf, ob sie sich an das leibliche Auge oder an das „Auge des Geistes“ wenden.

Damit hat sich in voller Deutlichkeit ein Unterschied offenbart, den wieder ein unklares Wort, Bewußtsein, zu trüben pflegt. Ich unterscheide *Dasein und Wachsein*. Das Dasein hat Takt und Richtung, das Wachsein ist Spannung und Ausdehnung. Im Dasein waltet ein Schicksal, das Wachsein unterscheidet Ursachen und Wirkungen. Dem einen gilt die Urfrage nach dem Wann und Warum, dem andern die nach dem Wo und Wie.

Eine Pflanze führt ein Dasein ohne Wachsein. Im Schlaf werden alle Wesen zu Pflanzen: die Spannung zur Umwelt ist erloschen, der Takt des Lebens geht weiter. Eine Pflanze kennt nur die Beziehung zum Wann und Warum. Das Drängen der ersten grünen Spitzen aus der Wintererde, das Schwellen der Knospen, die ganze Gewalt des Blühens, Duftens, Leuchtens, Reifens: das alles ist Wunsch nach der Erfüllung eines Schicksals und eine beständige sehnsüchtige Frage nach dem Wann.

Das Wo kann für ein pflanzenhaftes Dasein keinen Sinn haben. Es ist die Frage, mit welcher der erwachende Mensch sich täglich wieder auf seine Welt besinnt. Denn nur der Pulsschlag des Daseins dauert durch alle Geschlechter an. Das Wachsein beginnt für jeden Mikrokosmos von neuem: das ist der Unterschied von Zeugung und Geburt. Die eine ist Bürgschaft der Dauer, die andere ist ein Anfang. Und deshalb wird eine Pflanze erzeugt, aber nicht geboren. Sie ist da, aber kein Erwachen, kein erster Tag spannt eine Sinnenwelt um sie aus.

2

So tritt uns nun der Mensch entgegen. Nichts in seinem sinnlichen Wachsein stört mehr die reine Herrschaft des Auges. All die Klänge der Nacht, der Wind, das Atmen der Tiere, der Duft der Blumen wecken nur *ein Wohin und Woher in der Welt des Lichtes*. Von der Welt der Witterung, in die noch der nächste Begleiter des Menschen, der Hund, seine Seheindrücke ordnet, haben wir keinen Begriff. Wir wissen nichts von der Welt des Schmetterlings, dessen Kristallauge kein Bild entwirft, nichts von der Umwelt sinnbegabter, aber augenloser Tiere. *Uns ist nur der Raum des Auges geblieben*. Und die Reste anderer Sinnenwelten, Klänge, Düfte, Wärme und Kälte, haben darin Platz gefunden als „*Eigenschaften*“ und „*Wirkungen*“ von Lichtdingen. Wärme geht vom gesehenen Feuer aus; die im Lichtraum erblickte Rose duftet und wir reden vom Ton einer Geige. Was die Gestirne betrifft, so beschränken sich unsre wachen Beziehungen zu ihnen darauf, daß wir sie *sehen*. Über unserm Haupte leuchten sie und ziehen ihre sichtbare Bahn. Tiere und selbst primitive Menschen besitzen ohne Zweifel von ihnen noch deutliche Empfindungen ganz andrer Art, die wir zum Teil mittelbar durch wissenschaftliche Vorstellungen, zum Teil überhaupt nicht mehr erfassen können.

Diese Verarmung des Sinnlichen bedeutet zugleich eine unermeßliche Vertiefung. Menschliches Wachsein ist nicht mehr die bloße Spannung zwischen Leib und Umwelt. Es heißt jetzt: Leben in einer rings geschlossenen Lichtwelt. Der Leib bewegt sich *im* gesehenen Raum. Das Tiefenerlebnis ist ein gewaltiges Eindringen *in sichtbare Fernen von einer Lichtmitte aus*: es ist jener Punkt, den wir Ich nennen. „Ich" ist ein Lichtbegriff. Von nun an ist das Leben des Ich ein Leben unter der Sonne, und die Nacht dem Tode verwandt. Und daraus bildet sich ein neues Angstgefühl, das alle andern in sich aufnimmt: *die Angst vor dem Unsichtbaren*, vor dem, was man hört, fühlt, ahnt, wirken sieht, ohne es selbst zu erblicken. Tiere kennen ganz andere, dem Menschen rätselhafte Formen der Angst, denn auch die Angst vor der Stille, die urwüchsige Menschen und Rinder durch Lärm und lautes Reden unterbrechen und verscheuchen wollen, ist bei höheren Menschen im Verschwinden begriffen. Die Angst vor dem Unsichtbaren aber bezeichnet die Eigenart aller menschlichen Religiosität. Gottheiten sind geahnte, vorgestellte, erschaute Lichtwirklichkeiten. Der „unsichtbare Gott" ist der höchste Ausdruck menschlicher Transzendenz. Das Jenseits liegt dort, wo die Grenzen der Lichtwelt sind; Erlösung ist Befreiung aus dem Banne des Lichts und seiner Tatsachen.

Eben darin beruht für uns Menschen der unnennbare Zauber der Musik und ihre wahrhaft erlösende Kraft, daß sie die einzige Kunst ist, deren Mittel außerhalb der Lichtwelt liegen, welche für uns längst mit der Welt überhaupt gleichbedeutend geworden ist, so daß Musik allein uns gleichsam aus der Welt hinausführen, den stählernen Bann der Herrschaft des Lichts zerbrechen und uns die süße Täuschung einflößen kann, daß wir hier das letzte Geheimnis der Seele berühren, eine Täuschung, die darauf beruht, daß der wache Mensch von einem einzelnen seiner Sinne beständig derart beherrscht ist, daß er aus den Eindrücken seines Ohres nicht mehr eine Welt des Ohres bilden kann, sondern sie nur noch seiner Augenwelt einfügt.

Und deshalb ist menschliches Denken Augendenken, sind unsre Begriffe vom Sehen abgezogen, ist die gesamte Logik eine imaginäre Lichtwelt.

Dieselbe Verengerung und eben deshalb Vertiefung, welche alles Empfinden dem Sehen einordnet, hat die unzähligen dem Tier bekannten Arten sinnlicher Mitteilung, die wir unter dem Namen Sprache zusammenfassen, durch die eine Wortsprache ersetzt, welche *durch den Lichtraum hindurch* als Brücke der Verständigung zwischen zwei Menschen dient, die einander redend ansehen oder als Angeredete dem inneren Auge vorstellen. Die andern Arten des Sprechens von denen sich Reste erhielten, sind als Mienenspiel, Geste, Betonung längst in der Wortsprache aufgegangen. Der Unterschied zwischen allgemein tierischer Laut- und rein menschlicher Wortsprache besteht darin, daß Worte und Wortverbindungen ein Reich innerer Lichtvorstellungen bilden, das unter der Herrschaft des Auges entwickelt worden ist. Jede Wortbedeutung hat einen Lichtwert, auch wenn es sich um Worte wie Melodie, Geschmack, Kälte oder um ganz abstrakte Bezeichnungen handelt.

Schon unter höheren Tieren bildet sich infolge der Gewohnheit wechselseitiger Verständigung durch eine Sinnensprache ein deutlicher Unterschied von *bloßem* Empfinden und *verstehendem* Empfinden aus. Bezeichnen wir diese beiden Arten mikrokosmischer Tätigkeit als *Eindruck der Sinne und Urteil der Sinne*, also etwa Urteil des Geruchs, des Geschmacks, des Ohres, so ist schon bei Ameisen und Bienen, bei Raubvögeln, Pferden und Hunden das Schwergewicht sehr oft deutlich nach der Urteilsseite des Wachseins hin verschoben. Aber erst unter Einwirkung der Wortsprache tritt innerhalb des tätigen Wachseins ein offener Gegensatz zwischen Empfinden und Verstehen hervor, eine Spannung, die bei Tieren ganz undenkbar ist und selbst unter Menschen nur als ursprünglich selten verwirklichte Möglichkeiten angenommen werden darf. Die Entwicklung der Wortsprache führt etwas ganz Entscheidendes herbei: *die Emanzipation des Verstehens vom Empfinden.*

An Stelle des völlig einheitlichen verstehenden Empfindens erscheint oft und öfter ein Verstehen der Bedeutung von kaum noch beachteten Sinneseindrücken. Endlich werden diese Eindrücke durch die empfundenen Bedeutungen gewohnter Wortklänge verdrängt. Das Wort, ursprünglich der Name eines Sehdings, wird unvermerkt zum Kennzeichen eines Gedankendings, des „Begriffs“. Wir sind weit entfernt, den Sinn solcher Namen scharf zu erfassen – das geschieht nur bei ganz neu auftretenden Namen –, wir gebrauchen nie ein Wort zweimal in derselben Bedeutung; niemand versteht je ein Wort genau so wie der andere. Aber eine Verständigung ist trotzdem möglich durch die den Menschen derselben Sprache mit und durch den Sprachgebrauch anerzogene Weltanschauung, in der beide so leben und weben, daß bloße Wortklänge genügen, um verwandte Vorstellungen wachzurufen. Es ist also ein mittelst der Wortklänge vom Sehen abgezogenes, *abstraktes*, Begreifen, das, so selten es in dieser Selbständigkeit ursprünglich unter Menschen vorkommen mag, dennoch eine scharfe Grenze zwischen der allgemein tierischen und einer dazukommenden, rein menschlichen Art des Wachseins zieht. Ganz ebenso hatte auf einer früheren Stufe das Wachsein überhaupt eine Grenze zwischen dem allgemein pflanzenhaften und dem rein tierhaften Dasein gesetzt.

Das *vom Empfinden abgezogene Verstehen heißt Denken.* Das Denken hat für immer einen Zwiespalt in das menschliche Wachsein getragen. Es hat von früh an Verstand und Sinnlichkeit als hohe und niedere Seelenkraft gewertet. Es hat den verhängnisvollen

Gegensatz geschaffen zwischen der Lichtwelt des Auges, die als Scheinwelt und Sinnentrug bezeichnet wird, und einer im wörtlichen Sinne vorgestellten Welt, in der die Begriffe mit ihrer nie abzustreifenden leisen Lichtbetonung ihr Wesen treiben. Das ist nun für den Menschen, solange er „denkt", die wahre Welt, die Welt an sich. Das Ich war anfangs das Wachsein überhaupt, insofern es sich sehend als Mitte einer Lichtwelt empfand; jetzt wird es „Geist", nämlich reines Verstehen, das sich selbst als solches „erkennt" und nicht nur die fremde Welt *um sich*, sondern sehr bald auch die übrigen Elemente des Lebens, den „Leib", *dem Werte nach unter sich* sieht. Ein Zeichen davon ist nicht nur der aufgerichtete Gang des Menschen, sondern auch die durchgeistigte Ausbildung seines Kopfes, an dem immer mehr der Blick und die Bildung von Stirn und Schläfen Träger des Ausdrucks werden.

Es wird deutlich, daß das selbständig gewordene Denken eine neue Betätigung für sich entdeckt hat. Zum praktischen Denken, das sich auf die Beschaffenheit der Lichtdinge im Hinblick auf diesen oder jenen vorliegenden Zweck richtet, tritt das theoretische, durchschauende, das Grübeln, welches die Beschaffenheit dieser Dinge *an sich*, das „Wesen der Dinge" ergründen will. Vom Gesehenen wird das Licht abgezogen, das Tiefenerlebnis des Auges steigert sich in mächtiger Entwicklung ganz deutlich zum Tiefenerlebnis im Reich lichtgefärbter Wortbedeutungen. Man glaubt, daß es möglich sei, in die wirklichen Dinge hinein-, mit dem inneren Blick hindurchzusehen. Man bildet Vorstellungen über Vorstellungen und gelangt endlich zu einer Gedankenarchitektur großen Stils, deren Bauten in voller Deutlichkeit gleichsam in einem inneren Lichte daliegen.

Mit dem theoretischen Denken ist innerhalb des menschlichen Wachseins eine Art von Tätigkeit entstanden, welche nun auch den Kampf zwischen Dasein und Wachsein unvermeidlich gemacht hat. Der tierische Mikrokosmos, in dem Dasein und Wachsein zu einer selbstverständlichen Einheit des Lebens verbunden sind, kennt nur ein Wachsein *im Dienste* des Daseins. Das Tier „ *lebt*" einfach, es denkt nicht nach über das Leben. Die unbedingte Herrschaft des Auges aber läßt das Leben als Leben eines sichtbaren Wesens im Licht erscheinen und das sprachgebundene Verstehen bildet alsbald einen *Begriff* des Denkens und als *Gegenbegriff* den des Lebens aus und unterscheidet endlich das Leben, wie es ist, von dem, wie es sein sollte. An Stelle des unbekümmerten Lebens erscheint der Gegensatz „Denken und Handeln". Er ist nicht nur möglich, was er im Tiere nicht ist, er wird bald in jedem Menschen zur Tatsache und zuletzt zur *Alternative*; das hat die gesamte Geschichte des reifen Menschentums und alle ihre Erscheinungen gestaltet, und je höhere Formen eine Kultur annimmt, desto mehr beherrscht dieser Gegensatz gerade die bedeutenden Augenblicke ihres Wachseins.

Das Pflanzenhaft-Kosmische, das schicksalhafte Dasein, das Blut, das Geschlecht besitzen die uralte Herrschaft und behalten sie. Sie *sind* das Leben. Das andre dient nur dem Leben. Aber das andere will nicht dienen. Es will herrschen und glaubt zu herrschen; es ist einer der entschiedensten Ansprüche des Menschengeistes, den Leib, die „Natur" in der Gewalt zu haben; es ist aber die Frage, ob dieser Glaube nicht selbst dem Leben dient. Warum denkt unser Denken so? Vielleicht weil das Kosmische, das „es", es will? Das Denken beweist seine Macht, indem es den Leib eine Vorstellung nennt, seine Armseligkeit erkennt und die Stimme des Blutes zum Schweigen verweist. Das Blut aber herrscht wirklich, indem es schweigend die Tätigkeit des Denkens beginnen oder enden läßt. Auch das ist ein Unterschied zwischen Sprechen und Leben. Das Dasein kann des Wachseins, das Leben des Verstehens entbehren, nicht umgekehrt. Das Denken herrscht, trotz allem, nur im „Reich der Gedanken".

3

Es ist nur ein Unterschied in Worten, ob man das Denken als Schöpfung des Menschen oder den höheren Menschen als Schöpfung des Denkens betrachtet. Aber das Denken selbst wird seinen Rang innerhalb des Lebens stets falsch und viel zu hoch ansetzen, weil es andere Arten der Feststellung neben sich nicht bemerkt oder anerkennt und damit auf einen vorurteilslosen Überblick verzichtet. In der Tat haben sämtliche Denker von Beruf – und sie führen hier in allen Kulturen fast allein das Wort – kaltes, abstraktes Nachdenken für die selbstverständliche Tätigkeit gehalten, durch die man zu den „letzten Dingen" gelangt. Sie sind ebenso selbstverständlich überzeugt, daß das, was sie auf diesem Wege als „Wahrheit" erreichen, dasselbe ist, was sie als Wahrheit erstrebt haben, und nicht etwa ein vorgestelltes Bild an der Stelle unverständlicher Geheimnisse.

Aber wenn der Mensch ein denkendes Wesen ist, so ist er doch weit davon entfernt, ein Wesen zu sein, dessen Dasein im Denken *besteht*. Das haben die geborenen Grübler nicht unterschieden. Das Ziel des Denkens heißt Wahrheit. Wahrheiten werden festgestellt, d. h. aus der lebendigen Unfaßlichkeit der Lichtwelt in der Form von Begriffen abgezogen, um in einem System, einer Art von geistigem Raum, einen dauernden Ort zu erhalten. Wahrheiten sind absolut und ewig, d. h. sie haben mit dem Leben nichts mehr zu tun.

Aber für ein Tier gibt es nur Tatsachen, keine Wahrheiten. Das ist der Unterschied zwischen praktischem und theoretischem Verstehen. Tatsachen und Wahrheiten unterscheiden sich wie Zeit und Raum, wie Schicksal und Kausalität. Eine Tatsache ist für das ganze Wachsein im Dienste des Daseins vorhanden, nicht nur für eine Seite des Wachseins unter vermeintlicher Ausschaltung des Daseins. Das wirkliche Leben, die Geschichte kennt *nur* Tatsachen. Lebenserfahrung und Menschenkenntnis richten sich nur auf Tatsachen. Der tätige Mensch, der Handelnde, Wollende, Kämpfende, der sich täglich gegen die Macht der Tatsachen behaupten und sie sich dienstbar machen oder unterliegen muß, sieht auf bloße Wahrheiten als etwas Unbedeutendes herab. Für den echten Staatsmann gibt es nur politische Tatsachen, keine politischen Wahrheiten. Die berühmte Frage des Pilatus ist die eines jeden Tatsachenmenschen.

Es ist eine der gewaltigsten Leistungen Nietzsches, das Problem *vom Werte* der Wahrheit, des Wissens, der Wissenschaft aufgestellt zu haben – eine frivole Lästerung in den Augen jedes geborenen Denkers und Gelehrten, der damit den Sinn seines ganzen Daseins angezweifelt sieht. Wenn Descartes an allem zweifeln wollte, so doch gewiß nicht am Wert seiner Frage.

Aber es ist ein anderes, Fragen zu stellen, ein anderes, an Lösungen zu glauben. Die Pflanze lebt und weiß es nicht. Das Tier lebt und weiß es. Der Mensch erstaunt über sein Leben und fragt. Eine Antwort kann auch der Mensch nicht geben. Er kann nur an die Richtigkeit seiner Antwort *glauben*, und darin besteht zwischen Aristoteles und dem ärmsten aller Wilden nicht der geringste Unterschied.

Warum müssen denn Geheimnisse enträtselt, Fragen beantwortet werden? Ist es nicht die Angst, die schon aus Kinderaugen spricht, die furchtbare Mitgift des menschlichen Wachseins, dessen Verstehen, von den Sinnen abgelöst, nun vor sich hinbrütet, in alle Tiefen der Umwelt dringen muß und nur durch Lösungen *er*löst werden kann? Kann das verzweifelte Glauben ans Wissen von dem Alpdruck der großen Fragen befreien?

„Das Schaudern ist der Menschheit bestes Teil." Wem *das* vom Schicksal versagt worden ist, der muß versuchen, Geheimnisse aufzudecken, das Ehrfurchtgebietende anzugreifen, zu zerlegen, zu zerstören und seine Beute an Wissen davonzutragen. Der Wille zum System ist der Wille, Lebendiges zu töten. Es wird festgestellt, starr gemacht, an die Kette der Logik gelegt. Der Geist hat *gesiegt*, wenn er sein Geschäft des Erstarrenmachens zu Ende geführt hat.

Was man mit den Worten Vernunft und Verstand zu unterscheiden pflegt, ist das pflanzenhafte Ahnen und Fühlen, das sich der Sprache des Auges und Wortes nur *bedient*, und auf der anderen Seite das tierhafte, sprachgeleitete Verstehen selbst. Die Vernunft ruft Ideen ins Leben, der Verstand findet Wahrheiten, Wahrheiten sind leblos und lassen sich mitteilen, Ideen gehören zum lebendigen Selbst ihres Urhebers und können nur mitgefühlt werden. Das Wesen des Verstandes ist Kritik, das Wesen der Vernunft ist Schöpfung. Die Vernunft erzeugt das, worauf es ankommt, der Verstand setzt es voraus. Das besagt jener tiefe Ausspruch von Bayle, daß der Verstand nur ausreiche, um Irrtümer zu entdecken, nicht um Wahrheiten zu finden. In der Tat: verstehende Kritik wird zuerst geübt und entwickelt an der damit verbundenen sinnlichen Empfindung. Hier, im Sinnesurteil, lernt das Kind begreifen und unterscheiden. Von dieser Seite abgezogen und mit sich selbst beschäftigt, bedarf die Kritik eines Ersatzes für die zum Objekt dienende Sinnentätigkeit. Dieser kann nur durch eine *schon vorhandene* Denkweise gegeben sein, an der sich nun die abstrakte Kritik übt. Ein anderes Denken, eins, das frei und aus dem Nichts aufbaut, gibt es nicht.

Denn lange, bevor der ursprüngliche Mensch abstrakt dachte, hatte er sich ein religiöses Weltbild geschaffen. Das ist der Gegenstand, an dem nun der Verstand kritisch arbeitet. Alle Wissenschaft ist an einer Religion und unter den gesamten seelischen Voraussetzungen einer Religion erwachsen und sie bedeutet nichts anderes als die abstrakte Verbesserung dieser als falsch betrachteten, weniger abstrakten Lehre. Jede trägt in ihrem ganzen Bestand von Grundbegriffen, Problemstellungen und Methoden den Kern einer Religion mit sich fort. Jede neue Wahrheit, die der Verstand findet, ist nichts als ein kritisches Urteil über eine andere, die schon da war. Die Polarität zwischen neuem und altem Wissen bringt es mit sich, daß es nur relativ Richtiges in der Welt des Verstandes gibt, nämlich Urteile von größerer Überzeugungskraft als andre Urteile. Kritisches Wissen ruht auf dem Glauben an die Überlegenheit des Verstehens von heute über das von gestern. Es ist wieder das Leben, das uns zu diesem Glauben zwingt.

Kann also Kritik die großen Fragen lösen oder nur ihre Unlösbarkeit feststellen? Am Anfang des Wissens glauben wir das erste. Je mehr wir wissen, desto sichrer wird uns das zweite. Solange wir hoffen, nennen wir das Geheimnis ein Problem.

Es gibt also für den wachen Menschen ein doppeltes Problem: das des Wachseins und das des Daseins, oder das des Raumes und das der Zeit, oder die Welt als Natur und die Welt als Geschichte, oder die der Spannung und die des Taktes: das Wachsein sucht nicht nur sich selbst zu verstehen, sondern außerdem etwas, das ihm fremd ist. Mag eine innere Stimme ihm sagen, daß hier alle Möglichkeiten des Erkennens überschritten sind, die Angst überredet dennoch jedes Wesen, weiter zu suchen und lieber mit dem Schein einer Lösung vorlieb zu nehmen als mit dem Blick in das Nichts.

4

Das Wachsein besteht aus Empfinden und Verstehen, deren gemeinsames Wesen eine fortdauernde Orientierung über das Verhältnis zum Makrokosmos ist. Insofern ist Wachsein gleichbedeutend mit „Feststellen", ob es sich nun um das Tasten eines Infusors oder um menschliches Denken vom höchsten Range handelt. Das sich selbst betastende Wachsein gelangt also zuerst zum *Erkenntnisproblem*. Was heißt Erkennen? Was heißt Erkenntnis des Erkennens? Und wie verhält sich das, was man ursprünglich damit meinte, zu dem, was man nachher in Worte gefaßt hat? – Wachsein und Schlaf wechseln wie Tag und Nacht mit dem Gang der Gestirne. Das Erkennen wechselt ebenso mit dem Träumen ab. Wie unterscheiden sich beide?

Wachsein, und zwar sowohl empfindendes wie verstehendes, ist aber auch gleichbedeutend mit dem Bestehen von Gegensätzen, etwa zwischen Erkennen und Erkanntem, oder Ding und Eigenschaft, oder Gegenstand und Ereignis. Worin besteht das Wesen dieser Gegensätze? – Hier erscheint als zweites das *Kausalproblem*. Es werden zwei sinnliche Elemente als Ursache und Wirkung oder zwei geistige als Grund und Folge bezeichnet: das ist die Feststellung eines Macht- und Rangverhältnisses. Wenn das eine da ist, muß das andere auch da sein. Die Zeit bleibt dabei ganz aus dem Spiele. Es handelt sich nicht um Tatsachen des Schicksals, sondern um kausale Wahrheiten, nicht um ein Wann, sondern um eine gesetzliche Abhängigkeit. Dies ist ohne Zweifel die hoffnungsvollste Tätigkeit des Verstehens. Der Mensch verdankt solchen Funden vielleicht seine glücklichsten Augenblicke. Und so geht er von den Gegensätzen, die ihn in unmittelbarer alltäglicher Nähe und Gegenwart berühren, nach beiden Seiten in endlosen Schlußreihen fort zu ersten und letzten Ursachen im Gefüge der Natur, die er Gott und den Sinn der Welt nennt. Er sammelt, ordnet und überblickt sein System, sein Dogma von gesetzlichen Zusammenhängen und findet in ihm eine Zuflucht vor dem Unvorhergesehenen. Wer beweisen kann, fürchtet sich nicht mehr. – Aber worin besteht das Wesen der Kausalität? Liegt sie im Erkennen oder im Erkannten oder in der Einheit von beiden?

Die Welt der Spannungen müßte an sich starr und tot sein, nämlich „ewige Wahrheit“, etwas jenseits aller Zeit, ein reiner Zustand. Die wirkliche Welt des Wachseins ist aber voller Veränderungen. Ein Tier erstaunt darüber nicht, das Denken des Denkers jedoch wird ratlos: Ruhe und Bewegung, Dauer und Änderung, Gewordenes und Werden – bezeichnen diese Gegensätze nicht bereits etwas, das über die Möglichkeit des Verstehens hinausgeht und eben deshalb einen Widersinn enthalten *muß*? Sind das Tatsachen, die sich nicht mehr in Form von Wahrheiten von der Sinnenwelt abziehen lassen? Da liegt etwas Zeithaftes in der zeitlos erkannten Welt; Spannungen erscheinen als Takt, zur Ausdehnung tritt die Richtung. Alles Fragwürdige des verstehenden Wachseins sammelt sich im letzten und schwersten, im *Bewegungsproblem*, und an ihm scheitert das freigewordene Denken. Hier verrät es sich, daß das Mikrokosmische heute und immer vom Kosmischen abhängig ist, wie es schon in den Uranfängen jedes neuen Wesens das äußere Keimblatt als die bloße Hülle eines Leibes beweist. Das Leben kann ohne Denken bestehen, das Denken aber ist nur eine Art des Lebens. Das Denken mag sich selbst noch so gewaltige Ziele setzen, in Wirklichkeit bedient sich das Leben des Denkens zu *seinem* Zwecke und gibt ihm ein lebendiges Ziel ganz unabhängig von der Lösung abstrakter Aufgaben. Für das Denken sind Lösungen von Problemen richtig oder falsch, für das Leben sind sie wertvoll oder wertlos. Wenn das Erkennenwollen am Bewegungsproblem scheitert, so ist die Absicht des Lebens vielleicht eben damit erreicht. Trotzdem und eben deshalb bleibt dieses Problem der Mittelpunkt alles höheren Denkens. Alle Mythologie und alle Naturwissenschaft sind aus dem Staunen über das Geheimnis der Bewegung entstanden.

Das Bewegungsproblem rührt bereits an die Geheimnisse des Daseins, die dem Wachsein fremd sind und deren Druck es sich dennoch nicht entziehen kann. Es ist ein Verstehenwollen des Niezuverstehenden, des Wann und Warum, des Schicksals, des Blutes, alles dessen, was wir in der Tiefe fühlen und ahnen und was wir, zum Sehen geboren, darum auch vor uns im Lichte sehen wollen, um es im eigentlichen Sinne des Wortes zu begreifen, uns seiner durch Tasten zu versichern.

Denn das ist die entscheidende Tatsache, deren sich der Betrachtende nicht bewußt ist: sein ganzes Suchen richtet sich nicht auf das Leben, sondern das Leben-sehen, und nicht auf den Tod, sondern das Sterben-sehen. Wir suchen das Kosmische so zu begreifen, wie es dem Mikrokosmos im Makrokosmos erscheint, als das *Leben eines Leibes im Lichtraum*, zwischen Geburt und Tod, zwischen Zeugung und Verwesung, und mit jener Unterscheidung von Leib und Seele, die mit innerster Notwendigkeit aus dem Erlebnis des Innerlich-Eigenen als eines Sinnlich-Fremden folgt.

Daß wir nicht nur leben, sondern um das „Leben" *wissen*, ist das Ergebnis jener Betrachtung unseres leibhaften Wesens im Licht. Aber das Tier kennt nur das Leben, nicht den Tod. Wären wir rein pflanzenhafte Wesen, so würden wir sterben, ohne es je zu bemerken, denn den Tod fühlen und sterben wäre eins. Aber auch Tiere hören den Todesschrei, sie erblicken den Leichnam, sie wittern die Verwesung; sie sehen das Sterben, aber sie verstehen es nicht. Erst mit dem reinen Verstehen, das sich durch die Sprache vom Wachsein des Auges abgelöst hat, taucht für den Menschen der Tod rings in der Lichtwelt als das große Rätsel auf.

Erst von nun an ist Leben die kurze Spanne Zeit zwischen Geburt und Sterben. Erst im Hinblick auf den Tod wird uns die Zeugung zum anderen Geheimnis. Erst jetzt wird die Weltangst des Tieres zur menschlichen Angst vor dem Tode und *diese ist es*, welche die Liebe zwischen Mann und Weib, das Verhältnis der Mutter zum Sohn, die Reihe der Ahnen bis zu den Enkeln herab und darüber hinaus die Familie, das Volk und zuletzt die Geschichte der Menschen überhaupt als Fragen und Tatsachen des Schicksals von unermeßlicher Tiefe erstehen läßt. An den Tod, den jeder zum Licht geborene Mensch erleiden muß, knüpfen sich die Ideen von Schuld und Strafe, vom Dasein als einer Buße, von einem neuen Leben jenseits der belichteten Welt und von einer Erlösung, die aller Todesangst ein Ende macht. Erst aus der Erkenntnis des Todes stammt das, was wir Menschen im Unterschiede von den Tieren als Weltanschauung besitzen.

5

Es gibt geborene Schicksalsmenschen und Kausalitätsmenschen. Der eigentlich lebende Mensch, der Bauer und Krieger, der Staatsmann, Heerführer, Weltmann, Kaufmann, jeder, der reich werden, befehlen, herrschen, kämpfen, wagen will, der Organisator und Unternehmer, der Abenteurer, Fechter und Spieler, ist durch eine ganze Welt von dem „geistigen" Menschen getrennt, dem Heiligen, Priester, Gelehrten, Idealisten und Ideologen, mag dieser nun durch die Gewalt seines Denkens oder den Mangel an Blut dazu bestimmt sein. Dasein und Wachsein, Takt und Spannung, Triebe und Begriffe, die Organe des Kreislaufs und die des Tastens – es wird selten einen Menschen von Rang geben, bei dem nicht unbedingt die eine Seite die andre an Bedeutung überragt. Alles Triebhafte und Treibende, der Kennerblick für Menschen und Situationen, der Glaube an einen Stern, den jeder zum Handeln Berufene besitzt und der etwas ganz anderes ist als die Überzeugung von der Richtigkeit eines Standpunktes; die Stimme des Blutes, die Entscheidungen trifft, und das unerschütterlich gute Gewissen, das jedes Ziel und jedes Mittel rechtfertigt, das alles ist dem Betrachtenden versagt. Schon der Schritt des Tatsachenmenschen klingt anders, wurzelhafter, als der des Denkers und Träumers, in dem das rein Mikrokosmische kein festes Verhältnis zur Erde gewinnen kann.

Das Schicksal hat den einzelnen so oder so gemacht, grüblerisch und tatenscheu oder tätig und das Denken verachtend. Aber der Tätige ist ein *ganzer* Mensch; im Betrachtenden möchte ein einzelnes Organ ohne und gegen den Leib wirken. Um so schlimmer, wenn es auch die Wirklichkeit meistern will. Dann erhalten wir jene ethisch-politisch-sozialen Verbesserungsvorschläge, die sämtlich ganz unwiderleglich beweisen, wie es sein sollte und wie man es anfangen muß, Lehren, die ohne Ausnahme auf der Voraussetzung beruhen, daß alle Menschen so beschaffen sind wie die Verfasser, nämlich reich an Einfällen und arm an Trieben, vorausgesetzt, daß der Verfasser sich selbst kennt. Aber keine einzige dieser Lehren, und wenn sie mit der vollen Autorität einer Religion oder eines berühmten Namens auftrat, hat bis jetzt das Leben selbst im geringsten verändert. Sie ließen uns nur anders vom Leben *denken*. Gerade das ist ein Verhängnis später, viel schreibender und viel lesender Kulturen, daß der Gegensatz von Leben und Denken immer wieder verwechselt wird mit dem vom Denken über das Leben und Denken über das Denken. Alle Weltverbesserer, Priester und Philosophen sind einig in der Meinung, daß das Leben eine Angelegenheit des schärfsten Nachdenkens sei, aber das Leben der Welt geht seine eigenen Wege und kümmert sich nicht um das, was von ihm gedacht wird. Und selbst wenn es einer Gemeinschaft gelingt, „der Lehre gemäß“ zu leben, so erreichen sie damit bestenfalls, daß in einer künftigen Weltgeschichte in einer Anmerkung davon die Rede ist, nachdem das Eigentliche und einzig Wichtige vorher abgehandelt wurde.

Denn nur der Handelnde, der Mensch des Schicksals, lebt letzten Endes in der *wirklichen* Welt, der Welt der politischen, kriegerischen und wirtschaftlichen Entscheidungen, in der Begriffe und Systeme nicht mitzählen. Hier ist ein guter Hieb mehr wert als ein guter Schluß, und es liegt Sinn in der Verachtung, mit welcher der Soldat und Staatsmann zu allen Zeiten auf die Tintenkleckser und Bücherwürmer herabgesehen hat, die der Meinung waren, daß die Weltgeschichte um des Geistes, der Wissenschaft oder gar der Kunst willen da sei. Sprechen wir es unzweideutig aus: Das vom Empfinden freigewordene Verstehen ist nur eine Seite des Lebens und nicht die entscheidende. In einer Geschichte des abendländischen Denkens darf der Name Napoleons fehlen, in der wirklichen Geschichte aber ist Archimedes mit all seinen wissenschaftlichen Entdeckungen vielleicht weniger wirksam gewesen als jener Soldat, der ihn bei der Erstürmung von Syrakus erschlug.

Es ist ein gewaltiger Irrtum theoretischer Menschen, wenn sie glauben, ihr Platz sei an der Spitze und nicht im Nachtrab der großen Ereignisse. Das heißt die Rolle, welche die politisierenden Sophisten in Athen oder Voltaire und Rousseau in Frankreich gespielt haben, durchaus verkennen. Ein Staatsmann „weiß" oft nicht, was er tut, aber das hindert ihn nicht, mit Sicherheit gerade das Erfolgreiche zu tun; der politische Doktrinär weiß immer, was getan werden muß; trotzdem ist seine Tätigkeit, wenn sie sich einmal nicht auf das Papier beschränkt, die erfolgloseste und damit die wertloseste in der Geschichte. Es ist eine nur zu häufige Anmaßung in unsicher gewordenen Zeiten wie der attischen Aufklärung oder der französischen und der deutschen Revolution, wenn der schreibende und redende Ideologe statt in Systemen in den wirklichen Geschicken der Völker tätig sein will. Er verkennt seinen Platz. Er gehört mit seinen Grundsätzen und Programmen in die Geschichte der Literatur, in keine andere. Die wirkliche Geschichte fällt ihr Urteil nicht, indem sie den Theoretiker widerlegt, sondern indem sie ihn samt seinen Gedanken sich selbst überläßt. Mögen Plato und Rousseau, um von kleinen Geistern ganz zu schweigen, abstrakte Staatsgebäude aufführen – das ist für Alexander, Scipio, Cäsar, Napoleon und ihre Entwürfe, Schlachten und Anordnungen ganz ohne Bedeutung. Mögen jene über das Schicksal reden, ihnen genügt es, ein Schicksal zu sein.

Unter allen mikrokosmischen Wesen bilden sich immer wieder *beseelte Masseneinheiten*, Wesen höherer Ordnung, die langsam entstehen oder plötzlich da sind mit allen Gefühlen und Leidenschaften des einzelnen, in ihrem Innern rätselhaft und dem Verstande unzugänglich, während der Kenner ihre Regungen wohl durchschaut und berechnen kann. Auch hier unterscheiden wir allgemein tierhafte, gefühlte Einheiten aus tiefster Verbundenheit des Daseins und Schicksals wie jenen Vogelzug am Himmel oder jenes stürmende Heer, und rein menschliche, verstandesmäßige Gemeinschaften auf Grund gleicher Meinungen, gleicher Zwecke und gleichen Wissens. Die Einheit des kosmischen Taktes hat man, ohne es zu wollen; die Einheit der Gründe eignet man sich an, wenn man will. Eine geistige Gemeinschaft kann man aufsuchen oder verlassen; an ihr nimmt nur das Wachsein teil. Einer kosmischen Einheit *verfällt* man, und zwar mit seinem *ganzen* Sein. Solche Mengen werden von den Stürmen der Begeisterung ebenso schnell gepackt wie von einer Panik. Sie sind rasend und verzückt in Eleusis und Lourdes oder von einem männlichen Geist ergriffen wie die Spartaner bei Thermopylae und die letzten Goten am Vesuv. Sie bilden sich unter der Musik von Chorälen, Märschen und Tänzen und unterliegen wie alle Rassemenschen und Rassetiere der Wirkung von leuchtenden Farben, von Schmuck, Tracht und Uniform.

Diese beseelten Mengen werden geboren und sterben. Die geistigen Gemeinschaften, bloße Summen im mathematischen Sinne, sammeln, vergrößern, verkleinern sich, bis zuweilen eine bloße Übereinstimmung durch die Gewalt ihres Eindrucks ins Blut dringt und aus der Summe plötzlich ein Wesen macht. In jeder politischen Zeitenwende können Worte zu Schicksalen, öffentliche Meinungen zu Leidenschaften werden. Eine zufällige Menge wird auf der Straße zusammengeballt, sie hat ein Bewußtsein, ein Fühlen, *eine* Sprache, bis die kurzlebige Seele erlischt und jeder seiner Wege geht. Das geschah in dem Paris von 1789 täglich, sobald sich der Ruf nach der Laterne erhob.

Diese Seelen haben ihre besondere Psychologie, auf die man sich verstehen muß, um mit dem öffentlichen Leben fertig zu werden. Eine Seele haben alle echten Stände und Klassen, die Ritterschaften und Orden der Kreuzzüge, der römische Senat und der Jakobinerklub, die vornehme Gesellschaft unter Ludwig XIV. und der preußische Adel, der Bauernstand und die Arbeiterschaft, der großstädtische Pöbel, die Bevölkerung eines abgelegenen Tales, Völker und Stämme der Wanderzeiten, die Anhänger Mohammeds und überhaupt jede eben begründete Religion oder Sekte, die Franzosen der Revolution und die Deutschen der Freiheitskriege. Die gewaltigsten Wesen dieser Art, die wir kennen, sind die hohen Kulturen mit ihrer Geburt aus einer großen seelischen Erschütterung, die in einem tausendjährigen Dasein alle Mengen kleinerer Art, Nationen, Stände, Städte, Geschlechter zu einer Einheit zusammenfassen.

Alle großen Ereignisse der Geschichte werden durch solche Wesen kosmischer Art getragen, durch Völker, Parteien, Heere, Klassen, während die Geschichte des Geistes in losen Gemeinschaften und Kreisen, Schulen, Bildungsschichten, Richtungen „-ismen“ verläuft. Und hier ist es wieder eine Schicksalsfrage, ob solche Mengen in dem entscheidenden Augenblick ihrer höchsten Wirkungskraft einen Führer finden oder blind vorwärtsgetrieben werden, ob die Führer des Zufalls Menschen von hohem Range oder gänzlich bedeutungslose Persönlichkeiten sind, die von der Woge der Ereignisse an die Spitze gehoben werden wie Pompejus oder Robespierre. Es kennzeichnet den Staatsmann, daß er all diese Massenseelen, die sich im Strome der Zeit bilden und auflösen, in ihrer Stärke und Dauer, Richtung und Absicht mit vollkommener Sicherheit durchschaut, aber trotzdem ist es auch hier eine Frage des Zufalls, ob er sie beherrschen *kann* oder von ihnen mitgerissen wird.

II. Die Gruppe der hohen Kulturen

6

Aber gleichviel, ob ein Mensch für das Leben oder das Denken geboren ist, solange er handelt oder betrachtet, ist er *wach*, und als Wachender ist er beständig „im Bilde“, nämlich eingestellt auf einen Sinn, den die Lichtwelt um ihn herum gerade in diesem Augenblick für ihn besitzt. Es ist schon früher bemerkt worden, daß die zahllosen Einstellungen, die im Wachsein des Menschen wechseln, sich deutlich in zwei Gruppen unterscheiden, Welten des Schicksals und Taktes und Welten der Ursachen und Spannungen. Jeder erinnert sich der beinahe schmerzhaften Umstellung, wenn er etwa eben einen physikalischen Versuch beobachtet und plötzlich genötigt wird, über ein Tagesereignis nachzudenken. Ich nannte die beiden Bilder die „Welt als Geschichte“ und die „Welt als Natur“. In jenem bedient sich das Leben des kritischen Verstehens; es hat das Auge in seiner Gewalt; gefühlter Takt wird zur innerlich geschauten Wellenlinie, erlebte Erschütterungen werden im Bilde zur Epoche. In diesem herrscht das Denken selbst; kausale Kritik läßt das Leben zum starren Prozeß werden, den lebendigen Gehalt einer Tatsache zur abstrakten Wahrheit, die Spannung wird zur Formel.

Wie ist das möglich? Beides ist ein Augenbild, aber doch so, daß man sich dort den nie wiederkehrenden Tatsachen hingibt, und hier Wahrheiten in ein unveränderliches System bringen will. Im Geschichtsbilde, das nur *gestützt* ist auf Wissen, bedient sich das Kosmische des Mikrokosmischen. In dem, was wir Gedächtnis und Erinnerung nennen, liegen die Dinge wie im inneren Licht und vom Takt unseres Daseins durchflutet da. Das chronologische Element im weitesten Sinne, die Daten, Namen, Zahlen, verrät, daß Geschichte, sobald sie *gedacht* wird, der Grundbedingung alles Wachseins nicht entbehren kann. Im Naturbilde ist das stets vorhandene Subjektive das Fremde und Trügende, in der Welt als Geschichte trügt das ebenso unvermeidliche Objektive, die Zahl.

Die naturhaften Einstellungen sollen und können bis zu einem gewissen Grade unpersönlich sein. Man vergißt sich selbst darüber. Das Bild der Geschichte aber besitzt jeder Mensch, jede Klasse, Nation, Familie *in bezug auf sich selbst*. Natur enthält das Merkmal der Ausdehnung, die *alle* umschließt. Geschichte aber ist das, was aus dunkler Vergangenheit *auf den Schauenden* zukommt und von ihm aus weiter in die Zukunft will. Er ist als der Gegenwärtige stets ihr Mittelpunkt, und es ist ganz unmöglich, in der sinnvollen Anordnung der Tatsachen die Richtung auszuschalten, die dem Leben und nicht dem Denken angehört. Jede Zeit, jedes Land, jede lebendige Menge hat ihren eignen historischen Horizont, und der berufene Geschichtsdenker zeigt sich eben darin, daß er das von seiner Zeit geforderte Geschichtsbild wirklich entwirft.

Deshalb unterscheiden sich Natur und Geschichte wie echte und scheinbare Kritik, Kritik verstanden als Gegensatz zur Lebenserfahrung. Naturwissenschaft *ist* Kritik und nichts andres. In der Geschichte aber kann Kritik nur die Voraussetzung an Wissen schaffen, an dem dann der historische Blick seinen Horizont entwickelt. *Geschichte ist dieser Blick selbst*, gleichviel wohin er sich richtet. Wer diesen Blick besitzt, kann jede Tatsache und jede Lage „historisch“ verstehen. Natur ist ein System, und Systeme kann man erlernen.

Die *historische* Einstellung beginnt für jeden mit den frühesten Eindrücken der Kindheit. Kinderaugen sehen scharf und die Tatsachen der nächsten Umgebung, das Leben der Familie, des Hauses, der Straße werden bis in ihre letzten Gründe gefühlt und geahnt, lange bevor die Stadt mit ihren Bewohnern in den Gesichtskreis tritt und während noch die Worte Volk, Land, Staat keinen irgendwie greifbaren Inhalt besitzen. Ein ebenso gründlicher Kenner ist der primitive Mensch für alles, was ihm in seinem engen Kreise als Geschichte lebendig vor Augen steht. Vor allem das Leben selbst, das

Schauspiel von Geburt und Tod, Krankheit und Alter, dann die Geschichte der kriegerischen und geschlechtlichen Leidenschaften, die er selbst erlebt oder an anderen beobachtet hat, die Schicksale der Nächsten, der Sippe, des Dorfes, ihre Handlungen und deren Hintergedanken, Erzählungen von langer Feindschaft, Kämpfen, Sieg und Rache. Die Lebenshorizonte weiten sich; nicht ein Leben, sondern *das* Leben entsteht und vergeht, nicht Dörfer und Sippen, sondern ferne Stämme und Länder, nicht Jahre, sondern Jahrhunderte treten vor das Auge. Die wirklich miterlebte, in ihrem Takt noch mitgefühlte Geschichte reicht niemals über die Generation des Großvaters hinaus, weder für die alten Germanen und die heutigen Neger noch für Perikles oder Wallenstein. Hier schließt ein Horizont des Lebens ab und es beginnt eine neue Schicht, deren Bild sich auf Überlieferung und historische Tradition gründet, welche das unmittelbare Mitfühlen einem deutlich gesehenen und durch lange Übung gesicherten Gedächtnisbilde einordnet, ein Bild, das für die Menschen verschiedener Kulturen in sehr verschiedener Weite entwickelt ist. Für uns beginnt mit diesem Bilde die eigentliche Geschichte, in der wir sub specie aeternitatis leben, für die Griechen und Römer hört sie hier auf. Für Thukydides hatten schon die Ereignisse der Perserkriege,für Cäsar die Punischen Kriege keine lebendige Bedeutung mehr. Über das alles hinaus aber entstehen neue historische Einzelbilder von den Schicksalen der Pflanzen- und Tierwelt, der Landschaft, der Gestirne und fließen mit den letzten Bildern der Natur zusammen in mythischen Vorstellungen von Weltanfang und Weltende.

Das *Naturbild* des Kindes und des Urmenschen entwickelt sich aus der kleinen Technik des Alltags, die beide immer wieder zwingt, sich von dem angstvollen Schauen in die weite Natur den Sachlagen der nächsten Umgebung kritisch zuzuwenden. Wie die jungen Tiere entdeckt ein Kind seine ersten Wahrheiten durch das Spiel. Das Spielzeug untersuchen, die Puppe zerbrechen, den Spiegel umkehren, um zu sehen, was dahinter ist, das Triumphgefühl, etwas als richtig festgestellt zu haben, was nun immer so bleiben muß – darüber hinaus ist keine Naturforschung je gedrungen. Diese kritische Erfahrung erwirbt sich der Urmensch an seinen Waffen und Werkzeugen, an den Stoffen für seine Kleidung, Nahrung und Wohnung, an Dingen also, *insofern sie tot sind*. Das gilt auch von Tieren, die er jetzt plötzlich nicht mehr als Lebewesen versteht, indem er als Verfolger oder Verfolgter ihre Bewegungen beobachtet und berechnet, sondern als eine Zusammensetzung von Fleisch und Knochen, die er im Hinblick auf einen bestimmten Zweck unter Absehen von der Eigenschaft des Lebendigseins ganz mechanisch betrachtet, genau so wie er ein Ereignis eben noch als die Tat eines Dämons und gleich darauf als Kette von Ursache und Wirkung auffaßt. Es ist dieselbe Umstellung, die auch der reife Kulturmensch täglich und stündlich immer wieder vollzieht. Auch um diesen Naturhorizont legt sich eine weitere Schicht, die aus den Eindrücken von Regen, Blitz und Sturm, Tag und Nacht, Sommer und Winter, dem Mondwechsel und dem Gang der Gestirne gebildet wird. Hier zwingen religiöse Schauer voller Angst und Ehrfurcht ihn zu einer Kritik von ganz anderem Range. Wie er in jenem Geschichtsbilde die letzten

Tatsachen des Lebens ergründen wollte, so sucht er hier die letzten Wahrheiten der Natur festzustellen. Was jenseits aller Grenzen des Verstehens liegt, nennt er die Gottheit, und alles diesseits Liegende sucht er als Wirkung, Schöpfung und Offenbarung der Gottheit kausal zu begreifen.

Jede Sammlung von naturhaft Festgestelltem hat also eine doppelte Tendenz, die von Urzeiten her unverändert geblieben ist. Die eine richtet sich auf ein möglichst vollständiges System *technischen* Wissens, das zu praktischen, wirtschaftlichen und kriegerischen Zwecken dient, das viele Tierarten in hoher Vollendung ausgebildet haben und das von da an über die frühmenschliche Kenntnis des Feuers und der Metalle in gerader Linie zur Maschinentechnik der heutigen faustischen Kultur führt. Die andre hat sich erst mit der Ablösung des rein menschlichen Denkens vom Sehen durch die Wortsprache gebildet und erstrebt ein ebenso vollständiges *theoretisches* Wissen, das wir in seiner ursprünglichen Form *religiös* und in der in späten Kulturen daraus abgeleiteten *naturwissenschaftlich* nennen. Das Feuer ist für den Krieger eine Waffe, für den Handwerker ein Teil seines Werkzeuges, für den Priester ein Zeichen der Gottheit und für den Gelehrten ein Problem. Das alles aber gehört der naturhaften Einstellung des Wachseins an. In der Welt als Geschichte erscheint nicht das Feuer überhaupt, sondern der Brand von Karthago und Moskau und die Flamme der Scheiterhaufen, auf denen Huß und Giordano Bruno verbrannt wurden.

7

Ich wiederhole: Jedes Wesen erlebt das andre und dessen Schicksale *nur in bezug auf sich selbst*. Den Taubenschwarm, der sich auf ein Feld niederläßt, verfolgt der Besitzer des Feldes mit ganz anderen Blicken als der Naturfreund auf der Straße und der Habicht in der Luft. Der Bauer sieht in seinem Sohn den Nachkommen und Erben, der Nachbar den Bauern, der Offizier den Soldaten, der Fremde den Eingebornen. Napoleon hat als Kaiser die Menschen und Dinge anders erlebt wie als Leutnant. Man versetze einen Menschen in eine andre Lage, man mache einen Revolutionär zum Minister, einen Soldaten zum General, und die Geschichte mit ihren Trägern wird für ihn mit einem Schlage etwas anderes. Talleyrand durchschaute die Menschen seiner Zeit, weil er zu ihnen gehörte. Er hätte Crassus, Cäsar, Catilina und Cicero, wäre er plötzlich unter sie versetzt worden, in allen ihren Maßregeln und Absichten falsch oder gar nicht verstanden. Es gibt keine Geschichte an sich. Die Geschichte einer Familie nimmt sich für jeden Angehörigen, die eines Landes für jede Partei, die Zeitgeschichte für jedes Volk anders aus. Der Deutsche sieht den Weltkrieg anders als der Engländer, der Arbeiter die Wirtschaftsgeschichte anders als der Unternehmer, der Historiker des Abendlandes hat eine ganz andre Weltgeschichte vor Augen als die großen arabischen und chinesischen Geschichtsschreiber, und nur aus sehr großer Entfernung und ohne innere Beteiligung könnte die Geschichte einer Zeit objektiv dargestellt werden, aber die besten Historiker der Gegenwart beweisen, daß sie nicht einmal den Peloponnesischen Krieg und die

Schlacht bei Actium ganz ohne Beziehung auf gegenwärtige Interessen beurteilen und darstellen können.

Die tiefste Menschenkenntnis schließt nicht aus, sondern fordert sogar, daß ihre Einsichten durchaus die Farbe dessen tragen, der sie hat. Gerade der Mangel an Menschenkenntnis und Lebenserfahrung ergeht sich in Verallgemeinerungen, die alles Bedeutende, nämlich das Einmalige der Geschichte verzerren oder völlig übersehen, am schlimmsten jene materialistische Geschichtsauffassung, die man beinahe erschöpfend als Mangel an physiognomischer Begabung definieren kann. Aber trotzdem und eben deshalb gibt es für jeden Menschen, *weil* er einer Klasse, Zeit, Nation und Kultur angehört, und wieder für diese Zeit, Klasse, Kultur im ganzen ein typisches Bild der Geschichte, wie es in bezug auf sie vorhanden sein *sollte*. Als höchste Möglichkeit besitzt das *Gesamtdasein* jeder Kultur ein für sie symbolisches Urbild ihrer Welt als Geschichte, und alle Einstellungen der einzelnen und der als lebendige Wesen wirkenden Mengen sind Abbilder davon. Wenn man die Anschauung eines andern als bedeutend, flach, originell, trivial, verfehlt, veraltet bezeichnet, so geschieht dies stets, ohne daß jemand sich dessen bewußt wäre, im Hinblick auf das im *Augenblick geforderte* Bild als der beständigen Funktion der Zeit und des Menschen.

Es versteht sich, daß jeder Mensch der faustischen Kultur sein eignes Bild der Geschichte besitzt, und nicht nur eines, sondern unzählige von seiner Jugend an, die je nach den Erlebnissen des Tages und der Jahre unaufhörlich schwanken und sich verändern. Und wie verschieden ist wieder das typische Geschichtsbild der Menschen verschiedener Zeitalter und Stände: die Welt Ottos des Großen und die Gregors VII., die eines Dogen von Venedig und die eines armen Pilgers! In wie verschiednen Welten haben Lorenzo de' Medici, Wallenstein, Cromwell, Marat, Bismarck gelebt, ein Höriger der gotischen, ein Gelehrter der Barockzeit, Offiziere des Dreißigjährigen, des Siebenjährigen und des Befreiungskrieges und allein in unsern Tagen ein friesischer Bauer, der nur mit seiner Landschaft und deren Bevölkerung wirklich lebt, ein Hamburger Großkaufmann und ein Physikprofessor! Und trotzdem hat das alles, unabhängig von Alter, Stellung und Zeit des einzelnen einen gemeinsamen Grundzug, der die Gesamtheit dieser Bilder, ihr Urbild, von dem jeder andern Kultur unterscheidet.

Was aber das antike und indische Geschichtsbild vollständig von dem chinesischen und arabischen und noch viel schärfer von dem abendländischen trennt, ist die Enge des Horizonts. Was die Griechen von der altägyptischen Geschichte wissen konnten und wissen mußten, haben sie nie in ihr eignes Geschichtsbild eintreten lassen, das für die meisten mit den Ereignissen abschloß, von denen die letzten Überlebenden noch erzählen konnten, und in dem selbst für die besten Köpfe mit dem Trojanischen Kriege eine Grenze gesetzt wurde, jenseits deren es kein geschichtliches Leben mehr geben *sollte*.

Die arabische Kultur hat zuerst, und zwar im Geschichtsdenken sowohl der Juden wie der Perser etwa seit Kyros, den erstaunlichen Griff gewagt, die Weltschöpfungslegende durch eine echte Zeitrechnung mit der Gegenwart zu verbinden und bei den Persern sogar eine chronologische Festlegung des Jüngsten Gerichts und der Erscheinung des Messias vorzunehmen. Diese scharfe und sehr enge Abgrenzung der gesamten Menschengeschichte – die persische umfaßt im ganzen zwölf, die jüdische bis jetzt noch nicht sechs Jahrtausende – ist ein notwendiger Ausdruck des magischen Weltgefühls und scheidet die jüdisch-persische Schöpfungssage ihrer tieferen Bedeutung nach vollständig von den Vorstellungen der babylonischen Kultur, denen sie viele äußere Züge entnommen hat. Aus einem ganz andern Gefühl heraus hat das chinesische und ägyptische Geschichtsdenken eine weite Perspektive ohne Abschluß eröffnet, und zwar durch eine chronologisch gesicherte Reihe von Dynastien, die sich über Jahrtausende hin in graue Ferne verlieren.

Das faustische Bild der Weltgeschichte setzt sogleich, vorbereitet durch die christliche Zeitrechnung, mit einer ungeheuren Erweiterung und Vertiefung des von der abendländischen Kirche übernommenen magischen Bildes ein, das von Joachim von Floris um 1200 zur Grundlage einer tiefsinnigen Deutung aller Weltschicksale als der Folge dreier Zeitalter des Vaters, des Sohnes und des Heiligen Geistes genommen wurde. Dazu trat eine immer wachsende Erweiterung des geographischen Horizonts, der schon in gotischer Zeit durch die Wikinger und Kreuzfahrer von Island bis zu entlegenen Teilen Asiens gedehnt wurde. Für den höheren Menschen des Barock seit 1500 wird nun zum ersten Male und im Unterschied von allen andern Kulturen die gesamte Oberfläche des Planeten zum Schauplatz menschlicher Geschichte. Zum ersten Male haben Kompaß und Fernrohr für die Gebildeten dieser Spätzeit aus der bloßen theoretischen Annahme einer Kugelgestalt der Erde das wirkliche Gefühl gemacht, auf einer Kugel im Weltraum zu leben. Der Länderhorizont hört auf und ebenso der zeitliche durch die doppelte Unendlichkeit der Jahreszählung vor und nach Christi Geburt. Und unter dem Eindruck dieses planetarischen, zuletzt alle hohen Kulturen umfassenden Bildes vollzieht sich heute die Auflösung jener gotischen, längst flach und leer gewordnen Einteilung in Altertum, Mittelalter und Neuzeit.

In allen andern Kulturen fallen die Aspekte Weltgeschichte und Menschengeschichte zusammen; der Weltanfang ist der Anfang des Menschen; das Ende der Menschheit ist auch das Ende der Welt. Der faustische Hang zum Unendlichen läßt während des Barock zum ersten Male beide Begriffe auseinandertreten und macht die Menschengeschichte in einer noch nie bekannten Ausdehnung dennoch *zu einer bloßen Episode in der Weltgeschichte*, und die Erde, von der andre Kulturen nur ein Oberflächenstück als „Welt“ überblickten, zu einem kleinen Stern unter Millionen von Sonnensystemen.

Diese Ausdehnung des historischen Weltbildes macht es in der heutigen Kultur noch viel notwendiger als in jeder andern, sorgfältig zwischen der Alltagseinstellung der meisten Menschen und der Maximaleinstellung zu unterscheiden, deren nur die höchsten Geister fähig sind, die sich aber auch in diesen nur für Augenblicke vollzieht. Der Unterschied zwischen dem historischen Horizont des Themistokles und dem eines attischen Bauern ist vielleicht geringfügig, aber schon der zwischen dem Geschichtsbild Kaiser Heinrichs VI. und dem eines Hörigen seiner Zeit ist ungeheuer, und mit dem Aufstieg der faustischen Kultur werden die höchstmöglichen Einstellungen so erweitert und vertieft, daß es immer engere Kreise sind, denen sie zugänglich bleiben. Es bildet sich gleichsam eine Pyramide von Möglichkeiten, auf der jeder einzelne seiner Veranlagung nach eine Stufe einnimmt, welche durch die höchste ihm erreichbare Einstellung bezeichnet wird. Damit aber gibt es zwischen abendländischen Menschen eine Grenze der Verständigung in geschichtlichen Lebensfragen, wie sie in dieser verhängnisvollen Schärfe ohne Zweifel keiner andern Kultur bekannt war. Kann heute ein Arbeiter einen Bauern wirklich verstehen? Oder ein Diplomat einen Handwerker? Der historisch-geographische Horizont, aus dem heraus beide ihre wichtigsten Fragen in Worte fassen, ist so verschieden, daß aus der Mitteilung ein Vorbeireden wird. Ein wirklicher Menschenkenner versteht wohl auch noch die Einstellung des andern und richtet seine Mitteilung danach ein – wie wir es alle machen, wenn wir mit Kindern sprechen –, aber die Kunst, sich auch noch in das Geschichtsbild eines Menschen der Vergangenheit, Heinrichs des Löwen oder Dantes so einzuleben, daß man seine Gedanken, Gefühle und Entscheidungen als selbstverständlich begreift, ist bei dem gewaltigen Abstand beider Wachseinszustände so selten, daß sogar die Aufgabe als solche um 1700 noch gar nicht geahnt und erst seit 1800 zu einer sehr selten erfüllten Forderung der Geschichtsschreibung geworden ist.

Die echt faustische Trennung der eigentlichen Menschengeschichte von der viel weiteren Weltgeschichte hat zur Folge, daß seit dem Ausgang des Barock sich in unserem Weltbild mehrere Horizonte in getrennten Schichten hintereinander lagern, für deren Untersuchung sich Einzelwissenschaften von mehr oder weniger ausgesprochen historischem Charakter ausgebildet haben. Die Astronomie, Geologie, Biologie, Anthropologie verfolgen der Reihe nach die Schicksale der Sternenwelt, der Erdrinde, der Lebewesen, des Menschen, und erst dann beginnt die heute noch so genannte „Weltgeschichte“ der hohen Kulturen, an welche sich weiterhin die Geschichte einzelner Kulturelemente, die Familiengeschichte, zuletzt die gerade im Abendlande sehr ausgebildete Biographie anschließen.

Jede dieser Schichten fordert eine Einstellung für sich, und mit dem Augenblick dieser Einstellung hören die engeren und weiteren Schichten auf, lebendiges Werden zu sein, und sind schlechthin gegebene Tatsachen. Untersuchen wir die Schlacht im Teutoburger Walde, so ist die Entstehung dieses Waldes innerhalb der Pflanzenwelt Norddeutschlands vorausgesetzt. Fragen wir nach der Geschichte des deutschen

Laubwaldes, so ist die geologische Schichtung der Erde die Voraussetzung und eine in ihren besonderen Schicksalen nicht weiter zu untersuchende Tatsache. Fragen wir nach dem Ursprung der Kreideformation, so ist das Vorhandensein der Erde selbst als eines Planeten im Sonnensystem kein Problem. Oder anders betrachtet: daß es in der Sternenwelt eine Erde, daß es auf der Erde das Phänomen „Leben", daß es in diesem die Form „Mensch", daß es in der Menschengeschichte die organische Form der Kulturen gibt, ist jedesmal ein Zufall im Bilde der nächst höheren Schicht. Goethe hatte von seiner Straßburger bis zur ersten Weimarer Zeit einen starken Hang zur Einstellung auf die Weltgeschichte – die Entwürfe zum Cäsar, Mahomet, Sokrates, Ewigen Juden, Egmont zeugen davon –, aber seit jenem schmerzlichen Verzicht auf eine politische Wirksamkeit großen Stils, der aus dem „Tasso" noch in dessen endgültiger, vorsichtig resignierter Fassung zu uns redet, schaltete er gerade diese aus und lebte fortan mit der fast gewaltsamen Beschränkung auf das Bild der Pflanzen-, Tier- und Erdgeschichte, seiner „lebendigen Natur", und andrerseits in der Biographie.

Alle diese Bilder haben, in denselben Menschen entwickelt, dieselbe Struktur. Auch die Geschichte der Pflanzen und Tiere, auch die der Erdrinde und der Sterne ist *fable convenue* und spiegelt in der äußeren Wirklichkeit die Tendenz des eigenen Daseins wider. Eine vom subjektiven Standpunkt des betrachtenden Menschen, seiner Zeit, seines Volkes und selbst seiner sozialen Stellung abgelöste Betrachtung der Tiere oder der Gesteinsschichtung ist ebensowenig möglich wie die der Revolution oder des Weltkrieges. Die berühmten Theorien von Kant und Laplace, Cuvier, Lyell, Lamarck, Darwin haben auch eine politisch-wirtschaftliche Färbung und zeigen gerade durch den gewaltigen Eindruck, den sie auf ganz unwissenschaftliche Kreise hervorgerufen haben, den gemeinsamen Ursprung der Auffassung all dieser historischen Schichten. Was sich aber heute vollendet, ist die letzte dem faustischen Geschichtsdenken noch vorbehaltene Leistung: die organische Verbindung dieser Einzelschichten untereinander und ihre Eingliederung in eine einzige ungeheure Weltgeschichte von einheitlicher Physiognomik, in welcher der Blick vom Leben des einzelnen Menschen nun ohne Unterbrechung bis zu den ersten und letzten Schicksalen des Universums reicht. Das 19. Jahrhundert hat – in mechanistischer, also ungeschichtlicher Fassung – die Aufgabe *gestellt*. Es gehört zu den Bestimmungen des 20., sie zu lösen.

8

Das Bild, welches wir von der Geschichte der Erdrinde und der Lebewesen besitzen, wird augenblicklich noch immer von Anschauungen beherrscht, welche das zivilisierte englische Denken seit der Aufklärungszeit aus den englischen Lebensgewohnheiten entwickelt hat. Die „phlegmatische" geologische Theorie Lyells von der Bildung der Erdschichten und die biologische Darwins von der Entstehung der Arten sind tatsächlich nur Nachbilder der Entwicklung Englands selbst. Sie setzen an die Stelle unberechenbarer Katastrophen und Metamorphosen, wie sie der große Leopold von Buch und Cuvier anerkannten, eine methodische Entwicklung mit sehr langen Zeiträumen und erkennen als Ursachen nur *wissenschaftlich erreichbare,* und *zwar mechanische* Zweckmäßigkeitsursachen an.

Diese „englische" Art von Ursachen ist nicht nur flach, sondern auch viel zu eng. Sie beschränkt die möglichen Zusammenhänge erstens auf Vorgänge, die sich in ihrem *ganzen* Verlauf an der Erdoberfläche vollziehen. Damit werden alle großen kosmischen Beziehungen zwischen den Lebenserscheinungen der Erde und Ereignissen des Sonnensystems oder der Sternenwelt überhaupt ausgeschaltet und die ganz unmögliche Behauptung vorausgesetzt, daß die Außenseite der Erdkugel ein allseitig isoliertes Gebiet des Naturgeschehens sei. Und man setzt zweitens voraus, daß Zusammenhänge, die mit den Mitteln des heutigen menschlichen Wachseins – Empfinden und Denken – und ihrer Verfeinerung durch Instrumente und Theorien nicht erfaßbar sind, auch nicht vorhanden sind.

Es wird das naturgeschichtliche Denken des 20. von dem des 19. Jahrhunderts unterscheiden, daß dieses System von Oberflächenursachen, dessen Wurzeln in den Rationalismus der Barockzeit zurückreichen, beseitigt und durch eine reine Physiognomik ersetzt wird. Wir sind Skeptiker allen kausal erklärenden Denkweisen gegenüber. Wir lassen die Dinge reden und bescheiden uns damit, das in ihnen waltende Schicksal zu fühlen und in seinen Gestaltungen zu schauen, dessen Ergründung nicht im Bereich menschlichen Verstehens liegt. Das Äußerste, was wir erreichen können, ist die Auffindung ursachenloser, zweckloser, rein seiender Formen, die dem wechselnden Bilde der Natur zugrunde liegen. Das 19. Jahrhundert hat unter „Entwicklung" einen Fortschritt im Sinne steigender Zweckmäßigkeit des Lebens verstanden. Leibniz in seiner hochbedeutenden „Protogäa" (1691), die auf Grund seiner Studien über die Silbergruben des Harzes eine durch und durch Goethesche Urgeschichte der Erde entwirft, und Goethe selbst verstanden darunter die Vollendung im Sinne eines steigenden Formgehaltes. Zwischen den Begriffen der Goetheschen Formvollendung und der Evolution Darwins liegt der ganze Gegensatz von Schicksal und Kausalität, aber auch der zwischen deutschem und englischem Denken und zuletzt deutscher und englischer *Geschichte*.

Es kann keine bündigere Widerlegung Darwins geben als die Ergebnisse der Paläontologie. Die Versteinerungsfunde können nach einfacher Wahrscheinlichkeit nur Stichproben sein. Jedes Stück müßte also eine andere Entwicklungsstufe darstellen. Es gäbe nur „Übergänge", keine Grenzen und also keine Arten. Statt dessen finden wir aber vollkommen feststehende und unveränderte Formen durch lange Zeiträume hin, die sich nicht etwa zweckmäßig herausgebildet haben, sondern die *plötzlich* und *sofort in endgültiger Gestalt* erscheinen, und die nicht in noch zweckmäßigere übergehen, sondern seltener werden und verschwinden, während ganz andre Formen schon wieder aufgetaucht sind. Was sich in immer größerem Formenreichtum entfaltet, sind die großen Klassen und Gattungen der Lebewesen, die *von Anfang an und ohne alle Übergänge* in der heutigen Gruppierung da sind. Wir sehen, wie unter den Fischen die Selachier mit ihren einfachen Formen in zahlreichen Gattungen zuerst in den Vordergrund der Geschichte treten und langsam wieder zurücktreten, während die Teleostier eine vollendetere Form des Fischtypus allmählich zur Herrschaft bringen, und dasselbe gilt von den Pflanzenformen der Farne und Schachtelhalme, die heute mit ihren letzten Arten in dem voll entwickelten Reich der Blütenpflanzen fast verschwinden. Aber dafür zweckmäßige und überhaupt sichtbare Ursachen anzunehmen, fehlt jeder wirkliche Anhalt.Es ist ein Schicksal, welches das Leben überhaupt, den immer wachsenden Gegensatz von Pflanze und Tier, jeden einzelnen Typus, jede Gattung und Art in die Welt berief. Und mit diesem Dasein ist zugleich eine bestimmte *Energie der Form* gegeben, mit welcher sie sich im Fortgang der Vollendung rein behauptet oder matt und unklar wird und in viele Abarten ausweicht oder zerfällt, und damit zugleich eine *Lebensdauer dieser Form*, die wiederum zwar durch einen Zufall verkürzt werden kann, sonst aber zu einem natürlichen Alter und Verlöschen der Art führt.

Und was den Menschen betrifft, so zeigen die diluvialen Funde immer deutlicher, daß alle damals vorhandenen Formen den heute lebenden entsprechen und nicht die geringste Spur einer Entwicklung zu einer zweckmäßiger gebauten Rasse zeigen, und das Fehlen aller tertiären Funde deutet immer mehr darauf hin, daß die Lebensform des Menschen wie jede andre ihren Ursprung einer plötzlichen Wandlung verdankt, deren Woher, Wie und Warum ein undurchdringliches Geheimnis bleiben wird. In der Tat, gäbe es eine Evolution im englischen Sinne, so könnte es weder abgegrenzte Erdschichten noch einzelne Tierklassen geben, sondern nur eine einzige geologische Masse und ein Chaos lebender Einzelformen, die im Kampf ums Dasein übriggeblieben wären. Aber alles, was wir sehen, zwingt uns zu der Überzeugung, daß immer wieder tiefe und sehr plötzliche Änderungen im Wesen des Tier- und Pflanzendaseins vor sich gehen, die von kosmischer Art und niemals auf das Gebiet der Erdoberfläche beschränkt sind und die dem menschlichen Empfinden und Verstehen in ihren Ursachen oder überhaupt entzogen bleiben.Und ganz ebenso sehen wir, wie diese raschen und tiefen Verwandlungen in die Geschichte der großen Kulturen eingreifen, ohne daß von sichtbaren Ursachen, Einflüssen und Zwecken irgendwie die Rede sein kann. Die Entstehung des gotischen und des Pyramidenstils vollzog sich ebenso plötzlich wie die des chinesischen Imperialismus unter Schi Hoang-ti und des römischen unter Augustus, wie die des Hellenismus, des Buddhismus, des Islam, und ganz ebenso steht es mit den Ereignissen in jedem bedeutenden Einzelleben. Wer das nicht weiß, ist kein Menschenkenner, vor allem kein Kinderkenner. Jedes tätige oder betrachtende Dasein schreitet *in Epochen* seiner Vollendung zu, und eben solche Epochen müssen wir in der Geschichte des Sonnensystems und der Welt der Fixsterne annehmen. Der Ursprung der

Erde, der Ursprung des Lebens, der Ursprung des frei beweglichen Tieres *sind* solche Epochen und ebendeshalb Geheimnisse, die wir als solche hinzunehmen haben.

9

Was wir vom Menschen wissen, scheidet sich klar in zwei große Zeitalter seines Daseins. Das erstewird für unsern Blick begrenzt einerseits durch jene tiefe Fuge im Schicksal des Planeten, die wir heute als Anfang der Eiszeit bezeichnen und von der wir innerhalb des Bildes der Erdgeschichte nur feststellen können, *daß* hier eine kosmische Änderung stattgefunden hat; andrerseits durch den Beginn der hohen Kulturen am Nil und Euphrat, womit der ganze Sinn des menschlichen Daseins plötzlich ein anderer wird. Wir entdecken überall die scharfe Grenze von Tertiär und Diluvium und wir finden diesseits den Menschen vor als fertig ausgebildeten Typus, mit Sitte, Mythos, Kunst, Schmuck, Technik vertraut und von einem Körperbau, der sich seitdem nicht merklich verändert hat.

Wenn wir das erste Zeitalter das der primitiven Kultur nennen, so ist das einzige Gebiet, auf dem sich diese Kultur, allerdings in einer sehr späten Form, lebendig und ziemlich unberührt während des ganzen zweiten Zeitalters und heute noch erhalten hat, das nordwestliche Afrika. Dies klar erkannt zu haben, ist das große Verdienst von L. Frobenius.Die Voraussetzung war, daß hier *eine ganze Welt* primitiven Lebens und nicht etwa nur eine Anzahl primitiver Stämme dem Eindruck hoher Kulturen entzogen blieb. Was die Völkerpsychologen gern in allen fünf Weltteilen zusammensuchen, sind dagegen Völkerfragmente, deren Gemeinsames in der rein negativen Tatsache besteht, daß sie mitten unter den hohen Kulturen leben, ohne innerlich an ihnen beteiligt zu sein. Es sind also teils zurückgebliebene, teils minderwertige, teils entartete Stämme, deren Äußerungen noch dazu unterschiedslos vermengt werden.

Die primitive Kultur war aber etwas *Starkes* und *Ganzes*, etwas höchst Lebendiges und Wirkungsvolles; nur ist sie so verschieden von allem, was wir Menschen einer hohen Kultur als seelische Möglichkeiten besitzen, daß man daran zweifeln darf, ob selbst jene Völker, mit denen das erste Zeitalter noch tief in das zweite hineinreicht, in ihrer heutigen Art des Daseins und Wachseins Schlüsse auf den Zustand der alten Zeit erlauben.

Das menschliche Wachsein steht seit Jahrtausenden unter dem Eindruck der Tatsache, daß die beständige Fühlung der Stämme und Völker untereinander etwas Selbstverständliches und Alltägliches ist. Wir haben aber für das erste Zeitalter damit zu rechnen, daß der Mensch in einer äußerst geringen Anzahl kleiner Scharen sich in den endlosen Weiten der Landschaft, deren Bild durchaus von den gewaltigen Massen großer Tierherden beherrscht wird, vollständig verliert. Die Seltenheit der Funde beweist das mit Sicherheit. Zur Zeit des Homo Aurignacensis schweiften auf dem Boden Frankreichs vielleicht ein Dutzend Horden von einigen hundert Köpfen umher, für die es ein rätselhaftes Ereignis von tiefstem Eindruck war, wenn sie einmal das Vorhandensein von Mitmenschen bemerkten. Können wir uns überhaupt vorstellen, wie es sich in einer fast menschenlosen Welt lebte? Wir, für die die gesamte Natur längst zum Hintergrunde der massenhaften Menschheit geworden ist? Wie mußte sich das Weltbewußtsein ändern, als man in der Landschaft außer Wäldern und Tierherden immer häufiger Menschen „ganz wie wir selbst" antraf! Die zweifellos wieder sehr plötzliche Zunahme der Zahl, welche den „Mitmenschen" zu einem beständigen, alltäglichen Erlebnis machte, den Eindruck des Staunens durch die Gefühle der Freude oder Feindschaft ersetzte und damit von selbst eine ganz neue Welt von Erfahrungen und von unwillkürlichen und unvermeidlichen Beziehungen heraufrief, ist für die Geschichte der Menschenseele vielleicht das tiefste und folgenreichste Ereignis gewesen. Erst an fremden Lebensformen wurde man sich nun der eignen bewußt, und zugleich trat zu der Gliederung innerhalb der Sippe der ganze Reichtum äußerer Beziehungsformen der Sippen untereinander, der von nun an das primitive Leben und Denken vollständig beherrscht. Bedenken wir, daß damals aus sehr einfachen Arten sinnlicher Verständigung die Ansätze von Wortsprachen (und damit des abstrakten Denkens) entstanden sind und unter diesen einige sehr glückliche Konzeptionen, von deren Beschaffenheit wir uns keine Vorstellung machen können, die wir aber als frühesten Ausgangspunkt der späteren indogermanischen und semitischen Sprachgruppen annehmen dürfen.

Aus dieser primitiven Kultur einer durch Beziehungen von Stamm zu Stamm überall zusammenhängenden Menschheit wächst nun plötzlich um 3000 die ägyptische und babylonische Kultur auf, nachdem sich vielleicht während eines weiteren Jahrtausends in beiden Landschaften etwas vorbereitet hatte, das sich in der ganzen Art und Absicht der Entwicklung, der inneren Einheit sämtlicher Ausdrucksformen und der Richtung alles Lebens auf ein Ziel vollkommen von jeder primitiven Kultur unterscheidet. Es ist mir sehr wahrscheinlich, daß sich damals an der Erdoberfläche überhaupt oder zum mindesten im inneren Wesen des Menschen eine Veränderung vollzogen hat. Was später noch als primitive Kultur von Rang überall zwischen den hohen Kulturen besteht und erst nach und nach vor ihnen verschwindet, wäre dann etwas anderes als die Kultur des ersten Zeitalters. Was ich aber als Vorkultur bezeichne und was man am Anfang jeder hohen Kultur in einem durchaus gleichförmigen Verlauf nachweisen kann, ist jeder Art von primitiver Kultur gegenüber etwas Andersartiges und vollständig Neues.

In allem primitiven Dasein ist das „es", das Kosmische, mit so unmittelbarer Gewalt am Werke, daß alle mikrokosmischen Äußerungen in Mythos, Sitte, Technik und Ornament nur dem ganz augenblicklichen Drange gehorchen. Es gibt keine für uns erkennbaren Regeln für die Dauer, das Tempo, den Gang der Entwicklung dieser Äußerungen. Wir sehen etwa eine ornamentale Formensprache, die man nicht Stil nennen sollte, die Bevölkerung weiter Gebiete beherrschen, sich verbreiten, sich verändern und endlich erlöschen. Daneben und vielleicht mit ganz anderem Verbreitungsgebiet zeigen Art und Gebrauch der Waffen, Gliederung der Sippen, religiöse Gebräuche je eine eigene Entwicklung mit selbständigen Epochen und mit Anfang und Ausgang, der durch kein anderes Formgebiet mitbestimmt wird. Wenn wir in einer prähistorischen Schicht eine uns genau bekannte Art von Keramik festgestellt haben, so läßt das auf die Sitte und Religion der zugehörigen Bevölkerung keine Schlüsse zu. Und wenn einmal zufällig eine gewisse Form der Ehe und etwa eine Art der Tätowierung ein ähnliches Verbreitungsgebiet besitzen, so liegt dem nie eine Idee zugrunde, wie sie die Erfindung des Schießpulvers und der Malperspektive verbindet. Es finden sich keine notwendigen Beziehungen zwischen Ornament und Altersklassenorganisation, oder zwischen dem Kult einer Gottheit und der Art des Ackerbaus. Was sich hier entwickelt, sind immer wieder einzelne Seiten und Züge der primitiven Kultur, nicht diese selbst. Das ist es, was ich als chaotisch bezeichnet habe: die primitive Kultur ist weder ein Organismus noch eine Summe von Organismen.

Mit dem Typus der hohen Kultur tritt an die Stelle jenes „es“ eine starke und einheitliche *Tendenz*. Innerhalb der primitiven Kultur sind außer den einzelnen Menschen nur die Stämme und Sippen beseelte Wesen. *Hier aber ist es die Kultur selbst*. Alles Primitive ist eine Summe, und zwar von Ausdrucksformen primitiver Verbände. Hohe Kultur ist das Wachsein eines einzigen ungeheuren Organismus, der nicht nur Sitte, Mythos, Technik und Kunst, sondern auch die ihm einverleibten Völker und Stände zu Trägern einer einheitlichen Formensprache mit einheitlicher Geschichte macht. Die älteste Sprachgeschichte gehört zur primitiven Kultur und hat ihre eignen regellosen Schicksale, die man aus denen des Ornaments oder etwa der Geschichte der Ehe nicht ableiten kann. Die Geschichte der Schrift aber gehört zur Ausdrucksgeschichte der einzelnen hohen Kulturen. Je eine besondere Schrift hat sich schon in der Vorzeit der ägyptischen, chinesischen, babylonischen und mexikanischen Kultur ausgebildet. Daß das in der indischen und antiken nicht geschah, daß man die hochentwickelten Schriften alter Nachbarzivilisationen erst sehr spät übernahm, während in der arabischen Kultur jede neue Religion und Sekte alsbald eine eigne Schrift ausbildet, das steht im tiefsten Zusammenhang mit der gesamten Formengeschichte dieser Kulturen und deren innerer Bedeutung.

Auf diese beiden Zeitalter beschränkt sich unser wirkliches Wissen vom Menschen und das reicht nicht aus, um irgendwelche Schlüsse auf mögliche oder gewisse neue Zeitalter oder gar deren Wann und Wie zu ziehen, ganz abgesehen davon, daß die kosmischen Zusammenhänge, welche das Schicksal der Gattung Mensch beherrschen, unsrer Berechnung vollständig entzogen sind.

Meine Art zu denken und zu beobachten beschränkt sich auf die Physiognomik des Wirklichen. Wo die Erfahrung des Menschenkenners seiner Mitwelt, die Lebenserfahrung eines Tatgewohnten den Tatsachen gegenüber aufhört, da findet auch dieser Blick seine Grenze. Das Vorhandensein jener zwei Zeitalter ist *eine Tatsache der historischen Erfahrung* und weiterhin besteht unsre Erfahrung von der primitiven Kultur darin, daß wir hier etwas Abgeschlossenes in seinen Resten übersehen können, dessen tiefere Bedeutung von uns aus einer innern Verwandtschaft heraus noch eben erfühlt werden kann. Das zweite Zeitalter aber erlaubt uns noch eine Erfahrung von ganz andrer Art. Daß innerhalb der Menschengeschichte plötzlich der Typus der hohen Kultur erscheint, ist ein Zufall, dessen Sinn nicht nachzuprüfen ist. Es ist auch ungewiß, ob nicht ein plötzliches Ereignis im Dasein der Erde eine ganz andre Form zum Vorschein bringt. Aber die Tatsache, daß acht solcher Kulturen vor uns liegen, alle von gleichem Bau, gleichartiger Entwicklung und Dauer, gestattet uns eine *vergleichende Betrachtung* und damit ein Wissen, das sich über verschollene Epochen rückwärts und über bevorstehende vorwärts erstreckt, immer unter der Voraussetzung, daß nicht ein Schicksal anderer Ordnung diese Formenwelt überhaupt plötzlich durch eine neue ersetzt. Ein Recht dazu gibt uns die allgemeine *Erfahrung* vom organischen Dasein. Wir können in der Geschichte der Raubvögel oder der Nadelhölzer nicht voraussehen, ob und wann eine neue Art, und ebensowenig in der Kulturgeschichte, ob und wann in Zukunft eine neue Kultur entsteht. Aber von dem Augenblick an, wo ein neues Wesen im Mutterleib empfangen oder ein Samenkorn in die Erde versenkt ist, kennen wir die *innere Form des neuen Lebenslaufes*, die durch alle andringenden Gewalten nur in der Ruhe ihrer Entfaltung und Vollendung gestört, nicht aber in ihrem Wesen geändert werden kann.

Diese Erfahrung lehrt weiterhin, daß die Zivilisation, welche heute die ganze Erdoberfläche ergriffen hat, nicht ein drittes Zeitalter ist, sondern ein notwendiges Stadium ausschließlich der abendländischen Kultur, das sich von dem jeder andern nur durch die Gewalt der Ausdehnung unterscheidet. Hier ist die Erfahrung zu Ende. Darüber zu grübeln, in was für neuen Formen der künftige Mensch sein Dasein führen wird, ob *überhaupt* andre kommen werden, oder gar auf dem Papier majestätische Umrisse mit einem „So soll es, so wird es sein“ zu entwerfen, ist eine Spielerei, die mir zu unbedeutend erscheint, um die Kräfte eines irgendwie wertvollen Lebens daran zu wenden.

Die Gruppe der hohen Kulturen ist keine organische Einheit. Daß sie in dieser Zahl, an diesen Orten und zu dieser Zeit entstanden, ist für das menschliche Auge ein Zufall ohne tieferen Sinn. Dagegen tritt die Gliederung der einzelnen mit solcher Deutlichkeit hervor, daß die chinesische, arabische und abendländische Geschichtsschreibung und oft schon das übereinstimmende Gefühl der Gebildeten eine Reihe von Namen geprägt hat, die sich gar nicht verbessern lassen.

Das historische Denken hat also die doppelte Aufgabe, eine vergleichende Betrachtung der *einzelnen Lebensläufe* vorzunehmen, eine Aufgabe, die klar gefordert, aber bis jetzt nicht beachtet worden ist, und die andre, die zufälligen und regellosen *Beziehungen der Kulturen untereinander* auf ihren Sinn zu prüfen. Das ist bis jetzt in der bequemen und oberflächlichen Weise geschehen, daß man das ganze Gewirr mit kausaler Erklärung in den „Gang“ einer Weltgeschichte brachte. Damit wird aber die sehr schwierige und aufschlußreiche Psychologie dieser Beziehungen ebenso unmöglich wie die des Innenlebens der Kulturen selbst. Diese zweite Aufgabe setzt vielmehr die erste als gelöst voraus. Die Beziehungen sind sehr verschieden, zunächst schon nach dem räumlichen und zeitlichen Abstand. In den Kreuzzügen steht eine Frühzeit einer alten und reifen Zivilisation gegenüber, in der kretisch-mykenischen Welt des Ägäischen Meeres eine Vorkultur einer blühenden Spätzeit. Eine Zivilisation kann aus unendlicher Ferne herüberstrahlen wie die indische von Osten in die arabische Welt, oder sich *erstickend* und *greisenhaft* über eine Jugend lagern, wie die Antike vom Westen her. Aber auch nach Art und Stärke: die abendländische Kultur sucht Beziehungen auf, die ägyptische weicht ihnen aus; jene erliegt ihnen immer wieder in tragischen Erschütterungen, die Antike nützt sie aus, ohne zu leiden. Das alles hat aber seine Bedingungen wieder im Seelischen der Kultur selbst und lehrt diese Seele zuweilen besser kennen als ihre eigne Sprache, die oft mehr verbirgt als mitteilt.

10

Ein Blick über die Gruppe der Kulturen erschließt Aufgaben über Aufgaben. Das 19. Jahrhundert, dessen Geschichtsforschung von der Naturwissenschaft, dessen Geschichtsdenken von den Ideen des Barock geleitet wurde, hat uns nur auf einen Gipfel geführt, von dem wir die neue Welt zu unsern Füßen sehen. Werden wir je von ihr Besitz ergreifen?

Die ungeheure Schwierigkeit, der eine gleichmäßige Behandlung jener großen Lebensläufe heute noch begegnet, besteht darin, daß es an ernsthaften Bearbeitungen der fernliegenden Gebiete durchaus fehlt. Es zeigt sich wieder der herrische Blick des Westeuropäers, der nur erfassen will, was von irgend einem Altertum her über ein Mittelalter sich ihm nähert, und alles, was seine eignen Wege geht, mit halbem Ernst behandelt. In der chinesischen und indischen Welt sind soeben einige Gebiete: Kunst, Religion und Philosophie, in Angriff genommen worden. Die politische Geschichte wird, wenn überhaupt, im Plauderstil vorgetragen. Niemand denkt daran, die großen staatsrechtlichen Probleme der chinesischen Geschichte, das Hohenstaufenschicksal des Li-wang (842), den ersten Fürstenkongreß von 659, den Kampf zwischen den Prinzipien des von dem „Römerstaate“ Tsin vertretenen Imperialismus *(lienheng)* und der Völkerbundidee *(hohtsung)* zwischen 500 und 300, den Aufstieg des chinesischen Augustus Hoang-ti (221) mit derselben Gründlichkeit zu behandeln, wie es Mommsen mit dem Prinzipat des Augustus getan hat. Die Staatengeschichte Indiens mag noch so gründlich von den Indern vergessen sein, aus der Zeit Buddhas liegt trotzdem mehr Material vor als aus der antiken Geschichte im 9. und 8. Jahrhundert, aber wir tun noch heute, als hätte „der“ Inder ganz in seiner Philosophie gelebt wie die Athener, welche nach der Ansicht unsrer Klassizisten ihr Leben, an den Ufern des Ilissos philosophierend, in Schönheit verbrachten. Aber auch über die ägyptische Politik ist kaum nachgedacht worden. Hinter den Namen der Hyksoszeit haben die späten ägyptischen Historiker dieselbe Krisis verborgen, welche die chinesischen als „Zeit der kämpfenden Staaten" behandeln. Das hat noch niemand untersucht. Und in der arabischen Welt reicht das Interesse genau so weit wie das antike Sprachgebiet. Was ist nicht über die Staatsschöpfung Diokletians geschrieben worden! Und was für ein Material hat man etwa über die ganz gleichgültige Verwaltungsgeschichte der kleinasiatischen Provinzen zusammengetragen – weil es griechisch geschrieben war! Aber das Vorbild Diokletians in jeder Beziehung, der Sassanidenstaat, fällt nur insoweit in den Kreis der Betrachtung, als er gerade Krieg mit Rom führte. Wie steht es aber mit dessen *eigener* Verwaltungs- und Rechtsgeschichte? Was ist über Recht und Wirtschaft in Ägypten, Indien und China gesammelt worden, das sich neben den Arbeiten über antikes Recht halten könnte?Um 3000setzen nach einer langen „Merowingerzeit", die in Ägypten noch deutlich übersehbar ist, die beiden ältesten Kulturen in äußerst kleinen Gebieten am unteren Nil und Euphrat ein. Früh- und Spätzeit sind hier längst durch die Namen Altes und Mittleres Reich, Sumer und Akkad unterschieden worden. Der Ausgang der ägyptischen Feudalzeit zeigt mit seiner Entstehung eines Erbadels und dem dadurch bedingten Verfall des frühen Königtums seit der sechsten Dynastie eine so erstaunliche Ähnlichkeit mit dem Verlauf der Dinge in der chinesischen Frühzeit seit I-wang (934–909) und der abendländischen seit Kaiser Heinrich IV., daß eine vergleichende Untersuchung einmal gewagt werden sollte. Am Anfang des babylonischen „Barock" erscheint der große Sargon (2300), der bis ans Mittelmeer vordringt, Cypern erobert und sich im Geschmack Justinians I. und Karls V. den „Herrn der vier Weltteile" nennt. Am Nil um 1800, in „Akkad und Sumer" etwas früher, beginnen nun auch die ersten Zivilisationen, von denen die asiatische eine gewaltige Expansionskraft zeigt. Die „Errungenschaften der babylonischen Zivilisation", vieles, was mit Messen, Zählen, Rechnen zusammenhängt, ist von da an vielleicht bis zur Nordsee und zum Gelben Meer getragen worden. Manche babylonische Fabrikmarke an einem Werkzeug mag da von germanischen Wilden als Zauberzeichen verehrt und zum Ursprung eines „urgermanischen" Ornaments geworden sein. Aber indessen ging die babylonische Welt selbst aus einer Hand in die andere. Kossäer, Assyrer, Chaldäer, Meder, Perser, Makedonier, lauter kleineHeerhaufen mit einem kräftigen Führer an der Spitze, haben sich da in der Hauptstadt abgelöst, ohne daß die Bevölkerung sich ernsthaft dagegen wehrte. Das ist das erste Beispiel einer „römischen Kaiserzeit". In Ägypten entwickelten sich die Dinge nicht anders. Unter den Kossäern setzen die Prätorianer dort die Herrscher ein und ab; die Assyrer haben wie die Soldatenkaiser seit Commodus die alten staatsrechtlichen Formen aufrecht erhalten; der Perser Kyros und der Ostgote Theoderich haben sich als Reichsverweser gefühlt, Meder und Langobarden als Herrenvölker im fremden Lande. Aber das sind staatsrechtliche, nicht tatsächliche Unterschiede. Die Legionen des Afrikaners Septimius Severus wollten genau dasselbe wie Alarichs Westgoten, und in der Schlacht bei Adrianopel waren „Römer" und „Barbaren" kaum noch zu unterscheiden.

Seit 1500 entstehen drei neue Kulturen, zuerst die indische im oberen Pendschab, um 1400 die chinesische am mittleren Hoangho, um 1100 die antike am Ägäischen Meere. Wenn die chinesischen Historiker von den drei großen Dynastien – Hia, Schang, Dschou – reden, so entspricht das etwa der Meinung Napoleons, der sich als den Begründer der vierten Dynastie nach den Merowingern, Karolingern und Capetingern bezeichnete. In Wirklichkeit hat jedesmal die dritte den ganzen Verlauf der Kultur miterlebt. Als 441 der Titularkaiser der Dschou-Dynastie zum Staatspensionär des „östlichen Herzogs" und als 1792 „Louis Capet" hingerichtet wurde, ging jedesmal auch die Kultur zur Zivilisation über. Aus der letzten Schangzeit haben sich einige hochaltertümliche Bronzen erhalten, die zur späteren Kunst in demselben Verhältnis stehen wie die mykenische zur frühantiken Keramik und die karolingische Kunst zur romanischen. Die vedische, homerische und chinesische Frühzeit zeigen mit ihren Pfalzen und Burgen, mit Rittertum und Feudalherrschaft das ganze Bild der Gotik, und die „Zeit der großen Protektoren" (Ming-dschu 685–591) entspricht durchaus der Zeit Cromwells, Wallensteins, Richelieus und der älteren antiken Tyrannis.

480–230 setzen die chinesischen Historiker die „Zeit der kämpfenden Staaten" an, die zuletzt in eine hundertjährige ununterbrochene Folge von Kriegen mit Massenheeren und furchtbaren sozialen Erschütterungen auslief und aus welcher der Römerstaat Tsin als Begründer des chinesischen Imperiums hervorging. Das erlebte Ägypten 1800–1550 (seit 1675 die „Hyksoszeit"), die Antike von Chäronea und in furchtbarster Form von den Gracchen an bis Actium (133–31); es ist das Schicksal der westeuropäisch-amerikanischen Welt im 19. und 20. Jahrhundert.

Der Schwerpunkt wird unterdessen, wie von Attika nach Latium, von Hoangho (bei Ho-nan-fu) zum Jangtsekiang (heute Provinz Hupei) verlegt. Der Sikiang war den chinesischen Gelehrten damals so undeutlich wie den alexandrinischen die Elbe, und von der Existenz Indiens hatten sie noch keine Ahnung.

Wie auf der andern Seite der Weltkugel die Kaiser des julisch-claudischen Hauses, erscheint hier der gewaltige Wang-dscheng, der in den Entscheidungskämpfen Tsin zur Alleinherrschaft führt und 221 den Titel Augustus („Schi" bedeutet genau dasselbe) und den Cäsarennamen Hoang-ti annimmt. Er begründet den „chinesischen Frieden", führt in dem erschöpften Imperium seine große Sozialreform durch und beginnt bereits, ganz römisch, den Bau des chinesischen Limes, der berühmten Mauer, für die er 214 einen Teil der Mongolei erobert. (Bei den Römern beginnt sich seit der Varusschlacht der Begriff einer feststehenden Grenze gegen die Barbaren zu bilden; die Befestigungen sind dann noch im 1. Jahrhundert angelegt worden.) Er hat auch als der erste in großen Kriegszügen die barbarischen Stämme südlich des Jangtsekiang unterworfen und das Gebiet durch Militärstraßen, Ansiedlungen und Kastelle gesichert. Ebenso römisch ist aber auch die Familiengeschichte seines Hauses, das in neronischen Greueln rasch zu Ende ging, in denen der Kanzler Lui-schi, der erste Gatte der Kaisermutter, und der große Staatsmann

Li-sze, der Agrippa seiner Zeit und Begründer der chinesischen Einheitsschrift, eine Rolle spielten. Es folgen die beiden Han-Dynastien (die westliche 206 v. – 23 n., die östliche 25–220), unter denen die Grenze sich immer weiter ausdehnte, während in der Hauptstadt Eunuchenminister, Generale und Soldaten die Herrscher ihrer Wahl ein- und absetzten. Es sind seltsame Augenblicke, als unter den Kaisern Wu-ti (140–86) und Ming-ti (58–76) die chinesisch-konfuzianische, die indisch-buddhistische und die antik-stoische Weltmacht sich dem Kaspischen Meer so weit genähert hatten, daß eine Berührung leicht hätte eintreten können.

Der Zufall hat es gefügt, daß die schweren Angriffe der Hunnen sich damals an dem chinesischen Limes brachen, der gerade jedesmal durch einen kräftigen Kaiser verteidigt wurde. Die entscheidende Niederlage der Hunnen erfolgte 124–119 durch den chinesischen Trajan Wu-ti, der auch Südchina endgültig einverleibte, um einen Weg nach Indien zu bekommen, und der eine ungeheure, festungsartig gesicherte Militärstraße nach dem Tarim baute. Sie wandten sich endlich nach dem Westen und erschienen später, mit einem Schwarm germanischer Stämme vor sich her, vor dem römischen Grenzwall. Hier gelang es ihnen. Das römische Imperium ging zugrunde, und die Folge war, daß nur das chinesische und indische Imperium noch heute bestehen als bevorzugte Objekte immer wechselnder Gewalten. Heute sind es die „rothaarigen Barbaren" des Westens, die in den Augen der hochzivilisierten Brahmanen und Mandarinen keine andere und bessere Rolle spielen als die Moguln und Mandschu, und die ebenfalls ihre Nachfolger finden werden. Auf dem Kolonisationsgebiet des zerstörten römischen Imperiums bereitete sich dagegen im Nordwesten die Vorkultur des Abendlandes vor, während sich im Osten bereits die arabische Frühzeit entwickelt hatte.

Diese arabische Kultur ist eine Entdeckung.Ihre Einheit ist von späten Arabern geahnt worden, den abendländischen Geschichtsforschern aber so völlig entgangen, daß nicht einmal eine gute Bezeichnung für sie aufzufinden ist. Der herrschenden Sprache nach könnte man Vorkultur und Frühzeit aramäisch, die Spätzeit arabisch nennen. Einen wirklichen Namen gibt es nicht. Die Kulturen lagen hier dicht beieinander und deshalb haben sich die ausgedehnten Zivilisationen mehrfach übereinander geschichtet. Die arabische Vorzeit selbst, die sich bei Persern und Juden verfolgen läßt, lag völlig im Bereiche der alten babylonischen Welt, die Frühzeit aber von Westen her unter dem mächtigen Bann der antiken, eben erst voll ausgereiften Zivilisation. Ägyptische und indische Zivilisation reichen fühlbar herüber. Arabischer Geist hat dann aber, meist in spätantiker Maske, seinen Zauber auf die beginnende Kultur des Abendlandes ausgeübt, und die arabische Zivilisation, die sich in der Seele des Volkes in Südspanien, der Provence und Sizilien über die heute noch nicht ganz erstorbene antike geschichtet hat, wurde das Vorbild, an dem gotischer Geist sich erzog. – Die zugehörige Landschaft ist merkwürdig ausgedehnt und zerrissen. Man muß sich nach Palmyra oder Ktesiphon versetzen und von da aus hineindenken: im Norden Osrhoëne; Edessa wurde das Florenz der arabischen Frühzeit. Im Westen Syrien und Palästina, wo das neue Testament und die jüdische Mischna entstanden, mit Alexandria als ständigem Vorposten. Im Osten erlebte der Mazdaismus eine gewaltige Erneuerung, welche der Geburt des Messias im Judentum entspricht und von der wir aus den Trümmern der Awestaliteratur nur schließen können, *daß* sie stattgefunden haben muß. Hier sind auch der Talmud und die Religion Manis entstanden. Tief im Süden, der künftigen Heimat des Islam, hat sich eine Ritterzeit voll entfalten können wie im Sassanidenreich. Noch heute liegen dort die Ruinen unerforschter Burgen und Schlösser, von denen aus die Entscheidungskriege zwischen dem christlichen Staat von Axum an der afrikanischen Küste und dem jüdischen der Himjariten an der arabischen geleitet wurden, die man von Rom und Persien aus diplomatisch schürte. Im äußersten Norden liegt Byzanz mit seinem sonderbaren Gemisch spätzivilisierter antiker und früher ritterlicher Formen, das sich vor allem in der Geschichte des byzantinischen Heerwesens so verwirrend ausspricht. Der Islam hat dieser Welt endlich und viel zu spät das Bewußtsein der Einheit verliehen, und darauf beruht das Selbstverständliche seines Sieges, das ihm Christen, Juden und Perser fast willenlos zuführte. Aus dem Islam hat sich dann die arabische Zivilisation entwickelt, die in ihrer höchsten geistigen Vollendung stand, als vorübergehend die Barbaren des Abendlandes hereinbrachen und nach Jerusalem zogen. Wie mag sich dies Schauspiel in den Augen vornehmer Araber ausgenommen haben? Etwas bolschewistisch vielleicht? Für die Politik der arabischen Welt waren die Verhältnisse in „Frankistan" etwas, auf das man herabsah. Noch als während des Dreißigjährigen Krieges, der von hier aus betrachtet „im fernen Westen" vor sich ging, der englische Gesandte in Konstantinopel die Türkei gegen das Haus Habsburg aufzubringen versuchte, hat man dort sicherlich in dem Bewußtsein gehandelt, daß diese kleinen Raubstaaten am Horizont der arabischen Welt für die großen Verhältnisse der Politik von Marokko bis nach Indien kaum in Betracht kämen. Eine Ahnung von der Zukunft werden weite Kreise selbst bei der Landung Napoleons in Ägypten noch nicht gehabt haben.

Inzwischen war in Mexiko eine neue Kultur entstanden. Sie liegt so weit von allen andern entfernt, daß keine Kunde je hinüber und herüber gedrungen ist. Um so erstaunlicher ist die Ähnlichkeit ihrer Entwicklung mit der antiken. Das wird die Philologen mit Entsetzen erfüllen, wenn sie vor diesen Teocallis an ihre dorischen Tempel denken, und doch ist es gerade ein antiker Zug, der mangelnde Wille zur Macht in der Technik, der die Art der Bewaffnung bestimmt und damit die Katastrophe möglich gemacht hat.

Denn diese Kultur ist das einzige Beispiel für einen gewaltsamen Tod. Sie verkümmerte nicht, sie wurde nicht unterdrückt oder gehemmt, sondern in der vollen Pracht ihrer Entfaltung gemordet, zerstört wie eine Sonnenblume, der ein Vorübergehender den Kopf abschlägt. Alle diese Staaten, darunter eine Weltmacht und mehr als ein Staatenbund, deren Größe und Mittel denen der griechischrömischen

Staaten zur Zeit Hannibals weit überlegen waren, mit ihrer gesamten hohen Politik, mit sorgfältig geordnetem Finanzwesen, hochentwickelter Gesetzgebung, mit Verwaltungsgedanken und wirtschaftlichen Gewohnheiten, wie sie die Minister Karls V. nie begriffen hätten, mit reichen Literaturen in mehreren Sprachen, einer durchgeistigten und vornehmen Gesellschaft in großen Städten, wie das Abendland damals keine einzige aufzuweisen hatte – das alles wurde nicht etwa durch einen verzweifelten Krieg gebrochen, sondern durch eine Handvoll Banditen in wenigen Jahren so vollständig vertilgt, daß die Reste der Bevölkerung bald nicht einmal eine Erinnerung bewahrten. Von der Riesenstadt Tenochtitlan blieb kein Stein über dem Boden, in den Urwäldern von Yukatan liegen die Großstädte der Mayareiche dicht beieinander und fallen rasch der Vegetation zum Opfer. Wir wissen von keiner einzigen, wie sie hieß. Von der Literatur sind drei Bücher übriggeblieben, die niemand lesen kann.

Das Furchtbarste an diesem Schauspiel ist, daß es nicht einmal zu den Notwendigkeiten der abendländischen Kultur gehörte. Es war eine Privatsache von Abenteurern, und niemand in Deutschland, England und Frankreich hat damals geahnt, was hier vor sich ging. Wenn irgendwo auf Erden, so wurde hier gezeigt, *daß es keinen Sinn in der Menschengeschichte*, daß es nur eine tiefe Bedeutung in den Lebensläufen der einzelnen Kulturen gibt. Ihre Beziehungen untereinander sind ohne Bedeutung und zufällig. Der Zufall war hier so grauenhaft banal, so geradezu lächerlich, daß er in der elendsten Posse nicht angebracht werden dürfte. Ein paar schlechte Kanonen und einige hundert Steinschloßgewehre haben die Tragödie eingeleitet und zu Ende geführt.

Eine gesicherte Kenntnis auch nur der allgemeinsten Geschichte dieser Welt ist für alle Zeiten unmöglich. Ereignisse vom Range der Kreuzzüge und der Reformation sind spurlos der Vergessenheit verfallen. Erst in den letzten Jahrzehnten hat die Forschung wenigstens die Umrisse der späteren Entwicklung festgestellt, und mit Hilfe dieser Daten vermag die vergleichende Morphologie das Bild durch das der andern Kulturen zu erweitern und zu vertiefen.Danach liegen die Epochen dieser Kultur je etwa 200 Jahre später als die der arabischen und je etwa 700 Jahre vor denen der abendländischen. Eine Vorkultur, die wie in Ägypten und China Schrift und Kalender entwickelt hat, war vorhanden, ist aber für uns nicht mehr erkennbar. Die Zeitrechnung begann mit einem Anfangsdatum, das weit vor Christi Geburt liegt, dessen Lage zu diesem Datum aber mit Sicherheit nicht mehr festzustellen ist. Sie beweist jedenfalls den außerordentlich stark entwickelten historischen Sinn des mexikanischen Menschen.

Die Frühzeit der „hellenischen“ Mayastaaten ist durch die datierten Reliefpfeiler der alten Städte Copan(im Süden), Tikal und etwas später Chichen Itza (im Norden), Naranjo, Seibai bezeugt (etwa 160–450). Am Ausgang dieser Periode wird Chichen Itza mit seinen Bauten für Jahrhunderte vorbildlich; daneben die prachtvolle Blüte von Palenque und Piedras Negras (im Westen). Das würde der Spätgotik und Renaissance entsprechen (450-600, abendländisch 1250–1400?). In der Spätzeit (Barock) erscheint

Champutun als Mittelpunkt der Stilbildung; jetzt beginnt die Einwirkung auf die „italischen“ Nahuavölker auf der Hochebene von Anahuac, die künstlerisch und geistig nur empfangend, in ihren politischen Instinkten den Maya weit überlegen sind (etwa 600–960, antik 750–400, abendländisch 1400–1750?). Nun beginnt der „Hellenismus“ der Maya. Um 960 wird Uxmal gegründet und bald eine Weltstadt vom ersten Range wie die ebenfalls an der Schwelle der Zivilisation gegründeten Weltstädte Alexandria und Bagdad; wir finden daneben eine Reihe glänzender Großstädte wie Labna, Mayapan, Chacmultun und wieder Chichen Itza. Sie bezeichnen den Höhepunkt einer großartigen Architektur, die keinen neuen Stil mehr hervorbringt, aber die alten Motive mit erlesenem Geschmack und in gewaltigen Maßen verwendet. Die Politik wird durch die berühmte Liga von Mayapan (960–1195) beherrscht, ein Bündnis von drei führenden Staaten, welche die Lage trotz großer Kriege und wiederholter Revolutionen, wie es scheint, doch etwas künstlich und gewaltsam aufrecht erhalten (antik 350–150, abendländisch 1800–2000).

Der Ausgang dieser Periode wird durch eine große Revolution bezeichnet und im Zusammenhang damit greifen die „römischen“ Nahuamächte endgültig in die Verhältnisse der Maya ein. Mit ihrer Hilfe hat Hunac Ceel einen allgemeinen Umsturz herbeigeführt und Mayapan zerstört (um 1190, antik etwa 150). Was jetzt folgt, ist die typische Geschichte einer ausgereiften Zivilisation, in welcher einzelne Völker um die militärische Vormacht ringen. Die großen Mayastädte versinken in das beschauliche Glück des römischen Athen und Alexandria. Inzwischen entwickelt sich aber am äußersten Horizont des Nahuagebietes das jüngste dieser Völker, die Azteken, urwüchsig, barbarisch und mit einem unersättlichen Willen zur Macht. Sie gründen 1325 Tenochtitlan (antik etwa Zeit des Augustus), das sich bald zur gebietenden Hauptstadt der ganzen mexikanischen Welt erhebt. Um 1400 beginnt die militärische Expansion im großen Stil; die eroberten Gebiete werden durch Militärkolonien und ein Netz von Heerstraßen gesichert, die abhängigen Staaten durch eine überlegene Diplomatie im Zaume und voneinander getrennt gehalten; das kaiserliche Tenochtitlan wuchs zu riesenhaftem Umfange heran mit einer internationalen Bevölkerung, unter der keine Sprache des Weltreichs fehlte. Die Nahuaprovinzen waren politisch und militärisch gesichert; man drang rasch nach Süden vor und schickte sich an, die Hand auf die Mayastaaten zu legen; es ist nicht abzusehen, welchen Gang die Dinge innerhalb der nächsten hundert Jahre genommen haben würden, da kam das Ende.

Das Abendland befand sich damals etwa auf der Stufe, welche die Maya um 700 schon überschritten hatten. Erst die Zeit Friedrichs des Großen wäre reif gewesen, die Politik der Liga von Mayapan zu verstehen. Was die Azteken um 1500 organisierten, liegt für uns noch in weiter Zukunft. Was aber schon damals den faustischen Menschen von dem jeder andern Kultur unterschied, war sein unstillbarer Drang in die Ferne, der letzten Endes auch die Vernichtung der mexikanischen und peruanischen Kultur veranlaßt hat. Dieser Drang ist ohne Beispiel und meldet sich auf allen Gebieten. Gewiß, der ionische

Stil ist in Karthago und Persepolis nachgeahmt worden; der hellenistische Geschmack hat in der indischen Gandarakunst Bewunderer gefunden; wieviel Chinesisches in die urgermanische Holzbaukunst des hohen Nordens gedrungen ist, wird vielleicht eine künftige Forschung aufdecken. Der Moscheenstil herrschte von Hinterindien bis in das nördliche Rußland und das westliche Afrika und Spanien. Aber alles das verschwindet gegen die Expansionskraft der abendländischen Stile. Es ist selbstverständlich, daß die Stilgeschichte selbst sich nur auf ihrem Mutterboden vollendet, aber ihre Resultate erkennen keine Grenze an. Auf dem Platz, wo Tenochtitlan gestanden hatte, errichteten die Spanier eine Kathedrale im Barockstil mit Meisterwerken der spanischen Malerei und Plastik; die Portugiesen haben bereits in Vorderindien, italienische und französische Baumeister des späten Barock tief in Polen und Rußland gearbeitet. Das englische Rokoko und vor allem Empire besitzt eine weite Provinz in den Pflanzerstaaten Nordamerikas, deren wundervolle Zimmer und Möbel in Deutschland viel zu wenig bekannt sind. Der Klassizismus wirkte bereits in Kanada und am Kap; seitdem gibt es keine Schranke mehr. Und auch auf jedem andern Formgebiet bestand die Beziehung dieser jungen zu den alten noch bestehenden Zivilisationen darin, daß sie sie sämtlich durch eine immer dichtere Schicht westeuropäisch-amerikanischer Lebensformen überdeckte, unter denen die alte eigne Form langsam dahinschwindet.

11

Vor diesem Bilde der Menschenwelt, welches bestimmt ist, das heute noch in den besten Köpfen befestigte von Altertum, Mittelalter und Neuzeit abzulösen, wird auch eine neue und, wie ich glaube, für unsere Zivilisation endgültige Antwort auf die alte Frage möglich: Was ist Geschichte?

Ranke (im Vorwort zu seiner Weltgeschichte) sagt: „Die Geschichte beginnt erst, wo die Monumente verständlich werden und glaubwürdige schriftliche Aufzeichnungen vorliegen." Das ist die Antwort eines Sammlers und Ordners von Daten. Ohne Zweifel ist hier das, was geschehen ist, mit dem verwechselt worden, was innerhalb des Blickfeldes der jeweiligen Geschichtsforschung geschehen ist. Daß Mardonios bei Platää geschlagen wurde – hat das aufgehört Geschichte zu sein, wenn 2000 Jahre später ein Gelehrter davon nichts mehr weiß? Ist das Leben nur dann eine Tatsache, wenn in Büchern davon geredet wird?

Der bedeutendste Historiker seit Ranke, Ed. Meyer,sagt: „Historisch ist, was wirksam ist oder gewesen ist ... Erst durch die historische Betrachtung wird der Einzelvorgang, den sie aus der unendlichen Masse gleichzeitiger Vorgänge heraushebt, zu einem historischen Ereignis." Das ist ganz im Geschmack und Geiste Hegels gesagt. Es kommt erstens auf die Tatsachen an und nicht auf unser zufälliges Wissen davon. Gerade das neue Bild der Geschichte zwingt uns, Tatsachen ersten Ranges in großen Folgen als vorhanden anzunehmen, von denen wir im Gelehrtensinne nie etwas wissen werden.

Wir müssen lernen, im weitesten Umfange mit dem Unbekannten zu rechnen. Und zweitens: Wahrheiten gibt es für den Geist; Tatsachen gibt es nur in bezug auf das Leben. Historische Betrachtung, in meiner Ausdrucksweise *physiognomischer Takt:* das ist die Entscheidung des *Blutes*, die auf Vergangenheit und Zukunft erweiterte *Menschenkenntnis*, der angeborne Blick für Personen und Lagen, für das, was Ereignis, was notwendig war, was dagewesen sein *muß*, und *nicht* die bloße wissenschaftliche Kritik und Kenntnis von Daten. Die *wissenschaftliche* Erfahrung kommt bei jedem echten Historiker nebenher oder nachher. Sie beweist mit den Mitteln des Verstehens und Mitteilens umständlich noch einmal, und zwar für das Wachsein, was in *einem* Augenblick der Erleuchtung für das Dasein schon bewiesen war.

Gerade weil die Gewalt des faustischen Daseins heute einen Umkreis innerer Erfahrungen herausgebildet hat, wie sie nie ein anderer Mensch und nie eine andere Zeit erwerben konnten, gerade weil für uns in immer wachsendem Maße fernste Ereignisse einen Sinn und eine Beziehung erhalten, der für alle andern und auch die nächsten Miterlebenden nicht vorhanden sein *konnte*, ist heute für uns vieles Geschichte, nämlich Leben im Einklang mit unserm Leben geworden, was es noch vor hundert Jahren nicht war. Für Tacitus hat die Revolution des Ti. Gracchus, deren Daten er vielleicht „wußte", keine wirkliche Bedeutung mehr, wohl aber für uns. Für keinen Bekenner des Islam bedeutet die Geschichte der Monophysiten und ihre Beziehungen zur Umgebung Mohammeds irgend etwas; *wir* lernen da die Entwicklung des englischen Puritanismus unter andern Bedingungen noch einmal kennen. Für den Weltblick einer Zivilisation, deren Schauplatz die ganze Erde geworden ist, gibt es zuletzt nichts ganz Unhistorisches mehr. Das Schema Altertum-Mittelalter-Neuzeit, wie es das 19. Jahrhundert verstand, enthielt nur eine Auswahl *handgreiflicher* Beziehungen. Aber die heute beginnende Wirkung frühchinesischer und mexikanischer Geschichte auf uns ist von feinerer, geistigerer Art: wir machen da Erfahrungen von den letzten Notwendigkeiten des Lebens überhaupt. Wir lernen dort an einem andern Lebensverlauf uns selbst kennen, wie wir sind, wie wir sein müssen und sein werden; das ist die große Schule unserer Zukunft. Wir, die wir noch Geschichte haben und Geschichte machen, erfahren hier an der äußersten Grenze der historischen Menschheit, was Geschichte *ist*.

Wenn zwischen zwei Negerstämmen des Sudan oder zwischen Cheruskern und Chatten zur Zeit Cäsars oder, was wesentlich dasselbe ist, zwischen zwei Ameisenvölkern eine Schlacht stattfindet, so ist das lediglich ein Schauspiel der lebendigen Natur. Wenn die Cherusker aber im Jahre 9 die Römer schlagen, oder die Azteken die Tlaskalaner, so ist das *Geschichte*. Hier ist das Wann von Bedeutung; hier wiegt jedes Jahrzehnt, selbst jedes Jahr. Es handelt sich um das Fortschreiten eines großen Lebenslaufs, in dem jede Entscheidung den Rang einer Epoche einnimmt. Es ist ein Ziel da, auf das alles Geschehen zutreibt, ein Dasein, das seine Bestimmung erfüllen will, ein Tempo, eine organische Dauer, und nicht das regellose Auf und Ab der Skythen, Gallier, Karaiben, dessen Vorfälle im einzelnen ebenso belanglos sind wie die in einer

Biberkolonie oder einer Steppe voller Gazellenherden. Dies ist *zoologisches Geschehen* und gehört in eine Einstellung von ganz andrer Art: es kommt da nicht auf das Schicksal von einzelnen Völkern und Herden an, sondern auf das Schicksal *des* Menschen und das *der* Gazelle oder Ameise *als Art*. Der primitive Mensch hat Geschichte nur im biologischen Sinne. Auf ihre Ermittlung läuft alle prähistorische Forschung hinaus. Die zunehmende Vertrautheit mit Feuer, Steinwerkzeugen, Metallen und den mechanischen Gesetzen der Waffenwirkung kennzeichnet nur die Entwicklung des Typus und der in ihm ruhenden Möglichkeiten. Was mit diesen Waffen bei einem Kampf zwischen zwei Stämmen erzielt wird, ist im Rahmen dieser Art von Geschichte völlig gleichgültig. Steinzeit und Barock: das sind Altersstufen im Dasein einer Gattung und einer Kultur, also zweier Organismen, die im Bereich zweier grundverschiedener Einstellungen liegen. Ich protestiere hier gegen zwei Annahmen, die alles historische Denken bis jetzt verdorben haben: gegen die Annahme eines Endziels der gesamten Menschheit und gegen die Leugnung von Endzielen überhaupt. Das Leben *hat* ein Ziel. Es ist die Erfüllung dessen, was mit seiner Zeugung gesetzt war. Aber der einzelne Mensch gehört durch seine Geburt entweder einer der hohen Kulturen an oder nur dem menschlichen Typus überhaupt. Eine dritte große Lebenseinheit gibt es für ihn nicht. Aber damit hegt sein Schicksal entweder im Rahmen der zoologischen oder der „Weltgeschichte". Der „historische Mensch", wie ich das Wort verstehe und wie es alle großen Historiker immer gemeint haben, ist der Mensch einer in Vollendung begriffenen Kultur. Vorher, nachher und außerhalb ist er *geschichtslos*. Dann sind die Schicksale des Volkes, zu dem er gehört, ebenso gleichgültig wie das Schicksal der Erde, wenn man es nicht im Bilde der Geologie, sondern der Astronomie betrachtet.

Und daraus folgt eine ganz entscheidende und hier zum erstenmal festgestellte Tatsache: daß der Mensch nicht nur vor dem Entstehen einer Kultur geschichtslos ist, sondern *wieder geschichtslos wird*, sobald eine Zivilisation sich zu ihrer vollen und endgültigen Gestalt herausgebildet und damit die lebendige Entwicklung der Kultur beendet, die letzten Möglichkeiten eines sinnvollen Daseins erschöpft hat. Was wir in der ägyptischen Zivilisation seit Sethos I. (1300) und in der chinesischen, indischen und arabischen noch heute vor uns sehen, ist wieder das zoologische Auf und Ab des primitiven Zeitalters, mag es sich auch in noch so durchgeistigte religiöse, philosophische und vor allem politische Formen hüllen. Ob in Babylon die Kossäer als wüste Soldatenhorde oder die Perser als feine Erben sitzen; wann, wie lange und mit welchem Erfolg sie das tun, ist von Babylon aus gesehen ohne Bedeutung. Für das Behagen der Bevölkerung war es gewiß nicht gleichgültig, aber an der Tatsache, daß die Seele dieser Welt erloschen war und deshalb alle Ereignisse einer tieferen Bedeutung entbehrten, änderte sich damit nichts. Eine neue, fremde oder einheimische Dynastie in Ägypten, eine Revolution oder Eroberung in China, eine neues Germanenvolk im römischen Reiche, das gehört zur Geschichte der Landschaft wie eine Änderung im Wildbestand oder der Ortswechsel eines Vogelschwarmes. Was in der wirklichen

Geschichte höherer Menschen immer auf dem Spiel stand und allen tierhaften Machtfragen zugrunde lag, auch wenn der Treibende oder Getriebene sich nicht im geringsten der Symbolik seiner Taten, Absichten und Geschicke bewußt wurde, das war die Verwirklichung von etwas durchaus Seelenhaftem, die Überführung einer Idee in eine lebendig historische Gestalt. Das gilt ebenso von dem Ringen zwischen großen Stilrichtungen in der Kunst – Gotik und Renaissance –, oder zwischen Philosophen – Stoiker und Epikuräer –, oder Staatsgedanken – Oligarchie und Tyrannis–, oder Wirtschaftsformen – Kapitalismus und Sozialismus.

Von alledem ist nicht mehr die Rede. Was übrig bleibt, ist der Kampf um die bloße Macht, um den animalischen Vorteil an sich. Und wenn vorher selbst die scheinbar ideenloseste Macht noch in irgend einer Weise der Idee dient, so ist in späten Zivilisationen selbst der überzeugendste Schein einer Idee nur die Maske für rein zoologische Machtfragen.

Was die indische Philosophie vor und nach Buddha unterscheidet, ist dort die große Bewegung auf ein mit der indischen Seele und in ihr gesetztes Ziel des indischen Denkens, und hier das immer neue Hin- und Herwenden eines Denkbestandes, der dadurch nicht anders wird. Die Lösungen sind da, aber man ändert den Geschmack in der Art, sie auszusprechen. Und dasselbe gilt von der chinesischen Malerei vor und nach dem Beginn der Han-Dynastie – mögen wir sie kennen oder nicht – und von der ägyptischen Architektur vor und nach dem Beginn des Neuen Reiches. In der Technik steht es nicht anders. Die abendländischen Erfindungen der Dampfmaschine und Elektrizität kommen unter den Chinesen heute in ganz derselben Weise – und mit derselben religiösen Scheu – in Aufnahme wie vor viertausend Jahren die Bronze und der Pflug und noch viel früher das Feuer. Beides unterscheidet sich seelisch vollständig von den Erfindungen, welche die Chinesen der Dschouzeit selbst gemacht haben und die für ihre innere Geschichte jedesmal eine Epoche bedeuteten.Vorher und nachher spielen Jahrhunderte nicht entfernt mehr die Rolle wie die Jahrzehnte und oft einzelne Jahre innerhalb der Kultur, *denn die Zeiträume der Biologie kommen allmählich wieder zur Geltung*. Das gibt diesen sehr späten Zuständen, welche für ihre Träger etwas ganz Selbstverständliches haben, den Charakter jener feierlichen Dauer, den echte Kulturmenschen wie Herodot in Ägypten und seit Marco Polo die Westeuropäer in China im Vergleich mit dem Tempo der eigenen Entwicklung staunend wahrgenommen haben. Es ist die Dauer der Geschichtslosigkeit.

Ist nicht mit Actium und der *pax Romana* die antike Geschichte zu Ende? Große Entscheidungen, in denen sich der innere Sinn einer ganzen Kultur zusammendrängt, kommen nicht mehr vor. Der Unsinn, die Zoologie beginnt zu herrschen. Es wird gleichgültig – für die Welt, nicht für die handelnden Privatpersonen –, ob ein Ereignis so oder so ausgeht. Alle großen Fragen der Politik sind gelöst, wie sie in allen Zivilisationen zuletzt gelöst werden: indem man Fragen nicht mehr als solche empfindet; indem man nicht mehr fragt. Es dauert nicht lange und man versteht auch nicht mehr, was bei früheren Katastrophen an Problemen eigentlich zugrunde lag. Was man nicht an sich selbst erlebt, erlebt man auch nicht an andern. Wenn die späten Ägypter von der Hyksoszeit, die späten Chinesen von der entsprechenden „Zeit der kämpfenden Staaten" reden, so beurteilen sie das äußere Bild nach ihrer Art zu leben, die keine Rätsel mehr kennt. Sie sehen da bloße Kämpfe um die Macht; sie sehen nicht, daß diese verzweifelten äußeren und inneren Kriege, in denen man die Fremden gegen die eigenen Mitbürger aufrief, um eine Idee geführt wurden. Wir verstehen heute, was um die Ermordung des Ti. Gracchus und des Clodius in furchtbaren Spannungen und Entladungen vor sich ging. 1700 konnten wir es noch nicht und 2200 werden wir es nicht mehr verstehen. Genau so steht es mit jenem Chian, einer napoleonischen Erscheinung, für welche die ägyptischen Historiker später nur noch die Bezeichnung „Hyksoskönig" ausfindig machten. Wären die Germanen nicht gekommen, so hätte die römische Geschichtsschreibung ein Jahrtausend später vielleicht aus Gracchus, Marius, Sulla und Cicero eine Dynastie gemacht, die von Cäsar gestützt wurde.

Man vergleiche den Tod des Ti. Gracchus mit dem Neros, als die Nachricht von der Erhebung Galbas nach Rom kam, oder den Sieg Sullas über die Marianer mit dem des Septimius Severus über Pescennius Niger. Hätte das entgegengesetzte Ergebnis im zweiten Falle am Gange der Kaiserzeit irgend etwas geändert? Es geht bereits viel zu weit, wenn Mommsen und Ed. Meyereinen sorgfältigen Unterschied zwischen der „Monarchie" Cäsars und dem „Prinzipat" des Pompejus oder Augustus machen. Das sind jetzt leere staatsrechtliche Formeln; fünfzig Jahre vorher wäre es noch der Gegensatz zweier Ideen gewesen. Wenn Vindex und Galba 68 „die Republik" wiederherstellen wollten, so spielten sie mit einem Begriff in einer Zeit, für die es Begriffe von echter Symbolik nicht mehr gab. Es stand nur noch in Frage, in wessen Hände die rein materielle Gewalt kommen würde. Die immer negerhafteren Kämpfe um den Cäsarentitel hätten sich noch durch Jahrhunderte fortspinnen können, in immer primitiveren und deshalb „ewigeren" Formen.

Diese Bevölkerungen haben keine Seele mehr. Sie können deshalb keine eigne Geschichte mehr haben. Sie können höchstens in der Geschichte einer fremden Kultur die Bedeutung eines Objektes erhalten und es ist ausschließlich dieses fremde Leben, welches von sich aus den tieferen Sinn dieser Beziehung bestimmt. Was auf dem Boden alter Zivilisationen überhaupt noch geschichtsartig wirkt, ist also nie der Gang der Ereignisse, insofern der Mensch dieses Bodens selbst in ihnen mitspielt, sondern insofern andre es tun. Aber damit ist das Gesamtphänomen „Weltgeschichte" wieder in seinen zwei Elementen sichtbar geworden: Lebensläufe großer Kulturen und die Beziehungen zwischen ihnen.

III. Die Beziehungen zwischen den Kulturen

12

Obwohl sie das zweite und die Kulturen das erste sind, so urteilt das moderne historische Denken doch umgekehrt. Je weniger es die eigentlichen Lebensläufe erkennt, aus denen sich die scheinbare Einheit des Weltgeschehens zusammensetzt, desto eifriger sucht es das Leben im Gewebe der Beziehungen, desto weniger versteht es mithin auch von diesen. Wie reich ist die Psychologie dieses Aufsuchens, Abwehrens, Wählens, Umdeutens, Verführens, Eindringens, Sichanbietens, und zwar sowohl zwischen Kulturen, die sich unmittelbar berühren, bewundern, bekämpfen, als zwischen einer lebenden Kultur und der Formenwelt einer toten, deren Reste noch sichtbar in der Landschaft stehen! Und wie eng und arm sind die Vorstellungen, welche demgegenüber der Historiker mit den Worten Einfluß, Fortdauer und Fortwirkung verbindet!

Das ist echtes 19. Jahrhundert. Man sieht nur noch eine Kette von Ursachen und Wirkungen. Alles „folgt", nichts ist ursprünglich. Weil überall Formenelemente der Oberfläche älterer Kulturen sich bei jüngeren wiederfinden, so haben sie „fortgewirkt", und wenn man eine Reihe von solchen Einwirkungen beisammen hat, so glaubt man etwas Rechtes getan zu haben.

Zugrunde liegt dieser Betrachtungsweise das Bild der sinnvoll-einheitlichen Menschengeschichte, wie es einst den großen Gotikern aufging. Da sah man, wie auf Erden Menschen und Völker wechselten und die Ideen blieben. Der Eindruck dieses Bildes war gewaltig und hat sich noch heute nicht verloren. Ursprünglich war es der Plan, den Gott mit dem Menschengeschlecht verfolgte; aber auch später noch konnte man die Dinge so sehen, solange der Bann des Schemas Altertum – Mittelalter – Neuzeit anhielt und man nur das scheinbar Dauernde, nicht das tatsächlich sich Verändernde bemerkte. Inzwischen ist unser Blick anders geworden, kühler und weiter, und unser Wissen hat die Grenzen dieses Schemas längst überschritten. Wer heute noch so sieht, steht auf der falschen Seite. Nicht das Geschaffene „wirkt ein", sondern das Schaffende „nimmt an". Man verwechselt Dasein und Wachsein, das Leben mit den Mitteln, durch die es sich zum Ausdruck bringt. Das theoretische Denken, selbst bloßes Wachsein, sieht überall theoretische Einheiten in Bewegung begriffen. Das ist echt faustisch-dynamisch. In keiner andern Kultur haben die Menschen sich Geschichte so vorgestellt. Ein Grieche mit seinem durchaus körperhaften Verstehen der Welt würde nie bloße Ausdruckseinheiten wie „das attische Drama" oder „die ägyptische Kunst" in ihren „Wirkungen" verfolgt haben.

Das erste ist, daß man ein *System von Ausdrucksformen* mit einem Namen bezeichnet. Damit hebt sich ein Komplex von Beziehungen vor dem Auge ab. Es dauert nicht lange, und man denkt sich unter dem Namen ein Wesen und unter der Beziehung eine Wirkung. Wer heute von der griechischen Philosophie, dem Buddhismus, der Scholastik spricht, meint irgendwie etwas Lebendiges, eine Krafteinheit, die herangewachsen und mächtig geworden ist und nun von den Menschen Besitz ergreift, ihr Wachsein und sogar ihr Dasein sich unterwirft und sie zuletzt zwingt, in der Lebensrichtung dieses Wesens weiterzuwirken. Das ist eine vollkommene Mythologie, und es ist bezeichnend, daß nur Menschen der abendländischen Kultur, deren Mythos noch mehr Dämonen von dieser Art kennt – „die" Elektrizität, „die" Energie der Lage –, in und mit diesem Bilde leben.

In Wirklichkeit sind diese Systeme nur *im menschlichen Wachsein* vorhanden, und zwar als Tätigkeitsarten. Religion, Wissenschaft, Kunst sind *Tätigkeiten des Wachseins,* denen ein Dasein zugrunde liegt. Glauben, Nachdenken, Gestalten und alles, was an sichtbarer Tätigkeit durch diese unsichtbaren gefordert wird, Opfern, Beten, das physikalische Experiment, die Arbeit an einer Statue, die Fassung einer Erfahrung in mitteilbare Worte sind Tätigkeiten des Wachseins und nichts anderes. Die übrigen Menschen sehen davon nur das Sichtbare und hören nur die Worte. Sie erleben dabei etwas in sich selbst, über dessen Verhältnis zu dem, was der Schöpfer in sich selbst erlebt hatte, sie sich keine Rechenschaft geben können. Wir sehen eine Form, aber wir wissen nicht, was in der Seele des andern sie erzeugt hat. Wir können darüber nur etwas glauben und wir glauben es, indem wir unsre eigene Seele hineinlegen. Mag eine Religion in noch so deutlichen Worten sich verkünden, es sind Worte, und der Hörer trägt seinen Sinn hinein. Mag ein Künstler in seinen Tönen und Farben noch so eindringlich wirken, der Betrachter sieht und hört in ihnen nur sich selbst. Kann er das nicht, so ist das Werk für ihn bedeutungslos. Die äußerst seltene und ganz moderne Gabe einiger extrem historischer Menschen, sich „in die andern hineinzuversetzen", kommt hier nicht in Frage. Ein Germane, den Bonifatius bekehrt, versetzt sich in den Geist des Missionars hinein. Jenes frühlinghafte Aufschauern, das damals durch die ganze junge Welt des Nordens ging, bedeutete nichts anderes, als daß jeder für seine eigne Religiosität durch die Bekehrung plötzlich eine Sprache fand. Die Augen eines Kindes leuchten auf, wenn man ihm zu einem Gegenstand, den es in der Hand hält, den Namen nennt. So war es auch hier.

Nicht die mikrokosmischen Einheiten also wandern, sondern die kosmischen Einheiten wählen sie aus und eignen sie sich an. Wäre es anders, wären diese Systeme wirkliche Wesen, die eine Tätigkeit ausüben können – denn „Einfluß" ist eine organische Tätigkeit –, so wäre das Bild der Geschichte ein vollkommen anderes. Man sollte doch die Blicke darauf lenken, daß jeder heranwachsende Mensch und jede lebendige Kultur beständig ungezählte Tausende von möglichen Einflüssen um sich hat, von denen ganz wenige als solche *zugelassen* werden, die große Mehrzahl aber nicht. Sind es die Werke oder die Menschen, welche die Auswahl treffen?

Der auf Kausalreihen erpichte Historiker zählt nur die Einflüsse, die vorhanden sind; es fehlt die Gegenrechnung. Zur Psychologie der positiven gehört die der „negativen"

Einwirkungen. Gerade das wäre eine äußerst aufschlußreiche und die ganze Frage erst entscheidende Aufgabe, an die sich noch niemand herangewagt hat. Geht man ihr aus dem Wege, so entsteht das in seinen Grundzügen falsche Bild eines fortlaufenden welthistorischen Geschehens, in dem nichts verloren geht. – Zwei Kulturen können sich von Mensch zu Mensch berühren oder der Mensch der einen die tote Formenwelt der andern in ihren mitteilbaren Resten sich gegenübersehen. Tätig ist in jedem Falle der Mensch allein. Die gewordene Tat des einen kann von einem andern nur aus dessen Dasein heraus beseelt werden. Sie wird damit sein inneres Eigentum, sein Werk und ein Teil seines Selbst. Nicht „der Buddhismus" ist von Indien nach China gewandert, sondern es wurde aus dem Vorstellungsschatz der indischen Buddhisten ein Teil von den Chinesen einer besonderen Gefühlsrichtung angenommen und zu einer *neuen* Art des religiösen Ausdrucks gemacht, die ausschließlich für chinesische Buddhisten etwas bedeutete. Es kommt nie auf den ursprünglichen Sinn der Form an, sondern auf die Form selbst, in welcher das tätige Empfinden und Verstehen des Betrachters die Möglichkeit zu *eigner* Schöpfung entdeckt. Bedeutungen sind unübertragbar. Die tiefe seelische Einsamkeit, die sich zwischen das Dasein zweier Menschen von verschiedener Art legt, wird durch nichts gemindert. Mögen sich damals Inder und Chinesen gemeinsam als Buddhisten empfunden haben, sie standen sich innerlich deshalb nicht weniger fern. Es sind dieselben Worte, dieselben Bräuche, dieselben Zeichen – aber zwei verschiedene Seelen, die ihre eignen Wege gehen.

Man kann daraufhin alle Kulturen durchsuchen, man wird überall bestätigt finden, daß statt der scheinbaren Fortdauer der früheren Schöpfung in der späteren es immer das jüngere *Wesen* war, das eine ganz geringe Anzahl von Beziehungen zu älteren *Wesen* angeknüpft hat, und zwar ohne die ursprüngliche Bedeutung dessen zu beachten, was es damit für sich erwarb. Wie steht es denn mit den „ewigen Errungenschaften" in der Philosophie und Wissenschaft? Wir müssen immer wieder hören, wieviel von der griechischen Philosophie noch heute fortlebt. Aber das bleibt eine Redensart ohne eine gründliche Aufstellung dessen, was erst der magische und dann der faustische Mensch mit der tiefen Weisheit ungebrochener Instinkte abgelehnt, nicht bemerkt oder unter Beibehaltung der Formeln planmäßig anders verstanden hat. Der naive Glaube gelehrter Begeisterung täuscht sich hier. Die Liste würde sehr lang sein und die andre völlig zum Verschwinden bringen. Wir pflegen Dinge wie die Bilderchentheorie Demokrits, die sehr körperhafte Ideenwelt Platos, die zweiundfünfzig Kugelschalen der Welt des Aristoteles als unwesentliche Irrtümer zu übergehen. Das heißt, die Meinung der Toten besser kennen wollen als sie selbst. Es sind wesentliche Wahrheiten – nur nicht für uns. Was wir in Wirklichkeit von der griechischen Philosophie auch nur an Äußerlichem besitzen, ist so gut wie nichts. Man sei doch ehrlich und nehme die alten Denker beim Wort: nicht ein Satz Heraklits, Demokrits, Platos ist für uns wahr, wenn wir ihn nicht erst zurechtmachen. Was haben wir denn von der Methode, dem Begriff, der Absicht, den Mitteln der griechischen Wissenschaft angenommen, von den überhaupt nicht verständlichen Grundworten zu schweigen? Die Renaissance stand ja wohl ganz unter dem „Einfluß" der antiken Kunst? Wie war es aber mit der Form des dorischen Tempels, mit der ionischen Säule, dem Verhältnis von Säule und Gebälk, der Farbenwahl, Hintergrundbehandlung und Perspektive der Gemälde, den Grundsätzen der figürlichen Gruppierung, dem Vasenbild, dem Mosaik, der Enkaustik, der Tektonik der Statue, den Proportionen des Lysippos? Warum übte das alles keinen Einfluß?

Weil es von vornherein feststand, was man ausdrücken wollte, und man also von dem toten Bestand, den man vor sich hatte, nur das wenige wirklich sah, was man wünschte, und zwar so, wie man es wünschte, nämlich in der Richtung der eignen Absicht und nicht der des Schöpfers, über die keine lebendige Kunst je ernstlich nachgedacht hat. Man muß den „Einfluß" der ägyptischen auf die frühgriechische Plastik Zug um Zug verfolgen, um endlich zu sehen, daß ein Einfluß gar nicht vorhanden ist, sondern daß das griechische Formwollen jenen alten Kunstbeständen einige Merkmale entnahm, die es auch ohne sie in irgend einer Art gefunden hätte. Rings um die antike Landschaft hatten Ägypter, Kreter, Babylonier, Assyrer, Hethiter, Perser, Phöniker gearbeitet und die Griechen haben ihre Werke in sehr großer Zahl gekannt, Bauten, Ornamente, Kunstwerke, Kulte, Staatsformen, Schriftarten, Wissenschaften – was von alledem hat die antike Seele als Mittel zum eigenen Ausdruck herangezogen? Ich wiederhole: man sieht immer nur die Beziehungen, die zugelassen worden sind. Was alles ist aber *nicht* zugelassen worden? Warum befinden sich z. B. die ägyptischen Pyramiden, Pylonen, Obelisken, die Hieroglyphen- und Keilschrift nicht darunter? Was hat die gotische Kunst, das gotische Denken in Byzanz, in dem maurischen Orient, in Spanien und Sizilien *nicht* angenommen? Man kann die gänzlich unbewußte Weisheit der Auswahl und der ebenso entschlossenen Umdeutung gar nicht hoch genug einschätzen. Jede Beziehung, die zugelassen wird, ist nicht nur eine Ausnahme, sondern auch ein Mißverständnis, und die innere Kraft eines Daseins äußert sich vielleicht nirgends so deutlich wie in dieser *Kunst des planmäßigen Mißverstehens.* Je lauter man die Prinzipien eines fremden Denkens rühmt, desto gründlicher hat man sicherlich ihren Sinn verändert. Man gehe doch dem Lobe Platos im Abendlande einmal genau nach! Von Bernhard von Chartres und Marsilius Ficinus bis zu Goethe und Schelling! Je demütiger man eine fremde Religion annimmt, desto vollkommener hat sie bereits die Form der neuen Seele angenommen. Es sollte wirklich einmal die Geschichte der „drei Aristoteles" geschrieben werden, nämlich des griechischen, arabischen und gotischen, die nicht einen Begriff, nicht einen Gedanken gemein haben. Oder die Geschichte der Verwandlung des magischen in das faustische Christentum! Wir hören und lernen, daß diese Religion sich im Westen unverändert von der alten Kirche aus über das Abendland verbreitet hat. In Wirklichkeit entwickelte der magische Mensch aus der ganzen Tiefe seines dualistischen Weltbewußtseins eine Sprache seines religiösen Wachseins, die wir „das" Christentum nennen. Was von diesem Erlebnis mitteilbar war, Worte, Formeln,

Gebräuche, nahm der Mensch der spätantiken Zivilisation als Mitte für *sein* religiöses Bedürfnis an; von Mensch zu Mensch ging diese Formensprache bis zu den Germanen der abendländischen Vorkultur, in den Wortklängen immer dasselbe, in den Bedeutungen immer etwas anderes. Man würde nie gewagt haben, die ursprüngliche Bedeutung der heiligen Worte zu *verbessern,* aber man hat sie gar nicht gekannt. Wer das bezweifelt, der betrachte „die“ Idee der Gnade, wie sie sich bei Augustin im dualistischen Sinne auf eine Substanz im Menschen, bei Calvin im dynamischen Sinne auf den Willen im Menschen richtet. Oder die uns kaum verständliche magische Vorstellung von *“consensus“*,welche in jedem Menschen ein *pneuma* als Ausfluß des göttlichen *pneuma* voraussetzt und infolgedessen in der übereinstimmenden Meinung der Berufenen die unmittelbare göttliche Wahrheit findet. Auf dieser Gewißheit beruht die Würde der frühchristlichen Konzilbeschlüsse ebenso wie die wissenschaftliche Methode, die heute noch in der Welt des Islam herrscht. Da der Mensch des Abendlandes dies nicht begriff, so wurden die Konzile der spätgotischen Zeit für ihn zu einer Art von Parlament, das die geistige Bewegungsfreiheit des Papsttums beschränken sollte. So hat man die konziliare Idee noch im 15. Jahrhundert aufgefaßt – man denke an Konstanz, Basel, an Savonarola und Luther – und sie mußte endlich als frivol und sinnlos vor dem Gedanken der päpstlichen Unfehlbarkeit verschwinden. Oder der allgemein früharabische Gedanke der Auferstehung des Fleisches, der ebenfalls die Vorstellung vom göttlichen und menschlichen *pneuma* voraussetzt. Der antike Mensch nahm an, daß die Seele als Form und Sinn des Leibes irgendwie mit ihm entstehe. Im griechischen Denken ist davon kaum die Rede. Ein solches Schweigen kann zwei Gründe haben: entweder kennt man den Gedanken nicht, oder er ist so selbstverständlich, daß er als Problem gar nicht zum Bewußtsein kommt. Das ist hier der Fall. Ebenso selbstverständlich ist es für den arabischen Menschen, daß sein *pneuma* als Ausfluß aus dem Göttlichen in seinem Leibe Wohnung genommen hat. Daraus folgt, daß etwas da sein muß, wenn am Jüngsten Tage der menschliche Geist wieder erstehen soll: daher die Auferstehung ἐκ νεκρῶν, aus den Leichen. Dies ist in seiner Tiefe für das abendländische Weltgefühl völlig unverständlich. Am Wortlaut der heiligen Lehre wurde nicht gezweifelt, aber unbewußt wurde ihr bei geistig hochstehenden Katholiken und sehr deutlich bei Luther ein andrer Sinn untergeschoben, den wir heute mit dem Wort Unsterblichkeit, das heißt Fortdauer der Seele als eines reinen Kraftmittelpunktes für alle Unendlichkeit kennzeichnen. Könnten Paulus oder Augustin unsre Vorstellungen vom Christentum einmal kennenlernen, sie würden alle Bücher, alle Dogmen und alle Begriffe als durchaus mißverständlich und ketzerisch zurückweisen.

Als das stärkste Beispiel eines Systems, das scheinbar in seinen Grundzügen unverändert durch zwei Jahrtausende gewandert ist, während es in Wirklichkeit in drei Kulturen drei vollständige Entwicklungen von jedesmal ganz andrer Bedeutung durchgemacht hat, gebe ich hier die *Geschichte des römischen Rechts.*

13

Das antike Recht ist ein Recht, das von Bürgern für Bürger geschaffen wird. Es setzt als selbstverständliche Staatsform die Polis voraus. Erst aus dieser Grundform des öffentlichen Daseins ergibt sich, und zwar wieder mit Selbstverständlichkeit, der Begriff der Person als des Menschen, der in seiner Gesamtheit mit dem Körper (σῶμα)des Staates identisch ist. Aus dieser formalen Tatsache des antiken Weltgefühls hat sich das gesamte antike Recht entwickelt. *Persona* ist also *ein spezifisch antiker Begriff, der nur innerhalb dieser einen Kultur Sinn und Geltung besitzt.* Die einzelne Person ist ein Leib (σῶμα), der zum Bestande der Polis gehört. Das Recht der Polis bezieht sich *nur* auf ihn. Es geht nach unten über in das Sachenrecht – die Grenze bildet das Rechtsverhältnis des Sklaven, der ein Leib, aber keine Person ist – nach oben in das göttliche Recht – die Grenze bildet der Heros, der aus einer Person zur Gottheit geworden ist und nun den Rechtsanspruch auf einen Kult besitzt, wie in griechischen Städten Lysander und Alexander und später in Rom die zu *Divi* erhobenen Kaiser. Aus dem in dieser Richtung immer schärfer entwickelten antiken Rechtsdenken erklärt sich auch ein Begriff wie die *capitis deminutio media,* der dem abendländischen Menschen sehr fremd ist: wir können uns denken, daß einer Person in unserem Sinne gewisse oder auch alle Rechte entzogen werden; der antike Mensch hört aber durch diese Strafe auf, *eine Person zu sein,* obwohl er körperlich weiterlebt. Erst im Gegensatz zu diesem Begriff der Person, als ihr Objekt, ist der spezifisch antike Begriff der Sache, *res,* zu fassen.

Da die antike Religion durchaus Staatsreligion ist, so besteht in der Rechtserzeugung kein Unterschied: Sachenrecht und göttliches Recht werden ebenfalls von Bürgern geschaffen. Sachen und Götter stehen in einem genau geregelten Rechtsverhältnis zu den Personen. Es ist nun für das antike Recht von entscheidender Bedeutung, daß es aus der unmittelbaren öffentlichen Erfahrung heraus erzeugt wird, und zwar nicht aus der beruflichen des Richters, sondern der praktisch-allgemeinen des Mannes, der im politisch-wirtschaftlichen Leben überhaupt eine bedeutende Stellung einnahm. Wer in Rom die Ämterlaufbahn einschlug, wurde mit Notwendigkeit Jurist, Heerführer, Verwaltungschef und Finanzbeamter. Er sprach als Prätor Recht, nachdem er sich eine große Erfahrung auf ganz anderen Gebieten angeeignet hatte. Der Richter als Stand, der für diese eine Tätigkeit fachmännisch und sogar theoretisch ausgebildet wird, ist der Antike durchaus unbekannt. Das hat die ganze spätere Rechtswissenschaft ihrem Geiste nach bestimmt. Die Römer waren hier weder Systematiker noch Historiker noch Theoretiker, sondern lediglich glänzende Praktiker. Ihre Jurisprudenz ist eine *Erfahrungswissenschaft von Einzelfällen,* eine durchgeistigte Technik, kein Gebäude von Abstraktionen.

Es ergibt ein falsches Bild, wenn man griechisches und römisches Recht wie zwei Größen gleicher Ordnung gegenüberstellt. Das römische Recht ist in seiner ganzen Entwicklung ein einzelnes Stadtrecht unter vielen Hunderten gewesen, und ein griechisches Recht als Einheit hat es nie gegeben. Wenn die griechisch sprechenden Städte vielfach sehr ähnliche Rechte ausgebildet haben, so ändert das nichts an der Tatsache, daß jede ihr eignes besitzt. Nie ist der Gedanke an eine allgemein dorische oder gar hellenische Gesetzgebung aufgetaucht. Dem antiken Denken lagen solche Vorstellungen gänzlich fern. Das römische *jus civile* galt *nur* für Quiriten; Fremde, Sklaven, die ganze Welt außerhalb der Stadt kam dafür nicht in Betracht, während schon im Sachsenspiegel tiefgefühlt der Gedanke liegt, daß es eigentlich nur *ein* Recht geben könne. Bis in die späte Kaiserzeit bestand in Rom der strenge Unterschied zwischen dem *jus civile* für Bürger und dem *jus gentium* – das etwas ganz anderes ist als unser Völkerrecht – für die „andern", die im Machtbereich Roms als Objekte von dessen Rechtsprechung weilten. Nur weil Rom dahin gelangte, als einzelne Stadt das antike Imperium zu beherrschen – was bei einer andern Entwicklung der Dinge auch Alexandria möglich gewesen wäre –, ist das römische Recht, nicht durch seine innere Überlegenheit, sondern zuerst durch den politischen Erfolg und dann durch den Alleinbesitz der praktischen Erfahrung großen Stils an die Spitze getreten. Die Ausbildung eines allgemein antiken Rechts hellenistischen Stils – wenn man damit den verwandten Geist *vieler Einzelrechte* bezeichnen darf – fällt in eine Zeit, wo Rom eine politische Größe dritten Ranges war. Und als das römische Recht begann, großartige Formen anzunehmen, war das nur eine Seite der Tatsache, daß römischer Geist den Hellenismus unterworfen hatte: die Ausbildung des antiken Spätrechts geht vom Hellenismus auf Rom über, und damit von einer Summe von Stadtstaaten, die dabei unter dem Eindruck der Tatsache standen, daß keine von ihnen wirkliche Macht besaß, an eine einzige, deren ganze Tätigkeit schließlich in der Ausübung dieser Vormacht aufging. Deshalb ist es nicht zur Ausbildung einer Rechtswissenschaft in griechischer Sprache gekommen. Als die Antike in ein Stadium trat, wo sie für diese Wissenschaft, die letzte von allen, reif war, gab es nur noch *eine* rechtsetzende Stadt, die dafür praktisch in Betracht kam.

Es wird also nicht genügend beachtet, daß es sich bei griechischem und römischem Recht nicht um ein Nebeneinander, sondern um ein Nacheinander handelt. Das römische Recht ist das jüngste; es setzt die andern mit ihren langen Erfahrungen vorausund wurde unter deren vorbildlichem Eindruck spät und sehr rasch ausgebaut. Es ist wichtig, daß die Blütezeit der stoischen Philosophie, die auf das Rechtsdenken tief gewirkt hat, der Blüte der griechischen Rechtsbildung folgte, der römischen aber voranging.

14

Diese Ausbildung geschah aber im Denken einer extrem unhistorischen Menschenart. Infolgedessen ist das antike Recht durchaus *ein Recht des Tages, ja des Augenblicks*. Es wird der Idee nach in jedem einzelnen Fall für diesen Fall geschaffen und hört mit dessen Erledigung auf, Recht zu sein. Seine Geltung auch für künftige Anlässe würde dem antiken Gegenwartssinn widersprechen. Der römische Prätor stellte zu Beginn seines Amtsjahres ein Edikt auf, in dem er die Rechtssätze mitteilt, nach denen er zu verfahren gedenkt, aber sein Nachfolger ist in keiner Weise an sie gebunden. Und selbst diese Begrenzung des geltenden Rechtes auf ein Jahr entspricht nicht der tatsächlichen Dauer. Vielmehr formuliert der Prätor in jedem einzelnen Falle für das von den Geschworenen zu fällende Urteil den konkreten Rechtssatz – namentlich seit der *lex Aebutia* –, nach welchem dies Urteil und nur dies eine gesprochen werden muß. Er erzeugt damit im strengsten Sinne des Wortes ein „gegenwärtiges Recht" ohne jede Dauer.

Scheinbar ähnlich, aber dem Sinne nach ganz anders und eben deshalb so geeignet, die tiefe Kluft zwischen antikem und abendländischem Recht aufzudecken, ist ein genialer, echt germanischer Zug im englischen Recht: die rechtsschöpferische Gewalt des Richters. Er soll ein Recht anwenden, das der Idee nach ewige Geltung besitzt. Schon die Anwendung der bestehenden Gesetze im Gerichtsverfahren, in dessen Anordnung ihr Zweck erst zur Erscheinung kommt, kann er durch seine „*Rules*", Ausführungsvorschriften (die mit der erwähnten prätorischen Schriftformel nichts gemein haben) nach eignem Ermessen regeln. Kommt er aber zu dem Schluß, daß in einem einzelnen Fall ein Tatsachenstoff vorliegt, für den das geltende Recht eine Lücke aufweist, so kann er diese *sofort schließen* und also mitten im Prozeß ein neues Recht schaffen, welches – die Billigung durch den Richterstand in ganz bestimmten Formen vorausgesetzt – *von nun an zum dauernden Bestande gehört*. Gerade dies ist so unantik wie möglich. Nur weil der Lauf des öffentlichen Lebens innerhalb eines Zeitalters sich wesentlich gleich bleibt und die wichtigsten Rechtslagen also immer wiederkehren, bildet sich in Rom allmählich ein Bestand von Sätzen heraus, der *erfahrungsgemäß* – *nicht*, weil man ihnen Gewalt für die Zukunft verliehen hat – sich immer wieder einstellt, gewissermaßen immer aufs neue erzeugt wird. Die Summe dieser Sätze, kein System, sondern eine Sammlung, bildet jetzt „das Recht", wie es in der späteren Ediktalgesetzgebung der Prätoren vorliegt, deren wesentliche Bestandteile ein Prätor aus Gründen der Zweckmäßigkeit von dem andern übernimmt.

Erfahrung bedeutet also im antiken Rechtsdenken etwas anderes als bei uns: nicht den Überblick über eine lückenlose Gesetzesmasse, die alle möglichen Fälle voraussieht, und die Übung in ihrer Anwendung, sondern das Wissen, daß gewisse Urteilslagen sich immer wieder einstellen, so daß man es sich ersparen kann, das Recht für sie immer aufs neue zu formen.

Die echt antike Form, in welcher der Gesetzesstoff sich langsam sammelt, ist also eine fast von selbst erfolgende Summation der einzelnen *nomoi, leges, edicta*, wie zur Zeit des prätorischen Amtsrechts in Rom. Alle sogenannten Gesetzgebungen des Solon, Charondas, der XII Tafeln sind nichts als gelegentliche Zusammenfassungen solcher Edikte, die sich als brauchbar erwiesen haben. Das Recht von Gortyn, etwa gleichzeitig mit den XII, stellt eine Novellengruppe zu einer älteren Sammlung dar. Eine neugegründete Stadt legte sich alsbald eine solche Sammlung an, wobei viel Dilettantismus unterlief. So hat Aristophanes in den Vögeln die Gesetzesfabrikanten verspottet. Von einem System ist nirgends die Rede, noch weniger von der Absicht, das Recht damit für lange Zeit festzulegen.

Im Abendlande besteht im stärksten Gegensatz dazu die Tendenz, von vornherein den gesamten lebenden Rechtsstoff in ein für immer gegliedertes und erschöpfendes Gesamtwerk zu bringen, in dem jeder überhaupt denkbare Fall der Zukunft im voraus entschieden ist. Alles abendländische Recht wird für die Zukunft, alles antike für den Augenblick geprägt.

15

Dem scheint die Tatsache zu widersprechen, daß es in Wirklichkeit antike Gesetzwerke gegeben hat, die von Berufenen, und zwar zu dauernder Anwendung hergestellt worden sind. Allerdings wissen wir vom frühantiken Recht (1100–700) nicht das geringste, und es ist wohl sicher, daß eine Aufzeichnung der bäuerlichen und frühstädtischen Gewohnheitsrechte im Gegensatz zu denen der gotischen und früharabischen Zeit (Sachsenspiegel, syrisches Rechtsbuch) nicht stattgefunden hat. Die älteste für uns noch erkennbare Schicht bilden die seit 700 entstandenen Sammlungen, welche mythischen oder halbmythischen Persönlichkeiten zugeschrieben wurden: Lykurg, Zaleukos, Charondas, Drakonund einigen römischen Königen.Sie waren vorhanden, das ergibt die Gestalt der Sage, aber weder ihre wirklichen Urheber noch die wirklichen Vorgänge der Kodifizierung noch der ursprüngliche Inhalt sind den Griechen der Perserzeit noch bekannt gewesen.

Eine zweite Schicht, dem Codex Justinians, der Rezeption des römischen Rechts in Deutschland entsprechend, knüpft sich an die Namen Solon (600), Pittakos (550) und andere. Das sind bereits ausgebildete Rechte von städtischem Geist. Sie wurden als *politeia, nomos* bezeichnet, gegenüber den alten Namen der *thesmoi* oder *rhetrai*Wir kennen also in Wirklichkeit nur die Geschichte des spätantiken Rechts. Woher nun diese plötzlichen Kodifikationen? Schon ein Blick auf die Namen lehrt, daß es sich bei diesen Vorgängen letzten Endes überhaupt nicht um ein Recht handelt, das als Ergebnis reiner Erfahrungen niedergelegt werden soll, sondern um die *Entscheidung politischer Machtfragen*.

Es ist ein großer Irrtum, wenn man glaubt, daß es ein gleichsam über den Dingen schwebendes, von politisch-wirtschaftlichen Interessen ganz unabhängiges Recht überhaupt geben könne. Man kann es sich vorstellen, und die Menschen, welche das Vorstellen politischer Möglichkeiten für eine politische Tätigkeit halten, haben es sich immer so vorgestellt. Das ändert aber nichts daran, daß ein solches Recht von abstraktem Ursprung in der geschichtlichen Wirklichkeit nicht vorkommt. Jedes Recht enthält in abgezogener Form das Weltbild seiner Urheber, und jedes geschichtliche

Weltbild enthält eine politisch-wirtschaftliche *Tendenz*, die nicht von dem abhängt, was dieser oder jener sich theoretisch denkt, sondern von dem, was der Stand praktisch *will*, welcher die tatsächliche Macht und damit die Rechtsschöpfung in Händen hat. Jedes Recht ist von einem einzelnen Stande im Namen der Allgemeinheit geschaffen worden. Anatole France hat einmal gesagt, „daß unser Recht in majestätischer Gleichheit dem Reichen wie dem Armen verbiete, Brot zu stehlen und an den Straßenecken zu betteln".

Ohne Zweifel ist das die Gerechtigkeit der einen. Die „andern" werden aber stets versuchen, dafür ein Recht aus ihrer Lebensperspektive als das allein gerechte durchzusetzen. Jene Gesetzgebungen sind also sämtlich politische, und zwar parteipolitische Akte. Sie enthalten entweder wie die demokratische des Solon eine Verfassung (*politeia*) in Verbindung mit einem Privatrecht (*nomoi*) von gleichem Geiste oder setzen wie die oligarchischen des Drakon und der Dezemvirneine *politeia* voraus, die durch ein Privatrecht befestigt werden soll. Erst die abendländischen Historiker, an ihre Dauerrechte gewöhnt, haben diesen Zusammenhang unterschätzt. Der antike Mensch wußte sehr wohl, was da vorging. Die Schöpfung der Dezemvirn war in Rom das letzte Recht von rein patrizischem Geiste. Tacitus bezeichnet es als Ende des gerechten Rechtes (*finis aequi juris*, Ann. III, 27). Denn ebenso wie nach dem Sturz der Dezemvirn mit deutlicher Symbolik die Zehnzahl der Tribunen erscheint, so setzt gegen das *jus* der Zwölftafeln und die ihr zugrunde liegende Verfassung die langsam untergrabende Arbeit der *lex rogata*, des Volksrechtes ein, das mit römischer Zähigkeit anstrebt, was Solon durch eine einzige Tat gegen das Werk Drakons, die πάτριος πολιτεία, das Rechtsideal der attischen Oligarchie vollbracht hatte. Drakon und Solon sind von nun an die Schlachtrufe in dem langen Kampf zwischen Oligarchie und Demos. In Rom waren es die Institutionen des Senats und Tribunats. Die spartanische Verfassung („Lykurg") hat das Ideal des Drakon und der Zwölftafeln nicht nur dargestellt, sondern auch festgehalten. Die beiden Könige gehen, wenn man die nah verwandten römischen Verhältnisse vergleicht, allmählich aus der Stellung der tarquinischen Tyrannen in die der Tribunen vom gracchischen Schlage über: der Sturz des letzten Tarquiniers oder die Einsetzung der Dezemvirn – die irgendwie ein Staatsstreich gegen das Tribunat und dessen Tendenzen war – entspricht etwa dem Untergang des Kleomenes (488) und Pausanias (470), die Revolution des Agis III. und Kleomenes III. (um 240) der einige Jahre später beginnenden Wirksamkeit des C. Flaminius, ohne daß die Könige gegen die der Senatspartei entsprechenden Ephoren je einen durchgreifenden Erfolg erzielt hätten.

Inzwischen war Rom eine große Stadt im Sinne der antiken Spätzeit geworden. Die bäuerlichen Instinkte werden mehr und mehr von der städtischen Intelligenz zurückgedrängt.In der Rechtsschöpfung erscheint demnach, etwa seit 350, neben der *lex rogata*, dem Volksrecht, die *lex data*, das Amtsrecht der Prätoren. Der Kampf zwischen dem Geist des Zwölftafelrechts und der *lex rogata* tritt in den Hintergrund und die Ediktalgesetzgebung der Prätoren wird zum Spielball der Parteien.

Der Prätor ist sehr bald der unbedingte Mittelpunkt der Rechtssetzung wie der Rechtspraxis, und zwar entspricht es der politischen Ausdehnung der römischen Macht, daß das *jus civile* des städtischen Prätors, was den Umfang des Anwendungsgebiets betrifft, hinter dem *jus gentium* des *praetor peregrinus*, dem Recht der „andern" zurücktritt. Als zuletzt die ganze Bevölkerung der antiken Welt, soweit sie nicht das Bürgerrecht der Stadt Rom besaß, zu den „andern" gehörte, wird das *jus peregrinum* der Stadt Rom tatsächlich zu einem imperialen Recht; alle übrigen Städte – und selbst Alpenvölker und wandernde Beduinenstämme sind verwaltungsrechtlich als „Städte", *civitates*, organisiert worden – behielten ihr eigenes Recht nur, soweit das römische Fremdenrecht keine Bestimmungen enthielt.

Das Ende der antiken Rechtsschöpfung überhaupt bildet also das *edictum perpetuum*, das auf Veranlassung Hadrians (um 130) die jährlich erlassenen Rechtsätze der Prätoren, unter denen sich längst ein fester Bestand ausgebildet hatte, in eine endgültige Form brachte und weitere Abänderungen verbot. Der Prätor war wie immer verpflichtet, das „Recht seines Jahres" öffentlich anzuschlagen; es galt nur vermöge seiner Amtsgewalt und nicht als Reichsgesetz, aber er mußte sich an den festgelegten Text halten.Das ist die berühmte „Versteinerung des Amtsrechts", das echte Sinnbild einer späten Zivilisation.

Mit dem Hellenismus beginnt die antike Rechtswissenschaft, das planmäßige Begreifen des Rechtes, welches man anwendet. Da das Rechtsdenken politische und wirtschaftliche Verhältnisse als Substanz ebenso voraussetzt wie das mathematische Denken physikalische und technische Kenntnisse,so wurde Rom sehr bald die *Stadt der antiken Jurisprudenz*. Ganz ebenso waren es in der mexikanischen Welt die siegreichen Azteken, die an ihren Hochschulen wie der von Tezcuco vor allem das Recht pflegten. Die antike Jurisprudenz ist eine Wissenschaft der Römer und es ist ihre einzige geblieben. Gerade als mit Archimedes die schöpferische Mathematik zum Abschluß kam, begann mit der Tripertita des Aelius (198, ein Kommentar zu den XII) die Rechtsliteratur.Um 100 hat M. Scaevola das erste systematische Privatrecht geschrieben. 200–0 ist die eigentliche Zeit der klassischen Rechtswissenschaft – eine Bezeichnung, die heute allgemein und bizarr genug auf eine Periode des früharabischen Rechts angewendet wird. An den Resten dieser Literatur läßt sich der ganze Abstand des Denkens zweier Kulturen ermessen. Die Römer behandeln nur Fälle und deren Einteilung, nie die Analyse eines grundlegenden Begriffs wie etwa den des Rechtsirrtums. Sie unterscheiden sorgfältig die Arten von Verträgen; den Begriff des Vertrags kennen sie nicht und ebensowenig eine Theorie etwa der Nichtigkeit oder Anfechtbarkeit. „Nach alledem ist klar, daß uns die Römer ganz und gar nicht Vorbilder der wissenschaftlichen Methode sein können."Den Ausgang bilden die Schulen der Sabinianer und Proculianer, von Augustus an bis gegen 160. Es sind wissenschaftliche Schulen wie die philosophischen in Athen; möglich ist es, daß in ihnen sich der Gegensatz von senatorischer und tribunizischer (cäsarischer) Rechtsauffassung zum letzten Male regte;

unter den besten Sabinianern waren zwei Nachkommen von Cäsarmördern; einen der Proculianer hatte Trajan zu seinem Nachfolger ausersehen. Während die Methodik im wesentlichen abgeschlossen war, geht hier die praktische Verschmelzung von altem *jus civile* und prätorischem *jus honorarium* vor sich.

Das letzte für uns sichtbare Denkmal des antiken Rechts sind die Institutionen des Gajus (um 161).

Das antike Recht ist ein Recht der Körper. Es unterscheidet im Bestand der Welt körperliche Personen und körperliche Sachen und stellt als eine euklidische Mathematik des öffentlichen Lebens die Beziehungen zwischen ihnen fest. Das Rechtsdenken ist dem mathematischen am nächsten verwandt. Beide wollen von den optisch gegebenen Fällen das Sinnlich-zufällige absondern, um das Gedanklich-Prinzipielle zu finden: die *reine* Form des Gegenstandes, den *reinen* Typus der Lage, die *reine* Verknüpfung von Ursache und Wirkung. Da das antike Leben in der Gestalt, wie es sich dem antiken kritischen Wachsein darstellt, durchaus euklidische Züge besitzt, so entsteht ein Bild von Körpern, von Lageverhältnissen zwischen ihnen und von wechselseitigen Einwirkungen durch Stoß und Gegenstoß wie bei den Atomen Demokrits. *Es ist eine juristische Statik.*

16

Die erste Schöpfung des arabischen Rechts war *der Begriff der nichtkörperlichen Person.*

Um diese für das neue Weltgefühl so bezeichnende Größe ganz zu würdigen, die im echt antiken Recht fehltund bei den „klassischen" Juristen, die sämtlich Aramäer waren, plötzlich da ist, muß man den wahren Umfang des arabischen Rechts kennen.

Die neue Landschaft umfaßt Syrien und das nördliche Mesopotamien, Südarabien und Byzanz. Hier ist überall ein neues Recht im Werden, mündliches oder geschriebenes Gewohnheitsrecht frühen Stils, wie wir es aus dem Sachsenspiegel kennen. Und da ergibt sich etwas Erstaunliches: aus dem *Recht einzelner Stadtstaaten*, wie es auf antikem Boden selbstverständlich war, ist hier in aller Stille das *Recht von Glaubensgemeinschaften* geworden. Das ist ganz magisch. Es ist stets ein *pneuma*, ein gleicher Geist, ein identisches Wissen und Verstehen der alleinigen Wahrheit, welches die Bekenner derselben Religion jedesmal zur Einheit des Wollens und Handelns, *zu einer juristischen Person* zusammenfaßt. Eine juristische Person ist also ein kollektives Wesen, das als Ganzes Absichten hat, Entschlüsse faßt und Verantwortungen trägt. Der Begriff gilt schon, wenn man das Christentum betrachtet, von der Urgemeinde in Jerusalemund reicht hinauf bis zur Dreieinigkeit der göttlichen Personen.

Schon das spätantike Recht der kaiserlichen Erlasse vor Konstantin (*constitutiones, placita*) gilt, obwohl die römische Form des Stadtrechts streng gewahrt wird, ganz eigentlich *für die Gläubigen der „synkretistischen Kirche"* jener Masse von Kulten, die alle von derselben Religiosität durchdrungen sind. Während im damaligen Rom das Recht von einem großen Teil der Bevölkerung sicher noch als das Recht eines Stadtstaates empfunden wurde, verlor sich das Gefühl mit jedem Schritt nach Osten. Die Zusammenfassung der Gläubigen zu einer *Rechtsgemeinschaft* geschah in aller Form durch den Kaiserkult, der durchaus göttliches Recht war. In bezug auf ihn haben sich Juden und Christen – die persische Kirche ist nur in der antiken Form des Mithraskultus und also im Rahmen des Synkretismus auf antikem Boden erschienen – als Ungläubige eigenen Rechts in einem fremden Rechtsgebiet eingenistet. Als der Aramäer Caracalla 212 durch die *constitutio Antonina* allen Bewohnern außer den *dediticii* das Bürgerrecht gab, war die Form dieses Aktes echt antik, und es gab zweifellos viele Menschen, die sie so verstanden. Die Stadt Rom hatte damit die Bürger aller andern sich buchstäblich „einverleibt". Der Kaiser selbst aber empfand ganz anders. Er hatte damit alle zu Untertanen des „Herrschers der Gläubigen" gemacht, des als *divus* verehrten Oberhauptes der Kultreligion. Mit Konstantin kam die große Wandlung: er hat als Objekt des kaiserlichen Kalifenrechts an die Stelle der synkretistischen die christliche Glaubensgemeinschaft gesetzt und damit *die christliche Nation konstituiert*. Die Bezeichnungen fromm und ungläubig wechseln ihren Platz. Seit Konstantin wird das „römische" Recht ganz unvermerkt immer entschiedener *zum Recht der rechtgläubigen Christen* und als solches ist es von den bekehrten Asiaten und Germanen aufgefaßt und angenommen worden. Damit ist ein ganz neues Recht in alter Form entstanden. Nach antikem Eherecht war es unmöglich, daß etwa ein römischer Bürger eine Bürgertochter aus Capua heiratete, wenn zwischen diesen Städten keine Rechtsgemeinschaft, kein *conubium* bestand. Jetzt war die Frage, nach welchem Recht ein Christ oder Jude, ob er der Heimat nach Römer, Syrer oder Maure war, eine Ungläubige heiraten könne. Denn in der magischen Rechtswelt besteht kein *conubium* zwischen *Andersgläubigen*. Daß ein Ire eine Negerin in Byzanz heiratet, wenn beide Christen sind, begegnet keiner Schwierigkeit, aber wie sollte in demselben syrischen Dorf ein monophysitischer Christ eine Nestorianerin heiraten? Sie stammten vielleicht beide aus dem gleichen Geschlecht – aber sie gehörten zu zwei rechtsverschiedenen „Nationen". Dieser *arabische* Begriff der Nation ist eine neue und ganz entscheidende Tatsache. Die Grenze zwischen Heimat und Fremde lag in der apollinischen Kultur zwischen je zwei Städten, in der magischen *zwischen je zwei Glaubensgemeinschaften*. Was dem Römer der *peregrinus*, der *hostis*, das ist dem Christen der Heide, dem Juden der Amhaarez. Was für die Gallier oder Griechen zur Zeit Cäsars der Erwerb des römischen Bürgerrechts war, *das ist jetzt die christliche Taufe*: man tritt damit in die führende Nation der führenden Kultur ein. Die Perser der Sassanidenzeit kennen, im Gegensatz zu denen der Achämenidenzeit, ein persisches Volk nicht mehr als Einheit der Abkunft und Sprache, sondern als Einheit der Mazdagläubigen im Gegensatz zu den Ungläubigen, mochten sie wie die meisten Nestorianer von noch so reiner persischer Abstammung sein. Und ebenso haben die

Juden, später die Mandäer und Manichäer und noch später die christlichen Kirchen der Nestorianer und Monophysiten sich als Nationen, als Rechtsgemeinschaften und juristische Personen im neuen Sinne empfunden.

Und damit entsteht eine Gruppe früharabischer Rechte, die ebenso entschieden nach Religionen gesondert ist, wie die Gruppe der antiken Rechte nach Stadtstaaten. Im Sassanidenreich entwickeln sich eigne Rechtsschulen zoroastrischen Rechts; die Juden, die einen gewaltigen Teil der Bevölkerung von Armenien bis Saba bilden, schaffen sich ein Recht im Talmud, der einige Jahre vor dem *Corpus juris* abgeschlossen wird. Jede dieser Kirchen besitzt unabhängig von den jeweiligen Landesgrenzen eine eigne Rechtsprechung wie noch im heutigen Orient, und nur bei einem Streit zwischen Bekennern verschiedener Religionen entscheidet der Richter, welcher der im Lande herrschenden angehört. Den Juden hat im römischen Reich niemand ihre eigne Gerichtsbarkeit streitig gemacht, aber auch die Nestorianer und Monophysiten haben bald nach ihrer Lostrennung die Ausbildung eines eignen Rechts mit eigner Rechtsprechung begonnen, und so wird auf „negativem" Wege, nämlich durch allmähliches Abscheiden aller Andersgläubigen, das römische Kaiserrecht endlich zum Recht der Christen, welche sich zum Glauben des Kaisers bekennen. Das gibt dem in vielen Sprachen erhaltenen syrisch-römischen Rechtsbuch seine Bedeutung. Es istwahrscheinlich vorkonstantinisch und in der Kanzlei des Patriarchen von Antiochia entstanden, ein ganz unverkennbar früharabisches Gewohnheitsrecht in unbeholfener spätantiker Fassung, das, wie die Übersetzungen beweisen, seine Verbreitung der Opposition gegen die orthodoxe kaiserliche Kirche verdankt. Es ist zweifellos die Grundlage des Monophysitenrechts und herrscht bis zur Entstehung des islamischen Rechts auf einem Gebiet, welches den Geltungsbereich des *Corpus juris* weit übertrifft.

Es entsteht die Frage, welchen praktischen Wert in dieser Welt von Rechten der lateinisch geschriebene Teil wirklich besitzen konnte. Die Rechtshistoriker haben ihn mit der philologischen Einseitigkeit des Fachs bis jetzt allein beachtet und konnten deshalb nicht einmal bemerken, *daß* hier ein Problem vorliegt. Ihre Texte waren das Recht schlechthin, das Recht, welches von Rom zu uns kam. Für sie handelte es sich einzig darum, die Geschichte dieser Texte, nicht die ihrer tatsächlichen Bedeutung im Leben der östlichen Völker zu untersuchen. Aber hier ist das hochzivilisierte Recht einer greisen Kultur der Frühzeit einer jungen aufgenötigt worden. Es kam als gelehrte Literatur herüber, und zwar infolge der politischen Entwicklung, die ganz anders geworden wäre, wenn Alexander und Cäsar länger gelebt oder Antonius bei Actium gesiegt hätte. Wir müssen die früharabische Rechtsgeschichte von Ktesiphon und nicht von Rom aus betrachten. Ist das innerlich längst abgeschlossene Recht des fernen Westens hier mehr als bloße Literatur gewesen? Welchen Anteil hatte es am wirklichen Rechtsdenken, der Rechtsschöpfung und Rechtspraxis dieser Landschaft? Und wieviel Römisches, ja Antikes überhaupt ist in ihm selbst erhalten geblieben?Die Geschichte dieses lateinisch geschriebenen Rechts gehört seit 160 dem arabischen Osten; es ist vielsagend, daß sie in genauer Parallele zur Geschichte der jüdischen, christlichen und persischen Literatur verläuft.

Die klassischen Juristen (160–220) Papinian, Ulpian, Paulus waren Aramäer; Ulpian hat sich mit Stolz einen Phöniker aus Tyrus genannt. Sie entstammen also derselben Bevölkerung wie die Tannaim, welche bald nach 200 die Mischna abschlossen, und die meisten Apologeten des Christentums (Tertullian 160–223). Gleichzeitig ist von christlichen Gelehrten der Kanon und Text des Neuen, von jüdischen der des hebräischen Alten Testaments – unter Vernichtung sämtlicher anderer Handschriften – , von persischen der des Awesta festgestellt worden. Es *ist die Hochscholastik der arabischen Frühzeit*. Die Digesten und Kommentare dieser Juristen stehen zum erstarrten antiken Gesetzesstoff in genau demselben Verhältnis wie die Mischna zur Tora des Moses und viel später die Hadith zum Koran; sie sind „Halacha",neues Gewohnheitsrecht, welches in der Form einer Interpretation der autoritativ überlieferten Gesetzesmasse erfaßt wurde. Die babylonischen Juden besaßen ein ausgebildetes Zivilrecht, das an den Hochschulen von Sura und Pumbadita gelehrt wurde. Es bildet sich überall ein Stand von Rechtsgelehrten, die *prudentes* der christlichen, die Rabbiner der jüdischen, später die Ulemas (persisch Mollas) der islamischen Nation; sie stellen Gutachten aus, *responsa*, arabisch Fetwa. Wird der Ulema staatlich anerkannt, so heißt er Mufti (byzantinisch „*ex auctoritate principis*"): die Formen sind überall ganz dieselben.

Um 200 gehen die Apologeten in die eigentlichen Kirchenväter, die Tannaim in die Amoräer, die großen Kasuisten des Juristenrechts („*jus*") in die Erklärer und Sammler des Konstitutionsrechts („ *lex*") über. Die Konstitutionen der Kaiser, seit 200 die einzige Quelle neuen „römischen" Rechts, sind wieder eine neue „Halacha" zu der in den Juristenschriften niedergelegten; sie entsprechen damit genau der Gemara, die sich sofort als Auslegung der Mischna entwickelt. Beide Richtungen sind gleichzeitig im Corpus juris und Talmud zum Abschluß gekommen.

Der Gegensatz von *jus* und *lex* im arabisch-lateinischen Sprachgebrauch kommt in der Schöpfung Justinians sehr deutlich zum Ausdruck. Institutionen und Digesten sind *jus*; sie haben durchaus die Bedeutung kanonischer Texte. Konstitutionen und Novellen sind *leges*, neues Recht in Form von Erläuterungen. In demselben Verhältnis stehen die kanonischen Schriften des Neuen Testaments zur Tradition der Kirchenväter.

Am orientalischen Charakter der Tausende von Konstitutionen zweifelt heute niemand mehr. Es ist echtes Gewohnheitsrecht der arabischen Welt, das unter dem Druck der lebendigen Entwicklung den gelehrten Texten unterschoben wurden mußte.Die zahllosen Erlasse des christlichen Herrschers in Byzanz, des persischen in Ktesiphon, des jüdischen, des Resch Galuta, in Babylonien, endlich des islamischen Kalifen haben genau die gleiche Bedeutung.

Aber welche Bedeutung hatte das andere Stück dieser Scheinantike, das alte Juristenrecht? Hier genügt es nicht, Texte zu erklären. Man muß wissen, in welcher Beziehung der Text zum Rechtsdenken und zur Rechtsprechung steht. Es kann sein, daß ein und dasselbe Buch im Wachsein zweier Völkergruppen den Wert zweier grundverschiedener Werke besitzt.

Es hat sich sehr bald die Gewohnheit ausgebildet, daß man überhaupt nicht mehr die alten Gesetze der Stadt Rom auf den Tatsachenstoff der Einzelfälle anwandte, sondern die Juristentexte wie die Bibel zitierte.Was bedeutet das? Unsern Romanisten ist es ein Zeichen des tiefsten Verfalls im Rechtswesen. Von der arabischen Welt aus betrachtet ist es das Gegenteil: ein Beweis dafür, daß es diesen Menschen endlich gelungen ist, eine fremde, ihnen aufgedrungene Literatur sich in der einzigen Form innerlich anzueignen, die für ihr eignes Weltgefühl in Betracht kam. Hier eröffnet sich der ganze Gegensatz von antikem und arabischem Weltgefühl.

17

Das antike Recht wird von Bürgern auf Grund praktischer Erfahrungen geschaffen; das arabische stammt von Gott, der es durch den Geist der Berufenen und Erleuchteten verkündet. Der römische Unterschied von *jus* und *fas* – deren Inhalt noch dazu stets aus menschlicher Überlegung hervorgeht – wird damit sinnlos. Jedes Recht ist, ob weltlich oder geistlich, *deo auctore* entstanden, wie die ersten Worte der Digesten Justinians lauten. Das Ansehen antiker Rechte beruht auf dem Erfolg, dasjenige arabischer auf der Autorität des Namens, den sie tragen.Es ist aber ein gewaltiger Unterschied im Gefühl des Menschen, ob er ein Gesetz als Willensausdruck eines Mitmenschen oder als Bestandteil der göttlichen Ordnung hinnimmt. Im einen Falle sieht er das Richtige ein oder weicht der Gewalt, im andern beweist er seine Ergebung *(„islam“)*. Der Orientale verlangt weder den praktischen Zweck des Gesetzes, das auf ihn angewendet wird, noch die logischen Gründe des Urteils einzusehen. Das Verhältnis des Kadi zum Volk läßt sich deshalb mit dem des Prätors überhaupt nicht vergleichen. Dieser stützt seine Entscheidungen auf eine in hohen Stellungen erprobte Einsicht, jener auf einen Geist, der irgendwie in ihm wirksam wird und aus ihm spricht. Daraus folgt aber ein vollkommen verschiedenes Verhältnis des Richters zum geschriebenen Rechte – des Prätors zu seinem Edikt, des Kadi zu den Juristentexten. Jenes ist die Quintessenz von Erfahrungen, die er sich zu eigen gemacht hat, diese sind eine Art Orakel, das man in geheimnisvoller Weise befragt. Denn die praktische Absicht, der ursprüngliche Anlaß der Textstelle kommt für den Kadi gar nicht in Betracht. Er befragt die Worte und sogar die Buchstaben, und zwar nicht nach ihrer Bedeutung im alltäglichen Leben, sondern nach der *magischen* Beziehung, in der sie zu dem vorliegenden Fall stehen müssen. Wir kennen dies Verhältnis des Geistes zum Buch aus der Gnosis, der frühchristlichen, jüdischen, persischen Apokalyptik und Mystik, der neupythagoräischen Philosophie, der Kabbala, und es besteht gar kein Zweifel, daß die lateinischen Codices in der niederen aramäischen Rechtspraxis ganz ebenso gebraucht worden sind. Die Überzeugung, daß der Geist Gottes in den Geheimsinn der Buchstaben eingegangen ist, findet einen sinnbildlichen Ausdruck in der schon erwähnten Tatsache, daß alle Religionen der arabischen Welt eigene Schriftarten ausbilden, mit denen die heiligen Bücher geschrieben sein müssen und die sich mit erstaunlicher Zähigkeit als Kennzeichen der „Nationen“ behaupten, auch wenn sie die Sprache wechseln.

Die Wahrheit ergibt sich aber bei einer Mehrzahl von Texten auch im Recht aus dem *consensus* der geistig Berufenen, dem *idjma*.Diese Theorie hat die islamische Wissenschaft konsequent herausgearbeitet. Wir suchen jeder für sich die Wahrheit durch eigne Überlegung zu finden. Der arabische Gelehrte aber prüft und ermittelt jedesmal die allgemeine Überzeugung der Zugehörigen, die deshalb nicht irren kann, weil der Geist Gottes und der Geist der Gemeinde dasselbe sind. Ist ein *consensus* erzielt, so steht die Wahrheit fest. *“Idjma“* ist der Sinn aller frühchristlichen, jüdischen und persischen Konzile. Es ist aber auch der Sinn des berühmten Zitiergesetzes Valentinians III. von 426, das unter völliger Verkennung seiner geistigen Grundlagen die allgemeine Verachtung der Rechtsforscher gefunden hat. Das Gesetz schränkt die Zahl der großen Juristen, deren Text zitiert werden darf, auf fünf ein. Damit ist ein Kanon im Sinne des Neuen und Alten Testaments geschaffen, die beide ebenfalls die Summe der Texte enthalten, die als kanonisch zitiert werden dürfen. Bei Meinungsverschiedenheit entscheidet die Stimmenmehrheit, bei Stimmengleichheit Papinian.Aus derselben Anschauung ist auch die Methode der Interpolationen hervorgegangen, die Tribonian in großem Stil beim Digestenwerk Justinians angewendet hat. Ein kanonischer Text ist der Idee nach zeitlos wahr und also nicht verbesserungsfähig. Die tatsächlichen Bedürfnisse des Geistes aber ändern sich. Es entsteht daher eine Technik der geheimen Abänderungen, welche die Fiktion der Unveränderlichkeit nach außen wahrt und die an allen religiösen Schriften der arabischen Welt, auch denen der Bibel, reichlich geübt worden ist.

Nach Marc Antonius ist Justinian die verhängnisvollste Persönlichkeit der arabischen Geschichte. Wie sein „Zeitgenosse“ Karl V. hat er alles verdorben, wozu er berufen war. Wie im Abendlande der faustische Traum von einer Auferstehung des Heiligen Römischen Reiches durch alle politische Romantik zog und noch über Napoleon und die fürstlichen Narren von 1848 hinaus den Tatsachensinn verdunkelte, so war Justinian von der Donquijoterie der Wiedereroberung des gesamten Imperiums besessen. Statt auf *seine* Welt, den Osten, hat er den Blick stets auf das ferne Rom gelenkt. Schon vor seiner Thronbesteigung hat er mit dem römischen Papst verhandelt, der damals unter den großen Patriarchen der Christenheit noch nicht einmal als *primus inter pares* allgemein anerkannt wurde. Das dyophysitische Symbol von Chalcedon wurde auf dessen Verlangen eingeführt – und damit gingen die monophysitischen Landschaften für immer verloren. Die Folge von Actium war, daß die Ausbildung des Christentums in den entscheidenden ersten zwei Jahrhunderten nach Westen, auf antikes Gebiet herüber gezogen wurde, wo die geistige Oberschicht sich von ihr ausschloß. Dann hatte der urchristliche Geist sich in Monophysiten und Nestorianern wieder aufgerichtet. Justinian stieß ihn zurück und beschwor dadurch den Islam *als neue Religion* und nicht als puritanische Strömung innerhalb des morgenländischen Christentums herauf. Und ebenso hat er in dem Augenblick, wo die östlichen Gewohnheitsrechte für eine Kodifikation reif geworden waren, einen lateinischen Kodex geschaffen, der im Osten aus sprachlichen und im Westen aus politischen Gründen dazu verurteilt war, Literatur zu bleiben.

Das Werk selbst ist wie die ihm entsprechenden des Drakon und Solon an der Grenze der Spätzeit und in politischer Absicht entstanden. Im Westen, wo die Fiktion der Fortdauer des *Imperium Romanum* die völlig sinnlosen Feldzüge des Belisar und Narses veranlaßt hatte, waren um 500 von den Westgoten, Burgundern und Ostgoten lateinische Gesetzbücher für die unterworfenen „Römer“ zusammengestellt worden. Dem mußte von Byzanz aus ein eigentlich römisches Gesetzbuch entgegengestellt werden. Im Osten hatte die jüdische Nation ihren Kodex, den Talmud, eben abgeschlossen; bei der ungeheuren Zahl derer, die im byzantinischen Reiche unter seinem Recht standen, wurde ein Gesetzbuch für die eigne Nation des Kaisers, die christliche, zur Notwendigkeit.

Denn das in seiner Abfassung überstürzte und technisch mangelhafte *Corpus juris* ist trotz allem eine arabische und also eine *religiöse* Schöpfung; das beweisen die christliche Tendenz vieler Interpolationen,die auf das Kirchenrecht bezüglichen Konstitutionen, die im Theodosianischen Kodex noch am Schluß, hier aber am Anfang stehen, und sehr nachdrücklich die Vorreden zu vielen seiner Novellen. Trotzdem ist das Buch kein Anfang, sondern ein Ende. Das längst wertlos gewordene Latein verschwindet jetzt völlig aus dem Rechtsleben – schon die Novellen sind meist griechisch geschrieben – und mit ihm das törichterweise darin abgefaßte Werk. Die Rechtsgeschichte aber setzt den Weg fort, den das syrisch-römische Rechtsbuch gewiesen hatte, und führt im 8. Jahrhundert zu Werken in der Art unsrer Landrechte des 18. Jahrhunderts, wie die Ekloga des Kaisers Leound das Corpus des persischen Erzbischofs Jesubocht, eines großen Juristen.Damals lebte bereits der größte Jurist des Islam, Abu Hanifa.

18

Die Rechtsgeschichte des Abendlandes beginnt ganz unabhängig von der damals vollständig verschollenen Schöpfung Justinians. Von deren völliger Bedeutungslosigkeit zeugt die Tatsache, daß sich der Hauptteil, die Pandekten, in einer einzigen Handschrift erhalten hat, die um 1050 zufällig – leider – gefunden wurde.

Die Vorkultur hat seit 500 eine Reihe germanischer Stammesrechte – das west- und ostgotische, burgundische, fränkische, langobardische – hervorgebracht. Sie entsprechen denen der arabischen Vorkultur, von denen uns nur die jüdischenerhalten geblieben sind: das Deuteronomion (um 621, jetzt etwa Mos. V, 12–26) und der Priesterkodex (um 450, jetzt etwa Mos. II–IV). Sie beschäftigen sich beide mit den Grundwerten eines primitiven Daseins: Familie und Habe, und benützen beide in urwüchsiger und doch kluger Weise ein altes zivilisiertes Recht – die Juden und sicherlich ebenso die Perser und andere das spätbabylonische,die Germanen einige Reste der stadtrömischen Literatur.

Das politische Leben der gotischen Frühzeit mit seinen bäuerlichen, feudalen und einfachsten Stadtrechten führt sehr bald zu einer Sonderentwicklung in drei großen Rechtsgebieten, die heute noch in der gleichen Schärfe fortbestehen. Es fehlt an einer einheitlichen und vergleichenden Rechtsgeschichte des Abendlandes, welche den Sinn dieser Entwicklung bis in seine letzte Tiefe verfolgt.

Bei weitem das wichtigste wurde infolge der politischen Schicksale das aus dem fränkischen entlehnte normannische Recht. Es hat nach der Eroberung Englands 1066 das einheimische sächsische unterdrückt, und seitdem ist in England „das Recht der Großen das Recht des ganzen Volkes". Seinen rein germanischen Geist hat es von einer unerhört strengen feudalen Fassung bis zur heute geltenden ohne Erschütterung fortgebildet und es ist in Kanada, Indien, Australien, Südafrika und den Vereinigten Staaten herrschendes Recht geworden. Ganz abgesehen von dieser Macht ist es auch das lehrreichste von Westeuropa. Im Unterschied von den andern lag seine Weiterbildung *nicht* in den Händen theoretischer Rechtslehrer. Das Studium des römischen Rechts in Oxford wird der Praxis ferngehalten. Der hohe Adel lehnte es 1236 zu Merton ausdrücklich ab. Der Richterstand selbst bildet den alten Rechtsstoff durch schöpferische Präjudizien fort, und aus diesen praktischen Entscheidungen *(reports)* gehen dann die Rechtsbücher hervor wie dasjenige Bractons (1259). Seitdem und heute noch gehen das durch die Entscheidungen fortgesetzt lebendig erhaltene Statutenrecht und das aus der Gerichtspraxis jederzeit erkennbare Gewohnheitsrecht nebeneinander her, ohne daß einmalige Gesetzgebungsakte der Volksvertretung nötig wären.

Im Süden herrschten die erwähnten germanisch-romanischen Codices, in Südfrankreich der westgotische als *droit écrit* im Gegensatz zum fränkischen *droit coutumier* des Nordens, in Italien bis tief in die Renaissance der bedeutendste von ihnen, der fast rein germanische der Langobarden. In Pavia entstand eine Hochschule deutschen Rechts, aus welcher um 1070 die weitaus bedeutendste rechtswissenschaftliche Leistung dieser Zeit, die Expositio, und gleich darauf ein Gesetzbuch, die Lombarda, hervorging.Die Rechtsentwicklung des gesamten Südens wurde durch den *Code civil* Napoleons abgebrochen und ersetzt. Dies Buch ist in allen romanischen Ländern und weit darüber hinaus die Grundlage weiterer Gestaltung geworden und damit nach dem englischen Recht das wichtigste.

In Deutschland zerrann die mit den gotischen Stammesrechten (Sachsenspiegel 1230, Schwabenspiegel 1274) gewaltig einsetzende Bewegung im Nichts. Ein Gewirr kleiner Stadt- und Territorialrechte kam auf, bis die lebensfremde politische Romantik von Träumern und Schwärmern wie dem Kaiser Maximilian, die im Elend der Tatsachen aufblühte, auch das Recht ergriff. Der Reichstag zu Worms schuf 1495 nach italienischem Muster die Kammergerichtsordnung. Zum Heiligen Römischen Reich trat das kaiserlich römische als gemeines deutsches Recht. Das altdeutsche Prozeßverfahren wurde gegen das italienische vertauscht, die Richter mußten jenseits der Alpen studieren und sie empfingen ihre Erfahrungen statt aus dem Leben, das sie umgab, aus einer begriffespaltenden Philologie. Nur in diesem Lande gibt es seitdem Ideologen des römischen Rechts, welche das *Corpus juris* wie ein Heiligtum gegen die Wirklichkeit verteidigen.

Was war es denn, das unter diesem Namen in den geistigen Besitz einer kleinen Anzahl gotischer Menschen überging? Um 1100 hatte an der Hochschule zu Bologna ein Deutscher, Irnerius, jene einzige Pandektenhandschrift zum Gegenstand einer echten Rechtsscholastik gemacht. Er übertrug die langobardische Methode auf den neuen Text, „an dessen Wahrheit als einer *ratio scripta* geglaubt wird wie an die Bibel und den Aristoteles".Wahrheit – aber das gotische Verstehen, an die gotische Lebenshaltung gebunden, war weit davon entfernt, den Geist dieser Sätze, der die Prinzipien eines zivilisierten und weltstädtischen Lebens in sich schloß, auch nur von fern zu ahnen. Diese Glossatorenschule stand wie alle Scholastik im Banne des Begriffsrealismus – das eigentlich Wirkliche, die Substanz der Welt, sind nicht die Dinge, sondern die allgemeinen Begriffe – und es war für sie über allen Zweifel erhaben, daß man das wahre Recht nicht aus Gewohnheit und Sitte wie die „elende und schmutzige" Lombarda, sondern durch Hin- und Herwenden abstrakter Begriffe finde.Sie hatten ein rein dialektisches Interesse an dem Buchund dachten nicht im geringsten an eine Anwendung ihrer Gelehrsamkeit auf das Leben. Erst nach 1300 dringen ihre Glossen und Summen gegen die lombardischen Rechte der Renaissancestädte langsam vor. Die Juristen der Spätgotik, Bartolus vor allem, haben kanonisches und germanisches Recht zu einem für die praktische Anwendung bestimmten Ganzen verschmolzen. Sie trugen wirkliche Gedanken hinein, und zwar die einer beginnenden Spätzeit, die etwa der Gesetzgebung Drakons und den Erlassen der Kaiser von Diokletian bis Theodosius entspricht. Die *Schöpfung des Bartolus* ist in Spanien und Deutschland als „römisches Recht" geltend geworden; nur in Frankreich ging die Jurisprudenz des Barock seit Cujacius und Donellus vom scholastischen zum byzantinischen Text zurück.

Neben der abstrakten Leistung des Irnerius ist aber, und zwar auch in Bologna, etwas ganz Entscheidendes geschehen. Hier schrieb um 1140 der Mönch Gratian sein berühmtes Decretum. Er schuf damit die abendländische *Wissenschaft vom geistlichen Recht*, indem erdas altkatholische – magische – Kirchenrecht von dem früharabischenUrsakrament der Taufe her in ein System brachte. Nun hatte das neukatholische – faustische – Christentum eine Form gefunden, in der es sein Dasein rechtlich zum Ausdruck brachte. Es geschah von dem gotischen Ursakrament des Altars (und dessen Stütze, der Priesterweihe) aus. 1234 ist im *Liber extra* das Hauptstück des *Corpus juris canonici* fertig geworden. Was das Kaisertum nicht vermocht hatte, die *Schöpfung eines allgemein abendländischen Corpus juris germanici* aus all den reichen Ansätzen der Stammesrechte, das gelang dem Papsttum. Ein vollständiges Privatrecht mit Strafrecht und Prozeßordnung entstand mit germanischer Methode aus dem geistlich-weltlichen Rechtsstoff der Gotik. Es ist das „römische" Recht, dessen Geist seit Bartolus auch das Studium des justinianischen Werkes durchdrang. Und damit erscheint auch im Recht der große faustische Zwiespalt, welcher den riesenhaften Kampf zwischen Kaisertum und Papsttum heraufgeführt hat. Wie in der arabischen Welt der Widerspruch zwischen *jus* und *fas* unmöglich, so ist er in der abendländischen unvermeidlich. Sie sind beide Ausdruck eines Willens zur Macht über das Unendliche: der weltliche Rechtswille stammt aus der Sitte und legt seine Hand auf die Generationen der Zukunft, der geistliche stammt aus einer mystischen Gewißheit und gibt ein zeitlos ewiges Gesetz.Dieser Kampf ebenbürtiger Gegner ist nie beendet worden und steht uns heute noch im Eherecht, in dem Gegensatz von kirchlicher und ziviler Trauung vor Augen.

Mit dem Anbruch des Barock erhebt das Leben, das städtische und geldwirtschaftliche Formen angenommen hat, die Forderung nach einem Recht, wie es die antiken Stadtstaaten seit Solon gaben. Man versteht jetzt den Zweck des geltenden Rechts, aber an dem verhängnisvollen Erbe der Gotik, daß ein Gelehrtenstand die Schöpfung des „Rechtes, das mit uns geboren ist", als sein Privilegium betrachtet, vermochte niemand etwas zu ändern.

Der städtische Rationalismus wendet sich wie in der sophistischen und stoischen Philosophie dem Naturrecht zu, von seiner Begründung durch Oldendorp und Bodinus bis zu seiner Zerstörung durch Hegel. In England hat sein größter Jurist, Coke, das germanische, sich in der Praxis fortbildende Recht gegen den letzten Versuch verteidigt, den die Tudors zur Einführung des Pandektenrechts machten. Auf dem Festlande aber entwickelten sich die gelehrten Systeme in *römischen* Formen bis zu den deutschen Landrechten und den Entwürfen des *ancien régime*, auf die Napoleon sich stützte. Und so ist Blackstones Kommentar zu den *Laws of England* (1765) der *einzige rein germanische Kodex* an der Schwelle der abendländischen Zivilisation.

19

Hiermit bin ich am Ziel und ich blicke um mich. Drei Rechtsgeschichten liegen vor dem Auge, verknüpft nur durch die Elemente der sprachlichen und syntaktischen Form, welche die eine von der andern nahm oder nehmen mußte, ohne durch deren Gebrauch das fremde Dasein, das ihnen zugrunde lag, auch nur zu Gesicht zu bekommen. Zwei von ihnen sind vollendet. In der dritten stehen wir selbst, und zwar an der entscheidenden Stelle, wo die aufbauende Arbeit großen Stils erst beginnt, welche dort ausschließlich den Römern und dem Islam zugefallen ist.

Was war uns bis jetzt das römische Recht? Was hat es verdorben? Was kann es uns in Zukunft sein?

Durch unsere Rechtsgeschichte geht als Grundmotiv der Kampf zwischen Buch und Leben. Das abendländische Buch ist nicht Orakel und Zaubertext mit magischem Geheimsinn, sondern *ein Stück aufbewahrter Geschichte*. Es ist gedrängte Vergangenheit, die Zukunft werden will, und zwar durch uns, die Leser, in denen sein Inhalt wieder auflebt. Der faustische Mensch will nicht wie der antike sein Leben als etwas in sich Geschlossenes vollenden, sondern ein Leben fortsetzen, das weit vor ihm anhob und lange nach ihm zu Ende geht. Für den gotischen Menschen, insofern er über sich nachsann, stand es nicht in Frage, ob, sondern wo er sein Dasein historisch anknüpfen sollte. Er brauchte eine Vergangenheit, um der Gegenwart Sinn und Tiefe zu geben. Wie vor dem geistlichen Blick das alte Israel, so tauchte vor dem weltlichen das alte Rom auf, dessen Trümmer man allenthalben sah. Man verehrte es, nicht weil es groß, sondern weil es alt und fern war. Hätten diese Menschen Ägypten gekannt, sie würden Rom kaum beachtet haben. Die Sprache unserer Kultur wäre anders geworden.

Da sie eine Bücher- und Leserkultur war, so ist überall, wo es noch antike Schriften gab, eine „Rezeption“ eingetreten, und die Entwicklung nahm die Form einer langsamen und widerwilligen Befreiung an. Rezeption des Aristoteles, des Euklid, des *Corpus juris* heißt – im magischen Osten bedeutet sie etwas anderes – ein Gefäß für die eignen Gedanken fertig und viel zu früh entdecken. Aber damit wird ein historisch veranlagter Mensch der Sklave von Begriffen. Nicht daß ein fremdes Lebensgefühl in sein Denken kommt, denn es kommt nicht hinein, aber es hindert sein eignes Lebensgefühl daran, eine unbefangene Sprache zu entwickeln.

Nun ist das Rechtsdenken gezwungen, sich auf etwas Greifbares zu beziehen. Rechtsbegriffe müssen von irgend etwas abgezogen werden. Und da liegt das Verhängnis: statt sie aus der starken und strengen Sitte des sozialen und wirtschaftlichen Daseins zu gewinnen, wurden sie vorzeitig und zu schnell aus lateinischen Schriften abstrahiert. Der abendländische Jurist wird Philologe, und an die Stelle praktischer Lebenserfahrung tritt eine gelehrte Erfahrung von der rein logischen Zerlegung und Verknüpfung der Rechtsbegriffe, die ausschließlich in sich selbst begründet wird.

Darüber ist uns eine Tatsache vollständig abhanden gekommen, daß nämlich *das Privatrecht den Geist des jeweiligen sozialen und wirtschaftlichen Daseins darstellen soll*. Weder der *Code civil* noch das preußische Landrecht, weder Grotius noch Mommsen sind sich dieser Tatsache deutlich bewußt. Weder die Ausbildung des Juristenstandes noch die Literatur lassen auch nur die geringste Ahnung von dieser eigentlichen „Quelle“ des geltenden Rechts aufkommen.

Infolgedessen besitzen wir ein Privatrecht auf der schattenhaften Grundlage *der spätantiken Wirtschaft*. Die tiefe Erbitterung, welche mit dem Beginn des zivilisierten abendländischen Wirtschaftslebens die Namen Kapitalismus und Sozialismus einander entgegenstellt, beruht zum großen Teil darauf, daß das gelehrte Rechtsdenken und unter seinem Einfluß das Denken der Gebildeten überhaupt so entscheidende Begriffe wie Person, Sache und Eigentum an Zustände und Einteilungen des antiken Lebens anknüpft. Das Buch stellt sich zwischen die Tatsachen und ihre Auffassung. Der Gebildete – und das heißt der durch Bücher Gebildete – wertet heute noch wesentlich antik. Der nur Tätige und nicht zum Urteil Erzogene fühlt sich mißverstanden. Er bemerkt den Widerspruch zwischen dem Leben der Zeit und seiner rechtlichen Erfassung und sucht nach dem, welcher ihn, seiner Meinung nach aus Eigennutz, hervorgebracht hat.

Es ist wieder die Frage: Von wem und für wen wird das abendländische Recht geschaffen? Der römische Prätor war Grundbesitzer, Offizier, in Verwaltungs- und Finanzfragen erfahren und erst damit für seine richterliche und zugleich rechtsetzende Tätigkeit geschult. Der *praetor peregrinus* entwickelte das Fremdenrecht als wirtschaftliches Verkehrsrecht einer spätantiken Weltstadt, und zwar ohne Plan und Tendenz, nur aus wirklich vorliegenden Fällen heraus.

Der faustische Wille zur Dauer aber verlangt ein Buch, das „von nun an für immer“ gilt,ein System, das jeden überhaupt möglichen Fall vorwegnehmen soll. Dies Buch, eine gelehrte Arbeit, schuf sich mit Notwendigkeit einen gelehrten Stand von Rechtsschöpfern und Rechtsverwaltern: die Doktoren der Fakultäten, die alten deutschen Juristenfamilien, die französische *noblesse de robe*. Die englischen *judges*, wenig mehr als hundert, werden zwar dem höheren Verteidigerstand (den *barristers*) entnommen, stehen aber im Rang selbst über den Ministern.

Ein gelehrter Stand ist weltfremd. Er verachtet die Erfahrung, die nicht aus dem Denken stammt. Es erhebt sich ein unvermeidlicher Kampf zwischen der fließenden Sitte des praktischen Lebens und dem „Stand der Wissenschaft“. Jene Pandektenhandschrift des Irnerius ist durch Jahrhunderte „die Welt“ gewesen, in welcher der gelehrte Jurist lebte. Selbst in England, wo es keine Rechtsfakultäten gibt, nahm die Juristenzunft die Ausbildung des Nachwuchses ausschließlich in die Hand und sonderte damit die Entwicklung der Rechtsbegriffe von der allgemeinen Entwicklung ab.

Was wir bis heute Rechtswissenschaft nennen, ist also entweder Philologie der Rechtssprache oder Scholastik der Rechtsbegriffe. Es ist die einzige Wissenschaft, die heute noch den Sinn des Lebens aus „ewigen“ Grundbegriffen ableitet. „Die deutsche Rechtswissenschaft von heute stellt in sehr bedeutendem Maße ein Erbe der Scholastik des Mittelalters dar. Ein rechtstheoretisches Durchdenken der Grundwerte unseres *wirklichen* Lebens hat noch nicht angefangen. Wir kennen diese Werte noch gar nicht."

Dies ist eine Aufgabe, welche dem deutschen Denken der Zukunft vorbehalten ist. Es handelt sich darum, aus dem praktischen Leben der Gegenwart dessen tiefste Prinzipien zu entwickeln und sie zu grundlegenden Rechtsbegriffen zu erheben. Die großen Künste liegen hinter uns, die Rechtswissenschaft liegt vor uns.

Denn die Arbeit des 19. Jahrhunderts war, sie mochte sich selbst für noch so schöpferisch halten, lediglich Vorbereitung. *Sie hat uns von dem Buche Justinians befreit, nicht von dessen Begriffen.* Die Ideologen des römischen Rechts unter den Gelehrten kommen nicht mehr in Betracht, aber die Gelehrsamkeit alten Stils ist geblieben. Eine andere Art von Rechtswissenschaft ist notwendig, um uns auch vom Schema dieser Begriffe zu befreien. Die philologische muß durch eine soziale und wirtschaftliche Erfahrung abgelöst werden.

Ein Blick auf das deutsche Privatrecht und Strafrecht enthüllt die Lage. Es sind Systeme, die von einem Kranz von Nebengesetzen umgeben sind. Es war unmöglich, deren Stoff dem Hauptgesetz einzuverleiben. Hier fällt begrifflich und also syntaktisch auseinander, was mit dem antiken Schema noch eben erfaßbar war und was nicht.

Warum mußte der Diebstahl von elektrischer Kraft, nach einem grotesken Streit, ob es sich um eine körperliche Sache handle, 1900 durch ein Notgesetz unter Strafe gestellt werden? Warum kann der Inhalt der Patentgesetze nicht in das Sachenrecht hineingearbeitet werden? Warum vermag das Urheberrecht die geistige Schöpfung, deren mitteilbare Gestalt als Manuskript und das gegenständliche Druckwerk begrifflich nicht auseinanderzuhalten? Warum mußte im Widerspruch zum Sachenrecht an einem Gemälde das künstlerische und das materielle Eigentum durch die Trennung vom Erwerb des Originals und des Reproduktionsrechtes unterschieden werden? Warum ist die Entwendung einer geschäftlichen Idee oder eines Organisationsplanes straffrei, die Entwendung des Papierstückes, auf dem der Entwurf steht, aber nicht? Weil wir heute noch von *dem antiken Begriff der körperlichen Sache* beherrscht sind.Wir leben anders. Unsere instinktive Erfahrung steht unter den *funktionalen* Begriffen der Arbeitskraft, des Erfinder- und Unternehmergeistes, der geistigen, körperlichen, künstlerischen, organisatorischen Energien, Fähigkeiten und Talente. Unsere Physik, deren weit fortgeschrittene Theorie ein genaues Abbild unserer heutigen Lebensweise ist, kennt den alten Begriff des Körpers, wie gerade die Lehre von der elektrischen Kraft beweist, überhaupt nicht mehr. Warum ist unser Recht begrifflich ohnmächtig gegenüber den großen Tatsachen der heutigen Wirtschaft? Weil es auch die Person *nur als Körper* kennt.

Wenn das abendländische Rechtsdenken antike Worte übernahm, so blieb nur das Oberflächlichste der antiken Bedeutung an ihnen haften. Der Textzusammenhang erschließt nur den *logischen* Wortgebrauch und nicht das Leben, das ihm zugrunde lag. Die stille Metaphysik alter Rechtsbegriffe ist durch keinen Gebrauch im Denken fremder Menschen wieder zu erwecken. Gerade das Letzte und Tiefste ist in keinem Recht der Welt ausgesprochen, weil es selbstverständlich ist. Jedes von ihnen setzt das Wesentliche schweigend voraus; es wendet sich an Menschen, die außer der Satzung auch das nie Auszusprechende und gerade dieses innerlich verstehen und zu gebrauchen wissen. Jedes Recht ist in einem nie zu überschätzenden Maße Gewohnheitsrecht: mag das Gesetz die Worte definieren; das Leben *deutet* sie.

Wenn aber eine von Gelehrten behandelte fremde Rechtssprache mit ihrem Begriffsschema das eigne Recht binden will, so bleiben die Begriffe leer und das Leben stumm. Das Recht wird nicht zur Waffe, sondern zur Last und die Wirklichkeit schreitet nicht mit, sondern neben der Rechtsgeschichte fort.

Und deshalb ist der von den Tatsachen unserer Zivilisation geforderte Rechtsstoff dem antiken Schema der Rechtsbücher zum Teil äußerlich, zum Teil gar nicht eingegliedert, und damit für das Rechtsdenken und also das Denken der Gebildeten noch formlos und mithin nicht vorhanden.

Sind Personen und Sachen im Sinne unserer heutigen Gesetzgebung überhaupt Rechtsbegriffe? Nein! Sie ziehen nur eine banale Grenze zwischen dem Menschen und dem übrigen, sie treffen eine sozusagen naturwissenschaftliche Unterscheidung. Aber an dem römischen Begriff *persona* haftete einst die ganze Metaphysik des antiken Seins: der Unterschied von Mensch und Gottheit, das Wesen der Polis, des Heros, des Sklaven, des Kosmos aus Stoff und Form, das Lebensideal der Ataraxie sind die selbstverständliche Voraussetzung, die für uns durchaus verschwunden ist. Das Wort Eigentum ist in unserem Denken mit der antiken *statischen* Definition behaftet und fälscht deshalb in allen Anwendungen den dynamischen Charakter unserer Lebensführung. Wir überlassen solche Definitionen weltfremden und abstrakten Ethikern, Juristen, Philosophen und dem verständnislosen Gezänk politischer Doktrinäre, und dennoch beruht das *ganze* Verstehen der Wirtschaftsgeschichte dieser Tage *auf der Metaphysik dieses einen Begriffes*.

Und deshalb sei es hier in aller Schärfe gesagt: Das antike Recht war ein *Recht von Körpern*, unser Recht ist das von *Funktionen*. Die Römer schufen eine juristische Statik, unsere Aufgabe ist eine juristische Dynamik. Für uns sind Personen nicht Körper, sondern Einheiten der Kraft und des Willens, und Sachen nicht Körper, sondern Ziele, Mittel und Schöpfungen dieser Einheiten. Die antike Beziehung zwischen Körpern war die Lage, die Beziehung zwischen Kräften aber heißt Wirkung. Für einen Römer war der Sklave eine Sache, die neue Sachen hervorbrachte. Der Begriff des geistigen Eigentums ist einem Schriftsteller wie Cicero nie gekommen, geschweige denn der des Eigentums an einer praktischen Idee oder den Möglichkeiten einer großen Begabung. Für uns aber ist der Organisator, Erfinder und Unternehmer eine *erzeugende* Kraft, die auf andere, *ausführende* Kräfte wirkt, indem sie ihnen Richtung, Aufgabe und Mittel zu eigner Wirkung gibt. Beide gehören dem Wirtschaftsleben an nicht als Besitzer von Sachen, sondern als Träger von Energien.

Eine Umstellung des gesamten Rechtsdenkens nach Analogie der höheren Physik und Mathematik wird zur Forderung der Zukunft. Das gesamte soziale, wirtschaftliche, technische Leben wartet darauf, endlich in diesem Sinne begriffen zu werden; wir brauchen mehr als ein Jahrhundert schärfsten und tiefsten Denkens, um dies Ziel zu erreichen. Und dazu bedarf es einer ganz andern Art der Vorbildung des Juristen. Sie fordert

1. eine unmittelbare ausgedehnte und *praktische* Erfahrung im Wirtschaftsleben der Gegenwart,

2. eine genaue Kenntnis der Rechtsgeschichte des Abendlandes, unter beständiger Vergleichung der deutschen, englischen und romanischen Entwicklung,

3. die Kenntnis des antiken Rechts, und zwar *nicht* als eines Musters der heute geltenden Begriffe, sondern als glänzendes Beispiel dafür, wie ein Recht sich rein aus dem praktischen Leben der Zeit entwickelt.

Das römische Recht hat aufgehört, für uns der Ursprung der für immer gültigen Grundbegriffe zu sein. Aber das Verhältnis zwischen dem römischen Dasein und den römischen Rechtsbegriffen macht es uns von neuem wertvoll. Wir können an ihm lernen, wie wir unser Recht aus *eignen* Erfahrungen herauszubilden haben.

Zweites Kapitel: Städte und Völker

I. Die Seele der Stadt

1

Am Ägäischen Meer liegen um die Mitte des zweiten Jahrtausends v. Chr. zwei Welten sich gegenüber, eine, die in dumpfen Ahnungen, hoffnungsschwer und trunken von Leid und Tat der Zukunft leise heranreift: die mykenische – und eine andere, die sich heiter und gesättigt hinlagert unter den Schätzen einer alten Kultur, fein und leicht, alle großen Probleme weit hinter sich: die minoische auf Kreta.

Wir werden diese Erscheinung, die eben heute in den Mittelpunkt der Forschung rückt, nie wirklich verstehen, wenn wir den Abgrund der Gegensätze nicht ermessen, der zwischen beiden Seelen liegt. Die Menschen von damals müssen ihn tief gefühlt, aber kaum „erkannt“ haben. Ich sehe es vor mir: das ehrfürchtige Hinaufschauen der Burgbewohner von Tiryns und Mykene zu der unerreichten Geistigkeit der Lebensgewohnheiten in Knossos; die Verachtung, mit welcher dessen gepflegte Bevölkerung auf jene Häuptlinge und ihr Gefolge herabblickte; und doch wieder ein heimliches Gefühl von Überlegenheit bei diesen gesunden Barbaren, wie es jeder germanische Soldat den greisenhaften Würdenträgern Roms gegenüber hatte.

Woher wir das wissen dürfen? – Es gab mehr solcher Augenblicke, wo die Menschen zweier Kulturen sich ins Auge sahen. Wir kennen mehr als ein „zwischen den Kulturen“. Es kommen da Stimmungen zum Vorschein, welche zu den aufschlußreichsten der Menschenseele gehören. Wie ohne Zweifel zwischen Knossos und Mykene, so war auch das Verhältnis zwischen dem byzantinischen Hofe und den deutschen Großen, die wie Otto II. dorthin heirateten, das helle Verwundern der Ritter und Grafen, und als Antwort darauf das verächtliche Erstaunen einer feinen, etwas welken und müden Zivilisation über die bärenmäßige Morgenfrühe und Frische der deutschen Lande, wie es Scheffels Ekkehard beschreibt.

In Karl dem Großen tritt jene Mischung urmenschlichen Seelentums kurz vor dem Erwachen und einer späten darüber gelagerten Geistigkeit hell zutage. Wir können ihn nach gewissen Zügen seiner Herrschaft als den Kalifen von Frankistan bezeichnen; andererseits ist er noch der Häuptling eines germanischen Stammes; in der Mischung von beiden liegt das Symbolische der Erscheinung, wie in den Formen der Aachener Palastkapelle, die nicht mehr Moschee und noch nicht Dom ist. Die germanisch-abendländische Vorkultur schreitet unterdessen langsam und unterirdisch vor, aber jenes plötzliche Aufleuchten, das wir ungeschickt genug als karolingische Renaissance bezeichnen, kam durch einen Strahl von Bagdad her. Man übersehe nicht, daß die Zeit Karls des Großen eine Episode der Oberfläche ist. Mit ihm ist etwas gleich wieder zu Ende, etwas Zufälliges und Folgenloses. Nach 900, nach einer tiefen Senkung, beginnt etwas Neues, das mit der Wucht eines Schicksals und mit einer Tiefe, die Dauer verheißt, zur Wirkung gelangt. Aber um 800 ging die arabische Zivilisation von den Weltstädten des Orients wie eine Sonne über den Ländern auf, ganz wie einst die hellenistische, die ohne Alexander und sogar vor ihm ihren Glanz bis zum Indus warf. Alexander hat sie weder aufgeweckt noch ausgebreitet; er zog auf ihrer Bahn nach dem Osten und nicht an ihrer Spitze.

Was auf den Hügeln von Tiryns und Mykene steht, sind *Pfalzen und Burgen* nach urwüchsiger germanischer Art. Die kretischen Paläste – nicht Königsschlösser, sondern gewaltige Kultanlagen für eine zahlreiche Gemeinschaft von Priestern und Priesterinnen – sind mit einem weltstädtischen, wahrhaft spätrömischen Luxus ausgestattet. An den Fuß jener Burghügel drängen sich die Hütten der Ackerbürger und Hörigen; auf Kreta werden – wie in Gurnia und Hagia Triada – Städte und Villen ausgegraben, welche hochzivilisierte Bedürfnisse und eine Bautechnik mit langen Erfahrungen erkennen lassen, die mit den verwöhntesten Ansprüchen an Möbelform und Wanddekoration, mit Lichtschächten, Kanalisationsanlagen, Treppenhäusern und ähnlichen Aufgaben durchaus vertraut ist. Wir haben den Grundriß des Hauses dort als strenges Lebenssymbol, hier als Ausdruck einer raffinierten „Zweckmäßigkeit“. Man vergleiche diese kretischen Kamaresvasen und Fresken auf geglättetem Stuck mit allem echt Mykenischen. Das ist durch und durch Kunstgewerbe, fein und leer, und nicht etwa eine große und tiefe Kunst, von schwerer, unbeholfener Symbolik, wie sie dort dem geometrischen Stil entgegenreift. Es ist überhaupt kein Stil, sondern ein Geschmack.In Mykene haust eine ursprüngliche Rasse, die ihre Sitze nach dem Bodenertrag und der Sicherheit vor Feinden wählt; die minoische Bevölkerung siedelt nach geschäftlichen Gesichtspunkten, wie es ganz deutlich die Stadt Philakopi auf Melos zeigt, die des Obsidianexports wegen angelegt wurde. Ein mykenischer Palast ist ein Versprechen, ein minoischer ist etwas Letztes. Aber ganz ebenso lagen um 800 die fränkischen und westgotischen Gehöfte und Edelsitze von der Loire bis zum Ebro, und südlich davon die maurischen Schlösser, Villen und Moscheen von Kordova und Granada.

Es ist gewiß kein Zufall, daß die Blüte des minoischen Luxus genau in die Zeit der großen ägyptischen Revolution, vor allem die Hyksoszeitfällt (1800–1550).Damals mögen die ägyptischen Kunsthandwerker auf die friedlichen Inseln und bis zu den Burgen des Festlandes geflüchtet sein, wie in einem späteren Falle die byzantinischen Gelehrten nach Italien. Denn das gehört zur Voraussetzung jedes Verständnisses: die minoische Kultur ist ein Bestandteil der ägyptischen. Wir würden das besser wissen, wenn nicht der entscheidende Teil der ägyptischen Kunstschöpfungen, alles was im westlichen Delta entstanden ist, der Feuchtigkeit des Bodens zum Opfer gefallen wäre. Wir kennen nur die ägyptische Kultur, soweit sie auf dem trockenen Boden des Südens blühte, aber es besteht längst kein Zweifel mehr, daß hier nicht der Schwerpunkt der Entwicklung gelegen hat.

Eine scharfe Grenze zwischen der alten minoischen und der jungen mykenischen Kunst läßt sich nicht ziehen. In der ganzen ägyptisch-kretischen Welt ist eine höchst moderne Liebhaberei für diese fremdartigen und primitiven Dinge zu bemerken, und umgekehrt haben die Heerkönige auf den Burgen des Festlandes die kretischen Kunstsachen, wo sie nur konnten, geraubt, gekauft und jedenfalls bewundert und nachgeahmt, wie ja auch der früher als urgermanisch gepriesene Völkerwanderungsstil seiner gesamten Formensprache nach orientalischer Herkunft ist.Sie ließen ihre Pfalzen und Grabmäler von gefangenen oder herbeigerufenen Künstlern des Südens bauen und verzieren. Das „Atreusgrab“ in Mykene stellt sich damit völlig neben das Grab Theoderichs in Ravenna.

Ein Wunder dieser Art ist Byzanz. Man muß hier sorgfältig Schicht um Schicht abheben, zuerst damals, als Konstantin 326 die von Septimius Severus zerstörte Großstadt als *spätantike Weltstadt* ersten Ranges wieder aufbaute und nun von Westen her apollinisches Greisentum, von Osten magische Jugend hereinströmte; und dann noch einmal, als 1096 vor den Mauern der jetzt *spätarabischen Weltstadt* die Kreuzfahrer unter Gottfried von Bouillon erschienen – von denen die geistreiche Anna Komnena in ihrem Geschichtswerk ein schonungslos verächtliches Bild entwirft–, wo in die letzten Herbsttage dieser Zivilisation etwas Frühlingshaftes hereinbricht. Diese Stadt hat als die östlichste der antiken Zivilisation die Goten, und ein Jahrtausend später als die nördlichste der arabischen die Russen bezaubert: da steht die gewaltige Basiliuskathedrale in Moskau von 1554, die russische Vorkultur einleitend, „zwischen den Stilen", wie über einen Raum von zwei Jahrtausenden hinweg der salomonische Tempel zwischen der Weltstadt Babylon und dem frühen Christentum.

2

Der ursprüngliche Mensch ist ein *schweifendes* Tier, ein Dasein, dessen Wachsein sich ruhelos durch das Leben tastet, ganz Mikrokosmos, ortsfrei und heimatlos, mit scharfen und ängstlichen Sinnen, immer darauf bedacht, der feindlichen Natur etwas abzujagen. Eine tiefe Wandlung beginnt erst mit dem Ackerbau – denn dies ist etwas Künstliches, wie es Jägern und Hirten durchaus fern liegt: wer gräbt und pflügt, will die Natur nicht plündern, sondern *abändern*. Pflanzen heißt etwas nicht nehmen, sondern *erzeugen. Aber damit wird man selbst zur Pflanze*, nämlich Bauer. Man wurzelt in dem Boden, den man bestellt. Die Seele des Menschen entdeckt eine Seele in der Landschaft; eine neue Erdverbundenheit des Daseins, ein neues Fühlen meldet sich. Die feindliche Natur wird zur Freundin. Die Erde wird zur *Mutter* Erde. Zwischen säen und zeugen, Ernte und Tod, Kind und Korn entsteht eine tiefgefühlte Beziehung. Eine neue Frömmigkeit richtet sich in chthonischen Kulten auf das fruchttragende Land, das mit den Menschen zusammenwächst. Und als vollkommener Ausdruck dieses Lebensgefühls entsteht überall *die sinnbildliche Gestalt des Bauernhauses*, das in der Anlage seiner Räume und in jedem Zuge seiner äußeren Form vom Blut der Bewohner redet. Das Bauernhaus ist das große Symbol der Seßhaftigkeit. Es ist selbst Pflanze; es senkt seine Wurzeln tief in den „eigenen" Boden. Es ist *Eigentum* im heiligsten Sinne. Die guten Geister des Herdes und der Tür, des Grundstücks und der Räume: Vesta, Janus, die Laren und Penaten haben ihren festen Ort so gut wie der Mensch selbst.

Dies ist die Voraussetzung jeder Kultur, die selbst wieder pflanzenhaft aus ihrer Mutterlandschaft emporwächst und die seelische Verbundenheit des Menschen mit dem Boden noch einmal vertieft. Was dem Bauern sein Haus, *das ist dem Kulturmenschen die Stadt*. Was dem einzelnen Hause die guten Geister, das ist jeder Stadt ihr Schutzgott oder Heiliger. Auch die Stadt ist ein pflanzenhaftes Wesen. Alles Nomadenhafte, alles rein Mikrokosmische liegt ihr ebenso fern wie das Bauerntum. Deshalb ist jede Entwicklung einer höheren Formensprache an die Landschaft gebunden. Weder eine Kunst noch eine Religion können den Ort ihres Wachstums verändern. Erst die Zivilisation mit ihren Riesenstädten verachtet wieder diese Wurzeln des Seelentums und löst sich von ihnen. Der zivilisierte Mensch, *der intellektuelle Nomade* ist wieder ganz Mikrokosmos, ganz heimatlos, geistig frei wie die Jäger und Hirten es sinnlich waren. *Ubi bene ibi patria* – das gilt vor und nach einer Kultur. Im Vorfrühling der Völkerwanderung war es die jungfräuliche und doch schon mütterliche Germanensehnsucht, die im Süden eine Heimat suchte, um für ihre künftige Kultur ein Nest zu bauen. Heute, am Ende dieser Kultur, schweift der wurzellose Geist durch alle landschaftlichen und gedanklichen Möglichkeiten. Dazwischen aber liegt die Zeit, wo der Mensch für ein Stück Erde *stirbt*.

Es ist eine ganz entscheidende und in ihrer vollen Bedeutung nie gewürdigte Tatsache, daß alle großen Kulturen Stadtkulturen sind. Der höhere Mensch des zweiten Zeitalters ist ein *städtebauendes Tier*. Dies ist das eigentliche Kriterium der „Weltgeschichte", das sie von der Menschengeschichte überhaupt aufs schärfste abhebt – *Weltgeschichte ist die Geschichte des Stadtmenschen*. Völker, Staaten, Politik und Religion, alle Künste, alle Wissenschaften beruhen auf *einem* Urphänomen menschlichen Daseins: der Stadt. Da alle Denker aller Kulturen selbst in Städten leben – auch wenn sie sich körperlich auf dem Lande befinden –, so wissen sie gar nicht, ein wie bizarres Ding die Stadt ist. Wir müssen uns ganz in das Erstaunen eines Urmenschen versetzen, der zum erstenmal inmitten der Landschaft diese Masse von Stein und Holz erblickt, mit ihren steinumgebenen Straßen und steinbelegten Plätzen, ein Gehäuse von seltsamster Form, in dem es von Menschen wimmelt.

Das eigentliche Wunder ist die Geburt der *Seele* einer Stadt. Als Massenseele von ganz neuer Art, deren letzte Gründe für uns ein ewiges Geheimnis bleiben werden, sondert sie sich plötzlich ab aus dem allgemeinen Seelentum ihrer Kultur. Ist sie erwacht, so bildet sie sich einen sichtbaren Leib. Aus der dörflichen Sammlung von Gehöften, von denen jedes seine eigene Geschichte hat, entsteht *ein Ganzes*. Und dieses Ganze lebt, atmet, wächst, erhält ein Antlitz und eine innere Form und Geschichte. Von nun ist außer dem einzelnen Hause, dem Tempel, dem Dom, dem Palast auch das Stadtbild als Einheit der Gegenstand einer Formensprache und Stilgeschichte, welche den ganzen Lebenslauf einer Kultur begleitet.

Es versteht sich, daß nicht der Umfang, sondern das Vorhandensein einer Seele Stadt und Dorf unterscheidet. Es gibt nicht nur in primitiven Zuständen wie im heutigen Inner-Afrika, sondern auch im späten China und Indien und in allen Industriegebieten des modernen Europa und Amerika sehr große Siedlungen, die trotzdem keine Städte sind. Sie sind Mittelpunkte des Landes, aber sie bilden innerlich keine Welt für sich. Sie haben keine Seele. Jede primitive Bevölkerung lebt durchaus bäuerlich und landmäßig. Das Wesen „Stadt" ist für sie nicht vorhanden. Was sich äußerlich vom Dorfe abhebt, ist nicht eine Stadt, sondern ein Markt, ein bloßer Treffpunkt ländlicher Lebensinteressen, bei welchem von einem Sonderleben keine Rede sein kann. Die Bewohner eines Marktes, auch wenn sie Handwerker oder Kaufleute sind, leben und denken doch als Bauern. Wir müssen genau nachfühlen, was es heißt, wenn aus einem urägyptischen, urchinesischen oder germanischen Dorf, einem Pünktchen im weiten Lande, eine Stadt wird, die sich äußerlich vielleicht durch nichts unterscheidet, die aber seelisch der Ort ist, von dem aus der Mensch *das Land jetzt als „Umgebung“ erlebt,* als etwas anderes und Untergeordnetes. Von nun an gibt es zwei Leben, das drinnen und das draußen, und der Bauer empfindet das ebenso deutlich wie der Bürger. Der Dorfschmied und der Schmied in der Stadt, der Dorfschulze und der Bürgermeister leben in zwei verschiedenen Welten. Der Landmensch und der Stadtmensch sind verschiedene Wesen. Zuerst fühlen sie den Unterschied, dann werden sie von ihm beherrscht; zuletzt verstehen sie sich nicht mehr. Ein märkischer und ein sizilischer Bauer stehen sich heute näher als der märkische Bauer dem Berliner. Von dieser Einstellung an gibt es wirkliche Städte und diese Einstellung ist es, welche dem gesamten Wachsein aller Kulturen mit Selbstverständlichkeit zugrunde liegt.

Jede Frühzeit einer Kultur ist zugleich die Frühzeit eines neuen Städtewesens. Den Menschen der Vorkultur erfüllt eine tiefe Scheu vor diesen Gebilden, zu denen er innerlich kein Verhältnis gewinnen kann. Am Rhein und der Donau siedelten sich die Germanen vielfach – z. B. in Straßburg – vor den Toren der Römerstädte an, die unbewohnt liegen blieben.In Kreta haben die Eroberer auf dem Trümmerschutt der niedergebrannten Städte wie Gurnia und Knossos ein Dorf angelegt. Die Orden der abendländischen Vorkultur, die Benediktiner, vor allem die Cluniazenser und Prämonstratenser siedeln wie die Ritter auf freiem Lande. Erst die Franziskaner und Dominikaner bauen sich in den frühgotischen Städten an: da ist die neue Stadtseele eben erwacht. Aber auch da liegt in allen Bauten, in der gesamten Franziskanerkunst noch eine zarte Schwermut, eine fast mystische Furcht des einzelnen vor dem Neuen, Hellen, Wachen, das von der Gesamtheit noch dumpf hingenommen wird. Man wagt es kaum, kein Bauer mehr zu sein. Erst die Jesuiten leben mit dem reifen und überlegenen Wachsein echt großstädtischer Menschen. Es ist ein Symbol der unbedingten Vorherrschaft des Landes, das die Stadt noch nicht anerkennt, wenn die Herrscher jeder Frühzeit in wandernden Pfalzen Hof halten. Im ägyptischen Alten Reiche liegt der stark bevölkerte Verwaltungssitz an der „Weißen Mauer“ beim Ptahtempel im späteren Memphis, aber die Residenzen der Pharaonen wechseln unaufhörlich wie im sumerischen Babylonien und im Karolingerreich.Die frühchinesischen Herrscher der Dschou-Dynastie haben seit 1109 ihre Pfalz in der Regel zu Loh-yang (heute Ho-nan-fu), aber erst seit 770, was unserem 16. Jahrhundert entspricht, wird der Ort zur dauernden Residenzstadt erhoben. Nirgends hat sich das Gefühl der Erdverbundenheit, des Pflanzenhaft-Kosmischen so mächtig ausgesprochen wie in der Architektur dieser winzigen frühen Städte, die kaum mehr sind als ein paar Straßen um einen Markt, eine Burg oder ein Heiligtum. Wenn es irgendwo deutlich wird, daß jeder große Stil selbst eine Pflanze ist, so hier. Die dorische Säule, die ägyptische Pyramide, der gotische Dom *wachsen* streng, schicksalhaft, ein Dasein ohne Wachsein aus dem Boden; die ionische Säule und die Bauten des Mittleren Reiches und des Barock ruhen voll erwacht, selbstbewußt, frei und sicher auf ihm. Da ist, von den Mächten der Landschaft abgetrennt, durch das Pflaster unter den Füßen gleichsam abgeschnitten, das Dasein matter, das Empfinden und Verstehen immer mächtiger geworden. Der Mensch wird „Geist", „frei" und dem Nomaden wieder ähnlicher, aber enger und kälter. *"Geist" ist die spezifisch städtische Form des verstehenden Wachseins.* Alle Kunst, alle Religion und Wissenschaft wird langsam geistig, dem Lande fremd, dem erdhaften Bauern unverständlich. Mit der Zivilisation tritt das Klimakterium ein. Die uralten Wurzeln des Daseins sind verdorrt in den Steinmassen ihrer Städte. Der freie Geist – ein verhängnisvolles Wort! erscheint wie eine Flamme, die prachtvoll aufsteigt und jäh in der Luft verlodert.

3

Die neue Seele der Stadt redet eine neue Sprache, die sehr bald mit der Sprache der Kultur überhaupt gleichbedeutend wird. Das freie Land mit seinen dörflichen Menschen ist betroffen; es versteht diese Sprache nicht mehr; es wird verlegen und verstummt. Alle echte Stilgeschichte spielt sich in Städten ab. Es ist ausschließlich das Schicksal der Stadt und das Erleben städtischer Menschen, das in der Logik sichtbarer Formen zum Auge redet. Die allerfrüheste Gotik wuchs noch aus der Landschaft auf und ergriff das Bauernhaus mit seinen Bewohnern und Geräten. Aber der Renaissancestil wächst nur in der Renaissance *stadt*, der Barockstil nur in der Barock *stadt*, von der ganz großstädtischen korinthischen Säule, vom Rokoko nicht zu reden. Es geht vielleicht noch ein leiser Zug von dort über die Landschaft hin, aber das Land selbst ist nicht der kleinsten Schöpfung mehr fähig. Es schweigt und wendet sich ab. Der Bauer und das Bauernhaus sind in allem Wesentlichen gotisch geblieben und sind es noch heute. Das hellenische *Land* hat den geometrischen, das ägyptische Dorf den Stil des Alten Reiches bewahrt.

Vor allen Dingen ist es „das Gesicht" der Stadt, dessen Ausdruck eine Geschichte besitzt, dessen Mienenspiel beinahe die Seelengeschichte der Kultur selbst ist. Da sind es erst die kleinen Urstädte der Gotik und aller anderen Frühkulturen,die sich fast in der Landschaft verlieren, echte Bauernhäuser noch, die im Schatten einer Burg oder eines Heiligtums sich aneinander drängen und ohne Veränderung der inneren Form Stadthäuser werden, nur weil sie nicht aus der Umgebung von Feldern und Wiesen, sondern von Nachbarhäusern hervorwachsen. Die Völker der Frühkultur sind allmählich Stadtvölker geworden, und es gibt also ein spezifisch chinesisches, indisches, apollinisches, faustisches Stadtbild und wieder eine armenische oder syrische, eine ionische oder etruskische, deutsche, französische oder englische Physiognomie der Stadt. Es gibt eine Stadt des Phidias, eine Stadt Rembrandts, eine Stadt Luthers. Diese Bezeichnungen und die bloßen Namen Granada, Venedig, Nürnberg zaubern sofort ein festes Bild herauf, denn alles, was eine Kultur hervorbringt an Religion, Kunst und

Wissen, ist in solchen Städten entstanden. Die Kreuzzüge entsprangen noch aus dem Geist der Ritterburgen und ländlichen Klöster, die Reformation ist städtisch und gehört zu schmalen Gassen und steilen Dächern. Das große Epos, das vom Blute redet und singt, gehört zur Pfalz und Burg, aber das Drama, in dem das *wache* Leben sich selbst prüft, ist Stadtpoesie, und der große Roman, der Blick des *befreiten* Geistes auf alles Menschliche, setzt die Weltstadt voraus. Es gibt, wenn man das echte Volkslied ausnimmt, nur Stadtlyrik, und wenn man von der „ewigen" Bauernkunst absieht, nur eine städtische Malerei und Architektur mit einer raschen und kurzen Geschichte.

Und nun die laute Formensprache dieser großen Steingebilde, wie sie die Stadtmenschheit selbst, ganz Auge und Geist, im Widerspruch zur leiseren Sprache der Landschaft, in ihre Lichtwelt hineinträgt! Die Silhouette der großen Stadt, die Dächer mit ihren Schornsteinen, die Türme und Kuppeln am Horizont! Welche Sprache redet ein Blick auf Nürnberg und Florenz, auf Damaskus und Moskau, auf Peking und Benares! Was wissen wir vom Geist antiker Städte, da wir ihre Linien am südlichen Himmel, im Licht des Mittags, unter Wolken, am Morgen, in der sternhellen Nacht nicht kennen! Diese Straßenzüge, gerade oder krumm, breit oder schmal, die niedrigen, steilen, hellen, düsteren Häuser, welche mit ihren Fassaden, ihren *Gesichtern*, in allen abendländischen Städten auf die Straße herabblicken und in allen morgenländischen fensterlos und vergittert ihr den Rücken kehren; der Geist der Plätze und Winkel, Abschlüsse und Durchblicke, der Brunnen und Denkmäler, der Kirchen, Tempel und Moscheen, Amphitheater und Bahnhöfe, Bazare und Rasthäuser; und dann wieder die Vorstädte, Gartenhäuser und Haufen von Mietskasernen zwischen Unrat und Äckern, die vornehmen und armen Viertel, die Suburbia im antiken Rom und der Faubourg St. Germain in Paris, das alte Bajä und das heutige Nizza, die kleinen Stadtbilder von Rothenburg und Brügge und das Häusermeer von Babylon, Tenochtitlan, Rom und London! Alles das hat Geschichte und ist Geschichte. Ein großes Ereignis der Politik und das Gesicht einer Stadt legt sich in andere Falten. Napoleon hat dem bourbonischen Paris und Bismarck dem kleinstaatlichen Berlin eine andere Miene gegeben. Das Bauerntum aber steht unbewegt, mürrisch und zornig daneben. In der frühesten Zeit beherrscht das *Landschaftsbild* das menschliche Auge *allein*. Es formt die Seele des Menschen, es schwingt mit ihm. Ein gleicher Takt geht durch sein Fühlen und das Rauschen der Wälder. Seine Gestalt, sein Gang, seine Tracht sogar schmiegen sich den Wiesen und Gebüschen an. Das Dorf mit seinen stillen, hügelartigen Dächern, dem Rauch am Abend, den Brunnen, Zäunen und Tieren liegt ganz in die Landschaft verloren und eingebettet. Die Landschaft *bestätigt* das Land, sie ist eine Steigerung seines Bildes; erst die späte Stadt trotzt ihm. Mit ihrer Silhouette widerspricht sie den Linien der Natur. Sie verneint alle Natur. Sie will etwas anderes und Höheres sein. Diese scharfen Giebel, diese barocken Kuppeln, Spitzen und Zinnen haben in der Natur nichts Verwandtes und wollen es nicht haben, und zuletzt beginnt die riesenhafte Weltstadt, die *Stadt als Welt*, neben der es keine andere geben *soll*, die Vernichtungsarbeit am Landschaftsbilde. Einst hatte die Stadt sich ihm hingegeben, jetzt will sie es dem eigenen gleich machen. Da werden draußen aus Feldwegen Heerstraßen, aus Wäldern und Wiesen Parks, aus Bergen Aussichtspunkte; eine künstliche Natur wird in der Stadt selbst erfunden, Fontänen statt der Quellen, Blumenbeete, Wasserstreifen, beschnittene Hecken statt der Wiesen, Teiche und Büsche. In einem Dorfe liegt das strohgedeckte Dach noch wie ein Hügel, die Gasse wie ein Rain da. Hier aber eröffnen sich die Schluchten hoher und langgestreckter steinerner Straßen, voll von farbigem Staub und fremdartigem Lärm; Menschen hausen darin, wie kein natürliches Wesen sie je geahnt hatte. Die Trachten, selbst die Gesichter sind auf einen Hintergrund von Stein abgestimmt. Des Tags entfaltet sich ein Straßentreiben in seltsamen Farben und Tönen, des Nachts ein neues Licht, das den Mond überstrahlt. Und der Bauer steht ratlos auf dem Pflaster, eine lächerliche Gestalt, nichts verstehend und von niemand verstanden, gut genug für die Komödie und um dieser Welt das Brot zu schaffen.

Daraus folgt aber, und das ist wesentlicher als alles andere: alle politische, alle Wirtschaftsgeschichte kann nur begriffen werden, wenn man die vom Lande sich mehr und mehr absondernde und das Land zuletzt völlig entwertende Stadt als das Gebilde erkennt, welches den Gang und Sinn der höheren Geschichte überhaupt bestimmt. *Weltgeschichte ist Stadtgeschichte.*

Ganz abgesehen davon, daß der antike Mensch aus seinem euklidischen Daseinsgefühl den Staatsbegriff mit dem Verlangen nach einem Minimum von Ausdehnung verbindet und also den Staat immer nachdrücklicher mit dem Steinkörper der einzelnen Polis gleichsetzt, erscheint in jeder Kultur sehr bald der Typus der *Hauptstadt*. Es ist, wie der bedeutungsvolle Name sagt, die Stadt, deren Geist mit seinen politischen und wirtschaftlichen Methoden, Zielen und Entscheidungen das Land beherrscht. Das Land mit seinen Bewohnern wird Mittel und Objekt dieses führenden Geistes. Es versteht nicht, um was es sich handelt. Es wird auch nicht gefragt. Die großen Parteien in allen Ländern aller späten Kulturen, die Revolutionen, der Cäsarismus, die Demokratie, das Parlament sind die Form, in welcher der hauptstädtische Geist dem Lande mitteilt, was es zu wollen und wofür es unter Umständen zu sterben hat. Das antike Forum, die abendländische Presse sind durchaus geistige Machtmittel der herrschenden Stadt. Wer auf dem Lande überhaupt begreift, was in diesen Zeiten Politik ist, und sich ihr gewachsen fühlt, geht in die Stadt, vielleicht nicht körperlich, ganz gewiß aber geistig. Die Stimmung und öffentliche Meinung des bäuerlichen Landes, soweit es dergleichen gibt, wird von der Stadt durch Schrift und Rede vorgeschrieben und geleitet. Theben ist Ägypten, Rom ist der *orbis terrarum*, Bagdad ist der Islam, Paris ist Frankreich. Die Geschichte jeder Frühzeit spielt sich in vielen kleinen Mittelpunkten einzelner Landschaften ab. Die ägyptischen Gaue, die homerischen Griechenvölker, die gotischen Grafschaften und freien Städte haben einmal Geschichte gemacht. Aber die Politik sammelt sich nach und nach in ganz wenigen Hauptstädten und alle anderen bewahren nur noch einen Schein politischen Lebens. Daran hat auch die antike Atomisierung der

Welt in Stadtstaaten nichts geändert. Schon im Peloponnesischen Kriege haben nur noch Athen und Sparta eigentliche Politik gemacht. Die anderen Städte am Ägäischen Meer gehörten nur noch in den Machtbereich der einen oder andern Politik. Von einer wirklichen eigenen ist nicht mehr die Rede. Zuletzt ist es das Forum der Stadt Rom allein, wo die antike Geschichte spielt. Mag Cäsar in Gallien, mögen die Cäsarmörder in Makedonien oder Antonius in Ägypten kämpfen: was dort geschieht, erhält seinen Sinn *erst durch die Beziehung auf Rom.*

4

Alle wirkliche Geschichte beginnt damit, daß *die Urstände*, Adel und Priestertum, sich als solche bilden und über das Bauerntum erheben. Der Gegensatz von großem und kleinem Adel, König und Vasallen, weltlicher und geistlicher Macht ist die Grundform aller frühhomerischen, altchinesischen, gotischen Politik, bis mit der Stadt, *dem Bürgertum, dem dritten Stande* sich der Stil der Geschichte verwandelt. Aber es sind ausschließlich diese Stände, in deren Standesbewußtsein sich der gesamte Sinn der Geschichte sammelt. *Der Bauer ist geschichtslos.* Das Dorf steht außerhalb der Weltgeschichte, und die ganze Entwicklung vom „Trojanischen" bis zum mithridatischen Kriege und von den Sachsenkaisern bis zum Weltkrieg geht über diese kleinen Punkte der Landschaft hinweg, sie gelegentlich vernichtend, ihr Blut verbrauchend, aber ohne je ihr Inneres zu berühren.

Der Bauer ist der ewige Mensch, unabhängig von aller Kultur, die in den Städten nistet. Er geht ihr vorauf, er überlebt sie, dumpf und von Geschlecht zu Geschlecht sich fortzeugend, auf erdverbundene Berufe und Fähigkeiten beschränkt, eine mystische Seele, ein trockener, am Praktischen haftender Verstand, der Ausgang und die immer fließende Quelle des Blutes, das in den Städten die Weltgeschichte macht.

Was die Kultur dort in den Städten ersinnt, an Staatsformen und Wirtschaftssitten, Glaubenssätzen, Werkzeugen, an Wissen und Kunst, nimmt er mißtrauisch und zögernd endlich hin, ohne deshalb je seine Art zu ändern. So nahm der westeuropäische Bauer alle Lehren der großen Konzile vom großen Lateranischen bis zu dem von Trient äußerlich entgegen wie die Ergebnisse der Maschinentechnik und der französischen Revolution. Er blieb deshalb doch, was er war, was er vor Karl dem Großen schon gewesen war. Die heutige Frömmigkeit des Bauern ist älter als das Christentum. Seine Götter sind älter als jede höhere Religion. Nehmt den Druck der großen Städte von ihm und er wird ohne Entbehrung in seinen natürlichen Urzustand zurückkehren. Seine wirkliche Ethik, seine wirkliche Metaphysik, die kein Stadtgelehrter je der Entdeckung für würdig gehalten hat, liegen außerhalb aller Religions- und Geistesgeschichte. Sie haben überhaupt keine Geschichte.

Die Stadt ist Geist. Die Großstadt ist der „freie Geist". Das Bürgertum, der Stand des Geistes, beginnt mit einer Auflehnung gegen die – „feudalen" – Mächte des Blutes und der Tradition sich seines Sonderdaseins bewußt zu werden. Er stürzt Throne und beschränkt alte Rechte im Namen der Vernunft und vor allem im Namen des „Volkes“, womit von nun an ausschließlich das Volk der Städte gemeint ist. Demokratie ist die politische Form, in welcher von dem Bauern die Weltanschauung des Stadtmenschen gefordert wird. Der städtische Geist reformiert die große Religion der Frühzeit und setzt neben die alte ständische eine bürgerliche Religion, die *freie Wissenschaft*. Die Stadt übernimmt die Leitung der Wirtschaftsgeschichte, indem sie an die Stelle der Urwerte des Landes, wie sie vom bäuerlichen Leben und Denken nie zu trennen sind, den von den Gütern *abgelösten Begriff des Geldes* setzt. Das uralte ländliche Wort für den Güterverkehr ist *Tausch*. Selbst wo es sich um die Vertauschung eines Dinges gegen Edelmetall handelt, liegt dem Vorgang kein „Gelddenken“ zugrunde, welches vom Dinge den Wert begrifflich trennt und in eine fiktive oder metallene Größe bindet, deren Bestimmung es von da an ist, das „andere“, „die Ware“ zu messen. Karawanenzüge und Wikingerfahrten der Frühzeit erfolgen zwischen ländlichen Siedlungen und bedeuten Tausch und Beute. Zur Spätzeit erfolgen sie zwischen Städten und bedeuten „Geld“. Das unterscheidet die Normannen vor und die Hanseaten und Venezianer nach den Kreuzzügen, die antiken Seefahrer in der mykenischen Zeit und die zur Zeit der großen Kolonisationen. Die Stadt bedeutet nicht nur Geist, sondern auch Geld.

Eine Epoche tritt ein, wenn die Stadt sich so gewaltig entwickelt hat, daß sie sich nicht mehr gegen das Land behaupten muß, gegen Bauerntum und Ritterschaft, sondern daß das Land mit seinen Urständen eine hoffnungslose Verteidigung gegen die Alleinherrschaft der Stadt führt, geistig gegen den Rationalismus, politisch gegen die Demokratie, wirtschaftlich gegen das Geld. In dieser Zeit ist die Zahl der Städte, welche als historisch führende in Betracht kommen, schon sehr klein geworden. Es entsteht der tiefe, vor allem seelische Unterschied von Großstadt und Kleinstadt, welch letztere unter dem sehr bezeichnenden Namen Landschaft ein Teil des aktiv nicht mehr mitzählenden Landes wird. Der Gegensatz zwischen dem Landmenschen und Stadtmenschen ist in diesen kleinen Städten nicht geringer geworden, aber er verschwindet vor dem neuen Abstand, der sich zwischen sie und die Großstadt legt. Bäuerlich-kleinstädtische Schlauheit und großstädtische Intelligenz sind zwei Formen verstehenden Wachseins, zwischen denen eine Verständigung kaum möglich ist. Es ist klar, daß es sich auch hier nicht um die Einwohnerzahl, sondern um den Geist handelt. Es ist auch deutlich, daß in allen großen Städten sich Winkel erhalten, in denen Fragmente einer fast ländlich gebliebenen Menschheit in ihren Gassen wie auf dem Lande leben, wo die Bewohner über die Straße weg in fast dörflichen Beziehungen zueinander stehen. Es führt eine Pyramide von immer städtischer geprägten Wesen von diesen fast bäuerlichen Menschen über immer engere Schichten bis zu der geringen Zahl echter Großstadtmenschen, die überall zu Hause sind, wo ihre seelischen Voraussetzungen erfüllt werden.

Damit hat auch der Begriff Geld seine volle Abstraktheit erlangt. Er *dient* nicht mehr dem Verstehen des wirtschaftlichen Verkehrs; er unterwirft den Warenumlauf seiner *eigenen* Entwicklung. Er wertet die Dinge nicht mehr untereinander, sondern *in bezug auf sich*. Seine Beziehung zum Boden und dem damit verwachsenen Menschen ist so vollständig verschwunden, daß sie für das wirtschaftliche Denken der führenden Städte – der „Geldplätze" – nicht mehr in Betracht kommt. Das Geld ist jetzt eine Macht, und zwar eine rein geistige, durch das Metall nur repräsentierte Macht im Wachsein der Oberschicht der wirtschaftlich tätigen Bevölkerung geworden, welche die mit ihm beschäftigten Menschen ebenso von sich abhängig macht, wie früher die Erde den Bauern. Es gibt ein „Denken in Geld", wie es ein mathematisches und juristisches Denken gibt.

Aber der Boden ist etwas Wirkliches und Natürliches, das Geld etwas Abstraktes und Künstliches, eine bloße Kategorie wie „die Tugend" im Denken der Aufklärung. Daraus folgt, daß jede ursprüngliche, also stadtlose Wirtschaft von den kosmischen Mächten, dem Boden, dem Klima, dem Menschenschlage abhängig und damit in Schranken gehalten ist, während das Geld als reine Verkehrsform innerhalb des Wachseins einen von der Wirklichkeit ebensowenig begrenzten Kreis von Möglichkeiten hat wie die Größen der mathematischen und logischen Welt. Wie kein Blick auf die Tatsachen uns hindert, nichteuklidische Geometrien in beliebiger Zahl zu konstruieren, liegt innerhalb der ausgebildeten großstädtischen Wirtschaft kein Hindernis mehr vor, das „Geld" zu vermehren, gewissermaßen in andern Gelddimensionen zu denken, was mit der etwaigen Vermehrung des Goldes oder überhaupt der wirklichen Werte durchaus nichts zu tun hat. Es gibt keinen Maßstab und keine Art von Gütern, an denen man den Wert eines Talentes zur Zeit der Perserkriege und in der ägyptischen Beute des Pompejus vergleichen könnte. Das Geld ist für den Menschen als ζῷον οἰκονομικόν eine Form des tätigen Wachseins geworden, die keinerlei Wurzeln im Dasein mehr besitzt. Darauf beruht seine ungeheure Macht über jede beginnende Zivilisation, die jedesmal eine unbedingte *Diktatur dieses „Geldes"* in einer für jede Kultur verschiedenen Gestalt ist, darin aber auch der Mangel an Halt, durch den es zuletzt seine Macht und seinen Sinn verliert und aus dem Denken einer späten Zivilisation wie der Zeit Diokletians völlig verschwindet, um den bodenständigen Urwerten wieder Platz zu machen.

Es entsteht zuletzt das ungeheure Symbol und Behältnis des völlig frei gewordenen Geistes, die Weltstadt, der Mittelpunkt, in dem sich endlich der Gang der Weltgeschichte vollkommen konzentriert: jene ganz wenigen Riesenstädte aller reifen Zivilisationen, welche die gesamte Mutterlandschaft ihrer Kultur durch den Begriff Provinz ächten und entwerten. Provinz ist jetzt alles, Land, Kleinstadt *und* Großstadt, mit Ausnahme dieser zwei oder drei Punkte. Es gibt nicht mehr Adlige und Bürger, nicht mehr Freie und Sklaven, nicht mehr Hellenen und Barbaren, nicht mehr Rechtgläubige und Ungläubige, sondern nur noch *Weltstädtler und Provinzler*. Alle anderen Gegensätze verblassen vor diesem einen, der alle Ereignisse, Lebensgewohnheiten und Weltanschauungen beherrscht.

Die frühesten aller Weltstädte waren Babylon und das Theben des Neuen Reiches – die minoische Welt auf Kreta gehört trotz ihres Glanzes zur ägyptischen Provinz. In der Antike ist Alexandria das erste Beispiel; das alte Hellas ist mit einem Schlage Provinz geworden. Auch Rom und das neu bevölkerte Karthago, auch Byzanz haben es nicht verdrängt.In Indien waren die Riesenstädte Udjein, Kanaudj, vor allem Pataliputra bis nach China und Java hin berühmt; der märchenhafte Ruf von Bagdad und Granada im Abendlande ist bekannt. In der mexikanischen Welt ist, wie es scheint, das 950 gegründete Uxmal die erste Weltstadt der Mayareiche gewesen, die mit dem Emporkommen der toltekischen Weltstädte Tezcuco und Tenochtitlan Provinz wurden.

Man vergesse nicht, wo das Wort *provincia* zuerst auftaucht: es ist die staatsrechtliche Bezeichnung der Römer für Sizilien, mit dessen Unterwerfung zum erstenmal eine ehemals führende Kulturlandschaft zum unbedingten Objekt herabsinkt. Syrakus war die früheste wirkliche Großstadt der antiken Welt gewesen, als Rom noch eine bedeutungslose Landstadt war. Von nun an ist es Rom gegenüber eine Provinzstadt. Und ganz in demselben Sinne waren im 17. Jahrhundert das habsburgische Madrid und das päpstliche Rom führende Großstädte, bis sie von den Weltstädten London und Paris seit dem Ausgang des 18. Jahrhunderts zum Range der Provinz herabgedrückt wurden. Der Aufstieg von New York zur Weltstadt durch den Sezessionskrieg 1861–65 ist vielleicht das folgenschwerste Ereignis des vorigen Jahrhunderts.

5

Der Steinkoloß „Weltstadt“ steht am Ende des Lebenslaufes einer jeden großen Kultur. Der vom Lande seelisch gestaltete Kulturmensch wird von seiner eigenen Schöpfung, der Stadt, in Besitz genommen, besessen, zu ihrem Geschöpf, ihrem ausführenden Organ, endlich zu ihrem Opfer gemacht. Diese steinerne Masse ist die *absolute* Stadt. Ihr Bild, wie es sich mit seiner großartigen Schönheit in die Lichtwelt des menschlichen Auges zeichnet, enthält die ganze erhabene Todessymbolik des endgültig „Gewordenen“. Der durchseelte Stein gotischer Bauten ist im Verlauf einer tausendjährigen Stilgeschichte endlich zum entseelten Material dieser dämonischen Steinwüste geworden.

Diese letzten Städte sind *ganz* Geist. Ihre Häuser sind nicht mehr wie noch die der ionischen und Barockstädte Abkömmlinge des alten Bauernhauses, von dem einst die Kultur ihren Ausgang nahm. Sie sind überhaupt nicht mehr Häuser, in denen Vesta und Janus, die Penaten und Laren irgendeine Stätte besitzen, sondern bloße Behausungen, welche nicht das Blut, sondern der Zweck, nicht das Gefühl, sondern der wirtschaftliche Unternehmungsgeist geschaffen hat. Solange der Herd im frommen Sinne der wirkliche, bedeutsame Mittelpunkt einer Familie ist, solange ist die letzte Beziehung zum Lande nicht geschwunden. Erst wenn auch *das* verloren geht und die Masse der Mieter und

Schlafgäste in diesem Häusermeer ein irrendes Dasein von Obdach zu Obdach führt, wie die Jäger und Hirten der Vorzeit, ist der intellektuelle Nomade völlig ausgebildet. Diese Stadt ist eine Welt, ist *die* Welt. Sie hat *nur als Ganzes* die Bedeutung einer menschlichen Wohnung. Die Häuser sind nur die Atome, welche sie zusammensetzen.

Jetzt beginnen die alten gewachsenen Städte mit ihrem gotischen Kern aus Dom, Rathaus und spitzgiebligen Gassen, um deren Türme und Tore die Barockzeit einen Ring von geistigeren, helleren Patrizierhäusern, Palästen und Hallenkirchen gelegt hatte, nach allen Seiten in formloser Masse überzuquellen, mit Haufen von Mietskasernen und Zweckbauten sich in das verödende Land hineinzufressen, das ehrwürdige Antlitz der alten Zeit durch Umbauten und Durchbrüche zu zerstören. Wer von einem Turm auf das Häusermeer herabsieht, erkennt in dieser steingewordenen Geschichte eines Wesens genau die Epoche, wo das organische Wachstum endet und die anorganische und deshalb unbegrenzte, alle Horizonte überschreitende Häufung beginnt. Und jetzt entstehen auch die künstlichen, mathematischen, vollkommen landfremden Gebilde einer reingeistigen Freude am Zweckmäßigen, die *Städte der Stadtbaumeister*, die in allen Zivilisationen dieselbe schachbrettartige Form, das Symbol der Seelenlosigkeit anstreben. Diese regelmäßigen Häuserquadrate haben Herodot in Babylon und die Spanier in Tenochtitlan angestaunt. In der antiken Welt beginnt die Reihe der „abstrakten“ Städte mit Thurioi, das Hippodamos von Milet 441 „entwarf“. Priene, wo das Schachbrettmuster die Bewegtheit der Grundfläche vollkommen ignoriert, Rhodos, Alexandria folgen als Vorbilder zahlloser Provinzstädte der Kaiserzeit. Die islamischen Baumeister haben seit 762 Bagdad und ein Jahrhundert später die Riesenstadt Samarra am Tigrisplanmäßig angelegt. In der westeuropäisch-amerikanischen Welt ist das erste große Beispiel der Grundriß von Washington (1791). Es kann kein Zweifel bestehen, daß die Weltstädte der Hanzeit in China und die der Maurya-Dynastie in Indien dieselben geometrischen Formen besessen haben. Die Weltstädte der westeuropäisch-amerikanischen Zivilisation haben noch bei weitem nicht den Gipfel ihrer Entwicklung erlangt. Ich sehe – lange nach 2000 – Stadtanlagen für zehn bis zwanzig Millionen Menschen, die sich über weite Landschaften verteilen, mit Bauten, gegen welche die größten der Gegenwart zwerghaft wirken, und Verkehrsgedanken, die uns heute als Wahnsinn erscheinen würden.

Selbst in dieser letzten Gestalt seines Daseins ist das Formideal des antiken Menschen noch der körperliche Punkt. Während die Riesenstädte der Gegenwart unseren ganzen Hang zum Unendlichen zur Schau tragen: die Durchsetzung einer weiten Landschaft mit Vororten und Villenkolonien, ein mächtiges Netz von Verkehrsmitteln jeder Art nach allen Seiten und innerhalb des dicht bebauten Geländes ein geregelter Schnellverkehr in, unter und über breiten Straßenzügen, will die echt antike Weltstadt sich nicht ausbreiten, sondern immer mehr *verdichten:* die Straßen eng und schmal, jeden Eilverkehr ausschließend, wie er doch auf den römischen Heerstraßen voll ausgebildet war; keine Neigung, *vor* der Stadt zu wohnen oder auch nur die Voraussetzungen dafür zu schaffen. Die Stadt soll auch jetzt noch ein Körper sein, dicht und rund, *soma* im strengsten Sinne. Der Synoikismos, der in der antiken Frühzeit allenthalben die Landbevölkerung in die Stadt gezogen und damit erst den Typus der Polis geschaffen hatte, wiederholt sich am Ende noch einmal in absurder Form: jeder will in der Mitte der Stadt wohnen, in ihrem dichtesten Kerne, sonst fühlt er sich nicht als Mensch einer Stadt. Alle diese Städte sind nur City, nur Innenstadt. Der neue Synoikismos bildet statt der Vorortzone *die Welt der oberen Stockwerke* aus. Rom hatte im Jahre 74 trotz der ungeheuren Kaiserbauten den geradezu lächerlichen Umfang von 19 ½ km.Dies führt dahin, daß diese Körper überhaupt nicht in die Breite, sondern unablässig in die Höhe wuchsen. Die Mietskasernen Roms, wie die berüchtigte Insula Feliculae, erreichten bei einer Straßenbreite von 3–5 MeternHöhen, die im Abendlande noch nirgends und in Amerika nur in wenigen Städten vorkommen. Beim Capitol hatten unter Vespasian die Dächer schon die Höhe des Bergsattels erreicht.Ein grauenvolles Elend, eine Verwilderung aller Lebensgewohnheiten, die schon jetzt zwischen Giebeln und Mansarden, in Kellern und Hinterhöfen einen neuen Urmenschen züchten, hausen in jeder dieser prachtvollen Massenstädte. Das ist in Bagdad und Babylon nicht anders gewesen wie in Tenochtitlan und heute in London und Berlin. Diodor erzählt von einem abgesetzten ägyptischen König, der zu Rom in einer jämmerlichen Mietswohnung in einem hochgelegenen Stockwerk hausen mußte.

Aber kein Elend, kein Zwang, selbst nicht die klare Einsicht in den Wahnsinn dieser Entwicklung setzt die Anziehungskraft dieser dämonischen Gebilde herab. Das Rad des Schicksals rollt dem Ende zu; die Geburt der Stadt zieht ihren Tod nach sich. Anfang und Ende, Bauernhaus und Häuserblock verhalten sich wie Seele und Intelligenz, wie Blut und Stein. Aber „Zeit“ ist nicht umsonst ein Wort für die Tatsache der Nichtumkehrbarkeit. Es gibt hier nur ein Vorwärts, kein Zurück. Das Bauerntum gebar einst den Markt, die Landstadt, und nährte sie mit seinem besten Blute. Nun saugt die Riesenstadt das Land aus, unersättlich, immer neue Ströme von Menschen fordernd und verschlingend, bis sie inmitten einer kaum noch bevölkerten Wüste ermattet und stirbt. Wer einmal der ganzen sündhaften Schönheit dieses letzten Wunders aller Geschichte verfallen ist, der befreit sich nicht wieder. Ursprüngliche Völker können sich vom Boden lösen und in die Ferne wandern. Der geistige Nomade kann es nicht mehr. Das Heimweh nach der großen Stadt ist stärker vielleicht als jedes andere. Heimat ist für ihn jede dieser Städte, Fremde ist schon das nächste Dorf. Man stirbt lieber auf dem Straßenpflaster, als daß man auf das Land zurückkehrt. Und selbst der Ekel vor dieser Herrlichkeit, das Müdesein vor diesem Leuchten in tausend Farben, das *taedium vitae*, das zuletzt manche ergreift, befreit sie nicht. Sie tragen die Stadt mit sich in ihre Berge und an das Meer. Sie haben das Land in sich verloren und finden es draußen nicht wieder.

Was den Weltstadtmenschen unfähig macht, auf einem anderen als diesem künstlichen Boden zu leben, ist das Zurücktreten des kosmischen Taktes in seinem

Dasein, während die Spannungen des Wachseins immer gefährlicher werden. Man vergesse nicht, daß in einem Mikrokosmos die tierhafte Seite, das Wachsein, zum pflanzenhaften Dasein *hinzutritt*, nicht umgekehrt. Takt und Spannung, Blut und Geist, Schicksal und Kausalität verhalten sich wie das blühende Land zur versteinerten Stadt, wie etwas, das für sich da ist, zu einem andern, das von ihm abhängt. Spannung ohne den kosmischen Takt, der sie durchseelt, ist der Übergang zum Nichts. Aber Zivilisation ist nichts als Spannung. Die Köpfe aller zivilisierten Menschen von Rang werden ausschließlich von dem Ausdruck der schärfsten Spannung beherrscht. Intelligenz ist nichts als Fähigkeit zu angespanntestem Verstehen. Diese Köpfe sind in jeder Kultur der Typus ihres „letzten Menschen". Man vergleiche damit Bauernköpfe, wenn sie im Straßengewühl einer Großstadt auftauchen. Der Weg von der bäuerlichen Klugheit – der Schlauheit, dem Mutterwitz, dem Instinkt, die wie bei allen klugen Tieren auf gefühltem Takt beruhen – über den städtischen Geist zur weltstädtischen Intelligenz – das Wort gibt schon in dem scharfen Klange die Abnahme der kosmischen Unterlage vortrefflich wieder – läßt sich auch als die beständige Abnahme des Schicksalsgefühls und die hemmungslose Zunahme des Bedürfnisses nach Kausalität bezeichnen. Intelligenz ist der Ersatz unbewußter Lebenserfahrung durch eine meisterhafte Übung im Denken, etwas Fleischloses, Mageres. Die intelligenten Gesichter aller Rassen sind einander ähnlich. Es ist die Rasse selbst, die in ihnen zurücktritt. Je weniger ein Gefühl für das Notwendige und Selbstverständliche des Daseins besteht, je mehr die Gewohnheit um sich greift, sich alles „klar zu machen", desto mehr wird die Angst des Wachseins kausal gestillt. Daher die Gleichsetzung von Wissen und Beweisbarkeit und der Ersatz des religiösen Mythos durch den kausalen: die wissenschaftliche Theorie. Daher das abstrakte Geld als die reine Kausalität des wirtschaftlichen Lebens im Gegensatz zum ländlichen Güterverkehr, der Takt ist und nicht ein System von Spannungen.

Die intellektuelle Spannung kennt nur noch eine, die spezifisch weltstädtische Form der Erholung: *die Entspannung*, die „Zerstreuung". Das *echte* Spiel, die Lebensfreude, die Lust, der Rausch sind aus dem kosmischen Takte geboren und werden in ihrem Wesen gar nicht mehr begriffen. Aber die Ablösung intensivster praktischer Denkarbeit durch ihren Gegensatz, die mit Bewußtsein betriebene Trottelei, die Ablösung der geistigen Anspannung durch die körperliche des Sports, der körperlichen durch die sinnliche des „Vergnügens" und die geistige der „Aufregung" des Spiels und der Wette, der Ersatz der reinen Logik der täglichen Arbeit durch die mit Bewußtsein genossene Mystik – das kehrt in allen Weltstädten aller Zivilisationen wieder. Kino, Expressionismus, Theosophie, Boxkämpfe, Niggertänze, Poker und Rennwetten – man wird das alles in Rom wiederfinden, und ein Kenner sollte einmal die Untersuchung auf die indischen, chinesischen und arabischen Weltstädte ausdehnen. Um nur eins zu nennen: wenn man das Kamasutram liest, versteht man, was für Leute am Buddhismus *ebenfalls* Geschmack fanden; und man wird nun auch die Stierkampfszenen in den kretischen Palästen mit ganz anderem Auge betrachten. Es liegt ein Kult zugrunde, ohne Zweifel, aber es ist ein

Parfüm darüber gebreitet wie über den fashionablen stadtrömischen Isiskult in der Nachbarschaft des Circus Maximus.

Und nun geht aus der Tatsache, daß das Dasein immer wurzelloser, das Wachsein immer angespannter wird, endlich jene Erscheinung hervor, die im stillen längst vorbereitet war und jetzt plötzlich in das helle Licht der Geschichte rückt, um dem ganzen Schauspiel ein Ende zu bereiten: *die Unfruchtbarkeit des zivilisierten Menschen*. Es handelt sich hier nicht um etwas, das sich mit alltäglicher Kausalität, etwa physiologisch, begreifen ließe, wie es die moderne Wissenschaft selbstverständlich versucht hat. Hier liegt eine durchaus *metaphysische* Wendung zum Tode vor. Der letzte Mensch der Weltstädte *will* nicht mehr leben, wohl als einzelner, aber nicht als Typus, als Menge; in diesem *Gesamtwesen* erlischt die Furcht vor dem Tode. Das, was den echten Bauern mit einer tiefen und unerklärlichen Angst befällt, der Gedanke an das Aussterben der Familie und des Namens, hat seinen Sinn verloren. Die Fortdauer des verwandten Blutes innerhalb der sichtbaren Welt wird nicht mehr als Pflicht dieses Blutes, das Los, der Letzte zu sein, nicht mehr als Verhängnis empfunden. Nicht nur weil Kinder unmöglich geworden sind, sondern vor allem weil die bis zum äußersten gesteigerte Intelligenz keine Gründe für ihr Vorhandensein mehr findet, bleiben sie aus. Man versenke sich in die Seele eines Bauern, der von Urzeiten her auf seiner Scholle sitzt oder von ihr Besitz ergriffen hat, um dort mit seinem Blute zu haften. Er wurzelt hier als der Enkel von Ahnen und der Ahn von künftigen Enkeln. Sein Haus, sein Eigentum: das bedeutet hier nicht ein flüchtiges Zusammengehören von Leib und Gut für eine kurze Spanne von Jahren, sondern ein dauerndes und inniges Verbundensein von *ewigem* Land und *ewigem* Blute: erst damit, erst aus dem Seßhaftwerden im mystischen Sinne erhalten die großen Epochen des Kreislaufs, Zeugung, Geburt und Tod jenen metaphysischen Zauber, der seinen sinnbildlichen Niederschlag in Sitte und Religion aller landfesten Bevölkerungen findet. Das alles ist für den „letzten Menschen" nicht mehr vorhanden. Intelligenz und Unfruchtbarkeit sind in alten Familien, alten Völkern, alten Kulturen nicht nur deshalb verbunden, weil innerhalb jedes einzelnen Mikrokosmos die über alles Maß angespannte tierhafte Lebensseite die pflanzenhafte aufzehrt, sondern weil das Wachsein die Gewohnheit einer kausalen Regelung des Daseins annimmt. Was der Verstandesmensch mit einem äußerst bezeichnenden Ausdruck Naturtrieb nennt, wird von ihm nicht nur „kausal" erkannt, sondern auch gewertet und findet im Kreise seiner übrigen Bedürfnisse den angemessenen Platz. Die große Wendung tritt ein, sobald es im alltäglichen Denken einer hochkultivierten Bevölkerung für das Vorhandensein von Kindern „Gründe" gibt. Die Natur kennt keine Gründe. Überall, wo es wirkliches Leben gibt, herrscht eine innere organische Logik, ein „es", ein Trieb, die vom Wachsein und dessen kausalen Verkettungen durchaus unabhängig sind und von ihm gar nicht bemerkt werden. Der Geburtenreichtum ursprünglicher Bevölkerungen ist eine *Naturerscheinung*, über deren Vorhandensein niemand nachdenkt, geschweige denn über ihren Nutzen oder Schaden. Wo Gründe für Lebensfragen überhaupt ins

Bewußtsein treten, da ist das Leben schon fragwürdig geworden. Da beginnt eine weise Beschränkung der Geburtenzahl – die bereits Polybios als das Verhängnis von Griechenland beklagt, die aber schon lange vor ihm in den großen Städten üblich war und in römischer Zeit einen erschreckenden Umfang angenommen hat –, die zuerst mit der materiellen Not und sehr bald überhaupt nicht mehr begründet wird. Da beginnt denn auch, und zwar im buddhistischen Indien so gut wie in Babylon, in Rom wie in den Städten der Gegenwart, die Wahl der „Lebensgefährtin" – der Bauer und jeder ursprüngliche Mensch wählt *die Mutter seiner Kinder* – ein geistiges Problem zu werden. Die Ibsenehe, die „höhere geistige Gemeinschaft" erscheint, in welcher beide Teile „frei" sind, frei nämlich als Intelligenzen, und zwar vom pflanzenhaften Drange des Blutes, das sich fortpflanzen will; und Shaw darf den Satz aussprechen, „daß die Frau sich nicht emanzipieren kann, wenn sie nicht ihre Weiblichkeit, ihre Pflicht gegen ihren Mann, gegen ihre Kinder, gegen die Gesellschaft, gegen das Gesetz und gegen jeden, außer gegen sich selbst, von sich wirft".Das Urweib, das Bauernweib ist *Mutter*. Seine ganze von Kindheit an ersehnte Bestimmung liegt in diesem Worte beschlossen. Jetzt aber taucht das Ibsenweib auf, die Kameradin, die Heldin einer ganzen weltstädtischen Literatur vom nordischen Drama bis zum Pariser Roman. Statt der Kinder haben sie seelische Konflikte, die Ehe ist eine kunstgewerbliche Aufgabe und es kommt darauf an, „sich gegenseitig zu verstehen". Es ist ganz gleichgültig, ob eine amerikanische Dame für ihre Kinder keinen zureichenden Grund findet, weil sie keine *season* versäumen will, eine Pariserin, weil sie fürchtet, daß ihr Liebhaber davongeht, oder eine Ibsenheldin, weil sie „sich selbst gehört". Sie gehören alle sich selbst und sie sind alle unfruchtbar. Dieselbe Tatsache in Verbindung mit denselben „Gründen" findet sich in der alexandrinischen und römischen und selbstverständlich in jeder anderen zivilisierten Gesellschaft, vor allem auch in der, in welcher Buddha herangewachsen ist, und es gibt überall, im Hellenismus und im 19. Jahrhundert so gut wie zur Zeit des Laotse und der Tscharvakalehre eine Ethik für kinderarme Intelligenzen und eine Literatur über die inneren Konflikte von Nora und Nana.

Kinderreichtum, dessen ehrwürdiges Bild Goethe im Werther noch zeichnen konnte, wird etwas Provinziales. Der kinderreiche Vater ist in Großstädten eine Karikatur – Ibsen hat sie nicht vergessen; sie steht in seiner „Komödie der Liebe".

Auf dieser Stufe beginnt in allen Zivilisationen das mehrhundertjährige Stadium einer entsetzlichen Entvölkerung. Die ganze Pyramide des kulturfähigen Menschentums verschwindet. Sie wird von der Spitze herab abgebaut, zuerst die Weltstädte, dann die Provinzstädte, endlich das Land, das durch die über alles Maß anwachsende Landflucht seiner besten Bevölkerung eine Zeitlang das Leerwerden der Städte verzögert. Nur das primitive Blut bleibt zuletzt übrig, aber seiner starken und zukunftreichen Elemente beraubt. Es entsteht der *Typus des Fellachen*.

Wenn irgend etwas, so beweist der allbekannte „Untergang der Antike“, der sich lange vor dem Einbruch der germanischen Wandervölker vollendete, daß Kausalität mit Geschichte nichts zu tun hat.Das Imperium genießt den vollkommensten Frieden; es ist reich, es ist hochgebildet; es ist gut organisiert; es besaß von Nerva bis Marc Aurel eine Herrscherreihe, wie sie der Cäsarismus keiner zweiten Zivilisation aufzuweisen hat. Und trotzdem schwindet die Bevölkerung rasch und in Masse hin, trotz der verzweifelten Ehe- und Kindergesetzgebung des Augustus, dessen *lex de maritandis ordinibus* auf die römische Gesellschaft bestürzender wirkte als die Niederlage des Varus, trotz der massenhaften Adoptionen, der ununterbrochenen Ansiedlung von Soldaten barbarischer Herkunft, um Menschen in die verödende Landschaft zu bringen, trotz der ungeheuren Alimentationsstiftungen des Nerva und Trajan, um die Kinder unbemittelter Eltern aufzuziehen. Italien, dann Nordafrika und Gallien, endlich Spanien, das unter den ersten Kaisern am dichtesten von allen Teilen des Reichs bevölkert war, sind menschenleer und verödet. Das berühmte und bezeichnenderweise in der modernen Volkswirtschaft immer wiederholte Wort des Plinius: *latifundia perdidere Italiam, jam vero et provincias*, verwechselt Anfang und Ende des Prozesses: der Großgrundbesitz hätte nie diese Ausdehnung gewonnen, wenn das Bauerntum nicht vorher von den Städten aufgesogen worden wäre und das Land zum mindesten innerlich bereits preisgegeben hätte. Das Edikt des Pertinax von 193 enthüllt endlich den erschreckenden Stand der Dinge: In Italien und den Provinzen wird jedem gestattet, verödetes Land in Besitz zu nehmen. Wenn er es bebaut, soll er Eigentumsrecht darüber erhalten. Die Geschichtsforscher brauchten sich den übrigen Zivilisationen nur ernsthaft zuzuwenden, um die gleiche Erscheinung überall festzustellen. Im Hintergrund der Ereignisse des Neuen Reiches, vor allem von der 19. Dynastie an, ist eine gewaltige Abnahme der Bevölkerung deutlich zu verspüren. Ein Stadtbau, wie ihn Amenophis IV. in Tell el Amarna ausführte, mit Straßenzügen bis zu 45 m Breite, wäre bei der früheren Bevölkerungsdichte undenkbar gewesen, und ebenso die notdürftige Abwehr der „Seevölker“, deren Aussichten auf Besitznahme des Reiches damals sicherlich nicht schlechter waren als die der Germanen vom 4. Jahrhundert an, und endlich die unaufhörliche Einwanderung der Libyer in das Delta, wo um 945 einer ihrer Führer – genau wie 476 n. Chr. Odoaker – die Herrschaft über das Reich an sich nahm. Aber dasselbe fühlt man aus der Geschichte des politischen Buddhismus seit dem Cäsar Asoka heraus.Wenn die Mayabevölkerung in ganz kurzer Zeit nach der spanischen Eroberung geradezu verschwand und die großen menschenleeren Städte dem Urwald anheimfielen, so beweist das nicht allein die Brutalität der Eroberer, die in diesem Punkte einer jungen und fruchtbaren Kulturmenschheit gegenüber wirkungslos gewesen wäre, sondern ein Erlöschen von innen heraus, das ohne Zweifel schon längst begonnen hatte. Und wenn wir uns der eigenen Zivilisation zuwenden, so sind die alten Familien des französischen Adels zum weitaus größten Teil nicht durch die französische Revolution ausgerottet worden, sondern seit 1815 ausgestorben; die Unfruchtbarkeit breitete sich von ihm auf das Bürgertum und seit 1870 auf die gerade durch die Revolution fast neu geschaffene Bauernschaft aus. In England und noch weit mehr in den Vereinigten Staaten, und zwar gerade in deren wertvollster, alteingewanderter Bevölkerung im Osten, hat der „Rasseselbstmord“, gegen den Roosevelt sein bekanntes Buch geschrieben hat, längst im großen Stile eingesetzt.

Deshalb finden wir auch in diesen Zivilisationen schon früh die verödeten Provinzstädte und am Ausgang der Entwicklung die leerstehenden Riesenstädte, in deren Steinmassen eine kleine Fellachenbevölkerung nicht anders haust als die Menschen der Steinzeit in Höhlen und Pfahlbauten. Samarra wurde schon im 10. Jahrhundert verlassen; die Residenz Asokas, Pataliputra, war, als der chinesische Reisende Hsiuen-tsiang sie um 635 besuchte, eine ungeheure, völlig unbewohnte Häuserwüste, und viele der großen Mayastädte müssen schon zur Zeit des Cortez leer gestanden haben. Wir besitzen eine lange Reihe antiker Schilderungen von Polybios an;die altberühmten Städte, deren leerstehende Häuserreihen langsam zusammenstürzen, während auf dem Forum und im Gymnasium Viehherden weiden und im Amphitheater Getreide gebaut wird, aus dem noch die Statuen und Hermen hervorragen. Rom hatte im 5. Jahrhundert die Einwohnerzahl eines Dorfes, aber die Kaiserpaläste waren noch bewohnbar.

Damit findet die Geschichte der Stadt ihren Abschluß. Aus dem ursprünglichen Markt zur Kulturstadt und endlich zur Weltstadt herangewachsen, bringt sie das Blut und die Seele ihrer Schöpfer dieser großartigen Entwicklung und deren letzter Blüte, dem Geist der Zivilisation zum Opfer und vernichtet damit zuletzt auch sich selbst.

6

Bedeutet die Frühzeit die Geburt der Stadt aus dem Lande, die Spätzeit den Kampf zwischen Stadt und Land, so ist Zivilisation der Sieg der Stadt, mit dem sie sich vom Boden befreit und an dem sie selbst zugrunde geht. Wurzellos, dem Kosmischen abgestorben und ohne Widerruf dem Stein und dem Geiste verfallen, entwickelt sie eine Formensprache, die alle Züge ihres Wesens wiedergibt: nicht die eines Werdens, sondern die eines Gewordenen, eines Fertigen, das sich wohl verändern, aber nicht entwickeln läßt. Und deshalb gibt es nur Kausalität, kein Schicksal, nur Ausdehnung, keine lebendige Richtung mehr. Daraus folgt, daß jede Formensprache einer Kultur samt der Geschichte ihrer Entwicklung am ursprünglichen Orte haftet, daß aber jede zivilisierte Form überall zu Hause ist und deshalb, sobald sie erscheint, auch einer unbegrenzten Verbreitung anheimfällt. Gewiß haben die Hansestädte in ihren nordrussischen Stapelplätzen gotisch und die Spanier in Südamerika im Barockstil gebaut, aber es ist unmöglich, daß auch nur der kleinste Abschnitt der gotischen *Stilgeschichte* außerhalb Westeuropas verlaufen wäre, und ebensowenig konnte der Stil des attischen und englischen Dramas oder die Kunst der Fuge oder die Religion Luthers und der Orphiker von Menschen fremder Kulturen fortgebildet oder auch nur innerlich angeeignet werden. Was aber mit dem Alexandrinismus und unserer Romantik entsteht, das gehört allen Stadtmenschen ohne Unterschied. Mit der Romantik beginnt für uns das, was Goethe weitschauend die Weltliteratur nannte; es ist die führende welt *städtische* Literatur, der gegenüber sich eine bodenständige, aber belanglose Provinzliteratur überall nur mit Mühe behauptet. Der Staat Venedigs oder Friedrichs des Großen oder das englische Parlament, so wie es wirklich ist und arbeitet, lassen sich nicht wiederholen, aber „moderne Verfassungen" lassen sich in jedem afrikanischen und asiatischen Lande und antike Poleis unter Numidern und Britanniern „einführen". Nicht die Hieroglyphen-, aber die Buchstabenschrift, ohne Zweifel eine technische Erfindung der ägyptischen Zivilisation,ist in allgemeinen Gebrauch gekommen. Und ebenso sind nicht echte Kultursprachen wie das Attische des Sophokles und das Deutsch Luthers, aber die Weltsprachen, die sämtlich wie die hellenistische Koine, das Arabische, Babylonische, Englische aus der alltäglichen Praxis der Weltstädte hervorgegangen sind, überall erlernbar. Deshalb nehmen in allen Zivilisationen die modernen Städte ein immer gleichförmigeres Gepräge an. Man kann gehen, wohin man will, man trifft Berlin, London und New York überall wieder; und wenn ein Römer reiste, konnte er in Palmyra, Trier, Timgad und in den hellenistischen Städten bis zum Indus und Aralsee seine Säulenstellungen, statuengeschmückten Plätze und Tempel finden. Was aber hier verbreitet wird, ist nicht mehr ein Stil, sondern ein Geschmack, keine echte Sitte, sondern Manieren, und nicht die Tracht eines Volkes, sondern die Mode. Damit ist es denn möglich, daß ferne Bevölkerungen die „ewigen Errungenschaften" einer solchen Zivilisation nicht nur annehmen, sondern in selbständiger Fassung weiterstrahlen. Solche Gebiete einer „Mondlichtzivilisation" sind Südchina und vor allem Japan, die erst seit dem Ausgang der Hanzeit (220) „sinaisiert" wurden, Java als Verbreiterin der brahmanischen Zivilisation und Karthago, das seine Formen von Babylon empfing.

Alles das sind Formen eines extremen, von keiner kosmischen Macht mehr gehemmten und gebundenen Wachseins, rein geistig und rein extensiv und deshalb von einer solchen Gewalt der Ausbreitung, daß die letzten und flüchtigsten Ausstrahlungen sich fast über die ganze Erde verbreitet und übereinander gelegt haben. Fragmente zivilisierter chinesischer Formen finden sich *vielleicht* im skandinavischen Holzbau, babylonische Maße vielleicht in der Südsee, antike Münzen in Südafrika, ägyptische und indische Einflüsse *vielleicht* im Inkalande.

Während aber diese Ausbreitung alle Grenzen überschreitet, vollzieht sich und zwar in großartigen Verhältnissen die Ausbildung der inneren Form in drei deutlich unterscheidbaren Stufen: Ablösung von der Kultur – Reinzucht der zivilisierten Form – Erstarrung. Diese Entwicklung hat für uns schon eingesetzt, und zwar sehe ich in der Krönung des gewaltigen Gebäudes die eigentliche Mission der Deutschen als der letzten Nation des Abendlandes. In diesem Stadium sind alle Fragen des Lebens, nämlich des apollinischen, magischen, faustischen Lebens zu Ende gedacht und in einen letzten

Zustand des Wissens oder Nichtwissens gebracht. Um Ideen kämpft man nicht mehr. Die letzte, die Idee der Zivilisation selbst, ist im Umriß formuliert und ebenso sind Technik und Wirtschaft im *Problemsinne* fertig. Aber damit beginnt erst die mächtige Arbeit der Ausführung aller Forderungen und der Anwendung dieser Formen auf das gesamte Dasein der Erde. Erst wenn diese Arbeit getan und die Zivilisation nicht nur ihrer Gestalt, sondern auch ihrer Masse nach endgültig festgestellt ist, beginnt das Festwerden der Form. Stil ist in Kulturen der *Pulsschlag des Sicherfüllens*. Jetzt entsteht – wenn man das Wort gebrauchen will – der zivilisierte Stil als *Ausdruck des Fertigseins*. Er ist vor allem in Ägypten und China zu einer prachtvollen Vollkommenheit gelangt, die alle Äußerungen eines im Innern von nun an unveränderlichen Lebens vom Zeremoniell und Ausdruck der Gesichter an bis zu den äußerst feinen und durchgeistigten Formen einer Kunstübung erfüllt. Von Geschichte im Sinne des Zutreibens auf ein Formideal kann nicht mehr die Rede sein, aber es herrscht eine beständige leichte Bewegtheit der Oberfläche, welche der ein für allemal gegebenen Sprache immer wieder kleine Fragen und Lösungen artistischer Art ablockt. Darin besteht die gesamte uns bekannte „Geschichte" der chinesisch-japanischen Malerei und der indischen Architektur. Und ebenso wie diese Scheingeschichte sich von der wirklichen des gotischen Stils, so unterscheidet sich der Ritter der Kreuzzüge von dem chinesischen Mandarin *als der werdende von dem fertigen Stand*. Der eine ist Geschichte, der andere hat sie längst überwunden. Denn, wie schon festgestellt wurde, die Geschichte dieser Zivilisationen ist Schein und ebenso die großen Städte, deren Antlitz sich fortwährend verändert, ohne anders zu werden. Und ein Geist dieser Städte ist nicht vorhanden. Sie sind Land in steinerner Form.

Was geht hier unter? Und was bleibt? Es ist ein bloßer Zufall, daß germanische Völker unter dem Druck der Hunnen die romanische Landschaft besetzten und damit die Entwicklung des „chinesischen" Endzustandes der Antike abbrachen. Den Seevölkern, die seit 1400 in einer bis ins einzelne gleichartigen Wanderung gegen die ägyptische Welt vordrangen, glückte es nur im kretischen Inselgebiet. Ihre mächtigen Züge an der libyschen und phönikischen Küste unter Begleitung von Wikingerflotten sind ebenso gescheitert wie die der Hunnen gegen China. So ist die Antike das einzige Beispiel einer im Augenblick ihrer vollen Reife abgebrochenen Zivilisation. Trotzdem haben die Germanen nur die Oberschicht der Formen zerstört und durch das Leben ihrer eigenen Vorkultur ersetzt. Die „ewige" Unterschicht erreichte man nicht. Sie bleibt, versteckt und durch eine neue Formensprache vollständig überzogen, im Untergrunde der ganzen folgenden Geschichte bestehen und besteht noch heute in Südfrankreich, Süditalien und Nordspanien in fühlbaren Resten fort. Es gibt hier eine spätantike Färbung der katholischen Volksreligion, die sie von dem kirchlichen Katholizismus der westeuropäischen Höhenschicht sehr deutlich abhebt. In süditalienischen Kirchenfesten findet man heute noch antike und vorantike Kulte wieder und ebenso überall Gottheiten

(Heilige), deren Verehrung durch den katholischen Namen hindurch eine antike Fassung erkennen läßt.

Hier aber tritt ein anderes Element in Erscheinung, das seine eigene Bedeutung hat. Wir stehen vor dem *Problem der Rasse.*

II. Völker, Rassen, Sprachen

7

Das wissenschaftliche Geschichtsbild während des ganzen 19. Jahrhunderts wird verdorben durch eine aus der Romantik stammende oder von ihr doch vollendete Vorstellung, den Begriff des „Volkes" in sittlich-begeistertem Sprachgebrauch. Wenn irgendwo in früher Zeit eine neue Religion, Ornamentik, Bauweise, Schrift oder auch ein Reich oder eine große Verwüstung hervortritt, so stellt der Forscher seine Frage sofort in der Fassung: wie hieß *das* Volk, das diese Erscheinung hervorgebracht hat? Diese Fragestellung ist dem westeuropäischen Geist in seiner heutigen Beschaffenheit eigentümlich, sie ist aber in allen Einzelheiten so falsch, daß das mit ihr heraufgerufene Bild vom Gang der Ereignisse notwendig verfehlt sein muß. „Das Volk" als die Urform schlechthin, in welcher Menschen historisch wirksam sind, die Urheimat, die Ursitze, die Wanderungen „der" Völker – darin spiegelt sich der große Schwung der Begriffe Nation von 1789 und Volk von 1813, die beide letzten Endes auf das englisch-puritanische Selbstbewußtsein zurückgehen. Aber gerade weil der Begriff ein hohes Pathos birgt, entzieht er sich gern der Kritik. Selbst scharfsinnige Forscher bezeichnen hundert ganz verschiedenartige Dinge damit, ohne es zu bemerken, und so entwickelt sich „Volk" zu der vermeintlich eindeutigen Größe, welche alle Geschichte *macht*. Weltgeschichte gilt uns heute, was durchaus nicht selbstverständlich ist und dem Denken der Griechen und Chinesen ganz fern lag, als die Geschichte von Völkern. Alles andere, Kultur, Sprache, Kunst, Religion, wird von den Völkern geschaffen. Der Staat ist die Form eines Volkes.

Dieser romantische Begriff soll hier zerstört werden. Was seit der Eiszeit die Erde bewohnt, sind Menschen, nicht „Völker". Ihr Schicksal wird zunächst dadurch bestimmt, daß die leibliche Folge von Eltern und Kindern, der Zusammenhang des Blutes, natürliche Gruppen bildet, welche den deutlichen Hang verraten, in einer Landschaft Wurzel zu fassen. Auch Nomadenstämme halten ihre Bewegungen innerhalb gewisser Grenzen. Damit ist eine Dauer der kosmisch-pflanzenhaften Lebensseite, des Daseins, gegeben. Dies nenne ich Rasse. Stämme, Sippen, Geschlechter, Familien – das sind sämtlich Bezeichnungen für die Tatsache des durch Zeugungen in einer engeren oder weiteren Landschaft fortkreisenden Blutes.

Aber diese Menschen besitzen auch noch die mikrokosmisch-tierhafte Lebensseite des Wachseins, des Empfindens und Verstehens, und die Form, in welcher das Wachsein des einen zu dem der übrigen in Beziehung tritt, nenne ich *Sprache*, die zunächst nichts ist als unbewußter lebendiger Ausdruck, der sinnlich wahrgenommen wird, der sich aber allmählich zu einer bewußten *Mitteilungstechnik* entwickelt, welche auf einem übereinstimmenden Bedeutungsgefühl für Zeichen beruht.

Zuletzt ist jede Rasse ein einziger großer Leib, und jede Sprache die Tätigkeitsform *eines* großen, viele Einzelwesen verbindenden Wachseins. Man wird über beide nie zu den letzten Aufschlüssen gelangen, wenn man sie nicht gemeinsam und in beständiger Vergleichung behandelt.

Man wird aber auch die Geschichte des höheren Menschentums nie verstehen, wenn man übersieht, daß der Mensch als Element einer Rasse und als Besitzer einer Sprache, oder der Mensch, je nachdem er einer Einheit des Blutes entstammt oder einer Einheit der Verständigung eingereiht ist, daß also Dasein und Wachsein des Menschen ihre besonderen Schicksale haben. Und zwar sind Ursprung, Entwicklung und Dauer der Rasseseite und der Sprachseite in ein und derselben Bevölkerung *durchaus unabhängig* voneinander. Rasse ist etwas Kosmisches und Seelenhaftes. Irgendwie ist sie periodisch und in ihrem Innern von den großen astronomischen Verhältnissen mitbedingt. Sprachen sind kausale Gebilde; sie wirken durch die Polarität ihrer Mittel. Wir reden von Rasseinstinkten und vom Geist einer Sprache. Aber das sind zwei verschiedene *Welten*. Zur Rasse gehört die tiefste Bedeutung der Worte Zeit und Sehnsucht, zur Sprache die der Worte Raum und Angst. Das alles ist bis jetzt unter dem Begriff „Volk" verschüttet geblieben.

Es gibt also Daseinsströme und Wachseinsverbindungen. Jene besitzen eine Physiognomie, diesen liegt ein System zugrunde. Rasse ist, im Bilde der Umwelt betrachtet, der Inbegriff aller leiblichen Kennzeichen, soweit sie für das Sinnesempfinden wacher Wesen vorhanden sind. Hier müssen wir bedenken, daß ein Leib die mit seiner Zeugung gesetzte und ihm innerlich eigene Form von der Kindheit bis zum Greisentum entfaltet und vollendet, während gleichzeitig das, was der Leib abgesehen von seiner Form ist, unaufhörlich erneuert wird. Von einem Knaben ist also im Manne nichts wirklich geblieben als der lebendige Sinn seines Daseins, und wir erkennen davon nicht mehr, als was sich in der Welt des Wachseins darbietet. Obwohl sich für den höheren Menschen der Rasseeindruck fast ganz auf das beschränkt, was in der Lichtwelt seines Auges erscheint, Rasse also ganz wesentlich ein Inbegriff *sichtbarer* Merkmale ist, so sind doch auch für ihn bedeutsame Reste nichtoptischer Merkmale vorhanden, der Geruch, die Stimmen der Tiere, vor allem aber die Sprechweise des Menschen. Für höhere Tiere dagegen wird der gegenseitige Rasseeindruck ohne Zweifel durchaus nicht vom Sehen beherrscht. Die Witterung ist wichtiger; es kommen aber Empfindungsarten hinzu, die sich dem menschlichen Wissen vollständig entziehen. Es ergibt sich daraus, daß eine Pflanze, weil sie Dasein besitzt, auch *Rasse hat* – die Obst- und Blumenzüchter wissen das sehr wohl –, daß aber nur Tiere Rasseeindrücke *empfangen*. Es hat für mich immer etwas Erschütterndes, wenn ich im Frühling sehe, wie all diese blühenden Gewächse, die sich nach Zeugung und Befruchtung sehnen, mit der ganzen Leuchtkraft ihrer Blüten einander nicht anziehen und nicht einmal bemerken können, sondern auf Tiere angewiesen sind, für die es allein diese Farben und Düfte gibt.

Sprache nenne ich die gesamte freie Tätigkeit des wachen Mikrokosmos, insofern sie etwas *für andere* zum Ausdruck bringt. Pflanzen besitzen kein Wachsein und keine Beweglichkeit und also keine Sprache. Das Wachsein tierischer Wesen aber ist durch und durch ein Sprechen, ob nun der Sinn der einzelnen Akte ein Sprechen sein soll oder nicht und wenn auch der bewußte oder unbewußte Zweck des Tuns in einer ganz anderen Richtung liegt. Ein Pfau spricht sicherlich bewußt, wenn er seinen Schweif entfaltet, aber eine junge Katze, die mit einem Garnknäul spielt, spricht durch die Zierlichkeit ihrer Bewegungen unbewußt zu uns. Jeder kennt den Unterschied in seinen Bewegungen, je nachdem er sich beobachtet weiß oder nicht. Man beginnt plötzlich mit allem, was man tut, bewußt zu „sprechen“.

Damit ergibt sich aber ein sehr bedeutsamer Unterschied in den Arten der Sprache: Sprache, die nur *Ausdruck für die Welt* ist und deren innere Notwendigkeit in der Sehnsucht alles Lebens liegt, sich vor Zeugen zu verwirklichen, sein Dasein sich selbst zu bezeugen, und Sprache, die *von bestimmten Wesen verstanden* sein will. Es gibt also *Ausdruckssprachen* und *Mitteilungssprachen*. Jene setzen nur ein Wachsein, diese eine Wachseinsverbindung voraus. Verstehen heißt mit dem eigenen Bedeutungsgefühl auf den Eindruck eines Zeichens antworten. Sich verständigen, „Zwiesprache halten“, zu einem „Du“ sprechen, heißt also in ihm ein dem eigenen entsprechendes Bedeutungsgefühl voraussetzen. Die Ausdruckssprache vor Zeugen beweist nur das Vorhandensein eines Ich. Die Mitteilungssprache setzt ein Du. Ich ist das Sprechende. Du ist das, was die Sprache des Ich verstehen soll. Für den primitiven Menschen kann ein Baum, ein Stein, eine Wolke ein Du sein. Alle Gottheiten sind Du. Im Märchen gibt es nichts, was nicht mit dem Menschen Zwiesprache halten könnte. Und wir brauchen uns nur in Augenblicken zorniger Erregung oder dichterischen Schwunges zu ertappen, um zu wissen, daß noch heute jedes Ding ein Du für uns werden kann. Und endlich spricht jeder denkende Mensch mit sich selbst wie mit einem Du. Erst am Du erwacht auch das *Wissen* von einem Ich. „Ich“ ist also eine Bezeichnung für die Tatsache, daß eine Brücke zu einem anderen Wesen vorhanden ist.

Eine strenge Grenze zwischen religiöser und künstlerischer Ausdruckssprache und reiner Mitteilungssprache zu ziehen, ist unmöglich. Das gilt ganz besonders auch für hohe Kulturen mit der Sonderentwicklung ihrer Formgebiete. Denn einerseits kann niemand sprechen, ohne in die Art seines Sprechens noch einen bedeutsamen Ausdruck zu legen, der ihm selbst oft nicht bekannt ist und der jedenfalls nicht der Mitteilung dient. Und andererseits kennen wir alle das Drama, mit dem der Dichter etwas „sagen“ will, was er ebensogut und besser auch durch einen Aufruf hätte sagen können, das

Gemälde, das durch seinen Inhalt belehren, mahnen, bessern soll – die Bilderreihen in jeder griechisch-orthodoxen Kirche bilden einen strengen Kanon und dienen dem ausgesprochenen Zweck, dem Betrachter, dem ein Buch nichts sagt, die Wahrheiten der Religion eindringlich klar zu machen – die Stiche von Hogarth, welche Kanzelreden ersetzen, und endlich das Gebet, das unmittelbare Sprechen mit Gott, das auch durch die Ausübung einer kultischen Handlung vor seinen Augen, deren Sprache er versteht, ersetzt werden kann. Der theoretische Streit um den Zweck der Kunst beruht auf der Forderung, daß eine künstlerische Ausdruckssprache keine Mitteilungssprache sein soll, und der Erscheinung des Priestertums liegt die Überzeugung zugrunde, daß es allein die Sprache kennt, in welcher der Mensch sich Gott mitteilen kann.

Alle Daseinsströme haben historische, alle Wachseinsverbindungen religiöse Prägung. Was von jeder echten religiösen oder künstlerischen Formensprache feststeht und was insbesondere die Geschichte der Schrift uns überall enthüllt – Schrift ist die Wortsprache fürs Auge –, das gilt ganz ohne Zweifel auch von der Entstehung der menschlichen Lautsprache überhaupt. Die Urworte, von deren Beschaffenheit wir nicht das geringste mehr wissen, besaßen sicherlich auch eine kultische Farbe. Aber in einem entsprechenden Zusammenhang steht die Rasse mit allem, was wir das Leben als Kampf um die Macht, was wir die Geschichte als Schicksal, was wir heute Politik nennen. Es ist vielleicht verwegen, in dem Suchen einer Kletterpflanze nach Haftpunkten, womit sie einen Baum umklammert, seinen Widerstand überwindet und ihn zuletzt erwürgt, um sich über seinen Wipfel hoch in die Luft zu recken, etwas von politischem Instinkt, in dem Gesang einer aufsteigenden Lerche etwas von religiösem Weltgefühl zu verspüren, aber es ist sicher, daß von hier aus in ununterbrochener Reihe die Äußerungen des Daseins und des Wachseins, des Taktes und der Spannung bis zu den ausgebildeten politischen und religiösen Formen jeder modernen Zivilisation führen.

Und daraus ergibt sich endlich der Schlüssel für jene zwei merkwürdigen Worte, welche die völkerkundliche Forschung an zwei ganz verschiedenen Stellen der Erde entdeckt hat und zwar in einer nicht sehr umfangreichen Anwendung, die dann aber unvermerkt immer mehr in den Vordergrund der Untersuchung gerückt sind: *Totem und Tabu*. Je rätselhafter und vieldeutiger sie werden, desto mehr hat man gefühlt, daß mit ihnen die letzten Lebensgründe nicht nur der primitiven Menschheit angerührt wurden. Und aus der hier vorgelegten Untersuchung folgt nunmehr die eigentliche Bedeutung beider: Totem und Tabu bezeichnen den letzten Sinn von Dasein und Wachsein, Schicksal und Kausalität, Rasse und Sprache, Zeit und Raum, Sehnsucht und Angst, Takt und Spannung, Politik und Religion. Die Totemseite des Lebens ist pflanzenhaft und gehört allen Wesen an, die Tabuseite ist tierhaft und setzt die freie Bewegung des Wesens in einer Welt voraus. Wir besitzen die Totemorgane des Blutkreislaufs und der Fortpflanzung und die Tabuorgane der Sinne und Nerven. Alles was zum Totem gehört, besitzt Physiognomie, alles was Tabu ist, hat System. Im Totemistischen liegt das Gemeingefühl von Wesen, die ein und demselben Daseinsstrome angehören. Es läßt sich nicht übertragen und nicht beseitigen, es ist eine *Tatsache, die* Tatsache im eminenten Sinne. Alles was Tabu ist, kennzeichnet Wachseinsverbindungen; es ist erlernbar und übertragbar und eben deshalb ein behütetes Geheimnis von Kultgemeinden, Denkerschulen und Künstlergilden, die alle eine Art von Geheimsprache besitzen.

Aber das Dasein kann ohne das Wachsein gedacht werden; das Wachsein nicht ohne Dasein. Daraus folgt, daß es Rassewesen ohne Sprache gibt, aber keine Sprache ohne Rasse. Deshalb besitzt alles Rassemäßige seinen eigenen und vom etwaigen Wachsein unabhängigen, den Pflanzen so gut wie den Tieren zugehörigen Ausdruck – wohl zu unterscheiden von der Ausdrucks*sprache,* welche in der *aktiven Veränderung* des Ausdruckes besteht –, der nicht für Zeugen bestimmt, sondern einfach da ist: die Physiognomie. In jeder mit tiefer Bedeutung so genannten lebenden Sprache aber ist außer der Tabuseite, die erlernbar ist, ein gänzlich unerlernbarer Rassezug nachzuweisen, der mit den Trägern der Sprache dahinstirbt; er liegt in Melos, Rhythmus und Betonung, in Farbe, Klang und Schritt der Aussprache, im Sprachgebrauch, in der begleitenden Geste. Man sollte deshalb die Sprache und das Sprechen unterscheiden. Jene ist ein an sich toter Bestand von Zeichen, diese ist die Tätigkeit, welche mit den Zeichen wirkt.Wenn man von einer Sprache nicht mehr unmittelbar hören *und sehen* kann, wie sie gesprochen wird, so kennt man von ihr nur den Knochenbau und nicht den Leib. Das ist beim Sumerischen, Gotischen, Sanskrit und allen andern Sprachen der Fall, die wir nur aus Texten und Inschriften entziffert haben und mit vollem Recht tot nennen, weil die menschliche Gemeinschaft verschwunden ist, welche durch diese Sprache gebildet worden war. Wir kennen die ägyptische Sprache, aber nicht das ägyptische Sprechen. Wir kennen vom Latein der augusteischen Zeit annähernd den Lautwert der Buchstaben und den Wortsinn, aber wir wissen nicht, wie eine Rede Ciceros von den Rostra herab erklang, und noch viel weniger wissen wir, wie Hesiod und Sappho ihre Verse sprachen und wie sich ein Gespräch auf dem Markt von Athen anhörte. Wenn in der Gotik das Latein wirklich wieder gesprochen wurde, so war damit etwas Neues entstanden; die Ausbildung dieses gotischen Latein hat vom Klang und Takt des Sprechens, von dem wir uns heute ebenfalls keine Vorstellung mehr machen können, bald auf den Wortbestand und die Wortverbindung übergegriffen. Aber auch das antigotische Latein der Humanisten, das ciceronianisch sein sollte, war nichts weniger als eine Auferstehung. Die ganze Bedeutung der Rasseseite im Sprechen ermißt man, wenn man das Deutsch Nietzsches und Mommsens, das Französisch Diderots und Napoleons vergleicht und bemerkt, daß Lessing und Voltaire im Gebrauch der Sprache sich näherstehen als Lessing und Hölderlin.

Und ebenso steht es mit der bedeutendsten Ausdruckssprache, die es gibt, der Kunst. Die Tabuseite, nämlich der Formenschatz, die Regeln der Konvention, der Stil, soweit er einen Inbegriff feststehender Wendungen bedeutet, was mit dem Wortschatz und der Syntax der Wortsprachen zu vergleichen ist, stellt die Sprache selbst dar, die erlernt werden kann. Sie wird erlernt und im Gebrauch überliefert in den großen Malerschulen, der Bauhüttentradition, überhaupt in der strengen Handwerkszucht, welche für jede echte Kunst selbstverständlich ist und deren Zweck zu allen Zeiten die sichere Beherrschung einer ganz bestimmten, gerade damals lebendigen Sprechweise war. Denn es gibt auch hier lebendige und tote Sprachen. Die Formensprache einer Kunst läßt sich nur dann als lebendig bezeichnen, wenn die Künstlerschaft in ihrer Gesamtheit sie wie eine gemeinsame Muttersprache anwendet, deren man sich bedient, ohne an ihre Beschaffenheit auch nur zu denken. In diesem Sinne war der gotische Stil im 16. Jahrhundert eine tote Sprache, das Rokoko um 1800. Man vergleiche die unbedingte Sicherheit, mit welcher Baumeister und Musiker des 17. und 18. Jahrhunderts sich ausdrücken, mit dem Stammeln Beethovens, den mühsam, gewissermaßen durch Selbstunterricht erworbenen Sprachkenntnissen Schinkels und Schadows, dem Radebrechen der Präraffaeliten und Neugotiker und endlich den hilflosen Sprechversuchen heutiger Künstler.

Das Sprechen einer künstlerischen Formensprache, wie es in den Werken vorliegt, läßt die Totemseite, die Rasse erkennen und zwar von einzelnen Künstlern so gut wie von ganzen Künstlergeschlechtern. Die Schöpfer der dorischen Tempel Unteritaliens und Siziliens und die der norddeutschen Backsteingotik waren eine starke Rasse und ebenso die deutschen Musiker von Heinrich Schütz bis Joh. Seb. Bach. Zur Totemseite gehören der Einfluß der kosmischen Kreisläufe, dessen Bedeutung für die Gestalt der Kunstgeschichte man kaum ahnt und niemals im einzelnen feststellen wird, und die schöpferischen Zeiten des Frühlings und des Liebesrausches, die ganz unabhängig von der Sicherheit der Formgebung über die Formgewalt, die Tiefe der Konzeption einzelner Werke und ganzer Künste entscheiden. Wir verstehen den Formalisten aus Tiefe der Weltangst oder aus Mangel an Rasse und den großen Formlosen aus Überschwang des Blutes oder Mangel an Zucht. Wir verstehen, daß es einen Unterschied gibt zwischen der Geschichte von Künstlern und der von Stilen und daß man die Sprache einer Kunst von Land zu Land tragen kann, die Meisterschaft, sie zu sprechen, aber nicht.

Eine Rasse hat Wurzeln. Rasse und Landschaft gehören zusammen. Wo eine Pflanze wurzelt, da stirbt sie auch. Es hat wohl einen Sinn, nach der Heimat einer Rasse zu fragen, aber man sollte wissen, daß dort, wo die Heimat ist, eine Rasse mit ganz wesentlichen Zügen des Leibes und der Seele auch bleibt. Ist sie dort nicht zu finden, so ist sie nirgends mehr. Eine Rasse wandert nicht. Die Menschen wandern; ihre Geschlechterfolgen werden dann in immer wechselnden Landschaften geboren; die Landschaft erhält eine geheime Gewalt über das Pflanzenhafte in ihnen und endlich ist der Rasseausdruck von Grund aus verändert, der alte erloschen und ein neuer aufgetaucht. Nicht Engländer und Deutsche sind nach Amerika ausgewandert, sondern diese Menschen sind *als* Engländer und Deutsche gewandert; als Yankees sind ihre Urenkel jetzt dort, und es ist seit langem kein Geheimnis mehr, daß der Indianerboden seine Macht an ihnen bewiesen hat: sie werden von Generation zu Generation der ausgerotteten Bevölkerung ähnlicher. Gould und Baxter haben gezeigt, daß Weiße aller

Stämme, Indianer und Neger dieselbe durchschnittliche Körpergröße und Wachstumszeit erhalten und zwar so schnell, daß jung eingewanderte Iren (mit einer sehr langen Wachstumszeit) die Macht der Landschaft noch an sich selbst erfahren. Boas hat gezeigt, daß schon die in Amerika geborenen Kinder langköpfiger sizilischer und kurzköpfiger deutscher Juden dieselbe Kopfform haben. Aber das gilt überall und sollte zur größten Vorsicht gegenüber historischen Wanderungen mahnen, von denen wir nur gewisse Namen der Wanderstämme und geringe Sprachreste kennen, wie es in der antiken Vorgeschichte mit Danaern, Etruskern, Pelasgern, Achaiern, Dorern der Fall ist. Für die Rasse dieser „Völker" folgt daraus gar nichts. Was unter den Namen der Goten, Langobarden, Vandalen in die südeuropäischen Länder einströmte, war zuerst ohne Zweifel eine Rasse für sich. Sie war aber schon zur Zeit der Renaissance in die wurzelhaften Rassemerkmale des provenzalischen, kastilischen und toskanischen Bodens vollständig hineingewachsen.

Nicht so die Sprache. Die Heimat einer Sprache bedeutet nur den zufälligen Ort ihrer Bildung, der zu ihrer inneren Form in keiner Beziehung steht. Sprachen wandern, indem sie von Stamm zu Stamm verbreitet und von Stämmen fortgetragen werden. Vor allem werden sie gewechselt und einen *Sprachenwechsel der Rassen* kann man in früher Zeit gar nicht oft genug annehmen. Es ist, um das zu wiederholen, der Formbestand und nicht das Sprechen der Sprache, was man sich aneignet, ebenso wie primitive Bevölkerungen sich unaufhörlich ornamentale Motive aneignen, um sie mit vollkommener Sicherheit als Elemente der eigenen Formensprache zu gebrauchen. Es genügt in frühen Zeiten die Tatsache, daß ein Volk sich als stärker erwiesen hat, oder ein Gefühl, daß dessen Sprache in der Anwendung überlegen ist, um – oft aus wirklicher religiöser Scheu – die eigene Sprache dafür aufzugeben. Man verfolge den Sprachwechsel der Normannen, die in der Normandie, in England, in Sizilien, vor Byzanz immer mit einer andern Sprache erschienen und jedesmal bereit waren, sie wieder gegen eine andere einzutauschen. Die Ehrfurcht vor der Muttersprache, mit dem ganzen sittlichen Gewicht, das an diesem Worte haftet und das immer wieder zu erbitterten Sprachkämpfen führt, ist ein Zug der *späten* abendländischen Seele und dem Menschen andrer Kulturen kaum, dem primitiven gar nicht bekannt. Er wird von unsern Historikern aber stillschweigend überall vorausgesetzt und führt zu einer Unzahl falscher Schlüsse über die Bedeutung von Sprachfunden auf die Geschicke von „Völkern". Man denke an die Rekonstruktion der „dorischen Wanderung" aus der Verteilung der späteren griechischen Dialekte. Daraus ergibt sich die Unmöglichkeit, aus bloßen Ortsnamen, Eigennamen, Inschriften, Dialekten, der Sprachseite überhaupt auf die Geschicke der Rasseseite von Bevölkerungen zu schließen. Wir wissen von vornherein nie, ob ein Völkername einen Sprachkörper oder einen Rasseteil bezeichnet, beides oder keins von beiden, und dazu kommt noch, daß die Völkernamen und sogar die Ländernamen ihre eigenen Schicksale besitzen.

8

Das Haus ist der reinste Rasseausdruck, den es überhaupt gibt. Von dem Augenblick an, wo der seßhaft werdende Mensch nicht mehr mit einem Obdach vorlieb nimmt, sondern eine feste Wohnung für sich baut, ist dieser Ausdruck vorhanden und er unterscheidet innerhalb der Rasse „Mensch", welche dem *biologischen* Weltbilde angehört, die Menschenrassen der eigentlichen Weltgeschichte, Daseinsströme von einer viel seelenhafteren Bedeutung. Die Urform des Hauses ist durchaus gefühlt und gewachsen. Man weiß gar nichts von ihr. Wie die Schale des Nautilus, wie der Bienenstock, wie die Nester der Vögel ist sie von innerer Selbstverständlichkeit und alle Züge ursprünglicher Sitte und Form des Daseins, des Ehe- und Familienlebens, der Stammesordnung haben im Grundriß und seinen Haupträumen, Diele, Halle, Megaron, Atrium, Hof, Kemenate, Gynaikeion ihr Ebenbild. Man braucht nur die Anlage des altsächsischen und des römischen Hauses zu vergleichen, um zu fühlen, daß die Seele dieser Menschen und die Seele ihres Hauses ein und dasselbe sind.

Die Kunstgeschichte hätte sich dieses Gebietes nie bemächtigen sollen. Es war ein Irrtum, den Bau des Wohnhauses für einen Teil der Baukunst zu halten. Diese Form ist aus der dunklen Gewohnheit des Daseins, nicht für das Auge entstanden, welches Formen im Licht sucht, und kein Architekt hat je daran gedacht, die Raumverteilung des Bauernhauses wie die eines Domes zu behandeln. Diese bedeutsame Grenze der Kunst ist der Forschung entgangen, obwohl gelegentlich Dehiobemerkt, daß das altgermanische Holzhaus nichts mit der späteren großen Architektur zu tun habe, die ganz unabhängig davon entstanden sei. Deshalb besteht eine immerwährende methodische Verlegenheit, welche die Kunstwissenschaft wohl empfunden, aber nicht begriffen hat. Sie bringt in allen Vor- und Frühzeiten unterschiedslos Geräte, Waffen, Keramik, Gewebe, Grabstätten und Häuser und zwar sowohl der Form als der Verzierung nach zusammen und gewinnt erst mit der *organischen* Geschichte der Malerei, Plastik und Architektur, also der in sich geschlossenen Sonderkünste, festen Boden. Aber hier scheiden sich klar und deutlich zwei *Welten*, die des Seelen *ausdrucks* und die der Ausdrucks *sprache* für das Auge. Das Haus und ebenso die völlig unbewußten Grund-, d.h. *Gebrauchs*formen der Gefäße, Waffen, Kleidung und Geräte gehören zur Totemseite. Sie kennzeichnen nicht einen Geschmack, sondern die Kampfweise, Wohnweise und Arbeitsweise. Jedes ursprüngliche Sitzgerät ist der Abdruck einer rassemäßigen Körperhaltung; jeder Griff eines Gefäßes verlängert den *bewegten* Arm. Die Malerei und Schnitzarbeit am Hause, das Kleid als Schmuck, die Verzierung der Waffen und Geräte dagegen gehören zur Tabuseite des Lebens. In diesen Mustern und Motiven liegt für den frühen Menschen auch eine Zauberkraft. Wir kennen die Germanenklingen der Völkerwanderung mit orientalischem Ornament und die mykenischen Burgen mit minoischer Kunstarbeit. So unterscheiden sich Blut und Sinne, Rasse und Sprache – *Politik und Religion*.

Es gibt also – und das wäre eine der dringendsten Aufgaben künftiger Forschung – noch keine Weltgeschichte des Hauses und *seiner Rassen*, die mit ganz anderen Mitteln behandelt werden müßte als die Geschichte der Kunst. Das Bauernhaus ist im Verhältnis zum Tempo aller Kunstgeschichte „ewig" wie der Bauer selbst. Es steht außerhalb der Kultur und damit außerhalb der höheren Menschengeschichte; es kennt ihre örtlichen und zeitlichen Grenzen nicht und erhält sich der Idee nach unverändert durch alle Wandlungen der Baukunst, *die sich nur an ihm, nicht mit ihm vollziehen*. Die altitalische Rundhütte kennt man noch in der Kaiserzeit.Die Form des rechteckigen römischen Hauses, das Existenzzeichen einer zweiten Rasse, findet sich in Pompeji und sogar in den Kaiserpalästen auf dem Palatin. Man entlehnt jede Art von Schmuck und Stil aus dem Orient, aber kein Römer hätte daran gedacht, etwa das syrische Haus nachzuahmen. Und ebensowenig ist die Megaronform von Tiryns und Mykene und die des von Galen beschriebenen altgriechischen Bauernhauses von den Städtebaumeistern des Hellenismus angetastet worden. Das sächsische und das fränkische Bauernhaus haben ihren Wesenskern vom ländlichem Gehöft über das Bürgerhaus der alten freien Reichsstädte bis zu den Patrizierbauten des 18. Jahrhunderts unberührt erhalten, während der gotische, Renaissance-, Barock- und Empirestil darüber hingleiten, an der Fassade und in allen Räumen vom Keller bis zum Dache ihr Wesen treiben, ohne die Seele des Hauses zu beirren. Und dasselbe gilt von den Möbel*formen*, die man psychologisch von ihrer künstlerischen Behandlung sorgfältig trennen sollte. Insbesondere ist die Entwicklung der nordeuropäischen Sitzmöbel bis zum Klubsessel ein Stück Rasse- und nicht etwa Stilgeschichte. Jedes andere Kennzeichen kann über das Schicksal einer Rasse täuschen; der Etruskername unter den Seevölkern, die Ramses III. schlug, die rätselhafte Inschrift von Lemnos, die Wandgemälde in den Gräbern von Etrurien gestatten keinen sicheren Schluß auf den leiblichen Zusammenhang dieser Menschen. Wenn gegen Ende der Steinzeit in dem weiten Gebiet östlich der Karpathen eine hochbedeutende Ornamentik entsteht und andauert, so kann trotzdem Rasse auf Rasse sich hier abgelöst haben. Besäßen wir in Westeuropa aus den Jahrhunderten von Trajan bis Chlodwig nur die Keramik, so würden wir von dem Ereignis der Völkerwanderung nicht das geringste ahnen. Aber das Vorkommen eines Ovalhauses im ägäischen Gebiet,eines anderen sehr seltsamen Ovalhauses in Rhodesia,die vielbesprochene Übereinstimmung des sächsischen Bauernhauses mit dem libysch-kabylischen verraten ein Stück Rassengeschichte. Ornamente verbreiten sich, wenn eine Bevölkerung sie ihrer Formensprache einverleibt; eine Hausform wird nur mit einer Rasse verpflanzt. Verschwindet ein Ornament, so hat sich nur eine Sprache verändert, verschwindet ein Haustyp, *so ist eine Rasse erloschen*.

Daraus ergibt sich nun eine notwendige Berichtigung der Kunstgeschichte. Man muß auch in ihrem Verlauf die Rasseseite sorgfältig von der eigentlichen Sprache trennen. Am Anfang einer Kultur erheben sich über das Bauerndorf mit seinen Rassebauten zwei ausgeprägte Formen höheren Ranges als Ausdruck des Daseins und als Sprache des

Wachseins, *Burgen und Dome.*In ihnen steigert sich der Unterschied von Totem und Tabu, Sehnsucht und Angst, Blut und Geist zu gewaltiger Symbolik. Die altägyptische, altchinesische, antike, südarabische, abendländische Burg als Sitz von Geschlechterfolgen steht dem Bauernhaus nahe. Sie bleiben beide als Abdruck wirklichen Lebens, Zeugens und Sterbens außerhalb aller Kunstgeschichte. Die Geschichte der deutschen Burgen ist durchaus ein Stück *Rassegeschichte.* An beide wagt sich zwar die frühe Ornamentik heran und verschönert hier das Balkenwerk und dort das Tor oder Treppenhaus, aber sie kann so oder so *gewählt* werden oder überhaupt fehlen. Eine innerlich notwendige Beziehung zwischen Baukörper und Ornament ist nie vorhanden. Der Dom dagegen ist nicht ornamentiert; er *ist ein Ornament.* Seine Geschichte – und ebenso die des dorischen Tempels und aller andern frühen Kultbauten – fällt mit der gotischen Stilgeschichte zusammen und zwar so vollständig, daß es hier wie in allen frühen Kulturen, von deren Kunst wir überhaupt noch etwas wissen, niemandem aufgefallen ist, daß die strenge Architektur, die nichts ist als reine Ornamentik von höchster Art, sich ausschließlich auf den Kultbau beschränkt. Alles was an schönen Bauformen in Gelnhausen, Goslar und der Wartburg erscheint, ist von der Domkunst *herübergenommen,* ist Verzierung und nicht von innerer Notwendigkeit. Eine Burg, ein Schwert, ein Tongefäß können diese Verzierung vollständig entbehren, ohne ihren Sinn oder auch nur ihre Gestalt zu verlieren; bei einem Dom oder einem ägyptischen Pyramidentempel läßt sich das nicht einmal vorstellen.

So unterscheiden sich der Bau, *der Stil hat,* von dem, *in welchem* man Stil hat. Denn in Kloster und Dom ist es *der Stein,* welcher Form besitzt und sie den Menschen mitteilt, die in ihrem Dienste stehen, in Bauernhaus und Ritterburg ist es die volle Stärke des bäuerlichen und ritterlichen Lebens, welche aus sich heraus das Gehäuse bildet. Der Mensch und nicht der Stein ist hier das erste, und wenn von einem Ornament auch hier die Rede sein soll, so besteht es in der strengen, gewachsenen, unerschütterlichen *Form der Sitten und Bräuche.* Das wäre der Unterschied von lebendigem und starrem Stil. Aber ebenso wie die Macht dieser lebendigen Form auf das Priestertum hinübergreift und in vedischer wie in gotischer Zeit einen ritterlichen Priestertypus herausbildet, so ergreift die romanisch-gotische *heilige* Formensprache alles, was mit diesem weltlichen Leben in Verbindung steht, Tracht, Waffen, Zimmer und Geräte, und stilisiert ihre Oberfläche. Aber die Kunstgeschichte sollte sich über diese ihr fremde Welt nicht täuschen; es ist die *Oberfläche.*

Etwas Neues kommt in den frühen Städten nicht hinzu. Zwischen den Rassehäusern, welche nun Straßen bilden und in ihrem Innern die Einrichtung und Sitte des Bauernhauses treu bewahren, liegt eine Handvoll Kultbauten, welche Stil *haben.* Sie sind weiterhin unbestritten *der Sitz der Kunstgeschichte* und strahlen ihre Form auf Plätze, Fassaden und Innenräume aus. Mögen aus den Burgen Stadtpaläste und Patrizierhäuser, aus dem Palas, der Männerhalle, die Gilden- und Rathäuser geworden sein: sie alle haben keinen Stil, sondern empfangen und tragen ihn. Das echte Bürgertum hat nicht mehr die metaphysische Gestaltungskraft der frühen Religion. Es bildet das Ornament weiter, aber nicht *den Bau als Ornament.* Von hier an, mit der reifen Stadt, zerfällt die Kunstgeschichte in die Geschichte von Einzelkünsten. Das Bild, die Statue, das Haus sind Einzelobjekte der Stilanwendung. Auch die Kirche ist jetzt ein solches Haus. Ein gotischer Dom *ist* Ornament, eine barocke Hallenkirche ist ein Baukörper, der mit Ornamentik überzogen ist. Was der ionische Stil und das Barock des 16. Jahrhunderts vorbereiten, führt die korinthische Ordnung und das Rokoko zu Ende. Hier haben sich Haus und Ornament endgültig und entschieden getrennt, und selbst die Meisterwerke unter den Kirchen und Klöstern des 18. Jahrhunderts können nicht darüber hinwegtäuschen, daß alle diese Kunst weltlich geworden ist, nämlich Verzierung. Mit dem Empire geht der Stil in einen Geschmack über und mit seinem Ende die Baukunst in ein Kunstgewerbe. Damit hat die ornamentale Ausdruckssprache und also die Kunstgeschichte ein Ende gefunden. Aber das Bauernhaus mit seiner unveränderten Rasseform lebt weiter.

9

Sieht man vom Rasseausdruck des Hauses ab, so bemerkt man erst die ungeheure Schwierigkeit, dem Wesen der Rasse nahe zu kommen. Nicht ihrem inneren Wesen, ihrer Seele, denn davon redet unser Gefühl deutlich genug. Was ein Mensch von Rasse ist, wissen wir alle auf den ersten Blick. Aber welches sind die Merkmale für unser Empfinden, vor allem fürs Auge, an denen wir Rassen erkennen und unterscheiden? Ohne Zweifel gehört dies zur Physiognomik, so gut wie die Einteilung der Sprachen zur Systematik gehört. Was alles müßte man da aber vor sich haben! Wie vieles geht mit dem Tode, wie vieles weiterhin mit der Verwesung endgültig verloren! Was verrät ein Skelett *nicht,* das einzige, was wir bestenfalls vom vorgeschichtlichen Menschen besitzen? Es ist so gut wie alles. Die prähistorische Forschung ist mit naivem Eifer gleich bereit, von einem Kiefer oder Armknochen Unglaubliches abzulesen, aber man braucht nur an ein Massengrab in Nordfrankreich zu denken, von dem wir *wissen,* daß darin Menschen aller Rassen, Weiße und Farbige, Bauern und Städter, Jünglinge und Männer bestattet sind. Wenn dies die Zukunft nicht aus anderer Quelle weiß, wird sie es durch eine anthropologische Untersuchung sicherlich nicht entdecken. Es können also gewaltige Rasseschicksale über ein Land dahingegangen sein, ohne daß der Forscher an den Skelettresten der Gräber das Geringste davon bemerkt. Der Ausdruck liegt also vorwiegend im *lebendigen* Körper; nicht im Bau der Teile, sondern in ihrer Bewegung, nicht im Gesichtsschädel, sondern in der Miene. Aber wie vieles an möglichem Rasseausdruck ist selbst für die schärfsten Sinne heutiger Menschen vorhanden? Wie vieles hören und sehen wir *nicht?* Für was fehlt uns, sicherlich im Unterschied von vielen Tierarten, überhaupt das Sinnesorgan?

Die Wissenschaft im darwinistischen Zeitalter hat sich die Frage leicht gemacht. Wie flach, wie plump, wie mechanistisch ist der Begriff, mit dem sie arbeitet! Er umfaßt erstens eine Summe grobsinnlicher Merkmale, soweit sie im anatomischen Befunde, also auch an Leichen festzustellen sind. Vom Beobachten des Körpers, insofern er lebt, ist nicht die Rede. Und zweitens untersucht man nur Kennzeichen, die sich einem sehr wenig feinen Auge aufdrängen, und nur, insofern sie sich messen und zählen lassen. Das Mikroskop gibt den Ausschlag, nicht das Taktgefühl. Wenn man die Sprache als unterscheidendes Merkmal heranzieht, so denkt niemand daran, daß es menschliche Rassen nach der Art des *Sprechens* gibt und nicht nach dem grammatischen Bau der *Sprache,* der auch nur ein Stück Anatomie und System ist. Daß die Erforschung dieser *Sprechrassen* eine der wichtigsten Aufgaben der Forschung sein könnte, ist überhaupt noch nicht bemerkt worden. In Wirklichkeit wissen wir alle als Menschenkenner aus täglicher Erfahrung, daß die Art des Sprechens einer der bezeichnendsten Rassezüge heutiger Menschen ist. Die Beispiele dafür sind unübersehbar und jedem in großer Zahl bekannt. In Alexandria sprach man dasselbe Griechisch nach sehr verschiedener Rasseart aus. Wir sehen es heute noch an der Schreibweise der Texte. In Nordamerika sprechen die im Lande Geborenen ohne Zweifel völlig gleich, ob es nun das Englische, Deutsche oder gar Indianische ist. Was ist im Sprechen osteuropäischer Juden Rassezug der Landschaft und also auch im Russischsprechen der Russen vorhanden, was ein Rassezug des Blutes und also den Juden unabhängig vom Wohngebiet ihrer Wirtsvölker beim Sprechen aller ihrer europäischen „Muttersprachen" gemeinsam? Wie verhält es sich hier im einzelnen mit der Lautbildung, der Betonung, der Wortstellung?

Aber die Wissenschaft hat nicht einmal bemerkt, daß Rasse bei wurzelnden Pflanzen und beweglichen Tieren nicht das gleiche ist, daß mit der mikrokosmischen Lebensseite eine Gruppe von Zügen neu auftritt und zwar die für tierisches Wesen entscheidende. Sie sehen nicht, daß „Menschenrassen" *innerhalb der einheitlichen Rasse „Mensch"* wieder etwas völlig anderes sind. Sie reden von Anpassung und Vererbung und verderben also durch eine seelenlose Kausalverkettung von Oberflächenzügen, was hier der Ausdruck des Blutes und dort die Macht des Bodens über das Blut ist, Geheimnisse, die man nicht sehen und messen, sondern nur von Auge zu Auge erleben und fühlen kann.

Sie sind nicht einmal über den Rang der Oberflächenmerkmale untereinander einig. Blumenbach hat die Rassen nach Schädelformen, Friedrich Müller ganz deutsch nach Haar und Sprachenbau, Topinard echt französisch nach Hautfarbe und Nasenform, Huxley echt englisch sozusagen sportsmäßig eingeteilt. Das letzte wäre an sich ohne Zweifel sehr zweckmäßig, aber ein Pferdekenner würde ihm sagen, daß man mit einer Gelehrtenterminologie keine Rasseeigenschaften trifft. Diese Rassesteckbriefe sind sämtlich ebenso wertlos wie die, an welchen ein Schutzmann seine theoretische Menschenkenntnis erprobt.

Von dem Chaotischen im Gesamtausdruck des menschlichen Leibes macht man sich offenbar keine Vorstellung. Abgesehen vom Geruch, der z. B. für den Chinesen ein charakteristisches Kennzeichen der Rasse bildet, und vom Gehör, welches im Sprechen, Singen und vor allem im Lachen gefühlsmäßig tiefe Unterschiede feststellt, die keiner wissenschaftlichen Methode zugänglich sind, ist der Bildbefund fürs Auge so verwirrend reich an wirklich sichtbaren und an für den tieferen Blick sozusagen fühlbaren Einzelheiten, daß an eine Zusammenfassung nach wenigen Gesichtspunkten gar nicht zu denken ist. Und alle diese Seiten und Züge im Bilde sind unabhängig voneinander und haben ihre eigene Geschichte. Es gibt Fälle, wo der Knochenbau und vor allem die Schädelform sich vollkommen verändern, ohne daß der Ausdruck der Fleischteile, also des Gesichtes, anders würde. Die Geschwister ein und derselben Familie können fast alle unterscheidenden Merkmale nach Blumenbach, Müller und Huxley darstellen und ihr lebendiger Rasseausdruck ist doch für jeden Beobachter völlig der gleiche. Noch viel häufiger ist die Gleichheit im Körperbau bei einer durchgreifenden Verschiedenheit des lebendigen Ausdrucks. Ich brauche nur an den unermeßlichen Unterschied zwischen einer echten Bauernrasse wie den Friesen oder Bretonen und echten Stadtrassen zu erinnern.Aber zur Energie des Blutes, das durch Jahrhunderte immer wieder dieselben leiblichen Züge prägt – „Familienzüge" –, und der Macht des Bodens – „Menschenschlag" – tritt noch jene rätselhafte kosmische Kraft des gleichen Taktes eng verbundener Gemeinschaften. Was man das Versehen der Schwangeren nennt, ist nur eine wenig bedeutende Einzelheit aus einem der tiefsten und mächtigsten Gestaltungsprinzipien alles Rassehaften. Daß greise Eheleute nach einem langen innigen Zusammenleben sich überraschend ähnlich geworden sind, hat jeder schon gesehen, obwohl die messende Wissenschaft ihm vielleicht das Gegenteil „beweisen" würde. Man kann die Gestaltungskraft dieses lebendigen Taktes, dieses starken innerlichen Gefühls für die Vollkommenheit des eigenen Typus gar nicht hoch genug anschlagen. Das Gefühl für Rasseschönheit – im Gegensatz zu dem sehr bewußten Geschmack reifer Stadtmenschen für geistig-individuelle Schönheitszüge – ist unter ursprünglichen Menschen ungeheuer stark und kommt ihnen eben deshalb gar nicht zum Bewußtsein. Ein solches Gefühl ist aber *rassebildend*. Es hat ohne Zweifel den Krieger- und Heldentypus von Wanderstämmen immer reiner *auf ein leibliches Ideal* hin geprägt, so daß es einen Sinn gehabt hätte, vom Rassebild des Normannen oder Ostgoten zu sprechen, und dasselbe ist bei jedem alten Adel der Fall, der sich stark und innig als Einheit fühlt und eben damit ganz unbewußt zur Ausbildung eines körperlichen Ideals gelangt. Kameradschaft züchtet Rassen. Französische *noblesse* und preußischer Landadel sind echte Rassebezeichnungen. Aber gerade das hat auch den Typus des europäischen Juden mit seiner ungeheuren Rasse-Energie in einem tausendjährigen Ghettodasein herangezüchtet und wird immer wieder eine Bevölkerung zu einer Rasse schmieden, sobald sie sich einem Schicksal gegenüber seelisch für lange Zeit fest aneinander schließt. Wo es ein Rasse-Ideal gibt, und das ist in jeder frühen Kultur, in der vedischen, homerischen, staufischen Ritterzeit im höchsten Grade der Fall gewesen, da bewirkt die Sehnsucht einer herrschenden Klasse nach diesem Ideal, der Wille, so und nicht anders zu sein, ganz unabhängig von der Wahl der Frauen, daß dieses Ideal sich endlich verwirklicht. Und dazu kommt noch eine zahlenmäßige Erwägung, die bei weitem nicht genug beachtet wird. Jeder heute lebende Mensch hat um das Jahr 1300 schon eine Million, um das Jahr 1000 eine Milliarde Ahnen. Diese Tatsache besagt, daß jeder lebende Deutsche mit jedem Europäer der Kreuzzüge ohne Ausnahme blutsverwandt ist und daß sich dies, je enger man die Landschaftsgrenze zieht, zu einer hundert- und tausendfachen Verwandtschaft steigert, so daß die Bevölkerung eines Landes im Verlaufe von kaum zwanzig Generationen *zu einer einzigen Familie* zusammengewachsen ist; und das führt ebenso wie die Wahl und Stimme des durch die Geschlechter kreisenden Blutes, welches immer wieder Rassemenschen zueinander treibt, die Ehe löst und bricht und alle Widerstände der Sitte mit List und Gewalt überwindet, zu zahllosen Zeugungen, die ganz unbewußt *den Willen der Rasse* erfüllen.

Das sind erst die pflanzenhaften Rassezüge, die „*Physiognomie der Lage*" unter Absehen von der Bewegung des Beweglichen, also alles, was den lebendigen und toten Tierleib *nicht* unterscheidet und was auch in den starren Teilen ausgedrückt sein muß. Ohne Zweifel liegt im Wuchs einer Steineiche und italienischen Pappel und dem eines Menschen – „gedrungen", „schlank", „schmächtig" – etwas Gleichartiges. Und ebenso ist die Rückenlinie eines Dromedars und die Zeichnung eines Tiger- oder Zebrafelles ein pflanzenhaftes Rassemerkmal. Dahin gehört auch die Wirkung von Bewegungen, welche die Natur *an und mit einem Wesen* vornimmt. Eine Birke oder ein zartes Kind, die sich im Winde biegen, eine Eiche mit zersplitterter Krone, das ruhige Kreisen oder ängstliche Flattern von Vögeln im Sturm gehört zur Pflanzenseite der Rasse. Aber auf welcher Seite stehen solche Merkmale *in dem Kampf zwischen Blut und Boden* um die innere Form einer „verpflanzten" Tier- oder Menschenart? Und wieviel von der Gestalt der Seele, der Sitte, des Hauses gehört hierher?

Ein ganz anderes Bild ergibt sich, sobald man den Eindruck des rein Tierhaften ins Auge faßt. Es handelt sich, wenn man sich des Unterschiedes vom pflanzenhaften Dasein und tierhaften Wachsein erinnert, nicht um das Wachsein selbst und seine Sprache, sondern darum, daß hier Kosmisches und Mikrokosmisches einen frei beweglichen Leib bilden einen Mikrokosmos im Verhältnis zu einem Makrokosmos, dessen selbständiges Leben und Tun einen ganz eigenen Ausdruck besitzt, der sich zum Teil der Organe des Wachseins bedient und der wie bei Korallentieren mit der Beweglichkeit großenteils wieder verlorengeht.

Wenn der Rasseausdruck der Pflanze ganz vorwiegend in der Physiognomie der Lage besteht, so liegt der tierhafte Ausdruck in einer *Physiognomie der Bewegung*, nämlich in der Gestalt, insofern sie sich bewegt, in der Bewegung selbst und in der Form der Glieder, soweit sie den Sinn der Bewegung darstellen. Von diesem Rasseausdruck offenbart ein schlafendes Tier sehr vieles nicht, ein totes, dessen Teile der Forscher wissenschaftlich untersucht, noch viel weniger, der Knochenbau eines Wirbeltieres fast nichts mehr. Deshalb sind für Wirbeltiere die Gelenke ausdrucksvoller als die Knochen, deshalb die Gliedmaßen der eigentliche Sitz des Ausdrucks im Gegensatz zu den Rippen und Schädelknochen – nur das Gebiß macht eine Ausnahme, weil es in seinem Aufbau den Charakter der tierischen Ernährung zeigt, während die Ernährung der Pflanze ein bloßer *Naturvorgang* ist –, deshalb das Insektenskelett, weil es den Körper umkleidet, ausdrucksvoller als das Vogelskelett, das ihn nur hält. Es sind vor allem die Organe des äußeren Keimblattes, die mit steigender Kraft den Rasseausdruck in sich sammeln, nicht das Auge an sich nach Form und Farbe, sondern *der Blick, der Gesichtsausdruck*, der Mund, weil er durch die Gewohnheit des Sprechens den Ausdruck des Verstehens trägt, überhaupt nicht der Schädel, sondern der *"Kopf"* mit seinen nur durch das Fleisch gebildeten Linien, der ganz eigentlich der Sitz der nichtpflanzlichen Seite des Lebens geworden ist. Man bedenke, woraufhin man dort Orchideen oder Rosen und hier Pferde oder Hunde züchtet und woraufhin man eine Menschenart am liebsten züchten möchte. Aber diese Physiognomie ergibt sich, es sei noch einmal gesagt, nicht aus der mathematischen Form der sichtbaren Teile, sondern einzig und allein aus dem Ausdruck der Bewegung. Wenn wir den Rasseausdruck eines unbewegten Menschen auf den ersten Blick begreifen, so beruht das auf einer Erfahrung des Auges, das in den Gliedern schon die zugehörige Bewegung sieht. Die wirkliche Rasseerscheinung eines Wisent, einer Forelle, eines Königsadlers läßt sich nicht durch die Aufzählung der Umrisse und Maße wiedergeben, und sie würde nie auf bildende Künstler eine so tiefe Anziehungskraft ausgeübt haben, wenn nicht das Geheimnis der Rasse *erst durch die Seele* im Kunstwerk und nicht schon durch die Nachahmung des Sichtbaren sich offenbarte. Man muß es sehen und sehend fühlen, wie die ungeheure Energie dieses Lebens sich in Kopf und Nacken zusammendrängt, aus dem geröteten Auge redet, aus dem kurzen gedrungenen Horn, aus dem Adlerschnabel, dem Profil des Raubvogelkopfes, was alles durch eine Wortsprache verstandesmäßig nicht mitzuteilen und nur durch die Sprache einer Kunst für andere auszudrücken ist.

Aber mit den Merkmalen dieser edelsten Tierarten sind wir schon dem Rassebegriff ganz nahe gekommen, der innerhalb des Typus Mensch Unterschiede schafft, die über die pflanzenhaften und tierhaften hinausgehen, die geistiger sind und eben deshalb den Mitteln der Wissenschaft noch viel weniger zugänglich als diese. Die groben Merkmale des Knochenbaues haben überhaupt keine selbständige Bedeutung mehr. Schon Retzius († 1860) hat dem Glauben Blumenbachs ein Ende gemacht, daß Rasse und Schädelbildung übereinstimmen, und J. Ranke faßt seine Ergebnisse so zusammen: „Was die Menschheit bezüglich ihrer verschiedenen Schädelformen im ganzen darstellt, das stellt jeder Volksstamm, ja oft schon jede größere Gemeinde eines solchen im kleinen dar: eine Vereinigung der verschiedenen Schädelformen, die Extreme vermittelt durch auf das feinste abgestufte Zwischenformen."Ohne Zweifel lassen sich ideale Grundformen heraussuchen, aber man sollte sich eingestehen, daß es Ideale sind und daß trotz aller objektiven Meßmethoden der Geschmack hier die wirklichen Grenzen zieht und Einteilungen trifft. Viel wichtiger als alle Versuche, ein Ordnungsprinzip zu entdecken, ist die Tatsache, daß innerhalb der einheitlichen Rasse Mensch alle diese Formen von der frühesten Eiszeit an sämtlich vorkommen, sich nicht merklich verändert haben und unterschiedslos sogar in denselben Familien auftreten. Das einzige gesicherte Ergebnis der Wissenschaft ist die Beobachtung Rankes, wonach bei einer Anordnung der Schädelformen in Reihen mit Übergängen gewisse Durchschnittsziffern ein Merkmal nicht der „Rasse", wohl aber der Landschaft sind.

In der Tat verträgt sich der Rasseausdruck eines Menschenkopfes mit jeder überhaupt denkbaren Schädelform. Das Entscheidende sind nicht die Knochen, sondern das Fleisch, der Blick, das Mienenspiel. Es wird seit der Romantik von einer indogermanischen Rasse gesprochen. Aber gibt es Arier- und Semiten *schädel/?* Kann man Kelten- und Franken- oder auch nur Buren- und Kaffernschädel unterscheiden? Wenn aber nicht, was für eine Rassegeschichte kann dann ohne irgendein Zeugnis für uns über die Erde gegangen sein, die uns nichts als Knochen aufbewahrt hat? Wie gleichgültig diese für das sind, was wir unter höheren Menschen Rasse nennen, ließe sich durch einen drastischen Versuch zeigen: man beobachte Menschen von den denkbar stärksten Rasseunterschieden durch einen Röntgenapparat und stelle sich dabei geistig auf die „Rasse" ein. Es wird ein geradezu lächerlicher Eindruck sein, wie mit der Durchleuchtung die „Rasse" plötzlich verschwunden ist. Und das wenige, was am Knochenbau bezeichnend bleibt, ist, es muß immer wieder betont werden, ein Gewächs der Landschaft und nicht eine Funktion des Blutes. Elliot Smith hat in Ägypten, v. Luschan auf Kreta ein ungeheures Material aus Gräbern von der Steinzeit bis zur Gegenwart untersucht. Es sind von den „Seevölkern" um die Mitte des 2. Jahrtausends v. Chr. bis zu den Arabern und Türken immer neue Menschenströme über diese Gebiete gegangen, aber der durchschnittliche Knochenbau blieb unverändert. Die „Rasse" wanderte gewissermaßen als Fleisch über die feststehende Skelettform des Bodens hin. Im Alpengebiet sitzen heute germanische, romanische und slawische „Völker" der verschiedensten Abstammung und man braucht nur den Blick rückwärts zu wenden, um hier immer neue Stämme, darunter Etrusker und Hunnen zu entdecken, aber der Knochenbau ist in der menschlichen Gestalt überall und immer wieder derselbe geworden und verliert sich allenthalben nach dem Flachlande in andere, ebenso feststehende Formen. Deshalb beweisen die berühmten prähistorischen Knochenfunde vom Neandertalschädel bis zum *homo Aurignacensis* für die Rasse und die Rassewanderungen des primitiven Menschen nicht das geringste. Sie zeigen – wenn man von gewissen Schlüssen aus der Gestalt des Kiefers auf die Ernährungsweise absieht – lediglich die Grundform des Landes an, die man heute noch dort findet.

Es ist dieselbe geheimnisvolle Kraft des Bodens, die sich in jedem lebenden Wesen nachweisen läßt, sobald man ein Kennzeichen findet, das von den plump zugreifenden Methoden des darwinistischen Zeitalters nicht abhängig ist. Die Römer haben den Weinstock vom Süden an den Rhein gebracht und er hat sich dort gewiß nicht sichtbar, nämlich botanisch verändert. Aber hier läßt sich die „Rasse“ einmal mit andern Mitteln feststellen. Es gibt einen bodenständigen Unterschied nicht nur zwischen Südwein und Nordwein, zwischen Rhein- und Moselwein, sondern auch noch für jede einzelne Lage an jedem einzelnen Berghange. Und dasselbe gilt von jeder edlen Obstrasse, vom Tee und vom Tabak. Dies „Aroma“, ein echtes Produkt der Landschaft, gehört zu den nicht meßbaren und deshalb um so bedeutungsvolleren Merkmalen echter Rasse. Edle Menschenrassen unterscheiden sich aber in ganz derselben geistigen Weise wie edle Weine. Ein gleiches Element, das sich nur dem zartesten Nachfühlen erschließt, ein leises Aroma in jeder Form verbindet unterhalb aller hohen Kultur in Toskana die Etrusker mit der Renaissance, am Tigris die Sumerer von 3000, die Perser von 500 und die anderen Perser der islamischen Zeit. Alles dieses kann für eine messende und wägende Wissenschaft nicht erreichbar sein. Es ist für das Fühlen mit untrüglicher Gewißheit und auf den ersten Blick da, aber nicht für die gelehrte Betrachtung. Ich komme also zu dem Schluß, daß Rasse ebenso wie Zeit und Schicksal etwas ist, etwas für alle Lebensfragen ganz Entscheidendes, wovon jeder Mensch klar und deutlich weiß, solange er nicht den Versuch macht, es durch verstandesmäßige und also entseelende Zergliederung und Ordnung begreifen zu wollen. Rasse, Zeit und Schicksal gehören zusammen. In dem Augenblick, wo das wissenschaftliche Denken sich ihnen nähert, erhält das Wort Zeit die Bedeutung von Dimension, das Wort Schicksal die von Kausalverkettung; und Rasse, wofür wir eben noch ein sehr sicheres Gefühl besaßen, wird zu einem unübersehbaren Wirrwarr ganz verschiedener und verschiedenartiger Merkmale, die nach Landschaften, Zeiten, Kulturen, Stämmen regellos durcheinanderlaufen. Einige klammern sich dauernd und zäh an einen Stamm und lassen sich forttragen, andere gleiten wie Wolkenschatten über eine Bevölkerung dahin und manche sind wie Dämonen des Landes, die von jedem Besitz ergreifen, solange er sich dort aufhält. Einige schließen sich aus und andere suchen sich. Eine feste Einteilung der Rassen, der Ehrgeiz aller Völkerkunde, ist unmöglich. Der bloße Versuch widerspricht schon dem Wesen des Rassemäßigen, und jeder überhaupt denkbare systematische Entwurf ist eine unvermeidliche Fälschung und Verkennung dessen, worauf es ankommt. Rasse ist, im Gegensatz zu Sprache, durch und durch unsystematisch. Zuletzt hat jeder einzelne Mensch und jeder Augenblick seines Daseins seine eigene Rasse. Deshalb ist das einzige Mittel, der totemistischen Lebensseite nahe zu kommen, nicht die Einteilung, sondern der physiognomische Takt.

10

Wer in das Wesen der Sprache eindringen will, der lasse alle gelehrten Wortuntersuchungen beiseite und beobachte, wie ein Jäger mit seinem Hunde spricht. Der Hund folgt dem ausgestreckten Finger; er horcht angespannt auf die Wortklänge und schüttelt dann den Kopf; er versteht diese Art Menschensprache nicht. Dann macht er ein paar Sätze, um *seine* Auffassung anzudeuten, bleibt stehen und bellt: das ist ein Satz in seiner Sprache, der die Frage enthält, ob der Herr etwa dies gemeint hat. Dann folgt, ebenfalls in einer Hundesprache ausgedrückt, die Freude, wenn er begreift, daß er recht hatte. Genau so versuchen sich zwei Menschen zu verständigen, die keine einzige Wortsprache wirklich gemein haben. Wenn ein Landpfarrer einer Bäuerin etwas erklärt, so sieht er sie scharf an und unwillkürlich legt er alles in seine Gebärde, was sie in der kirchlichen Ausdrucksweise ja doch nicht verstehen würde. Die heutigen Wortsprachen können sämtlich nur in Verbindung mit anderen Spracharten zur Verständigung führen. Für sich allein sind sie nie und nirgends in Gebrauch gewesen.

Wenn der Hund nun etwas will, so wedelt er mit dem Schwanze, ungeduldig, daß der Herr so töricht ist, diese sehr deutliche und ausdrucksreiche Sprache nicht zu verstehen. Er ergänzt sie durch eine Lautsprache – er bellt – endlich durch eine Gebärdensprache – er macht etwas vor. Hier ist der Mensch der Dummkopf, welcher noch nicht sprechen gelernt hat.

Endlich geschieht etwas sehr Merkwürdiges. Wenn der Hund alles erschöpft hat, um die verschiedenen Sprachen seines Herrn zu begreifen, stellt er sich plötzlich vor ihn hin und sein Blick bohrt sich in das Auge des andern. Hier geht etwas sehr Geheimnisvolles vor sich: das Ich und Du treten unmittelbar in Fühlung. Der „Blick" befreit von den Schranken des Wachseins. Das Dasein versteht sich ohne Zeichen. Hier wird der Hund zum Menschenkenner, der den Gegner scharf ins Auge faßt und damit hinter dem Sprechen den Sprechenden begreift.

Diese Sprachen reden wir heute noch sämtlich, ohne es zu wissen. Das Kind spricht lange bevor es das erste Wort gelernt hat, und die Erwachsenen sprechen mit ihm, ohne irgendwie an die gewohnte Wortbedeutung zu denken; das heißt, die Lautgebilde dienen hier einer ganz anderen als der Wortsprache. Auch diese Sprachen haben ihre Gruppen und Dialekte; sie können gelernt, beherrscht und mißverstanden werden; sie sind für uns so unentbehrlich, daß die Wortsprache den Dienst versagen würde, wenn wir je den Versuch machten, sie für sich allein, ohne Ergänzung durch Ton- und Gebärdensprachen anzuwenden. Selbst unsere Schrift, diese Wortsprache fürs Auge, würde ohne die Gebärdensprache der Interpunktion fast unverständlich sein.

Es ist der Grundfehler der Sprachwissenschaft, daß sie Sprache überhaupt und menschliche Wortsprache verwechselt, nicht theoretisch, aber regelmäßig in der Praxis aller Untersuchungen. Das hat zu einer maßlosen Unkenntnis der unübersehbaren

Menge von Spracharten geführt, die unter Tieren und Menschen im allgemeinen Gebrauch sind. Das Reich der Sprache ist viel weiter, als alle Forscher bemerken, und die Wortsprache in ihrer heute noch nicht verlorenen Unselbständigkeit nimmt in ihm einen viel bescheideneren Platz ein. Was die „Entstehung der menschlichen Sprache" betrifft, so ist die Frage falsch gestellt. Die Wortsprache – denn sie ist gemeint, was wieder durchaus dasselbe ist – ist überhaupt nicht entstanden in dem Sinne, der hier vorausgesetzt wird. Sie ist weder etwas erstes, noch etwas einziges. Die gewaltige Bedeutung, welche sie von einem gewissen Zeitpunkt ab innerhalb der Menschengeschichte erlangt hat, sollte über ihre Stellung in der Geschichte der freibeweglichen Wesen überhaupt nicht hinwegtäuschen. Mit dem Menschen darf eine Untersuchung der Sprache sicherlich nicht beginnen.

Aber auch die Vorstellung „Anfang der tierischen Sprache" ist verkehrt. Sprechen ist mit dem lebendigen Dasein des Tieres im Gegensatz zum Dasein der Pflanze so eng verknüpft, daß nicht einmal einzellige Wesen ohne alle Sinnesorgane sprachlos gedacht werden dürfen. Ein Mikrokosmos im Makrokosmos sein und sich anderen mitteilen können ist ein und dasselbe. Es hat keinen Sinn, *innerhalb* der Tiergeschichte vom Anfang der Sprache zu reden. Denn es ist etwas ganz Selbstverständliches, daß mikrokosmische Wesen *in Mehrheit* vorhanden sind. Über andere Möglichkeiten nachzudenken ist Spielerei. Die darwinistischen Phantasien über Urzeugung und erste Elternpaare sollten doch dem Geschmack der Ewig-gestrigen überlassen bleiben. Aber Schwärme, in denen stets ein innerliches Gefühl des „Wir" lebendig ist, sind auch wach und trachten nach Wachseinsbeziehungen vom einen zum andern.

Wachsein ist Tätigkeit im Ausgedehnten und zwar willkürliche Tätigkeit. Das unterscheidet die Bewegungen eines Mikrokosmos von der mechanischen Beweglichkeit einer Pflanze und auch der Tiere und Menschen, solange sie Pflanzen, nämlich im Zustande des Schlafes sind. Man beobachte die tierische Nahrungs-, Fortpflanzungs-, Verteidigungs-, Angriffstätigkeit: eine Seite davon besteht regelmäßig im Abtasten des Makrokosmos durch die Sinne, mag es sich um das undifferenzierte Empfinden einzelliger Wesen oder um das Sehen eines hochentwickelten Auges handeln. Hier besteht ein deutlicher *Wille zum Empfangen von Eindrücken;* wir nennen das Orientierung. Dazu aber kommt von Anfang an der *Wille zum Erzeugen von Eindrücken bei anderen;* sie sollen angelockt, erschreckt, verjagt werden. Dies nennen wir Ausdruck *und mit ihm ist das Sprechen als Tätigkeit des tierischen Wachseins gegeben.* Seitdem ist nichts grundsätzlich Neues hinzugekommen. Die Weltsprachen hoher Zivilisationen sind nichts als äußerst verfeinerte Ausgestaltungen von Möglichkeiten, welche sämtlich schon in der Tatsache des gewollten Eindrucks einzelliger Wesen aufeinander enthalten sind.

Dieser Tatsache liegt aber das Urgefühl der Angst zugrunde. Das Wachsein trennt Kosmisches voneinander; es spannt einen Raum zwischen Vereinzeltem, Entfremdetem.

Sich allein fühlen, ist der erste Eindruck des täglichen Erwachens. Und daher der Urtrieb, sich inmitten dieser fremden Welt aneinander zu drängen, sich der Nähe des andern sinnlich zu versichern, eine bewußte Verbindung mit ihm zu suchen. Das Du ist die Erlösung von der Angst des Alleinseins. *Die Entdeckung des Du,* indem man es als ein anderes Selbst organisch, *seelisch* aus der Welt des Fremden herauslöst, ist der große Augenblick in der Frühgeschichte des Tierischen. *Damit gibt es Tiere.* Man braucht nur die Kleinwelt eines Wassertropfens unter dem Mikroskop lange und aufmerksam zu betrachten, um überzeugt zu sein, daß die Entdeckung des *Du und damit des Ich* in der denkbar einfachsten Form hier schon voraufgegangen ist. Diese kleinen Wesen kennen nicht nur das andere, sondern auch den anderen; sie besitzen nicht nur Wachsein, sondern auch Wachseinsbeziehungen, und damit nicht nur Ausdruck, sondern auch die Elemente einer Ausdrucks *sprache.*

Erinnern wir uns hier des Unterschiedes der beiden großen Sprachgruppen. Eine Ausdruckssprache betrachtet den andern als Zeugen und erstrebt nur einen *Eindruck* auf ihn; eine Mitteilungssprache betrachtet ihn als Mitredner und erwartet eine *Antwort. Verstehen* heißt, Eindrücke mit dem eigenen Bedeutungsgefühl empfangen; hierauf beruht die Wirkung der höchsten menschlichen Ausdruckssprache, der Kunst.*Sich verständigen,* Zwiesprache halten bedeutet, im andern das gleiche Bedeutungsgefühl voraussetzen. Das Element einer Ausdruckssprache vor Zeugen nennen wir *Motiv.* Die Beherrschung der Motive ist die Grundlage jeder Ausdruckstechnik. Auf der andern Seite heißt der zum Zweck der Verständigung erzeugte Eindruck *Zeichen* und er bildet das Element jeder Mitteilungstechnik, im höchsten Falle also der menschlichen Wortsprache.

Von dem Umfang beider Sprachwelten im menschlichen Wachsein macht man sich heute kaum eine Vorstellung. Zur Ausdruckssprache, die überall in frühester Zeit mit dem vollen religiösen Ernst des Tabu auftritt, gehört nicht nur die schwere und strenge Ornamentik, die ursprünglich mit dem Begriff der Kunst schlechthin zusammenfällt und alle starren Dinge zu Trägern des Ausdrucks macht, sondern auch das feierliche Zeremoniell, das mit seinen Formeln das gesamte öffentliche Leben und selbst noch das der Familie überspinnt,und die „Sprache der Tracht“, nämlich der Kleidung, der Tätowierung und des Schmuckes, die eine *einheitliche* Bedeutung besitzen. Die Forscher des vorigen Jahrhunderts haben sich vergeblich bemüht, die Kleidung aus dem Schamgefühl oder aus Zweckmäßigkeitsgründen abzuleiten. Sie wird nur als Mittel einer Ausdruckssprache verständlich und sie ist das in großartigster Weise in allen hohen Zivilisationen, auch heute noch. Man braucht sich nur der das ganze öffentliche Leben und Treiben beherrschenden Mode, der vorschriftsmäßigen Kleidung bei allen wichtigen Akten und Festen zu erinnern, der Abstufungen des Gesellschaftsanzuges, der Brauttracht, der Trauerkleidung, der militärischen Uniform, des Priesterornates; man denke an Orden und Abzeichen, Mitra und Tonsur, Allongeperücke und Stock, Puder, Ringe, Frisuren, an alles mit Bedeutung Verhüllte und Entblößte, an die Tracht von

Mandarinen und Senatoren, Odalisken und Nonnen, an den Hofstaat des Nero, Saladin und Montezuma, um von den Einzelheiten der Volkstracht und der Sprache der Blumen, Farben und Edelsteine ganz zu schweigen. Die Sprache der Religion braucht nicht genannt zu werden, denn alles dieses *ist* Religion.

Die Mitteilungssprachen, an denen keine überhaupt denkbare Art der Sinnesempfindung ganz unbeteiligt ist, haben für den Menschen hoher Kulturen allmählich drei vorherrschende Zeichen entwickelt, das Bild, den Laut und die Geste, die sich in der Schriftsprache der abendländischen Zivilisation zur Einheit von Buchstabe, Wort und Interpunktion zusammenschließen.

Im Verlauf dieser langen Entwicklung vollzieht sich endlich *die Ablösung der Sprache vom Sprechen.* Es gibt in der Sprachgeschichte keinen Vorgang von größerer Tragweite. Ursprünglich sind ohne Zweifel alle Motive und Zeichen aus dem Augenblick geboren und nur für einen einzelnen Akt der Wachseinstätigkeit bestimmt. Ihre wirkliche, gefühlte und also gewollte Bedeutung sind ein und dasselbe. Das Zeichen ist Bewegung und nicht ein Bewegtes. Sobald aber ein fester Zeichenbestand dem lebendigen Zeichengeben *entgegentritt,* wird das anders. Es löst sich nicht nur die Tätigkeit von ihren Mitteln, sondern auch *das Mittel von seiner Bedeutung.* Die Einheit beider hört nicht nur auf, etwas Selbstverständliches zu sein, sondern sie wird unmöglich. Das Bedeutungsgefühl ist lebendig und wie alles, was mit Zeit und Schicksal zusammenhängt, einmalig und nie wiederkehrend. Kein Zeichen, und sei es noch so bekannt und gewohnt, wird je in genau derselben Bedeutung wiederholt. Deshalb kehrte ursprünglich kein Zeichen jemals in genau derselben Form wieder. Das Reich der starren Zeichen ist etwas unbedingt Gewordenes und rein Ausgedehntes, *kein Organismus, sondern ein System,* das seine *eigene, kausale* Logik besitzt und den unvereinbaren Gegensatz von Raum und Zeit, Geist und Blut auch in die Wachseinsverbindungen zweier Wesen trägt.

Dieser feste Bestand von Zeichen und Motiven mit seiner vermeintlich festen Bedeutung muß gelernt und eingeübt werden, wenn man an der zugehörigen Wachseinsgemeinschaft teilnehmen will. *Zu der vom Sprechen abgelösten Sprache gehört unvermeidlich der Begriff der Schule.* Sie ist unter höheren Tieren vollkommen ausgebildet und in jeder in sich geschlossenen Religion, in jeder Kunst, in jeder Gesellschaft die Voraussetzung dafür, daß man wirklich ein Gläubiger, ein Künstler oder ein Mensch von Erziehung ist. Von hier an gibt es eine scharfe *Grenze* für jede Gemeinschaft. Man muß ihre Sprache, das heißt ihre Glaubenssätze, Sitten, Regeln kennen, um Mitglied zu sein. Gefühl und guter Wille führen im Kontrapunkt so wenig wie im Katholizismus zur Seligkeit. Kultur bedeutet eine unerhörte Steigerung der Tiefe und Strenge der Formensprache auf allen Gebieten; sie besteht damit für jeden einzelnen, der ihr angehört, als seine *persönliche* – religiöse, sittliche, gesellschaftliche, künstlerische – Kultur in einer das ganze Leben ausfüllenden Erziehung und

Schulung *für* dieses Leben; es wird darum in allen großen Künsten, in den großen Kirchen, Mysterien und Orden, in der hohen Gesellschaft vornehmer Stände eine Meisterschaft der Formbeherrschung erreicht, die zu den Wundern des Menschentums gehört und die an der Höhe ihrer Forderungen zuletzt zerbricht. Das Wort dafür ist in allen Kulturen, ob es nun ausgesprochen wird oder nicht, Rückkehr zur Natur. Diese Meisterschaft erstreckt sich auch auf die Wortsprache; neben der vornehmen Gesellschaft zur Zeit der griechischen Tyrannen und der Troubadoure, neben den Fugen Bachs und den Vasengemälden des Exekias steht die Kunst der attischen Rede und der französischen Konversation, die beide wie jede andere Kunst eine strenge und langsam erarbeitete Konvention und für den einzelnen eine lange und anspruchsvolle Übung voraussetzen.

Metaphysisch kann die Bedeutung dieser Abtrennung einer starren Sprache nicht hoch genug eingeschätzt werden. Die tägliche Gewohnheit des Verkehrs in festen Formen und die Beherrschung des gesamten Wachseins durch solche Formen, die nicht mehr empfunden werden, während sie noch in der Bildung begriffen sind, sondern die ganz einfach da sind und nun im eigentlichsten Sinne verstanden werden müssen, führt zu einer immer schärferen Absetzung des Verstehens vom Empfinden innerhalb des Wachseins. Ein ursprüngliches Sprechen wird verstehend empfunden; der Gebrauch einer Sprache verlangt ein Empfinden des *bekannten* Sprachmittels und dann ein Verstehen der ihm *diesmal* unterlegten Absicht. Der Kern aller schulmäßigen Erziehung besteht demnach im Erwerb von *Kenntnissen.* Jede Kirche spricht es laut und deutlich aus, daß nicht das Gefühl, sondern das Wissen zu ihren Heilsmitteln führt; jedes echte Künstlertum beruht auf dem sicheren Wissen von Formen, die der einzelne nicht zu erfinden, sondern zu lernen hat. „Der Verstand" ist das Wissen als Wesen gedacht. Er ist das, was dem Blut, der Rasse, der Zeit durchaus entfremdet ist; aus dem Gegensatz der starren Sprache zum fließenden Blut, zur werdenden Geschichte entstehen die *verneinenden* Ideale des Absoluten, Ewigen, Allgemeingültigen – die Ideale der Kirchen und Schulen.

Daraus folgt aber endlich das Unvollkommene aller Sprachen und der beständige Widerspruch, in dem ihre Anwendung sich zu dem befindet, was das Sprechen wollte oder sollte. Man darf sagen, daß die Lüge mit der Trennung der Sprache vom Sprechen in die Welt gekommen ist. Die Zeichen sind fest, die Bedeutung ist es nicht: das fühlt man zuerst, dann weiß man es, endlich macht man es sich zunutze. Es ist eine uralte Erfahrung, daß man etwas sagen will und die Worte „versagen", daß man sich falsch ausdrückt und in Wirklichkeit etwas anderes sagt, als man meint, daß man richtig spricht und falsch verstanden wird. Endlich entsteht die schon unter Tieren, z. B. Katzen, weit verbreitete Kunst, „Worte zu gebrauchen, um die Gedanken zu verbergen". Man sagt nicht alles, man sagt etwas ganz anderes, man spricht förmlich, um wenig, man spricht begeistert, um gar nichts gesagt zu haben. Oder man ahmt die Sprache eines andern nach. Der rotrückige Würger (*Lanius collurio*) imitiert die Strophen kleiner

Singvögel, um sie anzulocken. Das ist eine allverbreitete Jägerlist, aber sie setzt feste Motive und Zeichen ebenso voraus wie die Nachahmung alter Kunststile oder die Fälschung einer Unterschrift. Und alle diese Züge, die man in Haltung und Mienenspiel so gut wie in Handschrift und Aussprache antrifft, kehren in der Sprache jeder Religion, jeder Kunst, jeder Gesellschaft wieder. Es sei nur an die Begriffe des Heuchlers, Frömmlers, Ketzers, den englischen *cant*, an den Hintersinn der Worte Diplomat, Jesuit und Schauspieler, an die Masken und Klugheiten des gebildeten Verkehrs und an die heutige Malerei erinnert, in der nichts mehr echt ist und die in jeder Ausstellung alle überhaupt denkbaren Formen der Lüge im Ausdruck vor Augen führt.

In einer Sprache, die man stammelt, kann man nicht Diplomat sein. In ihrer Beherrschung liegt aber die Gefahr, das Verhältnis zwischen Mittel und Bedeutung zu einem neuen Mittel zu machen. Es entsteht die geistige Kunst, mit dem Ausdruck zu *spielen*. Die Alexandriner und Romantiker gehören dahin, in der Lyrik Theokrit und Brentano, in der Musik Reger, in der Religion Kierkegaard.

*Sprache und Wahrheit schließen sich zuletzt aus.*Aber gerade damit kommt im Zeitalter der starren Sprachen der Typus des Menschenkenners zur Geltung, der ganz Rasse ist und weiß, was er von einem sprechenden Wesen zu halten hat. Jemandem scharf ins Auge sehen, hinter der Sprache einer Volksrede oder philosophischen Abhandlung den Sprecher, hinter dem Gebet das Herz, hinter dem guten Ton den inneren gesellschaftlichen Rang erkennen und zwar sofort, unmittelbar, mit der Selbstverständlichkeit alles Kosmischen, das ist es, was dem echten Tabumenschen abgeht, der an *eine* Sprache wenigstens glaubt. Ein Priester, der zugleich Diplomat ist, kann kein echter Priester sein. Ein Ethiker vom Schlage Kants ist niemals Menschenkenner. Wer in seiner Wortsprache lügt, verrät sich in seiner Gebärdensprache, auf die er nicht achtet. Wer in den Gebärden heuchelt, verrät sich im Ton. Gerade weil die starre Sprache Mittel und Absicht trennt, erreicht sie ihr Ziel für den Kennerblick niemals. Wer Kenner ist, liest zwischen den Zeilen und versteht einen Menschen, sobald er seinen Gang oder seine Handschrift sieht. Je tiefer und inniger eine Seelengemeinschaft ist, desto eher verzichtet sie deshalb auf Zeichen, auf eine Verbindung durch das Wachsein. Eine echte Kameradschaft versteht sich ohne viel Worte, der echte Glaube schweigt. Das reinste Sinnbild für ein Einverständnis, welches die Sprache wieder überwunden hat, ist ein altes bäuerliches Ehepaar, das abends vor dem Hause sitzt und sich schweigend unterhält. Jeder weiß, was der andere denkt und fühlt. Worte würden den Einklang nur verwirren. Von diesem Sichverstehen reicht irgend etwas tief in die Urgeschichte alles freibeweglichen Lebens, weit zurück über das Gemeinschaftsleben der höheren Tierwelt. Hier ist die Erlösung vom Wachsein für Augenblicke fast erreicht.

11

Unter allen starren Zeichen ist keines folgenreicher geworden als das, welches wir in seinem heutigen Zustand „Wort" nennen. Es gehört ohne Zweifel der rein menschlichen Sprachgeschichte an, aber die Vorstellung „Ursprung der Wortsprache" ist, so wie sie regelmäßig durchdacht und behandelt wird, mit allen daran geknüpften Folgerungen ebenso sinnlos wie die Vorstellung von einem Anfangspunkt der Sprache überhaupt. Diese besitzt keinen denkbaren Anfang, weil sie mit dem Wesen des Mikrokosmos zugleich gegeben und in ihm enthalten ist, jene nicht, weil sie sehr vollkommene Mitteilungssprachen schon voraussetzt, in deren ruhig fortentwickelter Gestalt sie nur den Rang eines Einzelzuges hat, der sehr langsam das Übergewicht erhält. Es ist der gleiche Fehler so entgegengesetzter Theorien wie derjenigen Wundts und Jespersens,daß sie das Sprechen in Worten wie etwas ganz Neues und Fürsichstehendes untersuchen, was notwendig zu einer durchaus falschen Deutung führt. Es ist aber etwas sehr Spätes und Abgezweigtes, eine letzte Blüte am Stamme der Lautsprachen und nicht etwa ein junges Gewächs.

Eine reine Wortsprache gibt es in Wirklichkeit überhaupt nicht. Niemand spricht, ohne außer dem starren Wortbestand in Betonung, Takt und Mienenspiel noch ganz andere Spracharten anzuwenden, die viel ursprünglicher und mit der angewendeten Wortsprache im Gebrauch vollständig verwachsen sind. Man muß sich vor allem hüten, das in seinem Bau äußerst verwickelte Reich heutiger Wortsprachen für eine innere Einheit mit einheitlicher Geschichte zu halten. Jede uns bekannte Wortsprache hat sehr verschiedene Seiten und diese haben ihre *eigenen* Schicksale innerhalb der Gesamtgeschichte. Es gibt keine Sinnesempfindung, die für die Geschichte des Wortgebrauchs ganz belanglos gewesen wäre. Man muß auch sehr streng zwischen Laut- und Wortsprache unterscheiden; die erste ist selbst sehr einfachen Tiergattungen schon geläufig, diese ist zwar nur in einzelnen, aber desto bedeutsameren Zügen etwas grundsätzlich anderes. In jeder tierischen Lautsprache sind ferner Ausdrucksmotive (Brunstschrei) und Mitteilungszeichen (Warnungsschrei) deutlich zu unterscheiden und das gilt sicherlich auch von den frühesten Worten, aber ist die Wortsprache nun als Ausdrucks- oder als Mitteilungssprache *entstanden*? War sie in sehr frühen Zuständen von irgendwelchen Sprachen fürs Auge (Bild, Geste) verhältnismäßig unabhängig? Auf solche Fragen gibt es keine Antwort, weil wir von den Vorformen des eigentlichen „Wortes" keine Ahnung haben. Die Forschung ist recht naiv, wenn sie das, was wir heute primitive Sprache nennen und was nur unvollkommene Gebilde sehr später Sprachzustände sind, zu Schlüssen auf den Ursprung der Worte benützt. Das Wort ist in ihnen ein längst feststehendes, hochentwickeltes und selbstverständliches Mittel, aber gerade das gilt von dem „Ursprung" *nicht*.

Das Zeichen, mit welchem ohne Zweifel die Möglichkeit zur Ablösung der künftigen Wortsprachen aus den allgemein tierischen Lautsprachen gegeben war, nenne ich *Namen* und verstehe darunter ein Lautgebilde, das als Kennzeichen eines als wesenhaft empfundenen Etwas in der Umwelt dient, welches durch die Benennung zum *numen* geworden ist. Wie diese ersten Namen beschaffen waren, darüber nachzudenken ist überflüssig. Keine uns noch erreichbare Menschensprache gibt den leisesten Anhaltspunkt dafür. Aber das halte ich im Gegensatz zur modernen Forschung für das Entscheidende: nicht eine Veränderung des Kehlkopfes oder eine besondere Art der Lautbildung oder sonst etwas Physiologisches, das in Wirklichkeit Rassemerkmal ist, liegt hier vor – wenn dergleichen damals überhaupt eingetreten ist – und auch nicht eine Steigerung der Ausdrucksfähigkeit der vorhandenen Mittel, etwa der Übergang vom Wort zum Satz (H. Paul),sondern eine tiefe Verwandlung der Seele: mit dem Namen ist ein neuer Blick auf die Welt entstanden. Ist das Sprechen überhaupt aus der Angst geboren, aus einer unergründlichen Scheu vor den Tatsachen des Wachseins, die alle Wesen zueinander treibt und die Nähe des andern durch Eindrücke bezeugt sehen will, so erscheint hier eine mächtige Steigerung. Mit dem Namen ist gleichsam *der Sinn* des Wachseins und *die Quelle* der Angst angerührt worden. Die Welt ist nicht nur da; man fühlt ein Geheimnis in ihr. Man benennt über alle Zwecke der Ausdrucks- und Mitteilungssprache hinaus das, *was rätselhaft ist*. Ein Tier kennt keine Rätsel. Man kann sich die ursprüngliche Namengebung nicht feierlich und ehrfürchtig genug denken. Man soll den Namen nicht immer nennen, man soll ihn geheim halten, es liegt eine gefährliche Macht in ihm. *Mit dem Namen ist der Schritt von der alltäglichen Physik des Tieres zur Metaphysik des Menschen vollzogen.* Es war die größte Wendung in der Geschichte der menschlichen Seele. Die Erkenntnistheorie pflegt Sprache und Denken nebeneinander zu stellen, und wenn man allein die heute noch erreichbaren Sprachen beachtet, trifft das zu. Ich glaube aber, daß man viel tiefer greifen kann: mit dem Namen ist die eigentliche, bestimmte Religion innerhalb einer formlosen, allgemein religiösen Scheu entstanden. Religion in diesem Sinne heißt religiöses *Denken*. Es ist die neue Verfassung des vom Empfinden abgelösten schöpferischen Verstehens. Mit einer sehr bezeichnenden Wendung sagen wir „*über* etwas nachdenken". Mit dem Verstehen benannter Dinge ist *über* allem Empfindungswesen eine *höhere* Welt in Bildung begriffen, höher in klarer Symbolik und Beziehung auf die Lage des Kopfes, den der Mensch als die Heimat seiner Gedanken oft in schmerzhafter Deutlichkeit spürt. Sie gibt dem Urgefühl der Angst ein Ziel und den Blick auf eine Befreiung. Von diesem religiösen Urdenken ist alles philosophische, gelehrte, wissenschaftliche Denken später Zeiten bis in seine letzten Gründe abhängig geblieben.

Wir haben uns die ersten Namen als ganz vereinzelte Elemente im Zeichenbestand hoch entwickelter Laut- und Gebärdensprachen zu denken, von deren Reichtum und Ausdrucksfähigkeit wir keine Vorstellung mehr besitzen, seit die Wortsprachen alle anderen Mittel von sich abhängig gemacht und deren Weiterbildung nur in Rücksicht auf sich selbst geleitet haben.Eins aber war bereits gesichert, als mit dem Namen eine Umwendung und Durchgeistigung der Mitteilungstechnik begann: die Herrschaft des

Auges über die anderen Sinne. Der Mensch war wach in einem Lichtraum, sein Tiefenerlebnis war eine Ausstrahlung des Sehens zu den Lichtquellen und Lichtwiderständen, er empfand sein Ich als einen Mittelpunkt im Lichte. Die Alternative Sichtbares und Unsichtbares beherrscht durchaus dasjenige Verstehen, in welchem die ersten Namen entstanden sind. Waren vielleicht die ersten *numina* Dinge der Lichtwelt, welche man empfand, hörte, in ihren Wirkungen beobachtete, *aber nicht sah*? Die Gruppe der Namen hat ohne Zweifel wie alles, was im Weltgeschehen Epoche macht, eine sehr schnelle und gewaltige Ausbildung erfahren. Die gesamte Lichtwelt, in der jedes Ding die Eigenschaften der Lage und Dauer im Raume besitzt, wurde mit allen Spannungen zwischen Ursache und Wirkung, Ding und Eigenschaft, Ding und Ich sehr bald mit zahllosen Namen bezeichnet und damit im Gedächtnis befestigt. Denn was wir heute Gedächtnis nennen, ist die Fähigkeit, *Benanntes* mittelst der Namen für das Verstehen aufzubewahren. Es entsteht über dem Reich der verstandenen Sehdinge ein geistigeres Reich der Benennungen, das mit jenem die logische Eigenschaft teilt, rein extensiv, polar geordnet und vom Kausalprinzip beherrscht zu sein. Alle – sehr viel später entstehenden – Wortgebilde wie Kasus, Pronomina, Präpositionen haben einen kausalen oder lokalen Sinn in bezug auf benannte Einheiten; Adjektiva und auch Verba sind vielfach in Gegensatzpaaren entstanden; es ist oft wie in der von Westermann untersuchten Ewesprache anfangs dasselbe Wort, das tief oder hoch gesprochen wird, um etwa groß und klein, fern und nah, passiv und aktiv zu bezeichnen. Später geht dieser Rest von Gebärdensprache ganz in der Wortform auf, wie es im griechischen ìáêñüò

und ìéêñüò und den U-Lauten in ägyptischen Bezeichnungen des Leidens noch deutlich erkennbar ist. Es ist die Form des Denkens in Gegensätzen, die von gegensätzlichen Wortpaaren ausgehend der gesamten anorganischen Logik zugrunde liegt und jedes wissenschaftliche Finden von Wahrheiten zu einer Bewegung in begrifflichen Gegensätzen macht, unter denen der zwischen einer alten Ansicht als Irrtum und einer neuen als Wahrheit immer der vorwaltende ist.

Die zweite große Wendung erfolgt *mit dem Entstehen der Grammatik*. Indem zum Namen der Satz, zum Wortzeichen die Wortverbindung tritt, wird das Nachdenken – das Denken in Wortbeziehungen, nachdem man etwas wahrgenommen hat, wofür es Wortbezeichnungen gibt – für den Charakter des menschlichen Wachseins bestimmend. Es ist eine müßige Frage, ob die Mitteilungssprachen vor dem Auftreten echter Namen schon wirkliche „Sätze" enthielten. Der Satz im heutigen Sinne hat sich zwar aus eigenen Bedingungen und mit eigenen Epochen innerhalb dieser Sprachen entwickelt, aber er setzt dennoch das Dasein der Namen voraus. Erst die geistige Wendung, die mit ihrer Geburt eingetreten ist, macht Sätze als gedankliche Beziehungen möglich. Und zwar müssen wir annehmen, daß in den sehr entwickelten wortlosen Sprachen, unter fortwährendem Gebrauch, ein Zug nach dem andern in Wortformen umgesetzt und damit einem mehr und mehr geschlossenen Gefüge, der Urform aller heutigen Sprachen, eingegliedert worden ist. Der innere Bau aller Wortsprachen beruht also auf viel älteren

Strukturen und ist in seiner Weiterbildung von dem Wortschatz und dessen Schicksalen nicht abhängig. Das Umgekehrte ist der Fall.

Denn mit dem Satzbau verwandelt sich die ursprüngliche Gruppe einzelner *Namen* in ein System von *Worten*, deren Charakter nicht mehr durch ihre eigene, sondern ihre grammatische Bedeutung bestimmt wird. Der Name tritt als etwas Neues ganz für sich auf. Die Wortarten aber entstehen als Satzelemente; und nun strömen in unübersehbarer Menge die Wachseinsinhalte heran, die bezeichnet, in dieser Welt von Worten vertreten sein wollen, bis zuletzt „alles" für das Nachdenken in irgendeiner Weise Wort geworden ist.

Der Satz ist von da an das Entscheidende. Wir sprechen in Sätzen und nicht in Worten. Beides zu definieren ist unendlich oft versucht worden und nie gelungen. Nach F. N. Finck ist die Wortbildung eine zerlegende, die Satzbildung eine zusammenfügende Tätigkeit des Geistes, und zwar geht die erste der zweiten vorauf. Es zeigt sich, daß die empfundene Wirklichkeit sehr verschieden verstanden und die Worte also nach sehr verschiedenen Gesichtspunkten abgegrenzt werden können.Aber nach der gewöhnlichen Definition ist der Satz der sprachliche Ausdruck eines *Gedankens*, nach H. Paul ein Symbol für die Verbindung mehrerer *Vorstellungen* in der Seele des Sprechenden. Alle diese Bestimmungen widersprechen sich. Es scheint mir ganz unmöglich, das Wesen des Satzes aus dem Inhalt zu ermitteln. Tatsache ist lediglich, daß wir die relativ größten *mechanischen Einheiten* im Sprachgebrauch Sätze, die relativ kleinsten Worte nennen. So weit erstreckt sich die Geltung grammatischer *Gesetze*. Das fortlaufende Sprechen ist kein Mechanismus mehr und gehorcht nicht Gesetzen, sondern dem *Takt*. Es liegt also schon ein Rassezug in der Art, wie das Mitzuteilende in Sätze gefaßt wird. Sätze sind bei Tacitus und Napoleon nicht dasselbe wie bei Cicero und Nietzsche. Der Engländer teilt den Stoff syntaktisch anders auf als der Deutsche. Nicht Vorstellungen und Gedanken, sondern das Denken, die Art des Lebens, *das Blut* bestimmen in den primitiven, antiken, chinesischen, abendländischen Sprachgemeinschaften die typische Abgrenzung der Satzeinheiten und damit das *mechanische* Verhältnis des Wortes zum Satz. Die Grenze zwischen Grammatik und Syntax sollte dort angesetzt werden, wo das Mechanische der Sprache aufhört und das Organische des Sprechens beginnt: der Sprachgebrauch, die Sitte, die *Physiognomie* der Art eines Menschen, sich auszudrücken. Die andere Grenze liegt dort, wo die mechanische Struktur des Wortes in die organischen Faktoren der Lautbildung und Aussprache übergeht. An der Aussprache des englischen th – einem Rassezug der Landschaft – erkennt man oft noch die Kinder der Eingewanderten. Nur was zwischen beiden liegt, „ *die Sprache*", hat System, ist ein technisches Mittel und wird deshalb erfunden, verbessert, gewechselt, abgenützt; Aussprache und Ausdruck haften an der *Rasse*. Wir erkennen eine uns bekannte Person, ohne sie zu sehen, an der Aussprache, ebenso aber den Angehörigen einer fremden *Rasse*, auch wenn er ein vollkommen richtiges Deutsch spricht. Die großen Lautverschiebungen wie die althochdeutsche in karolingischer und die mittelhochdeutsche in spätgotischer Zeit haben eine landschaftliche Grenze und berühren nur das Sprechen, nicht die innere Form von Satz und Wort.

Die Worte sind, wie gesagt, die relativ kleinsten mechanischen Einheiten im Satz. Nichts ist vielleicht für das Denken einer Menschenart bezeichnender als die Art, wie diese Einheiten gewonnen werden. Für den Bantuneger gehört ein Ding, das er sieht, zunächst einer sehr großen Zahl von Kategorien der Auffassung an. Das Wort dafür besteht also aus einem Kern (Wurzel) mit einer Anzahl einsilbiger Präfixe. Wenn er von einer Frau auf dem Felde spricht, so ist das Wort dafür etwa: Lebendig – Einzahl – Groß – Alt – Weiblich – Draußen – *Mensch*; das sind sieben Silben, aber sie bezeichnen einen einzigen, scharfen und uns sehr fremden Akt der Auffassung. Es gibt Sprachen, in denen das Wort beinahe mit dem Satze zusammenfällt.

Der Schritt für Schritt erfolgende Ersatz von körperlichen oder klanglichen durch grammatische Gebärden ist also für die Ausbildung des Satzes das Entscheidende, aber er ist nie vollendet worden. Reine Wortsprachen gibt es nicht. Die Tätigkeit des Sprechens in Worten, wie sie immer schärfer hervortritt, besteht darin, daß wir durch Wortklänge Bedeutungsgefühle wecken, die durch den Klang der Wortverbindungen weitere Beziehungsgefühle wachrufen. Wir sind durch die Schule des Sprechenlernens geübt, in dieser abkürzenden und andeutenden Form sowohl die Lichtdinge und Lichtbeziehungen wie die daraus abgezogenen Denkdinge und Denkbeziehungen zu verstehen. Worte werden nur genannt, nicht definitionsgemäß gebraucht, und der Hörer muß fühlen, was gemeint ist. Ein anderes Sprechen gibt es nicht und eben deshalb haben Gebärde und Ton am Verständnis des heutigen Sprechens einen weitaus größeren Anteil, als man gewöhnlich annimmt.

Das letzte große Ereignis in dieser Geschichte, mit welchem die Bildung der Wortsprache gewissermaßen zum Abschluß gelangt, ist die Entstehung des Verbums. Sie setzt bereits einen sehr hohen Grad von Abstraktion voraus, denn Substantiva sind Worte, welche im Lichtraum sinnlich abgegrenzte Dinge – „Unsichtbares" ist ebenfalls abgegrenzt – auch für das Nachdenken herausheben; Verba bezeichnen aber Typen der Veränderung, die nicht gesehen, sondern aus dem grenzenlosen Bewegtsein der Lichtwelt durch Absehen von den besonderen Merkmalen des einzelnen Falles festgestellt und als Begriffe erzeugt werden. „Fallender Stein" ist eine ursprüngliche Einheit des Eindrucks. Hier wird aber zunächst Bewegung und Bewegtes getrennt und dann „fallen" als eine *Art von Bewegung* aus zahllosen anderen mit unzähligen Übergängen – sinken, schweben, stürzen, gleiten – abgegrenzt. Den Unterschied „sieht" man nicht; er wird „erkannt". Substantivische Zeichen kann man sich für manche Tiere vielleicht noch vorstellen, verbale aber nicht. Der Unterschied von Fliehen und Laufen oder Fliegen und Gewehtwerden geht weit über das Gesehene hinaus und ist nur für ein wortgewohntes Wachsein faßbar. Es liegt ihm etwas Metaphysisches zugrunde. Aber mit dem „Denken in Zeitwörtern“ ist nun auch das Leben selbst dem Nachdenken erreichbar geworden. Von dem lebendigen Eindruck auf das Wachsein, dem Werden – das die Gebärdensprache ganz unproblematisch nachahmt und das an sich also unberührt bleibt – wird das Einmalige, also das Leben selbst, unvermerkt abgesondert und der Rest als Wirkung einer Ursache (der Wind weht, es blitzt, der Bauer pflügt) mit lauter extensiven Bestimmungen dem Zeichensystem eingeordnet. Man muß sich ganz in die starren Unterscheidungen von Subjekt und Prädikat, Aktivum und Passivum, Präsens und Perfektum versenken, um zu sehen, wie hier der Verstand die Sinne meistert und das Wirkliche entseelt. Bei Substantiven darf man das Denkding (Vorstellung) als *Abbild* des Sehdinges betrachten, beim Verbum ist aber für etwas Organisches *etwas Anorganisches eingesetzt* worden. Die Tatsache, daß wir leben, nämlich daß wir jetzt eben etwas wahrnehmen, wird zur Dauer *als einer Eigenschaft* des Wahrgenommenen; verbal gedacht: das Wahrgenommene dauert an. Es „ist“. So bilden sich endlich die Kategorien des Denkens, abgestuft nach dem, was ihm natürlich ist und was nicht; so erscheint die Zeit als Dimension, das Schicksal als Ursache, das Lebendige als chemischer oder psychischer Mechanismus. So entsteht der Stil des mathematischen, juristischen, dogmatischen Denkens.

Damit ist jener Zwiespalt gegeben, der uns vom Wesen des Menschen unzertrennlich erscheint und der doch nur ein Ausdruck der Beherrschung seines Wachseins durch die Wortsprache ist. Dieses Mittel der Verbindung zwischen Ich und Du hat durch seine Vollkommenheit aus dem tierischen Verstehen des Empfindens ein das Empfinden bevormundendes Denken in Worten gemacht. Grübeln heißt, mit sich selbst in Wortbedeutungen verkehren. Es ist die Tätigkeit, die in jeder anderen Sprachart ganz unmöglich ist und die mit der Vollendung der Wortsprache die Lebensgewohnheiten ganzer Menschenklassen kennzeichnet. Wenn mit der Ablösung einer starren entseelten Sprache vom Sprechen die Wahrheit im Gesprochenen unvereinbar wird, so gilt das in verhängnisvollem Maße vom Zeichensystem der Worte. Das abgezogene Denken besteht im Gebrauch eines endlichen Wortgefüges, in dessen Schema der unendliche Gehalt des Lebens gepreßt wird. Begriffe töten das Dasein und fälschen das Wachsein. Einst, in der Frühzeit der Sprachgeschichte, als das Verstehen sich noch gegen das Empfinden zu behaupten suchte, war diese Mechanisierung bedeutungslos für das Leben. Jetzt ist der Mensch aus einem Wesen, das zuweilen dachte, ein denkendes Wesen geworden und das Ideal aller Gedankensysteme ist es, das Leben endgültig und vollständig der Herrschaft des Geistes zu unterwerfen. Das geschieht in der Theorie, indem nur Erkanntes als wirklich gilt und das Wirkliche als Schein und Sinnentrug gebrandmarkt wird. Das geschieht in der Praxis, indem die Stimme des Blutes durch allgemein ethische Grundsätze zum Schweigen verwiesen wird.

Beide, Logik wie Ethik, sind Systeme absoluter und ewiger Wahrheiten vor dem Geist und beide sind eben damit Unwahrheiten vor der Geschichte. Im Reich der Gedanken mag das innere Auge noch so unbedingt über das äußere triumphieren; im Reiche der

Tatsachen ist der Glaube an ewige Wahrheiten ein kleines und absurdes Schauspiel in einzelnen Menschenköpfen. Ein wahres Gedankensystem kann es gar nicht geben, weil kein Zeichen die Wirklichkeit ersetzt. Tiefe und ehrliche Denker sind immer zu dem Schlüsse gelangt, daß alles Erkennen von seiner eigenen Form im voraus bestimmt ist und nie erreichen kann, was man mit dem Wort meint, mit Ausnahme wiederum der Technik, in welcher die Begriffe Mittel und nicht Selbstzweck sind. Und diesem Ignorabimus entspricht die Einsicht aller echten Weisen, daß abstrakte Lebensgrundsätze sich nur als Redensarten einbürgern, unter deren täglichem Gebrauch das Leben so weiterströmt, wie es immer gewesen war. Die Rasse ist letzten Endes stärker als die Sprache, und deshalb besaßen unter allen großen Namen nur die Denker eine Wirkung auf das Leben, die Persönlichkeiten waren und nicht wandelnde Systeme.

12

Die innere Geschichte der Wortsprachen zeigt demnach bis jetzt drei Stufen. Auf der ersten erscheinen innerhalb hochentwickelter, aber wortloser Mitteilungssprachen die ersten Namen als Größen eines neuartigen Verstehens. Die Welt erwacht *als Geheimnis*. Das religiöse Denken beginnt. Auf der zweiten wird nach und nach eine vollständige Mitteilungssprache in grammatische Werte umgesetzt Die Geste wird zum Satz und der Satz verwandelt die Namen in Worte. Der Satz wird zugleich die große Schule des Verstehens gegenüber dem Empfinden, und das immer feinere Bedeutungsgefühl für abstrakte Beziehungen im Satzmechanismus ruft einen überquellenden Reichtum von Flexionen hervor, die sich vor allem an Substantiv und Verb, das Raumwort und das Zeitwort, heften. Es erscheint die Blütezeit der Grammatik, für die man – mit großer Vorsicht – *vielleicht* die zwei Jahrtausende vor Beginn der ägyptischen und babylonischen Kultur ansetzen darf. Die dritte Stufe wird durch einen raschen Flexionsverfall und damit den Ersatz der Grammatik durch die Syntax bezeichnet. Die Durchgeistigung des menschlichen Wachseins ist so weit vorgeschritten, daß es der Versinnlichung durch Flexionen nicht mehr bedarf und sich statt durch eine bunte Wildnis von Wertformen durch kaum merkliche Andeutungen im knappsten Sprachgebrauch (Partikel,Wortstellung, Rhythmus) sicher und frei mitteilen kann. Am Sprechen in Worten ist das Verstehen zur Herrschaft über das Wachsein gelangt; heute ist es im Begriff, sich vom Zwange des sinnlich-sprachlichen Mechanismus zugunsten einer reinen Mechanik des Geistes zu befreien. Nicht die Sinne, die Geister treten in Fühlung.

In diese dritte Stufe der Sprachgeschichte, welche an sich im biologischen Weltbildverläuft und also *dem Menschen als Typus* zugehört, greift nun die Geschichte der hohen Kulturen ein, die mit einer ganz neuen „Sprache der Ferne“, der Schrift, und durch die Gewalt ihrer Innerlichkeit dem Schicksal der Wortsprachen eine plötzliche Wendung gibt. Die ägyptische Schriftsprache ist schon um 3000 in rascher grammatischer Zersetzung begriffen, das Sumerische in der *eme-sal* (Weibersprache) genannten Literatursprache ebenfalls; das Schriftchinesisch, das allen Umgangssprachen der chinesischen Welt gegenüber längst eine Sprache für sich bildet, ist schon in den ältesten bekannten Texten so gänzlich flexionslos, daß erst in neuester Zeit festgestellt werden konnte, daß es wirklich einmal eine Flexion besessen hat. Das indogermanische System kennen wir nur im vollsten Verfall. Von den Kasus des Altvedischen – um 1500 – sind in den antiken Sprachen ein Jahrtausend später nur Trümmer erhalten. Seit Alexander dem Großen ist in der hellenistischen Umgangssprache der Dual aus der Deklination und das ganze Passiv aus der Konjugation verschwunden. Die abendländischen Sprachen, obwohl sie von denkbar verschiedenster Herkunft sind, die germanischen aus primitiven, die romanischen aus hochzivilisierten Verhältnissen stammen, verändern sich in gleicher Richtung: die romanischen Kasus sind bis auf einen verschwunden, die englischen mit der Reformation sämtlich. Die deutsche Umgangssprache hat den Genitiv im Anfang des 19. Jahrhunderts endgültig eingebüßt und ist im Begriff, den Dativ aufzugeben. Nur wer einmal den Versuch macht, ein Stück schwerer und bedeutungsreicher Prosa etwa aus Tacitus oder Mommsen in eine sehr alte flexionsreiche Sprache „rückwärts" zu übertragen – unsere gesamte Übersetzungsarbeit erfolgt aus älteren in jüngere Sprachzustände –, wird den Beweis erhalten, daß die Zeichentechnik sich inzwischen in eine Denktechnik verflüchtigt hat, welche der verkürzten, aber mit Bedeutungsgehalt durchsättigten Zeichen gleichsam nur zu Anspielungen bedarf, die ausschließlich ein Eingeweihter der betreffenden Sprachgemeinschaft versteht. Dies ist der Grund, weshalb ein westeuropäischer Mensch vom Verstehen der heiligen chinesischen Bücher unbedingt ausgeschlossen bleibt, aber ebenso von dem Verständnis der Urworte jeder anderen Kultursprache, dem λόγος, der ἀρχή im Griechischen, dem *atman* und *brahman* im Sanskrit, die auf eine Weltanschauung hinweisen, in der man aufgewachsen sein muß, um ihre Zeichen zu begreifen.

Die äußere Sprachgeschichte ist für uns gerade in den wichtigsten Abschnitten so gut wie verloren. Ihre Frühzeit liegt tief im primitiven Zeitalter, und es sei noch einmal darauf hingewiesen,daß wir uns die „Menschheit" hier in Gestalt vereinzelter ganz kleiner Trupps vorzustellen haben, die sich im weiten Räume verlieren. Eine Wandlung der Seele tritt ein, wenn die wechselseitige Fühlung Regel und zuletzt selbstverständlich geworden ist, aber eben deshalb besteht kein Zweifel, daß diese Fühlung mittelst der Sprache zuerst gesucht und dann geregelt oder abgewehrt wird, und daß erst mit dem Eindruck der von Menschen erfüllten Erde das einzelne Wachsein gespannter, geistiger, klüger wird und die Wortsprache emporzwingt, so daß vielleicht die Entstehung der Grammatik mit dem Rassemerkmal der großen Zahl in Verbindung steht.

Seitdem ist kein grammatisches System mehr entstanden; es haben sich nur aus vorhandenen neuartige abgezweigt. Über diese *eigentlichen* Ursprachen, ihren Bau und Klang, wissen wir nichts. Soweit wir zurückblicken können, werden fertig ausgebildete Sprachsysteme als etwas ganz Natürliches von jedermann gebraucht, von jedem Kinde gelernt. Daß es je anders gewesen sein könne, daß einst vielleicht ein tiefer Schauder das Hören solcher seltenen und geheimnisvollen Sprachen begleitet hat – wie es in historischer Zeit mit der Schrift der Fall war und noch ist –, erscheint uns unglaubwürdig. Und doch sollten wir mit der Möglichkeit rechnen, daß Wortsprachen in einer Welt wortloser Mitteilungsweisen einmal Standesvorrecht gewesen sind, ein eifersüchtig behüteter Geheimbesitz. Daß ein Hang dazu vorliegt, zeigen tausend Beispiele, das Französisch als Diplomaten-, das Latein als Gelehrten-, das Sanskrit als Priestersprache. Es gehört zum Stolz rassiger Kreise, miteinander reden zu können, ohne von den andern verstanden zu werden. Eine Sprache für jedermann ist gemein. „Mit einem reden dürfen" ist ein Vorzug oder eine Anmaßung. Noch der Gebrauch der Schriftsprache unter Gebildeten und die Verachtung des Dialekts ist ein Zeugnis echten Bürgerstolzes. Nur wir leben in einer Zivilisation, in welcher die Kinder mit Selbstverständlichkeit das Schreiben wie das Gehen lernen. In allen früheren Kulturen war es eine seltene und nicht jedem zugängliche Kunst. Ich bin überzeugt, daß es mit der Wortsprache einmal nicht anders gewesen ist.

Das Tempo der Sprachgeschichte ist ein ungeheuer geschwindes. Ein Jahrhundert bedeutet da schon viel. Ich erinnere an jene Gebärdensprache der Indianer Nordamerikas, die notwendig wurde, weil die rasche Veränderung der Dialekte eine andere Verständigung zwischen den Stämmen ausschloß. Man vergleiche auch die kürzlich entdeckte Foruminschrift (um 500) mit dem Latein des Plautus(um 200) und dieses mit der Sprache Ciceros. Nimmt man an, daß die ältesten Vedatexte den Sprachzustand von 1200 v. Chr. festgehalten haben, so kann schon der Zustand von 2000 so gänzlich anders gewesen sein, daß ihn kein indogermanischer Forscher mit seiner Methode der Rückschlüsse auch nur von fern vermutet. Aber das Allegro wird zum Lento in dem Augenblick, wo die Schrift, die Sprache der Dauer, eingreift und die Systeme auf ganz verschiedenen Altersstufen festhält und lähmt. Gerade das macht diese Entwicklung so undurchsichtig: wir besitzen nur Reste von Schriftsprachen. Aus der ägyptischen und babylonischen Sprachenwelt gibt es noch Originale von 3000, aber die ältesten indogermanischen Reste sind *Abschriften,* deren Sprachzustand viel jünger ist als ihr Inhalt.

Das alles hat die Schicksale von Grammatik und Wortschatz in ganz verschiedener Weise bestimmt. Die erste haftet am Geist, der zweite an Dingen und Orten. Einer natürlichen inneren Veränderung unterliegen nur grammatische Systeme. Zu den psychologischen Voraussetzungen des Wortgebrauchs gehört es dagegen, daß zwar die Aussprache sich verändert, die innere mechanische Lautstruktur aber desto fester gehalten wird, denn auf ihr beruht das Wesen der Benennung. *Die großen Sprachfamilien sind lediglich grammatische Familien.* Die Worte sind in ihnen gewissermaßen heimatlos und wandern von einer zu anderen. Es ist ein Grundfehler der Sprachforschung, voran der indogermanischen, Grammatik und Wortschatz als Einheit zu behandeln. Alle Fachsprachen, die Jäger-, Soldaten-, Sport-, Seemanns-, Gelehrtensprache, sind in

Wirklichkeit *nur Wortbestände*, die innerhalb eines jeden grammatischen Systems gebraucht werden können. Der halbantike Wortschatz der Chemie, der französische der Diplomatie, der englische des Rennplatzes hat sich in allen modernen Sprachen gleichmäßig eingebürgert. Redet man hier von Fremdworten, so gehören die „Wurzeln" aller alten Sprachen zum weitaus größten Teil dazu. Alle Namen haften an den Sachen, die sie bezeichnen, und teilen deren Geschichte. Im Griechischen sind die Metallnamen fremder Herkunft und ebenso Worte wie ôá?ñïò, ÷éôþí, ï?íïò. In den hethitischen Texten von Boghazköikommen indische Zahlworte vor, und zwar in Fachausdrücken, die mit der Zucht des Pferdes dorthin gelangt sind. Lateinische Verwaltungsausdrücke sind in Menge in den griechischen Osten,deutsche seit Peter dem Großen in das Russische gedrungen, arabische Worte in die Mathematik, Chemie und Astronomie des Abendlandes. Die Normannen, selbst Germanen, haben das Englische mit französischen Worten überschwemmt. Im Bankwesen der germanischen Sprachgebiete wimmelt es von italienischen Ausdrücken, und in noch viel höherem Grade müssen in primitiver Zeit mit dem Getreidebau, der Viehzucht, den Metallen, den Waffen und überhaupt mit jedem Handwerk, dem Tauschverkehr und allen rechtlichen Beziehungen der Stämme untereinander Massen von Bezeichnungen von einer Sprache zur anderen gewandert sein, ganz wie auch der Bestand an geographischen Namen immer in den Besitz der gerade herrschenden Sprache übergeht, so daß ein großer Teil der griechischen Ortsnamen karisch, der deutschen keltisch ist. Man darf ohne Übertreibung behaupten: je allgemeiner ein indogermanisches Wort verbreitet ist, desto *jünger* ist es, desto wahrscheinlicher ist es Fremdwort. Gerade die altertümlichsten Namen sind streng bewahrter Eigenbesitz. Latein und Griechisch haben nur ganz junge Worte gemeinsam. Oder gehören Telephon, Gas, Automobil zum Wortbestand des „Urvolkes"? Angenommen einmal, daß von den arischen „Urworten" drei Viertel aus dem Ägyptischen oder Babylonischen des 3. Jahrtausends stammten, so würden wir im Sanskrit nach einem Jahrtausend schriftloser Entwicklung nichts mehr davon bemerken, denn auch die zahllosen lateinischen Lehnworte im Deutschen sind längst völlig unkenntlich geworden. Die Endung -ette in Henriette ist etruskisch – wie viele „echt arische" oder „echt semitische" Endungen mögen sonst noch fremd und als Fremdlinge nur nicht mehr nachweisbar sein? Wie erklärt sich die auffallende Ähnlichkeit vieler Worte in australischen und indogermanischen Sprachen?

Das indogermanische System ist sicherlich das jüngste und deshalb das geistigste. Die von ihm abgeleiteten Sprachen beherrschen heute die Erde, aber ist es um 2000 als grammatische Sonderkonstruktion überhaupt schon vorhanden gewesen? Bekanntlich wird heute eine einzige Ausgangsform für das Arische, Semitische und Hamitische als wahrscheinlich angenommen. Die ältesten indischen Schriftreste fixieren den Sprachzustand vielleicht von 1200, die ältesten griechischen vielleicht von 700. Aber indische Personen- und Götternamen kommen zugleich mit dem Pferde schon viel früher in Syrien und Palästina vor,und zwar erscheinen ihre Träger wohl zunächst als

Söldner, dann als Machthaber. Man erinnere sich, wie die spanischen Feuerwaffen einst auf die Mexikaner gewirkt haben. Sollten diese Landwikinger – mit dem Pferd verwachsene Menschen, deren schreckenerregenden Eindruck noch die Kentaurensage spiegelt – sich um 1600 überall abenteuernd in den nordischen Ebenen festgesetzt und die Sprache und Götterwelt der indischen Ritterzeit mitgebracht haben? Zugleich mit dem arischen Standesideal der Rasse und Lebensführung? Nach dem, was oben über Rasse gesagt worden ist, würde das ohne alle „Wanderungen" eines „Urvolkes" das Rasseideal arisch sprechender Gebiete erklären. Die ritterlichen Kreuzfahrer haben ihre Staaten im Morgenlande nicht anders begründet, und zwar an genau derselben Stelle wie 2500 Jahre früher die Helden mit den Mitanni-Namen.

Oder war dies System um 3000 nur ein bedeutungsloser Dialekt einer Sprache, die verloren ist? Die romanische Sprachfamilie beherrschte um 1600 n. Chr. alle Meere. Um 400 v. Chr. besaß die „Ursprache" am Tiber ein Gebiet von 50 Quadratmeilen. Es ist sicher, daß das geographische Bild der grammatischen Familien um 4000 noch ein sehr buntes war. Die semitisch-hamitisch-arische Gruppe – *wenn* sie einmal eine Einheit gewesen ist – hatte damals wohl kaum sehr große Bedeutung. Wir stoßen bei Schritt und Tritt auf die Trümmer alter Sprachfamilien, die sicherlich einst zu sehr verbreiteten Systemen gehörten: das Etruskische, Baskische, Sumerische, Ligurische, die alten kleinasiatischen Sprachen sind darunter. Im Archiv von Boghazköi sind bis jetzt acht neue Sprachen festgestellt worden, die um 1000 im Gebrauch gewesen sind. Bei dem damaligen Tempo der Veränderung kann das Arische um 2000 eine Einheit mit Sprachen gebildet haben, von denen wir es heute nicht erraten würden.

13

Die Schrift ist eine ganz neue Sprachart und bedeutet eine völlige Abänderung der menschlichen Wachseinsbeziehungen, indem sie sie *vom Zwange der Gegenwart befreit*. Bildersprachen, die Gegenstände bezeichnen, sind viel älter, älter wahrscheinlich als alle Worte; hier aber bezeichnet das Bild nicht mehr unmittelbar ein Sehding, sondern zunächst ein Wort, etwas vom Empfinden bereits Abgezogenes. Es ist das erste und einzige Beispiel einer Sprache, welche ein ausgebildetes Denken als vorhanden fordert und nicht mit sich bringt.

Die Schrift setzt also eine vollentwickelte Grammatik voraus, denn die Tätigkeit des Schreibens und Lesens ist unendlich viel abstrakter als die des Sprechens und Hörens. Lesen heißt ein Schriftbild mit *dem Bedeutungsgefühl für die zugehörigen Wortklänge verfolgen*. Die Schrift enthält Zeichen nicht für Dinge, sondern für andere Zeichen. Der grammatische Sinn muß durch augenblickliches Verstehen ergänzt werden.

Das Wort gehört zum Menschen überhaupt; die Schrift gehört ausschließlich zum Kulturmenschen. Sie ist im Gegensatz zur Wortsprache von den politischen und religiösen Schicksalen der Weltgeschichte nicht nur teilweise, sondern ganz und gar bedingt. Alle Schriften entstehen in *einzelnen* Kulturen und zählen zu deren tiefsten Symbolen. Aber es fehlt noch durchaus an einer umfassenden Schriftgeschichte, und zu einer Psychologie der Formen und Formverwandlungen ist nicht einmal der Versuch gemacht worden. *Die Schrift ist das große Symbol der Ferne*, also nicht nur der Weite, sondern auch und vor allem der Dauer, der Zukunft, des Willens zur Ewigkeit. Sprechen und Hören erfolgt nur in Nähe und Gegenwart; durch die Schrift redet man aber zu Menschen, die man nie gesehen hat oder die noch nicht geboren sind, und die Stimme eines Menschen wird noch Jahrhunderte nach seinem Tode gehört. Sie ist eins der ersten Kennzeichen *historischer* Begabung. Aber eben deshalb ist nichts für eine Kultur bezeichnender als ihr innerliches Verhältnis zur Schrift. Wenn wir vom Indogermanischen so wenig wissen, so liegt das daran, daß die beiden frühesten Kulturen, deren Menschen sich dieses Systems bedienten, die indische und die antike, infolge ihrer ahistorischen Veranlagung nicht nur keine eigene Schrift geschaffen, sondern selbst die fremden bis in die Spätzeit hinein abgelehnt haben. In der Tat ist die ganze Kunst der antiken Prosa unmittelbar für das Ohr geschaffen. Man las vor, als ob man redete; wir reden im Vergleich dazu alle „wie ein Buch“ und sind deshalb, wegen des ewigen Schwankens zwischen Schriftbild und Wortklang, nie zu einem in attischem Sinne ausgebildeten Prosastil gelangt. Dagegen hat in der arabischen Kultur jede Religion ihre eigene Schrift entwickelt und auch bei einem Wechsel der Sprache behalten: die Dauer der heiligen Bücher und Lehren und die Schrift als Sinnbild der Dauer gehören zusammen. Die ältesten Zeugnisse der Buchstabenschrift liegen in südarabischen, zweifellos nach Sekten getrennten minäischen und sabäischen Schriftarten vor, die vielleicht bis ins 10. Jahrhundert v. Chr. hinaufreichen. Die Juden, Mandäer und Manichäer in Babylonien sprachen Ostaramäisch, hatten aber sämtlich eigene Schriften. Seit der Abbassidenzeit wird das Arabische herrschend, aber Christen und Juden schreiben es weiterhin mit eigener Schrift. Der Islam hat die arabische Schrift überall unter seinen Anhängern verbreitet, mochten sie semitische, mongolische, arische oder Negersprachen reden.Mit der Gewohnheit des Schreibens entsteht überall der unvermeidliche Unterschied zwischen Schriftsprache und Umgangssprache. Die Schriftsprache bringt die Symbolik der Dauer auf den eigenen grammatischen Zustand in Anwendung, der nur langsam und widerwillig den Wandlungen der Umgangssprache nachgibt, die mithin stets einen jüngeren Zustand darstellt. Es gibt nicht eine hellenische κοινή, sondern zwei,und der ungeheure Abstand des geschriebenen vom lebendigen Latein in der Kaiserzeit wird durch den Bau der frühromanischen Sprachen hinreichend bezeugt. Je älter eine Zivilisation, desto schroffer ist der Unterschied bis zu jenem Abstand, der heute zwischen dem Schriftchinesischen und dem Kuanchua, der Sprache der nordchinesischen Gebildeten, besteht. Das sind nicht mehr zwei Dialekte, sondern zwei einander ganz fremde Sprachen.

Darin kommt aber bereits die Tatsache zum Ausdruck, daß die Schrift im höchsten Grade Standessache und zwar uraltes Vorrecht des Priestertums ist. Das Bauerntum ist geschichtslos *und also schriftlos*. Es besteht aber auch eine ausgesprochene Abneigung der Rasse gegen die Schrift. Dies scheint mir von höchster Bedeutung für die Graphologie zu sein: je mehr Rasse der Schreiber hat, desto souveräner behandelt er den ornamentalen Bau der Schriftzeichen und ersetzt ihn durch ganz persönliche Liniengebilde. Der Tabumensch allein hat beim Schreiben eine gewisse Achtung vor den Eigenformen der Zeichen und sucht sie unwillkürlich immer wieder hervorzubringen. Es ist der Unterschied des tätigen Menschen, der Geschichte macht, und des Gelehrten, der sie nur aufzeichnet, sie „verewigt". Die Schrift ist in allen Kulturen im Besitz des Priestertums, dem Dichter und Gelehrte zuzurechnen sind. Der Adel verachtet das Schreiben. Er *läßt* schreiben. Diese Tätigkeit hatte von jeher etwas Geistiges und Geistliches. Zeitlose Wahrheiten werden es ganz nicht durch die Rede, sondern erst durch die Schrift. Es ist wieder der Gegensatz von Burg und Dom: Was soll hier dauern – die Tat oder die Wahrheit? Die Urkunde bewahrt Tatsachen, die heilige Schrift Wahrheiten. Was dort die Chronik und das Archiv, ist hier das Lehrbuch und die Bibliothek. Und deshalb gibt es außer dem Kultbau noch etwas, das nicht mit Ornamenten verziert wird, sondern *Ornament ist– das Buch*. Die Kunstgeschichte aller Frühzeiten sollte die Schrift, und zwar die kursive eher noch als die monumentale, an die Spitze stellen. Was gotischer und was magischer Stil ist, erkennt man hier am reinsten. Kein Ornament hat die Innerlichkeit einer Buchstabenform oder Schriftseite. Die Arabeske erscheint nirgends vollendeter als in den Koransprüchen an den Wänden einer Moschee. Und dann die große Kunst der Initialen, die Architektur des Seitenbildes, die Plastik der Einbände! Ein Koran in kufischer Schrift wirkt auf jeder Seite wie ein Wandteppich. Ein gotisches Evangeliar ist wie ein kleiner Dom. Es ist bezeichnend für die antike Kunst, daß sie jeden Gegenstand ergreift und verschönert – mit Ausnahme allein der Schrift und der Schriftrolle. Ein Haß gegen die Dauer liegt darin, die Verachtung gegen eine Technik, die trotz allem mehr als Technik ist. Es gibt weder in Hellas noch in Indien eine Kunst der monumentalen Inschrift wie in Ägypten, und daran, daß ein Blatt mit der Handschrift Platos eine Reliquie war, daß man etwa auf der Akropolis ein kostbares Exemplar der Dramen des Sophokles hätte aufbewahren können, scheint niemand gedacht zu haben.

Indem sich über das Land die Stadt erhebt, zu Adel und Priesterschaft das Bürgertum tritt und der städtische Geist die Herrschaft in Anspruch nimmt, wird die Schrift aus einer Verkünderin adeligen Ruhmes und ewiger Wahrheiten zu einem Mittel des geschäftlichen und wissenschaftlichen Verkehrs. Jenes hatte die indische und antike Kultur abgelehnt, dies ließ sie aus der Fremde zu; als verächtliches, alltägliches Werkzeug dringt langsam die Buchstabenschrift ein. Gleichzeitig und gleichbedeutend mit diesem Ereignis ist in China die Einführung der phonetischen Zeichen um 800 v. Chr. und vor allem im Abendlande die Erfindung des Buchdrucks im 15. Jahrhundert: das Symbol der Dauer und Ferne wird durch die große Zahl bis zum äußersten verstärkt. Endlich haben die Zivilisationen den letzten Schritt getan, um die Schrift in eine zweckmäßige Form zu bringen. Wie erwähnt, war die Erfindung der Buchstabenschrift in der ägyptischen Zivilisation um 2000 eine rein technische Neuerung; im gleichen Sinne hat Li-si, der Kanzler des chinesischen Augustus, 227 die chinesische Einheitsschrift eingeführt und endlich ist unter uns, was wenige in seiner wirklichen Bedeutung erkannt haben, eine neue Schriftart entstanden. Daß die ägyptische Buchstabenschrift keineswegs etwas Letztes und Vollendetes ist, beweist die der Erfindung des Alphabets ebenbürtige der Stenographie, die nicht nur Kurzschrift, sondern *die Überwindung der Buchstabenschrift durch ein neues, äußerst abstraktes Mitteilungsprinzip* ist. Es ist wohl möglich, daß Schriftformen dieser Art in den nächsten Jahrhunderten die Buchstaben völlig verdrängen.

14

Darf heute schon der Versuch gewagt werden, eine Morphologie der Kultursprachen zu schreiben? Gewiß ist, daß die Wissenschaft diese Aufgabe bisher nicht einmal entdeckt hat. Kultursprachen sind Sprachen des *historischen* Menschen. Ihr Schicksal vollzieht sich nicht in biologischen Zeiträumen; es folgt der organischen Entwicklung streng bemessener Lebensläufe. *Kultursprachen sind historische Sprachen.* Das bedeutet einmal: es gibt kein geschichtliches Ereignis und keine politische Institution, die nicht auch durch den Geist der dabei verwendeten Sprache mitbestimmt worden wären und die nicht ihrerseits auf Geist und Form dieser Sprache eingewirkt hätten. Der lateinische Satzbau ist auch eine Folge römischer Schlachten, welche das gesamte Denken des Volkes für die Verwaltung des Eroberten in Anspruch nahmen; die deutsche Prosa trägt in ihrem Mangel an festen Normen noch heute die Spur des 30jährigen Krieges, und die frühchristliche Dogmatik hätte eine andere Gestalt gewonnen, wenn die ältesten Schriften nicht sämtlich griechisch, sondern wie die der Mandäer syrisch abgefaßt worden wären. Das bedeutet aber weiterhin: die Weltgeschichte ist von dem Vorhandensein *der Schrift als des eigentlich historischen Mittels der Verständigung* in einem Grade beherrscht, dessen sich die Forschung noch kaum bewußt ist. Der Staat im höheren Sinne hat den Schriftverkehr zur Voraussetzung; der Stil aller Politik ist durch die jeweilige Bedeutung der Urkunde, des Archivs, der Unterschrift, der Publizistik im politisch-geschichtlichen Denken eines Volkes schlechthin bestimmt; der Kampf um das Recht ist ein Kampf für oder gegen ein geschriebenes Recht; Verfassungen ersetzen die materielle Gewalt durch die Fassung von Paragraphen und erheben das Schriftstück zu einer Waffe. Sprache und Gegenwart, Schrift und Dauer gehören zusammen, aber mündliche Verständigung und praktische Erfahrung, Schrift und theoretisches Denken tun es nicht weniger. Man kann den größten Teil der innerpolitischen Geschichte aller Spätzeiten auf diesen Gegensatz zurückführen. Die ewig wechselnden Tatsachen widerstreben der Schrift, die *Wahrheiten fordern sie* – das ist der welthistorische Gegensatz zweier Parteien, die in irgendeiner Form in den großen Krisen aller Kulturen vorhanden sind. Die eine lebt in der Wirklichkeit, die andere hält ihr eine Schrift entgegen; alle großen Revolutionen setzen eine Literatur voraus.

Die Gruppe der abendländischen Kultursprachen tritt im zehnten Jahrhundert in Erscheinung. Die vorhandenen Sprachkörper, nämlich die germanischen und romanischen Mundarten, das klösterliche Latein einbegriffen, werden aus einheitlichem Geiste zu Schriftsprachen ausgebildet. Es *muß* in der Entwicklung des Deutschen, Englischen, Italienischen, Französischen, Spanischen von 900 bis 1900 einen gemeinsamen Zug geben und ebenso in der Geschichte der hellenischen und italischen Sprachen einschließlich des Etruskischen von 1100 an bis zur Kaiserzeit. Aber was ist hier, unabhängig vom Verbreitungsgebiet der Sprachfamilien und der Rassen, allein durch die *landschaftlichen Grenzen der Kultur* zusammengefaßt? Welche Veränderungen haben das Hellenistische und das Latein seit 300 gemeinsam, und zwar in der Aussprache, im Wortgebrauch, metrisch, grammatisch, stilistisch, welche das Deutsche und Italienische seit 1000, das Italienische und Rumänische aber nicht? Dergleichen ist noch nie planmäßig untersucht worden.

Jede Kultur findet bei ihrem Erwachen *Bauernsprachen* vor, Sprachen des stadtlosen Landes, die „ewig“, an den Ereignissen der großen Geschichte kaum beteiligt, als schriftlose Dialekte noch durch Spätzeit und Zivilisation gehen und langsame unbemerkte Verwandlungen erleiden. Darüber erhebt sich nun die Sprache der beiden Urstände als die erste Erscheinung einer Wachseinsbeziehung, die Kultur *hat*, Kultur *ist*. Hier im Kreise von Adel und Priestertum werden Sprachen zu Kultursprachen, und zwar gehört *das Sprechen zur Burg, die Sprache zum Dom*: so scheidet sich an der Schwelle der Entwicklung das Pflanzenhafte vom Tierhaften, das Schicksal der lebendigen von dem der toten, das der organischen von dem der mechanischen Seite der Verständigung. Denn die Totemseite bejaht, die Tabuseite verneint das Blut und die Zeit. Da finden sich überall schon ganz früh die starren Kultsprachen, deren Heiligkeit durch ihre Unveränderlichkeit verbürgt ist, zeitlose, längst abgestorbene oder dem Leben entfremdete und künstlich gelähmte Systeme mit einem streng festgehaltenen Wortschatz, wie er zur Fassung ewiger Wahrheiten Bedingung ist. So ist das Altvedische als religiöse und daneben das Sanskrit als Gelehrtensprache erstarrt. Das Ägyptische des Alten Reiches wurde dauernd als Priestersprache festgehalten, so daß die heiligen Formeln im Neuen Reiche ebensowenig mehr verstanden worden sind wie das *Carmen Saliare* und das Arvalbrüderlied zur Zeit des Augustus.In der Vorzeit der arabischen Kultur sind das Babylonische, Hebräische und Awestische gleichzeitig als Umgangssprachen abgestorben – wahrscheinlich während des zweiten Jahrhunderts v. Chr. – aber eben deshalb wurden sie in den heiligen Schriften der Chaldäer, Juden und Perser dem Aramäischen und dem Pehlewi entgegengestellt. Dieselbe Bedeutung hatte das gotische Latein für die Kirche, das Humanistenlatein für die Gelehrsamkeit des Barock, das Kirchenslawisch in Rußland und wohl auch das Sumerische in Babylon.

Im Gegensatz dazu ist die Pflege des Sprechens an den frühen Höfen und Pfalzen zu Hause. Hier sind die *lebendigen* Kultursprachen ausgebildet worden. Sprechen ist Sprachsitte, Sprachzucht, der gute Ton in Lautbildung und Wendungen, der feine Takt in Wortwahl und Ausdrucksweise. Alles das ist Merkmal der *Rasse*; das lernt man nicht in Klosterzelle und Gelehrtenstube, sondern im vornehmen Umgang und am lebendigen Vorbild. Im adligen Kreise und als Standesmerkmal ist die Sprache Homersund ebenso das Altfranzösische der Kreuzzüge und das Mittelhochdeutsche der Stauferzeit aus ländlichen Gewohnheiten emporgebildet worden. Bezeichnet man die großen Epiker, die Skalden und Troubadours als ihre Schöpfer, so sollte man nicht vergessen, daß sie für diese Aufgabe durch den Standeskreis, in dem sie sich bewegten, *auch sprachlich* erst geschult worden sind. Diese große Tat, mit welcher die Kultur mündig wird, ist die Leistung einer Rasse und nicht die einer Zunft.

Die geistliche Sprachkultur geht auf Begriffe und Schlüsse aus. Sie arbeitet daran, die dialektische Tauglichkeit der Worte und Satzformen bis aufs Äußerste zu steigern: so entsteht ein immer wachsender Unterschied zwischen dem scholastischen und höfischen, dem verstandesmäßigen und gesellschaftlichen Sprachgebrauch, und es gibt über alle Grenzen der Sprachfamilien hinaus etwas Gemeinsames in der Ausdrucksweise Plotins und des Thomas von Aquino, in Veda und Mischna. Hier liegt der Ausgangspunkt jeder reifen Gelehrtensprache, die im Abendland, ob deutsch, englisch oder französisch, noch heute nicht die letzten Spuren ihrer Herkunft aus dem scholastischen Latein abgestreift hat, und also auch der Ursprung aller Methodik der Fachausdrücke und der Satzformen des Schlusses. Bis tief in die Spätzeit hinein pflanzt sich dieser Gegensatz zwischen den Verständigungsweisen der großen Welt und der Wissenschaft fort. Der Schwerpunkt der französischen Sprachgebiete liegt mit Entschiedenheit auf Seiten der Rasse, also des Sprechens, am Hofe zu Versailles und in den Pariser Salons. Hier ist der *esprit précieux* der Artusromane fortgepflanzt und zu der das ganze Abendland beherrschenden Konversation, der klassischen Kunst des Sprechens, erhoben worden. Es hat der griechischen Philosophie die größten Schwierigkeiten bereitet, daß auch das Ionisch-Attische durchaus an Tyrannenhöfen und in Symposien ausgebildet worden ist. Es war später fast unmöglich, in der Sprache des Alkibiades über Syllogistik zu reden. Andererseits schwankt die deutsche Prosa, die in der entscheidenden Zeit des Barock überhaupt keinen Mittelpunkt für eine hohe Ausbildung fand, stilistisch noch heute zwischen französischen und lateinischen – höfischen und gelehrten – Wendungen hin und her, je nachdem man sich gut oder genau ausdrücken will; und auch unsere Klassiker haben es dank ihrer sprachlichen Herkunft von Kanzel und Gelehrtenstube und ihrem Aufenthalt als Erzieher in Schlössern und an kleinen Höfen wohl zu einem persönlichen Stil, den man nachahmen kann, aber nicht zur Schöpfung einer für alle verbindlichen, spezifisch deutschen Prosa gebracht.

Zu diesen Standessprachen tritt mit der Stadt die dritte und letzte, die des Bürgertums, die eigentliche Schriftsprache, verständig, zweckmäßig, Prosa im strengsten Sinne des

Wortes. Sie schwankt leise zwischen vornehm geselligen und gelehrten Ausdrucksweisen, dort auf immer neue Wendungen und Modeworte bedacht, hier an den vorhandenen Begriffen eigensinnig festhaltend. In ihrem Wesenskern aber ist sie *wirtschaftlicher* Natur. Sie fühlt sich durchaus als Standeskennzeichen gegenüber der geschichtslos-ewigen Redeweise des „Volkes", deren sich Luther und andere zum großen Ärger ihrer feinen Zeitgenossen bedienten. Mit dem endgültigen Siege der Stadt nehmen diese Stadtsprachen auch die der vornehmen Welt und der Wissenschaft in sich auf. Es entsteht in der Oberschicht weltstädtischer Bevölkerungen eine gleichförmige, intelligente, praktische, den Dialekten und der Poesie abgeneigte κοινή, wie sie zur Symbolik jeder Zivilisation gehört, etwas ganz Mechanisches, präzis, kalt und mit einer auf ein Minimum beschränkten Geste. Diese letzten, heimat- und wurzellosen Sprachen können von jedem Händler und Lastträger gelernt werden, das Hellenische in Karthago und am Oxus, das Chinesische auf Java, das Englische in Schanghai, und das „Sprechen" ist für ihr Verständnis bedeutungslos. Fragt man nach ihrem eigentlichen Schöpfer, so ist es nicht der Geist einer Rasse oder einer Religion, sondern lediglich der Geist der Wirtschaft.

III. Urvölker, Kulturvölker, Fellachenvölker

15

Nun endlich ist es möglich, mit äußerster Vorsicht dem Begriffe „Volk" näher zu treten und Ordnung in das Chaos von Völkerformen zu bringen, das die Geschichtsforschung der Gegenwart nur noch gesteigert hat. Es gibt kein zweites Wort, das so oft und zugleich so völlig kritiklos gebraucht worden ist, keines, das der schärfsten Kritik so dringend bedurft hätte. Selbst sehr vorsichtige Historiker setzen, nachdem sie sich um eine theoretische Klärung bis zu einem gewissen Grade bemüht haben, im Verlauf der weiteren Untersuchung Völker, Rasseteile und Sprachgemeinschaften wieder völlig gleich. Finden sie einen Völkernamen, so gilt er ohne weiteres auch als Sprachbezeichnung, entdecken sie eine Inschrift von drei Worten, so haben sie einen Rassezusammenhang festgestellt. Stimmen einige „Wurzeln" überein, so taucht ein Urvolk mit einer Urheimat in der Ferne auf. Das moderne Nationalgefühl hat dies „Denken in Volkseinheiten" nur noch gesteigert.

Aber sind die Hellenen, die Dorer oder die Spartaner ein Volk? Die Kelten, Gallier und Senoner? Waren die Römer ein Volk, was waren dann die Latiner? Und was für eine Einheit ist mit dem Etruskernamen innerhalb der Bevölkerung Italiens etwa um 400 gemeint? Hat man nicht gar ihre „Nationalität" vom Bau ihrer Sprache abhängig gemacht, und ebenso die der Basken und Thraker? Und was für Volksbegriffe liegen den Worten Amerikaner, Schweizer, Juden, Buren zugrunde? Blut, Sprache, Glaube, Staat, Landschaft – was von alledem ist für die Völkerbildung maßgebend? Im allgemeinen werden Sprach- und Blutsverwandtschaft nur auf gelehrtem Wege festgestellt. Der

Einzelne ist sich ihrer durchaus nicht bewußt. Indogermane ist nichts weiter als ein wissenschaftlicher und zwar philologischer Begriff. Der Versuch Alexanders des Großen, Griechen und Perser zu verschmelzen, ist völlig gescheitert, und die Stärke des englisch-deutschen Gemeingefühls erleben wir gerade jetzt. Volk ist aber ein Zusammenhang, dessen man sich *bewußt* ist. Man beachte doch den üblichen Sprachgebrauch. Jeder Mensch bezeichnet die Gemeinschaft, die ihm innerlich am nächsten steht – und er gehört vielen an – mit Pathos als sein „Volk".Er ist dann geneigt, diesen ganz besonderen Begriff, der aus einem persönlichen Erlebnis stammt, auf die verschiedenartigsten Verbände anzuwenden. Für Cäsar waren die Arverner eine *civitas*, für uns sind die Chinesen eine „Nation". Deshalb waren nicht die Griechen, sondern die Athener ein Volk, und nur einzelne von ihnen wie Isokrates haben sich *vor allem* als Hellenen gefühlt. Deshalb kann von zwei Brüdern der eine sich einen Schweizer und der andere mit dem gleichen Recht einen Deutschen nennen. Das sind nicht gelehrte Begriffe, sondern geschichtliche Tatsachen. Volk ist ein Verband von Männern, der sich als Ganzes fühlt. Erlischt das Gefühl, so kann der Name und jede einzelne Familie fortbestehen – das Volk aber hat zu bestehen aufgehört. Die Spartiaten fühlten sich in *diesem* Sinne als Volk, die „Dorer" vielleicht um 1100, um 400 sicherlich nicht. Die Kreuzfahrer wurden durch den Schwur von Clermont zu einem echten Volke, die Mormonen durch ihre Vertreibung aus Missouri (1839),die Mamertiner, entlassene Söldner des Agathokles, durch die Notwendigkeit, sich einen Zufluchtsort zu erkämpfen. Ist das volksbildende Prinzip bei den Jakobinern und den Hyksos sehr verschieden gewesen? Wie viele Völker mögen aus einem Häuptlingsgefolge entstanden sein oder aus einer Schar von Flüchtlingen? Ein solcher Verband kann die Rasse wechseln wie die Osmanen, die als Mongolen in Kleinasien erschienen sind, die Sprache wie die sizilischen Normannen, den Namen wie die Achäer oder Danaer. Solange das Gemeingefühl dauert, ist das Volk als solches vorhanden.

Von dem Schicksal der Völker haben wir das der Völker *namen* zu unterscheiden. Sie sind oft das einzige, wovon eine Kunde übrig bleibt; aber kann man von einem Namen irgendwie auf die Geschichte, die Abstammung, die Sprache oder auch nur die Identität seiner Träger schließen? Es ist wieder ein Fehler der Forscher, daß sie das Verhältnis zwischen beiden nicht theoretisch, aber praktisch so einfach aufgefaßt haben wie etwa bei heutigen Personennamen. Hat man überhaupt eine Vorstellung von der Zahl der hier vorliegenden Möglichkeiten? Unendlich wichtig ist schon der Akt der Namengebung unter frühen Verbänden. Mit dem Namen hebt sich eine Menschengruppe selbstbewußt mit einer Art sakraler Größe heraus. Aber hier können Kult- und Kriegernamen nebeneinander stehen, andere können im Lande vorgefunden oder ererbt sein, der Stammname kann gegen den eines Helden ausgetauscht werden wie bei den Osmanen und endlich können in unbegrenzter Zahl an allen Grenzen Fremdnamen entstehen, die vielleicht nur einem Teil der Volksgenossen bekannt und geläufig sind. Sind *nur* solche Namen überliefert, so führt beinahe jeder Schluß auf die Träger notwendig zu einem

Irrtum. Die zweifellos sakralen Namen der Franken, Alemannen und Sachsen haben die große Menge von Namen aus der Zeit der Varusschlacht abgelöst. Wüßten wir das nicht, so wären wir längst überzeugt, daß hier eine Verdrängung oder Vernichtung älterer Stämme durch neu eindringende stattgefunden hätte. Die Namen Römer und Quiriten, Spartaner und Lakedämonier, Karthager und Punier bestehen nebeneinander – da war die Möglichkeit vorhanden, zwei Völker anzunehmen. In welcher Beziehung die Namen Pelasger, Achäer, Danaer untereinander gestanden haben und welche Tatsachen dem zugrunde hegen, werden wir nie erfahren. Hätten wir nur diese Worte, so würde die Forschung längst einem jeden ein Volk – nebst Sprache und Rassezugehörigkeit – unterlegt haben. Hat man nicht aus der Landschaftsbezeichnung Doris auf den Gang der Dorischen Wanderung schließen wollen? Wie oft mag ein Volk einen Ländernamen eingetauscht und mitgenommen haben? Der Fall liegt bei der heutigen Bezeichnung Preußen vor, aber auch bei den modernen Parsen, Juden und Türken, der umgekehrte in Burgund und der Normandie. Der Name Hellenen entstand um 650; eine Bevölkerungsbewegung ist damit also nicht verknüpft. Lothringen erhielt den Namen eines gänzlich bedeutungslosen Fürsten, und zwar infolge einer Erbteilung und nicht durch ein eingewandertes Volk. Die Deutschen hießen in Paris 1814 Allemands, 1870 Prussiens, 1914 Boches; zu anderen Zeiten hätte man drei verschiedene Völker dahinter entdeckt. Die Westeuropäer heißen im Orient Franken, die Juden Spaniolen – das geht auf historische Umstände zurück; aber was hätte ein Philologe aus den Worten *allein* geschlossen?

Es ist nicht abzusehen, zu was für Ergebnissen Gelehrte im Jahre 3000 kommen könnten, wenn sie dann noch nach heutigen Methoden mit Namen, Sprachresten und den Begriffen von Urheimat und Wanderung arbeiten. Die Deutschritter haben im 13. Jahrhundert die heidnischen Preußen vertrieben. 1870 erscheint dies Volk auf seiner Wanderung plötzlich vor Paris. Die Römer, von den Goten bedrängt, sind vom Tiber an die untere Donau ausgewandert. Oder sollte gar ein Teil nach Polen gelangt sein, wo man auf dem Reichstag lateinisch sprach? Karl der Große schlug die Sachsen an der Weser, die daraufhin in die Gegend von Dresden auswanderten, während die Hannoveraner – dem Dynastienamen nach von ihren Ursitzen an der Themse kommend – das Land einnahmen. Die Historiker haben statt der Geschichte von Völkern die von Namen geschrieben, aber Namen haben ihre eigenen Schicksale und ebensowenig wie diese beweisen die Sprachen, ihre Wanderungen, Änderungen, Siege und Niederlagen etwas auch nur für das Vorhandensein zugehöriger Völker. Dies ist ein Grundirrtum vor allem der indogermanischen Forschung. Wenn in historischer Zeit die Namen Pfalz und Kalabrien gewandert sind, das Hebräische von Palästina nach Warschau, das Persische vom Tigris nach Indien verschlagen wurde, was läßt sich dann aus der Geschichte des Etruskernamens und der angeblich „tyrsenischen" Inschrift von Lemnos schließen? Oder haben die Franzosen mit den Haitinegern, wie die gemeinsame Sprache beweist, einst ein Urvolk gebildet? In dem Gebiet zwischen Budapest und Konstantinopel werden heute zwei mongolische, eine semitische, zwei antike und drei slawische Sprachen geredet und diese Sprachgemeinschaften fühlen sich sämtlich als Völker.Wollte man daraus eine Wanderungsgeschichte aufbauen, so würde ein seltsames Produkt verfehlter Methoden die Folge sein. Das Dorische ist eine Dialektbezeichnung; weiteres wissen wir nicht. Zweifellos haben sich einige Dialekte dieser Gruppe schnell verbreitet, aber für die Verbreitung oder selbst das Vorhandensein eines zugehörigen Menschenschlages ist das durchaus kein Beweis.

16

Hier stehen wir vor dem Lieblingsbegriff des modernen Geschichtsdenkens. Trifft ein Historiker heute auf ein Volk, das etwas geleistet hat, so ist er ihm gewissermaßen die Frage schuldig: von woher kam es? Es gehört zum Anstand eines Volkes, von irgendwoher gekommen zu sein und eine Urheimat zu haben. Daß es auch dort zu Hause sein könne, wo man es vorfindet, ist eine fast beleidigende Annahme. Wandern ist ein beliebtes Sagenmotiv ursprünglicher Menschheit, aber seine Anwendung in der ernsthaften Forschung ist nachgerade zu einer Manie geworden. Ob überhaupt die Chinesen nach China, die Ägypter nach Ägypten eingedrungen sind, danach wird nicht gefragt; nur das Wann und Woher steht in Frage. Man würde lieber die Semiten aus Skandinavien und die Arier aus Kanaan stammen lassen, als auf den Begriff einer Urheimat verzichten.

Nun liegt die Tatsache einer starken Bewegtheit aller frühen Bevölkerungen unzweifelhaft vor. Das Libyerproblem birgt ein solches Geheimnis. Die Libyer oder ihre Vorfahren sprachen hamitisch, waren aber körperlich, wie schon die altägyptischen Reliefs beweisen, hochgewachsen, blond und blauäugig und also zweifellos von nordeuropäischer Herkunft.In Kleinasien sind wenigstens drei Wanderschichten seit 1300 gesichert, die vielleicht zu den Angriffen der nordischen „Seevölker“ auf Ägypten in Beziehung stehen, und Ähnliches ist für die mexikanische Welt nachgewiesen. Aber wir wissen über das Wesen dieser Bewegungen gar nichts, und von Wanderungen, wie sie sich der Historiker heute gern vorstellt, wonach geschlossene Völker wie große Massenkörper die Länder durchziehen, einander verdrängen und bekämpfen, um sich zuletzt irgendwo festzusetzen, kann gewiß nicht die Rede sein. Es ist nicht die Veränderung an sich, sondern diese Vorstellung von ihr, welche unsere Ansichten vom Wesen der Völker verdorben hat. Völker im heutigen Sinne wandern nicht und was damals wanderte, bedarf einer sehr vorsichtigen Bezeichnung und verträgt nicht überall dieselbe. Auch das ewig wiederholte Motiv dieser Wanderzüge ist platt und des vorigen Jahrhunderts würdig: die materielle Not. Hunger hätte zu ganz anderen Versuchen geführt und ist sicherlich der letzte aller Gründe gewesen, der Rassemenschen aus ihrem Neste trieb – obwohl man es verstehen wird, daß er am häufigsten geltend gemacht wurde, wenn solche Scharen plötzlich auf ein militärisches Hindernis stießen. Es ist ohne Zweifel in diesen starken und einfachen Menschen der ursprüngliche mikrokosmische

Drang nach Bewegung im weiten Räume gewesen, der sich aus tiefster Seele als Abenteuerlust, Wagemut, Schicksalszug, als Hang nach Macht und Beute erhob, als eine leuchtende Sehnsucht nach Taten, wie wir sie uns gar nicht mehr vorstellen können, nach fröhlichem Gemetzel und heldenmütigem Tod; oft wird es heimatlicher Zwist und Flucht vor der Rache des Stärkeren gewesen sein, aber stets etwas Männliches und Starkes. Und das steckte an. Der war ein Feigling, der auf seinem Gute sitzen blieb. Oder sind etwa noch die Kreuzzüge, die Fahrten des Cortez und Pizarro und noch in unseren Zeiten die Abenteuer der Trapper im wilden Westen der Union durch die gemeine Not des Lebens veranlaßt worden? Wo in der Geschichte eine kleine Schar siegreich in weite Gebiete einbricht, da ist es regelmäßig die Stimme des Blutes, die Sehnsucht nach einem großen Schicksal, das Heldentum echter Rassemenschen, das sie treibt.

Man muß aber auch ein Bild der Lage in den durchstreiften Ländern besitzen. Diese Züge sind beständig etwas anderes geworden, und das hing nicht nur vom Geist der Wanderer ab, sondern mehr und mehr vom Wesen der seßhaften Bevölkerung, die zuletzt in entschiedener Überzahl vorhanden war. Es ist klar, daß in fast menschenleeren Räumen ein einfaches Ausweichen des Schwächeren möglich und Regel ist.

In den Zuständen späterer Dichte handelt es sich aber um ein Heimatloswerden des Schwächeren, der sich verteidigen oder um ein neues Land kämpfen muß. Man drängt sich bereits im Raume. Kein Stamm lebt ohne beständige Fühlung nach allen Seiten und ohne eine mißtrauische Bereitschaft zum Widerstand. Die harte Notwendigkeit des Krieges züchtet Männer. Völker wachsen an Völkern und gegen Völker zu innerer Größe heran. Die Waffe wird zur Waffe gegen Menschen, nicht gegen Tiere. Endlich ist jene Wanderungsform da, von der in historischer Zeit allein die Rede sein kann: streifende Scharen bewegen sich in durchaus bewohntem Gebiete, dessen Bevölkerung als ein wesentlicher Bestandteil des Eroberten seßhaft und erhalten bleibt; die Sieger sind in der Minderzahl und es treten damit ganz neue Lagen ein. Völker von starker innerer Form schichten sich über viel größere, aber formlose Bevölkerungen, und die weitere Verwandlung der Völker, Sprachen, Rassen hängt von sehr verwickelten Einzelheiten ab. Seit den entscheidenden Untersuchungen von Belochund Delbrückwissen wir, daß alle Wandervölker – und Völker in diesem Sinne waren die Perser des Kyros, die Mamertiner und die Kreuzfahrer ebensogut wie die Ostgoten und die „Seevölker“ der ägyptischen Inschriften – im Verhältnis zur Bewohnerschaft der besetzten Gebiete sehr klein waren, wenige tausend Krieger stark und den Eingebornen überlegen allein durch ihre Entschlossenheit, ein Schicksal zu sein und nicht zu erleiden. Nicht bewohnbares, sondern bewohntes Land wird in Besitz genommen: damit wird das Verhältnis beider Bevölkerungen auch zu einer Standesfrage, die Wanderung zu einem Feldzuge und das Seßhaftwerden zu einer politischen Aktion. Und hier, wo der Erfolg einer kleinen Kriegerschar mit seiner Wirkung: der Ausbreitung von Namen und Sprache der Sieger, aus historischer Ferne allzu leicht als „Völkerwanderung“ erscheint, muß die Frage noch einmal gestellt werden: Was alles kann wandern?

Der Name einer Landschaft oder eines Verbandes – es kann auch der eines Helden sein, den das Gefolge trägt –, indem er sich verbreitet, dort erlischt und hier von einer ganz anderen Bevölkerung angenommen oder ihr gegeben wird, indem er vom Lande auf Menschen übergeht und mit ihnen zieht oder umgekehrt; die Sprache der Sieger oder Besiegten – oder auch eine dritte, die beide zu ihrer Verständigung annehmen; die Gefolgschaft eines Häuptlings, die ganze Länder unterwirft und sich durch erbeutete Weiber fortpflanzt, oder ein zufälliger Haufe von Abenteurern verschiedenster Herkunft oder eine Völkerschaft mit Weib und Kind, wie die Philister, die ganz nach germanischer Art um 1200 v. Chr. mit ihren vierspännigen Ochsenwagen längs der phönikischen Küste nach Ägypten zogen.Und deshalb muß noch einmal gefragt werden: Darf man aus dem Schicksal von Sprachen oder Namen auf das von Völkern oder Rassen schließen? Es ist nur eine Antwort möglich: ein entschiedenes Nein.

Unter den „Seevölkern", die Ägypten im 13. Jahrhundert immer wieder angriffen, erscheinen die *Namen* der Danaer und Achäer, aber bei Homer sind beide fast mythische Bezeichnungen; dann der *Name* der Lukka, der später an Lykien haftet, aber dessen Bewohner nennen sich Tramilen; endlich die *Namen* der Etrusker, Sarden und Sikuler, aber daraus folgt *nicht*, daß diese Turscha, das spätere Etruskisch, sprachen, *nichts* für ihren leiblichen Zusammenhang mit den gleichnamigen Bewohnern Italiens; und selbst wenn beides gesichert wäre, nichts für das Recht, von „ein und demselben *Volke*" zu sprechen. Angenommen, die Inschrift von Lemnos wäre etruskisch, und das Etruskische indogermanisch – so würde daraus für die Sprachgeschichte manches, für die Rassegeschichte gar nichts folgen. Rom ist eine Etruskerstadt. Ist das nicht für die *Seele* des römischen Volkes gleichgültig? Sind die Römer deshalb Indogermanen, weil sie zufällig einen lateinischen Dialekt sprachen? Die Ethnographen kennen eine mittelländische und eine Alpenrasse und südlich und nördlich davon eine auffallende leibliche Verwandtschaft zwischen Nordgermanen und Libyern, aber die Philologen wissen, daß die Basken ihrer Sprache wegen der Rest einer „vorindogermanischen" – iberischen – Bevölkerung sind. Beide Meinungen schließen sich aus. Waren die Erbauer von Mykene und Tiryns „Hellenen"? Man könnte ebenso fragen, ob die Ostgoten Deutsche gewesen sind. Ich gestehe, daß ich solche Fragestellungen nicht begreife.

Für mich ist „Volk" eine *Einheit der Seele*. Alle großen Ereignisse der Geschichte sind nicht eigentlich von Völkern ausgeführt worden, *sondern haben Völker erst hervorgerufen*. Jede Tat verändert die Seele des Handelnden. Mag man sich zuerst um einen berühmten Namen geschart haben, – daß hinter seinem Klange nicht ein Haufe, sondern ein Volk steht, das ist die Wirkung und nicht die Voraussetzung großer Ereignisse. Erst durch ihre Wanderschicksale sind Goten und Osmanen geworden, was sie später waren. „Die Amerikaner" sind *nicht* aus Europa eingewandert; der Name des florentinischen Geographen Amerigo Vespucci bezeichnet heute zunächst einen Erdteil, aber außerdem ein echtes Volk, das durch die seelische Erschütterung von 1775 und vor allem durch den Sezessionskrieg von 1861–65 seine Eigenart erhalten hat.

Einen anderen Inhalt des Wortes Volk gibt es nicht. Weder die Einheit der Sprache noch der leiblichen Abstammung ist entscheidend. Was ein Volk von einer Bevölkerung unterscheidet, es aus dieser abhebt und wieder in ihr aufgehen läßt, ist stets das innere Erlebnis des „Wir". Je tiefer dieses Gefühl, desto stärker ist die Lebenskraft des Verbandes. Es gibt energische, matte, flüchtige, unverwüstliche Völkerformen. Sie können Sprache, Rasse, Namen und Land wechseln; solange ihre Seele dauert, eignen sie sich Menschen jeder denkbaren Herkunft innerlich an und formen sie um.

Der römische Name bezeichnet zur Zeit Hannibals ein Volk, zur Zeit Trajans nur noch eine Bevölkerung.

Wenn trotzdem mit vielem Rechte Völker und Rassen zusammengestellt werden, so ist damit nicht der heute übliche Rassebegriff der darwinistischen Zeit gemeint. Man glaube doch nicht, daß je ein Volk durch die bloße Einheit der leiblichen Abstammung zusammengehalten wurde und diese Form auch nur durch zehn Generationen hätte wahren können. Es kann nicht oft genug wiederholt werden, daß diese physiologische Herkunft nur für die Wissenschaft und niemals für das Volksbewußtsein vorhanden ist und daß kein Volk sich je für *dieses* Ideal des „reinen Blutes" begeistert hat. „Rasse haben" ist nichts Stoffliches, sondern etwas Kosmisches und Gerichtetes, gefühlter Einklang eines Schicksals, gleicher Schritt und Gang im historischen Sein. Aus einem Mißverhältnis dieses ganz metaphysischen Taktes entspringt der Rassehaß, der zwischen Franzosen und Deutschen nicht weniger stark ist als zwischen Deutschen und Juden, und aus dem gleichen Pulsschlag andererseits die wirkliche, dem Haß verwandte Liebe zwischen Mann und Weib. Wer keine Rasse hat, der kennt diese gefährliche Liebe nicht. Wenn ein Teil der Menschenmasse, die sich heute indogermanischer Sprachen bedient, einem gewissen Rasseideal sehr nahe steht, so deutet das auf die metaphysische Kraft dieses Ideals, das züchtend wirkte; und nicht auf ein „Urvolk" im gelehrten Geschmack. Es ist doch von höchster Bedeutung, daß dieses Ideal niemals in der gesamten Bevölkerung, sondern vorwiegend in ihrem kriegerischen Element und vor allem dem echten Adel ausgeprägt ist, also unter den Menschen, welche ganz in einer Tatsachenwelt, im Banne geschichtlichen Werdens leben, Schicksalsmenschen, die etwas wollen und wagen, obwohl gerade in früher Zeit die Aufnahme in den Herrenstand einem Stammfremden von äußerem und innerem Range nicht schwer fiel und zumal die Weiber nach ihrer „Rasse" und gewiß nicht ihrer Abstammung gewählt worden sind. Am schwächsten sind die Rassezüge gleich daneben, wie man heute noch beobachten kann, in den echten Priester- und Gelehrtennaturen ausgeprägt,obwohl sie mit den andern vielleicht in engster Blutsverwandtschaft stehen. Ein starkes Seelentum züchtet den Leib wie ein Kunstwerk heran. Die Römer bilden, mitten in dem italischen Wirrwarr der Stämme und selbst von verschiedenartigster Herkunft, eine Rasse von der allerstrengsten inneren Einheit, die weder etruskisch noch latinisch oder allgemein „antik", sondern ganz spezifisch römisch ist.Wenn man irgendwo die Stärke eines

Volkstums vor Augen sehen kann, so ist es an den Römerbüsten der letzten republikanischen Zeit.

Als Beispiel nenne ich noch die Perser. Es gibt kein stärkeres für die Irrtümer, welche diese gelehrten Vorstellungen von Volk, Sprache und Rasse nach sich ziehen mußten. Hier liegt auch der letzte und vielleicht entscheidende Grund, weshalb der Organismus der arabischen Kultur bis heute nicht erkannt worden ist. Persisch ist eine arische Sprache, also sind „die Perser" „ein indogermanisches Volk". Also sind persische Geschichte und Religion ein Thema der „iranischen" Philologie.

Zunächst: Ist das Persische eine dem Indischen gleichgeordnete Sprache, von einer gemeinsamen Ursprache stammend, *oder nur ein indischer Dialekt?* 700 Jahre schriftloser, also schnellster Sprachentwicklung liegen zwischen dem Altvedischen der indischen Texte und den Behistun-Inschriften des Darius. Nicht größer ist der Abstand zwischen dem Latein des Tacitus und dem Französischen der Straßburger Eide (842). Nun kennen wir aber aus der Mitte des 2. Jahrtausends – also aus vedischer Ritterzeit – durch die Amarnabriefe und das Archiv von Boghazköi zahlreiche „arische" Personen- und Götternamen, und zwar in Syrien und Palästina. Indessen Ed. Meyerbemerkt, daß diese Namen indisch und nicht persisch sind, und dasselbe gilt von den jetzt entdeckten Zahlworten.Von Persern ist keine Rede, noch weniger von einem „Volk" im Sinne unserer Historiker. Es waren indische Helden, die nach Westen rittenund mit ihrer kostbaren Waffe, dem Reitpferde, und ihrem Tatendrang allenthalben in der alternden babylonischen Welt eine Macht bedeutet haben.

Seit 600 erscheint mitten in dieser Welt die kleine Landschaft Persis mit einer politisch geeinigten bäuerlich-barbarischen Bevölkerung. Herodot berichtet, daß von ihren Stämmen nur drei eigentlich persischer Nationalität gewesen seien. Hat sich die Sprache jener Ritter in diesem Gebirge erhalten und ist „Perser" *ein Landname,* der auf ein Volkstum überging? Auch die sehr ähnlichen Meder tragen nur den Namen eines Landes, dessen kriegerische Oberschicht sich durch große politische Erfolge als Einheit fühlen gelernt hat. In den assyrischen Urkunden Sargons und seiner Nachfolger (um 700) finden sich neben den nichtarischen Ortsnamen zahlreiche „arische" Personennamen, durchweg von führenden Männern, aber Tiglat Pileser IV. (745–727) nennt das Volk schwarzhaarig.Das „persische Volk" des Kyros und Darius kann sich erst von da an aus Menschen verschiedener Herkunft, aber aus einer starken Einheit des Erlebens heraus gebildet haben. Als die Makedonier aber kaum zwei Jahrhunderte später ihre Herrschaft auflösten – waren da „die Perser" in dieser Form *überhaupt noch vorhanden?* Gab es um 900 in Italien wirklich noch ein langobardisches Volk? Es ist sicher, daß die weithin verbreitete persische Reichssprache und die Verteilung der wenigen tausend erwachsenen Männer aus Persis über den ungeheuren Kreis von militärischen und Verwaltungsaufgaben das Volkstum längst aufgelöst und an seine Stelle als Träger des persischen Namens eine sich als *politische Einheit* fühlende Oberschicht gesetzt hatten, von deren Ahnen nur sehr wenige aus Persis sein konnten. Ja – es gibt nicht einmal ein Land, das man als den Schauplatz der persischen Geschichte bezeichnen kann. Was sich von Darius bis auf Alexander ereignet, hat seinen Ort teils im nördlichen Mesopotamien, also unter einer aramäisch sprechenden Bevölkerung, teils im alten Sinear, jedenfalls nicht in Persis, wo die von Xerxes begonnenen Prachtbauten gar nicht fortgesetzt worden sind. Die Parther waren ein mongolischer Stamm, der eine persische Mundart angenommen hatte und inmitten dieser Bevölkerung das persische Nationalgefühl in sich zu verkörpern suchte.

Hier erscheint neben der persischen Sprache und Rasse nun auch die Religion als Problem.Die Forschung hat sie mit jenen zusammengebracht, als ob das selbstverständlich wäre, und also in beständiger Beziehung auf Indien behandelt. Aber die Religion jener Landwikinger war mit der vedischen nicht verwandt, sondern identisch, wie die Götterpaare Mitra-Varuna und Indra-Nasatya der Boghazköi-Texte beweisen. Und innerhalb dieser mitten in der babylonischen Welt aufrecht erhaltenen Religion erscheint nun Zarathustra als Reformator aus dem unteren Volke. Daß er kein Perser war, ist bekannt. Was er schuf – ich hoffe das noch nachzuweisen – war die Überführung der *vedischen* Religion in die Formen *des aramäischen Weltdenkens,* in welchem sich ganz leise schon die magische Religiosität vorbereitet. Die *daevas,* die Götter des altindischen Glaubens, werden zu den Dämonen des semitischen, den *dschins* der Araber. Jahwe und Beelzebub stehen sich nicht anders gegenüber als Ahura Mazda und Ahriman in dieser durch und durch aramäischen, also aus einem sittlich-dualistischen Weltgefühl entsprungenen Bauernreligion. Ed. Meyer hatden Unterschied zwischen indischer und „iranischer" Weltanschauung durchaus richtig gezeichnet, ihn seinem Ursprung nach infolge der falschen Voraussetzungen aber nicht erkannt. *Zarathustra ist ein Weggenosse der israelitischen Propheten,* welche den mosaisch-kananäischen Volksglauben ebenso und gleichzeitig umgewendet haben. Es ist bezeichnend, daß die gesamte Eschatologie ein Gemeinbesitz der persischen und jüdischen Religion ist und daß die Awestatexte zur Partherzeit ursprünglich aramäisch geschrieben und dann erst in Pehlewi übertragen worden sind.

Aber schon in der Partherzeit hat sich bei Persern wie bei Juden jene tief innerliche Wandlung vollendet, welche den Begriff der Nation nicht mehr nach der Stammeszugehörigkeit, sondern der Rechtgläubigkeit bestimmt.Ein Jude, der zum Mazdaglauben übertrat, *ist damit Perser geworden*; ein Perser, der Christ wurde, gehört dem nestorianischen „Volke" an. Die sehr starke Bevölkerung des nördlichen Mesopotamiens – des Mutterlandes der arabischen Kultur – ist teils jüdischer, teils persischer Nation in diesem Sinne, der mit Rasse nichts und mit Sprache wenig zu tun hat. „Der Ungläubige" ist schon zur Zeit von Christi Geburt die Bezeichnung für den Nichtperser wie für den Nichtjuden.

Diese *neue* Nation ist das „persische Volk“ des Sassanidenreiches. Damit hängt es zusammen, daß Pehlewi und Hebräisch gleichzeitig aussterben und das Aramäische die Muttersprache beider Gemeinschaften wird. Will man die Bezeichnungen Arier und Semiten verwenden, so waren die Perser zur Zeit der Amarnabriefe Arier, aber kein „Volk“, zur Zeit des Darius ein Volk, aber ohne Rasse, zur Sassanidenzeit eine Glaubensgemeinschaft, aber von semitischer Abstammung. Es gibt weder ein persisches Urvolk, das sich von einem arischen abgezweigt hätte, noch eine persische Gesamtgeschichte; und es läßt sich nicht einmal für die drei Einzelgeschichten, welche lediglich durch gewisse Sprachbeziehungen zusammenhängen, ein einheitlicher Schauplatz angeben.

17

Damit ist endlich der Grund zu einer *Morphologie der Völker* gelegt. Sobald man ihr Wesen kennt, entdeckt man auch eine innere Ordnung im Völkerstrom der Geschichte. Völker sind weder sprachliche noch politische noch zoologische, sondern seelische Einheiten. Aber gerade auf Grund dieses Gefühls unterscheide ich nun *Völker vor, innerhalb und nach einer Kultur*. Es ist eine von jeher tief empfundene Tatsache, daß Kulturvölker etwas Bestimmteres sind als andere. Was vorauf geht, nenne ich *Urvölker*. Das sind jene flüchtigen und verschiedenartigen Verbände, die sich ohne erkennbare Regel im Wandel der Dinge bilden und lösen, die zuletzt im Vorgefühl einer noch ungeborenen Kultur, etwa in vorhomerischer, vorchristlicher und germanischer Zeit, in ganzen Schichten von immer deutlicherem Typus die Bevölkerung in Gruppen zusammenfassen, während deren Menschenschlag sich kaum verändert. Eine solche Schichtenfolge führt von den Kimbern und Teutonen über die Markomannen und Goten zu den Franken, Langobarden und Sachsen. Urvölker sind die Juden und Perser der Seleukidenzeit, die „Seevölker“ der mykenischen Zeit, die ägyptischen „Gaue“ zur Zeit des Menes. Was einer Kultur folgt, nenne ich *Fellachenvölker* nach ihrem berühmtesten Beispiel, den Ägyptern seit der Römerzeit.

Im 10. Jahrhundert erwacht plötzlich die faustische Seele und offenbart sich in zahllosen Gestalten. Unter diesen, neben Ornament und Architektur, erscheint eine deutlich ausgeprägte Völkerform. Aus den Volksgebilden des Karolingerreiches, den Sachsen, Schwaben, Franken, Westgoten, Langobarden sind plötzlich die Deutschen, Franzosen, Spanier, Italiener entstanden. Die gesamte bisherige Geschichtsforschung hat, ob sie es wußte und beabsichtigte oder nicht, diese Kulturvölker als etwas an sich Vorhandenes und Primäres aufgefaßt und die Kultur selbst als sekundär, als ihr Erzeugnis behandelt. Die Inder, die Griechen, die Römer, die Germanen galten als die schlechthin schöpferischen Einheiten der Geschichte. Die griechische Kultur war das Werk der Hellenen, und diese mußten demnach als solche schon viel früher vorhanden gewesen, also eingewandert sein. Eine andere Vorstellung von Schöpfer und Schöpfung erschien nicht denkbar.

Ich betrachte es als eine entscheidende Entdeckung, daß aus den hier vorgelegten Tatsachen das Umgekehrte folgt. Mit aller Schärfe soll festgestellt werden: die großen Kulturen sind etwas ganz Ursprüngliches und aus den tiefsten Gründen des Seelentums Aufsteigendes. Völker im Banne einer Kultur dagegen sind in ihrer inneren Form, ihrer ganzen Erscheinung nach nicht Urheber, sondern *Werke* dieser Kultur. Diese Gebilde, in welchen das Menschentum wie ein Stoff gefaßt und gestaltet wird, haben Stil und eine Stilgeschichte ganz wie Kunstgattungen und Denkweisen. Das Volk von Athen ist nicht weniger wie der dorische Tempel, der Engländer nicht weniger wie die moderne Physik ein Symbol. Es gibt Völker apollinischen, faustischen und magischen Stils. „Die Araber" haben die arabische Kultur *nicht* geschaffen. Die magische Kultur, zur Zeit Christi beginnend, hat vielmehr als ihre letzte große Völkerschöpfung das arabische Volk hervorgebracht, das wie das jüdische und persische eine Glaubensgemeinschaft, die des Islam, darstellt. Weltgeschichte ist die Geschichte der großen Kulturen. Und Völker sind nur die sinnbildlichen Formen, in welche zusammengefaßt der Mensch dieser Kulturen sein Schicksal erfüllt.

In jeder dieser Kulturen, der mexikanischen wie der chinesischen, der indischen wie der ägyptischen – ob unser Wissen dahin reicht oder nicht – gibt es *eine Gruppe großer Völker von ein und demselben Stil*, die am Eingang der Frühzeit entsteht und die, Staaten bildend und Geschichte tragend, im ganzen Lauf der Entwicklung auch die ihr zugrunde liegende Form einem Ziel entgegenführt. Sie sind untereinander höchst verschieden. Es scheint kein stärkerer Gegensatz denkbar als der zwischen Athenern und Spartanern, Deutschen und Franzosen, Tsin und Tsu, und die gesamte Kriegsgeschichte kennt den nationalen Haß als das vornehmste Mittel, historische Entscheidungen einzuleiten, aber sobald ein kultur*fremdes* Volk in den Gesichtskreis tritt, erwacht allenthalben ein übermächtiges Gefühl der seelischen Verwandtschaft, und der Begriff des Barbaren als des Menschen, der einer Kultur innerlich *nicht* angehört, ist unter den ägyptischen Gauvölkern und in der chinesischen Staatenwelt ebenso scharf ausgeprägt wie in der Antike. Die Energie der Form ist so stark, daß sie Nachbarvölker ergreift und umprägt – so stehen die Karthager als Volk halbantiken Stils in der römischen und die Russen als Volk halbabendländischen Stils in unserer Geschichte von der großen Katharina an bis zum Untergang des petrinischen Zarentums.

Völker im Stil einer Kultur nenne ich *Nationen* und unterscheide sie schon durch das Wort von den Gebilden vorher und nachher. Es ist nicht nur ein starkes Gefühl des „Wir", das diese bedeutsamsten aller großen Verbände innerlich zusammenschließt. Der *Nation liegt eine Idee zugrunde*. Diese Ströme eines Gesamtdaseins besitzen ein sehr tiefes Verhältnis zum Schicksal, zur Zeit und zur Geschichte, das in jedem einzelnen Falle anders ist und auch die Beziehung des Volkstums zu Rasse, Sprache, Land, Staat, Religion bestimmt. Wie die Seele altchinesischer und antiker Völker, so unterscheidet sich auch der Stil chinesischer und antiker Geschichte.

Was Urvölker und Fellachenvölker erleben, ist jenes oft genannte zoologische Auf und Nieder, ein planloses Geschehen, bei dem ohne Ziel und ohne bemessene Dauer sich sehr vieles und in einem bedeutenden Sinne zuletzt doch nichts ereignet. Historische Völker, Völker, deren Dasein *Weltgeschichte* ist, sind allein die Nationen. Man verstehe wohl, was das bedeuten will. Die Ostgoten erlitten ein großes Schicksal und hatten – innerlich – doch keine Geschichte. Ihre Schlachten und Siedelungen waren ohne Notwendigkeit und deshalb episodisch. Ihr Ende war bedeutungslos. Was um 1500 in Mykene und Tiryns lebte, war *noch* keine Nation, im minoischen Kreta war man es *nicht mehr*. Tiberius war der letzte Herrscher, der eine römische *Nation* geschichtlich weiter zu führen, sie für die Geschichte zu *retten* suchte, Marc Aurel hat nur noch eine romanische Bevölkerung verteidigt, für die es wohl Begebenheiten, aber keine Geschichte mehr gab. Wieviele Generationen hindurch ein medisches oder achäisches oder Hunnenvolk bestand, in was für Volksverbänden die vorhergehenden und nachfolgenden Geschlechter lebten, ist unbestimmbar und von keiner Regel abhängig. Die Lebensdauer einer Nation aber *ist* bestimmt, und ebenso der Schritt und Takt, in welchem ihre Geschichte sich erfüllt. Die Zahl der Generationen vom Beginn der Dschou-Dynastie bis zur Regierung des Schi Hoang-ti, von den Ereignissen, welche der trojanischen Sage zugrunde liegen, bis auf Augustus, von der Thinitenzeit bis zur 18. Dynastie ist etwa dieselbe. Die Spätzeit der Kulturen, von Solon bis Alexander, von Luther bis Napoleon umfaßt etwa zehn Generationen, nicht mehr. In solchen Abmessungen vollziehen sich die Schicksale echter Kulturvölker und damit die der Weltgeschichte überhaupt. Die Römer, die Araber, die Preußen sind spätgeborene Nationen. Wieviele Generationen der Fabier und Junier hatten zur Zeit von Cannä schon *als Römer* gelebt?

Nationen sind aber auch *die eigentlich städtebauenden* Völker. In den Burgen sind sie entstanden, mit den Städten reifen sie zur vollen Höhe ihres Weltbewußtseins und ihrer Bestimmung heran, in den Weltstädten erlöschen sie. Jedes Stadtbild, das Charakter hat, hat auch nationalen Charakter. Das ganz rassemäßige Dorf besitzt ihn noch nicht, die Weltstadt nicht mehr. Man kann sich diesen Wesenszug, der das gesamte öffentliche Dasein einer Nation in eine gewisse Farbe taucht und noch die geringste Äußerung zum Kennzeichen erhebt, nicht stark, nicht selbständig, nicht *einsam* genug denken. Wenn zwischen den Seelen zweier Kulturen eine undurchdringliche Scheidewand liegt, so daß kein Mensch des Abendlandes hoffen darf, den Inder oder Chinesen ganz zu verstehen, so gilt das auch, und zwar im höchsten Grade, von ausgebildeten Nationen. Nationen verstehen sich so wenig wie einzelne Menschen. Jede versteht nur ein selbstgeschaffenes Bild der andern, und wenige ganz vereinzelte Kenner dringen tiefer. Den Ägyptern gegenüber mußten alle antiken Völker sich verwandt und als Ganzes fühlen; untereinander haben sie sich nie begriffen. Gibt es einen schrofferen Gegensatz als den von athenischem und spartanischem Geiste? Es gibt nicht erst seit Bacon, Descartes und Leibniz, sondern schon in der Scholastik eine deutsche, französische und englische Art, philosophisch zu denken, und noch in der modernen Physik und Chemie sind die wissenschaftlichen Methoden, die Auswahl und Art der Experimente und Hypothesen, ihr gegenseitiges Verhältnis und ihre Bedeutung für Gang und Ziel der Forschung für jede Nation merklich verschieden. Deutsche und französische Frömmigkeit, englische und spanische Sitte, deutsche und englische Lebensgewohnheiten stehen sich so fern, daß das Innerste jeder fremden Nation für den Durchschnittsmenschen und damit die öffentliche Meinung der eigenen ein ständiges Geheimnis und die Quelle beständiger, folgenschwerer Irrtümer bleibt. In der römischen Kaiserzeit beginnt man sich allenthalben zu verstehen, aber eben deshalb gibt es nichts mehr, was in antiken Städten zu verstehen sich noch lohnte. Mit dem Sichverstehen-können hatte diese Menschheit aufgehört, in Nationen zu leben; *damit hat sie aufgehört, historisch zu sein.*Gerade der Tiefe dieser Erlebnisse wegen ist es unmöglich, daß ein ganzes Volk *gleichmäßig* ein Kulturvolk, eine Nation ist. In Urvölkern hat jeder einzelne Mann das gleiche Gefühl volksmäßiger Verbundenheit. Das Erwachen einer Nation zum Bewußtsein ihrer selbst erfolgt aber ohne Ausnahme in Stufungen und also vornehmlich in einem einzelnen Stande, dessen Seele die stärkste ist und die der übrigen durch die Macht ihres Erlebens im Banne hält. *Jede Nation wird vor der Geschichte durch eine Minderheit repräsentiert.* Zu Beginn der Frühzeit ist es der erst hier und zwar als die Blüte des Volkstums entstehende Adel,in dessen Kreise der nicht bewußte, aber in seinem kosmischen Takt um so mächtiger gefühlte Nationalcharakter großen Stil erhält. Das „Wir" ist die Ritterschaft, in der ägyptischen Feudalzeit von 2700 so gut wie der indischen und chinesischen von 1200. Die homerischen Helden sind „die" Danaer. Die normannischen Barone sind England. Noch der etwas altfränkische Herzog von Saint Simon pflegte zu sagen „Ganz Frankreich war im Vorzimmer versammelt", und es gab eine Zeit, wo Rom und der Senat wirklich dasselbe waren. Mit den Städten wird das Bürgertum Träger des Nationalen, und zwar, der wachsenden Geistigkeit entsprechend, eines National *bewußtseins,* das es vom Adel empfängt und zur Vollendung führt. Es sind immer und immer wieder einzelne Kreise in zahllosen Abstufungen, die *im Namen* des Volkes leben, fühlen, handeln und zu sterben wissen, aber diese Kreise werden größer; im 18. Jahrhundert ist der abendländische *Begriff* der Nation entstanden, der den Anspruch erhob und unter Umständen energisch verfolgte, von jedem ohne Ausnahme vertreten zu werden. In Wirklichkeit waren, wie man weiß, die Emigranten so gut wie die Jakobiner überzeugt, *das* Volk, *die Repräsentanten* der französischen Nation zu sein. Ein Kulturvolk, das mit „allen" zusammenfällt, gibt es nicht. Nur unter Urvölkern und Fellachenvölkern, nur in einem Völkerdasein ohne Tiefe und ohne historischen Rang ist das möglich. Solange ein Volk Nation ist, das Schicksal einer Nation erfüllt, gibt es in ihm eine Minderheit, die im Namen aller seine Geschichte vertritt und vollzieht.

18

Die antiken Nationen sind, wie es der statisch-euklidischen Seele ihrer Kultur entspricht, denkbar kleinste körperhafte Einheiten. Nicht Hellenen oder Ionier sind

Nationen, sondern der Demos jeder einzelnen Stadt, ein Verband erwachsener Männer, der nach oben gegen den Typus des Heros, nach unten gegen den Sklaven rechtlich *und damit national* abgegrenzt ist.Der Synoikismos, jener rätselhafte Vorgang der Frühzeit, bei welchem die Bewohner einer Landschaft ihre Dörfer aufgeben und sich zu einer Stadt vereinigen, ist der Augenblick, wo die zum Selbstbewußtsein gelangte antike Nation sich als solche konstituiert. Es läßt sich noch verfolgen, wie von homerischer Zeitan bis zur Epoche der großen Kolonialgründungen diese Form der Nation sich durchsetzt. Sie entspricht durchaus dem antiken Ursymbol: jedes Volk war ein sichtbarer *und übersehbarer* Körper, ein σωμα, das den Begriff des geographischen Raumes entschieden verneint.

Es ist für die antike Geschichte gleichgültig, ob die Etrusker in Italien leiblich oder sprachlich mit den Trägern dieses Namens unter den Seevölkern identisch sind, oder was für ein Verhältnis zwischen den vorhomerischen Einheiten der Pelasger oder Danaer und den späteren Trägern des dorischen oder hellenischen Namens bestand. Wenn es um 1100 vielleicht ein dorisches und etruskisches Urvolk gegeben hat, *so gab es doch niemals eine dorische oder etruskische Nation*. In Toskana wie im Peloponnes bestanden nur Stadtstaaten, *nationale Punkte*, die sich in der Kolonialzeit durch Siedlungen *vermehren, aber nicht erweitern konnten*. Die Etruskerkriege der Römer sind stets gegen eine oder mehrere Städte geführt worden und weder die Perser noch die Karthager haben eine andere Art von „Nation“ vor sich gehabt. Es ist völlig falsch, in der gewohnten Art, welche heute noch die des 18. Jahrhunderts ist, „von Griechen und Römern“ zu reden. Ein griechisches „Volk“ in unserem Sinne ist ein Mißverständnis; die Griechen haben diesen Begriff überhaupt nie gekannt. Der Hellenenname, der um 650 aufkam, bezeichnet kein Volk, sondern den Inbegriff antiker Kulturmenschen, die *Summe* der Nationen,im Gegensatz zum Barbarentum; und die Römer, ein echtes Stadtvolk, haben ihr Reich nicht anders „denken“ können als in der Form zahlloser nationaler Punkte, der *civitates*, in welche sie alle Urvölker ihres Imperiums denn auch rechtlich aufgelöst haben. In dem Augenblick, wo das Nationalgefühl in *dieser* Gestalt erlosch, ist es auch mit der antiken Geschichte zu Ende.

Es wird zu den schwierigsten Aufgaben künftiger Geschichtsforschung gehören, in den Ostländern des Mittelmeeres von einer Generation zur andern zu verfolgen, wie in antiker Spätzeit die antiken Nationen unvermerkt verlöschen, während das magische Nationalgefühl sich immer mächtiger durchsetzt.

Eine Nation magischen Stils ist die Gemeinschaft der Bekenner, der Verband aller, welche den rechten Weg zum Heil kennen und durch das *idjma*dieses Glaubens innerlich verbunden sind. Einer antiken Nation gehört man durch den Besitz des Bürgerrechts an, einer magischen durch einen sakramentalen Akt, der jüdischen durch die Beschneidung, der mandäischen oder christlichen durch eine ganz bestimmte Art der Taufe. Was für ein antikes Volk der Bürger einer fremden Stadt, ist für ein magisches der Ungläubige. Mit ihm gibt es keinen Verkehr und keine Ehegemeinschaft, und diese nationale Abgeschlossenheit geht so weit, daß sich in Palästina ein jüdisch-aramäischer und ein christlich-aramäischer Dialekt nebeneinander ausgebildet haben.Wenn eine faustische Nation wohl mit einer gewissen Art von Religiosität, aber nicht mit einem Bekenntnis notwendig verbunden ist, wenn eine antike überhaupt keine ausschließlichen Beziehungen zu einzelnen Kulten besitzt, *so fällt die magische Nation mit dem Begriff der Kirche schlechthin zusammen.* Die antike ist mit einer Stadt, die abendländische mit einer Landschaft innerlich verbunden, die arabische kennt weder ein Vaterland noch eine Muttersprache. Ein Ausdruck ihres Weltgefühls ist lediglich die Schrift, deren jede „Nation" gleich nach ihrer Entstehung eine eigene entwickelt. Aber gerade deshalb ist das im vollsten Sinne des Wortes *magische* Nationalgefühl ein so innerliches und festes, daß es auf uns faustische Menschen, welche den Begriff der Heimat vermissen, völlig rätselhaft und unheimlich wirkt. Dieser schweigende und selbstverständliche Zusammenhalt, z. B. noch der heutigen Juden unter ihren abendländischen Wirtsvölkern, ist in das *von Aramäern behandelte* "klassische" römische Recht als Begriff der juristischen Person eingegangen,die nichts anderes bedeuten will als eine magische Gemeinschaft. Das nachexilische Judentum war eine juristische Person, lange bevor ein Mensch diesen Begriff entdeckt hatte.

Die Urvölker, welche dieser Entwicklung voraufgehen, sind vorwiegend Stammesgemeinschaften, darunter seit Beginn des 1. Jahrtausends v. Chr. die südarabischen Minäer, deren Name um 100 v. Chr. verschwindet, die ebenfalls um 1000 als Stammesgruppe auftauchenden, aramäisch sprechenden Chaldäer, welche 625–539 die babylonische Welt regierten, die Israeliten vor dem Exilund die Perser des Cyrus,und diese Form ist so stark im Fühlen der Bevölkerung, daß die seit Alexander sich überall entwickelnden Priesterschaften den Namen verschollener oder fiktiver Stämme erhalten. Bei den Juden und den südarabischen Sabäern heißen sie Leviten, bei Medern und Persern Magier – nach einem ausgestorbenen medischen Stamme –, bei den Anhängern der neubabylonischen Religion nach der inzwischen ebenfalls zerfallenen Stammesgruppe Chaldäer. Aber hier wie in allen anderen Kulturen hat die Energie des nationalen Gemeingefühls die alte Gliederung dieser Urvölker zuletzt völlig überwunden. Wie im *populus Romanus* ganz zweifellos Volksteile von sehr verschiedener Abstammung enthalten sind und wie die Nation der Franzosen die salischen Franken ebenso aufnahm wie die romanischen und altkeltischen Eingeborenen, so kennt die magische Nation die Abstammung nicht mehr als unterscheidendes Merkmal. Das hat sich sehr langsam durchgesetzt, und unter den Juden der Makkabäerzeit wie unter den ersten Nachfolgern Mohammeds spielt der Stamm noch eine große Rolle, aber bei innerlich ausgereiften Naturvölkern dieser Welt wie den Juden der talmudischen Zeit bedeutet er nichts mehr. Wer dem Glauben angehört, gehört zur Nation; es würde frevelhaft sein, ein anderes Merkmal auch nur anzuerkennen. Der Fürst von Adiabenetrat in urchristlicher Zeit mit seinem ganzen Volk zum Judentum über. Damit waren sie der jüdischen *Nation* einverleibt. Dasselbe gilt von dem Adel Armeniens und sogar der kaukasischen Stämme, der damals in großer Zahl jüdisch geworden sein muß, und andererseits von den Beduinen Arabiens bis zum äußersten Süden und darüber hinaus sogar von afrikanischen Stämmen bis zum Tschadsee hin. Ein Zeugnis dafür sind jetzt noch die Falascha, die schwarzen Juden in Abessinien. Das Einheitsgefühl der Nation ist offenbar selbst durch solche Rasseunterschiede nicht erschüttert worden. Es wird versichert, daß Juden unter sich noch heute ganz verschiedene Rassen auf den ersten Blick unterscheiden können und daß man in den osteuropäischen Ghettos „die Stämme" im alttestamentlichen Sinne deutlich erkennt. Aber ein Unterschied der *Nation* ist das nicht. Unter den nichtjüdischen kaukasischen Völkern ist nach v. Eckertder westeuropäische jüdische Typus ganz allgemein verbreitet, nach Weißenbergunter den langköpfigen südarabischen Juden fast gar nicht vorhanden. Die Sabäerköpfe der südarabischen Grabsteinplastik zeigen einen Menschenschlag, den man fast als römisch oder germanisch ansprechen möchte; ihm entstammen die durch Mission mindestens seit Christi Geburt gewonnenen Juden.

Aber diese Auflösung der nach Stämmen gegliederten Urvölker in die magischen Nationen der Perser, Juden, Mandäer, Christen und andere muß ganz allgemein und in gewaltigem Maßstabe vor sich gegangen sein. Ich hatte schon auf die entscheidende Tatsache verwiesen, daß die Perser lange vor Beginn unserer Zeitrechnung lediglich eine religiöse Gemeinschaft darstellen, und es ist gewiß, daß ihre Zahl durch Übertritte zum mazdaischen Glauben sich unendlich vermehrt hat. Die babylonische Religion ist damals verschwunden – ihre Anhänger sind also teils „Juden", teils „Perser" geworden –, aber es gibt eine aus ihr hervorgegangene, ihrem inneren Wesen nach neue und der persischen wie jüdischen verwandte Astralreligion, welche den Chaldäernamen trägt und deren Anhänger eine echte, aramäisch redende Nation bilden. Aus dieser aramäischen Bevölkerung chaldäisch-jüdisch-persischer Nation sind sowohl der babylonische Talmud, die Gnosis und die Religion Manis wie in islamischer Zeit, nachdem sie beinahe ganz zur arabischen Nation übergegangen war, der Sufismus und die Schia hervorgegangen.

Von Edessa aus erscheint nun auch die Bevölkerung der antiken Welt als Nation magischen Stils: „die Griechen" des östlichen Sprachgebrauchs; es ist der Inbegriff aller Menschen, welche den synkretistischen Kulten anhängen und durch das *idjma* der spätantiken Religiosität zusammengehalten sind. Man erblickt nicht mehr die hellenistischen Stadtnationen, sondern nur noch eine Gemeinde der Gläubigen, der „Mysterienanbeter", die unter dem Namen Helios, Jupiter, Mithras, èå?ò ?øéóôïò eine Art Jahwe oder Allah verehren. Griechentum ist im ganzen Osten ein fester *religiöser* Begriff, und er entspricht durchaus der damaligen Wirklichkeit. Das Gefühl der ðüëéò ist fast erloschen, und eine magische Nation bedarf keines Vaterlandes und keiner Einheit der Abstammung. Schon der Hellenismus des Seleukidenreiches, der in Turkestan und am Indus Proselyten warb, war seiner inneren Form nach dem nachexilischen Judentum und Persertum verwandt. Der Aramäer Porphyrios, Schüler Plotins, hat später den Versuch gemacht, dieses Griechentum als Kultkirche nach dem Vorbilde der christlichen und persischen zu organisieren, und Kaiser Julian hat sie zur Staatskirche erhoben. Das war nicht nur ein religiöser, sondern vor allem auch ein nationaler Akt. Wenn ein Jude dem Sol oder Apollon opferte, so war er Grieche geworden. So tritt Ammonios Sakkas († 242), der Lehrer des Plotin und wahrscheinlich des Origenes, „von den Christen zu den Griechen" über und ebenso Porphyrios, der wie der römische Jurist Ulpianein Phöniker aus Tyrus war und ursprünglich Malchus hieß.Juristen und Beamte nehmen in diesem Falle lateinische, Philosophen griechische Namen an. Das genügt heute einer von philologischen Gesichtspunkten beherrschten Geschichts- und Religionsforschung, um sie als Römer und Griechen im Sinne antiker Stadtnationen zu behandeln. Wie viele unter den großen Alexandrinern mögen aber Griechen nur im *magischen* Sinne gewesen sein? Waren Plotin und Diophant vielleicht der Geburt nach Juden oder Chaldäer?

Aber ebenso fühlten sich die Christen von Anfang an als Nation magischen Stils und sie sind von den übrigen, Griechen („Heiden") wie Juden, nicht anders aufgefaßt worden. Diese haben ihren Abfall vom Judentum ganz folgerichtig als Hochverrat und jene das werbende Eindringen in die antiken Städte als Eroberung behandelt. Die Christen aber bezeichneten die Andersgläubigen als ô? ?èíç. Als die Monophysiten und Nestorianer sich von den Orthodoxen trennten, waren mit den neuen Kirchen zugleich neue Nationen entstanden. Die Nestorianer werden seit 1450 durch den Mar-Schamun regiert, der zugleich Fürst und Patriarch des Volkes ist und dem Sultan gegenüber genau die Stellung einnimmt, die einst der jüdische Resch Galuta im Perserreich besaß. Man darf dies aus einem ganz bestimmten Weltgefühl stammende und daher mit Selbstverständlichkeit vorhandene Nationalbewußtsein nicht außer acht lassen, wenn man die späteren Christenverfolgungen verstehen will. Der magische Staat ist mit dem Begriff der Rechtgläubigkeit untrennbar verbunden. Kalifat, Nation und Kirche bilden eine innere Einheit. Adiabene trat *als Staat* zum Judentum über, Osrhoëne schon um 200 vom Griechentum zum Christentum, Armenien im 6. Jahrhundert von der griechischen zur monophysitischen Kirche. Damit war jedesmal zum Ausdruck gebracht, daß der Staat mit der Gemeinschaft der Rechtgläubigen als juristischer Person identisch sei. Wenn im islamischen Staate Christen, im persischen Nestorianer, im byzantinischen Juden leben, so gehören sie als Ungläubige ihm doch nicht an und sind deshalb ihrer eigenen Gerichtsbarkeit überlassen (S. 635ff.). Bedrohen sie durch ihre Zahl oder Mission den Fortbestand der Identität von Staat und rechtgläubiger Kirche, so wird ihre Verfolgung zur nationalen Pflicht. Deshalb sind im persischen Reiche zuerst die Orthodoxen („Griechen"), später die Nestorianer verfolgt worden. Diokletian, der als Kalif – *dominus et deus* – die heidnische Kultkirche mit dem Imperium verbunden hatte und sich durchaus als Beherrscher dieser Gläubigen fühlte, konnte sich auch der Pflicht nicht entziehen, die zweite Kirche zu unterdrücken. Konstantin wechselte die „wahre“ Kirche *und damit zugleich die Nationalität* des Reiches von Byzanz. Von jetzt an geht der Griechenname langsam und ganz unvermerkt auf die christliche Nation über, und zwar auf die, welche der Kaiser als Herrscher der Gläubigen anerkannte und auf den großen Konzilen vertreten ließ. Daher das Ungewisse im geschichtlichen Bilde des byzantinischen Reiches, das um 290 als antikes Imperium organisiert und trotzdem von Anfang an ein magischer Nationalstaat gewesen war, der unmittelbar danach (seit 312) die Nation wechselte, ohne den Namen zu verändern. Unter dem Namen Griechen hat zuerst das Heidentum als Nation die Christen, dann das Christentum als Nation den Islam bekämpft. In der Verteidigung gegen diesen, die „arabische“ Nation, hat sich die Nationalität immer schärfer ausgeprägt und so sind die heutigen Griechen ein Gebilde der magischen Kultur, das zuerst durch die christliche Kirche, dann die heilige Sprache dieser Kirche, endlich durch den Namen dieser Kirche entwickelt worden ist. Der Islam hatte aus der Heimat Mohammeds den Arabernamen als Bezeichnung seiner nationalen Einheit mitgebracht. Es ist ein Irrtum, diese „Araber“ mit den Beduinenstämmen der Wüste gleichzusetzen. Diese neue Nation mit ihrer leidenschaftlichen und charaktervollen Seele ist durch den *consensus* des neuen Glaubens geschaffen worden. Sie ist so wenig wie die christliche, jüdische und persische eine Einheit der Rasse und mit einer Heimat verbunden; sie ist also auch nicht „ausgewandert“ und hat vielmehr ihre ungeheure Ausdehnung durch die Aufnahme des größten Teils der frühmagischen Nationen in ihren Verband erhalten. Diese Nationen gehen mit dem Ende des ersten Jahrtausends sämtlich in die Form von Fellachenvölkern über und als solche haben die Christenvölker der Balkanhalbinsel unter türkischer Herrschaft, die Parsen in Indien und die Juden in Westeuropa seitdem gelebt.

Die Nationen faustischen Stils treten seit Otto dem Großen in immer bestimmteren Umrissen hervor und lösen die Urvölker der Karolingerzeit sehr bald auf.Um das Jahr 1000 bereits empfinden sich die bedeutenderen Menschen überall als Deutsche, Italiener, Spanier oder Franzosen, während kaum sechs Generationen früher ihre Ahnen sich im Grunde ihrer Seele als Franken, Langobarden oder Westgoten gefühlt hatten.

Der Völkerform dieser Kultur liegt wie der gotischen Architektur und der Infinitesimalrechnung ein Hang zum Unendlichen zugrunde, und zwar im räumlichen wie im zeitlichen Sinne. Das Nationalgefühl umfaßt einerseits einen geographischen Horizont, der für eine so frühe Zeit und ihre Verkehrsmittel ungeheuer genannt werden muß und in keiner anderen Kultur seinesgleichen hat. Das Vaterland *als Weite*, als ein Gebiet, dessen Grenzen der Einzelne kaum je erblickt hat und für dessen Schutz zu sterben er doch bereit ist, kann in seiner symbolischen Tiefe und Mächtigkeit von Menschen fremder Kulturen nie verstanden werden. Die magische Nation besitzt als solche überhaupt keine irdische Heimat; die antike besitzt sie nur als Punkt, auf dem sie sich zusammendrängt. Daß es schon in gotischer Zeit wirklich etwas gab, worin sich Menschen im Etschtal und in den Ordensschlössern Litauens als Glieder *eines*Verbandes fühlten, ist im alten China und Ägypten völlig undenkbar und bildet den schroffsten Gegensatz zu Rom und Athen, wo alle Mitglieder des Demos sich gewissermaßen beständig im Auge hatten.

Noch stärker ist das Pathos der Ferne im *zeitlichen* Sinne. Es hat der Idee des Vaterlandes, die aus dem nationalen Dasein *folgt*, eine zweite vorangestellt, welche die faustischen Nationen überhaupt erst *erzeugt: die dynastische*. Faustische Völker sind historische Völker, Gemeinschaften, die sich nicht durch den Ort oder *consensus*, sondern durch Geschichte verbunden fühlen; und als Sinnbild und Träger des gemeinsamen Schicksals erscheint weithin sichtbar das herrschende Haus. Für den ägyptischen und chinesischen Menschen war die Dynastie ein Symbol von ganz anderer Bedeutung. Hier bedeutet sie die Zeit, insofern sie wollend und handelnd ist. Was man gewesen war, was man sein wollte, das erblickte man im Dasein eines einzelnen Geschlechts. Dieser Sinn wurde so tief empfunden, daß die Würdelosigkeit eines Regenten das dynastische Gefühl nicht erschüttern konnte; die Idee, nicht die Person stand in Frage. Und es geschah um der Idee willen, daß Tausende für einen genealogischen Streit mit Überzeugung in den Tod gingen. Antike Geschichte war für das antike Auge eine Kette von Zufällen, die von Augenblick zu Augenblick führte; magische Geschichte war für ihre Menschen die fortschreitende Verwirklichung eines von Gott entworfenen Weltplanes, der sich zwischen Schöpfung und Untergang an den Völkern und durch sie vollzog; faustische Geschichte ist für unsern Blick ein einziges großes Wollen von bewußter Logik, in dessen Vollendung die Nationen durch ihre Herrscher geführt und vertreten werden. Das ist ein Zug der Rasse. Begründen läßt es sich nicht. So hat man es empfunden und deshalb hat sich aus der Gefolgstreue der germanischen Wanderzeit die Lehnstreue der Gotik, die Loyalität des Barock und das nur scheinbar undynastische Nationalgefühl des 19. Jahrhunderts entwickelt. Man täusche sich nicht über Tiefe und Rang dieser Gefühle, wenn man die endlose Reihe der Eidbrüche von Vasallen und Völkern und das ewige Schauspiel höfischer Kriecherei und gemeiner Unterwürfigkeit mustert. Alle großen Symbole sind seelenhaft und können nur in ihren höchsten Formen begriffen werden. Das Privatleben eines Papstes steht zur Idee des Papsttums in keiner Beziehung. Gerade der Abfall Heinrichs des Löwen bezeugt in einer Zeit der Nationenbildung, wie stark ein bedeutender Herrscher das Schicksal „seines" Volkes in sich verkörpert fühlte. Er vertritt es vor der Geschichte und ist ihm unter Umständen das Opfer seiner Ehre schuldig.

Alle Nationen des Abendlandes sind dynastischen Ursprungs. Noch in der romanischen und frühgotischen Baukunst schimmerte die Seele der karolingischen Urvölker durch. Es gibt keine französische und deutsche Gotik, sondern eine salfränkische, rheinfränkische, schwäbische, und ebenso eine westgotische – Südfrankreich und Nordspanien verbindende –, langobardische und sächsische Romanik. Aber darüber breitet sich doch schon die Minderheit von Rassemenschen aus, welche ihre Zugehörigkeit zu einer Nation im Sinne einer großen historischen Sendung empfinden. Von ihnen gehen die Kreuzzüge aus, in denen es wirklich ein deutsches und französisches Rittertum gibt. Es ist das Kennzeichen faustischer Völker, daß sie sich der Richtung ihrer Geschichte bewußt sind. Diese Richtung aber haftet an der Geschlechterfolge. Das Rasseideal ist durchaus *genealogischer* Natur – in dieser Hinsicht ist der Darwinismus mit seinen Vererbungs- und Abstammungslehren beinahe eine Karikatur der gotischen Heraldik –, und die Welt als Geschichte, in deren Bild jeder einzelne lebt, enthält nicht nur den *Stammbaum der einzelnen Familie*, der herrschenden voran, sondern auch den der Völker als Grundform alles Geschehens. Man muß sehr genau zusehen, um zu bemerken, daß den Ägyptern und Chinesen das faustisch-genealogische Prinzip mit den eminent historischen Begriffen der Ebenbürtigkeit und des reinen Blutes ebenso fremd ist wie dem römischen Adel und dem byzantinischen Kaisertum. Dagegen ist weder unser Bauerntum noch das Patriziat der Städte ohne diese Idee denkbar. Der *gelehrte* Begriff Volk, den ich oben zergliedert hatte, stammt wesentlich aus dem genealogischen Empfinden der gotischen Zeit. Der Gedanke eines Stammbaums der Völker hat den Stolz der Italiener, Erben der Römer zu sein, und die Berufung der Deutschen auf ihre germanischen Vorfahren zur Folge gehabt, und das ist etwas ganz anderes als der antike Glaube an die zeitlose Abkunft von Helden und Göttern. Er hat zuletzt, als seit 1789 die Muttersprache dem dynastischen Prinzip hinzugefügt wurde, die ursprünglich rein wissenschaftliche Phantasie von einem indogermanischen Urvolk zu einer tiefgefühlten Genealogie der „arischen Rasse" ausgestaltet, wobei das Wort Rasse fast eine Bezeichnung für Schicksal geworden ist.

Aber die „Rassen" des Abendlandes sind nicht die Schöpfer der großen Nationen, sondern *ihre Folge*. Sie sind sämtlich zur Karolingerzeit noch nicht vorhanden gewesen. Es ist das Standesideal der Ritterschaft, das in Deutschland wie in England, Frankreich und Spanien in verschiedener Richtung züchtend gewirkt und in weitem Umfange das durchgesetzt hat, was heute innerhalb der einzelnen Nationen als Rasse gefühlt und erlebt wird. Darauf beruhen, wie erwähnt, die *historischen* und deshalb der Antike ganz fremden Begriffe des reinen Blutes und der Ebenbürtigkeit. Weil das Blut des herrschenden Geschlechts das Schicksal, das Dasein der gesamten Nation verkörpert, hat das Staatensystem des Barock eine rein genealogische Struktur und die Mehrzahl der großen Krisen die Form von Erbfolgekriegen angenommen. Noch die Katastrophe Napoleons, welche der Welt für ein Jahrhundert ihre politische Gliederung gab, vollzog sich in der Gestalt, daß ein Abenteurer es wagte, durch sein Blut das der alten Dynastien zu verdrängen, und daß dieser Angriff auf ein Symbol dem Widerstand gegen ihn die historische Weihe gab. Denn alle diese Völker waren *die Folge* dynastischer Schicksale. Daß es ein portugiesisches Volk gibt und damit auch einen portugiesischen Staat Brasilien mitten im spanischen Südamerika, ist die Folge der Heirat des Grafen Heinrich von Burgund (1095). Daß es Schweizer und Holländer gibt, ist die Folge einer Auflehnung gegen das Haus Habsburg. Daß es Lothringen als Namen eines Landes, aber nicht als Volk gibt, ist die Folge der Kinderlosigkeit Lothars II.

Es ist die Kaiseridee, welche eine Anzahl von Urvölkern der karolingischen Zeit zur deutschen Nation verschmolzen hat. Deutschland und Kaisertum sind untrennbare Begriffe. Der Untergang der Staufer bedeutete den Ersatz einer großen Dynastie durch eine Handvoll kleine und kleinster; er hat die deutsche Nation gotischen Stils noch vor dem Beginn des Barock innerlich gebrochen, gerade damals, als in führenden Städten – Paris, Madrid, London, Wien das Nationalbewußtsein auf eine geistigere Stufe gehoben wurde. Wenn der Dreißigjährige Krieg nicht etwa die Blüte Deutschlands vernichtete, sondern im Gegenteil dadurch, daß er in dieser trostlosen Form überhaupt möglich war, den längst vollzogenen Verfall nur bestätigte und offenbarte, so war das die letzte Folge des Sturzes der Hohenstaufen. Es gibt vielleicht keinen stärkeren Beweis dafür, daß faustische Nationen dynastische Einheiten sind. Aber die Salier und Staufer haben auch aus Romanen, Langobarden und Normannen zum mindesten der Idee nach die italienische Nation geschaffen, die erst über das Kaisertum hinweg an die Römerzeit anknüpfen konnte. Wenn hier auch die fremde Gewalt den Widerstand des Bürgertums hervorrief, der beide Urstände spaltete und den Adel auf die kaiserliche, die Kirche auf die städtische Seite zog; wenn auch in diesem Kampfe zwischen Ghibellinen und Guelfen der Adel früh seine Bedeutung verlor und das Papsttum durch die antidynastischen Städte zur politischen Vormacht emporstieg; wenn auch zuletzt nur ein Gewirr winziger Raubstaaten übrig blieb, deren „Renaissancepolitik" dem überfliegenden weltpolitischen Geiste der kaiserlichen Gotik mit derselben Feindseligkeit gegenübertritt wie Mailand einst dem Willen Barbarossas, so ist doch das Ideal der Una Itaria, für welches Dante den Frieden seines Lebens geopfert hat, eine rein dynastische Schöpfung der großen deutschen Kaiser. Die Renaissance hat mit dem geschichtlichen Horizont des städtischen Patriziats die Nation von seiner Erfüllung so weit abgeführt, als es möglich war, und das Land während des ganzen Barock zum Objekt fremder Hausmachtpolitik erniedrigt. Erst die Romantik von 1800 hat das gotische Gefühl wieder erweckt, und zwar in einer Stärke, welche das Gewicht einer politischen Macht besaß.

Das französische Volk ist durch seine Könige aus Franken und Westgoten zur Einheit verschmolzen worden. Es hat 1214 bei Bouvines zum ersten Male gelernt, sich als Ganzes zu fühlen; und noch bedeutsamer ist die Schöpfung des Hauses Habsburg, das aus einer Bevölkerung, die weder Sprache noch Volkstum noch Überlieferung verband, die österreichische Nation entstehen ließ, die ihre Proben – die ersten, auch die letzten – in der Verteidigung Maria Theresias und im Kampfe gegen Napoleon abgelegt hat. Die politische Geschichte der Barockzeit ist im wesentlichen die Geschichte der Häuser Bourbon und Habsburg. Der Aufstieg der Wettiner an Stelle der Welfen ist der Grund, weshalb „Sachsen" um 800 an der Weser und heute an der Saale liegt. Dynastische Ereignisse, zuletzt das Eingreifen Napoleons, haben bewirkt, daß die Hälfte der Bayern an der Geschichte Österreichs teilnahm und daß der bayerische Staat zum größeren Teil aus Franken und Schwaben besteht.

Die späteste Nation des Abendlandes ist die preußische, eine Schöpfung der Hohenzollern, wie die Römer die letzte Schöpfung des antiken Polisgefühls und die Araber die letzte aus einem religiösen *consensus* gewesen sind. Bei Fehrbellin hat sich die junge Nation legitimiert, bei Roßbach siegte sie für Deutschland. Es war Goethe, der mit seinem unfehlbaren Blick für geschichtliche Epochen die damals entstandene „Minna von Barnhelm" als die erste deutsche Dichtung von spezifisch nationalem Gehalt bezeichnete. Es ist wieder ein sehr tiefes Zeugnis für die dynastische Bestimmtheit abendländischer Nationen, daß Deutschland jetzt mit einem Schlage seine dichterische Sprache wiederfand. Mit dem Zusammenbruch des staufischen Kaisertums war auch die deutsche Literatur gotischen Stils zu Ende gewesen. Was in den folgenden Jahrhunderten, der Großzeit aller westlichen Literaturen, hier und da hervortrat, verdient diesen Namen nicht. Mit dem Siege Friedrichs des Großen beginnt eine neue Dichtung: von Lessing bis Hebbel, das heißt von Roßbach bis Sedan. Wenn damals der Versuch gemacht wurde, den verlornen Zusammenhang durch bewußtes Anknüpfen erst an die Franzosen, dann an Shakespeare, an das Volkslied, endlich durch die Romantiker an die Poesie der Ritterzeit wiederherzustellen, so hat das zum mindesten die einzigartige Erscheinung einer Kunstgeschichte hervorgerufen, die fast ganz aus genialen Ansätzen besteht, ohne je ein Ziel wirklich erreicht zu haben.

Am Ende des 18. Jahrhunderts vollzieht sich jene merkwürdige geistige Wendung, durch welche das Nationalbewußtsein sich von dem dynastischen Prinzip emanzipieren will. Scheinbar ist das in England schon früher der Fall gewesen; manche werden an die Magna Charta von 1215 denken; andern wird es nicht verborgen sein, daß gerade diese Anerkennung der Nation durch ihren Repräsentanten dem dynastischen Gefühl eine ungezwungene Vertiefung und Verfeinerung gegeben hat, von welcher die Völker des Kontinents weit entfernt blieben. Wenn der moderne Engländer der konservativste Mensch der Welt ist, ohne es zu scheinen, und wenn infolgedessen seine Politik so viel von dem Notwendigen durch nationalen Takt und schweigend statt durch laute Auseinandersetzungen erledigt und deshalb bis jetzt die erfolgreichste gewesen ist, so beruht das auf der frühen *Emanzipation des dynastischen Gefühls* von dem Ausdruck der monarchischen Gewalt.

Dagegen bedeutet die französische Revolution in dieser Richtung nur einen Erfolg des Rationalismus. Sie hat weniger die Nation als den Begriff der Nation befreit. Den abendländischen Rassen ist das Dynastische ins Blut gedrungen; dem Geist ist es eben deshalb ein Ärgernis. Denn eine Dynastie repräsentiert die Geschichte, ist die fleischgewordene Geschichte eines Landes, und der Geist ist zeitlos und ungeschichtlich. Alle Ideen der Revolution sind „ewig" und „wahr". Allgemeine Menschenrechte, Freiheit und Gleichheit sind Literatur und Abstraktion, keine Tatsachen. Man mag das alles republikanisch nennen; gewiß ist, daß es wieder eine Minderheit war, welche im Namen aller das neue Ideal in die Welt der Tatsachen einzuführen suchte. Sie wurde eine Macht, aber auf Kosten des Ideals. Sie hat in der Tat nur die gefühlte Anhänglichkeit durch den überzeugten Patriotismus des 19. Jahrhunderts ersetzt, durch einen nur in unserer Kultur möglichen zivilisierten Nationalismus, der selbst in Frankreich und heute noch unbewußt dynastisch ist, durch den Begriff des *Vaterlandes als dynastischer Einheit*, der zuerst in der spanischen und preußischen Erhebung gegen Napoleon, dann in den deutschen und italienischen *dynastischen* Einigungskämpfen hervortrat. Es beruht auf dem Gegensatz von Rasse und Sprache, von Blut und Geist, daß man dem Genealogischen nun das ebenfalls spezifisch abendländische Ideal der Muttersprache entgegenstellt; es gab in beiden Ländern Schwärmer, welche die einigende Gewalt der Kaiser- und Königsidee durch die Verbindung von Republik und Poesie ersetzen zu können glaubten. Es war etwas Rückkehr – von der Geschichte – zur Natur darin. Die Erbfolgekriege sind durch Sprachenkämpfe abgelöst worden, in denen eine Nation Fragmenten einer anderen ihre Sprache und damit ihre Nationalität aufzuzwingen sucht. Aber niemand wird übersehen, daß auch der rationalistische Begriff der Nation als Spracheinheit vom dynastischen Gefühl zwar absehen, es aber nicht aufheben kann, sowenig ein hellenistischer Grieche das Polisbewußtsein oder ein moderner Jude das nationale *idjma* innerlich überwindet. Die „Muttersprache" ist bereits ein Produkt dynastischer Geschichte. Ohne die Capetinger würde es keine französische Sprache geben, sondern eine romanisch-fränkische im Norden und eine provenzalische im Süden; die italienische Schriftsprache ist ein Verdienst der deutschen Kaiser, vor allem Friedrichs II. Die modernen Nationen sind zunächst die Bevölkerungen alter dynastischer Gebiete. Trotzdem hat der zweite Begriff der Nation als schriftsprachlicher Einheit im Laufe des 19. Jahrhunderts die österreichische vernichtet und die amerikanische vielleicht geschaffen. Es gibt seitdem in allen Ländern zwei Parteien, welche die Nation in einem entgegengesetzten Sinne vertreten, als dynastisch-historische und als geistige Einheit – Parteien der Rasse und der Sprache –, aber diese Erwägungen greifen schon in die Probleme der Politik hinüber (Kap. IV).

19

Im stadtlosen Lande war es der Adel, welcher zuerst die Nation in einem höheren Sinne vertrat. Das Bauerntum, geschichtslos und „ewig", war Volk *vor* dem Anbruch der Kultur; es bleibt in sehr wesentlichen Zügen Urvolk und es überlebt die Form der Nation. „Die Nation" ist wie alle großen Symbole der Kultur innerer Besitz weniger Menschen. Man wird dazu geboren wie zur Kunst und zur Philosophie. Es gibt auch da etwas, das dem Unterschied von Schöpfer, Kenner und Laien entspricht und zwar in einer antiken Polis ebenso wie im jüdischen *consensus* und in einem Volk des Abendlandes. Wenn eine Nation in Begeisterung aufsteht, um für ihre Freiheit und Ehre zu kämpfen, so ist es immer eine Minderheit, welche die Menge im eigentlichsten Sinne des Wortes „begeistert". Das Volk wacht auf – das ist viel mehr als eine Redensart. Das Wachsein des Ganzen tritt wirklich erst jetzt in Erscheinung. Alle diese einzelnen, die gestern noch mit einem Wirgefühl einhergingen, das sich lediglich auf die Familie, den Beruf, vielleicht den Heimatort erstreckte, sind heute plötzlich vor allem Männer ihres Volkes. Ihr Fühlen und Denken, ihr Ich und damit das „Es“ in ihnen hat sich bis in die Tiefe umgewandelt: es ist *historisch* geworden. Dann wird auch der geschichtslose Bauer Glied seiner Nation und es bricht für ihn eine Zeit an, in der er Geschichte erlebt und nicht nur vorüberziehen läßt.

Es sind die Weltstädte, in denen neben einer Minderheit, welche Geschichte hat und die Nation in sich erlebt, vertreten fühlt und führen will, eine zweite entsteht: zeitlose, geschichtslose, literarische Menschen, Menschen der Gründe und Ursachen, nicht des Schicksals, welche, dem Blut und dem Dasein innerlich entfremdet, ganz denkendes Wachsein, für den Begriff der Nation keinen „vernünftigen“ Inhalt mehr entdecken. Sie gehören ihr wirklich nicht mehr an, denn Kulturvölker sind Formen von Daseinsströmen; Kosmopolitismus ist eine bloße Wachseinsverbindung von „Intelligenzen“. Es ist Haß gegen das Schicksal darin, vor allem gegen die Geschichte als Ausdruck des Schicksals. Alles Nationale ist rassehaft bis zu dem Grade, daß es keine Sprache findet und in allem, was Denken fordert, ungeschickt und hilflos bis zum Verhängnis bleibt. *Kosmopolitismus ist Literatur* und bleibt es, sehr stark in den Gründen und sehr schwach in ihrer Verteidigung, nicht mit neuen Gründen sondern mit dem Blute.

Aber eben deshalb kämpft diese geistig weit überlegene Minderheit mit geistigen Waffen und sie darf es, weil Weltstädte reiner Geist, wurzellos und an sich schon zivilisierter Gemeinbesitz sind. Die gebornen Weltbürger und Schwärmer für Weltfrieden und Völkerversöhnung – im China der kämpfenden Reiche, im buddhistischen Indien, im Hellenismus und heute – sind *die geistigen Führer des Fellachentums. Panem et circenses – das ist nur eine andere Formel für Pazifismus.* Ein antinationales Element ist in der Geschichte aller Kulturen stets vorhanden gewesen, ob wir davon Kunde haben oder nicht. Das reine auf sich selbst gestellte Denken war immer lebensfremd und also geschichtsfeindlich, unkriegerisch, rasselos. Es sei an den Humanismus und Klassizismus, an die Sophisten Athens erinnert, an Buddha und Laotse, um von der leidenschaftlichen Verachtung alles nationalen Ehrgeizes durch die großen Verteidiger priesterlicher und philosophischer Weltanschauungen zu schweigen. Diese Fälle mögen noch so verschieden sein, sie gleichen sich darin, daß das Weltgefühl des Rassemäßigen, der politische und deshalb nationale Tatsachensinn – *right or wrong, my country!* –, der Entschluß, Subjekt und nicht Objekt der historischen Entwicklung zu sein – denn etwas Drittes gibt es nicht –, kurz der Wille zur Macht durch eine Neigung überwältigt wird, deren Führer sehr oft Menschen ohne ursprüngliche Triebe, aber desto mehr auf Logik versessen sind, in einer Welt der Wahrheiten, Ideale und Utopien zu Hause, Büchermenschen, welche das Wirkliche durch das Logische, die Gewalt der Tatsachen durch eine abstrakte Gerechtigkeit, das Schicksal durch die Vernunft ersetzen zu können glauben. Es fängt an mit den Menschen der ewigen Angst, die sich aus der Wirklichkeit in Klöster, Denkstuben und geistige Gemeinschaften zurückziehen und die

Weltgeschichte für gleichgültig erklären, und endet in jeder Kultur bei den Aposteln des Weltfriedens. Jedes Volk bringt solchen – geschichtlich betrachtet – Abfall hervor. Schon die Köpfe bilden physiognomisch eine Gruppe für sich. Sie nehmen in der „Geschichte des Geistes" einen hohen Rang ein – eine lange Reihe berühmter Namen ist darunter –, vom Standpunkt der wirklichen Geschichte aus betrachtet, sind sie minderwertig.

Das Schicksal einer Nation mitten in den Ereignissen ihrer Welt hängt davon ab, wie weit es der Rasse glückt, diese Erscheinung geschichtlich unwirksam zu machen. Es ist vielleicht heute noch nachzuweisen, daß in der chinesischen Staatenwelt das Reich von Tsin um 250 v. Chr. deshalb den Endsieg erfocht, weil seine Nation allein sich von den Stimmungen des Taoismus frei erhalten hatte. Jedenfalls hat das römische Volk über den Rest der Antike gesiegt, weil es die Fellacheninstinkte des Hellenismus für die Haltung seiner Politik auszuschalten wußte.

Eine Nation ist Menschentum in lebendige Form gebracht. Das praktische Ergebnis weltverbessernder Theorien ist regelmäßig eine *formlose und deshalb geschichtslose* Masse. Alle Weltverbesserer und Weltbürger vertreten Fellachenideale, ob sie es wissen oder nicht. *Ihr Erfolg bedeutet die Abdankung der Nation innerhalb der Geschichte, nicht zugunsten des ewigen Friedens, sondern zugunsten anderer.* Der Weltfriede ist jedesmal ein einseitiger Entschluß. Die *Pax Romana* hat für die späteren Soldatenkaiser und germanischen Heerkönige nur die eine praktische Bedeutung: eine formlose Bevölkerung von hundert Millionen zum Objekt des Machtwillens kleiner Kriegerschwärme zu machen. Dieser Friede kostete die Friedlichen Opfer, gegen welche die der Schlacht von Cannä verschwinden. Die babylonische, chinesische, indische und ägyptische Welt gingen aus einer Erobererhand in die andere und bezahlten den Kampf mit ihrem eigenen Blute. Das war ihr – Friede. Als die Mongolen 1401 Mesopotamien eroberten, haben sie aus 100 000 Schädeln der Bevölkerung von Bagdad, die sich nicht gewehrt hatte, ein Siegesdenkmal aufgeschichtet. Allerdings, mit dem Erlöschen der Nationen ist eine Fellachenwelt über die Geschichte geistig erhaben, endgültig zivilisiert, „ewig". Sie kehrt im Reich der Tatsachen in einen natürlichen Zustand zurück, der zwischen langem Dulden und vorübergehendem Wüten auf und ab schwankt, ohne daß mit allem Blutvergießen – das durch keinen Weltfrieden je geringer wird – sich etwas ändert. Einst hatten sie für sich geblutet, jetzt müssen sie es für andere und oft genug nur zu deren Unterhaltung – das ist der Unterschied. Ein handfester Führer, der zehntausend Abenteurer versammelt, kann schalten, wie er will. Gesetzt, die ganze Welt wäre ein einziges Imperium, so wäre damit lediglich der Schauplatz für die Heldentaten solcher Eroberer der denkbar größte geworden.

Lever doodt als Sklaav: das ist ein altfriesischer Bauernspruch. Die Umkehrung ist der Wahlspruch jeder späten Zivilisation und jede hat erfahren müssen, wieviel es kostet.

Drittes Kapitel: Probleme der arabischen Kultur

I. Historische Pseudomorphosen

1

In einer Gesteinsschicht sind Kristalle eines Minerals eingeschlossen. Es entstehen Spalten und Risse; Wasser sickert herab und wäscht allmählich die Kristalle aus, so daß nur ihre Hohlform übrig bleibt. Später treten vulkanische Ereignisse ein, welche das Gebirge sprengen; glühende Massen quellen herein, erstarren und kristallisieren ebenfalls aus. Aber es steht ihnen nicht frei, es in ihrer eigenen Form zu tun; sie müssen die vorhandenen ausfüllen und so entstehen gefälschte Formen, Kristalle, deren innere Struktur dem äußeren Bau widerspricht, eine Gesteinsart in der Erscheinungsweise einer fremden. Dies wird von den Mineralogen Pseudomorphose genannt.

Historische Pseudomorphosen nenne ich Fälle, in welchen eine fremde alte Kultur so mächtig über dem Lande liegt, daß eine junge, die hier zu Hause ist, nicht zu Atem kommt und nicht nur zu keiner Bildung reiner, eigener Ausdrucksformen, sondern nicht einmal zur vollen Entfaltung ihres Selbstbewußtseins gelangt. Alles was aus der Tiefe eines frühen Seelentums emporsteigt, wird in die Hohlformen des fremden Lebens ergossen; junge Gefühle erstarren in ältlichen Werken und statt des Sichaufreckens in eigener Gestaltungskraft wächst nur der Haß gegen die ferne Gewalt zur Riesengröße.

Dies ist der Fall der arabischen Kultur. Ihre Vorgeschichte liegt ganz im Bereiche der uralten babylonischen Zivilisation,die seit zwei Jahrtausenden die Beute wechselnder Eroberer war. Ihre "Merowingerzeit" durch die Diktatur der winzigen persischen Stammesgruppebezeichnet, eines Urvolkes wie die Ostgoten, dessen zweihundertjährige, kaum bestrittene Herrschaft eine unendliche Müdigkeit dieser Fellachenwelt zur Voraussetzung hat. Aber seit 300 v. Chr. geht eine große Erweckung durch die jungen Völker dieser vom Sinai bis zum Zagros aramäisch redenden Welt.Ein neues Verhältnis des Menschen zu Gott, ein völlig neues Weltgefühl durchdringt wie zur Zeit des Trojanischen Krieges und der Sachsenkaiser alle bestehenden Religionen, mögen sie die Namen des Ahura Mazda, Baal oder Jahwe tragen; überall drängt es einer großen Schöpfung zu, aber in eben dem Augenblick und so, daß ein innerer Zusammenhang nicht ganz unmöglich ist – denn die Macht des Persertums beruhte auf seelischen Voraussetzungen, die gerade jetzt verschwanden –, erschienen die Makedonier, von Babylon aus gesehen ein neuer Schwarm von Abenteurern wie alle früheren, und breitete eine dünne Schicht antiker Zivilisation über die Länder bis nach Indien und Turkestan. Die Diadochenreiche hätten zwar unvermerkt Staaten vorarabischen Geistes werden können; das Seleukidenreich, das sich mit dem aramäischen Sprachgebiet geradezu deckte, war es schon um 200. Da aber wurde es seit der Schlacht bei Pydna in seinem westlichen Teile nach und nach dem antiken Imperium eingefügt und also der mächtigen Wirkung eines Geistes unterworfen, dessen Schwerpunkt in weiter Ferne lag. Hier bereitet sich die Pseudomorphose vor.

Die magische Kultur ist geographisch und historisch die mittelste in der Gruppe hoher Kulturen, die einzige, welche sich räumlich und zeitlich fast mit allen andern berührt. Der Aufbau der Gesamtgeschichte in unserem Weltbilde hängt deshalb ganz davon ab, ob man ihre innere Form erkennt, welche durch die äußere gefälscht wird; aber gerade sie ist aus philologischen und theologischen Vorurteilen und mehr noch infolge der Zersplitterung der modernen Fachwissenschaft bis jetzt nicht erkannt worden. Die abendländische Forschung ist seit langem nicht nur dem Stoff und der Methode sondern auch dem Denken nach in eine Anzahl von Fachgebieten zerfallen, deren widersinnige Abgrenzung es verhindert hat, daß man die großen Fragen auch nur sah. Wenn irgendwo, so ist das „Fach“ für die Probleme der arabischen Welt zum Verhängnis geworden. Die eigentlichen Historiker hielten sich an das Interessengebiet der klassischen Philologie, aber deren Horizont endete an der antiken Sprachgrenze im Osten. Infolgedessen haben sie die tiefe Einheit der Entwicklung diesseits und jenseits dieser seelisch gar nicht vorhandenen Schranke nie bemerkt. Das Ergebnis war die Perspektive Altertum – Mittelalter – Neuzeit, die *durch den griechisch-lateinischen Sprachgebrauch* abgegrenzt und zusammengehalten wird. Axum, Saba und auch das Sassanidenreich waren für den Kenner der alten Sprachen, der sich an „Texte“ hielt, nicht erreichbar und deshalb geschichtlich so gut wie nicht vorhanden. Die Literaturforscher, ebenfalls Philologen, verwechselten den Geist der Sprache mit dem der Werke. Was im aramäischen Gebiet griechisch geschrieben oder auch nur erhalten war, wurde einer „spätgriechischen“ Literatur einverleibt und daraufhin eine eigene Periode dieser Literatur angesetzt. Die Texte in anderen Sprachen fielen nicht in ihr Fach und wurden deshalb zu anderen Literaturgeschichten künstlich zusammengefaßt. Aber gerade hier lag das stärkste Beispiel dafür vor, daß keine Literaturgeschichte der Welt sich mit einer Sprache deckt. Es gab hier eine geschlossene Gruppe magischer Nationalliteraturen von einheitlichem Geist, aber in *mehreren* Sprachen, darunter auch den antiken. Denn eine Nation magischen Stils hat keine Muttersprache. Es gibt eine talmudische, manichäische, nestorianische, islamische, sogar eine neupythagoräische *National*literatur, aber keine hellenische oder hebräische.

Die Religionsforschung zerlegte das Gebiet in Einzelfächer nach *westeuropäischen* Konfessionen, und für die christliche Theologie ist wieder die „Philologengrenze“ im Osten maßgebend gewesen und ist es noch. Das Persertum fiel in die Hände der iranischen Philologie. Weil die Awestatexte in einem arischen Dialekt nicht abgefaßt, aber verbreitet wurden, ist dies gewaltige Problem als Nebenaufgabe für Indologen betrachtet worden und verschwand damit völlig aus dem Gesichtskreis der christlichen Theologie. Für die Geschichte des talmudischen Judentums ist endlich, da die hebräische Philologie mit der alttestamentlichen Forschung *ein* Fach bildet, kein weiteres Fach abgegrenzt worden und es wurde deshalb in allen großen

Religionsgeschichten, die ich kenne, die jede primitive Negerreligion – weil es eine Völkerkunde als Fach gibt – und jede indische Sekte in Betracht ziehen, vollständig *vergessen*. Das ist die gelehrte Vorbereitung der größten Aufgabe, welche der heutigen Geschichtsforschung gestellt ist.

2

Die römische Welt der Kaiserzeit hat ihre Lage wohl geahnt. Die späten Schriftsteller sind voll von Klagen über die Entvölkerung und geistige Verödung Afrikas, Spaniens, Galliens und vor allem der antiken Stammgebiete, Italiens, und Griechenlands. Ausgenommen von diesem verzweifelten Umblick sind regelmäßig die Provinzen, welche zur magischen Welt gehören. Syrien besonders ist dicht bevölkert und blüht wie das parthische Mesopotamien dem Blute wie der Seele nach prachtvoll auf. Das Übergewicht des jungen Ostens ist jedem fühlbar und mußte endlich auch politisch zum Ausdruck kommen. Die revolutionären Kriege zwischen Marius und Sulla, Cäsar und Pompejus, Antonius und Oktavian sind von hier aus betrachtet ein Stück Vordergrundsgeschichte, hinter welcher immer deutlicher der Versuch einer Emanzipation dieses Ostens von dem geschichtslos werdenden Westen, einer erwachenden von einer Fellachenwelt hervortritt. Die Verlegung der Hauptstadt nach Byzanz war ein großes Symbol. Diokletian hatte Nikomedien gewählt, Cäsar an Alexandria oder Ilion gedacht; Antiochia wäre in jedem Falle richtiger gewesen. Aber dieser Akt vollzog sich drei Jahrhunderte zu spät: es waren die entscheidenden der magischen Frühzeit.

Die Pseudomorphose beginnt mit Actium – *hier hätte Antonius siegen müssen*. Es war *nicht* der Entscheidungskampf zwischen Römertum und Hellenismus, der zum Austrag kam; der ist bei Cannä und Zama ausgefochten worden, von Hannibal, der das tragische Geschick hatte, in Wirklichkeit nicht für sein Land, sondern für das Hellenentum zu kämpfen. Bei Actium stand die ungeborene arabische Kultur gegen die greisenhafte antike Zivilisation. Es handelte sich um apollinischen oder magischen Geist, um *die* Götter oder *den* Gott, um Prinzipat oder Kalifat. Antonius' Sieg hätte die magische Seele befreit; seine Niederlage führte die starre Kaiserzeit über ihre Landschaft herauf. Der Ausgang würde den Folgen der Schlacht von Tours und Poitiers 732 vergleichbar sein, wenn dort die Araber gesiegt und „Frankistan“ zu einem Kalifat des Nordostens gemacht hätten. Arabische Sprache, Religion und Gesellschaft wären in einer herrschenden Schicht heimisch geworden, Riesenstädte wie Granada und Kairuan wären an Loire und Rhein entstanden, das gotische Gefühl wäre gezwungen worden, sich in den längst erstarrten Formen von Moschee und Arabeske auszudrücken und statt der deutschen Mystik besäßen wir eine Art von Sufismus. Daß das Entsprechende in der arabischen Welt wirklich geschah, war die Folge davon, daß die syrisch-persische Bevölkerung keinen Karl Martell hervorgebracht hat, der mit Mithridates Brutus und Cassius oder Antonius und über sie hinaus Rom bekämpfte.

Eine zweite Pseudomorphose liegt heute vor unseren Augen: das petrinische Rußland. Die russische Heldensage der Bylinenlieder erreicht ihren Gipfel in dem Kiewschen Sagenkreise vom Fürsten Wladimir (um 1000) und seiner Tafelrunde und dem Volkshelden Ilja von Murom.Der ganze unermeßliche Unterschied zwischen der russischen und der faustischen Seele liegt schon zwischen diesen Gesängen und den „gleichzeitigen" der Artus-, Ermanarich- und Nibelungensagen der Wanderzeit in der Form des Hildebrand- und Waltharliedes. Die russische Merowingerzeit beginnt mit dem Sturz der Tartarenherrschaft durch Iwan III. (1480) und führt über die letzten Ruriks und die ersten Romanows bis auf Peter den Großen (1689–1725). Sie entspricht genau der Zeit von Chlodwig (481–511) bis zur Schlacht von Testry (687), mit welcher die Karolinger tatsächlich die Herrschaft erhielten. Ich rate jedem, die fränkische Geschichte des Gregor von Tours (bis 591) und daneben die entsprechenden Abschnitte bei dem altväterischen Karamsin zu lesen, vor allem die über Iwan den Schrecklichen, Boris Godunow und Schuiski. Die Ähnlichkeit kann nicht größer sein. Auf diese Moskowiterzeit der großen Bojarengeschlechter und Patriarchen, in der beständig eine altrussische Partei gegen die Freunde westlicher Kultur kämpfte, folgt mit der Gründung von Petersburg (1703) die Pseudomorphose, welche die primitive russische Seele erst in die fremden Formen des hohen Barock, dann der Aufklärung, dann des 19. Jahrhunderts zwang. Peter der Große ist das Verhängnis des Russentums geworden. Man denke sich seinen „Zeitgenossen" Karl den Großen, der planmäßig und mit seiner ganzen Energie das durchsetzt, was Karl Martell durch seinen Sieg soeben verhindert hatte: die Herrschaft des maurisch-byzantinischen Geistes. Es bestand die Möglichkeit, die russische Welt nach Art entweder der Karolinger oder der Seleukiden zu behandeln, altrussisch nämlich oder „westlerisch", und die Romanows haben sich für das letzte entschieden. Die Seleukiden wollten Hellenen, nicht Aramäer um sich sehen.

Der primitive Zarismus von Moskau ist die einzige Form, welche noch heute dem Russentum gemäß ist, aber er ist in Petersburg in die dynastische Form Westeuropas umgefälscht worden. Der Zug nach dem heiligen Süden, nach Byzanz und Jerusalem, der tief in allen rechtgläubigen Seelen lag, wurde in eine weltmännische Diplomatie mit dem Blick nach Westen verwandelt. Auf den Brand von Moskau, die großartig symbolische Tat eines Urvolkes, aus welcher der Makkabäerhaß gegen alles Fremde und Fremdgläubige redet, folgt der Einzug Alexanders in Paris, die heilige Allianz und die Stellung im Konzert der westlichen Großmächte. Ein Volkstum, dessen Bestimmung es war, noch auf Generationen hin geschichtslos zu leben, wurde in eine künstliche und unechte Geschichte gezwängt, deren Geist vom Urrussentum gar nicht begriffen werden konnte. Späte Künste und Wissenschaften wurden hereingetragen, Aufklärung, Sozialethik, weltstädtischer Materialismus, obwohl in dieser Vorzeit Religion die einzige Sprache war, in der man sich und die Welt verstand; in das stadtlose Land mit seinem ursprünglichen Bauerntum nisteten sich Städte fremden Stils wie Geschwüre ein. Sie waren falsch, unnatürlich, unwahrscheinlich bis in ihr Innerstes. „Petersburg ist die abstrakteste und künstlichste Stadt, die es gibt", bemerkt Dostojewski. Er hatte, obwohl er dort geboren war, ein Gefühl, als ob sie sich eines Morgens mit den Sumpfnebeln zugleich auflösen könnte. So, geisterhaft, unglaubwürdig, lagen auch die hellenistischen Prunkstädte überall im aramäischen Bauernland. So hat Jesus sie in seinem Galiläa gesehen. So muß Petrus empfunden haben, als er das kaiserliche Rom erblickte.

Alles was rings umher entstand, ist von dem echten Russentum seitdem als Gift und Lüge empfunden worden. Ein wahrhaft apokalyptischer Haß richtet sich gegen Europa auf. Und „Europa" war alles, was nicht russisch war, auch Rom und Athen, ganz wie für den magischen Menschen damals auch das alte Ägypten und Babylon antik, heidnisch, teuflisch war. „Die erste Bedingung der Befreiung des russischen Volksgefühls ist: von ganzem Herzen und aus voller Seele Petersburg zu hassen", schreibt Aksakow 1863 an Dostojewski. Moskau ist heilig, Petersburg ist der Satan; Peter der Große erscheint in einer verbreiteten Volkslegende als der Antichrist. Genau so redet es aus allen Apokalypsen der aramäischen Pseudomorphose, vom Buche Daniel und Henoch zur Makkabäerzeit bis auf die Offenbarung Johannis, Baruch und den IV. Esra nach der Zerstörung Jerusalems, gegen Antiochus, den Antichrist, gegen Rom, die babylonische Hure, gegen die Städte des Westens mit ihrem Geist und Pomp, gegen die gesamte antike Kultur. Alles was entsteht, ist unwahr und unrein: diese verwöhnte Gesellschaft, die durchgeistigten Künste, die sozialen Stände, der fremde Staat mit seiner zivilisierten Diplomatie, Rechtsprechung und Verwaltung. Es gibt keinen größeren Gegensatz als russischen und abendländischen, jüdisch-christlichen und spätantiken Nihilismus: den Haß gegen das Fremde, das die noch ungeborene Kultur im Mutterschoß des Landes vergiftet, und den Ekel vor der eignen, deren Höhe man endlich satt ist. Tiefstes religiöses Weltgefühl, plötzliche Erleuchtungen, Schauder der Furcht vor dem kommenden Wachsein, metaphysisches Träumen und Sehnen stehen am Anfang, bis zum Schmerz gesteigerte geistige Klarheit am Ende der Geschichte. In diesen beiden Pseudomorphosen mischen sie sich. „Alle grübeln sie jetzt auf den Straßen und Marktplätzen über den Glauben", heißt es bei Dostojewski. Das hätte auch von Jerusalem und Edessa gesagt werden können. Diese jungen Russen vor dem Kriege, schmutzig, bleich, erregt, in Winkeln hockend und immer mit Metaphysik beschäftigt, alles mit den Augen des Glaubens betrachtend, selbst wenn sich das Gespräch dem Anschein nach um Wahlrecht, Chemie oder Frauenstudium bewegte – das sind die Juden und Urchristen der hellenistischen Großstädte, die der Römer mit so viel Spott, Widerwillen und heimlicher Furcht betrachtete. Es gab im zarischen Rußland kein Bürgertum, überhaupt keine echten Stände, sondern nur Bauern und „Herren" wie im Frankenreiche. Die „Gesellschaft" war eine Welt für sich, das Produkt einer westlerischen Literatur, etwas Fremdes und Sündhaftes. Es gab keine russischen Städte. Moskau war eine Pfalz – der Kreml –, um den sich ein riesenhafter Markt ausbreitete. Die Scheinstadt, die sich hineindrängt und herumlagert, und alle die andern auf dem Boden des Mütterchen Rußland, sind des Hofes, der Verwaltung, der Kaufleute wegen da; aber was in ihnen lebt, ist oben eine fleischgewordne Literatur, die „Intelligenz“ mit angelesenen Problemen und Konflikten, und in der Tiefe entwurzeltes Bauernvolk mit all der metaphysischen Trauer, Angst und dem Elend, das Dostojewski mit ihm erlebt hat, mit dem beständigen Heimweh nach der weiten Erde und dem bitteren Haß gegen die steinerne greisenhafte Welt, in die der Antichrist sie verlockt hatte. Moskau besaß keine eigene Seele. Die Gesellschaft war von westlichem Geist und das Volk unten führte die Seele des Landes mit sich. Zwischen beiden Welten gab es kein Verstehen, keine Vermittlung, keine Verzeihung. Will man die beiden großen Fürsprecher und Opfer der Pseudomorphose verstehen, so war Dostojewski ein Bauer, Tolstoi ein Mensch der weltstädtischen Gesellschaft. Der eine konnte sich innerlich vom Lande nie befreien, der andere hat es trotz allen verzweifelten Bemühens niemals gefunden.

Tolstoi ist das vergangene, Dostojewski das kommende Rußland. Tolstoi ist mit seinem ganzen Innern dem Westen verbunden. Er ist der große Wortführer des Petrinismus, auch wenn er ihn verneint. Es ist stets eine westliche Verneinung. Auch die Guillotine war eine legitime Tochter von Versailles. Sein mächtiger Haß redet gegen das Europa, von dem er selbst sich nicht befreien kann. Er haßt es in sich, er haßt sich. Er wird damit der Vater des Bolschewismus. Die ganze Ohnmacht dieses Geistes und „*seiner*“ Revolution von 1917 spricht aus den nachgelassenen Szenen: „Das Licht leuchtet in der Finsternis“. Diesen Haß kennt Dostojewski nicht. Er hat alles Weltliche mit einer ebenso leidenschaftlichen Liebe umfaßt. „Ich habe zwei Vaterländer, Rußland und Europa“. Für ihn hat das alles, Petrinismus und Revolution, bereits keine Wirklichkeit mehr. Aus *seiner* Zukunft blickt er wie aus weiter Ferne darüber hin. Seine Seele ist apokalyptisch, sehnsüchtig, verzweifelt, aber dieser Zukunft gewiß. „Ich werde nach Europa fahren“, sagt Iwan Karamasoff zu seinem Bruder Aljoscha, „ich weiß es ja, daß ich nur auf einen Friedhof fahre, doch auf den teuersten, allerteuersten Friedhof, das weiß ich auch. Teure Tote liegen dort begraben, jeder Stein über ihnen redet von einem so heißen vergangenen Leben, von so leidenschaftlichem Glauben an die vollbrachten eigenen Taten, an die eigene Wahrheit, an den eigenen Kampf und die eigene Erkenntnis, daß ich, ich weiß es im voraus, zur Erde niederfallen, diese Steine küssen und über ihnen weinen werde.“ Tolstoi ist durchaus ein großer Verstand, „aufgeklärt“ und „sozial gesinnt“. Alles was er um sich sieht, nimmt die späte, großstädtische und westliche Form eines Problems an. Dostojewski weiß gar nicht, was Probleme sind. Jener ist ein Ereignis innerhalb der europäischen Zivilisation. Er steht in der Mitte zwischen Peter dem Großen und dem Bolschewismus. Die russische Erde haben sie alle nicht zu Gesicht bekommen. Was sie bekämpfen, wird durch die Form, in der sie es tun, doch wieder anerkannt. Das ist nicht Apokalyptik, sondern geistige Opposition. Sein Haß gegen den Besitz ist nationalökonomischer, sein Haß gegen die Gesellschaft sozialethischer Natur; sein Haß gegen den Staat ist eine politische Theorie. Daher seine gewaltige Wirkung auf den Westen. Er gehört irgendwie zu Marx, Ibsen und Zola. Seine Werke sind nicht Evangelien, sondern späte, geistige Literatur. Dostojewski gehört zu niemand, wenn nicht zu den Aposteln des Urchristentums. Seine „Dämonen“ waren in der russischen Intelligenz als konservativ verschrien. Aber Dostojewski sieht diese Konflikte gar nicht. Für ihn ist zwischen konservativ und revolutionär überhaupt kein Unterschied: beides ist westlich. Eine solche Seele sieht über alles Soziale hinweg. Die Dinge dieser Welt erscheinen ihr so unbedeutend, daß sie auf ihre Verbesserung keinen Wert legt. Keine echte Religion will die Welt der Tatsachen verbessern. Dostojewski wie jeder Urrusse bemerkt sie gar nicht; sie leben in einer zweiten, metaphysischen, die jenseits der ersten liegt. Was hat die Qual einer Seele mit dem Kommunismus zu tun? Eine Religion, die bei Sozialproblemen angelangt ist, hat aufgehört, Religion zu sein. Dostojewski aber lebt schon in der Wirklichkeit einer unmittelbar bevorstehenden religiösen Schöpfung. Sein Aljoscha ist dem Verständnis aller literarischen Kritik, auch der russischen, entzogen; sein Christus, den er immer schreiben wollte, wäre ein echtes Evangelium geworden wie jene des Urchristentums, die gänzlich außerhalb aller antiken und jüdischen Literaturformen stehen. Aber Tolstoi ist ein Meister des westlichen Romans – Anna Karenina wird von keinem zweiten auch nur entfernt erreicht –, ganz wie er auch in seinem Bauernkittel ein Mann der Gesellschaft ist.

Anfang und Ende stoßen hier zusammen. Dostojewski ist ein Heiliger, Tolstoi ist nur ein Revolutionär. Von ihm allein, dem echten Nachfolger Peters, geht der Bolschewismus aus: nicht das Gegenteil, sondern die letzte Konsequenz des Petrinismus, die äußerste Herabwürdigung des Metaphysischen durch das Soziale und eben deshalb nur eine neue Form der Pseudomorphose. War die Gründung von Petersburg die erste Tat des Antichrist, so war die Vernichtung der von Petersburg aus gebildeten Gesellschaft durch sich selbst die zweite: so muß das Bauerntum es innerlich empfinden. Denn die Bolschewisten sind nicht das Volk, auch nicht ein Teil von ihm. Sie sind die tiefste Schicht der „Gesellschaft“, fremd, westlerisch wie sie, aber von ihr nicht anerkannt und deshalb vom Haß der Niedrigen erfüllt. Alles das ist großstädtisch und zivilisiert, das Sozialpolitische, der Fortschritt, die Intelligenz, die ganze russische Literatur, die erst romantisch und dann nationalökonomisch für Freiheiten und Verbesserungen schwärmt. Denn alle ihre „Leser“ gehören zur Gesellschaft. Der echte Russe ist ein Jünger Dostojewskis, obwohl er ihn nicht liest, obwohl *und weil* er überhaupt nicht lesen kann. Er ist selbst ein Stück Dostojewski. Wären die Bolschewisten, die in Christus ihresgleichen, einen bloßen Sozialrevolutionär erblicken, geistig nicht so eng, sie würden in Dostojewski ihren eigentlichen Feind erkannt haben. Was dieser Revolution ihre Wucht gab, war nicht der Haß der Intelligenz. Es war das Volk, das *ohne Haß*, nur aus dem Trieb, sich von einer Krankheit zu heilen, die westlerische Welt durch ihren Abhub zerstörte und diesen selbst ihr nachsenden wird; das stadtlose Volk, das sich nach seiner eigenen Lebensform, seiner eigenen Religion, seiner eigenen künftigen Geschichte sehnt. Das Christentum Tolstois war ein Mißverständnis. Er sprach von Christus und meinte Marx. Dem Christentum Dostojewskis gehört das nächste Jahrtausend.

3

Außerhalb der Pseudomorphose und um so kräftiger, je geringer die Macht antiken Geistes im Lande liegt, drängen alle Formen einer echten Ritterzeit hervor. Scholastik und Mystik, Lehnstreue, Minnesang, Kreuzzugsbegeisterung – das war alles in den ersten Jahrhunderten der arabischen Kultur vorhanden, man muß es nur zu finden wissen. Es gibt auch nach Septimius Severus noch dem Namen nach Legionen, aber sie sehen im Osten aus wie das Gefolge eines Herzogs; Beamte werden ernannt, aber eigentlich hat man einem Grafen ein Lehen übertragen; während der Cäsarentitel im Westen in die Hände von Häuptlingen fällt, verwandelt sich der Osten in ein frühes Kalifat, das mit dem Lehnsstaat der reifen Gotik die erstaunlichste Ähnlichkeit hat. Im Sassanidenreich, im Hauran, in Südarabien bricht eine echte Ritterzeit an. Ein König von Saba, Schamir Juharisch, lebt wie Roland und König Artus durch seine Heldentaten in der arabischen Sage fort, die ihn durch Persien bis nach China ziehen läßt.Das Reich von Ma?ân im ersten vorchristlichen Jahrtausend bestand neben dem israelitischen und läßt sich in seinen Überresten mit Mykene und Tiryns vergleichen; die Spuren reichen tief nach Afrika hinein.Jetzt aber erblüht in ganz Südarabien und selbst im abessinischen Gebirge die Feudalzeit.In Axum entstehen in frühchristlicher Zeit mächtige Schlösser und die Königsgräber mit den größten Monolithen der Welt.Hinter den Königen steht ein Lehnsadel der Grafen *(kail)* und Statthalter *(kabir)*, Vasallen von oft zweifelhafter Treue, deren großer Besitz die Hausmacht der Könige mehr und mehr einengt. Die endlosen christlich-jüdischen Kriege zwischen Südarabien und dem Reich von Axumhaben ritterlichen Charakter und lösen sich oft in Einzelfehden auf, die von den Baronen von deren Burgen aus geführt werden. In Saba herrschen die – später christlichen – Hamdaniden. Hinter ihnen steht das christliche und mit Rom verbündete Reich von Axum, das um 300 vom weißen Nil bis zur Somaliküste und dem persischen Golf reicht und 525 die jüdischen Himjariten stürzt. 542 fand hier der Fürstenkongreß von Marib statt, auf dem Byzanz und Persien durch Gesandte vertreten waren. Noch heute liegen überall im Lande die zahllosen Ruinen mächtiger Schlösser, von denen man in islamischer Zeit sich nur denken konnte, daß sie von Geisterhänden erbaut seien. Die Burg Gomdan war eine Festung von zwanzig Stockwerken.

Im Sassanidenreich herrschte die Ritterschaft der Dinkane, und der glänzende Hof dieser „Staufenkaiser“ des frühen Ostens ist in jedem Betracht für den byzantinischen seit Diokletian vorbildlich geworden. Noch viel später wußten die Abbassiden in ihrer neugegründeten Residenz Bagdad nichts Besseres, als das Sassanidenideal eines höfischen Lebens in großer Form nachzuahmen. In Nordarabien entwickelte sich an den Höfen der Ghassaniden und Lachmiden eine echte Troubadour- und Minnepoesie, und ritterliche Dichter fochten zur Kirchenväterzeit „mit Wort, Lanze und Schwert“ ihre Wettkämpfe aus. Darunter war auch ein Jude, Samuel, Burgherr auf Al Ablaq, der um fünf kostbarer Panzer willen eine Belagerung durch den König von El Hira aushielt.Dieser Lyrik gegenüber ist die spätarabische, wie sie seit 800 namentlich in Spanien blühte, nichts als Romantik, die zu jener altarabischen Kunst in ganz demselben Verhältnis steht wie Uhland und Eichendorff zu Walther von der Vogelweide.

Für diese junge Welt der ersten nachchristlichen Jahrhunderte hatten unsere Altertumsforscher und Theologen keinen Blick. Mit den Zuständen des spätrepublikanischen und kaiserlichen Roms beschäftigt, sehen sie hier nur primitive und jedenfalls unbedeutende Verhältnisse. Aber die Partherscharen, die wieder und wieder gegen römische Legionen anritten, waren ritterlich begeisterte Mazdaisten. Es lag Kreuzzugsstimmung über ihren Heeren. So hätte es mit dem Christentum werden können, wenn es nicht ganz der Pseudomorphose verfallen wäre. Die Stimmung war auch hier vorhanden. Tertullian sprach von der *militia Christi* und das Sakrament wurde als Fahneneid bezeichnet. In den späteren Heidenverfolgungen war Christus der Held, für den sein Gefolge zu Felde zog, aber einstweilen gab es statt christlicher Ritter und Grafen römische Legaten und statt der Schlösser und Turniere diesseits der römischen Grenze nur Lager und Hinrichtungen. Aber trotzdem war es ein echter Kreuzzug der Juden und kein eigentlicher Partherkrieg, der 115 unter Trajan losbrach und in dem als Vergeltung für die Zerstörung von Jerusalem die ganze ungläubige – „griechische“ – Bevölkerung von Cypern, angeblich 240000 Menschen, niedergemacht wurde. Nisibis ist damals in einer vielbewunderten Belagerung von Juden verteidigt worden. Das kriegerische Adiabene war ein Judenstaat. In allen Parther- und Perserkriegen gegen Rom haben die bäuerlich-ritterlichen Aufgebote der mesopotamischen Juden in der ersten Linie gefochten.

Aber nicht einmal Byzanz hat sich dem Geiste der arabischen Feudalzeit ganz entziehen können, die unter einer Schicht spätantiker Verwaltungsformen namentlich im Innern Kleinasiens zur Entstehung eines echten Lehnswesens führte. Es gab da mächtige Geschlechter, deren Vasallentreue unzuverlässig war und die alle den Ehrgeiz hatten, den byzantinischen Thron in ihren Besitz zu bringen. „Anfänglich an die Hauptstadt gebunden, die nur mit Erlaubnis des Kaisers verlassen werden durfte, saß dieser Adel später auf seinen weitgedehnten Domänen in der Provinz und bildete seit dem 4. Jahrhundert als Provinzaristokratie einen wirklichen Stand, der im Laufe der Zeit für sich eine gewisse Unabhängigkeit von der kaiserlichen Macht beanspruchte.“

Das „römische Heer“ hat sich im Osten in weniger als zwei Jahrhunderten aus einer modernen Armee in ein Ritterheer zurückverwandelt. Die römische Legion ist durch die Maßnahmen der Severer um 200 verschwunden.Im Westen sanken sie zu Horden herab; im Osten entstand im 4. Jahrhundert ein spätes, aber echtes Rittertum. Den Ausdruck gebraucht schon Mommsen, ohne seine Tragweite zu erkennen.Der junge Adlige erhielt eine sorgfältige Ausbildung im Einzelkampf, zu Pferde, mit Bogen und Lanze. Kaiser Gallienus, der Freund Plotins und Erbauer der Porta Nigra, eine der bedeutendsten und unglücklichsten Erscheinungen aus der Zeit der Soldatenkaiser, bildete um 260 aus

Germanen und Mauren eine neue Art von berittener Truppe, seine Gefolgstreuen. Es ist bezeichnend, daß in der Religion des römischen Heeres die alten Stadtgottheiten zurücktreten und unter den Namen des Mars und Herkules die germanischen Götter des persönlichen Heldentums an die Spitze gelangen.Die *palatini* Diokletians sind nicht ein Ersatz für die von Septimius Severus aufgelösten Prätorianer, sondern ein kleines wohldiszipliniertes Ritterheer, während die *comitatenses*, das große Aufgebot, in *numeri*, „Fähnlein" geordnet werden. Die Taktik ist die einer jeden Frühzeit, welche auf persönliche Tapferkeit stolz ist. Der Angriff erfolgt in der germanischen Form des Gevierthaufens („Eberkopfes"). Unter Justinian ist das der Zeit Karls V. genau entsprechende System der Landsknechte voll ausgebildet, die von Kondottieriin der Art Frundsbergs angeworben werden und unter sich Landsmannschaften bilden. Der Zug des Narses wird von Prokopganz wie die großen Werbungen Wallensteins beschrieben.

Aber daneben erscheint in diesen frühen Jahrhunderten auch eine prachtvolle Scholastik und Mystik magischen Stils, die an den berühmten Hochschulen des gesamten aramäischen Gebiets zu Hause ist: den persischen von Ktesiphon, Resain, Dschondisabur, den jüdischen von Sura, Nehardea und Pumbadita, denen anderer „Nationen" von Edessa, Nisibis, Kinnesrin. Hier sind die Hauptsitze einer blühenden Astronomie, Philosophie, Chemie und Medizin, aber nach Westen hin wird diese große Erscheinung durch die Pseudomorphose verdorben. Was magischen Ursprungs und Geistes ist, geht zu Alexandria und Beirut in die Formen griechischer Philosophie und römischer Rechtswissenschaft über; es wird in antiken Sprachen niedergeschrieben, in fremde und längst erstarrte Literaturformen gepreßt und durch die greisenhafte Denkweise einer ganz anders angelegten Zivilisation verfälscht. Damals und nicht mit dem Islam beginnt die arabische Wissenschaft. Aber weil unsere Philologen nur das entdeckten, was in spätantiker Fassung in Alexandria und Antiochia erschien, und von dem ungeheuren Reichtum der arabischen Frühzeit und den wirklichen Mittelpunkten ihres Forschens und Schauens nichts ahnten, konnte die absurde Meinung entstehen, „die Araber" seien geistige Epigonen der Antike gewesen. In Wirklichkeit ist so gut wie alles, was - von Edessa aus gesehen - jenseits der Philologengrenze dem heutigen Auge als Frucht spätantiken Geistes gilt, nichts als der Widerschein früharabischer Innerlichkeit. Damit stehen wir vor der Pseudomorphose der magischen Religion.

4

Die antike Religion lebt in einer ungeheuren Zahl von *Einzelkulten*, die, in dieser Gestalt dem apollinischen Menschen natürlich und selbstverständlich, jedem Fremden in ihrem eigentlichen Wesen so gut wie verschlossen sind. Sobald Kulte von solcher Art entstanden, gab es eine antike Kultur. Sobald sie in später Römerzeit ihr Wesen veränderten, war die Seele dieser Kultur zu Ende. Außerhalb der antiken Landschaft sind sie niemals echt und lebendig gewesen. Das Göttliche ist stets an einen *einzelnen Ort gebunden* und auf ihn beschränkt. Das entspricht dem statischen und euklidischen

Weltgefühl. Das Verhalten des Menschen zur Gottheit hat die Form eines ebenfalls ortsgebundenen Kultes, dessen Bedeutung *im Bilde* der rituellen Handlung und nicht in deren dogmatischem Hintersinn liegt. Wie die Bevölkerung in zahllose nationale Punkte, so zerfällt ihre Religion in diese winzigen Kulte, deren jeder von jedem andern vollständig unabhängig ist. *Nicht ihr Umfang, sondern nur ihre Anzahl* kann zunehmen. Es ist die einzige Form des Wachstums innerhalb der antiken Religion und sie schließt jede Mission vollständig aus. Denn diese Kulte übt man aus, aber man gehört ihnen nicht an; es gibt keine antiken „Gemeinden". Wenn spätes Denken in Athen etwas Allgemeineres im Göttlichen und Kultischen annimmt, so ist das nicht Religion, sondern Philosophie, die sich auf das Denken einzelner beschränkt und auf das Empfinden der Nation, nämlich der Polis, nicht im geringsten einwirkt. Im schärfsten Gegensatz dazu steht die sichtbare Form der magischen Religion, die Kirche, die Gemeinschaft der Rechtgläubigen, die keine Heimat und keine irdische Grenze kennt. Von der magischen Gottheit gilt das Wort Jesu: „Wo zwei oder drei versammelt sind in meinem Namen, da bin ich mitten unter ihnen." Es versteht sich, daß für jeden Gläubigen nur ein Gott der wahre und gute sein kann, die Götter der andern aber falsch und böse sind.Die Beziehung zwischen diesem Gott und dem Menschen ruht nicht im Ausdruck, sondern in der geheimen Kraft, in der Magie gewisser symbolischer Handlungen: damit sie wirksam sind, muß man ihre Form und Bedeutung genau kennen und sie danach ausüben. Die Kenntnis dieser Bedeutung ist ein Besitz der Kirche – sie ist die Kirche selbst als die Gemeinschaft der Kenner – und damit liegt der Schwerpunkt jeder magischen Religion nicht im Kult, sondern in einer Lehre, im *Bekenntnis*.

Solange die Antike sich seelisch aufrecht hielt, bestand die Pseudomorphose darin, daß alle Kirchen des Ostens in Kulte westlichen Stils überführt wurden. Das ist eine wesentliche Seite des Synkretismus. Die persische Religion dringt als Mithraskult ein, die chaldäisch-syrische in den Kulten der Gestirngötter und Baale (Jupiter Dolichenus, Sabazios, Sol Invictus, Atargatis), das Judentum in Gestalt eines Jahwekultes, denn die ägyptischen Gemeinden der Ptolemäerzeit lassen sich nicht anders bezeichnen,und auch das früheste Christentum, wie die Paulinischen Briefe und die römischen Katakomben deutlich erkennen lassen, als Jesuskult. Mögen alle diese Kulte, die etwa seit Hadrian die der echt antiken Stadtgötter völlig in den Hintergrund drängen, noch so laut den Anspruch erheben, eine Offenbarung des einzig wahren Glaubens zu sein – Isis nennt sich *deorum dearumque facies uniformis* –, so tragen sie doch sämtliche Merkmale des antiken Einzelkultes: sie vermehren deren Zahl ins Unendliche; jede Gemeinde steht für sich und ist örtlich begrenzt, alle diese Tempel, Katakomben, Mithräen, Hauskapellen sind Kultorte, an welche die Gottheit nicht ausdrücklich, aber gefühlsmäßig gebunden ist; aber trotzdem liegt magisches Empfinden in dieser Frömmigkeit. Antike Kulte übt man aus, und zwar in beliebiger Zahl, von diesen *gehört man einem einzigen an*. Die Mission ist dort undenkbar, hier ist sie selbstverständlich, und der Sinn religiöser Übungen verschiebt sich deutlich nach der lehrhaften Seite.

Mit dem Hinschwinden der apollinischen und dem Aufblühen der magischen Seele seit dem zweiten Jahrhundert kehrt sich das Verhältnis um. Das Verhängnis der Pseudomorphose bleibt, aber es sind jetzt Kulte des Westens, *die zu einer neuen Kirche des Ostens werden*. Aus der Summe von Einzelkulten entwickelt sich eine Gemeinschaft derer, welche an diese Gottheiten und Übungen glauben, und nach dem Vorgange des Persertums und Judentums entsteht ein neues Griechentum als magische Nation. Aus der sorgfältig festgelegten Form der Einzelhandlung bei Opfern und Mysterien wird ein Art Dogma über den Gesamtsinn dieser Akte. Die Kulte können sich gegenseitig vertreten; man übt sie nicht eigentlich aus, sondern „hängt ihnen an". Und aus der *Gottheit des Ortes* wird, ohne daß jemand sich der Schwere dieser Wandlung bewußt wäre, *die am Orte gegenwärtige Gottheit.*

So sorgfältig der Synkretismus seit Jahrzehnten durchforscht ist, so wenig hat man doch den Grundzug seiner Entwicklung, zuerst die Verwandlung östlicher Kirchen in westliche Kulte und dann mit umgekehrter Tendenz die Entstehung der Kultkirche, erkannt.Aber die Religionsgeschichte der frühchristlichen Jahrhunderte ist anders gar nicht zu verstehen. Der Kampf zwischen Christus und Mithras als Kultgottheiten in Rom erhält jenseits von Antiochia die Form eines Kampfes zwischen der persischen und der christlichen Kirche. Aber der schwerste Krieg, den das Christentum zu führen hatte, nachdem es selbst der Pseudomorphose verfallen und deshalb mit dem Antlitz seiner geistigen Entwicklung nach Westen gerichtet war, galt nicht der wirklichen antiken Religion, die es kaum noch zu Gesicht bekam und deren öffentliche Stadtkulte innerlich längst erstorben und ohne jede Macht über die Gemüter waren, sondern dem Heidentum oder Griechentum *als einer neuen und kraftvollen Kirche*, die aus demselben Geist entstanden war wie es selbst. Es gab zuletzt im Osten des Imperiums nicht *eine* Kultkirche, sondern *zwei*, und wenn die eine nur aus Christusgemeinden bestand, so verehrten die Gemeinden der andern unter tausend Namen mit Bewußtsein ein und dasselbe göttliche Prinzip.

Es ist viel über antike Toleranz geredet worden. Man erkennt das Wesen einer Religion vielleicht am klarsten aus den Grenzen ihrer Toleranz und es gab auch für die alten Stadtkulte solche Grenzen. Daß sie stets in Mehrzahl vorhanden waren und ausgeübt wurden, gehört zu ihrem eigentlichen Sinn und bedurfte deshalb überhaupt keiner Duldung. Aber man setzte von jedem voraus, daß er vor der kultischen Form als solcher Achtung habe. Wer, wie manche Philosophen oder auch Anhänger fremdartiger Religionen, diese Achtung durch Wort oder Tat versagte, lernte auch das Maß antiker Duldung kennen. Etwas ganz anderes liegt den Verfolgungen magischer Kirchen untereinander zugrunde; da ist es die henotheistische Pflicht gegen den wahren Glauben, welche die *Anerkennung* des falschen verbietet. Antike *Kulte* hätten den Jesuskult unter sich ertragen. Die Kult *kirche* mußte die Jesuskirche angreifen. Alle großen Christenverfolgungen, denen die späteren Heidenverfolgungen genau entsprechen, sind von ihr und nicht vom „römischen" Staate ausgegangen, und sie waren nur insofern politisch, als auch die Kultkirche zugleich Nation und Vaterland war. Man wird bemerken, daß unter der Maske der Kaiserverehrung sich zwei religiöse Bräuche verbergen – in den antiken Städten des Westens, Rom an der Spitze, entstand der Einzelkult des *divus* als letzter Ausdruck jenes euklidischen Gefühls, wonach es einen rechtlichen und also auch sakralen Übergang vom *soma* des Bürgers zu dem eines Gottes gab; im Osten wurde daraus ein Bekenntnis zum Kaiser als dem Heiland und Gottmenschen, dem Messias aller Synkretisten, das deren Kirche durch eine höchste nationale Form zusammengefaßt hat. Das Opfer für den Kaiser ist das vornehmste *Sakrament* dieser Kirche; es entspricht durchaus der christlichen Taufe, und man versteht, was die Forderung und Verweigerung dieser Akte in den Zeiten der Verfolgung symbolisch zu bedeuten hatte. *Alle* diese Kirchen besitzen Sakramente: heilige Mahlzeiten wie den Haomatrank der Perser, das Passah der Juden, das Abendmahl der Christen, ähnliche für Attis und Mithras; die Taufriten der Mandäer, der Christen, der Isis und Kybeleverehrer. Man könnte deshalb die einzelnen Kulte der Heidenkirche fast als Sekten und Orden bezeichnen und würde für das Verständnis ihrer scholastischen Kämpfe untereinander und die gegenseitige Proselytenmacherei damit viel gewonnen haben.

Alle echt antiken Mysterien wie die von Eleusis und die, welche von den Pythagoräern um 500 in unteritalischen Städten begründet worden waren, sind an den Ort gebunden und durch einen sinnbildlichen Vorgang bezeichnet. Innerhalb der Pseudomorphose lösen sie sich vom Orte; sie können überall, wo Eingeweihte beisammen sind, vollzogen werden und haben nun das Ziel der magischen Ekstase und eines asketischen Lebenswandels: aus den Besuchern der Mysterienstätte hat sich ein Orden entwickelt, der sie ausübt. Die Gemeinschaft der Neupythagoräer, um 50 v. Chr. gegründet und den jüdischen Essäern nahe verwandt, ist nichts weniger als eine antike Philosophenschule; sie ist ein echter Mönchsorden und zwar nicht der einzige, der innerhalb des Synkretismus die Ideale der christlichen Eremiten und islamischen Derwische vorwegnimmt. Diese Heidenkirche besitzt ihre Einsiedler, Heiligen, Propheten, Wunderbekehrungen, heiligen Schriften und Offenbarungen.In der Bedeutung des Götterbildes für den Kult vollzieht sich eine sehr merkwürdige und noch kaum untersuchte Wendung. Der größte Nachfolger Plotins, Jamblich, hat endlich um 300 das gewaltige System einer orthodoxen Theologie und priesterlichen Hierarchie mit strengem Ritual für diese Heidenkirche entworfen, und sein Schüler Julian hat sein ganzes Leben daran gesetzt und zuletzt geopfert, um diese Kirche für die Ewigkeit aufzurichten.Er wollte 51“ sogar Klöster für meditierende Männer und Frauen einrichten und eine Kirchenbuße einführen. Eine mächtige Begeisterung, die sich bis zum Martyrium steigerte und weit über den Tod des Kaisers hinaus andauerte, hat diese gewaltige Arbeit unterstützt. Es gibt Inschriften, die man kaum anders übersetzen kann als: „Es ist nur ein Gott und Julian ist sein Prophet.“Zehn Jahre mehr und diese Kirche wäre eine geschichtliche Tatsache von Dauer geworden. Endlich hat das Christentum nicht nur ihre Macht geerbt, sondern in wichtigen Stücken auch Form und Gehalt. Es ist nicht ganz richtig, wenn man sagt, die römische Kirche habe sich den Bau des römischen Reiches angeeignet. Dieser Bau *war* schon eine Kirche. Es gab eine Zeit, wo beide sich berührten. Konstantin der Große war Urheber des Konzils von Nikäa und zugleich Pontifex maximus. Seine Söhne, eifrige Christen, haben ihn zum *divus* erhoben und ihm den vorgeschriebenen Kult gewidmet. Augustin wagte den kühnen Ausspruch, daß die wahre Religion vor dem Erscheinen des Christentums in Gestalt der antiken vorhanden gewesen sei.

5

Wenn man das Judentum von Kyros bis Titus überhaupt verstehen will, muß man sich immer wieder drei Tatsachen ins Gedächtnis rufen, welche die philologisch und theologisch voreingenommene Forschung zwar kennt, aber in ihren Erwägungen nicht mitzählen läßt: die Juden sind eine „Nation ohne Land", ein *consensus*, und zwar in einer Welt *von lauter Nationen gleicher Art*. Jerusalem ist zwar ein Mekka, ein heiliger Mittelpunkt, aber weder die Heimat *noch das geistige Zentrum* des Volkes. Endlich sind die Juden nur so lange eine einzigartige Erscheinung der Weltgeschichte, als man sie von vornherein als solche behandelt.

Gewiß sind die nachexilischen Juden im Gegensatz zu den „Israeliten" vor dem Exil, was wohl zuerst Hugo Winckler erkannt hat, ein Volk von ganz neuer Art, aber sie sind es nicht allein. Die aramäische Welt begann sich damals in eine ganze Anzahl solcher Völker, darunter Perser und Chaldäer,zu gliedern, die alle in demselben Gebiet und trotzdem in strenger Abgeschlossenheit voneinander lebten und vielleicht schon damals die rein arabische Wohnart des Ghetto aufgebracht haben.

Die ersten Vorverkünder der neuen Seele sind *die prophetischen Religionen*, die mit einer großartigen Innerlichkeit um 700 entstanden und den urwüchsigen Gebräuchen des Volkes und seiner Herrscher entgegentraten. Auch sie sind eine allgemein aramäische Erscheinung. Je mehr ich über Amos, Jesaja, Jeremia und dann über Zarathustra nachdenke, desto verwandter erscheinen sie mir. Was sie zu trennen scheint, ist nicht ihr neuer Glaube, sondern das, was sie bekämpfen: die einen jene wilde alt-israelitische Religion, die in Wirklichkeit ein ganzes Bündel von Religionen istmit dem Glauben an heilige Steine und Bäume, mit zahllosen Ortsgöttern zu Dan, Bethel, Hebron, Sichem, Beerseba, Gilgal, einem Jahwe (oder Elohim), mit dessen Namen eine Menge ganz verschiedenartiger Numina bezeichnet wird, mit Ahnenkult und Menschenopfern, Derwischtänzen und heiliger Prostitution, untermischt mit undeutlichen Überlieferungen von Moses und Abraham und vielen Bräuchen und Sagen der spätbabylonischen Welt, die in Kanaan längst zu bäuerlichen Formen herabgesunken und erstarrt waren; der andere jenen altvedischen, sicherlich ebenso vergröberten Helden- und Wikingerglauben, der es wohl nötig hatte, durch das immer wiederholte Lob des heiligen Rindes und seiner Zucht an die Wirklichkeit erinnert zu werden. Zarathustra hat um 600, oft im Elend, verfolgt und verkannt gelebt und ist als Greis in einem Kriege gegen die Ungläubigen umgekommen,ein Zeitgenosse des unglücklichen Jeremia, der von seinem Volke seiner Prophezeihungen wegen gehaßt, von seinem König gefangen gesetzt und nach der Katastrophe von den Flüchtlingen nach Ägypten mitgeschleppt und dort erschlagen wurde. Ich glaube nun, daß diese große Epoche noch eine dritte prophetische Religion hervorgebracht hat.

Es darf die Vermutung gewagt werden, daß auch die „chaldäische" Religion mit ihrem astronomischen Tiefblick und ihrer jeden neuen Betrachter überraschenden Innerlichkeit damals und zwar durch schöpferische Persönlichkeiten vom Range eines Jesaja aus Restgebilden der altbabylonischen Religion entstanden ist.Die Chaldäer waren um 1000 wie die Israeliten eine Gruppe aramäisch redender Stämme im Süden von Sinear. Noch heute wird die Muttersprache Jesu zuweilen chaldäisch genannt. Zur Seleukidenzeit bezeichnet der Name eine verbreitete religiöse Gemeinschaft und im besonderen deren Priester. Die chaldäische Religion ist eine Astralreligion, was die babylonische – vor Hammurabi – *nicht* gewesen ist. Sie stellt die tiefsinnigste Deutung des magischen Weltraumes, die Welthöhle mit dem in ihr waltenden Kismet, dar, die es gibt, und sie ist deshalb bis in die spätesten Zustände der islamischen und jüdischen Spekulation die Grundlage geblieben. Von ihr und nicht von der babylonischen Kultur ist seit dem 7. Jahrhundert eine Astronomie als exakte Wissenschaft – nämlich als *priesterliche Beobachtungstechnik* von erstaunlichem Scharfblick – ausgebildet worden.Sie hat die babylonische Mondwoche durch die Planetenwoche ersetzt. Die volkstümlichste Gestalt der alten Religion war Ischtar gewesen, die Göttin des Lebens und der Fruchtbarkeit. Jetzt ist sie ein Planet. Tammuz, der sterbende und im Frühling wieder auferstehende Vegetationsgott, wird ein Fixstern. Es meldet sich endlich das henotheistische Gefühl. Für den großen Nebukadnezar ist Marduk der eine und wahre Gott der Barmherzigkeit und Nabu, der alte Gott von Borsippa, sein Sohn und Sendbote zu den Menschen. Chaldäerkönige haben ein Jahrhundert hindurch (625–539) die Welt beherrscht, aber sie waren auch die Verkünder der neuen Religion. Sie selbst haben zu den Tempelbauten Ziegel getragen. Von Nebukadnezar, dem Zeitgenossen des Jeremia, besitzen wir noch das Gebet an Marduk bei seiner Thronbesteigung. An Tiefe und Reinheit steht es neben den besten Stücken israelitischer Prophetendichtung. Die chaldäischen Bußpsalmen, auch in Rhythmus und innerem Bau den jüdischen eng verwandt, kennen die Schuld, deren der Mensch sich nicht bewußt ist, und das Leid, das durch reumütiges Bekennen vor dem zürnenden Gott abgewehrt werden kann. Es ist dasselbe Vertrauen auf die Barmherzigkeit der Gottheit, das auch in den Inschriften des Baalstempels von Palmyra einen wahrhaft christlichen Ausdruck gefunden hat.

Der Kern der prophetischen Lehre ist bereits magisch: Es gibt *einen* wahren Gott als Prinzip des Guten, mag es Jahwe, Ahura mazda oder Marduk-Baal sein; die andern

Gottheiten sind ohnmächtig oder böse. An ihn knüpft sich die messianische Hoffnung, sehr deutlich bei Jesaja, aber mit innerer Notwendigkeit in den folgenden Jahrhunderten überall durchbrechend. Es ist der magische Grundgedanke; in ihm liegt die Annahme eines welthistorischen Kampfes zwischen gut und böse, mit der Macht des Bösen über die mittlere Zeit und dem Endsieg des Guten am Jüngsten Tage. Diese Moralisierung der Weltgeschichte ist Persern, Chaldäern und Juden gemeinsam. Aber mit ihr wird auch schon der Begriff des bodenständigen Volkes aufgelöst und die Entstehung magischer Nationen ohne irdische Heimat und Grenze vorbereitet. Der Begriff des auserwählten Volkes taucht auf,aber es ist begreiflich, daß die Menschen von starker Rasse, die großen Geschlechter voran, solch allzu geistliche Gedanken innerlich ablehnten und dem Prophetentum gegenüber auf den alten kräftigen Stammesglauben verwiesen. Nach den Untersuchungen von Cumont war die Religion der persischen Könige polytheistisch und ohne das Haomasakrament, also nicht ganz diejenige Zarathustras; dasselbe gilt von den meisten israelitischen Königen und aller Wahrscheinlichkeit nach von dem letzten Chaldäer Naboned, der gerade wegen seiner Ablehnung der Mardukreligion von Kyros mit Hilfe des eignen Volkes gestürzt werden konnte. Die Beschneidung und die – chaldäische – Sabbatfeier sind als jüdische Sakramente erst Erwerbungen des Exils.

Aber das babylonische Exil hatte zwischen Juden und Persern doch einen gewaltigen Unterschied geschaffen, nicht in den letzten Wahrheiten des frommen Wachseins, aber in allen Tatsachen des wirklichen Lebens und damit auch in den tiefsten Gefühlen diesem Leben gegenüber. Es waren die Jahwegläubigen, die heimkehren *durften*, und die Anhänger Ahura mazdas, die es ihnen *erlaubten*. Von zwei kleinen Stammesgruppen, die zweihundert Jahre vorher vielleicht die gleiche Zahl von waffenfähigen Männern besaßen, hatte die eine die Welt in Besitz genommen, und während Darius im Norden die Donau überschritt, dehnte seine Macht sich im Süden über Ostarabien bis zur Insel Sokotra an der Somaliküste aus;die andere war ein gänzlich bedeutungsloses Objekt fremder Politik.

Das hat die eine Religion so herrenmäßig, die andere so unterwürfig gemacht. Man lese Jeremia und dann die große Behistuninschrift des Darius – was für ein prachtvoller Stolz des Königs auf seinen siegreichen Gott! Und wie verzweifelt sind die Gründe, mit denen die israelitischen Propheten das Bild ihres Gottes in sich zu retten suchen. Hier, im Exil, wo durch die persischen Siege die Augen aller Juden sich auf die zarathustrische Lehre richteten, geht das rein jüdische Prophetentum (Amos, Hosea, Jesaja, Jeremia) in das apokalyptische über (Deuterojesaja, Hesekiel, Sacharja). Alle die neuen Visionen vom Menschensohn, vom Satan, den Erzengeln, den Sieben Himmeln, dem Jüngsten Gericht sind *persische Fassungen des gemeinsamen Weltgefühls*. Jesaja 41 erscheint Kyros selbst, wie der Messias gefeiert. Hat der große Schöpfer des zweiten Jesaja seine Erleuchtung von einem Zarathustrajünger empfangen? Ist es möglich, daß die Perser selbst die innere Verwandtschaft beider Lehren empfanden und die Juden deshalb in die Heimat entließen? Gewiß ist, daß beide die volkstümlichen Vorstellungen von den letzten Dingen geteilt und den gleichen Haß gegen die Ungläubigen der altbabylonischen und antiken Religion gefühlt und ausgesprochen haben, gegen alle fremden Glaubensweisen überhaupt, nur nicht gegeneinander.

Aber man muß diese „Heimkehr“ doch auch einmal von Babylon aus betrachten. Es war die große und rassekräftige Menge, die diesem Gedanken in Wirklichkeit ganz fern stand, ihn nur als Gedanken, als Traum gelten ließ, ohne Zweifel ein tüchtiger Bauern- und Handwerkerschlag mit einem in Bildung begriffenen Landadel, der ruhig in seinen Besitzungen blieb, und zwar unter *einem eigenen Fürsten*, dem Resch galuta, der seine Residenz in Nehardea hatte.Die Heimziehenden sind die Wenigsten, die Hartköpfigen, die Eiferer. Es waren 40000, mit Weib und Kind. Das kann kein Zehntel, nicht einmal ein Zwanzigstel der Gesamtzahl gewesen sein. Wer diese Ansiedler und ihr Schicksal mit dem Judentum überhaupt verwechselt,der vermag in den tieferen Sinn aller folgenden Ereignisse nicht einzudringen. *Die judäische Kleinwelt führte ein geistiges Sonderleben, das von der gesamten Nation geachtet, aber durchaus nicht geteilt wurde.* Im Osten blühte die apokalyptische Literatur, die Erbin der prophetischen, prachtvoll auf. Hier war eine echte Volksdichtung zu Hause, von der ein Meisterwerk, das Buch Hiob, mit seinem islamischen und gar nicht judäischen Geisteübrig geblieben ist, während viele andere Märchen und Sagen, darunter Judith, Tobit, Achikar, sich als Motive durch alle Literaturen der „arabischen“ Welt verbreitet haben. In Judäa gedieh nur das Gesetz; der talmudische Geist erscheint zuerst bei Hesekiel (Kap. 40ff.) und verkörpert sich seit 450 in den Schriftgelehrten (Soferim) mit Esra an der Spitze. Von 300 v. bis 200 n. Chr. haben hier die Tannaim die Tora ausgelegt und also die Mischna entwickelt. Weder das Auftreten Jesu noch die Zerstörung des Tempels haben diese abstrakte Beschäftigung unterbrochen. Jerusalem wurde das Mekka der Strenggläubigen; als Koran wurde ein Gesetzbuch anerkannt, dem nach und nach eine ganze Urgeschichte mit chaldäisch-persischen Motiven, aber in pharisäischer Umgestaltung eingeordnet wurde.Aber in diesem Kreise war kein Platz für eine weltliche Kunst, Poesie und Gelehrsamkeit. Was im Talmud an astronomischem, medizinischem und juristischem Wissen steht, ist ausschließlich mesopotamischer Herkunft.Wahrscheinlich begann dort *schon im Exil* jene chaldäisch-persisch-jüdische Sektenbildung, die zu Beginn der magischen Kultur bis zur Stiftung großer Religionen fortschritt und in der Lehre Manis den Gipfel erreichte. „Das Gesetz und die Propheten“ – *das ist beinahe der Unterschied von Judäa und Mesopotamien*. In der späteren persischen und jeder andern magischen Theologie sind beide Richtungen vereinigt, nur hier haben sie sich *örtlich* getrennt. Die Entscheidungen von Jerusalem wurden allenthalben anerkannt; es fragt sich aber, wie weit sie befolgt worden sind. Schon Galiläa war den Pharisäern verdächtig; in Babylonien durfte kein Rabbiner geweiht werden. Von dem großen Gamaliel, dem Lehrer des Paulus, wird gerühmt, daß seine Verordnungen von den Juden „selbst im Auslande“ befolgt würden. Wie unabhängig man in Ägypten lebte, beweisen die kürzlich entdeckten Urkunden von Elefantine und Assuan.Um 170 bittet Onias den König um Erlaubnis, einen Tempel „nach den Maßen des jerusalemischen“ errichten zu dürfen, mit der Begründung, daß die vielen gesetzwidrig bestehenden Tempel einen ewigen Hader unter den Gemeinden erregten.

Es ist noch eine zweite Betrachtung nötig. Das Judentum hat sich wie das Persertum seit der Zeit des Exils aus sehr kleinen Stammesverbänden ins Ungeheure vermehrt und zwar durch Bekehrung und Übertritte. *Es ist die einzige Form der Eroberung, deren eine Nation ohne Land fähig ist, und den magischen Religionen deshalb natürlich und selbstverständlich.* Im Norden drang es über den Judenstaat Adiabene schon früh bis zum Kaukasus vor, im Süden, wahrscheinlich längs des Persischen Golfes, nach Saba; im Westen gab es in Alexandria, Kyrene und Cypern den Ausschlag. Die Verwaltung in Ägypten und die Politik des Partherreiches lagen zum großen Teil in jüdischen Händen.

Aber diese Bewegung geht einzig von Mesopotamien aus. Es ist apokalyptischer und nicht talmudischer Geist darin. In Jerusalem erfindet das Gesetz immer neue Schranken gegen die Ungläubigen. Es genügt nicht, daß man auf Bekehrungen verzichtet. Man darf nicht einmal einen Heiden unter seinen Vorfahren haben. Ein Pharisäer erlaubt sich, dem allgemein beliebten König Hyrkan (135 bis 106) zuzurufen, er solle das Hohepriesteramt niederlegen, weil seine Mutter sich einmal in der Gewalt der Ungläubigen befunden habe.Es ist dieselbe Enge, welche in der christlichen Urgemeinde Judäas als Widerstand gegen die Heidenmission zum Vorschein kommt. Im Osten wäre niemand auch nur auf den Gedanken gekommen, hier eine Grenze zu ziehen; es widerspricht dem ganzen Begriff der magischen Nation. Aber daraus folgt die *geistige Überlegenheit des weiten Ostens*. Mochte das Synedrion in Jerusalem von unbestrittener religiöser Autorität sein, politisch und damit geschichtlich ist der Resch galuta eine ganz andere Macht. Das übersieht die christliche wie die jüdische Forschung. Soviel ich weiß, hat niemand die bedeutsame Tatsache beachtet, daß die Verfolgung durch Antiochus Epiphanes sich überhaupt nicht gegen „das Judentum“, sondern gegen Judäa richtete, und das führt zu einer Einsicht von noch viel größerer Tragweite.

Die Zerstörung Jerusalems traf nur einen sehr kleinen Teil der Nation und *politisch wie geistig bei weitem den unbedeutendsten*. Es ist nicht wahr, daß das jüdische Volk seitdem „in der Zerstreuung“ gelebt hätte. Es lebte seit Jahrhunderten und nicht allein, sondern zugleich mit dem persischen und anderen Völkern, in einer Form, die an kein Land gebunden war. Und man mißversteht auch den Eindruck dieses Krieges auf das eigentliche Judentum, das von Judäa wie ein Zubehör betrachtet und behandelt wurde. Man empfand den Sieg der Heiden und den Untergang des Heiligtums in tiefster Seeleund hat in dem Kreuzzug von 115 die schwerste Rache genommen, aber das galt dem jüdischen und nicht dem judäischen Ideal. Mit dem „Zionismus“ ist es damals wie früher unter Kyros und heute nur einer ganz geringen und geistig beschränkten Minderheit ernst gewesen. Hätte man das Unglück wirklich als „Verlust der Heimat“ empfunden, wie wir uns das nach abendländischem Gefühl vorstellen, so wäre die

Rückeroberung seit Marc Aurel hundertmal möglich gewesen. Aber sie hätte dem magischen Nationalgefühl widersprochen. Die ideale Form der Nation war die „Synagoge", der reine *consensus* wie die urkatholische „sichtbare Kirche" und wie der Islam; und gerade sie ist durch die Vernichtung von Judäa und dem hier geltenden Stammesgeist *erst ganz verwirklicht worden.*

Der Krieg Vespasians, der sich nur gegen Judäa richtete, war eine Befreiung des Judentums. Denn erstens verschwand damit der Anspruch der Bevölkerung dieses winzigen Gebietes, die eigentliche Nation zu sein, und die Gleichsetzung ihrer kahlen Geistigkeit mit dem Seelenleben des Ganzen. Die gelehrte Forschung, die Scholastik und Mystik der östlichen Hochschulen kam zu ihrem Recht. Der Oberrichter Karna hat, etwa gleichzeitig mit Ulpian und Papinian, an der Hochschule von Nehardea das erste Zivilrecht zusammengestellt.Und zweitens rettete es diese Religion vor den Gefahren der Pseudomorphose, denen das Christentum gleichzeitig erlag. Es hatte seit 200 v. Chr. eine halb hellenistische Judenliteratur gegeben. Der Prediger Salomo (Koheleth) enthält pyrrhonische Stimmungen. Die Weisheit Salomos, das zweite Makkabäerbuch, Theodot, der Aristeasbrief und anderes folgen; es gibt Stücke wie die Spruchsammlung Menanders, bei denen sich überhaupt nicht ermitteln läßt, ob sie griechisch oder jüdisch sein sollte. Es gab um 160 Hohepriester, die aus hellenistischem Geist die jüdische Religion bekämpften, und spätere Herrscher wie Hyrkan und Herodes, die dasselbe mit politischen Mitteln versuchten. Diese Gefahr ist mit dem Jahre 70 sofort und endgültig zu Ende.

Es gab zur Zeit Jesu in Jerusalem drei Richtungen, die man *als allgemein aramäische* betrachten darf: die Pharisäer, Sadduzäer und Essäer. Obwohl die Begriffe und Namen schwanken und die Ansichten der christlichen wie der jüdischen Forschung sehr verschieden sind, darf doch gesagt werden:

Die erste Gesinnung tritt am reinsten im Judaismus, die zweite im Chaldäertum, die dritte im Hellenismus hervor.Essäisch ist die Entstehung des ordensartigen Mithraskultes im östlichen Kleinasien, pharisäisch ist in der Kultkirche das System des Porphyrios. Die Sadduzäer, obwohl sie in Jerusalem selbst als kleiner vornehmer Kreis erscheinen – Josephus vergleicht sie mit den Epikuräern –, sind allgemein aramäisch durch ihre apokalyptischen und eschatologischen Stimmungen, durch das, was in dieser Frühzeit dem Geiste Dostojewskis verwandt ist. Sie und die Pharisäer verhalten sich wie Mystik und Scholastik, wie Johannes und Paulus, wie Bundehesch und Vendidad der Perser. Die Apokalyptik ist volkstümlich und in vielen Zügen seelisches Gemeingut der ganzen aramäischen Welt. Das talmudische und awestische Pharisäertum ist exklusiv und sucht jede andre Religion so schroff als möglich abzusondern. Nicht der Glaube und die Visionen, sondern der strenge Ritus, der gelernt und eingehalten werden muß, ist ihm das Wichtigste, so daß nach seiner Ansicht der Laie aus Unkenntnis des Gesetzes gar nicht fromm sein kann.

Die Essäer erscheinen in Jerusalem als Mönchsorden wie die Neupythagoräer. Sie besaßen geheime Schriften;im weiteren Sinne sind sie die Vertreter der Pseudomorphose und sie verschwinden deshalb mit dem Jahre 70 vollständig aus dem Judentum, während gerade jetzt die christliche Literatur eine rein griechische wurde, nicht zum wenigsten deshalb, weil das hellenisierte westlichste Judentum den nach Osten weichenden Judaismus verließ und allmählich im Christentum aufging.

Aber auch die Apokalyptik, eine Ausdrucksform des stadtlosen und stadtfeindlichen Menschentums, ist innerhalb der Synagoge sehr bald zu Ende, nachdem sie unter dem Eindruck der Katastrophe noch einmal eine wunderbare Blüte erlebt hatte.Als es sich entschieden hatte, daß die Lehre Jesu nicht zu einer Reform des Judentums, sondern zu einer neuen Religion heranwuchs, und um 100 die tägliche Fluchformel gegen die Judenchristen eingeführt wurde, verblieb die Apokalyptik für den kurzen Rest ihres Daseins der jungen Religion.

6

Das Unvergleichliche, womit das junge Christentum sich über alle Religionen dieser reichen Frühzeit hinaushebt, ist die Gestalt Jesu. Es gibt in all den großen Schöpfungen jener Jahre nichts, was sich ihr zur Seite stellen ließe. Wer damals seine Leidensgeschichte las und hörte, wie sie sich kurz vorher begeben hatte: den letzten Zug nach Jerusalem, das letzte bange Abendmahl, die Stunde der Verzweiflung in Gethsemane und den Tod am Kreuz, dem mußten alle Legenden und heiligen Abenteuer von Mithras, Attis und Osiris flach und leer erscheinen.

Hier gibt es keine Philosophie. Seine Aussprüche, von denen manche den Gefährten noch im hohen Alter Wort für Wort im Gedächtnis hafteten, sind die eines Kindes mitten in einer fremden, späten und kranken Welt. Es gibt keine sozialen Betrachtungen, keine Probleme, keine Grübelei. Wie eine stille selige Insel ruht das Leben dieser Fischer und Handwerker am See Genezareth mitten in der Zeit des großen Tiberius, fernab von aller Weltgeschichte, ohne irgendeine Ahnung von den Händeln der Wirklichkeit, während rings die hellenistischen Städte leuchten mit ihren Tempeln und Theatern, der feinen westlichen Gesellschaft und den lärmenden Zerstreuungen des Pöbels, den römischen Kohorten und der griechischen Philosophie. Als seine Freunde und Begleiter Greise geworden waren und der Bruder des Hingerichteten dem Kreise in Jerusalem vorstand, sammelte sich aus den Worten und Erzählungen, die überall in den kleinen Gemeinden im Umlauf waren, ein Lebensbild von so ergreifender Innerlichkeit, daß es eine eigene Darstellungsform hervorrief, die weder in der antiken noch in der arabischen Kultur Vorbilder hat: das Evangelium. Das Christentum ist die einzige Religion der Weltgeschichte, in welcher ein Menschenschicksal der unmittelbaren Gegenwart zum Sinnbild und Mittelpunkt der gesamten Schöpfung geworden ist.

Eine ungeheure Erregung, wie die germanische Welt sie um das Jahr 1000 kennenlernte, ging damals durch das ganze aramäische Land. Die magische Seele war erwacht. Was in den prophetischen Religionen wie eine Ahnung lag, was zur Zeit Alexanders in metaphysischen Umrissen hervortrat, das erfüllte sich jetzt. Und diese Erfüllung weckte in unnennbarer Stärke das Urgefühl der Angst. Es gehört zu den letzten Geheimnissen des Menschentums und des freibeweglichen Lebens überhaupt, daß die Geburt des Ich und der Weltangst ein und dasselbe sind. Daß sich vor einem Mikrokosmos ein Makrokosmos auf tut, weit, übermächtig, ein Abgrund von fremdem lichtüberstrahlten Sein und Treiben, das läßt das kleine, einsame Selbst scheu in sich zurückweichen. Eine Angst vor dem eigenen Wachsein, wie sie Kinder zuweilen überfällt, lernt kein Erwachsener in den schwärzesten Stunden seines Lebens wieder kennen. Diese Todesangst lag auch über dem Anbruch der neuen Kultur. In dieser Morgenfrühe magischen Weltbewußtseins, das verzagt, ungewiß, dunkel über sich selbst war, fiel ein neuer Blick auf das nahe Ende der Welt. Es ist der erste Gedanke, mit dem bis jetzt jede Kultur zum Bewußtsein ihrer selbst kam. Ein Schauer von Offenbarungen, Wundern, letzten Einblicken in den Urgrund der Dinge überfiel jedes tiefere Gemüt. Man dachte, man lebte nur noch in apokalyptischen Bildern. Die Wirklichkeit wurde zum Schein. Seltsame und grauenvolle Gesichte wurden geheimnisvoll herumerzählt, aus wirren und dunklen Schriften verlesen und sofort, mit unmittelbarer innerer Gewißheit begriffen. Von einer Gemeinschaft zur andern, von Dorf zu Dorf wanderten solche Schriften, von denen sich gar nicht sagen läßt, daß sie einer einzelnen Religion angehören.Sie sind persisch, chaldäisch, jüdisch gefärbt, aber sie haben alles aufgenommen, was damals in den Gemütern umging. Die kanonischen Bücher sind national, die apokalyptischen international im wörtlichen Sinne. Sie sind da, ohne daß jemand sie verfaßt zu haben scheint. Ihr Inhalt verschwimmt und lautet heute so und morgen anders. Sie sind aber auch nichts weniger als „Dichtung".Sie gleichen den furchtbaren Portalgestalten an den romanischen Kathedralen Frankreichs, die ebenfalls keine „Kunst", sondern steingewordene Angst sind. Jeder kannte diese Engel und Dämonen, diese Himmel- und Höllenfahrten göttlicher Wesen, den Urmenschen oder zweiten Adam, den Gesandten Gottes, den Heiland der letzten Tage, den Menschensohn, die Ewige Stadt und das Jüngste Gericht.In den fremden Städten und an den Hochsitzen des strengen persischen und jüdischen Priestertums mochte man die Unterscheidungslehren begrifflich feststellen und um sie streiten, hier unten im Volk gab es fast keine Einzelreligion, sondern eine allgemeine magische Religiosität, die alle Seelen erfüllte, die sich an Einblicke und Bilder jedes denkbaren Ursprungs heftete. Der Jüngste Tag war nahe herangekommen. Man erwartete ihn. Man wußte, daß „er" jetzt erscheinen müsse, von dem in allen Offenbarungen die Rede war. Propheten standen auf. Man schloß sich zu immer neuen Gemeinden und Kreisen zusammen, in der Überzeugung, die angeborene Religion nun besser erkannt oder die wahre gefunden zu haben. In dieser Zeit ungeheuerster, von Jahr zu Jahr wachsender Spannung ist, ganz nahe der Geburt Jesu, neben zahllosen Gemeinschaften und Sekten auch die mandäische Erlösungsreligion entstanden, deren Stifter oder Ursprung wir nicht kennen. Wie es scheint, stand sie trotz ihres Hasses gegen den Judaismus von Jerusalem und ihrer Vorliebe gerade für die persischen Fassungen des Erlösungsgedankens dem volkstümlichen Glauben des syrischen Judentums sehr nahe. Aus ihren wundervollen Schriften tritt jetzt ein Stück nach dem andern zutage. Überall ist „er", der Menschensohn, der in die Tiefe gesandte Erlöser, der selbst erlöst werden muß, das Ziel der Erwartung. Im Johannesbuch spricht der Vater, im Hause der Vollendung hoch aufgerichtet, von Licht umflossen, zu seinem eingeborenen Sohn: Mein Sohn, sei mir ein Bote – gehe in die Welt der Finsternis, in der es keinen Lichtstrahl gibt –; der Sohn ruft empor: Vater der Größe, was habe ich gesündigt, daß du mich in die Tiefe gesandt hast? Und endlich: Ohne Fehler stieg ich empor und nicht war Fehl und Mangel an mir.Alle Züge der großen prophetischen Religionen und der ganze Schatz tiefster Einsichten und Gestalten, der sich seitdem in der Apokalyptik gesammelt hatte, liegen hier gemeinsam zugrunde. Von antikem Denken und Fühlen ist in diese Unterwelt des Magischen nicht ein Hauch gedrungen. Die Anfänge der neuen Religion sind wohl für immer verschollen. *Eine* geschichtliche Gestalt des Mandäertums aber tritt mit ergreifender Deutlichkeit hervor, tragisch in ihrem Wollen und Untergang wie Jesus selbst: es ist Johannes der Täufer.Dem Judentum kaum noch angehörig und von einem mächtigen Hasse – er entspricht genau dem urrussischen Hasse gegen Petersburg – gegen den Geist von Jerusalem erfüllt, predigt er das Ende der Welt und das Nahen des Barnasha, des Menschensohnes, *der nicht mehr der verheißene nationale Messias der Juden, sondern der Bringer des Weltbrandes ist.*Zu ihm ging Jesus und wurde einer seiner Jünger.Er war dreißig Jahre alt, als die Erweckung über ihn kam. Die apokalyptische und im besonderen die mandäische Gedankenwelt erfüllte von nun an sein ganzes Bewußtsein. Nur scheinhaft, fremd und bedeutungslos lag die andere Welt der geschichtlichen Wirklichkeit um ihn her. Daß „er" jetzt kommen und dieser so unwirklichen Wirklichkeit ein Ende machen werde, war seine große Gewißheit, und für sie trat er wie sein Meister Johannes als Verkünder auf. Noch jetzt lassen die ältesten ins Neue Testament aufgenommenen Evangelien diese Zeit hindurchschimmern, in der er in seinem Bewußtsein nichts war als ein Prophet. Z. B. Mark. 6 und dazu die große Wendung Mark. 8, 27 ff. Es gibt keine zweite Religion, aus deren Entstehungszeit Stücke von so treuherziger Berichterstattung erhalten sind. Aber es gibt einen Augenblick in seinem Leben, wo die Ahnung und dann die hohe Gewißheit über ihn kommt: Du bist es selbst. Es war ein Geheimnis, das er zuerst kaum sich selbst, dann seinen nächsten Freunden und Begleitern eingestand, die nun die selige Botschaft in aller Stille mit ihm teilten, bis sie die Wahrheit endlich durch den verhängnisvollen Zug nach Jerusalem vor aller Welt zu offenbaren wagten. Wenn irgend etwas die vollkommene Reinheit und Ehrlichkeit seiner Gedanken verbürgt, so ist es der Zweifel, ob er sich nicht doch vielleicht täusche, der ihn immer wieder ergriffen hat und von dem seine Jünger später ganz aufrichtig erzählt haben. Da kommt er in seine Heimat. Das Dorf läuft zusammen. Man erkennt den ehemaligen Zimmermann, der seine Arbeit verlassen hat, und ist entrüstet. Die Familie, seine Mutter, die zahlreichen Brüder und Schwestern schämen sich seiner und wollen ihn festnehmen. Da, als er all die bekannten Augen auf sich gerichtet fühlt, wird er verwirrt und die magische Kraft weicht von ihm (Mark. 6). In Gethsemane mischen sich Zweifel an seiner Sendungmitten in die entsetzliche Angst vor dem Kommenden, und noch am Kreuz vernahm man den qualvollen Ruf, daß Gott ihn verlassen habe.

Selbst in diesen letzten Stunden lebt er ganz im Bilde seiner apokalyptischen Welt. Er hat nie eine andere wirklich um sich gesehen. Was den Römern, die unter ihm Wache standen, als Wirklichkeit galt, war ihm ein Gegenstand ratlosen Staunens, ein Trugbild, das sich unversehens in nichts auflösen konnte. Er besaß die reine und unverfälschte Seele des stadtlosen Landes. Das Leben der Städte, der Geist im städtischen Sinne waren ihm gänzlich fremd. Hat er das halbantike Jerusalem, in das er als der Menschensohn einzog, wirklich gesehen und in seinem geschichtlichen Wesen verstanden? Das ist das Ergreifende der letzten Tage, dieser Zusammenstoß von Tatsachen und Wahrheiten, von zwei Welten, die sich nie verstehen werden: daß er gar nicht wußte, was mit ihm geschah.

So ging er in der Fülle des Verkündens durch sein Land, aber dieses Land war Palästina. Er war im antiken Imperium geboren und lebte unter den Augen des Judaismus von Jerusalem, und sobald seine Seele aus ihrem Schauen und dem Gefühl ihrer Sendung heraus um sich blickte, stieß sie auf die Wirklichkeit des römischen Staates und des Pharisäertums. Der Widerwille gegen dieses starre und eigensüchtige Ideal, den er mit dem ganzen Mandäertum und ohne Zweifel mit dem jüdischen Landvolke des weiten Ostens teilte, geht als erstes und dauerndes Merkmal durch alle seine Reden. Ihm graute vor diesem Wust verstandesmäßiger Formeln, der der einzige Weg zum Heil sein sollte. Dennoch war es nur eine andre Art von Frömmigkeit, die seiner Überzeugung mit rabbinischer Logik das Recht bestritt.

Hier stand nun das Gesetz gegen die Propheten. Als Jesus aber vor Pilatus geführt wurde, *da traten sich die Welt der Tatsachen und die der Wahrheiten unvermittelt und unversöhnlich gegenüber*, in so erschreckender Deutlichkeit und Wucht der Symbolik wie in keiner zweiten Szene der gesamten Weltgeschichte. Der Zwiespalt, der allem freibeweglichen Leben von Anfang an zugrunde liegt, schon damit, daß es *ist*, daß es Dasein *und* Wachsein ist, hat hier die höchste überhaupt denkbare Form menschlicher Tragik angenommen. In der berühmten Frage des römischen Prokurators: Was ist Wahrheit? – das einzige Wort im Neuen Testament, das Rasse hat – *liegt der ganze Sinn der Geschichte*, die Alleingeltung der Tat, der Rang des Staates, des Krieges, des Blutes, die ganze Allmacht des Erfolges und der Stolz auf ein großes Geschick. Darauf hat nicht der Mund, aber das schweigende Gefühl Jesu mit der andern, über alles Religiöse entscheidenden Frage geantwortet: *Was ist Wirklichkeit?* Für Pilatus war sie alles, für ihn selbst nichts. Anders kann echte Religiosität der Geschichte und ihren Mächten niemals gegenüberstehen, anders darf sie das tätige Leben nie einschätzen, und wenn sie es dennoch tut, so hat sie aufgehört, Religion zu sein, und ist selbst dem Geist der Geschichte verfallen.

Mein Reich ist nicht von dieser Welt – das ist das letzte Wort, von dem sich nichts abdeuten läßt und an dem jeder ermessen muß, wohin Geburt und Natur ihn gewiesen haben. Ein Dasein, das sich des Wachseins bedient, oder ein Wachsein, welches das Dasein unterwirft; Takt oder Spannung, Blut oder Geist, Geschichte oder Natur, Politik oder Religion: hier gibt es nur ein Entweder-Oder und keinen ehrlichen Vergleich. Ein Staatsmann kann tief religiös sein, ein Frommer kann für sein Vaterland fallen – aber sie müssen beide wissen, auf welcher Seite sie wirklich stehen. Der geborne Politiker verachtet die weltfremden Betrachtungsweisen des Ideologen und Ethikers mitten in seiner Tatsachenwelt – er hat recht. Für den Gläubigen sind aller Ehrgeiz und Erfolg der geschichtlichen Welt sündhaft und ohne ewigen Wert – er hat auch recht. Ein Herrscher, der die Religion in der Richtung auf politische, praktische Ziele verbessern will, ist ein Tor. Ein Sittenprediger, der Wahrheit, Gerechtigkeit, Frieden, Versöhnung in die Welt der Wirklichkeit bringen will, ist ebenfalls ein Tor. Kein Glaube hat je die Welt verändert und keine Tatsache kann je einen Glauben widerlegen. Es gibt keine Brücke zwischen der gerichteten Zeit und dem zeitlos Ewigen, zwischen dem Gang der Geschichte und dem Bestehen einer göttlichen Weltordnung, in deren Bau „Fügung" das Wort für den höchsten Fall von Kausalität ist. *Das ist der letzte Sinn jenes Augenblicks, in dem Pilatus und Jesus sich gegenüberstanden*. In der einen, der historischen Welt ließ der Römer den Galiläer ans Kreuz schlagen – das war sein Schicksal. In der andern war Rom der Verdammnis verfallen und das Kreuz die Bürgschaft der Erlösung. Das war „Gottes Wille".*Religion ist Metaphysik, nichts anderes: Credo, quia absurdum*. Und zwar ist erkannte, bewiesene, für bewiesen gehaltene Metaphysik bloße Philosophie oder Gelehrsamkeit. Hier ist *erlebte* Metaphysik gemeint, das Undenkbare als Gewißheit, das Übernatürliche als Ereignis, das Leben in einer nicht wirklichen, aber wahren Welt. Anders hat Jesus auch nicht einen Augenblick gelebt. Er war kein Sittenprediger. In der Sittenlehre das letzte Ziel der Religion sehen, heißt sie nicht kennen. Das ist neunzehntes Jahrhundert, „Aufklärung", humanes Philistertum. Ihm soziale Absichten zuschreiben, ist eine Lästerung. Seine gelegentlichen Sittensprüche, soweit sie ihm nicht nur zugeschrieben sind, dienen lediglich der Erbauung. Sie enthalten gar keine neue Lehre. Es waren Sprichwörter darunter, wie sie damals jeder kannte. Seine *Lehre* war einzig die Verkündigung der letzten Dinge, deren Bilder ihn beständig erfüllten: der Anbruch des neuen Weltalters, die Herabkunft des himmlischen Gesandten, das letzte Gericht, ein neuer Himmel und eine neue Erde.Einen andern Begriff von Religion hat er nie gehabt, und einen andern besitzt überhaupt keine wahrhaft innerliche Zeit. *Religion ist durch und durch Metaphysik, Jenseitigkeit,* Wachsein inmitten einer Welt, in welcher das

Zeugnis der Sinne nur den Vordergrund aufhellt; Religion ist das Leben in und mit dem Übersinnlichen, und wo die Kraft zu solchem Wachsein, die Kraft, auch nur daran zu glauben, fehlt, da ist die wirkliche Religion zu Ende. Mein Reich ist *nicht* von dieser Welt – nur wer das ganze Gewicht dieser Einsicht ermißt, kann seine tiefsten Aussprüche begreifen. Erst späte, städtische Zeiten, die solcher Einblicke nicht mehr fähig waren, haben den Rest von Religiosität auf die Welt des äußeren Lebens bezogen und die Religion durch humane Gefühle und Stimmungen, die Metaphysik durch Sittenpredigt und Sozialethik ersetzt. In Jesus findet man das gerade Gegenteil. „Gebt dem Cäsar, was des Cäsars ist" – das heißt: Fügt euch den Mächten der Tatsachenwelt, duldet, leidet und fragt nicht, ob sie „gerecht" sind. Wichtig ist nur das Heil der Seele. „Sehet die Lilien auf dem Felde" – das heißt: Kümmert euch nicht um Reichtum und Armut. Sie fesseln *beide* die Seele an die Sorgen dieser Welt. „Man muß Gott dienen oder dem Mammon" – da ist mit dem Mammon die *ganze* Wirklichkeit gemeint. Es ist flach und feige, die Größe aus dieser Forderung fortzudeuten. Zwischen der Arbeit für den eignen Reichtum und der für die soziale Bequemlichkeit „aller" hätte er überhaupt keinen Unterschied empfunden. Wenn er vor dem Reichtum erschrak und wenn die Urgemeinde in Jerusalem, die ein strenger Orden war und kein Sozialistenklub, den Besitz verwarf, so liegt darin der größte überhaupt denkbare Gegensatz zu aller „sozialen Gesinnung": nicht weil die äußere Lage alles, sondern weil sie nichts ist, nicht aus der Alleinschätzung, sondern aus der unbedingten Verachtung des diesseitigen Behagens gehen solche Überzeugungen hervor. Aber es muß allerdings etwas da sein, dem gegenüber alles irdische Glück zu nichts versinkt. Es ist wieder der Unterschied von Tolstoi und Dostojewski. Tolstoi, der Städter und Westler, hat in Jesus nur einen Sozialethiker erblickt und wie der ganze zivilisierte Westen, der nur verteilen, nicht verzichten kann, das Urchristentum zum Range einer sozialrevolutionären Bewegung herabgezogen, und zwar aus Mangel an metaphysischer Kraft. Dostojewski, der arm war, aber in gewissen Stunden fast ein Heiliger, hat nie an soziale Verbesserungen gedacht – was wäre der Seele damit geholfen, wenn man das Eigentum abschafft?

7

Unter den Freunden und Schülern, die der furchtbare Ausgang des Zuges nach Jerusalem innerlich vernichtet hatte, verbreitete sich nach einigen Tagen die Kunde von seiner Auferstehung und Erscheinung. Was das für solche Seelen und eine solche Zeit bedeutete, können späte Menschen niemals ganz nachempfinden. Damit war die Erwartung der gesamten Apokalyptik jener magischen Frühzeit erfüllt: am Ende des gegenwärtigen Aion der Aufstieg des erlösten Erlösers, des zweiten Adam, des Saoshyant, Enosh oder Barnasha oder wie man „ihn" sonst noch vorstellen und nennen mochte, in das Lichtreich des Vaters. Damit war die verkündete Zukunft und das neue Weltalter, „das Himmelreich", unmittelbare Gegenwart geworden. Man befand sich im entscheidenden Punkt der Heilsgeschichte. Diese Gewißheit hat den Weltblick des kleinen Kreises vollkommen verändert. „Seine“ Lehre, wie sie aus seiner milden und edlen Natur geflossen war, sein inneres Gefühl vom Verhältnis zwischen Mensch und Gott und dem Sinn der Zeiten überhaupt, das mit dem einen Wort Liebe erschöpfend bezeichnet war, trat zurück, und die *Lehre von ihm* trat an ihre Stelle. Als der „Auferstandene“ wurde ihr Lehrer eine neue Gestalt innerhalb der Apokalyptik selbst, und zwar die wichtigste und abschließende. Aber damit war aus dem Zukunftsbilde ein Erinnerungsbild geworden. Es war etwas ganz Entscheidendes und in der gesamten magischen Gedankenwelt Unerhörtes, dies Eintreten einer selbsterlebten Wirklichkeit in den Kreis der großen Gesichte. Die Juden, darunter der junge Paulus, und die Mandäer, darunter die Jünger des Täufers, haben es leidenschaftlich bestritten. Für sie war er ein falscher Messias, von dem schon die ältesten persischen Texte gesprochen hatten.Für sie sollte „er“ auch fernerhin noch kommen; für die kleine Gemeinde war er eben dagewesen. Sie hatten ihn gesehen, mit ihm gelebt. Man muß sich ganz in dies Bewußtsein versetzen, um seine ungeheure Überlegenheit in einer solchen Zeit zu begreifen. Statt eines ungewissen Blickes in die Ferne ein Stück ergreifender Gegenwart, statt der wartenden Angst die befreiende Gewißheit, statt einer Sage ein miterlebtes Menschenschicksal. Es war wirklich eine „frohe Botschaft“, die man verkündete.

Aber wem? Schon in den ersten Tagen erhebt sich die Frage, welche über das ganze Schicksal der neuen Offenbarung entschied. Jesus und seine Freunde waren Juden von Geburt, aber sie gehörten nicht zum judäischen Lande. Hier in Jerusalem erwartete man den Messias der alten heiligen Bücher, der allein für das jüdische Volk im ehemaligen Sinne einer Stammesgemeinschaft kommen sollte. Das ganze übrige aramäische Land aber erwartete den Erlöser *der Welt*, den Heiland und Menschensohn aller apokalyptischen Schriften, mochten sie jüdisch, persisch, chaldäisch oder mandäisch abgefaßt sein.óùôÞñIm einen Falle waren Tod und Auferstehung Jesu nur ein örtliches Ereignis, im andern bedeuteten sie eine Weltwende. Denn während überall sonst die Juden eine magische Nation ohne Heimat und Einheit der Abstammung geworden waren, hielt man in Jerusalem an der Stammesauffassung fest. Es handelte sich nicht um „Juden-“ oder „Heidenmission“: der Zwiespalt liegt viel tiefer. Das Wort Mission bedeutet hier durchaus zweierlei. Im Sinne des Judaismus bedurfte es eigentlich keiner Werbung; im Gegenteil, sie widersprach der Messiasidee. Die Begriffe Stamm und Mission schließen sich aus. Die Angehörigen des auserwählten Volkes und im besonderen die Priesterschaft hatten sich lediglich *zu überzeugen*, daß die Verheißung jetzt erfüllt war. Im andern Falle aber lag in der Idee der magischen, auf dem *consensus* beruhenden Nation, daß mit der Auferstehung die volle und endgültige Wahrheit und also mit dem consensus über sie *die Grundlage der wahren Nation* gegeben war, die sich nun ausdehnen mußte, bis sie alle älteren, der Idee nach unvollkommenen in sich aufgenommen hatte. „Ein Hirt und eine Herde“ – das war die Formel für die neue *Weltnation*. Die Nation des Erlösers war mit der Menschheit identisch. Überblickt man die Vorgeschichte dieser Kultur, so ergibt sich, daß die Streitfrage des

Apostelkonzilsschon 500 Jahre vorher durch die Tat entschieden war: das nachexilische Judentum mit einziger Ausnahme des in sich abgeschlossenen Kreises von Judäa hatte wie die Perser, die Chaldäer und alle andern im ausgedehntesten Maße unter den Ungläubigen geworben, von Turkestan bis nach Innerafrika, ohne Rücksicht auf Heimat und Abkunft. Darüber stritt man nicht. Es kam dieser Gemeinschaft gar nicht zum Bewußtsein, daß es anders sein könne. Sie selbst war ja bereits das Ergebnis *eines nationalen Daseins, das in Ausdehnung bestand*. Die altjüdischen Texte waren ein sorgfältig behüteter Schatz, und die richtige Auslegung, die Halacha, behielten sich die Rabbiner vor. Die apokalyptische Literatur bildete dazu das äußerste Gegenteil: geschrieben, um schrankenlos alle Gemüter zu wecken, war sie in der Ausdeutung jedem einzelnen anheimgestellt. Wie seine ältesten Freunde es auffaßten, zeigt die Tatsache, daß sie sich als die Gemeinde der Endzeit in Jerusalem festsetzten und im Tempel verkehrten. Für diese einfachen Leute, darunter seine Brüder, die ihn anfangs durchaus abgelehnt hatten, und die Mutter, die nun an den hingerichteten Sohn glaubte,war die Macht der judäischen Überlieferung noch stärker als der apokalyptische Geist. Ihre Absicht, die Juden zu überzeugen, mißlang, obwohl anfangs sogar Pharisäer übertraten; sie blieben eine der vielen Sekten innerhalb des Judentums und man kann das Ergebnis, das „Bekenntnis des Petrus", wohl so ausdrücken, daß sie selbst das wahre, das Synedrion aber das falsche Judentum vertraten. Matthäus vertritt Lukas gegenüber diese Auffassung. Es ist das einzige Evangelium, in dem das Wort Ekklesia vorkommt, und zwar sind damit die *wahren Juden* gemeint gegenüber der Masse, die den Ruf Jesu nicht hören will. Das ist nicht Mission, so wenig als Jesaja Mission getrieben hat. Gemeinde bedeutet hier einen innerjüdischen Orden. (Die Vorschriften 18, 15–20, sind mit einer allgemeinen Ausbreitung ganz unvereinbar.)

Das letzte Schicksal dieses Kreisesist in Vergessenheit geraten unter der Wirkung, welche die neue apokalyptische Lehre in der ganzen Welt magischen Fühlens und Denkens sehr bald hervorrief. Unter den späteren Anhängern Jesu waren viele, die wirklich rein magisch empfanden und von pharisäischem Geiste ganz frei waren. Sie haben lange vor Paulus die Missionsfrage stillschweigend für sich gelöst. Sie konnten gar nicht leben, ohne zu verkünden, und sie haben vom Tigris bis zum Tiber überall kleine Kreise gesammelt, in denen die Jesusgestalt in allen denkbaren Auffassungen mit der Masse schon vorhandener Gesichte und Lehren verschmolz.Hier ergab sich ein zweiter Zwiespalt, der ebenfalls in den Worten Heiden- und Judenmission enthalten ist und der viel wichtiger wurde als jener im voraus entschiedene Streit zwischen Judäa und der Welt: Jesus hatte in Galiläa gelebt. Sollte die Lehre von ihm nach West oder Ost gerichtet sein? Als Jesuskult oder als Erlöserorden? In engster Fühlung mit der persischen oder der synkretistischen Kirche, die damals beide in Bildung begriffen waren?

Darüber hat Paulus entschieden, die erste große Persönlichkeit in der neuen Bewegung, die erste, die sich nicht nur auf Wahrheiten, sondern auch auf Tatsachen verstand. Als junger Rabbiner aus dem Westen und Schüler eines der berühmtesten

Tannaim hatte er die Christen als eine innerjüdische Sekte verfolgt. Nach einer Erweckung, wie sie damals oft vorkam, wandte er sich den vielen kleinen Kultgemeinden des Westens zu und schuf aus ihnen eine Kirche seiner Prägung. Von hier an haben sich die heidnische und die christliche Kultkirche im Gleichschritt und in engster Wechselwirkung bis zu Jamblich und Athanasius (beide um 330) entwickelt. Im Angesicht dieses großen Ziels hat er für die Jesusgemeinde in Jerusalem eine kaum verhehlte Verachtung. Es gibt im Neuen Testament nichts Peinlicheres als den Anfang des Galaterbriefes: er hat seine Tätigkeit auf eigene Faust unternommen und so gelehrt und aufgebaut, wie es ihn gut dünkte. Endlich, nach vierzehn Jahren, geht er nach Jerusalem, um die alten Gefährten Jesu durch seine geistige Überlegenheit, den Erfolg und die Tatsache seiner Unabhängigkeit von ihnen zu dem Eingeständnis zu zwingen, daß seine Schöpfung die wahre Lehre enthalte. Petrus und die Seinen, allem Tatsächlichen fremd, haben die Tragweite der Besprechung nicht erkannt: von da an war die Urgemeinde überflüssig.

Paulus war Rabbiner dem Geiste und Apokalyptiker dem Gefühl nach. Er erkannte den Judaismus an, aber als *Vorgeschichte*. Infolgedessen gab es von nun an zwei magische Religionen mit derselben heiligen Schrift, nämlich dem Alten Testament. Aber dazu gehörte eine doppelte Halacha, die eine in der Richtung auf den Talmud, durch die Tannaim zu Jerusalem seit 300 v. Chr. entwickelt, die andere durch Paulus begründet und durch die Kirchenväter vollendet, in der Richtung auf das Evangelium. Die ganze Fülle der Apokalyptik aber mit ihrer Erlöserverheißung, die damals umging,zog er in die Erlösungs*gewißheit* zusammen, so wie sie *ihm allein* vor Damaskus unmittelbar offenbart worden war. „*Jesus ist der Erlöser und Paulus ist sein Prophet*“: das ist der volle Inhalt seiner Verkündigung. Die Ähnlichkeit mit Mohammed kann nicht größer sein. Weder die Art der Erweckung noch das prophetische Selbstbewußtsein noch die Folgerungen daraus für das alleinige Recht und die unbedingte Wahrheit ihrer Auslegung sind verschieden.

Mit Paulus erscheint der *Stadtmensch* und mit ihm die „Intelligenz“ in diesem Kreise. Die andern, mochten sie auch Antiochia und Jerusalem kennen, haben doch das Wesen solcher Städte nie begriffen. Sie lebten erdverbunden, ländlich, ganz Seele und Gefühl. Hier erschien ein in den Großstädten antiken Stils gewachsener Geist, der nur in Städten leben konnte, der das bäuerliche Land weder begriff noch achtete. Mit Philo hätte er sich verständigen mögen, mit Petrus nicht. Er hat zuerst das Auferstehungserlebnis als *Problem gesehen*, und das selige Schauen der ländlichen Jünger verwandelte sich in seinem Kopfe in einen Streit geistiger Prinzipien. Wie war das doch anders – das Ringen in Gethsemane und die Stunde von Damaskus: ein Kind und ein Mann, Seelenangst und geistige Entscheidung, Ergebung in den Tod und Entschluß zum Wechsel der Partei. Er hatte in der neuen Judensekte zuerst eine Gefahr für die pharisäische Lehre von Jerusalem gesehen; plötzlich begriff er, daß die Nazarener „recht hatten“ – ein Wort, an das man bei Jesus gar nicht denken kann; nun verteidigt er ihre Sache gegen den

Judaismus und erhebt sie damit zu einer *geistigen Größe*, während sie bisher das Wissen um ein Erlebnis gewesen war. Eine geistige Größe – aber damit drängt er das Verteidigte ganz unbewußt den andern geistigen Mächten näher, die es damals gab: *den Städten des Westens.* Im Umkreis der reinen Apokalyptik gab es keinen „Geist". Die alten Gefährten konnten ihn gar nicht verstehen. Sie müssen ängstlich und traurig auf ihn geblickt haben, als er auf sie einredete. Ihr lebendiges Jesusbild – Paulus hatte ihn ja nie gesehen – verblaßte vor diesem grellen Licht der Begriffe und Sätze. Von nun an wurde aus der heiligen Erinnerung ein Schulsystem. Aber Paulus hatte ein ganz richtiges Gefühl für die wahre Heimat seiner Gedanken. Er hat seine Missionsreisen sämtlich nach Westen gerichtet und den Osten überhaupt nicht beachtet. *Er hat das antike Staatsgebiet nie verlassen.* Warum ging er nach Rom, nach Korinth und nicht nach Edessa oder Ktesiphon? *Und warum nur in die Städte und niemals von Dorf zu Dorf?*

Paulus *allein* hat diese Entwicklung der Dinge veranlaßt. Seiner praktischen Energie gegenüber kamen die Gefühle aller andern nicht in Betracht. Damit war über die städtische und westliche Tendenz der jungen Kirche entschieden. Die letzten Heiden wurden später *pagani* genannt, die „Leute auf dem Lande". Es erhob sich eine ungeheure Gefahr, die nur durch die Jugend und urwüchsige Kraft des werdenden Christentums abgewehrt worden ist: das Fellachentum der antiken Weltstädte griff mit beiden Händen danach und die Spuren blieben deutlich zurück. Wie weit entfernt war das doch vom Wesen Jesu, der ganz mit dem Lande und seinen Menschen verbunden gelebt hatte! Er hatte die Pseudomorphose gar nicht bemerkt, in deren Mitte er geboren war, und trug auch nicht den leisesten Zug von ihr in seiner Seele, und nun, ein Menschenalter hernach, als seine Mutter vielleicht noch lebte, war das, was aus seinem Tode aufgewachsen war, schon ein Mittelpunkt für das Formwollen der Pseudomorphose geworden. Die antiken Städte waren bald der einzige Schauplatz der kultischen und dogmatischen Entwicklung. Nach Osten breitete sich die Gemeinschaft nur verstohlen aus, wie um nicht bemerkt zu werden.Um das Jahr 100 gab es schon Christen jenseits des Tigris, aber sie sind samt ihren Überzeugungen für den Gang der kirchlichen Entwicklung so gut wie nicht vorhanden.

Aus der nächsten Umgebung des Paulus ist nun auch die zweite Schöpfung hervorgegangen, welche die Gestalt der neuen Kirche wesentlich bestimmt hat. Daß es Evangelien gibt, ist, so sehr die Persönlichkeit und Geschichte Jesu eine dichterische Gestaltung forderte, die Tat eines einzelnen, des Markus.Was Paulus und Markus vorfanden, war eine feste Tradition in den Gemeinden, *das* "Evangelium", ein fortgesetztes Hörensagen und Weiterberichten, das durch formlose und unbedeutende Aufzeichnungen in aramäischer und griechischer Sprache gestützt, aber keineswegs dargestellt wurde. Daß einmal wichtige Schriften entstehen würden, war gewiß, aber aus dem Geist des Kreises, der mit Jesus *gelebt* hatte, und dem Geist des Ostens überhaupt wäre eine kanonische Sammlung seiner Aussprüche, die auf den Konzilien ergänzt, abgeschlossen und mit einem Kommentar versehen wurde, das Natürliche gewesen und dazu eine Jesusapokalypse mit der Parusie als Mittelpunkt. Die Ansätze dazu wurden durch das Evangelium des Markus, das um 65, gleichzeitig mit den letzten Paulusbriefen und griechisch wie diese geschrieben ist, gänzlich abgebrochen. Damit ist der Verfasser, der die Bedeutung seines kleinen Werkes gar nicht ahnte, eine der allerwichtigsten Persönlichkeiten nicht nur des Christentums, sondern der arabischen Kultur überhaupt geworden. Alle älteren Versuche verschwanden. Nur Schriften in Evangelienform blieben als Quellen über Jesus zurück. Das war so selbstverständlich, daß von nun an „Evangelium" aus der Bezeichnung eines Inhalts zu der einer Form wurde. Das Werk stammt aus dem Wunsch paulinischer, literaturgewohnter Kreise, die nie einen Gefährten Jesu von ihm hatten reden hören. Es ist ein *apokalyptisches Lebensbild aus der Ferne*; das Erlebnis ist durch Erzählung ersetzt, so schlicht und aufrichtig, daß man die apokalyptische Tendenz gar nicht bemerkt.Aber sie bildet dennoch die Voraussetzung. Nicht die Worte Jesu, sondern die Lehre von ihm in der paulinischen Fassung ist der Stoff. Das erste christliche Buch geht aus der Schöpfung des Paulus hervor, aber diese selbst ist ohne das Buch und seine Nachfolger sehr bald nicht mehr zu denken.

Denn jetzt entstand, was Paulus, ein inbrünstiger Scholastiker, nie gewollt, was er aber durch die Richtung seiner Tätigkeit unvermeidlich gemacht hatte, *die Kultkirche christlicher Nation*. Während die synkretistische Glaubensgemeinschaft in dem Maße, wie sie zum Selbstbewußtsein gelangte, die zahllosen alten Stadtkulte und die neuen magischen zusammenzog und diesem Gefüge durch einen höchsten Kult henotheistische Form gab, wurde der Jesuskult der ältesten Westgemeinden so lange zerlegt und bereichert, bis aus ihm eine ganz ähnlich gebaute Masse von Kulten entstanden war.Um die Geburt Jesu, von der die Jünger nichts gewußt haben, bildete sich eine Kindheitsgeschichte. Bei Markus kommt sie noch nicht vor. Zwar sollte schon in der altpersischen Apokalyptik der Saoshyant als Heiland der letzten Tage von einer Jungfrau geboren werden; der neue westliche Mythus aber war von ganz anderer Bedeutung und hatte unermeßliche Folgen. Denn nun erhob sich im Gebiet der Pseudomorphose neben Jesus als dem Sohne und weit über ihn hinaus die Gestalt der Gottesmutter, der Mutter Gottes, ebenfalls ein schlichtes Menschenschicksal von so ergreifender Gewalt, daß es all die tausend Jungfrauen und Mütter des Synkretismus, Isis, Tank, Kybele, Demeter und alle Mysterien von Geburt und Leiden überragte und zuletzt in sich aufnahm. Nach Irenäus ist sie die Eva einer neuen Menschheit. Origenes verficht ihre dauernde Jungfräulichkeit. Durch die Geburt des Erlösergottes hat eigentlich sie die Welt erlöst. Die Theotokos Maria, die Gottesgebärerin, war das große Ärgernis der Christen jenseits der antiken Grenze, und die aus dieser Vorstellung entwickelten Lehrsätze gaben zuletzt den Anlaß für Monophysiten und Nestorianer, sich abzulösen und die reine Jesusreligion wiederherzustellen. Aber als die faustische Kultur erwachte und eines großen Symbols bedurfte, um ihr Urgefühl für die unendliche Zeit, die Geschichte und die Folge der Geschlechter sinnlich zu fassen, da hat sie *die Mater dolorosa und nicht den leidenden Erlöser* in die Mitte des germanisch-katholischen

Christentums der Gotik gestellt, und durch ganze Jahrhunderte blühender Innerlichkeit ist diese Frauengestalt der eigentliche Inbegriff faustischen Weltgefühls und das Ziel aller Dichtung, Kunst und Frömmigkeit gewesen. Noch heute nimmt im Kult und in den Gebeten der katholischen Kirche und vor allem im Gefühl der Gläubigen Jesus den zweiten Platz nach der Madonna ein. Ed. Meyer, Urspr. u. Anfänge d. Christentums (1921), S. 77 ff.

Neben dem Marienkult entstanden die unzähligen Kulte der Heiligen, deren Zahl die der antiken Ortsgottheiten sicherlich aufwog, und als die heidnische Kirche zuletzt erlosch, konnte die christliche den ganzen Schatz örtlicher Kulte unter der Form der Heiligenverehrung in sich aufnehmen.

Aber Paulus und Markus haben noch etwas anderes entschieden, dessen Tragweite gar nicht überschätzt werden kann. Es war die Folge *seiner* Mission, daß das Griechische die Sprache der Kirche und ihrer heiligen Schriften, voran des ersten Evangeliums, wurde, wofür ursprünglich nicht einmal die Wahrscheinlichkeit vorlag. Eine heilige *griechische* Literatur – man bedenke, was das alles einschloß. Die Jesuskirche wurde von ihrem seelischen Ursprung künstlich abgetrennt und einem fremden, gelehrten angeheftet. Die Fühlung mit dem Volkstum des aramäischen Mutterlandes ging verloren. Von da an hatten die beiden Kultkirchen die gleiche Sprache, die gleiche begriffliche Überlieferung, die gleichen Bücherschätze derselben Schulen. Die viel ursprünglicheren aramäischen Literaturen des Ostens, die eigentlich magischen, geschrieben und gedacht in der Sprache Jesu und seiner Gefährten, waren damit von der Mitwirkung am Leben der Kirche abgeschnitten. Man konnte sie nicht lesen, man verfolgte sie nicht mehr, man vergaß sie endlich. Mochten auch die heiligen Texte der persischen und jüdischen Religion awestisch und hebräisch abgefaßt sein, so war doch die Sprache ihrer Urheber und Erklärer, die Sprache der gesamten Apokalyptik, aus welcher die Lehre Jesu und die Lehre von ihm herangewachsen waren, und endlich die der Gelehrten an allen Hochschulen Mesopotamiens das Aramäische. Das alles entschwand nun aus dem Gesichtskreis und an seine Stelle traten Plato und Aristoteles, die von den Scholastikern beider Kultkirchen in gemeinsamer Arbeit und in gleichem Sinne mißverstanden wurden.

Den letzten Schritt in dieser Richtung wollte der Mann tun, welcher Paulus an organisatorischer Begabung gleich, an geistiger Gestaltungskraft weit überlegen war, der an Sinn für das Mögliche und Tatsächliche aber hinter ihm zurückstand und deshalb mit seinen großartigen Absichten gescheitert ist: Marcion.Er erblickte in der Schöpfung des Paulus mit allen ihren Folgen nur die Unterlage zur Stiftung der eigentlichen Erlöserreligion. Er empfand das Sinnlose der Tatsache, daß Christentum und Judentum, die sich rücksichtslos verwarfen, dieselbe heilige Schrift, nämlich den *jüdischen* Kanon besitzen sollten. Es erscheint uns heute unfaßlich, daß es hundert Jahre lang wirklich so war. Man bedenke, was der heilige Text für jede Art magischer Religiosität bedeutet.

Hierin sah er die eigentliche „Verschwörung gegen die Wahrheit“ und eine dringende Gefahr für die von Jesus gewollte und nach seiner Ansicht noch nicht verwirklichte Lehre. Paulus, der Prophet, hat das Alte Testament für *erfüllt und abgeschlossen* erklärt; Marcion, der Religionsstifter, erklärt es für *überwunden und abgeschafft*. Er will alles Jüdische bis auf den letzten Rest ausschalten. Er hat sein Leben hindurch nichts bekämpft als das Judentum. Wie jeder echte Religionsstifter und jede im Religiösen schöpferische Zeit, wie Zarathustra, die israelitischen Propheten, wie die homerischen Griechen und die zum Christentum bekehrten Germanen hat er die alten Götter in verworfene Mächte verwandelt.Jehovah ist als der Schöpfergott das „gerechte“ *und also das böse*,Jesus als Verleiblichung des Erlösergottes in dieser bösen Schöpfung das „fremde“, also das gute Prinzip. Das magische und im besonderen persische Grundgefühl ist ganz unverkennbar. Marcion stammte aus Sinope, der alten Hauptstadt des mithridatischen Reiches, dessen Religion schon durch die Namen seiner Könige bezeichnet wird. Hier war einst der Mithraskult entstanden.

Aber zu dieser neuen Lehre gehörte auch eine neue heilige Schrift. Das für die ganze Christenheit bis dahin kanonische „Gesetz und die Propheten“ war *die Bibel des Judengottes*, die gerade damals vom Synedrion in Jabna endgültig zusammengestellt worden war. Die Christen hatten also ein teuflisches Buch in Händen. Marcion stellte ihr nun die Bibel des Erlösergottes entgegen und zwar in gleicher Weise aus Schriften geordnet, die bis dahin als bloße Erbauungsbücher ohne kanonisches Ansehen in den Gemeinden umliefen: an die Stelle der Tora setzte er das – *eine und wahre* – Evangelium, das er aus mehreren, nach seiner Überzeugung verdorbenen und verfälschten Einzelevangelien einheitlich aufbaute, an die Stelle der israelitischen Propheten die Briefe des einzigen *Jesuspropheten* Paulus.

Damit wurde Marcion der eigentliche Schöpfer des Neuen Testaments. Aber deshalb muß nun die ihm eng verwandte Gestalt jenes rätselhaften Unbekannten genannt werden, der nicht lange vorher das Evangelium „nach Johannes“ geschrieben hatte. Er wollte damit die *eigentlichen* Evangelien weder vermehren noch ersetzen, sondern er hat, anders als Markus, mit vollem Bewußtsein etwas ganz Neues geschaffen, *das erste „heilige Buch“* im christlichen Schrifttum, den Koran der neuen Religion.Das Buch beweist, daß man diese Religion bereits als etwas Fertiges und Dauerndes empfand. Der Jesus ganz erfüllende und noch von Paulus und Markus geteilte Gedanke, daß das Weltende da sei, liegt hinter „Johannes“ und Marcion weit zurück. Die Apokalyptik ist zu Ende und die Mystik beginnt. Nicht die Lehre Jesu, auch nicht die paulinische von ihm ist der Inhalt, sondern das Geheimnis des Weltalls, der Welthöhle. Von einem Evangelium ist keine Rede; nicht die Gestalt des Erlösers, sondern das Prinzip des Logos ist Sinn und Mitte des Geschehens. Die Kindheitsgeschichte wird wieder verworfen: ein Gott wird nicht geboren; er ist da und wandelt in Menschengestalt auf Erden. Und dieser Gott ist eine Dreiheit: Gott, der Geist Gottes, das Wort Gottes. Dies heilige Buch des frühesten Christentums enthält zum erstenmal das magische Substanzproblem, das die folgenden Jahrhunderte ausschließlich beherrscht und endlich zum Zerfall der Religion in drei Kirchen geführt hat; und zwar steht es, was auf manches hindeutet, der Lösung am nächsten, die der nestorianische Osten als wahr vertreten hat. Es ist trotz oder gerade wegen des griechischen Wortes Logos das „*östlichste*“ der Evangelien und dazu kommt, daß es Jesus gar nicht als Bringer der letzten und ganzen Offenbarung gelten läßt. Er ist der zweite Gesandte. Es wird *noch ein anderer* kommen (Joh. 14, 16. 26; 15, 26). Das ist die erstaunliche Lehre, die Jesus selbst verkündet, und das Entscheidende in diesem geheimnisvollen Buche. Hier enthüllt sich der Glaube des magischen Ostens. Wenn der Logos nicht geht, kann der Parakletnicht kommen (16, 7), aber zwischen beiden hegt der letzte Aion, das Reich Ahrimans (14, 30). Die von paulinischem Geist beherrschte Kirche der Pseudomorphose hat das Johannesevangelium lange bekämpft und erst anerkannt, nachdem die anstößige, dunkel angedeutete Lehre durch eine paulinische Deutung verdeckt worden war. Wie es eigentlich damit stand, lehrt die auf mündliche Tradition hinweisende Bewegung der Montanisten (um 160 in Kleinasien), die in Montanus den erschienenen Paraklet und das Weltende verkündeten. Sie fanden ungeheuren Zulauf. In Karthago bekannte sich Tertullian seit 207 zu ihnen. Um 245 hat Mani, der mit den Strömungen des östlichen Christentums sehr vertraut war,in seiner großen Religionsschöpfung den paulinischen, menschlichen Jesus als Dämon verworfen und den johanneischen Logos als den wahren Jesus anerkannt, sich selbst aber als den Paraklet des Johannes bezeichnet. In Karthago wurde Augustin Manichäer, und es will viel sagen, daß beide Bewegungen endlich mit derjenigen Marcions verschmolzen sind.

Kehren wir zu Marcion selbst zurück, so hat er den Gedanken des „Johannes“ durchgeführt und eine Christenbibel geschaffen. Und nun ging er, fast ein Greis, als die Gemeinden des äußersten Westens entsetzt vor ihm zurückwichen,daran, eine eigene Erlöserkirche von meisterhaftem Aufbau zu gründen.Sie war 150 bis 190 eine Macht und erst im folgenden Jahrhundert gelang es der älteren Kirche, die Marcioniten zum Range einer Sekte herabzudrücken, obwohl sie noch viel später im weiten Osten bis nach Turkestan hin eine große Bedeutung hatten und zuletzt, was für ihr Grundgefühl sehr bezeichnend ist, mit den Manichäern verschmolzen sind.Trotzdem ist seine gewaltige Tat, bei welcher er das Beharrungsvermögen des Vorhandenen im Vollgefühl seiner Überlegenheit unterschätzt hatte, nicht fruchtlos gewesen. Er war wie Paulus vor ihm und Athanasius nach ihm ein Retter des Christentums in einem Augenblick, wo es zu zerfallen drohte, und es tut der Größe seiner Gedanken gewiß keinen Eintrag, daß der Zusammenschluß nicht durch sie, sondern im Widerstand gegen sie erfolgt ist. Die frühkatholische Kirche, das heißt *die Kirche der Pseudomorphose,* ist in ihrer großen Form erst um 190 und zwar aus der Notwehr gegen die Kirche Marcions entstanden, indem sie deren ganze Organisation übernahm. Aber sie hat auch die Bibel Marcions durch eine andere von genau derselben Anlage ersetzt: Evangelien und Apostelbriefe, die sie dann mit dem Gesetz und den Propheten zu einer Einheit verband. Und sie hat endlich, nachdem schon durch die Verbindung der beiden Testamente über die

Auffassung des Judentums entschieden war, auch Marcions dritte Schöpfung, seine Erlöserlehre, bekämpft, indem sie mit der Ausbildung einer eigenen Theologie auf Grund *seiner* Stellung der Probleme begann.

Aber diese Entwicklung erfolgte ausschließlich auf antikem Boden, und damit war auch die gegen Marcion und seine Ausschaltung des Judaismus aufgerichtete Kirche für das talmudische Judentum, dessen geistiger Schwerpunkt jetzt ganz in Mesopotamien und an dessen Hochschulen lag, lediglich ein Stück hellenistischen Heidentums. Die Zerstörung Jerusalems war ein grenzsetzendes Ereignis, das in der Tatsachenwelt durch keine geistige Macht überwunden werden konnte. Wachsein, Religion und Sprache sind innerlich viel zu nahe verwandt, als daß die vollständige Trennung eines griechischen Sprachgebiets der Pseudomorphose und eines aramäischen der eigentlich arabischen Landschaft nicht seit dem Jahre 70 zwei Sondergebiete magischer Religionsentwicklung geschaffen hätte. Am Westrande der jungen Kultur waren die heidnische Kultkirche, die von Paulus dorthin verwiesene Jesuskirche und das griechisch redende Judentum vom Schlage Philos sprachlich und literarisch so ineinandergedrängt, daß das letzte dem Christentum noch im ersten Jahrhundert anheimfiel und dieses mit dem Griechentum eine *gemeinsame* frühe Philosophie ausbildete. Im aramäischen Sprachgebiet vom Orontes bis zum Tigris aber standen Judentum und Persertum, die jetzt beide im Talmud und Awesta eine strenge Theologie und Scholastik schufen, in enger Wechselwirkung, und beide Theologien haben seit dem 4. Jahrhundert *den stärksten Einfluß auf das der Pseudomorphose widerstrebende Christentum aramäischer Sprache* ausgeübt, bis es sich in Gestalt der nestorianischen Kirche abgelöst hat.

Hier im Osten entwickelte sich der in jedem menschlichen Wachsein angelegte Unterschied von empfindendem Verstehen und sprachlichem Verstehen – also von Auge und Buchstabe – zu rein arabischen Methoden der Mystik und Scholastik. Die apokalyptische Gewißheit, die Gnosis im Sinne des 1. Jahrhunderts, wie sie Jesus verleihen wollte,das ahnende Schauen und Fühlen ist das der israelitischen Propheten, der Gathas, des Sufismus und sie ist noch bei Spinoza, dem polnischen Messias Baalschemund bei Mirza Ali Mohammed, dem schwärmerischen Begründer der Babistensekte (in Teheran hingerichtet 1850), erkennbar. Die andere, die Paradosis, ist die eigentlich talmudische Methode der Worterklärung, wie sie Paulus vollkommen beherrschteund die alle späteren Awestawerke durchdringt und ebenso die nestorianische Dialektikund die ganze Theologie des Islam.

Demgegenüber ist die Pseudomorphose ein völlig einheitliches Gebiet sowohl des magischen gläubigen Hinnehmens (Pistis) als des metaphysischen Innewerdens (Gnosis).Den magischen Glauben westlicher Form haben für die Christen Irenäus und vor allem Tertullian formuliert. Des letzteren berühmtes *Credo quia absurdum* ist der Inbegriff dieser Glaubensgewißheit. Das heidnische Seitenstück bieten Plotin in den Enneaden und Porphyrios besonders in der Schrift „Von der Rückkehr der Seele zu

Gott".Aber auch für die großen Scholastiker der Heidenkirche gibt es den Vater (Nus), Sohn und das mittlere Wesen, so wie es schon für Philo den Logos als erstgeborenen Sohn und zweiten Gott gegeben hatte. Die Lehre von der Ekstase, von den Engeln und Dämonen, von den beiden Seelensubstanzen ist ihnen allen geläufig und Plotin wie Origenes, beide Schüler desselben Lehrers, zeigen, wie die Scholastik der Pseudomorphose darin besteht, daß man die magischen Begriffe und Gedanken an der Hand platonischer und aristotelischer Texte durch planmäßiges Andersverstehen entwickelt.

Der eigentliche Kernbegriff des gesamten Denkens der Pseudomorphose ist der Logos,in seiner Anwendung und Entwicklung ihr getreues Sinnbild. Von einer Einwirkung „griechischen" – antiken – Denkens kann gar keine Rede sein; es lebte damals kein Mensch, in dessen geistiger Anlage der Logosbegriff Heraklits und der Stoa auch nur von fern Platz gefunden hätte. Aber ebensowenig ist die magische Größe, die gemeint war und die in persischen und chaldäischen Vorstellungen als Geist oder Wort Gottes eine ebenso entscheidende Rolle spielt wie in der jüdischen Lehre als Ruach und Memra, in diesen Theologien, die in Alexandria nebeneinander saßen, zur reinen Entwicklung gekommen. Mit der Logoslehre ist eine antike Formel auf dem Wege über Philo und das Johannesevangelium, dessen unauslöschliche Wirkung auf den Westen auf scholastischem Gebiete liegt, nicht nur ein Element der christlichen Mystik, sondern zuletzt ein *Dogma* geworden.Das war unvermeidlich. Dieses Dogma *beider* Kirchen entspricht als Wissensseite durchaus der Glaubensseite, welche durch die synkretistischen Kulte einerseits, die Marien- und Heiligenkulte andrerseits dargestellt wurde. Gegen beides, Dogma wie Kult, hat sich das Gefühl des Ostens seit dem 4. Jahrhundert erhoben.

Für das Auge aber wiederholt sich die Geschichte dieser Gedanken und Begriffe in der Geschichte der magischen Architektur.*Die Grundform der Pseudomorphose ist die Basilika*; sie war vor den Christen schon den Juden des Westens und den hellenistischen Sekten der Chaldäer bekannt. Wie der Logos des Johannesevangeliums ein magischer Urbegriff in antiker Fassung, so ist die Basilika ein magischer Raum, dessen Innenwände den antiken Außenflächen eines Tempelkörpers gleichen, ein verinnerlichter Kultbau. Die Bauform des reinen Ostens ist der *Kuppelbau*, die *Moschee*, die ohne Zweifel lange vor den ältesten christlichen Kirchen in den Tempeln der Perser und Chaldäer, den Synagogen Mesopotamiens und vielleicht den Tempeln von Saba angelegt war. Die Ausgleichsversuche zwischen West und Ost auf den Konzilen der byzantinischen Zeit endlich werden durch die Mischform der Kuppelbasilika symbolisiert. Denn in diesem Stück kirchlicher Baugeschichte ist auch die große Wandlung zum Ausdruck gekommen, welche mit Athanasius und Konstantin, den letzten großen Rettern des Christentums, eintrat. Der eine schuf das feste westliche Dogma und das Mönchtum, in dessen Hände die erstarrende Lehre allmählich von den Hochschulen hinüberglitt; der andere begründete den Staat der christlichen Nation, auf den der Griechenname endlich überging: die Kuppelbasilika ist das architektonische Symbol dieser Entwicklung.

II. Die magische Seele

8

Die Welt, wie sie sich vor dem magischen Wachsein ausbreitet, besitzt eine Art von Ausgedehntheit, die höhlenhaft genannt werden darf,so schwer es dem Menschen des Abendlandes auch ist, im Vorrat seiner Begriffe auch nur ein Wort ausfindig zu machen, mit dem er den Sinn des magischen „Raumes“ wenigstens andeuten könnte. Denn „Raum“ bedeutet für das Empfinden beider Kulturen durchaus zweierlei. Die Welt als Höhle ist von der faustischen Welt als Weite mit ihrem leidenschaftlichen Tiefendrang ebenso verschieden wie von der antiken Welt als Inbegriff körperlicher Dinge. Das kopernikanische System, in dem die Erde sich verliert, muß dem arabischen Denken wahnwitzig und frivol erscheinen. Die Kirche des Abendlandes hatte vollkommen recht, wenn sie einer Vorstellung widerstrebte, die mit dem Weltgefühl Jesu unvereinbar war. Und die chaldäische *Höhlenastronomie*, die für Perser und Juden, die Menschen der Pseudomorphose und des Islam etwas ganz Natürliches und Überzeugendes hatte, wurde den wenigen echten Griechen, die sie zur Kenntnis nahmen, nur durch ein Andersverstehen der räumlichen Grundlage zugänglich.

Die mit dem Wachsein identische Spannung zwischen Makrokosmos und Mikrokosmos führt im Weltbild jeder Kultur zu weiteren Gegensätzen von symbolischer Bedeutung. Alles Empfinden oder Verstehen, alles Glauben oder Wissen eines Menschen wird durch einen Urgegensatz gestaltet, der sie zwar zu Tätigkeiten des Einzelnen, aber zum Ausdruck der Gesamtheit macht. In der Antike kennen wir den jedes Wachsein beherrschenden Gegensatz von Stoff und Form, im Abendlande den von Kraft und Masse. Aber die Spannung verliert sich dort im Kleinen und Einzelnen und entlädt sich hier in Wirkungszügen. In der Welthöhle verharrt sie schwebend und im Hin und Her eines ungewissen Ringens und erhebt sich damit zu jenem – „semitischen“ – Urdualismus, der tausendgestaltig und doch immer derselbe die magische Welt erfüllt. Das Licht durchschimmert die Höhle und wehrt sich gegen die Finsternis (Joh. 1, 5). Beides sind magische Substanzen. Oben und Unten, Himmel und Erde werden zu wesenhaften Mächten, die sich bekämpfen. Aber diese Gegensätze des ursprünglichsten Sinnesempfindens mischen sich mit denen des grübelnden und wertenden Verstehens: Gut und Böse, Gott und Satan. Der Tod ist für den Schöpfer des Johannesevangeliums wie für den strengen Moslim nicht das Ende des Lebens, sondern ein Etwas, eine Kraft neben ihm, und beide streiten um den Besitz des Menschen.

Aber wichtiger als das alles erscheint der Gegensatz von *Geist und Seele* – hebräisch *ruach* und *nephesch*, persisch *ahu* und *urvan*, mandäisch *monuhmed* und *gyan*, griechisch *pneuma* und *psyche* –, der zuerst im Grundgefühl der prophetischen Religionen auftaucht, dann die gesamte Apokalyptik durchsetzt und endlich alle Weltanschauungen der erwachten Kultur bildet und leitet: bei Philo, Paulus und Plotin, bei Gnostikern und Mandäern, bei Augustin und im Awesta, im Islam und in der Kabbala. *Ruach* bedeutet ursprünglich den Wind, *nephesch* den Atem.Die *nephesch* ist immer irgendwie dem Leibe und Irdischen verwandt, dem Unten, dem Bösen, der Finsternis. Ihr Streben ist das „Hinauf". Die *ruach* gehört zum Göttlichen, zum Oben und zum Lichte. Sie bewirkt im Menschen, indem sie sich herabsenkt, das Heldentum (Simson), den heiligen Zorn (Elias), die Erleuchtung des Richters, der ein Urteil fällt (Salomo),und alle Arten von Weissagung und Ekstase. Sie wird ausgegossen.Seit Jes. 11, 2 ist Messias die Verkörperung der *ruach*. Nach Philo und der islamischen Theologie zerfallen die Menschen von Geburt in Psychiker und Pneumatiker (die „Auserwählten" – ein echter Begriff der Welthöhle und des Kismet). Alle Söhne Jakobs sind Pneumatiker. Für Paulus (I. Kor. 15) liegt der Sinn der Auferstehung in dem Gegensatz von einem psychischen und einem pneumatischen Leibe, der sich bei ihm, Philo und in der Baruchapokalypse mit dem Gegensatz von Himmel und Erde, von Licht und Dunkelheit deckt.Der Heiland ist für ihn das himmlische Pneuma.Im Johannesevangelium verschmilzt er als Logos mit dem Lichte; im Neuplatonismus tritt er als Nus oder das All-Eine nach antikem Begriffsgebrauch in Gegensatz zur Physis.Paulus und Philo haben nach „antiker", also westlicher Begriffsteilung Geist und Fleisch mit Gut und Böse gleichgesetzt, Augustin als Manichäersetzt beides mit persisch-östlicher Begriffsverteilung, als von Natur böse, Gott als dem allein Guten entgegen und begründet darauf seine Lehre von der Gnade, die sich in gleicher Gestalt ganz unabhängig von ihm auch im Islam entwickelt hat.

Aber die Seelen in der Tiefe sind etwas Vereinzeltes; das Pneuma ist eins und immer dasselbe. Der Mensch *besitzt* eine Seele, aber am Geiste des Lichts und des Guten *nimmt er nur teil*; das Göttliche läßt sich in ihn herab, es verbindet so alle Einzelnen dort unten mit dem Einen in der Höhe. Dieses Urgefühl, welches das gesamte Glauben und Meinen aller magischen Menschen beherrscht, ist etwas ganz Einziges und trennt nicht nur ihre Weltanschauung, sondern auch jede Art magischer Religiosität im Kern ihres Wesens von jeder andern. Diese Kultur war, wie gezeigt worden ist, ganz eigentlich die der Mitte. Sie hätte von den meisten andern deren Formen und Gedanken entlehnen können; aber daß sie das nicht tat, daß sie trotz allen Aufdrängens und Sichanbietens in diesem Grade Herrin ihrer eigenen inneren Form geblieben ist, beweist die unüberbrückbare Tiefe des Unterschieds. Aus den Schätzen der babylonischen und ägyptischen Religion hat sie kaum einige Namen zugelassen; die antike und indische Kultur oder vielmehr deren zivilisiertes Erbe: Hellenismus und Buddhismus haben ihren Ausdruck verwirrt bis zur Pseudomorphose, aber ihr Wesen nicht einmal berührt. Alle Religionen der magischen

Kultur von den Schöpfungen des Jesaja und Zarathustra bis zum Islam bilden eine vollkommene innere Einheit des Weltgefühls, und so wenig im Awestaglauben auch nur ein brahmanischer Zug, im Urchristentum auch nur eine Spur antiken Gefühls zu finden ist, sondern nur Namen, Bilder und äußere Formen, so wenig hat das germanisch-katholische Christentum des Abendlandes auch nur einen Hauch vom Weltgefühl jener Jesusreligion herübernehmen können, als es deren ganzen Bestand an Sätzen und Bräuchen übernahm.

Während der faustische Mensch *ein Ich* ist, eine auf sich selbst verwiesene Macht, die in letzter Instanz über das Unendliche entscheidet, während der apollinische Mensch als ein *soma* unter vielen nur für sich selbst einsteht, ist der magische Mensch mit seinem geistigen Sein nur *Bestandteil eines pneumatischen Wir*, das von oben sich herabsenkend in allen Zugehörigen ein und dasselbe ist. Als Leib und Seele gehört er sich allein; aber etwas anderes, Fremdes und Höheres weilt in ihm und deshalb fühlt er sich mit all seinen Einsichten und Überzeugungen nur als Glied eines *consensus*, der als Ausfluß des Göttlichen den Irrtum, aber auch jede Möglichkeit eines wertsetzenden Ich ausschließt. Wahrheit ist für ihn etwas anderes als für uns. Alle unsre auf *eigenem Einzelurteil* beruhenden Erkenntnismethoden sind für ihn Wahnwitz und Verblendung, und ihre wissenschaftlichen Ergebnisse ein Werk des Bösen, der den Geist verwirrt und über seine Anlagen und Ziele getäuscht hat. Hier liegt das letzte, uns ganz unfaßbare Geheimnis des magischen Denkens in seiner höhlenhaften Welt: die Unmöglichkeit eines denkenden, glaubenden, wissenden Ich ist die Voraussetzung aller Grundvorstellungen aller dieser Religionen. Während der antike Mensch seinen Göttern gegenübersteht wie ein Körper dem andern, während das faustische, wollende Ich in seiner weiten Welt das allmächtige Ich der ebenfalls faustischen und wollenden Gottheit überall wirken fühlt, ist die magische Gottheit jene ungewisse, rätselhafte Kraft der Höhe, die nach Gutdünken zürnt oder Gnade spendet, sich in das Dunkel herabläßt oder die Seele in das Licht hinaufhebt. An einen eigenen Willen auch nur zu denken, ist sinnlos, denn „Wille“ und „Gedanke“ im Menschen sind schon Wirkungen der Gottheit auf ihn. Aus diesem unerschütterlichen Urgefühl, das sich durch alle Bekehrungen, Erleuchtungen und Grübeleien nur in seinem Ausdruck, nicht in seiner Art verändern läßt, ist mit Notwendigkeit die Idee des göttlichen Mittlers entsprungen, dessen, der diese Lage aus einer Qual in eine Seligkeit verwandelt, eine Idee, die alle magischen Religionen zusammenfaßt und sie von den Religionen aller andern Kulturen trennt.

Die Logosidee im weitesten Sinne ist, abgezogen aus dem magischen Lichtempfinden der Höhle, dessen genaues Seitenstück im magischen Denken. Sie bedeutet, daß von der unerreichbaren Gottheit sich ihr Geist, ihr „Wort“ als Träger des Lichts und Bringer des Guten löst und in Beziehung zum menschlichen Wesen tritt, um es emporzuheben, zu erfüllen, zu erlösen. Dies Unterschiedensein dreier Substanzen, das ihrem Einssein im religiösen Denken nicht widerspricht, ist bereits den prophetischen Religionen bekannt. Ahura mazdas lichtschimmernde Seele ist das Wort (Jascht 13, 31) und sein heiliger Geist

(*spenta mainyu*) unterredet sich in einem der ältesten Gathas mit dem bösen Geiste (*angra mainyu*, Jasna 45, 2). Die gleiche Vorstellung durchzieht das ganze altjüdische Schrifttum. Wie der Gedanke bei den Chaldäern in der Trennung von Gott und seinem Wort und in der Gegenüberstellung von Marduk und Nabu ausgebildet ist und dann in der gesamten aramäischen Apokalyptik mit Macht hervorbricht, so ist er dauernd wach und schöpferisch geblieben, ist über Philo und Johannes, Marcion und Mani in die talmudischen Lehren und von da in die kabbalistischen Bücher Jezirah und Sohar, in die Konzile und die Schriften der Kirchenväter, in das spätere Awesta und endlich in den Islam eingegangen, wo Mohammed allmählich zum Logos geworden ist und als der mystisch gegenwärtige, *lebende* Mohammed der Volksreligion mit der Christusgestalt verschmilzt.Diese Vorstellung ist dem magischen Menschen so selbstverständlich, daß sie sogar die streng monotheistische Fassung des ursprünglichen Islam durchbrochen hat und neben Allah als das Wort Gottes (*kalimah*), der heilige Geist (*ruh*) und das „Licht Mohammeds" erscheint.

Denn für die Volksreligion ist das erste aus der Weltschöpfung hervorgegangene Licht dasjenige Mohammeds, in Gestalt eines Pfaus,"aus weißer Perle" erschaffen und von Schleiern umwallt. Aber der Pfau ist schon bei den Mandäern der Gesandte Gottes und die Urseeleund auf altchristlichen Sarkophagen das Sinnbild der Unsterblichkeit. Die lichtspendende Perle, die das dunkle Haus des Leibes erhellt, ist der in den Menschen eingegangene Geist, als Substanz gedacht, bei den Mandäern wie in der Apostelgeschichte des Thomas.Die Jezidiverehren den Logos als Pfau und Licht; sie haben die altpersische Fassung der substanziellen Dreiheit nächst den Drusen am reinsten bewahrt.

So kehrt der Logosgedanke immer wieder in das Lichtempfinden zurück, aus dem er durch das magische Verstehen abgezogen worden war. *Die Welt des magischen Menschen ist von einer Märchenstimmung erfüllt.*Teufel und böse Geister bedrohen den Menschen, Engel und Feen schützen ihn. Es gibt Amulette und Talismane, geheimnisvolle Länder, Städte, Gebäude und Wesen, geheime Schriftzeichen, das Siegel Salomos und den Stein der Weisen. Und über alles ergießt sich schimmernd das höhlenhafte Licht, das immer davon bedroht ist, durch eine gespenstische Nacht verschlungen zu werden. Wem diese Bilderpracht wunderlich erscheinen will, der bedenke, daß Jesus in ihr lebte und daß seine Lehren nur aus ihr zu verstehen sind. Die Apokalyptik ist nur eine zu höchster tragischer Gewalt gesteigerte Märchenvision. Schon im Buche Henoch erscheinen der Kristallpalast Gottes, die Edelsteinberge und das Gefängnis der abtrünnigen Sterne. Märchenhaft ist die ganze erschütternde Vorstellungswelt der Mandäer und später die der Gnostiker, der Manichäer, das System des Origenes und die Bilder des persischen Bundehesch; und als die Zeit der großen Visionen vorüber war, gingen diese Vorstellungen in eine Legendendichtung und zahllose religiöse Romane über, von denen wir die christlichen Werke der Kindheitsevangelien Jesu, der Thomasakten und der gegen Paulus gerichteten Pseudo-

Clementinen kennen. Es gibt eine Geschichte der von Abraham geprägten 30 Silberlinge des Judas und ein Märchen von der „Schatzhöhle“, in der tief unter dem Hügel von Golgatha der Goldschatz des Paradieses und die Gebeine Adams ruhen.Was Dante dichtete, war eben Dichtung; dies alles aber war Wirklichkeit und die einzige Welt, in der man beständig lebte. Ein solches Empfinden liegt Menschen, die mit und in einem dynamischen Weltbilde leben, unerreichbar fern. Wenn man ahnen will, wie fremd das Innenleben Jesu uns allen ist – eine schmerzliche Einsicht für den Christen des Abendlandes, der seine Frömmigkeit gern auch innerlich an ihn anknüpfen möchte – und wie es heute eigentlich nur von einem frommen Moslim nacherlebt werden kann, so versenke man sich in diese Märchenzüge eines Weltbildes, das auch das seinige war. Dann erst wird man erkennen, wie wenig das faustische Christentum aus dem Reichtum der pseudomorphosen Kirche herübergenommen hat, nämlich nichts vom Weltgefühl, wenig von der inneren Form und viel an Begriffen und Gestalten.

9

Aus dem Wo folgt das Wann der magischen Seele. Es ist wieder nicht das apollinische Haften an der punktförmigen Gegenwart und ebensowenig das faustische Treiben und Drängen nach einem unendlich fernen Ziel. Hier hat das Dasein einen andern Takt und daraus folgt für das Wachsein ein anderer Sinn der Zeit als Gegenbegriff zum magischen Räume. Das erste, was der Mensch dieser Kultur vom ärmsten Sklaven und Lastträger bis zum Propheten und Kalifen als Kismet über sich fühlt, ist nicht die grenzenlose Flucht der Zeiten, die den verlorenen Augenblick nie wiederkehren läßt, sondern ein Anfang und ein Ende „dieser Tage“, die unverrückbar gesetzt sind und zwischen denen das menschliche Dasein eine von allem Ursprung an bestimmte Stelle einnimmt. Nicht nur der Weltraum, auch die Weltzeit ist höhlenhaft, und daraus folgt eine innerliche, echt magische Gewißheit: *daß alles „eine Zeit“ hat*, von der Herabkunft des Erlösers an, deren Stunde in alten Texten geschrieben stand, bis zu den kleinsten Verrichtungen des Alltags, bei denen die faustische Eile sinnlos und unverständlich wird. Darauf beruht auch die frühmagische, im besonderen chaldäische Astrologie. Auch sie setzt voraus, daß alles in den Sternen geschrieben steht und daß der wissenschaftlich berechenbare Gang der Planeten auf den Gang der irdischen Dinge schließen lasse.Das antike Orakel antwortete auf die einzige Frage, die apollinische Menschen ängstigen konnte: nach der Gestalt, dem Wie der kommenden Dinge. Die Höhlenfrage ist das Wann. Die ganze Apokalyptik, das Seelenleben Jesu, seine Angst in Gethsemane und die große Bewegung, die von seinem Tode ausgeht, werden unverständlich, wenn man diese Urfrage magischen Daseins und ihre Voraussetzungen nicht begreift. Es ist ein untrügliches Kennzeichen für das Schwinden der antiken Seele, daß die Astrologie nach Westen vordringend Schritt für Schritt die Orakel verdrängt. Niemand verrät den Zwischenzustand klarer als Tacitus, dessen verwirrte Weltanschauung seine Geschichtsschreibung ganz und gar beherrscht: Tacitus führt einerseits, als echter

Römer, die Macht der alten Stadtgottheiten ein; daneben hat er, als intelligenter Weltstädter, eben diesen Glauben an die Einwirkung der Götter als Aberglauben bezeichnet, endlich aber als Stoiker – und die Stoa war damals eine *magische* Geistesverfassung von den sieben Planeten gesprochen, die das Los der Sterblichen regieren. So kommt es, daß in den folgenden Jahrhunderten die schicksalhafte Zeit selbst, nämlich die Höhlenzeit, als beiderseitig begrenztes und deshalb dem inneren Auge erfaßbares Etwas in der persischen Mystik als Zrvan über das Licht der Gottheit gestellt wird und den Weltkampf zwischen Gut und Böse regiert. Der Zrvanismus ist 438 bis 475 in Persien Staatsreligion gewesen.

Auf dem Glauben, daß alles in den Sternen geschrieben stehe, beruht es auch im letzten Grunde, wenn die arabische Kultur die der Ären geworden ist, das heißt der Zeitrechnungen von einem Ereignis an, das man als ganz besondere Schickung empfand. Die erste und wichtigste ist die allgemein aramäische, die um 300 mit dem Anwachsen der apokalyptischen Spannung als „Seleukidenära" entstand. Auf sie sind viele andere gefolgt, darunter die sabäische um 115 v. Chr., deren Ausgangspunkt wir nicht näher kennen; die diokletianische; die jüdische Weltschöpfungsära, die 346 n. Chr. vom Synedrion eingeführt wurde; die persische vom Regierungsantritt des letzten Sassaniden Jezdegerd (632) und die der Hedschra, welche in Syrien und Mesopotamien die seleukidische erst abgelöst hat. Was außerhalb dieser Landschaft entstand, ist lediglich praktische Nachahmung, wie die varronische Zählung *ab urbe condita*, die der Marcioniten vom Bruch ihres Meisters mit der Kirche (144) und auch die christliche von der Geburt Jesu an (bald nach 500). Weltgeschichte ist das Bild der lebendigen Welt, in das der Mensch sich durch seine Geburt, durch Vorfahren und Nachkommen hineinverwebt sieht und das er aus seinem Weltgefühl heraus zu begreifen sucht. Das Geschichtsbild des antiken Menschen drängt sich um das rein Gegenwärtige zusammen. Es enthält ein Sein, kein eigentliches Werden, und als abschließenden Hintergrund den zeitlosen Mythos, rationalisiert als goldenes Zeitalter. Dieses Sein aber war ein buntes Gewimmel von Aufstieg, Niedergang, Glück und Unglück, ein blindes Ungefähr, eine ewige Veränderung, aber in allem Wechsel doch immer dasselbe, ohne Richtung, ohne Ziel, ohne „Zeit". Das Höhlengefühl fordert eine übersehbare Geschichte mit Weltanfang und Weltende, *die zugleich Anfang und Ende der Menschheit sind*, als den Akten einer zaubergewaltigen Gottheit und dazwischen, in die Grenzen der Höhle gebannt und von vorbestimmter Dauer, das Ringen des Lichtes mit der Finsternis, der Engel und Jazatas mit Ahriman, Satan, Iblis, in das der Mensch mit Geist und Seele verwickelt ist. Die gegenwärtige Höhle kann von Gott zertrümmert und durch eine neue Schöpfung ersetzt werden. Die persisch-chaldäischen Vorstellungen und die Apokalyptik gewährten den Blick über eine Reihe solcher Aionen, und Jesus wie seine ganze Zeit erwartete das Ende des bestehenden.Daraus ergibt sich ein historischer Blick über die gegebene Zeit, wie er heute noch dem Menschen des Islam durchaus natürlich ist. „Die Weltanschauung des Volkes zerfällt naturgemäß in die großen Teile: Weltentstehung, Weltentwicklung,

Weltuntergang. Für den so tief ethisch empfindenden Moslim ist in der Weltentwicklung das Wesentlichste die Heilsgeschichte und der ethische Lebensweg, die als ›Menschenleben‹ zusammengefaßt werden. Dasselbe mündet in den Weltuntergang, der die Sanktion der sittlichen Menschheitsgeschichte enthält."

Für das magische Menschendasein aber ergibt sich aus dem Gefühl von dieser Zeit und dem Erblicken dieses Raumes eine ganz einzige Art von Frömmigkeit, die ebenfalls höhlenhaft genannt werden darf, eine *willenlose* Ergebung, die das geistige Ich überhaupt nicht kennt und das geistige Wir, das in den beseelten Leib eingegangen ist, als bloßen Widerschein des göttlichen Lichtes empfindet. Das arabische Wort hierfür ist „ *islam*", Ergebung, aber „ *islam*" war auch die beständige Fühlweise Jesu und die jeder andern Persönlichkeit von religiösem Genie, die in dieser Kultur hervorgetreten ist. Antike Frömmigkeit ist etwas ganz anderes,und wenn man aus der Frömmigkeit der heiligen Teresia, Luthers oder Pascals das Ich fortdenken wollte, das sich gegen das Göttlich-Unendliche behaupten, sich vor ihm beugen oder in ihm erlöschen *will*, so wird nichts übrig bleiben. Das faustische Ursakrament der Buße setzt ein starkes und freies Wollen voraus, das sich selbst überwindet. Aber „islam" ist gerade *die Unmöglichkeit eines Ich als einer freien Macht* dem Göttlichen gegenüber. Jeder Versuch, der Wirkung Gottes mit einer eigenen Absicht oder auch nur Ansicht entgegenzutreten, ist „ *masija*", das heißt nicht ein böses Wollen, sondern der Beweis, daß die Mächte der Finsternis und des Bösen Besitz von einem Menschen ergriffen und das Göttliche daraus verdrängt haben. Das magische Wachsein ist der bloße *Schauplatz*eines Kampfes zwischen beiden Mächten und nicht etwa eine Macht für sich. In dieser Art von Weltgeschehen gibt es auch keine einzelnen Ursachen und Wirkungen mehr und vor allem keine das All durchherrschende – dynamische – Kausalverkettung, mithin auch keine *notwendige* Verknüpfung von Schuld und Strafe, keinen *Anspruch* auf Lohn, keine altisraelitische „Gerechtigkeit". Dergleichen sieht die echte Frömmigkeit dieser Kultur tief unter sich. Die Naturgesetze sind nichts für immer Gegebenes, das Gott nur durch ein Wunder aufheben kann, sondern gewissermaßen der Gewohnheitszustand des selbstherrlichen göttlichen Wirkens und ohne innere – logische, faustische – Notwendigkeit. Es gibt in der ganzen Welthöhle nur eine Ursache, die allen sichtbaren Wirkungen *unmittelbar*zugrunde liegt, die Gottheit, die selbst keine Gründe für ihre Handlungen mehr hat. Über solche Gründe auch nur nachzudenken, ist Sünde.

Aus diesem Grundgefühl ergibt sich die rein magische Idee der Gnade. Sie liegt allen Sakramenten dieser Kultur, vor allem dem magischen Ursakrament der Taufe zugrunde und bildet den innerlichsten Gegensatz zur Buße im faustischen Sinne. Die Buße setzt den Willen eines Ich voraus, die Gnade kennt ihn gar nicht. Es war ein großes Verdienst Augustins, diesen vollkommen islamischen Gedanken mit unerbittlicher Logik entwickelt zu haben – so eindringlich, daß die faustische Seele seit Pelagius auf jedem Wege versucht hat, diese für sie an Selbstvernichtung streifende Gewißheit zu umgehen, und den Ausdruck ihres eigenen Gottbewußtseins jedesmal in einem tiefen und innigen

Mißverstehen augustinischer Sätze fand. In Wirklichkeit ist Augustin der letzte große Denker der früharabischen Scholastik und nichts weniger als ein abendländischer Geist.Er war nicht nur zeitweise Manichäer, sondern ist es in sehr wesentlichen Zügen auch als Christ geblieben; seine Nächstverwandten findet man unter den persischen Theologen des jüngeren Awesta mit ihren Lehren vom Gnadenschatz der Heiligen und der absoluten Schuld. Für ihn ist Gnade die *substanzielle* Einflößung von etwas Göttlichem in das menschliche, ebenfalls substanzielle Pneuma.Die Gottheit strahlt es aus, der Mensch empfängt es, aber erwirbt es nicht. Bei Augustin wie noch bei Spinozafehlt der Begriff der Kraft, und das Freiheitsproblem bezieht sich bei beiden *nicht auf das Ich und seinen Willen*, sondern auf den in einen Menschen versenkten Teil des allgemeinen Pneuma und dessen Verhältnis zu dem Übrigen. Das magische Wachsein ist der *Schauplatz* eines Kampfes zwischen den beiden Weltsubstanzen des Lichtes und der Finsternis. Die frühen faustischen Denker wie Duns Scotus und Occam erblicken im dynamischen Wachsein *selbst einen Kampf* und zwar der beiden Kräfte des Ich, des Willens und des Verstandes.Und damit verwandelt sich die Fragestellung Augustins unvermerkt in eine andere, die er selbst nie begriffen hätte: Sind Wollen und Denken freie Kräfte oder nicht? Mag man sie beantworten, wie man will, so ist eins gewiß: Das einzelne Ich hat diesen Kampf *zu führen und nicht zu dulden*. Die faustische Gnade bezieht sich auf den Erfolg des Wollens und nicht die Art einer Substanz. „Gott hat geruht", heißt es im Westminsterbekenntnis (1646), „gemäß dem unerforschlichen Rat seines eigenen Willens, nach welchem er Erbarmen erweist oder versagt, wem er will, den Rest der Menschheit zu übergehen." Die andere Auffassung, daß die Idee der Gnade jeden eigenen Willen und jede Ursache ausschließt mit Ausnahme der einen, daß es Sünde ist, auch nur zu fragen, warum ein Mensch leidet, ist in einer der gewaltigsten Dichtungen der Weltgeschichte zum Ausdruck gekommen, die mitten in der arabischen Vorzeit entstanden ist und an innerer Größe in dieser ganzen Kultur nicht ihresgleichen hat: das Buch Hiob.Es sind die Freunde Hiobs, die nach einer Schuld suchen, denn der letzte Sinn alles Leidens in dieser Welthöhle ist ihnen – wie den meisten Menschen dieser und jeder anderen Kultur und also auch den heutigen Lesern und Beurteilern dieses Werkes – aus Mangel an metaphysischer Tiefe unzugänglich. Nur der Held selbst ringt sich zur Vollendung durch, zum reinen *islam*, und er wird damit zu der einzig möglichen tragischen Gestalt, die magisches Fühlen neben den Faust stellen kann.

10

Das Wachsein jeder Kultur gestattet zwei Wege des Innewerdens, je nachdem das schauende Empfinden das kritische Verstehen durchdringt oder umgekehrt. Das magische Schauen ist bei Spinoza als *amor intellectualis* bezeichnet, bei den gleichzeitigen Sufisten Mittelasiens als *mahw* (Auslöschen in Gott). Es kann sich bis zur magischen Ekstase steigern, die Plotin mehrmals und seinem Schüler Porphyrios im hohen Alter einmal zuteil geworden ist. Die andere Seite, die rabbinische Dialektik, erscheint bei Spinoza als geometrische Methode und in der arabisch-jüdischen Spätphilosophie überhaupt als Kalaam. Beides aber beruht auf der Tatsache, daß es ein magisches Einzel-Ich nicht gibt, sondern ein einziges, in allen Erwählten zugleich vorhandenes Pneuma, das zugleich Wahrheit ist. Es kann nicht oft genug betont werden, daß der hieraus folgende Grundbegriff des *idjma* mehr ist als Begriff, daß er ein Erlebnis von erschütternder Gewalt werden kann und daß alle Gemeinschaft magischen Stils auf ihm beruht und damit von der aller anderen Kulturen abgehoben ist. „Die mystische Gemeinde des Islam erstreckt sich vom Diesseits in das Jenseits; sie reicht über das Grab hinaus, indem sie die verstorbenen Muslime früherer Generationen, ja sogar die vorislamischen Gerechten umfaßt. Mit ihnen allen fühlt sich der Muslim zu einer Einheit verbunden. Sie helfen ihm und auch er kann ihre Seligkeit noch durch Zuwendung eigener Verdienste steigern.“Ganz dasselbe haben sowohl die Christen wie die Synkretisten der Pseudomorphose mit den Worten *polis* und *civitas* bezeichnet, die einst eine Summe von Körpern bedeuteten und jetzt einen *consensus* der Zugehörigen. Am berühmtesten ist Augustins *civitas dei*, die weder ein antiker Staat ist noch eine abendländische Kirche, sondern genau wie die Mithrasgemeinde, der Islam, der Manichäismus und das Persertum eine Ganzheit von Gläubigen, Seligen und Engeln. Da die Gemeinschaft auf dem *consensus* beruht, so ist sie in geistigen Dingen unfehlbar. „Mein Volk kann niemals in einem Irrtum übereinstimmen“ hat Mohammed gesagt, und genau dasselbe setzt Augustin in seinem Gottesstaat voraus. Von einem unfehlbaren päpstlichen Ich oder irgendeiner andern Instanz zur Feststellung dogmatischer Wahrheiten ist bei ihm keine Rede und kann es nicht sein: das würde den magischen Begriff des *consensus* völlig zerstören. Das gilt in dieser Kultur allgemein und nicht nur vom Dogma, sondern auch vom Rechtund vom Staate überhaupt: Die islamische Gemeinschaft umfaßt wie die des Porphyrios und Augustin die *ganze* Welthöhle, das Diesseits wie das Jenseits, die Rechtgläubigen wie die guten Engel und Geister, und in dieser Gemeinschaft bildet der Staat nur *eine kleinere Einheit der sichtbaren Seite*, deren Wirksamkeit also durch das Ganze geregelt wird. Eine Trennung von Politik und Religion ist also in der magischen Welt theoretisch unmöglich und widersinnig, während der Kampf zwischen Staat und Kirche auch der Idee nach in der faustischen Kultur notwendig und ohne Ende ist. Weltliches und geistliches Recht sind schlechthin dasselbe. Neben dem Kaiser von Byzanz steht der Patriarch, neben dem Schah der Zarathustrotema, neben dem Resch galuta der Gaon, neben dem Kalifen der Scheich ül Islam, Vorgesetzter zugleich und Untergebener. Mit dem gotischen Verhältnis von Kaiser und Papst hat das nicht die leiseste Verwandtschaft, und auch der Antike war jeder Gedanke daran fremd. In der Schöpfung Diokletians ist zum erstenmal diese magische Einbettung des Staates in die Gemeinschaft der Gläubigen Wirklichkeit geworden, und Konstantin hat sie ganz durchgeführt. Es war schon gezeigt worden, daß Staat, Kirche und Nation eine geistige Einheit bilden, eben den in der lebenden Menschheit sichtbar hervortretenden Teil des rechtgläubigen *consensus*. Es war deshalb für die Kaiser eine selbstverständliche Pflicht, als Beherrscher der Gläubigen – das ist der Teil der magischen Gemeinschaft, den Gott ihnen anvertraut hat – die Konzile zu leiten, um den *consensus* der Berufenen herbeizuführen.

11

Außer ihm gibt es aber noch ein anderes Offenbarwerden der Wahrheit, das „Wort Gottes" in einem ganz bestimmten rein magischen Sinne, der dem antiken und abendländischen Denken gleich fern liegt und deshalb die Quelle unzähliger Mißverständnisse geworden ist. Das heilige Buch, in dem es sichtbar in Erscheinung getreten, in das es mittels einer heiligen Schrift gebannt worden ist, gehört zum Bestande jeder magischen Religion.In diese Vorstellung sind drei magische Begriffe verwoben, von denen jeder einzelne uns die größten Schwierigkeiten bereitet, während ihr Getrenntsein und gleichzeitiges Einssein unserem religiösen Verständnis unzugänglich bleibt, so gern man sich immer wieder darüber getäuscht hat: *Gott, der Geist Gottes, das Wort Gottes*. Was im Prolog des *Johannesevangeliums* angedeutet ist: Im Anfang war das Wort und das Wort war bei Gott und Gott war das Wort, das ist lange vorher in den persischen Vorstellungen von *spenta mainyu* – dem heiligen Geist, der von Ahura mazda verschieden und doch mit ihm eins ist, im Gegensatz zum bösen Geiste (*angra mainyu*) – und von Vohu manound den entsprechenden jüdischen und chaldäischen Begriffen wie etwas ganz Natürliches zum Ausdruck gekommen und bildet den Kernpunkt in den Streitigkeiten des vierten und fünften Jahrhunderts um die Substanz Christi. Aber ebenso ist die „Wahrheit" für das magische Denken *eine Substanz*,und Lüge oder Irrtum die zweite. Es ist derselbe wesenhafte Dualismus wie in dem Widerstreit von Licht und Finsternis, Leben und Tod, Gut und Böse. Als Substanz ist die Wahrheit bald mit Gott, bald mit dem Geiste Gottes, bald mit dem Wort identisch. Nur so kann man die ganz substanziell gemeinten Ausdrücke verstehen: „Ich bin die Wahrheit und das Leben" und „Mein Wort ist die Wahrheit". Nur so begreift man auch, mit welchen Augen der religiöse Mensch dieser Kultur das heilige Buch betrachtete: in ihm ist die unsichtbare Wahrheit in eine sichtbare Seinsart eingegangen, ganz ähnlich der Stelle Ev. Joh. 1,14: „Das Wort ward Fleisch und wohnte unter uns." Nach dem Jasna ist das Awesta vom Himmel herabgesandt worden und im Talmud heißt es, daß Moses die Tora Band für Band von Gott empfangen habe. Eine magische Offenbarung ist ein mystischer Vorgang, in welchem das ewige und unerschaffene Wort der Gottheit – oder *die Gottheit als Wort* – in einen Menschen eingeht, um durch ihn die „offenbare", sinnliche Gestalt von Lauten und vor allem von Buchstaben zu erhalten. *Koran bedeutet „Lesung"*. Mohammed hat in einer Vision im Himmel verwahrte Schriftrollen erblickt, die er „im Namen des Herrn" – obwohl er nicht lesen gelernt hat – entziffern konnte.Das ist eine Form der Offenbarung, die in dieser Kultur Regel und in den andern nicht einmal Ausnahme ist,aber sie hat sich erst seit Kyros herangebildet. Die altisraelitischen Propheten und sicherlich auch Zarathustra sehen und hören in der Verzückung Dinge, die sie später verbreiten. Das

Deuteronomische Gesetzbuch ist 621 „im Tempel gefunden worden", das heißt, es soll als Weisheit der Väter gelten. Das erste und zwar sehr bewußte Beispiel eines „Koran" ist das Buch des Hesekiel, das der Autor in einer ausgedachten Vision von Gott empfängt und „verschlingt" (Kap. 3). Hier ist in der denkbar gröbsten Form ausgedrückt, was später dem Begriff und der Gestalt des gesamten apokalyptischen Schrifttums zugrunde liegt. Aber allmählich gehörte eine solche *substanzielle* Form der Empfängnis zu den Bedingungen jedes kanonischen Buches. Aus nachexilischer Zeit stammt die Vorstellung von den Gesetzestafeln, die Moses am Sinai erhält. Später wurde für die ganze Tora, etwa seit der Makkabäerzeit für die meisten Schriften des Alten Testaments ein solcher Ursprung angenommen. Seit dem Konzil von Jabna (um 90 n. Chr.) gilt das ganze Werk als „Eingebung" im buchstäblichen Sinne. Aber ganz dieselbe Entwicklung hat in der persischen Religion stattgefunden bis zur Heiligsprechung des Awesta im 3. Jahrhundert, und der gleiche Begriff der Eingebung erscheint in der zweiten Vision des Hermas, in den Apokalypsen, den chaldäischen, gnostischen und mandäischen Schriften, und er liegt endlich wie etwas ganz Natürliches den Vorstellungen der Neupythagoräer und Neuplatoniker von den Schriften ihrer Meister stillschweigend zugrunde. Kanon ist der technische Ausdruck für die Gesamtheit der Schriften, die von einer Religion als eingegeben betrachtet werden. Als Kanon sind seit 200 n. Chr. die hermetische Sammlung und das Corpus der chaldäischen Orakel entstanden, das letzte ein heiliges Buch der Neuplatoniker, das der „Kirchenvater" Proklos allein neben Platons Timaios gelten ließ.

Die junge Jesusreligion hat ursprünglich wie Jesus selbst die jüdischen Schriften als Kanon anerkannt. Die ersten Evangelien erheben durchaus nicht den Anspruch, „das Wort" der Gottheit in sichtbarer Gestalt zu sein. *Das Johannesevangelium ist die erste christliche Schrift, die mit offenbarer Absicht als Koran gelten will*, und von ihrem unbekannten Schöpfer geht überhaupt erst der Gedanke aus, daß es einen christlichen Koran geben könne und müsse. Die schwere Entscheidung, ob die neue Religion mit der von Jesus geglaubten brechen solle, kleidet sich mit innerer Notwendigkeit in die Frage, ob man die jüdischen Schriften als Inkarnationen der *einen* Wahrheit noch anerkennen dürfe; sie ist von „Johannes" schweigend und von Marcion laut verneint, von den Kirchenvätern aber, was unlogisch war, bejaht worden.

Aus dieser metaphysischen Auffassung vom Wesen des heiligen Buches ergibt sich, daß die Ausdrücke „Gott spricht" und „die Schrift sagt" in einer unserem Denken ganz fremden Weise völlig identisch sind. Es erinnert an manche Märchenzüge in 1001 Nacht, daß Gott selbst in diese Worte und Buchstaben gebannt ist und von dem Berufenen entsiegelt und zum Offenbaren der Wahrheit gezwungen werden kann. Die Auslegung ist wie die Eingebung ein Vorgang von mystischem Hintersinn (Mark. 1, 22). Daher die Ehrfurcht, mit welcher diese kostbaren Handschriften verwahrt werden, ihre so ganz unantike Verzierung mit allen Mitteln der jungen magischen Kunst und die Entstehung immer neuer Schriftarten, die in den Augen ihrer Gebraucher allein die Kraft besitzen, die herabgesandte Wahrheit in sich zu bannen.

Aber ein solcher Koran ist dem Wesen nach unbedingt richtig und deshalb unveränderlich und keiner Verbesserung fähig.Es entwickelt sich deshalb die Gewohnheit der geheimen Interpolationen, um den Text mit den Überzeugungen der Zeit in Einklang zu bringen. Ein Meisterstück dieser Methode sind die Digesten Justinians. Aber außer sämtlichen Schriften der Bibel gilt das zweifellos auch von den Gathas des Awesta und sogar von den damals umlaufenden Schriften des Plato, Aristoteles und andrer Autoritäten der heidnischen Theologie. Viel wichtiger noch ist die in allen magischen Religionen nachweisbare Annahme einer geheimen Offenbarung oder eines geheimen Schriftsinns, die nicht durch Aufzeichnung, sondern durch das Gedächtnis berufener Männer erhalten und mündlich fortgepflanzt werden. Nach jüdischer Anschauung hat Moses am Sinai außer der schriftlichen *noch eine geheime mündliche Tora* empfangen,deren Aufzeichnung untersagt war. „Gott sah voraus", heißt es im Talmud, „daß einst eine Zeit kommen werde, in der sich die Heiden der Tora bemächtigen und zu Israel sprechen werden: Auch wir sind Söhne Gottes. Dann wird der Herr sagen: Nur wer meine Geheimnisse kennt, der ist mein Sohn. Und was sind die Geheimnisse Gottes? Die mündliche Lehre." Der Talmud enthält also in seiner allgemein zugänglichen Gestalt nur einen Teil des religiösen Stoffes, und ebenso stand es mit den christlichen Texten der Frühzeit. Es ist oft bemerkt worden,daß Markus von der Versuchung und Auferstehung nur in Andeutungen spricht und daß Johannes auf die Lehre vom Paraklet nur anspielt und die Einsetzung des Abendmahls ganz fortläßt. Der Eingeweihte verstand, was gemeint war, und der Ungläubige sollte es nicht wissen. Später gab es eine wirkliche „Arkandisziplin", wonach die Christen über das Taufbekenntnis, Vaterunser, Abendmahl und anderes Ungläubigen gegenüber Stillschweigen beobachteten. Bei den Chaldäern, Neupythagoräern, Kynikern, Gnostikern und vor allem den Sekten von den altjüdischen bis zu den islamischen hat das einen solchen Umfang angenommen, daß uns ihre Geheimlehren zum großen Teil unbekannt sind. Über das nur im Geist aufbewahrte Wort gab es einen *consensus des Schweigens*, eben weil man des „Wissens" der Zugehörigen sicher war. Wir sind geneigt, gerade von dem Wichtigsten nachdrücklich und deutlich zu reden, und kommen deshalb in Gefahr, magische Lehren mißzuverstehen, weil wir das Ausgesprochene mit dem Vorhandenen und den profanen Wortsinn mit der eigentlichen Bedeutung gleichsetzen. Das gotische Christentum hatte keine Geheimlehre und deshalb ein doppeltes Mißtrauen gegen den Talmud, in dem es mit Recht nur den Vordergrund der jüdischen Lehre sah.

Aber rein magisch ist auch die Kabbala, die aus Zahlen, Buchstabenformen, Punkten und Strichen einen geheimen Sinn erschließt und die so alt sein muß wie das als Substanz herabgesandte Wort überhaupt. Die Geheimlehre von der Schöpfung der Welt aus den zweiundzwanzig Buchstaben des hebräischen Alphabets und die vom

Thronwagen in der Vision des Hesekiel sind schon zur Makkabäerzeit nachweisbar. Eng damit verwandt ist die allegorische Auslegung der heiligen Texte. Alle Traktate der Mischna, alle Kirchenväter, alle alexandrinischen Philosophen sind voll davon; in Alexandria hat man den ganzen antiken Mythos und sogar Plato nach dieser Methode behandelt und mit den jüdischen Propheten – Moses heißt dann Musaios – verglichen.

Die einzige streng *wissenschaftliche* Methode, welche ein unveränderlicher Koran für die Fortentwicklung der Meinungen übrig läßt, ist die kommentierende. Da der Theorie nach das „Wort“ einer Autorität nicht verbessert werden kann, so kann es nur anders ausgelegt werden. Man würde in Alexandria nie gesagt haben, daß Plato irre, aber man „deutete“ ihn. Das geschieht in den streng ausgebildeten Formen der Halacha, und deren schriftliche Festlegung hat die Gestalt eines Kommentars, die alle religiösen, philosophischen und gelehrten Literaturen dieser Kultur vollständig beherrscht. Nach dem Vorgang der Gnostiker haben die Kirchenväter Schriftkommentare zur Bibel verfaßt; zum Awesta entstand sogleich der Pehlewikommentar des Zend, zum jüdischen Kanon die Midrasche, aber auch die „römischen“ Juristen um 200 und die „spätantiken“ Philosophen, d. h. die Scholastiker der werdenden Kultkirche gingen denselben Weg – die seit Poseidonios immer wieder ausgelegte Apokalypse dieser Kirche war Platos „Timaios“. Die Mischna ist ein einziger großer Kommentar zur Tora. Aber als die ältesten Ausleger selbst Autoritäten und ihre Schriften also Korane geworden waren, schrieb man Kommentare zu Kommentaren wie der letzte Platoniker Simplikios im Westen, die Amoräer, welche der Mischna die Gemara hinzufügten, im Osten und in Byzanz die Verfasser der kaiserlichen Konstitutionen zu den Digesten.

Am schärfsten ist diese Methode, welche jeden Ausspruch der Fiktion nach bis zu einer unmittelbaren Eingebung zurückführt, in der talmudischen und islamischen Theologie ausgebildet worden. Eine neue Halacha oder ein Hadith sind nur gültig, wenn sie durch eine ununterbrochene Kette von Gewährsmännern auf Moses oder Mohammed zurückgeführt werden können.Die feierliche Formel hierfür lautete in Jerusalem: „Es komme über mich! So habe ich es von meinem Lehrer gehört.“Im Zend ist die Anführung der Gewährsmännerkette Regel, und Irenäus hat seine Theologie damit gerechtfertigt, daß von ihm eine Kette über Polykarp zur Urgemeinde gehe. In der frühchristlichen Literatur tritt diese halachische Form mit solcher Selbstverständlichkeit auf, daß man sie als solche gar nicht bemerkt hat. Sie erscheint, abgesehen von der beständigen Berufung auf das Gesetz und die Propheten, in den Überschriften der vier Evangelien („ *nach* Markus“), die einen Gewährsmann an der Spitze nennen müssen, um für die von ihnen angeführten Worte des Herrn Autorität zu sein.Damit war die Kette bis zu der in Jesus verkörperten Wahrheit hergestellt und man kann sich diese Verbindung im Weltbilde eines Augustin oder Hieronymus nicht realistisch genug denken. Hierauf beruht nun auch die seit Alexander sich allgemein verbreitende Sitte, religiöse und philosophische Schriften mit Namen zu versehen wie Henoch, Salomo, Esra, Hermes, Pythagoras, die als Gewährsmänner und Gefäße göttlicher Wahrheit galten, in denen also einst „das Wort Fleisch“ geworden war. Wir besitzen noch eine Anzahl von Apokalypsen mit dem Namen Baruch, der damals mit Zarathustra gleichgesetzt wurde, und wir machen uns kaum eine Vorstellung davon, was an Schriften unter den Namen des Aristoteles und Pythagoras umlief. Die „Theologie des Aristoteles“ war eins der einflußreichsten Bücher des Neuplatonismus. Dies ist endlich die metaphysische Voraussetzung für Stil und tieferen Sinn des Zitierens, das bei Kirchenvätern, Rabbinern, „griechischen“ Philosophen und „römischen“ Juristen in ganz derselben Weise geübt wird und das einerseits das Zitiergesetz Valentinians III.und andrerseits die Abscheidung von Apokryphen – ein grundlegender Begriff, der einen *Substanzunterschied* innerhalb des Schriftenbestandes feststellt – aus dem jüdischen und christlichen Kanon zur Folge gehabt hat.

12

Auf Grund solcher Untersuchungen wird es in Zukunft möglich sein, eine Geschichte *der Gruppe magischer Religionen* zu schreiben. Sie bildet eine untrennbare Einheit des Geistes und der Entwicklung, und man glaube nicht, die einzelnen für sich unter Absehen von den übrigen wirklich begreifen zu können. Ihre Entstehung, Entfaltung und innere Festigung umfaßt die Zeit von 0–500. Sie entspricht genau dem abendländischen Aufstieg von der kluniazensischen Bewegung bis zur Reformation. Ein wechselseitiges Geben und Nehmen, ein verwirrend reiches Aufblühen, Reifen, Umbilden, ein Überschichten, Wandern, Einfügen, Abstoßen erfüllt diese Jahrhunderte, ohne daß sich irgendeine Abhängigkeit des einen Systems von dem andern behaupten läßt; nur die Formen und Fassungen werden getauscht; in der Tiefe ruht ein und dasselbe Seelentum, das in allen Sprachen dieser Welt von Religionen stets sich selbst zum Ausdruck bringt.

In dem weiten Bereich altbabylonischen Fellachentums leben junge Völker. Da bereitet sich alles vor. Die erste Ahnung regt sich um 700 in den prophetischen Religionen der Perser, Juden und Chaldäer. Ein Bild der Weltschöpfung von der Art, wie es später an den Anfang der Tora trat, zeichnet sich in klaren Umrissen ab, und damit ist ein Einsatz, eine Richtung, ein Ziel der Sehnsucht gegeben. In weiter Zukunft wird etwas erschaut, unbestimmt und dunkel noch, aber mit der innerlichsten Gewißheit, daß es kommt. Mit dem Blick darauf, mit dem Gefühl einer Sendung lebt man von nun an.

Die zweite Welle erhebt sich steil in den apokalyptischen Strömungen seit 300. Hier erwacht das magische Weltbewußtsein und erbaut sich eine Metaphysik der letzten Dinge in gewaltigen Bildern, denen schon das Ursymbol der kommenden Kultur, die Höhle, zugrunde liegt. Die Vorstellung von den Schrecken des Weltendes, dem jüngsten Gericht, der Auferstehung, von Paradies und Hölle, und damit der große Gedanke einer Heilsgeschichte, in der das Schicksal von Welt und Menschheit eins sind, brechen überall hervor, ohne daß man einem einzelnen Land und Volk die Schöpfung zuschreiben könnte, und kleiden sich in wunderbare Szenen, Gestalten und Namen. Die Messiasgestalt ist mit einem Schlage fertig. Die Versuchung des Heilands durch den Satan wird erzählt.Aber zugleich quillt eine tiefe und sich beständig steigernde Angst auf vor dieser Gewißheit einer unverrückbaren und sehr nahen Grenze des Geschehens, vor dem Augenblick, in dem es nur noch Vergangenheit gibt. Die magische Zeit, die „Stunde“, das höhlenhafte Gerichtetsein gibt dem Leben einen neuen Takt und dem Worte Schicksal einen neuen Inhalt. Der Mensch steht plötzlich ganz anders vor der Gottheit da. In der Weihinschrift der großen Basilika von Palmyra, die lange als christlich galt, wird Baal der Gute, Barmherzige, Milde genannt, und dies Gefühl dringt mit der Verehrung des Rahman bis nach Südarabien; es erfüllt die Psalmen der Chaldäer und die Lehre von dem gottgesandten Zarathustra, die an die Stelle seiner Lehre getreten ist; und es bewegt das Judentum der Makkabäerzeit, in der die meisten Psalmen entstanden, und alle die längst vergessenen übrigen Gemeinschaften der antiken und indischen Welt.

Die dritte Erschütterung erfolgt in der Zeit Cäsars und führt zur Geburt der großen Erlösungsreligionen. Damit bricht der helle Tag dieser Kultur an. Was nun folgt, ein oder zwei Jahrhunderte hindurch, ist von einer Höhe des religiösen Erlebens, die nicht überboten, aber auch nicht länger ertragen werden kann. Eine solche an Vernichtung grenzende Spannung haben auch die gotische Seele, die vedische und jede andere nur einmal in ihrer Morgenfrühe kennen gelernt.

Jetzt entsteht der große Mythos im persischen, mandäischen, jüdischen, christlichen Glaubenskreise und in dem der westlichen Pseudomorphose, nicht anders als zur indischen, antiken und abendländischen Ritterzeit. So wenig als in dieser Kultur sich Nation, Staat und Kirche, göttliches und weltliches Recht trennen können, so wenig gibt es einen deutlichen Unterschied ritterlichen und religiösen Heldentums. Der Prophet verschmilzt mit dem Streiter, und die Geschichte eines großen Dulders erhebt sich zum nationalen Epos. Die Mächte des Lichtes und der Finsternis, fabelhafte Wesen, Engel und Dämonen, der Satan und die guten Geister ringen miteinander; die ganze Natur ist ein Kampfplatz vom Anfang der Welt bis zu ihrer Vernichtung. Tief unten in der Menschenwelt ereignen sich die Abenteuer und Leiden der Verkünder, religiösen Heroen und heldenmütigen Märtyrer. Jede Nation in dem Sinne, wie er dieser Kultur angehört, besitzt ihre Heldensage. Im Osten wird aus dem Leben des persischen Propheten eine epische Dichtung von gewaltigem Umriß. Bei seiner Geburt erschallt das Zarathustra-Lachen durch alle Himmel, und die ganze Natur antwortet ihm. Im Westen entsteht zu der immer weiter ausgestalteten Leidensgeschichte Jesu, *dem eigentlichen Epos der christlichen Nation*, der Märchenkreis um seine Kindheit, der zuletzt eine ganze poetische Gattung ausfüllt. Die Gestalt der Mutter Gottes und die Taten der Apostel werden wie die Geschichten der abendländischen Kreuzzugshelden zum Mittelpunkt ausgedehnter Romane (Thomasakten, Pseudo-Clementinen), die während des 2. Jahrhunderts überall vom Nil bis zum Tigris entstehen. In der jüdischen Haggada und in den Targumen sammelt sich eine Fülle von Märchen um Saul, David, die Patriarchen und die großen Tannaim wie Jehuda und Akiba,und die unerschöpfliche Phantasie dieser Zeit ergreift auch den ganzen ihr erreichbaren Stoff spätantiker Kultlegenden und Stifterromane (Leben des Pythagoras, Hermes, Apollonios von Tyana).

Mit dem Ende des 2. Jahrhunderts klingt diese Erregung ab. Die Blüte der epischen Dichtung ist vorüber, und es beginnt die mystische Durchdringung und dogmatische Zergliederung der religiösen Stoffe. Die Lehren der neuen Kirche werden in theologische Systeme gebracht. Das Heldentum weicht der Scholastik, die Dichtung dem Denken, der Seher und Sucher dem Priester. Die Frühscholastik, die um 200 endet (entsprechend der abendländischen Epoche von 1200), umfaßt die gesamte Gnosis im allerweitesten Sinne, das große Schauen: den Verfasser des Johannesevangeliums, Valentinus, Bar Daisan und Marcion, die Apologeten und ältesten Väter bis auf Irenäus und Tertullian, die letzten Tannaim bis auf den Vollender der Mischna, Rabbi Jehuda, in Alexandria die Neupythagoräer und Hermetiker. Das alles entspricht im Abendlande der Schule von Chartres, Anselm von Canterbury, Joachim von Floris, Bernhard von Clairvaux und Hugo von St. Victor. Die Hochscholastik beginnt mit dem Neuplatonismus, mit Clemens und Origenes, den ersten Amoräern und den Schöpfern des jüngeren Awesta unter Ardeschir (226–241) und Schapur I., vor allem dem mazdaischen Hohepriester Tanvasar. Zugleich beginnt die Ablösung einer höheren Religiosität von der bäuerlichen, noch immer in apokalyptischer Stimmung verweilenden Frömmigkeit des Landes, die sich von da an fast unverändert unter wechselnden Namen bis in das Fellachentum der Türkenzeit erhält, während in der städtischen und geistigeren Oberwelt die persische, jüdische und christliche Gemeinschaft von der des Islam aufgenommen werden.

Langsam vollenden sich nun die großen Kirchen. Es hat sich entschieden – das wichtigste religiöse Ergebnis des 2. Jahrhunderts –, daß aus der Lehre von Jesus keine Umgestaltung des Judentums, sondern eine neue Kirche hervorgeht, die ihre Richtung nach Westen nimmt, während das Judentum, ohne an innerer Kraft eingebüßt zu haben, sich dem Osten zuwendet. Das 3. Jahrhundert gehört den großen Gedankenbauten der Theologie. Man hat sich mit der geschichtlichen Wirklichkeit abgefunden. Das Weltende ist in die Ferne gerückt und es entsteht eine Dogmatik, welche das neue Weltbild erklärt. Der Anbruch der Hochscholastik hat zur Voraussetzung, daß man an die Dauer der zu begründenden Lehren glaubt.

Überblickt man diese Gründungen, so ergibt sich, daß die aramäische Mutterlandschaft ihre Formen nach drei Richtungen hin entwickelt. Im Osten bildet sich aus der zarathustrischen Religion der Achämenidenzeit und den Resten ihrer heiligen Literatur die mazdaische Kirche mit einer strengen Hierarchie und peinlichem Ritual, mit Sakramenten, Messe und Beichte *(patet)*. Wie erwähnt, ist durch Tanvasar die Sammlung und Ordnung des *neuen* Awesta begonnen worden; unter Schapur I. sind, wie gleichzeitig im Talmud, die profanen Texte medizinischen, juristischen und astronomischen Inhalts hinzugekommen; der Abschluß erfolgte durch den

Kirchenfürsten Mahraspand unter Schapur II. (309–379), und es ist für die arabische Kultur selbstverständlich, daß sogleich ein Kommentar in Pehlewisprache, der Zend, hinzukommt. Das neue Awesta ist wie die jüdische und christliche Bibel ein Kanon einzelner Schriften und wir erfahren, daß unter den seitdem verlorenen Nasks (ursprünglich 21) sich ein Evangelium Zarathustras, die Bekehrungsgeschichte des Vischtaspa, eine Genesis, ein Rechtsbuch und ein Geschlechterbuch mit Stammbäumen von der Schöpfung bis zu den Perserkönigen befanden, während bezeichnenderweise der Vendidad, nach Geldner der „Levitikus der Perser", sich vollständig erhalten hat.

Ein neuer Religionsstifter erscheint 242 zur Zeit Schapurs I. in Mani, der unter Verwerfung des „erlöserlosen" Judentums und Griechentums die gesamte Masse magischer Religionen zu einer der gewaltigsten theologischen Schöpfungen aller Zeiten zusammenfaßt, für die er 276 durch die mazdaische Priesterschaft ans Kreuz geschlagen wurde. Durch seinen Vater, der noch in späten Jahren seine Familie verließ und in einen Mandäerorden trat, mit dem ganzen Wissen seiner Zeit ausgerüstet, hat er die Grundgedanken der Chaldäer und Perser mit denen des Johanneischen, östlichen Christentums vereinigt, was vor ihm ohne die Absicht einer Kirchengründung in der christlich-persischen Gnosis des Bar Daisan versucht worden war.Er faßt die mystischen Gestalten des Johanneischen Logos, den er mit dem persischen Vohu manc gleichsetzt, den Zarathustra der Awestalegende und den Buddha der späten Texte als göttliche Emanationen auf und verkündet sich selbst als den Paraklet des Johannesevangeliums und Saoshyant der Perser. Wie wir jetzt aus den Turfanfunden wissen, unter denen sich auch Teile der bis dahin völlig verlorenen Schriften Manis befinden, war die Kirchensprache der Mazdaisten, Manichäer und Nestorianer, unabhängig von den jeweiligen Umgangssprachen, das Pehlewi.

Im Westen entwickeln, und zwar in griechischer Schriftsprache,die beiden Kultkirchen je eine Theologie, die nicht nur verwandt, sondern in ausgedehntem Maße identisch ist. Zur Zeit Manis beginnt die theologische Verschmelzung der aramäisch-chaldäischen Sonnenreligion und des aramäisch-persischen Mithraskultes zu einem System, dessen erster großer „Kirchenvater" um 300 Jamblich wird, ein Zeitgenosse des Athanasius, aber auch Diokletians, der 295 den Mithras zum henotheistischen Reichsgott erhebt. Seine Priester unterscheiden sich seelisch wenigstens in nichts von den christlichen. Proklos, ebenfalls ein echter Kirchenvater, empfängt in Träumen Erleuchtungen über eine schwierige Textstelle und möchte außer Platos Timaios und dem chaldäischen Orakelbuch, die für ihn kanonisch sind, alle Philosophenschriften vernichtet sehen. Seine Hymnen, Zeugnisse der Zerknirschung eines echten Eremiten, flehen Helios und andere Helfer um Schutz gegen böse Geister an. Hierokles schreibt ein Moralbrevier für Gläubige der neupythagoräischen Gemeinschaft, das man genau ansehen muß, um es nicht für christlich zu halten. Der Bischof Synesios wird von einem neuplatonischen zu einem christlichen Kirchenfürsten, ohne daß eine Bekehrung stattgefunden hätte. Er behielt seine Theologie bei und veränderte nur die Namen. Der

Neuplatoniker Asklepiades konnte es unternehmen, ein großes Werk über die Gleichheit aller Theologien zu schreiben. Wir besitzen heidnische so gut wie christliche Evangelien und Heiligenleben. Apollonius hat das Leben des Pythagoras, Marinos das des Proklos, Damaskios das des Isidoros geschrieben: es besteht gar kein Unterschied zwischen diesen Schriften, die mit einem Gebet anfangen und schließen, und christlichen Märtyrerakten. Porphyrios bezeichnet als die vier göttlichen Elemente Glaube, Liebe, Hoffnung und Wahrheit.

Zwischen diesen Kirchen des Westens und Ostens entwickelt sich, von Edessa aus gesehen nach Süden, die talmudische (die „Synagoge“) mit aramäischer Schriftsprache. Die Judenchristen (z. B. Ebioniten und Elkesaiten), Mandäer und Chaldäer waren nicht imstande, gegen diese großen Gründungen aufzukommen, wenn man nicht die Kirche Manis als neue Verfassung der chaldäischen Religion betrachtet. Sie sanken zu Sekten herab, die zahllos im Schatten der großen Kirchen dahindämmerten oder in ihren Verbänden aufgingen, wie die letzten Marcioniten und Montanisten im Manichäertum. Es gab um 300 außer der heidnischen, christlichen, persischen, jüdischen und manichäischen Kirche keine magische Religion von Bedeutung mehr.

13

Mit der Hochscholastik beginnt seit 200 auch das Streben, die *sichtbare* und immer strenger gegliederte Gemeinschaft der Gläubigen mit dem Organismus des Staates gleichzusetzen. Das folgt mit Notwendigkeit aus dem Weltgefühl des magischen Menschen und führt zur Verwandlung der Herrscher in Kalifen – Beherrscher vor allem der Gläubigen, nicht eines Gebietes – und damit zur Auffassung der Rechtgläubigkeit als der Voraussetzung wirklicher Staatsangehörigkeit, zur Pflicht der Verfolgung falscher Religionen – der heilige Krieg des Islam ist so alt wie diese Kultur selbst und hat ihre ersten Jahrhunderte vollkommen erfüllt –, zur Stellung der im Staate nur geduldeten Ungläubigen unter eigenes Recht und Verwaltung – denn das göttliche Recht ist Ketzern versagt – und damit zur Wohnweise des Ghetto.

Zuerst ist im Mittelpunkt der aramäischen Landschaft, in Osrhoëne, das Christentum um 200 Staatsreligion geworden. 226 wurde im Sassanidenreich der Mazdaismus und unter Aurelian (†275) und vor allem Diokletian (295) der durch den Divus-, Sol- und Mithraskult zusammengefaßte Synkretismus im römischen Imperium Staatsreligion. Konstantin geht seit 312, König Trdat von Armenien um 312, König Mirian von Georgien einige Jahre später zum Christentum über. Im Süden muß Saba schon im 3. und Axum im 4. Jahrhundert christlich geworden sein, aber gleichzeitig wird das Himjarenreich jüdisch und Kaiser Julian versucht noch einmal, die Heidenkirche zur Herrschaft zu bringen.

Den Gegensatz dazu bildet, wieder in allen Religionen dieser Kultur, die Ausbreitung des Mönchtums mit seiner radikalen Abwendung von Staat, Geschichte und der

Wirklichkeit überhaupt. Der Widerstreit von Dasein und Wachsein, von Politik also und Religion, Geschichte und Natur läßt sich durch die Form der magischen Kirche und ihre Gleichsetzung mit Staat und Nation doch nicht ganz überwinden; die Rasse bricht im Leben dieser geistlichen Schöpfungen doch hervor und überwältigt das Göttliche, eben weil es das Weltliche in sich aufgenommen hat. Aber hier gibt es keinen Kampf zwischen Staat und Kirche wie in der Gotik, und deshalb bricht er *innerhalb* der Nation aus zwischen dem Weltfrommen und dem Asketen. Eine magische Religion wendet sich ausschließlich an den göttlichen Funken, das *pneuma* im Menschen, das er mit der unsichtbaren Gemeinschaft der gläubigen und seligen Geister teilt. Der übrige Mensch gehört dem Bösen und der Finsternis. Das Göttliche – kein Ich, sondern gleichsam ein Gast – soll aber in ihm herrschen und das andere überwinden, unterdrücken, vernichten. In dieser Kultur ist der Asket nicht nur der wahre Priester – der Weltpriester genießt wie im Russentum niemals wirkliche Achtung; meist darf er auch heiraten –, sondern überhaupt der eigentlich Fromme. Außerhalb des Mönchtums ist eine Erfüllung der religiösen Forderungen gar nicht möglich, und deshalb nehmen Büßergemeinschaften, Einsiedlertum und Kloster schon früh einen Rang ein, den sie aus metaphysischen Gründen weder in Indien noch in China erhalten konnten, vom Abendland ganz zu schweigen, wo die Orden arbeitende und kämpfende, also dynamische Einheiten sind.Deshalb trennt sich die Menschheit der arabischen Kultur nicht in „die Welt" und in mönchische Kreise mit genau getrennten Gebieten der Lebensart und den gleichen Möglichkeiten, die Gebote des Glaubens zu erfüllen. Jeder Fromme ist eine Art Mönch.Zwischen Welt und Kloster besteht kein Gegensatz, sondern nur ein Unterschied des *Grades*. Magische Kirchen und Orden sind *gleichartige Gemeinschaften*, die sich nur durch den Umfang unterscheiden lassen. Die Gemeinschaft des Petrus war ein Orden, die des Paulus eine Kirche, und die Mithrasreligion ist für die eine Bezeichnung fast zu groß, für die andre zu klein.

Jede magische Kirche ist selbst ein Orden und nur mit Rücksicht auf die menschliche Schwachheit werden Stufen und Grade der Askese nicht gesetzt, sondern erlaubt wie bei den Marcioniten und Manichäern (*electi* und *auditores*). Und eigentlich ist eine magische Nation nichts anderes als die Summe, der *Orden aller Orden*, die in ihr immer kleinere und strengere Kreise ziehen bis zum Eremiten, Derwisch und Säulenheiligen, an denen nichts Weltliches mehr ist, deren Wachsein nur noch dem *pneuma* gehört. Sieht man von den prophetischen Religionen ab, aus und zwischen denen mit der apokalyptischen Erregung immer zahlreichere ordensartige Gemeinschaften entstanden, so waren es die beiden Kultkirchen des Westens, deren zahllose Einsiedler, Wanderprediger und Orden sich zuletzt nur durch den Namen der angerufenen Gottheit unterschieden. Alle empfehlen sie Fasten, Gebet, Ehelosigkeit und Armut. Es ist sehr fraglich, welche von beiden Kirchen um 300 asketischer gerichtet war. Der neuplatonische Mönch Sarapion geht in die Wüste, um nur noch die Hymnen des Orpheus zu studieren, Damaskios zieht sich, durch einen Traum bestimmt, in eine ungesunde Höhle zurück, um beständig zu Kybele zu beten.Die Philosophenschulen sind nichts als asketische Orden; die Neupythagoräer stehen den jüdischen Essäern nahe; der Mithraskult, ein echter Orden, gestattet nur Männern den Zutritt zu seinen Weihen und Gelübden; Kaiser Julian wollte heidnische Klöster erbauen. Das Mandäertum scheint eine Gruppe von Ordensgemeinschaften verschiedener Strenge gewesen zu sein, unter denen sich die Johannes' des Täufers befand. Das christliche Mönchtum beginnt nicht mit Pachomius (320), der nur das erste Kloster gebaut hat, sondern mit der Urgemeinde in Jerusalem. Das Matthäusevangeliumund fast alle Apostelgeschichten sind Zeugnisse einer streng asketischen Gesinnung. Paulus hat es nie gewagt, dem ausdrücklich zu widersprechen. Die persische und nestorianische Kirche haben die mönchischen Ideale weiter entwickelt und der Islam hat sie sich endlich in vollem Umfange zu eigen gemacht. Die orientalische Frömmigkeit wird heute durchaus von den moslemischen Orden und Bruderschaften beherrscht. Die gleiche Entwicklung nahm das Judentum von den Karäern des 8. bis zu den polnischen Chassiden des 18. Jahrhunderts.

Das Christentum, das noch im 2. Jahrhundert nicht viel mehr als ein verbreiteter Orden gewesen war, dessen öffentliche Macht über die Zahl der Mitglieder weit hinausging, wächst etwa seit 250 plötzlich ins Ungeheure. Es ist die Epoche, in welcher die letzten Stadtkulte der Antike verschwinden, *nicht vor der christlichen, sondern vor der neu entstehenden Heidenkirche*. 241 brechen die Akten der Arvalbrüder in Rom ab; 265 erscheinen die letzten Kultinschriften in Olympia. Die Häufung der verschiedensten Priestertümer auf eine Person wird gleichzeitig Sitte,das heißt man empfindet diese Bräuche nur noch als die einer einzigen Religion. Und diese Religion tritt *werbend* auf und verbreitet sich weit über das griechisch-römische Stammgebiet hinaus. Dennoch ist um 300 die christliche Kirche die einzige, welche sich über das ganze arabische Gebiet ausgedehnt hat, aber gerade daraus folgt nun die Notwendigkeit innerer Gegensätze, die nicht mehr auf der geistigen Anlage einzelner Menschen, sondern auf dem Geist der einzelnen Landschaften beruhen und die deshalb zum Zerfall des Christentums in mehrere Religionen geführt haben, und zwar für immer.

Der Streit um die Wesenheit Christi ist das Feld, auf dem der Kampf zum Austrag kommt. Es handelt sich um *Substanzprobleme,* die in ganz derselben Form und Richtung auch das Denken aller andern magischen Theologien erfüllen. Die neuplatonische Scholastik, Porphyrios, Jamblich und vor allem Proklos haben solche Fragen in westlicher Fassung und in enger Fühlung mit der Denkweise des Philo und selbst des Paulus behandelt. Das Verhältnis zwischen dem Ur-Einen, Nus, Logos, dem Vater und dem Mittler wird auf das Substanzielle hin betrachtet. Handelt es sich um Ausstrahlung, Teilung oder Durchdringung? Ist eins im andern enthalten, sind sie identisch oder schließen sie sich aus? Ist die Trias zugleich Monas? Im Osten, wo schon die Voraussetzungen des Johannesevangeliums und der bardesanischen Gnosis eine andere Fassung dieser Probleme zeigen, hat das Verhältnis Ahura mazdas zum heiligen Geiste

(*spenta mainyu*) und das Wesen des Vohu mano die awestischen „Väter" beschäftigt, und gerade in der Zeit der entscheidenden Konzile von Ephesus und Chalcedon bezeichnet der vorübergehende Sieg des Zrvanismus (438–457) mit dem Vorrang des göttlichen Weltlaufs (*zrvan* als historische Zeit) über die göttlichen Substanzen den Höhepunkt eines dogmatischen Kampfes. Der Islam hat endlich die ganze Frage noch einmal aufgenommen und mit Beziehung auf die Wesenheit Mohammeds und des Koran zu lösen versucht. Vorhanden ist das Problem, seit es ein magisches Menschentum gibt, so gut wie mit dem faustischen Denken auch schon die spezifisch abendländischen Willensprobleme an Stelle der Substanzprobleme gegeben sind. Man braucht nicht nach ihnen zu suchen; sie sind da, sobald das Denken der Kultur beginnt. Sie sind Grundform dieses Denkens und dringen in allen Untersuchungen hervor, auch wo man sie nicht sucht oder gar nicht bemerkt.

Aber auch die drei landschaftlich vorbestimmten christlichen Lösungen des Ostens, Westens und Südens sind von Anfang an vorhanden und schon in den Hauptrichtungen der Gnosis – etwa durch Bardesanes, Basilides und Valentinus – angelegt. In Edessa treffen sie zusammen. Hier hallten die Straßen wider vom Kampfgeschrei der Nestorianer gegen die Sieger auf dem Konzil zu Ephesus und später von den å?ò-èåüò-Rufen der Monophysiten, die verlangten, daß der Bischof Ibas den Tieren im Zirkus vorgeworfen werde.

Athanasius hatte, und zwar ganz aus dem Geist der Pseudomorphose heraus und seinem heidnischen Zeitgenossen Jamblich in vielem verwandt, die große Frage formuliert. Gegen Arius, der in Christus einen Halbgott – dem Vater nur wesens *ähnlich* – erblickte, behauptete er: Vater und Sohn sind von *derselben* göttlichen Substanz èåüôçò, die in Christus ein menschliches *soma* angenommen hat. „Das Wort ward Fleisch." Diese Formel des Westens ist abhängig von anschaulichen Tatsachen der *Kult*kirche, das Verstehen der Worte vom beständigen Erblicken des Bildhaften. Hier im bilderfreundlichen Westen, wo eben jetzt Jamblich sein Buch über die Götterstatuen schrieb, in denen das Göttliche substanziell anwesend ist und Wunder wirkt,ist neben dem abstrakten Verhältnis der Dreieinigkeit das sinnlich-menschliche von Mutter und Sohn stets wirksam, und gerade dieses ist aus den Gedankengängen des Athanasius nicht fortzudenken.

Mit der anerkannten Wesensgleichheit von Vater und Sohn war das eigentliche Problem erst gestellt: das der geschichtlichen Erscheinung des Sohnes selbst, wie sie aus dem magischen Dualismus aufgefaßt werden müsse. In der Welthöhle gab es die göttliche und die weltliche Substanz, im Menschen den Anteil am göttlichen Pneuma und die mit dem „Fleisch" irgendwie verwandte Einzelseele. Wie stand es mit Christus?

Es ist entscheidend, eine Folge der Schlacht bei Actium, daß der Streit in griechischer Sprache und auf dem Boden der Pseudomorphose geführt wurde, ganz im Machtgebiet des „Kalifen" der westlichen Kirche. Schon Konstantin hat das Konzil von Nikäa, wo die

Lehre des Athanasius siegte, einberufen und beherrscht. Im aramäisch schreibenden und denkenden Osten verfolgte man diese Ereignisse kaum, wie die Briefe des Aphrahat beweisen. Man stritt nicht über das, was man für sich längst entschieden hatte. Der Bruch zwischen Ost und West, eine Folge des Konzils von Ephesus (431), trennte zwei christliche *Nationen,* die der „Perserkirche“ und der „Griechenkirche“, aber innerlich bestätigte er nur die ursprüngliche Verschiedenheit von zwei landschaftlich durchaus getrennten *Denkweisen.* Nestorius und der ganze Osten erblickten in Christus den zweiten Adam, den göttlichen Gesandten des letzten Aion. Maria hat *einen Menschen* geboren, in dessen menschlicher und geschaffener Substanz *(physis)* die göttliche, ungeschaffene *wohnt.* Der Westen sah in Maria die Mutter *eines Gottes:* die göttliche und die menschliche Substanz bilden in seinem Leibe *(persona* in antikem Sprachgebrauch)eine Einheit (von Kyrill als ?íùóéò bezeichnet).Als das Konzil von Ephesus die „Gottesgebärerin“ anerkannt hatte, kam es in der Stadt der berühmten Diana zu einer wahrhaft antiken Festorgie.

Aber vorher schon hatte der Syrer Apollinaris die „südliche“ Fassung verkündet: Im lebenden Christus ist nicht nur eine Person, sondern auch eine einzige Substanz vorhanden. Die göttliche hat sich verwandelt, nicht mit einer menschlichen vermischt (keine êñ?óéò, wie Gregor von Nazianz gegen ihn behauptete); diese monophysitische Auffassung läßt sich, was bezeichnend ist, am besten durch Begriffe Spinozas: die *eine* Substanz in einem andern Modus, ausdrücken. Die Monophysiten nannten den Christus des Konzils von Chalcedon (451), wo wieder der Westen seine Fassung durchgesetzt hatte, das „Götzenbild mit den zwei Gesichtern“. Sie fielen nicht nur von der Kirche ab; es kam zu erbitterten Aufständen in Palästina und Ägypten; als unter Justinian die persischen Truppen, also Mazdaisten, bis zum Nil vordrangen, wurden sie von den Monophysiten als Befreier begrüßt.

Der letzte Sinn dieses verzweifelten Kampfes, in dem es sich ein Jahrhundert lang nicht um gelehrte Begriffe, sondern um die Seele der Landschaft handelt, die *in ihren Menschen* befreit sein wollte, *war die Zurücknahme der Tat des Paulus.* Man muß sich ganz in das Innerste der beiden neu entstehenden Nationen versetzen und alle kleinen Züge der bloßen Dogmatik beiseite lassen: dann sieht man, wie die Richtung des Christentums nach dem griechischen Westen und seine geistige Verbindung mit der Heidenkirche ihren Gipfel in der Tatsache erreicht hatte, daß der Herrscher des Westens das Oberhaupt des Christentums überhaupt geworden war. Für Konstantin war mit Selbstverständlichkeit die paulinische Gründung innerhalb der Pseudomorphose *das* Christentum; die Judenchristen petrinischer Richtung waren eine ketzerische Sekte, die Ostchristen „johanneischer“ Art hat er gar nicht bemerkt. Als der Geist der Pseudomorphose auf den drei entscheidenden Konzilen zu Nikäa, Ephesus und Chalcedon das Dogma ganz und endgültig nach *seiner* Veranlagung gefaßt hatte, richtete sich die eigentlich arabische Welt mit Naturgewalt auf und zog eine Grenze zwischen sich und ihm. Mit dem Ende der arabischen Frühzeit tritt der endgültige Zerfall des Christentums in drei Religionen ein, die sich symbolisch mit den Namen Paulus, Petrus und Johannes bezeichnen lassen und von denen keine mehr die eigentliche und wahre genannt werden darf, wenn man nicht historischen und theologischen Vorurteilen nachgibt. Sie sind zugleich drei Nationen im Stammgebiet der älteren griechischen, jüdischen und persischen Nation, und sie bedienen sich der von diesen entlehnten Kirchensprachen des Griechischen, Aramäischen und Pehlewi.

14

Die Ostkirche hatte sich seit dem Konzil von Nikäa durch eine Episkopalverfassung mit dem Katholikos von Ktesiphon an der Spitze, mit eigenen Konzilen, Liturgie und Recht organisiert; 486 wurde die nestorianische Lehre als bindend angenommen und damit die Verbindung mit Byzanz gelöst. Von da an haben die Mazdaisten, Manichäer und Nestorianer ein gemeinsames Schicksal, das in der bardesanischen Gnosis im Keime angelegt war. In der monophysitischen Südkirche kommt der Geist der Urgemeinde wieder ans Licht und zu weiter Verbreitung; sie steht mit ihrem starren Monotheismus und ihrer Bilderfeindschaft dem talmudischen Judentum am nächsten und ist, was der Kampfruf å?ò èåüòschon vorausgedeutet hatte, mit jenem der Ausgangspunkt des Islam geworden. Die Westkirche blieb mit dem Schicksal des römischen Reiches, das heißt der zum Staat gewordenen Kultkirche verbunden. Sie hat allmählich die Bekenner der Heidenkirche in sich aufgenommen. Ihre Bedeutung liegt von nun an nicht mehr in ihr selbst, denn der Islam hat sie fast vernichtet, sondern in dem Zufall, daß die jungen Völker der neuen Kultur des Abendlandes das christliche System von ihr als Grundlage einer neuen Schöpfung empfingen,und zwar in der lateinischen Fassung des äußersten Westens, die für die Griechenkirche selbst gar keine Bedeutung besaß. Denn Rom war damals eine Griechenstadt und das Latein weit eher in Afrika und Gallien zu Hause.

Was zum Wesen der magischen Nation gehört, ein Dasein, das in Ausdehnung besteht, war von Anfang an wirksam gewesen. Alle diese Kirchen trieben Mission und zwar nachdrücklich und mit gewaltigem Erfolge. Aber erst in den Jahrhunderten, in welchen das Weltende in die Ferne gerückt war und das Dogma für ein langes Dasein in dieser Welthöhle aufgebaut wurde, in denen die Gruppe der magischen Religionen sich an dem Substanzproblem endgültig klärte, nimmt die Ausdehnung jenes leidenschaftliche Tempo an, das diese Kultur von allen anderen unterscheidet und das in der Ausbreitung des Islam sein eindrucksvollstes und letztes, aber keineswegs einziges Beispiel gefunden hat. Die abendländischen Theologen und Historiker geben von dieser gewaltigen Tatsache ein vollständig falsches Bild. Mit dem Blick auf die Länder des Mittelmeers gebannt, bemerken sie nur die Westrichtung, die mit ihrem Schema Altertum – Mittelalter – Neuzeit verträglich ist, und auch da beachten sie nur das vermeintlich einheitliche Christentum, das für sie zu einer gewissen Zeit aus der griechischen in eine lateinische Form übergeht, worauf der griechische Rest ihren Blicken entschwindet.

Aber schon vor ihm hatte die Heidenkirche, was in seiner ungeheuren Tragweite nie beachtet und *als Missionsarbeit* überhaupt nicht erkannt wird, den größten Teil der Bevölkerung von Nordafrika, Spanien, Gallien, Britannien und längs der Rhein- und Donaugrenze für die synkretistischen Kulte gewonnen. Von der Druidenreligion, die Cäsar in Gallien angetroffen hatte, war zur Zeit Konstantins wenig mehr vorhanden. Die Angleichung einheimischer Ortsgötter an die Namen der großen – magischen – Gottheiten der Kultkirche, vor allem an Mithras-Sol-Jupiter, hat seit dem 2. Jahrhundert den Charakter einer werbenden Tätigkeit, und dasselbe gilt von der Ausdehnung des späteren Kaiserkultes. Die Mission des Christentums würde hier nicht so erfolgreich gewesen sein, wenn die ihm nahe verwandte andre Kultkirche nicht vorangegangen wäre. Aber diese Mission beschränkte sich durchaus nicht auf Barbaren. Noch im 5. Jahrhundert hat der Missionar Asklepiodot die karische Stadt Aphrodisias vom Christentum zum Heidentum bekehrt.

Die Juden haben, wie schon gezeigt worden ist, eine großartige Mission nach Süden und Osten getrieben. Über Südarabien sind sie bis ins innere Afrika gedrungen, und zwar vielleicht vor oder kurz nach Christi Geburt; im Osten sind sie schon im 2. Jahrhundert in China nachzuweisen. Im Norden trat später das Chazarenreich mit der Hauptstadt Astrachan zum Judentum über. Von dort aus sind Mongolen jüdischer Religion bis ins Innere Deutschlands gedrungen und 955 mit den Ungarn auf dem Lechfeld geschlagen worden. Jüdische Gelehrte der spanisch-maurischen Hochschulen baten um 1000 den Kaiser von Byzanz um Schutz für eine Gesandtschaft, welche die Chazaren befragen sollte, ob sie die Nachkommen der verlornen Stämme Israels seien.

Mazdaisten und Manichäer haben vom Tigris aus beide Imperien, das römische und das chinesische, bis zu den äußersten Grenzen durchzogen. Als Mithraskult gelangte das Persertum bis nach Britannien; die manichäische Religion war um 400 eine Gefahr für das griechische Christentum geworden; manichäische Sekten gab es noch zur Zeit der Kreuzzüge in Südfrankreich; aber beide Religionen waren gleichzeitig in östlicher Richtung längs der chinesischen Mauer, wo die große mehrsprachige Inschrift von Kara Balgassum die Einführung des manichäischen Bekenntnisses im Uigurenreich meldet, bis nach Schantung gelangt. Persische Feuertempel entstehen im Innern Chinas, seit 700 erscheinen in chinesischen astrologischen Schriften persische Ausdrücke.

Die drei christlichen Kirchen sind überall diesen Spuren gefolgt. Als die Westkirche den Frankenkönig Chlodwig bekehrte (496), war die Mission der Ostkirche schon bis nach Ceylon und in die chinesischen Garnisonen am Westende der großen Mauer gelangt, die der Südkirche in das Reich von Axum. Als seit Bonifatius (718) Deutschland bekehrt wurde, waren die nestorianischen Missionare nahe daran, das chinesische Mutterland zu gewinnen. 638 sind sie in Schantung eingewandert. Kaiser Gao-dsung (651–84) ließ in allen Provinzen Kirchen errichten, um 750 wurde im kaiserlichen Palast christlich gepredigt, 781 war nach einer noch erhaltenen Denksäule in Singanfu mit aramäisch-chinesischer Inschrift „ganz China von den Palästen der Eintracht bedeckt". Aber es ist im höchsten Grade bedeutsam, daß die in religiösen Dingen doch erfahrenen Konfuzianer die Nestorianer, Mazdaisten und Manichäer für Anhänger einer einzigen „persischen" Religion gehalten haben,so wie die Bevölkerung der weströmischen Provinzen Mithras und Christus nicht deutlich unterschied.

Den Islam muß man als den Puritanismus der gesamten Gruppe frühmagischer Religionen betrachten, der nur in Form einer neuen Religion aufgetreten ist und zwar im Bereich der Südkirche und des talmudischen Judentums. In dieser tieferen Bedeutung und nicht allein in der Wucht des kriegerischen Ansturms liegt das Geheimnis seiner märchenhaften Erfolge. Obwohl er aus politischen Gründen eine erstaunliche Toleranz übte – der letzte große Dogmatiker der Griechenkirche, Johannes Damascenus, war unter dem Namen Al Mansor Schatzmeister des Kalifen –, sind Judentum und Mazdaismus und die christlichen Süd- und Ostkirchen sehr rasch und so gut wie vollständig in ihm verschwunden. Der Katholikos von Seleukia, Jesujabh III., klagt, daß gleich bei seinem ersten Auftreten Zehntausende von Christen übergegangen seien, und in Nordafrika, der Heimat Augustins, fiel die gesamte Bevölkerung sofort dem Islam zu. Mohammed starb 632. 641 schon war das ganze Gebiet der Monophysiten und Nestorianer und also das des Talmud und Awesta in islamischem Besitz. 717 stand man vor Konstantinopel und auch die Griechenkirche war in Gefahr, zu verschwinden. Schon 628 hatte ein Verwandter Mohammeds dem chinesischen Kaiser Tai-dsung Geschenke überbracht und die Erlaubnis zur Mission erhalten. Seit 700 gibt es in Schantung Moscheen, und 720 wird von Damaskus aus den längst in Südfrankreich stehenden Arabern der Befehl erteilt, das Frankenland zu erobern. Zwei Jahrhunderte später, als im Abendland aus den Resten der Westkirche eine neue religiöse Welt entstand, war der Islam im Sudan und auf Java angelangt.

Aber der Islam bedeutet doch nur ein Stück *äußerer* Religionsgeschichte. Die innere Geschichte der magischen Religion ist mit Justinian ebenso zu Ende wie die der faustischen mit Karl V. und dem Konzil von Trient. Jeder Blick in irgendein Buch über Religionsgeschichte lehrt, daß „das" Christentum *zwei Zeitalter großer Gedankenbewegung* kennengelernt hat, 0–500 im Orient und 1000–1500 im Okzident.Aber das sind *zwei Frühzeiten zweier Kulturen*, und sie umfassen auch die Religionsentwicklung zugehöriger, aber nichtchristlicher Formen. Justinian hat nicht, wie es immer heißt, durch die Schließung der Hochschule von Athen (529) der antiken Philosophie ein Ende gemacht. Dergleichen gab es seit vielen Jahrhunderten nicht mehr. Er hat, vierzig Jahre vor der Geburt Mohammeds, *die Theologie der Heidenkirche* abgeschlossen und ebenso, was man hinzuzufügen vergißt, durch die Schließung der Schulen von Antiochia und Alexandria *auch die christliche.* Die Lehre war fertig, wie sie es im Abendland mit dem Konzil von Trient 1564 und dem Augsburger Bekenntnis 1530 ebenfalls war. Mit der Stadt und dem Geiste ist die religiöse Schöpferkraft zu Ende. Um 500 wird der Talmud abgeschlossen und 529 wurde in Persien die Reformation des Mazdak, die den Wiedertäufern des Abendlandes nicht unähnlich eheliches Leben und weltlichen Besitz verwarf und die von König Kobad I. gegen die Macht der Kirche und der Adelsgeschlechter unterstützt worden war, durch Chosru Nuschirwan blutig unterdrückt und die awestische Lehre damit endgültig festgelegt.

III. Pythagoras, Mohammed, Cromwell

15

Religion nennen wir das Wachsein eines Lebewesens in den Augenblicken, wo es das Dasein überwältigt, beherrscht, verneint, selbst vernichtet. Das rassehafte Leben und der Takt seiner Triebe werden klein und dürftig vor dem Blick in die ausgedehnte, gespannte und lichterfüllte Welt; *die Zeit weicht dem Raume*. Die pflanzenhafte Sehnsucht nach Vollendung erlischt und das tierhafte Urgefühl der Angst vor dem Vollendetsein, dem Richtungslosen, dem Tode bricht hervor. Nicht Hassen und Lieben, sondern Fürchten und Lieben sind die Grundgefühle der Religion. Haß und Furcht unterscheiden sich wie Zeit und Raum, wie Blut und Auge, wie Takt und Spannung, wie Heldenhaftes und Heiliges. Aber ebenso verschieden ist Liebe im rassehaften und Liebe im religiösen Sinne.

Alle Religion ist dem Lichte verwandt. Das Ausgedehnte wird auch religiös als Augenwelt von dem Ich als Lichtmitte aus erfaßt. Gehör und Getast werden dem Gesehenen eingeordnet und das Unsichtbare, dessen Wirkungen man sinnlich verspürt, wird zum Inbegriff des Dämonischen. Alles, was wir mit den Worten Gottheit, Offenbarung, Erlösung, Fügung bezeichnen, ist irgendwie ein Element der belichteten Wirklichkeit. Der Tod ist für den Menschen etwas, das er sieht und sehend erkennt, und im Hinblick auf den Tod ist die Geburt das *andre* Geheimnis: beide begrenzen für das Auge das gefühlte Kosmische als Leben eines Leibes im Lichtraum.

Es gibt eine tiefe, auch den Tieren bekannte Furcht *vor* dem mikrokosmischen Freisein im Raume, vor dem Raume selbst und seinen Mächten, vor dem Tode, und eine andere Furcht *für* das kosmische Strömen des Daseins, das Leben, die gerichtete Zeit. Die erste weckt eine dunkle Ahnung, daß die Freiheit im Ausgedehnten eine neue und tiefere Art von Abhängigkeit als die pflanzenhafte ist. Sie läßt das Einzelwesen im Gefühl seiner Schwäche die Nähe und Verbindung mit anderen suchen. Die Angst führt zum Sprechen und eine Art von Sprache ist jede Religion. Aus der Angst vor dem Raume erheben sich die Numina *der Welt als Natur* und die *Götterkulte*. Aus der Angst für die Zeit entstehen die Numina *des Lebens*, des Geschlechtes, des Staates mit ihrem Mittelpunkt im *Ahnenkult*. Das ist der Unterschied von *tabu* und *totem*, denn auch das Totemistische erscheint stets in religiöser Form, aus einer heiligen Scheu vor dem, was dem Verstehen selbst entzogen und ewig fremd ist.

Die höhere Religion bedarf der wachen Spannung gegen die Mächte des Blutes und Daseins, die immer in der Tiefe lauern, um ihr uraltes Recht über diese *jüngere* Seite des

Lebendigen wieder an sich zu nehmen: „ *Wachet* und betet, daß Ihr nicht in Anfechtung fallet.“ Trotzdem ist Erlösung ein Grundwort jeder Religion und ein ewiger Wunsch für jedes wache Wesen. In diesem allgemeinen, fast vorreligiösen Sinne bedeutet er das Verlangen nach Befreiung von den Ängsten und Qualen des Wachseins, nach *Entspannung der Spannungen* des furchtgebornen Denkens und Grübelns, nach Lösung und Aufhebung des Bewußtseins von der Einsamkeit des Ich im All, der starren Bedingtheit aller Natur und dem Blick auf die unverrückbare Grenze allen Seins, das Alter, den Tod.

Auch der Schlaf erlöst. Der Tod selbst ist der Bruder des Schlafs. Auch der heilige Wein, der Rausch bricht die Strenge der geistigen Spannungen und ebenso der Tanz, die dionysische Kunst und jede andere Art von Betäubung und Außersichsein. Das ist ein Entrinnen aus dem Wachsein mit Hilfe des Daseins, des Kosmischen, des „es“, *die Flucht aus dem Raume in die Zeit*. Aber höher als das alles steht die eigentlich religiöse Überwindung der Angst *durch das Verstehen selbst*. Die Spannung zwischen Mikrokosmos und Makrokosmos wird zu etwas, das man liebt, in das man sich ganz versenken kann.Dies nennen wir *Glauben* und mit ihm beginnt das menschliche Geistesleben überhaupt.

Es gibt nur kausales Verstehen, ob es hingenommen oder angewandt, ob es vom Empfinden abgezogen ist oder nicht. Es ist gar nicht möglich, Verstandensein und Kausalität zu unterscheiden: beide Worte drücken dasselbe aus. Wo etwas für uns „wirklich“ ist, sehen und denken wir es in ursächlicher Form, so wie wir uns selbst und unser Tun als Ur-Sache empfinden und kennen. Dies Ansetzen von Ursachen ist aber nicht nur in der religiösen, sondern in der anorganischen Logik des Menschen überhaupt von Fall zu Fall verschieden. Zu einer Tatsache wird soeben dies und im Augenblick darauf etwas ganz anderes als Ursache gedacht. Jede Art des Denkens hat für jedes ihrer Anwendungsgebiete ein eigenes „System“. Im alltäglichen Leben kommt es nie vor, daß derselbe Kausalzusammenhang genau so noch einmal gedacht wird. Noch in der modernen Physik sind Arbeitshypothesen, das heißt Kausalsysteme, nebeneinander im Gebrauch, die sich teilweise ausschließen wie die elektrodynamischen und thermodynamischen Vorstellungen. Dies widerspricht dem Sinn des Denkens nicht, denn man „versteht“ bei dauerndem Wachsein stets in Gestalt einzelner Akte, deren jeder seine eigne kausale Einstellung besitzt. Die Ansicht, daß die ganze Welt als Natur in bezug auf ein Wachsein durch eine einzige Kausalverkettung geordnet sei, ist durch unser Denken, das stets nur Einzelzusammenhänge denkt, gar nicht zu vollziehen. Sie bleibt ein Glaube; sie ist sogar *der Glaube* schlechthin, denn auf ihm beruht das religiöse Weltverstehen, das überall, wo es etwas bemerkt, mit Denknotwendigkeit Numina annimmt, flüchtige für Zufallsereignisse, an die es nie wieder denkt, und dauernde, die etwa in Quellen, Bäumen, Steinen, Hügeln, den Sternen, also an bestimmten Orten hausen oder wie die Gottheiten des Himmels, des Krieges, der Weisheit überall gegenwärtig sein können. Begrenzt sind sie nur innerhalb jedes einzelnen Denkaktes.

Was heute Eigenschaft eines Gottes, ist morgen selbst ein Gott. Andere sind bald eine Vielheit, bald eine Person, bald ein unbestimmtes Etwas. Es gibt unsichtbare (Gestalten) und unbegreifliche (Prinzipien), die dem Begnadeten entweder erscheinen oder begreiflich werden können. Das Schicksalist in der Antike (εἱμαρμένη) und in Indien *(rta)* etwas, das als Ur-Sache über den vorstellbaren Gestaltgöttern steht; das magische Schicksal ist aber eine *Wirkung* des einzigen und gestaltlosen höchsten Gottes. Das religiöse Denken geht stets dahin, in der Ursachenfolge Ordnungen des Wertes und Ranges zu unterscheiden bis zu allerhöchsten Wesen oder Prinzipien, die allererste „waltende" Ursachen sind. Fügung ist das Wort für das umfassendste aller auf Wertung beruhenden Kausalsysteme. Wissenschaft ist im Gegensatz dazu ein Verstehen, das von einem Rangunterschied der Ursachen grundsätzlich absieht: was sie findet, ist nicht Fügung, sondern Gesetz.

Das Verstehen von Ursachen erlöst. Der Glaube an die gefundenen Zusammenhänge bringt die Weltangst zum Weichen. Gott ist die Zuflucht des Menschen vor dem Schicksal, das sich fühlen, erleben, aber nicht denken, vorstellen, nennen läßt, das versinkt, solange das „kritische" – *scheidende* – furchtgeborne Verstehen Ursachen hinter Ursachen greifbar, d. h. für das äußere oder innere Auge in optischer Aufreihung feststellt, aber auch nur so lange. Es ist die verzweifelte Lage des höheren Menschen, daß sein mächtiges Verstehenwollen sich in beständigem Widerspruch zu seinem Dasein befindet. Es dient dem Leben nicht mehr; herrschen kann es auch nicht; so bleibt etwas Ungelöstes in allen bedeutenden Lagen. „Es darf sich einer nur für frei erklären, so fühlt er sich den Augenblick als bedingt. Wagt er es, sich für bedingt zu erklären, so fühlt er sich frei." (Goethe)

Einen kausalen Zusammenhang innerhalb der Welt als Natur, von dem wir überzeugt sind, daß er durch weiteres Nachdenken unmöglich verändert werden könne, nennen wir Wahrheit. Wahrheiten „stehen fest" und zwar zeitlos – absolut bedeutet *abgelöst von Schicksal und Geschichte, abgelöst aber auch von den Tatsachen unseres eignen Lebens und Sterbens*–; sie befreien innerlich, trösten und erlösen, denn die unberechenbaren Geschehnisse der Tatsachenwelt werden durch sie entwertet und überwunden. Oder, wie es sich im Geiste spiegelt: „Mag die Menschheit vergehen, die Wahrheit bleibt."

In der Umwelt wird etwas fest-gestellt, d. h. gebannt; der verstehende Mensch hat das Geheimnis in Händen, sei es vor Zeiten einen mächtigen Zauberspruch oder heute eine mathematische Formel. Ein Triumphgefühl begleitet jede Erfahrung im Reiche der Natur, heute noch, durch die über Absichten und Kräfte des Himmelsgottes, der Gewittergeister, der Flurdämonen, oder über die Numina der Naturwissenschaft – Atomkerne, Lichtgeschwindigkeit, Gravitation – oder auch nur über die abgezogenen Numina des mit seinem eigenen Bilde beschäftigten Denkens – den Begriff, die Kategorie, die Vernunft – etwas festgestellt und damit in den Kerker eines unveränderlichen Systems kausaler Beziehungen gebracht wird. Erfahrung in diesem anorganischen, tötenden, festmachenden Sinne, die etwas ganz anderes ist als Lebenserfahrung und Menschenkenntnis, erfolgt aber in doppelter Weise: *als Theorie und als Technik*,religiös gesprochen *als Mythos oder Kultus*, je nachdem der Gläubige die Geheimnisse seiner Umwelt erschließen oder bezwingen will. Beides fordert eine hohe Entwicklung des menschlichen Verstehens. *Beides kann aus dem Fürchten oder dem Lieben geboren sein.* Es gibt einen Mythos der Furcht wie den mosaischen und den primitiven überhaupt und einen der Liebe wie den des Urchristentums und der gotischen Mystik, und ebenso eine Technik der abwehrenden und eine andre der flehenden Beschwörung. Dies ist wohl auch der innerlichste Unterschied von Opfer und Gebet: so trennen sich primitives und höheres Menschentum. Religiosität ist ein Zug der Seele, aber Religion ist ein Talent. „Theorie" fordert die Gabe des Schauens, die nicht alle und wenige in erleuchtender Eindringlichkeit besitzen. Sie ist Weltanschauung im ursprünglichsten Sinne, Anschauung der Welt, ob man nun in ihr das Walten und Weben von Mächten, oder mit städtischem und kälterem Geist, nicht fürchtend oder liebend, sondern *neugierig*, den Schauplatz gesetzmäßiger Kräfte erblickt. Die Geheimnisse von Tabu und Totem werden im Götterglauben und Seelenglauben angeschaut und in der theoretischen Physik und Biologie errechnet. „Technik" setzt die geistige Begabung des Bannens und Beschwörens voraus. Der Theoretiker ist kritischer Seher, der Techniker Priester, der Erfinder Prophet.

Das Mittel aber, in dem die ganze geistige Kraft sich sammelt, ist die durch die Sprache vom Sehen abgezogene *Form* des Wirklichen, deren Quintessenz sich nicht jedem Wachsein erschließt: die *begriffene* Grenze, das *mitteilbare* Gesetz, der Name, die Zahl. Deshalb beruht jede Beschwörung der Gottheit auf der Kenntnis ihres wirklichen Namens, auf der Ausübung der nur dem Wissenden bekannten und zu Gebote stehenden Riten und Sakramente in genau der richtigen Form und unter Gebrauch der richtigen Worte. Das gilt nicht nur vom primitiven Zauberwesen, sondern auch von jeder physikalischen Technik und noch viel mehr von jeder Medizin. Deshalb ist Mathematik etwas Heiliges, das regelmäßig aus religiösen Kreisen hervorgeht – Pythagoras, Descartes, Pascal –, und die Mystik heiliger Zahlen, der 3, 7, 12, ein wesentlicher Zug aller Religion,deshalb das Ornament und seine höchste Form im Kultbau etwas Zahlenhaftes in gefühlter Gestalt. Es sind starre, zwingende Formen, Ausdrucksmotive oder Mitteilungszeichen,durch welche innerhalb der Welt des Wachseins das Mikrokosmische mit dem Makrokosmos in Verbindung tritt. In der priesterlichen Technik heißen sie Gebote, in der wissenschaftlichen Gesetze. Beide sind Name und Zahl, und der primitive Mensch würde keinen Unterschied finden zwischen der Zauberkraft, mit welcher der Priester seines Dorfes die Dämonen, und der, mit welcher der zivilisierte Techniker seine Maschinen beherrscht.

Das erste und vielleicht das einzige Ergebnis des menschlichen Verstehenwollens ist der *Glaube*. „Ich glaube" ist das große Wort gegen die metaphysische Angst und zugleich ein Bekenntnis der Liebe. Mag das Forschen und Kennenlernen seinen Gipfel in einer plötzlichen Erleuchtung oder einer erfolgreichen Berechnung haben, so wäre doch alles eigene Empfinden und Begreifen ohne Sinn, wenn nicht die innere Gewißheit von „etwas" sich einstellte, das als das Andre und Fremde und zwar genau in der ermittelten Gestalt in der Verkettung von Ursache und Wirkung „ist". Der Mensch als Wesen des sprachgeleiteten Denkens kennt also als seinen höchsten geistigen Besitz den endlich errungenen festen Glauben an dieses der Zeit und dem Schicksal entrückte Etwas, das er schauend abgesondert und durch Name und Zahl gezeichnet hat. Aber was das ist, bleibt zuletzt dennoch dunkel. Wurde die geheime Logik des Alls damit selbst berührt oder nur ein Schattenbild? Das ganze Ringen und Leiden, die ganze Angst des grübelnden Menschen richtet sich auf diesen neuen Zweifel, der Verzweiflung werden kann. Er braucht in seinem geistigen Tiefendrang den Glauben an ein *letztes* Etwas, das sich denkend erreichen, ein Ende des Zertrennens, das keinen Rest von Geheimnis mehr übrig läßt. Die Winkel und Abgründe seiner geschauten Welt müssen sämtlich durchleuchtet sein – nichts anderes kann ihn erlösen.

Hier geht der Glaube über in das aus dem Mißtrauen erwachsene *"Wissen"* oder, was wahrer ist, in den Glauben an ein solches Wissen. Denn diese Form des Verstehens ist durchaus abhängig von jener, später, künstlicher und fragwürdiger. Es kommt hinzu, daß die religiöse Theorie – das gläubige Schauen – zu einer priesterlichen Praxis *führt*, die wissenschaftliche Theorie aber sich umgekehrt durch jene aus der Praxis, dem technischen Wissen des alltäglichen Lebens *ablöst*.Der feste Glaube, der sich aus Erleuchtungen, Offenbarungen, plötzlichen Tiefblicken ergibt, kann kritischer Arbeit entbehren. Das kritische Wissen aber setzt den Glauben voraus, daß seine Methoden genau zu dem führen, was man sucht, nicht zu neuen Bildern, sondern zu „Wirklichem". Aber die Geschichte lehrt, daß der Zweifel am Glauben zum Wissen führt und der Zweifel am Wissen nach einer Zeit des kritischen Optimismus wieder zurück zum Glauben. Je mehr das theoretische Wissen sich vom gläubigen Hinnehmen befreit, desto näher kommt es der Selbstaufhebung. Was übrig bleibt, ist einzig und allein die *technische* Erfahrung.

Der ursprüngliche, dunkle Glaube erkennt überlegene Quellen der Wahrheit an, durch welche Dinge, die eigenes Grübeln nie enträtseln würde, offenbar, also gewissermaßen aufgeschlossen werden: prophetische Worte, Träume, Orakel, heilige Schriften, die Stimme der Gottheit. Der kritische Geist dagegen will, und er glaubt dessen fähig zu sein, alle Einsichten nur sich selbst verdanken. Er mißtraut fremden Wahrheiten nicht nur, er verneint sogar ihre Möglichkeit. Wahrheit ist für ihn nur selbstbewiesenes Wissen. Die reine Kritik schöpft ihre Mittel allein aus sich, aber es ist bald bemerkt worden, daß eben damit das Wesentliche des Ergebnisses schon vorausgesetzt wird. Das *de omnibus dubitandum* ist ein Vorsatz, der sich gar nicht verwirklichen läßt. Man vergißt, daß kritische Tätigkeit auf einer Methode beruhen muß, die nur scheinbar ebenfalls auf kritischem Wege gefunden werden kann; in Wirklichkeit folgt sie aus der jeweiligen Anlage des Denkens,so daß also das Ergebnis der Kritik durch die zugrunde liegende

Methode bestimmt wird, diese selbst aber durch den Daseinsstrom, der das Wachsein trägt und durchläuft. Der Glaube an ein voraussetzungsloses Wissen kennzeichnet nur die ungeheure Naivität rationalistischer Zeitalter. Eine naturwissenschaftliche Theorie ist nichts als ein geschichtlich voraufgegangenes Dogma in anderer Form. Den Vorteil davon hat allein das Leben in Gestalt einer erfolgreichen Technik, zu welcher die Theorie den Schlüssel gibt. Es war schon gesagt worden, daß über den Wert einer Arbeitshypothese nicht die „Richtigkeit", sondern die Brauchbarkeit entscheidet, aber Einsichten von anderer Art, Wahrheiten im optimistischen Sinne, können überhaupt nicht das Ergebnis rein wissenschaftlichen Verstehens sein, das stets schon eine Ansicht voraussetzt, an der es sich kritisch, *zerlegend*, betätigen kann: die Naturwissenschaft des Barock ist eine fortschreitende Zerlegung des religiösen Weltbildes der Gotik.

Was Glaube und Wissen, Furcht und Neugier erzielen, ist nicht Lebenserfahrung, sondern Erkenntnis der Welt als Natur. Die Welt als Geschichte wird durch beides ausdrücklich verneint. Das Geheimnis des Wachseins ist aber ein doppeltes: zwei angstgeschaffene, kausal geordnete Bilder entstehen für das innere Auge: die „Außenwelt" und als ihr Gegenbild die „Innenwelt". In beiden liegen echte Probleme; das Wachsein ist durchaus in seinem eignen Reiche tätig. Das Numen heißt dort Gott, hier Seele. Das kritische Verstehen denkt die Gottheiten des gläubigen Schauens im Verhältnis zu ihrer Welt in mechanische Größen um, ohne doch den Wesenskern zu verändern: Stoff und Form, Licht und Finsternis, Kraft und Masse; und es zergliedert das Seelenbild des ursprünglichen Seelenglaubens in gleicher Weise und mit dem gleichen *vorbestimmten* Ergebnis. Die Physik des Innern heißt systematische Psychologie und sie entdeckt im Menschen als antike Wissenschaft dingartige Seelen *teile* íï?ò, èõìüò, ?ðéèõìßá, als magische Seelen *substanzen (ruach, nephesch)*, als faustische Seelen *kräfte* (Denken, Fühlen, Wollen). Es sind die Gebilde, welche das religiöse Nachdenken fürchtend und liebend in den kausalen Beziehungen von Schuld, Sünde, Gnade, Gewissen, Lohn und Strafe weiter verfolgt.

Das Geheimnis des Daseins führt, sobald Glauben und Wissen sich ihm zuwenden, zu einem verhängnisvollen Irrtum. Statt das Kosmische selbst zu erreichen, das völlig außerhalb aller Möglichkeiten des tätigen Wachseins liegt, wird das Bewegtsein des Leibes im Bilde der Augenwelt sinnlich und das von ihm abgezogene Gedankenbild als mechanisch-kausaler Zusammenhang begrifflich zergliedert. Aber das wirkliche Leben *führt* man; man erkennt es nicht. *Wahr ist nur das Zeitlose*. Wahrheiten liegen jenseits der Geschichte und des Lebens; dafür ist das Leben selbst etwas jenseits aller Ursachen, Wirkungen und Wahrheiten. Beides, die Kritik am Wachsein und am Dasein, ist geschichtswidrig und lebensfremd. Aber im ersten Falle entspricht das durchaus der kritischen Absicht und der inneren Logik des Gegenstandes, den man meint, im letzten nicht. Der Unterschied von Glauben und Wissen oder Furcht und Neugier oder Offenbarung und Kritik ist also nicht der letzte. Wissen ist nur eine späte Form des Glaubens. Aber *Glaube und Leben*, Liebe aus der geheimen Furcht vor der Welt und Liebe aus dem geheimen Haß der Geschlechter, die Kenntnis der anorganischen und das Fühlen der organischen Logik, Ursachen und Schicksale – das ist der tiefste aller Gegensätze. Hier entscheidet es sich nicht, was für eine Art zu denken man hat – ob religiös oder kritisch – oder worüber man denkt, sondern ob man ein Denker ist – gleichviel über was – *oder ein Täter*.

In das Gebiet der Tat greift das Wachsein erst dann hinüber, wenn es *Technik* wird. Auch religiöses Wissen ist Macht, und Kausalitäten kann man nicht nur feststellen, sondern auch handhaben. Wer das geheime Verhältnis zwischen Mikrokosmos und Makrokosmos kennt, der beherrscht es auch, sei es ihm offenbart worden oder habe er es den Dingen abgelauscht. Und so ist der echte Tabumensch der Zauberer und Beschwörer. Er zwingt die Gottheit durch Opfer und Gebet; er übt die wahren Riten und Sakramente aus, weil sie Ursachen von unvermeidlichen Wirkungen sind und jedem dienen *müssen*, der sie kennt. Er liest in den Sternen und heiligen Büchern; in seiner geistigen Gewalt liegt zeitlos und allem Zufälligen entrückt das *kausale* Verhältnis von Schuld und Sühne, Reue und Lossprechung, Opfer und Gnade. Durch die Verkettung heiliger Gründe und Folgen ist er selbst ein Gefäß geheimnisvoller Macht geworden und damit ebenfalls eine Ursache neuer Wirkungen, an die man glauben muß, um ihrer teilhaftig zu werden.

Von hier aus versteht man, was die europäisch-amerikanische Welt der Gegenwart so gut wie ganz vergessen hat, den letzten Sinn der religiösen Ethik, der *Moral*. Sie ist überall dort, wo sie stark und echt ist, ein Verhalten, das durchaus die Bedeutung *ritueller Akte und Übungen* besitzt, ein beständiges *exercitium spirituale*, mit Ignaz von Loyola zu reden, nämlich *vor der Gottheit*, die dadurch besänftigt und beschworen werden soll. „Was soll ich tun, daß ich selig werde?“ Dieses „Daß“ ist der Schlüssel zum Verständnis aller wirklichen Moral. Ein Wozu und Weshalb liegt in der Tiefe, selbst in jenen feinsten Fällen einiger Philosophen, die eine Moral „um ihrer selbst willen“ erdacht haben, also doch auch mit einem tiefgefühlten Wozu, das nur von wenigen ihresgleichen gewürdigt werden kann. *Es gibt nur kausale Moral*, d. h. eine *sittliche Technik* auf dem Hintergrunde einer gläubigen Metaphysik.

Moral ist eine bewußte und planmäßige Kausalität des Sichverhaltens, unter Absehen von allen Besonderheiten des wirklichen Lebens und Charakters, etwas, das ewig und für alle gilt, zeitlos und zeitfeindlich also und eben deshalb „wahr“. Auch wenn die Menschheit gar nicht existierte, würde die Moral wahr und gültig sein so ist die sittlich-anorganische Logik der als System begriffenen Welt wirklich schon ausgesprochen worden. Nie würde man zugeben, daß sie sich geschichtlich entwickeln oder vervollkommnen könne. Der Raum verneint die Zeit: die wahre Moral ist absolut, ewig fertig und stets dieselbe. In ihrer Tiefe liegt immer etwas Lebenverneinendes, ein Enthalten, Entsagen, Entselbsten bis zur Askese, bis zum Tode. Schon die sprachliche Fassung drückt es aus: die religiöse Moral enthält Verbote, nicht Gebote. Das Tabu ist, auch wo es scheinbar bejaht, eine Summe von Verzichten. Sich befreien von der Tatsachenwelt, den Möglichkeiten des Schicksals entfliehen, die Rasse in sich als den beständig lauernden Feind betrachten: dazu bedarf es eines harten Systems, der Lehre und der Übung. Keine Handlung sollte zufällig und triebhaft sein, d. h. dem Blute überlassen bleiben. Sie soll nach Gründen und Folgen bedacht und den Geboten entsprechend *„ausgeführt“* werden. Die äußerste Anspannung des Wachseins ist notwendig, um nicht beständig der Sünde zu verfallen. Zuerst Enthaltsamkeit von allem, was zum Blute gehört: der Liebe, der Ehe. Liebe und Haß unter Menschen sind kosmisch und böse; die Liebe der Geschlechter ist das äußerste Gegenteil der zeitlosen Liebe und Furcht vor Gott und deshalb die Urschuld, um derentwillen Adam aus dem Paradiese verstoßen wurde und die Erbsünde die Menschheit belastet. Zeugung und Tod begrenzen das Leben des Leibes im Raume. Daß es der Leib ist, macht das eine zur Schuld, das andere zur Strafe. Ó?ìá ó?ìá – der antike Leib ein Grab! – war das Bekenntnis der orphischen Religion. Aischylos und Pindar haben das Dasein als Schuld begriffen. Als Frevel empfinden es die Heiligen aller Kulturen, um es durch Askese oder die tief mit ihr verwandte Vergeudung im Orgiasmus abzutöten. Böse ist das Wirken innerhalb der Geschichte, die Tat, das Heldentum, die Freude am Kampf, Sieg und Beute. Darin klopft der Takt des kosmischen Daseins und übertönt und verwirrt das geistige Schauen und Denken. Die „Welt“ überhaupt, womit die Welt als Geschichte gemeint ist, ist infam. Sie kämpft, statt zu entsagen; sie kennt die Idee des Opfers nicht. Sie meistert die Wahrheit durch Tatsachen. Sie entzieht sich, indem sie Trieben folgt, dem Denken von Ursache und Wirkung. Und deshalb ist es das höchste Opfer, das der geistige Mensch bringen kann, wenn er sie selbst den Mächten der Natur darbringt. *Ein Stück von diesem Opfer ist jede moralische Handlung*. Ein sittlicher Lebenslauf ist eine ununterbrochene Kette solcher Opfer. Vor allem das des Mitleids: da bringt der innerlich Mächtige dem Machtlosen seine Überlegenheit dar. Der Mit-Leidende tötet etwas in sich. Aber man verwechsle das Mitleid im großen religiösen Sinne nicht mit der haltlosen Stimmung des alltäglichen Menschen, der sich nicht beherrschen kann, und vor allem nicht mit dem *Rassegefühl der Ritterlichkeit*, die überhaupt keine Moral der Gründe und Gebote ist, sondern eine vornehme, *selbstverständliche Sitte* aus dem unbewußten Taktgefühl eines hochgezüchteten Lebens heraus. Was man in zivilisierten Zeiten Sozialethik nennt, hat mit Religion gar nichts zu tun und beweist durch sein Vorhandensein nur die Schwäche und Leere der Religiosität, aus der alle Kraft metaphysischer Gewißheit und damit die Voraussetzung einer echten, glaubensstarken und entsagenden Moral verschwunden ist. Man denke etwa an den Unterschied von Pascal und Mill. Sozialethik ist nichts als praktische Politik. Sie gehört als sehr spätes Produkt derselben geschichtlichen Welt an, in der *die Sitte* auf der Höhe aller Frühzeiten als Edelmut und Ritterlichkeit starker Geschlechter erscheint, gegenüber denen, die es im Leben der Geschichte und des Schicksals schlecht haben, das was man heute in wohlerzogenen Kreisen, die Takt und Zucht besitzen, gentlemanlike oder Anstand nennt und dessen

Gegenstück nicht die Sünde ist, sondern die Gemeinheit. Das ist wieder der Unterschied von Dom und Burg. Diese Gesinnung fragt nicht nach Geboten und Gründen. Sie fragt überhaupt nicht. Sie liegt im Blute – eben das bedeutet Takt – und sie fürchtet sich nicht vor Strafe und Vergeltung, sondern vor Verachtung, im besonderen Selbstverachtung. Sie ist nicht selbstlos, sondern folgt gerade aus der Fülle eines starken Selbst. Aber das Mitleid hat, gerade weil es ebenfalls innere Größe verlangt, in ganz denselben Frühzeiten seine heiligsten Diener wie Franz von Assisi und Bernhard von Clairvaux gefunden, die eine Durchgeistigung des Entsagens besaßen, eine Seligkeit in dem Sich-selbst-darbringen, eine ätherische, blutlose, zeitlose, geschichtslose Caritas, in welcher die Furcht vor dem All sich ganz in reine, fleckenlose Liebe verwandelt hat, eine Höhe der kausalen Moral, deren späte Zeiten überhaupt nicht mehr fähig sind.

Um sein Blut zu bezwingen, muß man welches haben. Deshalb gibt es ein Mönchtum großen Stils nur in ritterlichen und kriegerischen Zeiten, und das höchste Symbol für den vollkommenen Sieg des Raumes über die Zeit ist der zum Asketen gewordene Krieger, nicht der geborene Träumer und Schwächling, der von Natur ins Kloster gehört, oder der Gelehrte, der in seiner Stube an einem Moralsystem baut. Man sei doch kein Heuchler – was heute sich Moral nennt, die maßvolle Nächstenliebe und die Betätigung anständiger Gesinnungen oder die Ausübung der Caritas mit dem Hintergedanken der Erwerbung politischer Macht, ist nach dem Maßstabe der Frühzeit nicht einmal Rittersinn von irgendwelchem Rang. Noch einmal: eine große Moral gibt es nur im Hinblick auf den Tod, aus einer das ganze Wachsein erfüllenden Furcht vor metaphysischen Gründen und Folgen, aus einer Liebe, die das Leben überwindet, aus dem Bewußtsein, unentrinnbar im Banne eines kausalen Systems heiliger Gebote und Zwecke zu stehen, das man als wahr verehrt und dem man ganz angehören oder ganz entsagen muß. Eine beständige Spannung, Selbstbeobachtung, Selbstprüfung begleitet die Ausübung dieser Moral, die eine Kunst ist und neben der die Welt als Geschichte zu nichts versinkt. Man sei Held oder Heiliger. In der Mitte liegt nicht die Weisheit, sondern die Alltäglichkeit.

16

Gäbe es Wahrheiten abgelöst von den Daseinsströmen, so könnte es keine Geschichte der Wahrheit geben. Gäbe es eine einzige, ewig richtige Religion, so wäre Religionsgeschichte eine unmögliche Vorstellung. Aber mag die mikrokosmische Lebensseite eines Einzelwesens noch so mächtig entwickelt sein, sie liegt dem werdenden Leben doch wie eine Haut an, durchschauert vom Takt des Blutes und ein beständiges Zeugnis von den verborgenen Trieben kosmischen Gerichtetseins. Die Rasse beherrscht und formt das gesamte Begreifen. Die Zeit verschlingt den Raum – das ist das Schicksal jedes wachen Augenblicks.

Trotzdem gibt es „ewige Wahrheiten". Jeder Mensch besitzt sie in Menge, insofern er verstehend sich in einer Gedankenwelt befindet, in deren Zusammenhang sie unveränderlich feststehen, nämlich „eben jetzt", im Augenblick des Denkens, nach Grund und Folge, Ursache und Wirkung eisern verklammert. Nichts in dieser Ordnung kann sich verlagern, wie er glaubt, aber eine Woge des Lebens hebt sein waches Ich *und* seine Welt. Der Einklang bleibt, aber er hat *als Ganzes, als Tatsache* eine Geschichte. Absolut und relativ verhalten sich wie Querschnitt und Längsschnitt einer Generationenfolge: der zweite sieht vom Räume ab, der erste aber von der Zeit. Wer systematisch denkt, bleibt in der kausalen Ordnung eines Augenblicks. Nur wer physiognomisch die Folge der Einstellungen überblickt, erkennt die beständige Veränderung dessen, was wahr ist.

Alles Vergängliche ist nur ein Gleichnis – das gilt auch von den ewigen Wahrheiten, sobald man ihrer Bahn im Strom der Geschichte folgt, wo sie eingeschlossen im Weltbilde lebender und sterbender Geschlechter weitertreiben. Für jeden Menschen und seines Daseins kurze Spanne ist die eine Religion ewig und wahr, die das Schicksal ihm durch Ort und Zeit seiner Geburt bestimmt hat. Mit ihr fühlt er, aus ihr bildet er die Anschauungen und Überzeugungen seiner Tage. An ihren Worten und Formen hält er fest, obwohl er sie beständig anders meint. Ewige Wahrheiten gibt es in der Welt als Natur; in der Welt als Geschichte gibt es ein ewig wechselndes Wahrsein.

Eine *Morphologie der Religionsgeschichte*ist deshalb eine Aufgabe, die nur der faustische Geist sich stellen und nur auf seiner gegenwärtigen Stufe lösen kann. Die Forderung ist gegeben; der Versuch, sich ganz von der eignen Überzeugung abzulösen, um sie alle als gleichmäßig fremd vor sich zu sehen, muß gewagt werden. Wie schwer ist das! Wer es unternimmt, muß die Kraft besitzen, nicht nur scheinbar aus den Wahrheiten seines Weltverstehens herauszutreten, seien sie für ihn auch nur als Summe von Begriffen und Methoden vorhanden, sondern wirklich das eigne System bis auf den letzten Rest physiognomisch zu durchdringen. Und ist es ihm selbst dann überhaupt möglich, in einer einzigen Sprache, die doch in ihrem Bau und Geist die ganze geheime Metaphysik seiner Kultur enthält, mitteilbare Einsichten über die Wahrheiten anders sprechender Menschen zu gewinnen?

Da ist zuerst, über die Jahrtausende des ersten Zeitalters hin,das dumpfe Gefühl primitiver Bevölkerungen, die in eine chaotische Umwelt starren, deren drückende Rätsel ihnen, ohne daß irgend jemand ihrer logisch Herr werden könnte, stets gegenwärtig sind. Selig ist ihnen gegenüber das Tier, das wach ist, aber nicht denkt. Ein Tier ängstigt sich nur vor einzelnen Gefahren, der frühe Mensch zittert vor der ganzen Welt. Dunkel und ungelöst bleibt alles in und außer ihm. Das Alltägliche und das Dämonische sind unentwirrbar und regellos verstrickt. Eine furchtsame und peinliche Religiosität erfüllt den Tag, und um so seltener ist auch nur die Andeutung einer vertrauenden Religion. Denn aus dieser elementaren Form der Weltangst führt kein Weg zur verstehenden Liebe. Jeder Stein, auf den man tritt, jedes Werkzeug, das man zur Hand nimmt, jedes Insekt, das vorüberschwirrt, die Nahrung, das Haus, das Wetter können dämonisch sein, aber man glaubt an die in ihnen lauernden Mächte nur, solange sie schrecken oder solange *man sie braucht*. Es sind ihrer auch so genug. Lieben kann man nur etwas, an dessen *dauerndes* Dasein man glaubt. Liebe setzt das Denken einer Weltordnung voraus, die Festigkeit gewonnen hat. Die abendländische Forschung hat sich viel Mühe gegeben, Einzelbeobachtungen aus allen Weltteilen zu ordnen und zwar nach vermeintlichen Stufen, die vom Seelenglauben oder irgend einem andren Anfang zu ihrem eigenen Glauben „hinaufführen". Leider haben sie das Schema nach den Wertschätzungen einer einzelnen Religion entworfen, und Chinesen oder Griechen würden es ganz anders gemacht haben. Aber eine solche Stufenfolge, die eine allgemeine Entwicklung auf ein Ziel hin voraussetzt, gibt es überhaupt nicht. Die chaotische, aus dem jeweiligen Verstehen des einzelnen Augenblicks geborne und doch sinnvolle Umwelt primitiver Menschen ist stets etwas Gewachsenes und in sich selbst Vollkommenes und Abgeschlossenes, oft von einer jähen und schauerlichen Tiefe metaphysischer Ahnung. Sie enthält immer ein System, und es macht wenig aus, ob es aus dem Schauen der Lichtwelt teilweise abgezogen oder ganz darin verblieben ist. Ein solches Weltbild „schreitet nicht fort" und ebensowenig ist es eine feststehende Summe von Einzelzügen, aus der man ohne Rücksicht auf Zeit, Land und Volk den einen oder andern herausnehmen und vergleichen dürfte, wie es gewöhnlich geschieht. Sie bilden vielmehr *eine Welt von organischen Religionen*, die über die ganze Erde hin eigene und sehr bezeichnende Arten des Entstehens, Reifens, Sichverbreitens und Vergehens und eine vollkommene Eigenart in Aufbau, Stil,Tempo und Dauer besaßen und in ihren letzten Gebieten heute noch besitzen. Die Religionen der hohen Kulturen sind nicht entwickelter, sondern anders. Sie liegen heller und geistiger im Lichte da, sie kennen die verstehende Liebe, sie haben Probleme und Ideen, strenggeistige Theorien und Techniken, aber die religiöse Symbolik des gesamten Alltagslebens kennen sie nicht mehr. Die primitive Religiosität durchdringt alles, die späten Einzelreligionen sind geschlossene Formenwelten für sich.

Um so rätselhafter sind die Vorzeiten der großen Kulturen, durch und durch primitiv noch, aber mit steigender Deutlichkeit vorwegnehmend und in eine bestimmte Richtung weisend. Gerade diese Zeiten vom Umfang mehrerer Jahrhunderte sollten für sich genau untersucht und verglichen werden. In welcher Gestalt bereitet sich da das Kommende vor? Die magische Vorzeit hat, wie wir sahen, den Typus der prophetischen Religionen hervorgebracht, der zur Apokalyptik hinüberleitet. Worin ist gerade *diese* Form im Wesen *dieser* Kultur tiefer begründet? Oder weshalb ist die mykenische Vorzeit der Antike mit den Vorstellungen tiergestaltiger Gottheiten ganz und gar erfüllt?Es sind nicht die Götter der Krieger oben im Megaron der mykenischen Burgen, wo der Seelen- und Ahnenkult eine großartige, noch heute in den Gräbern bezeugte Pflege findet, sondern die dort unten, in den Hütten der Bauern geglaubten Mächte. Die großen menschenartigen Götter der apollinischen Religion, die um 1100 durch eine gewaltige religiöse Erschütterung entstanden sein müssen, tragen allenthalben noch Züge ihrer dunklen Vergangenheit. Es gibt unter diesen Gestalten kaum eine, die nicht durch Beinamen, Attribute oder verräterische Verwandlungsmythen jenen Ursprung verriete. Hera ist für Homer beständig die kuhäugige; Zeus erscheint als Stier und der Poseidon der thelpusischen Legende als Roß. Apollon wird der Name für zahllose primitive Numina; er war einmal Wolf (Lykeios) wie der römische Mars, Widder (Karneios), Delphin (Delphinios), Schlange (der pythische Apollon von Delphi). Als Schlange erscheinen Zeus Meilichios auf attischen Grabreliefs, Asklepios, die Erinnyen noch bei Aischylos (Eum. 126). Die auf der Akropolis gehaltene heilige Schlange wurde als Erichthonios gedeutet. In Arkadien sah Pausanias noch das pferdeköpfige Demeterbild im Tempel von Phigalia; die arkadische Artemis-Kallisto erscheint als Bärin, aber auch die Priesterinnen der brauronischen Artemis in Athen hießen *arktoi*. Dionysos, bald Stier bald Bock, und Pan haben immer etwas Tierisches behalten. Psyche ist wie die ägyptische Körperseele (bai) der Seelenvogel, und damit beginnen die zahllosen halbtierischen Gebilde, wie die Sirenen und Kentauren, die das frühantike Naturbild ganz und gar erfüllen.

Aber mit welchen Zügen deutet die primitive Religion der *Merowingerzeit* den gewaltigen Aufschwung der Gotik voraus? Daß es scheinbar dieselbe Religion ist, „das" Christentum, beweist nichts gegen den völligen Unterschied in der Tiefe. Denn wir müssen uns darüber klar sein, daß der primitive Charakter einer Religion nicht eigentlich in ihrem Bestande an Lehren und Bräuchen liegt, sondern im Seelentum der Menschen, die sie sich aneignen, die mit ihnen fühlen, sprechen und denken. Der Forscher muß sich mit der Tatsache vertraut machen, daß das magische Christentum, und zwar das der Westkirche, zweimal das Ausdrucksmittel einer primitiven Frömmigkeit geworden ist und damit selbst eine primitive Religion, nämlich 500–900 im keltisch-germanischen Abendland und heute noch im Russentum. Aber wie hat sich die Welt in diesen „bekehrten" Köpfen gespiegelt? Was hat man sich – einige Kleriker von byzantinischer Schulung etwa ausgenommen – bei diesen Zeremonien und Dogmen wirklich gedacht und vorgestellt? Der Bischof Gregor von Tours, der doch immerhin den höchsten geistigen Stand seiner Generation anzeigt, preist einmal das abgeschabte Pulver vom Grabstein eines Heiligen: „O himmlisches Abführmittel, das alle ärztlichen Rezepte übertrifft – das den Unterleib reinigt wie Skammoniensaft – und alle Flecken vom Gewissen abwäscht!" Es ist nicht der Tod Jesu, der ihn als bloßes Verbrechen mit Zorn erfüllt, sondern seine Auferstehung, die ihm dunkel wie eine athletische Kraftleistung vorschwebt, was den Messias als großen Zauberer und damit als wahren Heiland legitimiert. Daß die Leidensgeschichte einen mystischen Sinn hat, ahnt er gar nicht.

In Rußland sind die Beschlüsse der „Hundertkapitelsynode" von 1551 ein Zeugnis allerprimitivster Gläubigkeit. Das Bartscheren und das falsche Anfassen des Kreuzes erscheinen hier als Todsünde. Die Dämonen werden dadurch beleidigt. Die „Synode des

Antichrist“ von 1667 hat zu der ungeheuren Sektenbewegung des Raskol geführt, weil das Kreuz fortan mit drei statt mit zwei Fingern geschlagen und der Name Jesu Jissus statt Issus gesprochen werden sollte, wodurch für die Strenggläubigen die Kraft dieser Zaubermittel über die Dämonen verloren ging. Aber diese Wirkung der Furcht ist doch nicht alles und nicht einmal das Mächtigste. Warum hat die Merowingerzeit nicht die leisesten Spuren jener glühenden Inbrunst und Sehnsucht nach dem Untergang im Metaphysischen aufzuweisen, welche die magische Vorzeit der Apokalyptik und die ihr so nah verwandte russische im Zeitalter des heiligen Synod (1721–1917) ausfüllt? Was ist es, das alle die Märtyrersekten der Raskolniken seit Peter dem Großen zur Ehelosigkeit, Armut und Pilgerfahrt, zu Selbstverstümmelungen, zu den furchtbarsten Formen der Askese führte und im 17. Jahrhundert Tausende aus religiöser Leidenschaft zu freiwilliger Selbstverbrennung getrieben hat? Die Lehre der Chlüsten von den „russischen Christussen“, deren bis jetzt sieben gezählt werden, die Duchoborzen mit ihrem Lebensbuch, das sie als Bibel benützen und das von Jesus mündlich überlieferte Psalmen enthalten soll, die Skopzen mit ihren grausigen Verstümmelungsgeboten, Dinge, ohne die Tolstoi, der Nihilismus und die politischen Revolutionen gar nicht verständlichsind – warum erscheint die Frankenzeit dem gegenüber so stumpf und flach? Ist es richtig, daß nur Aramäer und Russen religiöses Genie besitzen, und was hat man dann von dem kommenden Rußland zu erwarten, jetzt, wo gerade im entscheidenden Jahrhundert das Hemmnis der gelehrten Orthodoxie zerstört worden ist?

17

Primitive Religionen haben etwas Heimatloses wie Wolken und Winde. Die Massenseelen der Urvölker haben sich zufällig und flüchtig zu *einem* Dasein geballt, und zufällig bleibt das Irgendwo der Wachseinsverbindungen aus Angst und Abwehr, die sich darüber breiten. Ob sie bleiben oder wandern, ob sie sich ändern oder nicht, hat mit ihrer innern Bedeutung nichts zu tun.

Eine tiefe Erdverbundenheit trennt die hohen Kulturen von diesem Leben ab. Hier gibt es eine *Mutterlandschaft* aller Ausdrucksgebilde, und wie die Stadt, wie Tempel, Pyramide und Dom dort, wo ihre Idee entstanden ist, auch ihre Geschichte vollenden *müssen*, so ist die große Religion jeder Frühzeit mit allen Wurzeln des Daseins dem Lande verbunden, über dem ihr Weltbild sich erhebt. Mögen die heiligen Bräuche und Sätze später noch so weit getragen werden, ihre innere Entwicklung bleibt trotzdem an den Ort ihrer Geburt gebannt. Es ist ganz unmöglich, daß sich auch nur der leiseste Entwicklungszug antiker Stadtkulte in Gallien fände oder ein dogmatischer Schritt des faustischen Christentums in Amerika getan würde. Was sich vom Lande löst, wird starr und hart.

Wie ein Aufschrei beginnt es jedesmal. Das dumpfe Gefühl von Scheu und Abwehr geht plötzlich in ein reines und inbrünstiges Erwachen über, das von der Mutter Erde aus, ganz pflanzenhaft aufblühend, die Tiefe der Lichtwelt mit *einem* Blick umfaßt und begreift. Wo überhaupt ein Sinn für Selbstbetrachtung lebt, hat man diese Wandlung als innere Wiedergeburt empfunden und begrüßt. In diesem Augenblick, niemals früher und mit der gleichen Macht und Innigkeit niemals wieder, geht es wie ein großes Leuchten durch die auserwählten Geister der Zeit, das alle Furcht in seliger Liebe auflöst und das Unsichtbare plötzlich in metaphysischer Verklärung hervortreten läßt.

Jede Kultur verwirklicht hier ihr Ursymbol. Jede hat ihre Art von Liebe, nennen wir sie himmlisch oder metaphysisch, mit der sie ihre Gottheit schaut, umfaßt, in sich aufnimmt, und die allen andern unerreichbar oder unverständlich bleibt. Mag eine Lichthöhle die Welt überwölben wie vor dem Blick Jesu und seiner Begleiter, mag die kleine Erde in einer sternerfüllten Unendlichkeit verschwinden, wie es Giordano Bruno empfand, mögen die Orphiker den leibhaftigen Gott in sich aufnehmen, mag Plotins Geist mit dem Geiste Gottes in der Ekstase zur Henosis verschmelzen, mag der heilige Bernhard in der Unio mystica mit dem Wirken der unendlichen Gottheit eins werden – der Tiefendrang der Seele ist immer dem Ursymbol dieser einen und keiner andern Kultur unterworfen.

In der fünften Dynastie Ägyptens (2450–2320), welche auf die großen Pyramidenbauer folgt, verblaßt der Kult des Horusfalken, dessen Ka im regierenden Herrscher weilt. Die älteren Ortskulte und selbst die tiefsinnige Thoutreligion von Hermopolis treten zurück. Die Sonnenreligion des Re erscheint. Von seiner Pfalz aus westwärts errichtet jeder König neben seinem Totentempel ein Reheiligtum, jener ein Sinnbild des gerichteten Lebens von der Geburt bis zur Kammer mit dem Sarkophag, dieses eins der großen und ewigen Natur. Zeit und Raum, Dasein und Wachsein, Schicksal und heilige Kausalität stehen in dieser gewaltigen Doppelschöpfung einander gegenüber wie in keiner zweiten Architektur der Welt. Zu beiden führt ein gedeckter Weg empor; der zu Re wird von Reliefs begleitet, welche die Macht des Sonnengottes über die Pflanzen- und Tierwelt und den Wechsel der Jahreszeiten schildern. Kein Götterbild, kein Tempel, nur ein Altar von Alabaster schmückt die mächtige Terrasse, auf die bei Tagesanbruch hoch über dem Land der Pharao aus dem Dunkel tritt, um den großen Gott zu begrüßen, der sich im Osten erhebt.

Diese frühe Innerlichkeit geht immer aus dem stadtlosen Lande hervor, aus den Dörfern, Hütten, Heiligtümern, einsamen Klöstern und Einsiedeleien. Hier bildet sich *die* große Wachseinsgemeinschaft der geistig Erwählten, die von dem großen Daseinsstrome des Helden- und Rittertums innerlich durch eine ganze Welt geschieden ist. Die beiden Urstände, Priestertum und Adel, das Schauen in den Domen und die Taten von den Burgen aus, Askese und Minne, Ekstase und vornehme Sitte, beginnen von hier aus ihre eigene Geschichte. Mag der Kalif auch weltlicher Herrscher der Gläubigen sein, der Pharao in beiden Heiligtümern opfern, der germanische König seine Ahnengruft unter dem Dom begründen, nichts hebt den abgrundtiefen Gegensatz von

Raum und Zeit auf, wie er sich hier in den beiden Ständen spiegelt. Religionsgeschichte und politische Geschichte, Geschichte der Wahrheiten und der Tatsachen stehen sich unvereinbar gegenüber. In den Domen und Burgen beginnt es, um sich in den stets wachsenden Städten als Gegensatz von Wissenschaft und Wirtschaft fortzusetzen und in den letzten Stufen der Geschichtlichkeit im Ringen von Geist und Gewalt zu enden.

Aber beide Geschichten bewegen sich ganz auf der *Höhe* des Menschlichen. Das Bauerntum bleibt geschichtslos in der Tiefe. Es begreift die Staaten so wenig wie die Dogmen. Aus der mächtigen Frühreligion heiliger Kreise entwickeln sich in den frühen Städten Scholastik und Mystik, in dem wachsenden Gewirr von Gassen und Plätzen Reformation, Philosophie und weltliche Gelehrsamkeit, in den Steinmassen der späten Großstädte Aufklärung und Irreligion. Der Bauernglaube draußen ist „ewig" und immer derselbe. Der ägyptische Bauer verstand nichts von jenem Re. Er hörte den Namen und verehrte weiterhin, während ein gewaltiges Stück Religionsgeschichte in den Städten vorüberging, seine Tiergötter aus der Thinitenzeit, die mit dem Fellachenglauben der 26. Dynastie wieder zur Herrschaft kamen. Der italische Bauer betete zur Zeit des Augustus, wie er es lange vor Homer getan hatte, und er tut es heute noch. Namen und Sätze ganzer Religionen, die aufblühten und starben, sind aus den Städten zu ihm gedrungen und haben den Klang seiner Worte verändert. Der Sinn blieb ewig derselbe. Der französische Bauer lebt noch in seiner Merowingerzeit: ob Freya oder Maria, ob Druiden oder Dominikaner, Rom oder Genf: nichts berührt das Innerste seines Glaubens.

Aber auch in den Städten bleibt eine Schicht nach der andern geschichtlich zurück. Es gibt über der primitiven Religion des Landes noch eine Volksreligion der kleinen Leute im Untergrund der Städte und in der Provinz. Je höher eine Kultur steigt, im Mittleren Reich, in der Brahmanazeit, zur Zeit der Vorsokratiker, der Vorkonfuzianer und des Barock, desto enger wird der Kreis derer, denen die letzten Wahrheiten ihrer Zeit wirklicher Besitz sind und nicht nur Name und Schall. Wie viele Menschen gab es, die Sokrates, Augustin und Pascal damals begriffen haben? Die Pyramide der Menschen spitzt sich auch im Religiösen rasch und immer rascher zu, um mit dem Ende der Kultur vollendet zu sein und von da an langsam zu zerfallen.

Um 3000 beginnen in Ägypten und Babylon die Lebensläufe zweier großer Religionen. In Ägypten wird in der „Reformationszeit" am Ausgang des Alten Reiches der solare Monotheismus als Religion der Priester und Gebildeten fest begründet. Alle alten Götter und Göttinnen – die das Bauerntum und die kleinen Leute in ihrer ursprünglichen Bedeutung weiterhin verehrten – sind nun Inkarnationen oder Diener des einen Re. Auch die Sonderreligion von Hermopolis wird mit ihrer Kosmologie dem großen System eingeordnet, und eine theologische Abhandlung bringt selbst den Ptah von Memphis als das abstrakte Urprinzip der Schöpfung mit dem Dogma in Einklang.Es ist wie unter Justinian und Karl V.: der städtische Geist hat die Herrschaft über die Seele des Landes ergriffen; die Gestaltungskraft der Frühzeit ist zu Ende; die Lehre ist innerlich fertig und wird von nun an durch vernunftgemäße Betrachtung eher abgebaut als verfeinert. Die Philosophie beginnt. Dogmatisch bedeutet das Mittlere Reich so wenig wie das Barock.

Seit 1500 setzen drei neue Religionsgeschichten ein, zuerst die vedische im Pendschab, dann die urchinesische am Hoangho, zuletzt die antike im Norden des Ägäischen Meeres. So deutlich das Weltbild des antiken Menschen mit seinem Ursymbol des stofflichen Einzelkörpers vor uns steht, so schwer ist es, Einzelheiten der großen antiken Frühreligion auch nur zu ahnen. Die Schuld tragen die homerischen Gesänge, welche die Erkenntnis eher verhindern als unterstützen. Das neue und dieser Kultur allein vorbehaltene Ideal der Gottheit war der menschengestaltige Leib im Lichte, der Heros als Mittler von Mensch und Gott – das wenigstens bezeugt die Ilias. Mochte dieser Leib apollinisch verklärt oder dionysisch in alle Lüfte verstreut werden, er war in jedem Falle die Grundform allen Seins. Das *soma* als Ideal des Ausgedehnten, der Kosmos als Summe dieser Einzelkörper, das „Sein", das „Eine" als das Ausgedehnte an sich, der Logos als dessen Ordnung im Licht – das alles trat damals in großen Gesichten vor das Auge priesterlicher Menschen hin, und zwar mit der vollen Gewalt einer neuen Religion.

Aber die homerische Dichtung ist reine Standespoesie. Von den beiden Welten des Adels und Priestertums, des Tabu und Totem, des Heldentums und der Heiligkeit lebt hier nur die eine. Sie versteht die andere nicht nur nicht, sie verachtet sie sogar. Wie in der Edda ist es höchster Ruhm der Unsterblichen, die adlige Sitte zu kennen. Wenn den Denkern der antiken Barockzeit von Xenophanes bis Plato diese Götterszenen frech und flach erschienen, so hatten sie recht; es sind dieselben Gefühle, aus welchen Theologie und Philosophie des späteren Abendlandes die germanische Heldensage betrachtet haben, aber auch die Dichtungen von Gottfried von Straßburg, Wolfram und Walther. Wenn die homerischen Epen nicht verschollen sind wie die von Karl dem Großen gesammelten Heldensänge, so ist das nur eine Folge davon, daß ein ausgebildeter antiker Priesterstand nicht vorhanden war und die spätere Geistigkeit der Städte also von einer ritterlichen und nicht einer religiösen Literatur beherrscht worden ist. Die ursprünglichen Lehren dieser Religion, die sich aus Widerspruch gegen Homer an den vielleicht noch älteren Namen Orpheus knüpften, sind niemals aufgezeichnet worden.

Gleichwohl waren sie einmal da und wer weiß, was alles sich hinter den Gestalten des Kalchas und Teiresias verbirgt. Eine mächtige Erschütterung muß auch am Anfang dieser Kultur stehen, vom Ägäischen Meere bis nach Etrurien hin, aber man wird in der Ilias von ihr so wenig finden, wie im Nibelungen- und Rolandslied von der Mystik und Inbrunst des Joachim von Floris, des heiligen Franz, der Kreuzzüge oder von der inneren Glut des „*Dies irae*" jenes Thomas von Celano, das an einem Minnehof des 13. Jahrhunderts vielleicht Gelächter erregt hätte. Es müssen große Persönlichkeiten gewesen sein, welche damals den neuen Weltblick in eine mythischmetaphysische Form brachten, aber wir wissen nichts von ihnen und nur die fröhliche, helle, leichte Seite davon ist in den Gesang der Ritterhallen eingegangen. War der „Trojanische Krieg" eine

Fehde oder auch ein Kreuzzug? Was bedeutet Helena? Auch die Eroberung Jerusalems ist geistlich *und* weltlich aufgefaßt worden.

In der homerischen Adelsdichtung blieben Dionysos und Demeter als priesterliche Götter unbeachtet.Aber auch bei Hesiod, dem Hirten von Askra, der aus seinem Volksglauben heraus schwärmt und grübelt, kann man so wenig wie bei dem Schuster Jakob Böhme die reinen Ideen der großen Frühzeit finden wollen. Das ist die zweite Schwierigkeit. *Auch die große Frühreligion war Standesbesitz* und dem breiten Volke weder erreichbar noch verständlich; auch die Mystik der frühesten Gotik ist auf enge Kreise von Auserwählten beschränkt, durch das Latein und die Schwere der Begriffe und Bilder versiegelt und weder dem Bauerntum noch dem Adel seinem Vorhandensein nach überhaupt deutlich bekannt. Deshalb sind auch die Ausgrabungen zwar für die antiken Landkulte wesentlich, aber von jener Frühreligion lehren sie nichts, so wenig wir aus einer Dorfkapelle über Abaelard und Bonaventura lernen können.

Aber Aischylos und Pindar standen allerdings im Banne einer großen priesterlichen Tradition, vor ihnen die Pythagoräer, die den Demeterkult in die Mitte stellten und damit verrieten, wo der Kern jener Mythologie zu suchen ist, noch früher die Mysterien von Eleusis und die orphische Reformation des 7. Jahrhunderts und endlich die Fragmente des Pherekydes und Epimenides, der *letzten – nicht der ersten!* – Dogmatiker einer uralten Theologie. Hesiod und Solon kennen die Idee des Erbfrevels, der an Kindern und Kindeskindern gerächt wird, und die ebenfalls apollinische Lehre von der Hybris. Plato aber schildert als Orphiker und Gegner einer homerischen Lebensauffassung im Phaidon sehr alte Lehren von der Hölle und vom Totengericht. Wir kennen die erschütternde Formel der Orphik, das Nein der Mysterien gegenüber dem Ja der Agone, das ganz ohne Zweifel schon um 1100 entstanden ist, und zwar als Protest des Wachseins gegen das Dasein: *soma sema* – dieser blühende antike Leib ein Grab! Hier *fühlt* er sich nicht mehr in Zucht, Kraft und Bewegung; er *erkennt sich* und er erschrickt vor dem, was er begreift. Hier beginnt die antike Askese, die durch strengste Riten und Sühnungen, selbst durch den freiwilligen Tod die Befreiung von diesem euklidischen Körperdasein sucht. Man versteht die vorsokratischen Philosophen gründlich falsch, wenn sie gegen Homer reden: sie taten das nicht als Aufklärer, sondern als Asketen, weil sie, die „Zeitgenossen" des Descartes und Leibniz, in der strengen Überlieferung der großen alten orphischen Religion herangewachsen waren, die in diesen halbklösterlichen Denkerschulen im Schatten altberühmter Heiligtümer ebenso treu bewahrt worden ist wie die gotische Scholastik an den ganz geistlichen Universitäten des Barock. Vom Selbstmord des Empedokles führt der Weg vorwärts zu dem der römischen Stoiker und rückwärts zu „Orpheus".

Aus diesen letzten Spuren erhebt sich nun doch ein leuchtender Umriß der antiken Frühreligion. Wie alle gotische Inbrunst sich auf die Himmelskönigin Maria richtete, die Jungfrau und Mutter, so entstand damals ein Kranz von Mythen, Bildern und Gestalten um Demeter, die Gebärende, um Gaia und Persephone, und um Dionysos, den Zeugenden: chthonische und phallische Kulte und Feste und Mysterien von Geburt und Sterben. Auch das war antik und leibhaft-gegenwärtig gedacht. Die apollinische Religion betete den Leib an, die orphische verwarf ihn, die der Demeter feierte die Augenblicke seiner Entstehung: Zeugung und Geburt. Es gab eine das Geheimnis des Lebens scheu verehrende Mystik in Lehren, Symbolen und Spielen, aber gleich daneben den Orgiasmus, denn die Vergeudung des Leibes ist der Askese ebenso tief verwandt wie die heilige Prostitution dem Zölibat; sie verneinen beide die Zeit. Es ist die Umkehrung des apollinischen „Zurück" vor der Hybris. Der Abstand wird nicht geachtet, sondern aufgehoben. Wer das in sich erlebt hat, ist „aus einem Sterblichen ein Gott geworden". Es muß damals große Heilige und Seher gegeben haben, die über die Gestalten des Heraklit und Empedokles ebensoweit hinausragten wie diese über die kynischen und stoischen Wanderredner. Dergleichen geschieht nicht ohne Name und Person. Es gab, als überall die Sänge von Achilles und Odysseus erschollen, eine große, strenge Lehre an den berühmten Kultstätten, eine Mystik und Scholastik mit ausgebildetem Schulwesen und mündlicher Geheimtradition wie in Indien. Aber alles das ist versunken und die Trümmer der Spätzeit beweisen kaum noch, daß es einmal da war.

Läßt man die Ritterpoesie und die Volkskulte ganz beiseite, so ist es heute noch möglich, von dieser – der – antiken Religion etwas mehr festzustellen. Aber dann muß auch der dritte Fehler vermieden werden: die Gegenüberstellung von „römischer" und „griechischer" Religion. Einen solchen Gegensatz gibt es nicht.

Rom ist nur *eine* unter zahllosen antiken Städten der großen Kolonisationszeit, von Etruskern gebaut und unter der etruskischen Dynastie des 6. Jahrhunderts religiös erneuert; es ist wohl möglich, daß die kapitolinische Göttergruppe Jupiter, Juno, Minerva, die damals an Stelle der uralten Dreiheit Jupiter, Mars, Quirinus der „Religion des Numa" trat, irgendwie mit dem Familienkult der Tarquinier zusammenhängt, wobei die Stadtgöttin Minerva ganz unverkennbar der Athena Polias nachgebildet ist.Man darf die Kulte dieser einen Stadt nur mit denen *einzelner* griechisch sprechenden Städte auf gleicher Altersstufe vergleichen, etwa Spartas oder Thebens, die nicht im geringsten farbenreicher gewesen sind. Das wenige, was sich da als allgemein hellenisch herausstellt, wird auch allgemein italisch sein. Und was die Behauptung betrifft, daß die „römische" Religion im Unterschiede von derjenigen griechischer Stadtstaaten den Mythos nicht gekannt habe – woher wissen wir das? Wir würden von der großen Göttersage der Frühzeit überhaupt nichts wissen, wenn wir auf den Festkalender und die öffentlichen Kulte griechischer Einzelstädte angewiesen wären, so wenig wie die Akten des Konzils von Ephesus von der Frömmigkeit Jesu, oder eine Kirchenordnung der Reformation etwas von der franziskanischen Mystik ahnen lassen. Menelaos und Helena waren für den lakonischen Staatskult Baumgötter, nichts weiter. Der antike Mythos stammt aus einer Zeit, wo es die Polis mit ihren Festen und sakralen Satzungen noch gar nicht gab, Athen so wenig wie Rom. Er hat mit ihren religiösen Aufgaben und Absichten, die sehr verstandesmäßig sind, überhaupt nichts zu tun. Mythos und Kultus berühren sich in der Antike noch weniger als anderswo. Und er ist auch gar keine Schöpfung des ganzen hellenischen Kulturgebietes, nicht „griechisch", sondern ebenso wie die Kindheitsgeschichte Jesu und die Gralssage in hochbewegten Kreisen engumgrenzter Gebiete entstanden, die Vorstellung vom Olymp z.B. in Thessalien; von da aus wurde er Gemeinbesitz *aller* Gebildeten von Cypern bis nach Etrurien hin und also auch in Rom. Die etruskische Malerei setzt ihn als allbekannt voraus, und mithin haben ihn die Tarquinier und ihr Hof ebenfalls gekannt. Man mag mit dem Ausdruck: an diesen Mythos „glauben", jede Vorstellung verbinden, die man will; sie wird von dem Römer der Königszeit ebenso gelten wie von den Einwohnern Tegeas oder Korkyras.

Die beiden ganz verschiedenen Bilder, welche die heutige Wissenschaft zustande gebracht hat, sind das Ergebnis nicht der Tatsachen, sondern *der Methode*, die hier (Mommsen) vom Festkalender und den Staatskulten, dort von der Dichtung ausgeht. Man braucht nur die „lateinische" Methode, die zum Bilde Wissowas geführt hat, auf die griechischen Städte anzuwenden, um ein ganz ähnliches zu erhalten (etwa in Nilssons „Griechischen Festen").

Bedenkt man das, so erscheint die antike Religion durchaus als innere Einheit. Die gewaltige, frühlinghafte Götterlegende des elften Jahrhunderts, die mit ihren seligen und todtraurigen Stimmungen an Gethsemane, an Balders Tod, an Franziskus erinnert, ist durch und durch „Theorie", nämlich Schauen, ein Weltbild vor dem innern Auge, und zwar aus dem gemeinsamen inbrünstigen Wachwerden erlesener Kreise fern von der Ritterwelt.Die viel späteren Stadtreligionen aber sind durchaus *Technik*, Kultus, und stellen also nur eine, und zwar eine ganz andere Seite der Frömmigkeit dar. Sie stehen dem großen Mythos ebenso fern wie dem Volksglauben; sie beschäftigen sich weder mit Metaphysik noch mit Ethik, sondern nur mit der Vollziehung sakralrechtlicher Handlungen; und endlich stammt die Auswahl der Kulte in den einzelnen Städten sehr oft und im Gegensatz zum Mythos nicht aus einer einheitlichen Weltanschauung, sondern aus den zufälligen Ahnen- und Familienkulten großer Geschlechter, die ganz wie in gotischer Zeit ihren Heiligen zum Schutzherrn der Stadt gemacht haben und sich dessen Feste und Verehrung vorbehielten. So waren die Luperkalien in Rom zu Ehren des Flurgottes Faunus Vorrecht der Quinctier und Fabier.

Die chinesische Religion, deren große „gotische" Zeit um 1300 bis 1000 hegt und den Aufstieg der Dschou-Dynastie umfaßt, will mit äußerster Vorsicht behandelt sein. Angesichts der flachen Tiefe und pedantischen Schwärmerei der chinesischen Denker vom Schlage des Konfuzius und Laotse, die alle im *ancien régime* dieser Staatenwelt geboren waren, scheint es sehr gewagt, auf eine Mystik und Legende großen Stils am Anfang überhaupt schließen zu wollen, aber sie muß einmal dagewesen sein. Allerdings, von diesen übervernünftigen Großstädtern erfahren wir darüber nichts, so wenig wie von Homer über Kalchas, aber aus einem andern Grunde. Was wüßten wir von der gotischen

Frömmigkeit, wenn alle ihr Schriften der Zensur von Puritanern und Rationalisten wie Locke, Rousseau und Wolff verfallen wären! Und doch betrachtet man dies konfuzianische *Ende* chinesischer Innerlichkeit als deren Anfang, wenn nicht gar der Synkretismus der Hanzeit als die chinesische Religion bezeichnet wird!

Wir wissen jetzt, daß es entgegen der allgemeinen Annahme ein mächtiges altchinesisches Priestertum gab,daß im Text des Schuking Reste der alten Heldensänge und Göttermythen rationalistisch verarbeitet und so erhalten geblieben sind; ebenso würden das Dschou-li, Ngi-li und Schi-king noch sehr vieles offenbaren, sobald man sie mit der Überzeugung prüft, daß hier viel Tieferes vorliegen muß, als Konfuzius und seinesgleichen begreifen konnten. Wir hören von chthonischen und phallischen Kulten der früheren Dschouzeit, von einem heiligen Orgiasmus, wobei der Götterdienst von ekstatischen Massentänzen begleitet war, von mimischen Darstellungen und Wechselreden zwischen dem Gott und der Priesterin, woraus sich vielleicht ganz wie in Griechenland das chinesische Drama entwickelt hat.Und wir ahnen endlich, weshalb der überquellende Reichtum frühchinesischer Göttergestalten und Mythen von einer Kaisermythologie verschlungen werden mußte. Denn nicht nur alle Sagenkaiser, sondern auch die meisten Gestalten der Hia- und Schang-Dynastie vor 1400 sind trotz aller Jahreszahlen und Chroniken nichts als in Geschichte verwandelte Natur. Die Ansätze dazu liegen tief in den Möglichkeiten jeder jungen Kultur. Der Ahnenkult versucht immer, sich der Naturdämonen zu bemächtigen. Alle homerischen Helden und ebenso Minos, Theseus, Romulus sind aus Göttern zu Königen geworden. Im Heliand war Christus im Begriff, es zu werden. Maria ist die gekrönte Königin des Himmels. Es ist die höchste, ganz unbewußte Art, in der Rassemenschen etwas verehren können: was groß ist, muß von Rasse sein, mächtig, herrschend, Ahnherr ganzer Geschlechter. Ein starkes Priestertum weiß diese Mythologie der Zeit sehr bald zu vernichten, aber in der Antike hat sie sich halb und in China ganz durchgesetzt, genau im Verhältnis zum Hinschwinden des priesterlichen Elements. Die alten Götter sind jetzt Kaiser, Prinzen, Minister und Gefolgsleute; Naturereignisse sind Herrschertaten und Völkerstürme soziale Unternehmungen geworden. Es hätte den Konfuzianern gar nichts erwünschter kommen können: da hatten sie den Mythos, der sozialethische Tendenzen in unabsehbarer Menge aufnehmen konnte; sie brauchten die Spuren des ursprünglichen Naturmythos nur zu tilgen.

Vor dem chinesischen Wachsein waren Himmel und Erde Hälften des Makrokosmos, ohne Gegensatz und jede ein Spiegelbild der andern. Der magische Dualismus fehlt dem Bilde ebenso wie die faustische Einheit der wirkenden Kraft. Das Werden erscheint in der ungezwungenen Wechselwirkung zweier Prinzipien, des *yang* und *yin*, die eher periodisch als polar gedacht sind. Dementsprechend gibt es zwei Seelen im Menschen: die *kwei* entspricht dem *yin*, dem Irdischen, Dunklen, Kalten; sie verwest mit dem Leibe; die *sen* ist die höhere, lichte und bleibende.Aber von beiden Seelenarten gibt es außerhalb des Menschen noch unzählige Mengen. Geisterscharen erfüllen Luft, Wasser und Erde; alles ist von *kweis* und *sens* bevölkert und bewegt. Das Leben der Natur und das menschliche Leben bestehen ganz eigentlich aus dem Spiel solcher Einheiten. Klugheit, Glück, Kraft und Tugend hängen von ihrem Verhältnis ab. Askese und Orgiasmus, die Rittersitte des *hiao*, die dem Vornehmen befiehlt, den Frevel an einem Ahnen noch nach Jahrhunderten an den Nachkommen zu rächen und eine Niederlage nicht zu überleben,und die vernunftgemäße Moral des *jen*, die nach dem Urteil des Rationalismus aus dem Wissen folgt, gehen sämtlich aus der Vorstellung von den Kräften und Möglichkeiten der *kwei* und *sen* hervor.

Alles das wird in dem Urwort *tao* zusammengefaßt. Der Kampf zwischen dem *yang* und *yin* im Menschen ist das *tao* seines Lebens; das Weben der Geisterscharen draußen ist das *tao* der Natur. Die Welt besitzt *tao*, insofern sie Takt, Rhythmus und Periodizität hat. Sie besitzt *li*, Spannung, insofern man sie erkennt und fertige Verhältnisse zur ferneren Anwendung daraus abzieht. Zeit, Schicksal, Richtung, Rasse, Geschichte, alles das mit dem großen Weltblick der ersten Dschouzeit angeschaut, liegt in diesem einen Wort. Der Weg des Pharao durch den dunklen Gang zu seinem Heiligtum ist ihm verwandt, das faustische Pathos der dritten Dimension ist es auch: aber *tao* ist doch von dem Gedanken der technischen Überwindung der Natur weit entfernt. Der chinesische Park vermeidet die energische Perspektive. Er legt Horizont hinter Horizont und lädt zum Wandeln ein, statt auf ein Ziel zu weisen. Der chinesische „Dom“ der Frühzeit, das Pi-yung, hat mit seinen Pfaden, die durch Tore, Gebüsche, über Treppen, geschwungene Brücken und Plätze führen, niemals den unerbittlichen Zug Ägyptens und den Tiefendrang der Gotik.

Als Alexander am Indus erschien, war die Frömmigkeit dieser drei Kulturen längst in die geschichtslosen Formen eines breiten Taoismus, Buddhismus und Stoizismus zerflossen. Aber wenig später erhebt sich dann die Gruppe der magischen Religionen im Gebiet zwischen der Antike und Indien, und etwa zur selben Zeit muß die Religionsgeschichte der Maya und Inka begonnen haben, die für uns hoffnungslos verloren ist. Ein Jahrtausend danach, als auch hier alles innerlich vollendet war, erscheint auf dem so wenig verheißenden Boden des Frankenreichs gänzlich überraschend und in steilem Aufstieg das germanisch-katholische Christentum. Es ist hier wie überall: Ob der ganze Schatz von Namen und Bräuchen aus dem Osten kam, ob tausend Einzelzüge aus uraltem germanischen und keltischen Fühlen stammen, die gotische Religion ist etwas so unerhört Neues, und in ihren letzten Tiefen allen nicht zugehörigen Menschen so vollkommen unbegreiflich, daß die Herstellung von Zusammenhängen an der geschichtlichen Oberfläche ein Spiel ohne alle Bedeutung bleibt.

Die mythische Welt, die sich nun rings um diese junge Seele aufbaut, ein Ganzes von Kraft, Wille und Richtung, unter dem Ursymbol des Unendlichen gesehen, ein riesenhaftes Wirken fernhin, Abgründe des Entsetzens und der Seligkeit, die sich plötzlich auftun –, das war den Auserwählten dieser frühen Religiosität etwas ganz

Natürliches, so daß sie gar nicht den Abstand fanden, um es als Einheit zu „erkennen". Sie lebten darin. Vor uns aber, die durch dreißig Generationen von den Ahnen getrennt sind, steht diese Welt so fremd und übermächtig da, daß wir immer nur einzelne Seiten zu begreifen suchen und damit das Ganze und Unteilbare mißverstehen.

Die väterliche Gottheit empfand man als die Kraft selbst, das ewige, große und allgegenwärtige Wirken, die heilige Kausalität, die für irdische Augen kaum eine greifbare Gestalt gewinnen konnte. Aber die ganze Sehnsucht der jungen Rasse, das ganze Verlangen dieses mächtig strömenden Blutes, sich in Demut vor dem *Sinn des Blutes* zu beugen, fand ihren Ausdruck in der Gestalt der Jungfrau und Mutter Maria, deren Krönung im Himmel eins der frühesten Motive gotischer Kunst geworden ist, eine Lichtgestalt in Weiß, Blau und Gold inmitten der himmlischen Heerscharen. Sie beugt sich über das neugeborne Kind; sie fühlt das Schwert im Herzen; sie steht zu Füßen des Kreuzes und hält den Leichnam des toten Sohnes. Seit der Jahrtausendwende haben Petrus Damiani und Bernhard von Clairvaux ihren Kult ausgebildet; das Ave Maria und der englische Gruß entstanden und später bei den Dominikanern der Rosenkranz. Zahllose Legenden umgaben sie und ihre Gestalt. Sie hütet den Gnadenschatz der Kirche, sie ist die große Fürbitterin. Im Kreise der Franziskaner entstand das Fest ihrer Heimsuchung, bei den englischen Benediktinern noch vor 1100 das der unbefleckten Empfängnis, das sie ganz aus der sterblichen Menschheit in die Lichtwelt emporhob.

Aber diese Welt der Reinheit, des Lichts und der geistigen Schönheit wäre undenkbar gewesen ohne das Gegenbild, das davon nicht zu trennen ist und zu den Höhepunkten der Gotik gehört, eine ihrer unergründlichsten Schöpfungen, die man heute stets vergißt – vergessen *will*. Während sie dort oben thront, lächelnd in ihrer Schönheit und Milde, liegt eine andere Welt im Hintergrunde: überall in der Natur und in der Menschheit webt es, brütet Unheil, bohrt, zerstört, verführt: das Reich des Teufels. Es durchdringt die ganze Schöpfung; es liegt überall auf der Lauer. Ein Heer von Kobolden, Nachtfahrenden, Hexen, Werwölfen ist ringsum da, und zwar in menschlicher Gestalt. Niemand weiß von dem Nächsten, ob er sich nicht den Unholden verschrieben hat. Niemand weiß von einem kaum erblühten Kinde, ob es nicht schon eine Teufelsbuhle ist. Eine entsetzliche Angst, wie vielleicht nur noch in ägyptischer Frühzeit, lastet auf den Menschen, die jeden Augenblick in den Abgrund stürzen können. Es gab eine schwarze Magie, Teufelsmessen und Hexensabatte, nächtliche Feste auf Berghöhen, Zaubertränke und Besprechungen. Der Höllenfürst mit seinen Verwandten – Mutter und Großmutter, denn da er das Sakrament der Ehe durch sein Dasein verhöhnt, darf er Weib und Kind nicht haben –, mit den gefallenen Engeln und unheimlichen Gesellen ist eine der großartigsten Schöpfungen der gesamten Religionsgeschichte, im germanischen Loki kaum vorgedeutet. Ihre grotesken Gestalten mit Hörnern, Klauen und Pferdehuf waren in den Mysterienspielen des 11. Jahrhunderts schon ganz ausgebildet, erfüllen allenthalben die künstlerische Phantasie und sind aus der gotischen Malerei bis auf Dürer und Grünewald nicht wegzudenken. Der Teufel ist schlau, bösartig, schadenfroh und wird doch von den Mächten des Lichtes zuletzt geprellt. Er und seine Brut sind launig, tolpatschig, erfinderisch und von ungeheuerlicher Phantastik, die Verkörperung des Höllengelächters gegenüber dem verklärten Lächeln der Himmelskönigin, aber auch des faustischen Welthumors gegenüber dem Jammer zerknirschter Sünder.

Man kann sich die Wucht und Eindringlichkeit dieses Bildes nicht groß, den Glauben daran nicht tief genug denken. Marienmythos und Teufelsmythos haben sich zusammen ausgebildet und keiner ist ohne den andern möglich. Der Unglaube an beide ist Todsünde. Es gibt einen Marienkult der Gebete und einen Teufelskult der Beschwörungen und Exorzismen. Der Mensch wandelt beständig über einem Abgrund, der unter dünner Decke liegt. Das Leben in dieser Welt ist ein beständiger verzweifelter Kampf mit dem Teufel, in dem jeder einzelne als Glied der streitenden Kirche dreinschlagen, sich wehren, sich als Ritter erproben muß. Von droben schaut die triumphierende Kirche der Engel und Heiligen in ihrer Glorie zu. In diesem Ringen wirkt die himmlische Gnade wie ein Schild. Maria ist die Beschützerin, in deren Schoß man flüchten kann, und die Richterin, die den Kampfpreis erteilt. Beide Welten haben ihre Legende, ihre Kunst, ihre Scholastik und Mystik. Auch der Teufel kann Wunder tun. Was in keiner andern Frühreligion erscheint, ist die sinnbildliche Farbe. Zur Madonna gehören das Weiß und Blau, zum Teufel das Schwarz, Schwefelgelb und Rot. Die Heiligen und Engel schweben im Äther, aber die Teufel springen und hinken und die Hexen sausen durch die Nacht. Erst beide zusammen, Licht und Nacht, Liebe und Angst, füllen die gotische Kunst mit ihrer unbeschreiblichen Innerlichkeit. Das ist nichts weniger als „künstlerische“ Phantasie. Jeder Mensch wußte die Welt bevölkert mit Scharen von Engeln und Teufeln. Die lichtumgebenen Engel des Fra Angelico und der frührheinischen Meister und die Fratzengesichter an den Portalen der großen Dome erfüllten wirklich die Luft. Man sah sie, man fühlte überall ihre Anwesenheit. Wir wissen heute gar nicht mehr, was ein Mythos ist, nämlich nicht ein ästhetisch bequemes Sichvorstellen, sondern ein Stück leibhaftigster Wirklichkeit, das ganze Wachsein durchwühlend und das Dasein bis ins Innerste erschütternd. Diese Wesen sind ringsumher beständig da. Man erblickte sie, ohne sie zu sehen. Man glaubte an sie mit dem Glauben, der den Gedanken an Beweise als Lästerung empfindet. Was wir heute Mythos nennen, unsere literaturgesättigte Schwärmerei für gotische Farbigkeit, ist nichts als Alexandrinismus. Damals „genoß“ man ihn nicht; der Tod stand dahinter.Denn der Teufel bemächtigte sich der menschlichen Seele und verführte sie zu Ketzertum, Buhlschaft und Zauberei. Der Krieg gegen ihn wurde auf Erden mit Feuer und Schwert und zwar gegen die Menschen geführt, die sich ihm ergeben hatten. Es ist sehr bequem, das aus diesen Jahrhunderten fortzudenken, aber ohne diese furchtbare Wirklichkeit bleibt von der ganzen Gotik nichts als Romantik übrig. Mit den liebeglühenden Hymnen an Maria stieg der Qualm unzähliger Scheiterhaufen empor. Neben den Domen erhoben sich Galgen und Rad. Damals lebte jeder in dem Bewußtsein einer ungeheuren Gefahr, nicht vor dem Henker, sondern vor der Hölle. Ungezählte Tausende von Hexen waren überzeugt, es zu sein. Sie haben sich selbst angezeigt, um ihre Entsühnung gebeten, aus reinster Wahrheitsliebe ihre nächtlichen Fahrten und Teufelspakte gebeichtet. Inquisitoren haben unter Tränen, aus Mitleid mit den Gefallenen die Folter verhängt, um ihre Seele zu retten. Das ist der gotische Mythos, aus dem die Kreuzzüge, die Dome, die innigste Malerei und die Mystik hervorgegangen sind. In seinem Schatten erblühte jenes gotische Glücksgefühl, dessen Tiefe wir uns nicht einmal mehr vorstellen können.

Der Karolingerzeit war das alles noch fremd. Karl der Große hat im ersten sächsischen Kapitular (787) den urgermanischen Glauben an Werwölfe und Nachtfahrende (*strigae*) unter Strafe gestellt, und noch um 1020 wird er als Irrglaube im Dekret des Burkard von Worms verdammt, das aber nur noch in abgeschwächter Gestalt um 1140 in das *decretum Gratiani*überging. Cäsarius von Heisterbach war bereits mit der ganzen Teufelslegende vertraut; in der *Legenda Aurea* ist sie ebenso wirklich und wirksam wie die Marienlegende. 1233, als man die Dome von Mainz und Speyer einwölbte, erschien die Bulle *Vox in Rama*, durch welche der Teufels- und Hexenglaube kanonisch geworden ist. Es war nicht lange nach dem „Sonnengesang" des heiligen Franz, und während die Franziskaner im inbrünstigen Gebet vor Maria knieten und ihren Kult ausbreiteten, rüsteten die Dominikaner sich zum Kampf gegen den Teufel durch die Inquisition. Gerade weil in der einen Gestalt die himmlische Liebe ihren Mittelpunkt gefunden hatte, wurde die irdische dem Teufel verwandt. Das Weib ist die Sünde – so empfanden es die großen Asketen, wie sie es in der Antike, in China und Indien empfunden hatten. Der Teufel herrscht nur durch das Weib; die Hexe ist die Verbreiterin der Todsünden. Thomas von Aquino hat die unheimliche Lehre vom Incubus und Succubus entwickelt. Innige Mystiker wie Bonaventura, Albertus Magnus, Duns Scotus haben die Metaphysik des Teuflischen vollkommen ausgebildet.

Die Renaissance hat den starken Glauben der Gotik zur beständigen Voraussetzung des Weltgefühls. Wenn Vasari von Cimabue und Giotto rühmt, daß sie zuerst wieder der Natur als Lehrmeisterin folgten, so war es eben diese gotische Natur, die von englischen und teuflischen Scharen rings durchgeistert war und wie eine ewige Drohung im Lichte dalag. Nachahmung der Natur war die Nachahmung ihrer Seele, nicht ihrer Oberfläche. Man lasse doch endlich das Märchen von einer Erneuerung des „Altertums" fallen. Renaissance, *rinascita,* bedeutete damals den gotischen Aufschwung von 1000 an,das neue *faustische* Weltgefühl, das neue Selbsterlebnis des Ich im *Unendlichen*. Mochten einige Geister gelegentlich für die Antike schwärmen, wie man sie sich dachte; das war ein Geschmack, nicht mehr. Der antike Mythos war ein Unterhaltungsstoff, ein allegorisches Spiel; durch seinen dünnen Schleier hindurch sah man den wirklichen, den gotischen, nicht minder scharf. Als Savonarola auftrat, verschwand das antike Getändel sofort von der Oberfläche des florentinischen Lebens. Sie haben alle für die Kirche geschaffen und zwar mit Überzeugung; Raffael war der innigste aller Madonnenmaler; ein fester Glaube an das Teufelswesen und an die Erlösung von ihm durch die Heiligen liegt dieser ganzen Kunst und Schriftstellerei zugrunde, und alle ohne Ausnahme, Maler,

Architekten, Humanisten, mochten sie die Namen Cicero, Virgil, Venus, Apollo täglich im Munde führen, haben die Hexenbrände allenthalben als etwas ganz Natürliches betrachtet und Amulette gegen den Teufel getragen. Die Schriften des Marsilius Ficinus sind voll von gelehrten Betrachtungen über Teufel und Hexen, Francesco della Mirandola hat in elegantem Latein den Dialog „Die Hexe" geschrieben, um die feinen Köpfe seines Kreises vor der Gefahr zu warnen.Als Lionardo an der Heiligen Anna Selbdritt arbeitete, auf der Höhe der Renaissance, wurde in Rom in bestem Humanistenlatein der Hexenhammer geschrieben (1487). Der große Mythos der Renaissance war *dieser*, und ohne ihn versteht man die prachtvolle, echt gotische Stärke dieser antigotischen Bewegung nicht. Menschen, die den Teufel nicht um sich spürten, hätten weder die Göttliche Komödie noch die Fresken in Orvieto noch die Decke der Sixtina schaffen können.

Erst auf dem gewaltigen Hintergrunde dieses Mythos erwuchs der faustischen Seele ein Gefühl von dem, was sie war. Ein Ich im Unendlichen verloren; ganz und gar Kraft, aber in einer Unendlichkeit größerer Kräfte ohnmächtig; ganz und gar Wille, aber voller Angst für seine Freiheit. Das Problem der Willensfreiheit ist nie tiefer, nie qualvoller durchdacht worden. Andere Kulturen haben es gar nicht gekannt. Aber eben weil die magische Ergebung hier ganz unmöglich war, weil es kein „es" war, kein Teil eines allgemeinen Geistes, der dachte, sondern ein einzelnes, kämpfendes Ich, das sich zu behaupten suchte, wurde jede Grenze der Freiheit als eine Kette empfunden, die man durch das Leben schleppte, und dieses selbst als ein lebendiger Tod. Wenn es aber so war – warum? *wofür*?

Aus dieser Einsicht erhob sich ein ungeheures Schuldbewußtsein, das wie eine einzige verzweifelte Klage durch diese Jahrhunderte geht. Die Dome richten sich immer bittender zum Himmel auf, die gotischen Gewölbe werden wie ein Händefalten; kaum schimmert aus hohen Fenstern ein tröstliches Licht in die Nacht der langen Kirchenschiffe. Die atembeklemmenden Parallelfolgen des Kirchengesangs, die lateinischen Hymnen sprechen von wundgescheuerten Knien und von Geißelhieben in nächtlicher Zelle. Für den magischen Menschen war die Welthöhle eng und der Himmel nah gewesen; hier war er unendlich fern; keine Hand schien aus diesen Räumen herabzureichen, und um das verlorene Ich lagerte sich höhnend die Teufelswelt. Deshalb wurde es die große Sehnsucht der Mystik, entbildet zu werden von der Kreatur, wie Heinrich Seuse sagte, sein selbst und aller Dinge ledig zu werden (Meister Eckart), das Lassen der Ichheit (Theologie-deutsch). Daneben erhob sich ein endloses Grübeln und Sichhalten an Begriffe, die immer feiner und feiner zerspalten wurden, um das Warum zu erfahren, und endlich der allgemeine Schrei nach Gnade, nicht der magischen, die als Substanz herabkam, sondern der faustischen, die den Willen losband.

Frei wollen zu dürfen ist im tiefsten Grunde das einzige Geschenk, das die faustische Seele vom Himmel erfleht. Die sieben Sakramente der Gotik, von Petrus Lombardus als

Einheit empfunden, 1215 auf dem Lateranskonzil zum Dogma erhoben, von Thomas von Aquino mystisch begründet, haben nur diesen Sinn. Sie begleiten die einzelne Seele von der Geburt bis zum Tode und schirmen sie vor den teuflischen Mächten, die sich in den Willen einzunisten suchen. Denn sich dem Teufel verschreiben, heißt ihm *seinen Willen* ausliefern. Die streitende Kirche auf Erden ist die sichtbare Gemeinschaft derer, die durch den Genuß der Sakramente begnadet sind, wollen zu können. Diese Gewißheit des Freiseins erscheint verbürgt im Altarsakrament, das nun von Grund aus umgedacht wird. Das Wunder der Heiligen Wandlung, das sich in den Händen des Priesters täglich vollzieht, die geweihte Hostie im Hochaltar des Domes, in welcher der Gläubige die Anwesenheit dessen spürte, der sich einst geopfert hatte, um den Seinen *die Freiheit des* Wollens zu gewähren – das schuf ein Aufatmen, wie wir es uns heute gar nicht mehr vorstellen können und für das zum Danke 1264 das Hauptfest der katholischen Kirche, Fronleichnam, gestiftet worden ist.

Aber weit darüber hinaus greift das eigentlich faustische *Ursakrament der Buße*. Es ist mit dem Marien- und dem Teufelsmythos die dritte große Schöpfung der Gotik, aber es gibt beiden erst Tiefe und Bedeutung; es deckt die letzten Geheimnisse der Seele dieser Kultur auf und stellt sie damit abseits von allen andern. Mit dem magischen Ursakrament der Taufe wurde der Mensch dem großen *consensus* einverleibt; das *eine* große „Es“ des göttlichen Geistes nahm auch in ihm seinen Sitz und für alles, was geschah, folgte daraus die Pflicht der Ergebung. In der faustischen Buße aber liegt die *Idee der Persönlichkeit*. Es ist nicht richtig, daß die Renaissance sie entdeckthabe. Sie hat ihr nur eine glänzende und flache Fassung gegeben, so daß jeder sie plötzlich bemerken konnte. Geboren wurde sie mit der Gotik; sie ist ihr innerstes Eigentum; sie ist mit dem gotischen Geiste eins und dasselbe. Denn diese Buße vollbringt jeder nur für sich allein. Er allein kann sein Gewissen erforschen. Er allein steht reuig vor dem Unendlichen da; er allein muß in der Beichte seine persönliche Vergangenheit verstehen und in Worte fassen, und auch die Lossprechung, die Befreiung seines Ich zu neuem verantwortlichen Tun erfolgt für ihn allein. Die Taufe ist ganz unpersönlich. Man empfängt sie, weil man *ein* Mensch, nicht weil man *dieser* Mensch ist. Die Idee der Buße aber setzt voraus, daß jede Tat ihren einzigartigen Wert erst durch den erhält, der sie tut. Das ist es, was die abendländische Tragödie von der antiken, chinesischen und indischen unterscheidet, was unser Strafrecht immer deutlicher auf den Täter und nicht die Tat gerichtet hat, was alle sittlichen Grundbegriffe aus dem individuellen Tun und nicht aus der typischen Haltung ableitet. Faustische Verantwortung statt magischer Ergebung, der einzelne Wille statt des *consensus*, die Entlastung statt der Resignation: es ist der Unterschied zwischen dem aktivsten und dem passivsten aller Sakramente und leitet wieder zum Unterschied der Welthöhle von der Dynamik des Unendlichen zurück. Die Taufe wird vollzogen, die Buße vollzieht jeder einzelne in sich selbst. Aber die gewissenhafte Erforschung der eignen Vergangenheit ist zugleich das früheste Zeugnis und die große Schule *für den historischen Sinn* des faustischen Menschen. Es gibt keine zweite Kultur, in welcher das eigne Leben dem Lebenden Zug um Zug und pflichtgemäß so bedeutend war, weil er dafür in Worten Rechenschaft abzulegen hatte. Wenn Geschichtsforschung und Lebensbeschreibung den Geist des Abendlandes von Anfang an auszeichnen; wenn beide im tiefsten Grunde Selbstprüfung und Beichte sind, und das Dasein mit einer Bewußtheit und bewußten Beziehung auf einen geschichtlichen Hintergrund geführt wird, wie man es anderswo niemals auch nur für möglich und erträglich gehalten hätte; wenn wir zuerst die Geschichte aus dem Aspekt von Jahrtausenden zu betrachten gewohnt sind, nicht rhapsodisch und ausschmückend wie in der Antike und in China, sondern *richtend* – mit der fast sakramentalen Formel im Untergrunde: *tout comprendre, c'est tout pardonner* – so liegt der Ursprung davon in diesem Sakrament der gotischen Kirche, in dieser beständigen Entlastung des Ich durch historische Prüfung und Rechtfertigung. Jede Beichte ist eine Selbstbiographie. Diese eigentliche Befreiung des Willens ist uns so notwendig, daß die versagte Lossprechung zur Verzweiflung, ja zur Vernichtung führt. Nur wer die Seligkeit einer solchen innern Freisprechung ahnt, begreift den alten Namen des *sacramentum resurgentium*, des Sakraments der Wiedererstandenen.

Wird die Seele in dieser schwersten Entscheidung auf sich selbst verwiesen, so bleibt etwas Ungelöstes wie eine ewige Wolke über ihr. Keine Einrichtung einer zweiten Religion hat vielleicht so viel Glück in die Welt gebracht. Die ganze Inbrunst und himmlische Liebe der Gotik ruhte auf der Gewißheit der vollen Erlösung durch die dem Priester verliehene Kraft. Die Ungewißheit, die sich aus dem Verfall dieses Sakraments ergab, ließ mit der tiefen gotischen Lebensfreude auch die Marienwelt des Lichtes verblassen und die Teufelswelt blieb in ihrer düsteren Allgegenwart allein zurück. An die Stelle der nie mehr zu erreichenden Seligkeit trat der protestantische und vor allem puritanische *Heroismus*, der auch ohne Hoffnung auf verlorenem Posten weiterkämpft. „Die Ohrenbeichte hätte dem Menschen nie sollen genommen werden", hat Goethe einmal bemerkt. Ein schwerer Ernst breitete sich über die Länder, in denen sie abgestorben war. Die Sitte, die Tracht, die Kunst, das Denken nahmen die nächtliche Farbe des einzigen Mythos an, der übrigblieb. Es gibt nichts Sonnenärmeres als die Lehre Kants. „Jedermann sein eigener Priester": zu dieser Überzeugung mochte man sich durchkämpfen, soweit sie Pflichten, nie soweit sie Rechte enthielt. Mit der innigen Gewißheit der Lossprechung beichtet niemand sich selbst. Deshalb hat das ewig nagende Bedürfnis, die Seele dennoch von ihrer Vergangenheit richtend zu entlasten, alle höheren Formen der Mitteilung umgestaltet und in protestantischen Ländern die Musik, die Malerei, die Dichtung, den Brief, das Denkerbuch aus Mitteln der Darstellung zu solchen der Selbstanklage, Beichte und schrankenlosen Konfession gemacht. Auch im katholischen Gebiet, vor allem in Paris, begann mit dem Zweifel am Bußsakrament die Kunst als Psychologie. Der Blick in die Welt verschwand vor dem endlosen Wühlen im eigenen Innern. Statt des Unendlichen wurde die Mit- und Nachwelt der Menschen als Priester und Richter angerufen. Persönliche Kunst in dem Sinne, wie er Goethe von

Dante, Rembrandt von Michelangelo unterscheidet, ist ein Ersatz für das Sakrament der Buße, aber damit befindet sich diese Kultur schon mitten in ihrer Spätzeit.

18

Reformation bedeutet in allen Kulturen dasselbe: Rückführung der Religion zur Reinheit ihrer ursprünglichen Idee, wie sie in den großen Jahrhunderten am Anfang in Erscheinung getreten war. Diese Bewegung fehlt in keiner Kultur, ob wir davon wissen wie in Ägypten oder nicht wie in China. Sie bedeutet auch, daß die Stadt und damit der bürgerliche Geist sich von der Seele des Landes allmählich befreien, ihrer Allmacht entgegentreten und das Fühlen und Denken der stadtlosen Urstände in bezug auf sich selbst nachprüfen. Daß diese Bewegung in der magischen und faustischen Kultur zur Abspaltung neuer Religionen geführt hat, ist Schicksal und liegt nicht in ihrem Begriff. Es ist bekannt, wie wenig unter Karl V. gefehlt hat, daß Luther der Reformator der Gesamtkirche wurde.

Denn Luther war wie alle Reformatoren in allen Kulturen nicht der erste, *sondern der letzte einer mächtigen Reihe,* die von den großen Asketen des freien Landes zu städtischen Geistlichen hinüberleitet. Reformation ist *Gotik*, ihre Vollendung und ihr Testament. Luthers Choral: „Ein feste Burg" gehört *nicht* zur geistlichen Lyrik des Barock. In ihm dröhnt noch das prachtvolle Latein des *Dies irae*. Es ist das letzte gewaltige Teufelslied der streitenden Kirche: „Und wenn die Welt voll Teufel wär". Er, wie alle Reformatoren, die seit 1000 aufstanden, bekämpfte die Kirche nicht, weil sie zu anspruchsvoll, sondern weil sie es zu wenig war. Der große Strom geht von Cluny über Arnold von Brescia, der die Rückkehr der Kirche zu apostolischer Armut forderte und 1155 verbrannt wurde, Joachim von Floris, der zuerst das Wort *reformare* gebraucht, die Spiritualen des Franziskanerordens, Jacopone da Todi, den Revolutionär und Dichter des Stabat Mater, der durch den Tod seines jungen Weibes vom Ritter zum Asketen wurde und Bonifaz VIII. stürzen wollte, weil er die Kirche nicht streng genug verwaltete, über Wiclif, Hus, Savonarola zu Luther, Karlstadt, Zwingli, Calvin und – Loyola. Sie wollen alle das Christentum der Gotik innerlich vollenden, nicht überwinden. Und ganz ebenso steht es mit Marcion, Athanasius, den Monophysiten und Nestorianern, die auf den Konzilen von Ephesus und Chalcedon die Lehre reinigen und zu ihrem Ursprung zurückführen wollen.Aber auch die antiken Orphiker des 7. Jahrhunderts waren die letzten und nicht die ersten einer Reihe, die schon vor 1000 begonnen haben muß und ebenso wie die Vollendung der Re-Religion mit dem Ausgang des Alten Reiches – der ägyptischen Gotik – einen Abschluß und keinen Neubeginn bedeutet. Ganz ebenso gibt es eine reformatorische Vollendung der vedischen Religion etwa im 10. Jahrhundert, worauf die brahmanische Spätzeit einsetzt, und es muß im 9. Jahrhundert eine entsprechende Epoche in der Religionsgeschichte Chinas gegeben haben.

Wie weit die Reformationen der einzelnen Kulturen sich auch sonst unterscheiden mögen, sie wollen alle den Glauben, der sich allzuweit in die Welt als Geschichte – die „Zeitlichkeit" – verirrt hat, in das Reich der Natur, des reinen Wachseins und des reinen, zeitlosen, kausal durchherrschten Raumes zurückführen, aus der Welt der Wirtschaft („Reichtum") in die der Wissenschaft („Armut"), aus patrizisch-ritterlichen Kreisen, denen auch Renaissance und Humanismus angehören, in die geistlich-asketischen und endlich, was ebenso wichtig als unmöglich war, aus dem politischen Ehrgeiz der Rassemenschen im Priesterkleid in den Bereich der heiligen Kausalität, die nicht von dieser Welt ist.

Man teilte damals im Abendland – und die Lage war in den andern Kulturen die gleiche – das *corpus christianum* der Bevölkerung in die drei Stände des *status politicus, ecclesiasticus* und *oeconomicus* (Bürgertum) ein, aber da man von der Stadt und nicht mehr von Pfalz und Dorf aus dachte, so gehörten zum ersten Stande Beamte und Richter, zum zweiten die Gelehrten, und der Bauer wurde vergessen. Von hier aus begreift sich der Gegensatz von Renaissance und Reformation, der ein *Standesgegensatz* ist und kein Unterschied im Weltgefühl wie der von Renaissance und Gotik. Höfischer Geschmack und klösterlicher Geist sind in die Stadt verpflanzt worden und stehen sich hier gegenüber: in Florenz die Medici und Savonarola, im Hellas des 8. und 7. Jahrhunderts die vornehmen Geschlechter der Polis, in deren Kreisen die homerischen Gesänge nun endlich aufgezeichnet wurden, und die letzten, jetzt ebenfalls schreibenden Orphiker. Die Renaissancekünstler und Humanisten sind die legitimen Nachfolger der Troubadours und Minnesänger, und es führt eine Linie wie von Arnold von Brescia zu Luther, so von Bertran de Born und Peire Cardenal über Petrarca zu Ariost. Die Burg ist zum Stadthause und der Ritter zum Patrizier geworden. Die ganze Bewegung haftet an Palästen, soweit sie Höfe sind; sie beschränkt sich auf die Ausdrucksgebiete, die für eine vornehme Gesellschaft in Betracht kamen; sie war heiter wie Homer, weil sie höfisch war – Probleme sind schlechter Geschmack; Dante und Michelangelo haben wohl gefühlt, daß sie nicht dazu gehörten – und sie dringt über die Alpen an die Höfe des Nordens vor, nicht weil sie Weltanschauung, sondern weil sie ein neuer Geschmack war. In der „nordischen Renaissance" der Handels- und Residenzstädte hat der feine Ton des italienischen Patriziats lediglich den des französischen Rittertums abgelöst.

Aber auch die letzten Reformatoren wie Savonarola und Luther waren *städtische* Mönche. Das unterscheidet sie bis ins Innerste von Joachim und Bernhard. Ihre städtische und geistige Askese leitet von der Einsiedelei stiller Täler zur Gelehrtenstube des Barock hinüber. Das mystische Erlebnis Luthers, aus dem seine Lehre von der Rechtfertigung hervorging, ist nicht das des heiligen Bernhard, der Wälder und Hügel um sich und Wolken und Sterne über sich sah, sondern das eines Mannes, der durch kleine Fenster auf Gassen, Hauswände und Giebel hinausblickt. Die weite, gotterfüllte Natur liegt fern, jenseits der Stadtmauer. Drinnen haust der vom Lande abgelöste freie Geist. Innerhalb des städtischen, steinumgebenen Wachseins haben sich

Empfinden und Verstehen feindselig gesondert, und die städtische Mystik der letzten Reformatoren ist durchaus die des reinen Verstehens, nicht des Auges, eine Verklärung der Begriffe, welche die farbigen Gestalten des frühen Mythos verblassen läßt.

Aber eben deshalb ist sie in ihrer wirklichen Tiefe die Sache der Wenigsten. Nichts ist von der sinnlichen Fülle geblieben, die einst auch dem Ärmsten einen Halt bot. Die gewaltige Tat Luthers ist eine rein geistige Entscheidung. Er war nicht umsonst auch der letzte große Scholastiker aus der Schule Occams.Er hat die faustische Persönlichkeit vollkommen befreit; zwischen ihr und dem Unendlichen verschwindet die vermittelnde Person des Priesters. Sie ist jetzt ganz allein, ganz auf sich selbst gestellt, ihr eigener Priester und Richter. Aber das Volk konnte den befreienden Zug darin nur empfinden, nicht verstehen. Es hat, und zwar mit Begeisterung, das Zerbrechen sichtbarer Pflichten begrüßt; daß sie durch noch strengere, rein geistige Pflichten ersetzt wurden, begriff es nicht mehr. Franz von Assisi hat viel gegeben und wenig genommen, die städtischen Reformatoren nahmen viel und gaben den meisten zu wenig zurück.

Die heilige Kausalität des Bußsakraments ersetzte Luther durch das mystische Erlebnis der inneren Lossprechung „allein durch den Glauben". Darin kommt er Bernhard von Clairvaux sehr nahe: das ganze Leben eine Buße, nämlich eine ununterbrochene geistige Askese gegenüber der sichtbaren im äußeren Werke. Die innere Lossprechung haben beide als göttliches Wunder verstanden: indem der Mensch sich verwandelt, verwandelt er auch Gott. Was aber keine rein geistige Mystik ersetzen kann, ist das Du draußen, in der freien Natur. Sie haben beide ermahnt: Du mußt auch glauben, daß Gott dir vergeben hat; aber für jenen wurde der Glaube durch die Macht des Priesters zum Wissen erhoben, für diesen sank er zum Zweifel, zur Verzweiflung herab. Dies kleine, aus dem Kosmischen abgelöste, in ein Einzeldasein verschlagene Ich, allein in der schreckhaftesten Bedeutung, bedurfte der Nähe eines mächtigen Du, und um so mehr, je schwächer der Geist war. Darin liegt die letzte Bedeutung des abendländischen Priesters, der seit 1215 durch das Sakrament der Priesterweihe und den *character indelebilis* aus der übrigen Menschheit herausgehoben war: eine Hand, mit der auch der Ärmste Gott ergreifen konnte. Diese *sichtbare Verbindung* mit dem Unendlichen hat der Protestantismus zerstört. Starke Geister eroberten es sich zurück, den Schwachen ging es langsam verloren. Bernhard, dem für sich das innere Wunder gelang, wollte doch den andern den milderen Weg nicht nehmen; gerade für seine lichte Seele war die Marienwelt überall in der lebendigen Natur das ewige Nahe und Hilfsbereite. Luther, der nur sich, nicht die Menschen gekannt hat, setzte an die Stelle der wirklichen Schwäche den geforderten Heroismus. Für ihn war das Leben ein verzweifelter Kampf gegen den Teufel, und den forderte er von jedem. Und jeder stand in diesem Kampf allein.

Die Reformation hat die ganze lichte und tröstende Seite des gotischen Mythos beseitigt: den Marienkult, die Heiligenverehrung, die Reliquien, die Bilder, die

Wallfahrten, das Meßopfer. Der Teufels- und Hexenmythos blieb, denn er war die Verkörperung und Ursache der inneren Qual, die nun erst zu ihrer letzten Größe heranwuchs. Die Taufe war wenigstens für Luther ein Exorzismus, das eigentliche Sakrament der Teufelsbannung. Es entstand eine große, rein protestantische Teufelsliteratur.Von dem Farbenreichtum der Gotik blieb das Schwarz, von ihren Künsten die Musik und zwar die Orgelmusik zurück. Aber an Stelle der mythischen Lichtwelt, deren hilfreiche Nähe der Volksglaube doch nicht entbehren konnte, tauchte nun aus längst verschollener Tiefe ein Stück des altgermanischen Mythos wieder auf. Es geschah so heimlich, daß es in seiner wahren Bedeutung noch gar nicht erkannt worden ist. Man sagt zu wenig, wenn man von Volkssage und Volksbrauch redet: es war ein echter Mythos und ein echter Kultus, der in dem festen Glauben an Zwerge, Kobolde, Nixen, Hausgeister, schweifende Seelen, und in den mit heiliger Scheu geübten Riten, Opferhandlungen und Bannungen steckt. In Deutschland wenigstens trat die Sage unbemerkt wieder an Stelle des Marienmythos. Maria hieß nun Frau Holde und wo einst ein Heiliger gestanden hatte, erschien jetzt der getreue Eckart. Im englischen Volk entstand etwas, das dort längst als Bibelfetischismus bezeichnet worden ist.

Was Luther fehlte, ein ewiges Verhängnis für Deutschland, war der Blick für Tatsachen und die Kraft der praktischen Organisation. Er hat weder seine Lehre in ein klares System gebracht noch die große Bewegung geleitet und ihr ein bestimmtes Ziel gesetzt. Beides leistete allein sein großer Nachfolger Calvin. Während die lutherische Bewegung im mittleren Europa führerlos weitertrieb, betrachtete er seine Herrschaft in Genf als den Ausgangspunkt einer planmäßigen Unterwerfung der Welt unter das rücksichtslos zu Ende gedachte System des Protestantismus. Deshalb wurde er und er allein eine Weltmacht. Deshalb war es der Entscheidungskampf zwischen den Geistern Calvins und Loyolas, der seit dem Untergang der spanischen Armada die Weltpolitik im Staatensystem des Barock und den Kampf um die Herrschaft der Meere völlig beherrscht hat. Während Reformation und Gegenreformation in Mitteleuropa um eine kleine Reichsstadt oder ein paar elende Schweizerkantone rangen, fielen in Kanada, an der Gangesmündung, am Kap, am Mississippi Entscheidungen zwischen Frankreich, Spanien, England und den Niederlanden, in denen überall diese beiden großen Organisatoren der Spätreligion des Abendlandes sich gegenüberstanden.

19

Die geistige Gestaltungskraft der Spätzeit beginnt nicht mit, sondern nach der Reformation. Ihre eigentlichste Schöpfung ist die freie Wissenschaft. Die Gelehrsamkeit war noch für Luther durchaus *ancilla theologiae* gewesen. Calvin ließ den freigeistigen Arzt Servet verbrennen. Das Denken der ägyptischen, vedischen und orphischen Frühzeit empfand seine Bestimmung so, daß Kritik den Glauben zu bestätigen hatte. Gelang es nicht, so war das kritische Verfahren falsch. Wissen war gerechtfertigter, nicht widerlegter Glaube.

Jetzt aber ist die kritische Kraft des städtischen Geistes so groß geworden, daß sie nicht mehr bestätigt, sondern prüft. Der Bestand an Glaubenswahrheiten, und zwar mit dem Verstand, nicht mit dem Herzen aufgenommen, wird das erste bloße Objekt zerlegender Geistestätigkeit. Das unterscheidet die Scholastik der Frühzeit von der wirklichen Philosophie des Barock und also auch neuplatonisches und islamisches, vedisches und brahmanisches, orphisches und vorsokratisches Denken. Die – man möchte sagen profane – Kausalität des Menschenlebens, der Umwelt, des Erkennens wird Problem. Die ägyptische Philosophie des Mittleren Reiches hat in *diesem* Sinne den Wert des Lebens abgemessen; vielleicht war ihr die chinesische – vorkonfuzianische – Spätphilosophie (etwa 800–500 v. Chr.) nahe verwandt, von der nur das dem Kuan-tse († 645) zugeschriebene Buch einen dunklen Begriff gibt. Ganz geringe Spuren deuten darauf hin, daß erkenntnistheoretische und biologische Probleme im Mittelpunkt dieser echten und einzigen, ganz verschwundenen Philosophie Chinas gestanden haben.

Innerhalb der Barockphilosophie steht die abendländische Naturwissenschaft ganz für sich. Etwas Ähnliches besitzt keine andere Kultur. Sicherlich war sie von Anfang an nicht die Magd der Theologie, sondern *Dienerin des technischen Willens zur Macht und nur deshalb* mathematisch und experimentell gerichtet und von Grund aus *praktische* Mechanik. Da sie durch und durch zuerst Technik ist und dann Theorie, so muß sie so alt sein wie der faustische Mensch überhaupt. Technische Arbeiten von einer erstaunlichen Energie der Kombination erscheinen schon um 1000. Schon im 13. Jahrhundert hat Robert Grosseteste den Raum als Funktion des Lichtes behandelt, Petrus Peregrinus 1289 die bis auf Gilbert (1600) herab beste, experimentell begründete Abhandlung über den Magnetismus geschrieben, und beider Schüler Roger Bacon eine naturwissenschaftliche Erkenntnistheorie als Grundlage für seine technischen Versuche entwickelt. Aber die Kühnheit im Entdecken dynamischer Zusammenhänge geht noch viel weiter. Das kopernikanische System ist in einer Handschrift von 1322 angedeutet und einige Jahrzehnte darauf von den Schülern Occams zu Paris, Buridan, Albert von Sachsen und Nicolas von Oresme, in Verbindung mit der vorweggenommenen Mechanik Galileis mathematisch entwickelt worden.Man täusche sich nicht über die letzten Triebe, die all diesen Entdeckungen zugrunde liegen: das reine Schauen hätte des Experiments nicht bedurft, aber das faustische Symbol der Maschine, das schon im 12. Jahrhundert zu mechanischen Konstruktionen trieb und das Perpetuum mobile zum Prometheusgedanken des abendländischen Geistes gemacht hat, konnte es nicht entbehren. *Die Arbeitshypothese ist immer das erste*, gerade das, was für keine andre Kultur einen Sinn hatte. Man muß sich durchaus mit der erstaunlichen Tatsache vertraut machen, daß der Gedanke, jede Kenntnis von natürlichen Zusammenhängen sofort praktisch auszubeuten, den Menschen durchaus fernliegt mit Ausnahme der faustischen und derer, die wie die Japaner, Juden und Russen heute unter dem geistigen Zauber ihrer Zivilisation stehen. Daß unser Weltbild dynamisch angelegt ist, enthält schon den Begriff der Arbeitshypothese. Erst das zweite ist für jene grübelnden Mönche die Theorie, das wirkliche „Schauen“, und ganz unvermerkt, wie diese aus der technischen Leidenschaft entstanden war, leitete sie nun hinüber zu der echt faustischen Auffassung Gottes als des großen Maschinenmeisters, der alles konnte, was sie selbst in ihrer Ohnmacht nur zu wollen wagten. Unvermerkt wird die Welt Gottes von einem Jahrhundert zum andern dem Perpetuum mobile ähnlicher. Und als, ebenfalls ganz unvermerkt, vor dem immer mehr durch Experiment und technische Erfahrung geübten Blick auf die Natur der gotische Mythos schattenhaft wurde, entstanden aus den Begriffen mönchischer Arbeitshypothesen seit Galilei jene kritisch abgeklärten *numina* der modernen Naturwissenschaft, die Stoß- und Fernkräfte, die Gravitation, die Lichtgeschwindigkeit, endlich „die“ Elektrizität, die im elektrodynamischen Weltbilde durch Einverleibung der übrigen Energieformen eine Art von physikalischem Monotheismus heraufgeführt hat. Es sind die Begriffe, welche den Formeln unterlegt werden, um ihnen mythische Anschaulichkeit zu verleihen. Die Zahlen selbst sind Technik, Hebel und Schrauben, abgelauschtes Weltgeheimnis. Das antike und jedes andre Naturdenken brauchte keine Zahlen, weil es keine Macht erstrebte. Die *reine* Mathematik des Pythagoras und Plato steht zu den Naturansichten des Demokrit und Aristoteles in gar keiner Beziehung.

Wie in der Antike Prometheus′ Trotz gegen die Götter als Hybris, so ist vom Barock die Maschine als teuflisch empfunden worden. Der Höllengeist hatte dem Menschen das Geheimnis verraten, sich des Weltmechanismus zu bemächtigen und selbst den Gott zu spielen. Deshalb herrscht bei allen rein priesterlichen Naturen, die ganz im Reiche des Geistes leben und nichts von „dieser Welt“ erwarten, vor allem bei den idealistischen Philosophen, den Klassizisten, den Humanisten, bei Kant, selbst bei Nietzsche, ein feindseliges Schweigen über die Technik.

Jede späte Philosophie enthält den kritischen Protest gegen das unkritische Schauen der Frühzeit. Aber diese Kritik eines seiner Überlegenheit sicheren Geistes trifft auch den Glauben selbst und ruft die einzige große Schöpfung im Religiösen hervor, die Eigentum der Spätzeit ist und zwar jeder: den Puritanismus.

Er erscheint im Heere Cromwells und seiner eisernen, bibelfesten, psalmensingend in die Schlacht ziehenden Independenten, im Kreise der Pythagoräer, die im bittren Ernst ihrer Pflichtenlehre das fröhliche Sybaris zerstörten und ihm für immer den Makel einer sittenlosen Stadt anhängten, im Heere der ersten Kalifen, das nicht nur Staaten, sondern auch die Seelen unterwarf. Miltons Verlorenes Paradies, manche Suren des Koran, das wenige, was sich über pythagoräische Lehren feststellen läßt – das ist alles eins: Begeisterung eines nüchternen Geistes, kalte Glut, trockne Mystik, pedantische Ekstase. Aber noch einmal lodert doch eine wilde Frömmigkeit darin auf. Was die zur unbedingten Herrschaft über die Seele des Landes gelangte große Stadt an transzendenter Inbrunst aufbringen kann, das ist hier gesammelt, wie mit der Angst, daß es künstlich und vorübergehend ist, und deshalb ungeduldig, ohne Verzeihung, ohne Barmherzigkeit. Dem Puritanismus nicht nur des Abendlandes sondern aller Kulturen fehlt das Lächeln, das die Religion aller Frühzeiten verklärt hatte, die Augenblicke tiefer Lebensfreude, der Humor. Nichts von der stillen Glückseligkeit, die in magischer Frühzeit in den Kindheitsgeschichten Jesu oder bei Gregor von Nazianz so oft aufleuchtet, findet sich in den Suren des Koran, nichts von der versonnenen Heiterkeit der Gesänge des heiligen Franz bei Milton. Ein tödlicher Ernst ruht über den jansenistischen Geistern von Port Royal und den Versammlungen der schwarzgekleideten Rundköpfe, die das *old merry England* Shakespeares, *auch* ein Sybaris, in wenigen Jahren vernichtet haben. Der Kampf gegen den Teufel, dessen leibhafte Nähe sie alle fühlten, wurde erst jetzt mit einer finstren Erbitterung geführt. Im 17. Jahrhundert sind mehr als eine Million Hexen verbrannt worden und nicht nur im protestantischen Norden und katholischen Süden, sondern auch in Amerika und Indien. Freudlos und gallig ist die Pflichtenlehre des Islam *(fikh)* mit ihrer harten Verständigkeit so gut wie die des Westminsterkatechismus (1643) und die Ethik der Jansenisten (Jansens „Augustinus" 1640) denn auch im Reiche Loyolas gab es mit innerer Notwendigkeit eine puritanische Bewegung. Religion ist erlebte Metaphysik, aber sowohl die Gemeinschaft der Heiligen, wie die Independenten sich nannten, als die Pythagoräer, als die Umgebung Mohammeds erlebten sie nicht mit den Sinnen, sondern zuerst als Begriff. Parshva, der um 600 v. Chr. am Ganges die Sekte der „Entfesselten" gründete, lehrte wie die andern Puritaner seiner Zeit, daß nicht Opfer und Riten, sondern allein die Erkenntnis der Identität von *atman* und *brahman* zur Erlösung führe. Ein zügelloser und doch trockener allegorischer Geist ist in aller puritanischen Dichtung an die Stelle gotischer Visionen getreten. Der Begriff ist die wahre und einzige Macht im Wachsein dieser Asketen. Um Begriffe und nicht wie Meister Eckart um Gestalten ringt Pascal. Man verbrennt Hexen, weil sie bewiesen sind, und nicht, weil man sie nachts in den Lüften sieht; die protestantischen Juristen wenden den Hexenhammer der Dominikaner an, weil er auf Begriffen errichtet ist. Die Madonnen der frühen Gotik waren den Betenden erschienen, die Madonnen Berninis hat niemand gesehen. Sie sind vorhanden, weil sie bewiesen sind, und man begeistert sich für diese Art von Existenz. Cromwells großer Staatssekretär Milton verkleidet Begriffe in Gestalten und Bunyan hat einen ganzen Begriffsmythos in eine ethisch-allegorische Handlung gebracht. Ein Schritt weiter und man steht vor Kant, aus dessen Begriffsethik zuletzt der Teufel als Begriff in Gestalt des Radikal-Bösen herauswuchs.

Man muß sich vom Oberflächenbilde der Geschichte befreien und ganz über die künstlichen Grenzen hinwegsetzen können, welche die Methodik abendländischer Einzelwissenschaften gezogen hat, um zu sehen, daß Pythagoras, Mohammed und Cromwell in drei Kulturen ein und dieselbe Bewegung verkörpern.

Pythagoras war kein Philosoph. Nach allen Aussagen der vorsokratischen Denker war er ein Heiliger, Prophet und Stifter eines fanatisch-religiösen Bundes, der seine Wahrheiten mit allen politischen und militärischen Mitteln der Umgebung aufzwang. In der Zerstörung von Sybaris durch Kroton, die sicherlich nur als Höhepunkt eines wilden

Religionskrieges in der geschichtlichen Erinnerung haften blieb, entlud sich derselbe Haß, der auch in Karl I. von England und seinen fröhlichen Kavalieren nicht nur eine Irrlehre, sondern auch die weltliche Gesinnung ausrotten wollte. Ein gereinigter und begrifflich befestigter Mythos mit einer rigorosen Sittenlehre verlieh den Auserwählten des Pythagoräerbundes die Überzeugung, vor allen andern zum Heil zu gelangen. Die in Thurioi und Petelia gefundenen Goldtäfelchen, welche den Leichen der Geweihten in die Hand gegeben wurden, enthielten die Versicherung des Gottes: Seliger und Gebenedeiter, du wirst nicht mehr ein Sterblicher, sondern ein Gott sein. Es ist dieselbe Überzeugung, die der Koran all denen verlieh, die im heiligen Kriege gegen die Ungläubigen fochten – „das Mönchtum des Islam ist der Religionskrieg" lautet ein Hadith des Propheten – und mit welcher Cromwells ›Eisenseiten‹ die „Philister und Amalekiter" des königlichen Heeres bei Marston Moor und Naseby zersprengten.

Der Islam ist so wenig eine Wüstenreligion wie der Glaube Zwinglis eine Religion des Hochgebirges. Es ist ein Zufall, daß die puritanische Bewegung, für welche die magische Welt reif geworden war, von einem Manne aus Mekka und weder von einem Monophysiten noch Juden ausging. Denn im nördlichen Arabien lagen die christlichen Staaten der Ghassaniden und Lachmiden, und im sabäischen Süden wurden christlich-jüdische Religionskriege geführt, an denen die Staatenwelt von Axum bis zum Sassanidenreich beteiligt war. Auf dem Fürstenkongreß von Maribwird kaum ein Heide erschienen sein, und bald darauf kam Südarabien unter persische, also mazdaische Verwaltung. Mekka war eine kleine Insel altarabischen Heidentums mitten in einer Welt von Juden und Christen, ein kleiner Rest, der längst von den Gedanken der großen magischen Religionen durchsetzt war. Das wenige, was von diesem Heidentum in den Koran eindrang, ist durch den Kommentar der Sunna und ihren syrisch-mesopotamischen Geist später forterklärt worden. Der Islam ist eine neue Religion fast nur in dem Sinne, wie das Luthertum eine solche war. In Wirklichkeit setzt er die großen Frühreligionen fort. Und ebensowenig ist seine Ausbreitung, wie immer noch geglaubt wird, eine Völkerwanderung, die von der arabischen Halbinsel ausgeht, sondern vielmehr ein Ansturm begeisterter Bekenner, der lawinengleich die Christen, Juden und Mazdaisten mit sich reißt und als fanatische Moslime alsbald an der Spitze führt. Es waren Berber aus der Heimat Augustins, die Spanien eroberten, und Perser aus dem Irak, die zum Oxus vordrangen. Die Feinde von gestern wurden die Vorkämpfer von morgen. Die meisten „Araber", die 717 zum ersten Male Byzanz angriffen, sind als Christen geboren worden. Um 650 erlischt mit einem Schlage die byzantinische Literatur,ohne daß der tiefere Sinn davon bis jetzt bemerkt worden wäre: diese Literatur setzt sich in der arabischen fort; die Seele der magischen Kultur fand endlich im Islam ihren wahren Ausdruck. Damit ist diese Kultur wirklich „arabisch" und endgültig von der Pseudomorphose erlöst worden. Der vom Islam geführte, von Monophysiten und Juden längst vorbereitete Bildersturm fährt auch über Byzanz hin, wo der Syrer Leo III. (717–41) diese puritanische Bewegung islamisch-christlicher Sekten, der Paulikianer (um 650) und späteren Bogomilen, zur Herrschaft brachte. Die großen Gestalten der Umgebung Mohammeds wie Abu Bekr und Omar sind durchaus den puritanischen Führern der englischen Revolution wie John Pym und Hampdon verwandt, und diese Ähnlichkeit der Gesinnung und Haltung würde noch größer sein, wüßten wir mehr von den Hanifen, den arabischen Puritanern vor und neben Mohammed. Sie besaßen alle das Bewußtsein einer großen Sendung, das sie Leben und Besitz verachten ließ; sie hatten alle aus der Prädestination für sich die Bürgschaft gewonnen, die Auserwählten Gottes zu sein. Der großartig alttestamentliche Schwung in den Parlamenten und Heerlagern der Independenten, der noch im 19. Jahrhundert in vielen englischen Familien den Glauben zurückgelassen hatte, daß die Engländer Nachkommen der zehn Stämme Israels seien, ein Volk von Heiligen, dem die Lenkung der Welt bestimmt sei, hat auch die Auswanderung nach Amerika beherrscht, die mit den Pilgervätern von 1620 ihren Anfang nahm; er hat das geschaffen, was man heute die amerikanische Religion nennen darf, und das herangezüchtet, was der Engländer noch jetzt an politischer Unbedenklichkeit besitzt, die ganz religiös auf der Gewißheit der Prädestination gegründet ist. Selbst die Pythagoräer haben – etwas Unerhörtes in der antiken Religionsgeschichte – die politische Macht zu religiösen Zwecken in die Hand genommen und den Puritanismus von Polis zu Polis durchzusetzen versucht. Überall sonst gab es Einzelkulte in Einzelstaaten, von denen jeder den andern in seinen religiösen Übungen unbeachtet ließ; nur hier findet sich eine Gemeinschaft von Heiligen, deren praktische Energie über die alten Orphiker ebensoweit hinausgeht wie die independentische Kampfbegeisterung über die der Reformationskriege.

Aber im Puritanismus liegt schon der Rationalismus verborgen, der nach einigen Generationen der Begeisterung überall hervorbricht und die Herrschaft an sich nimmt. Es ist der Schritt von Cromwell zu Hume. Nicht die Stadt überhaupt, auch nicht die große Stadt, sondern einzelne wenige Städte sind nun Schauplatz der Geistesgeschichte geworden, das sokratische Athen, das Bagdad der Abbassiden, das London und Paris des 18. Jahrhunderts. Aufklärung ist das Wort für diese Zeit, die Sonne bricht hervor – aber was ist es, was da am Himmel des kritischen Bewußtseins abzieht?

Rationalismus bedeutet den Glauben *allein* an die Ergebnisse des kritischen Verstehens, also an den „Verstand". Wenn in einer Frühzeit das *credo quia absurdum* ausgesprochen wurde, so lag darin die Gewißheit, daß Begreifliches und Unbegreifliches erst *zusammen* die Welt bilden, die Natur, die Giotto malte, in welche die Mystiker sich versenkten, in welche der Verstand nur so tief dringen kann, als die Gottheit es gestattet. Jetzt entsteht aus einem stillen Ärger der Begriff des Irrationalen; es ist das, was durch seine Unbegreiflichkeit bereits entwertet ist. Man kann es als Aberglauben offen oder als Metaphysik heimlich verachten; Wert besitzt nur das kritisch gesicherte Verstehen. Und Geheimnisse sind nichts als Beweise von Unwissenheit. Die neue *geheimnislose* Religion heißt in ihren höchsten Möglichkeiten Weisheit, σοφία; ihr Priester ist der Philosoph und ihr Anhänger der Gebildete. Nur für den Ungebildeten ist die alte Religion unentbehrlich, meint Aristoteles,und das ist durchaus die Meinung von Konfuzius und Gotamo Buddha, Lessing und Voltaire. Man kehrt zur Natur zurück, von aller Kultur, aber es ist keine erlebte, sondern eine bewiesene, aus dem Verstand geborene und ihm allein zugängliche Natur, die für das Bauerntum gar nicht vorhanden ist, und man wird von ihr nicht erschüttert, sondern in eine empfindsame Stimmung versetzt. Natürliche Religion, Vernunftreligion, Deismus, das ist alles nicht erlebte Metaphysik, sondern begriffene Mechanik, das, was Konfuzius „Gesetze des Himmels" und der Hellenismus Tyche nennt. Einst war Philosophie die Dienerin der jenseitigsten Religiosität, jetzt kommt die Empfindung auf, Philosophie müsse Wissenschaft sein, nämlich Erkenntniskritik, Wertkritik. Zwar fühlt man, daß sie auch jetzt nichts ist als abgeschwächte Dogmatik, Glaube an ein Wissen, das reines Wissen sein *möchte*. Man spinnt Systeme aus scheinbar gesicherten Anfängen heraus, aber man sagt zuletzt doch nur statt Gott Kraft und statt Ewigkeit Erhaltung der Energie. Allem antiken Rationalismus liegt der Olymp, allem abendländischen die Lehre von den Sakramenten zugrunde. Deshalb schwankt diese Philosophie hin und her zwischen Religion und Fachwissenschaft und wird in jedem Falle anders definiert, je nachdem der Urheber noch etwas vom Priester und Seher in sich hat oder reiner Fachmann und Techniker des Denkens ist.

„Weltanschauung" ist der eigentliche Ausdruck für ein aufgeklärtes Wachsein, das unter Leitung des kritischen Verstehens sich in einer götterlosen Lichtwelt umsieht und die Sinne Lügen straft, sobald sie etwas empfinden, was der „gesunde Menschenverstand" nicht anerkennt. Was einst Mythos war, das Wirklichste des Wirklichen, unterliegt jetzt der Methode des Euhemerismus, die nach jenem Gelehrten ihren Namen trägt, welcher um 300 v. Chr. die antiken Gottheiten für Menschen erklärte, die sich einst verdient gemacht hatten. In irgendeiner Form erscheint dies Verfahren in jeder aufgeklärten Zeit. Es ist euhemeristisch, wenn die Hölle als das böse Gewissen, der Teufel als die böse Lust und Gott als die Schönheit der Natur gedeutet werden. Dahin gehört es auch, wenn auf attischen Grabsteinen um 400 an Stelle der Stadtgöttin Athene eine Göttin Demos angerufen wird – was andrerseits der jakobinischen Göttin Vernunft sehr nahe kommt –, wenn Sokrates von seinem Daimonion und andre Denker dieser Zeit vom Íï?ò statt von Zeus sprechen. Konfuzius sagt „Himmel" statt Schang-ti, das heißt, er glaubt nur an Naturgesetze. Ein ungeheuerlicher Akt des Euhemerismus ist die „Sammlung" und „Ordnung" der kanonischen Schriften Chinas durch die Konfuzianer, die in Wirklichkeit eine Vernichtung fast aller alten religiösen Werke und die rationalistische Verfälschung des Restes bedeutete. Wäre es möglich gewesen, so hätten die Aufklärer des 18. Jahrhunderts sich ebenso um das Erbe der Gotik verdient gemacht.

Konfuzius gehört durchaus in das „18. Jahrhundert" Chinas. Laotse, der ihn verachtet, steht inmitten des Taoismus, einer Bewegung, die nacheinander protestantische, puritanische und pietistische Züge zum Vorschein gebracht hat, und beide verbreiten zuletzt eine praktische Weltstimmung auf dem Hintergrunde einer ganz mechanistischen Weltanschauung. Das Wort Tao hat seine Grundbedeutung im Verlauf der chinesischen Spätzeit ebenso beständig verändert, und zwar in mechanistischer Richtung, wie „Logos“ in der antiken Geistesgeschichte von Heraklit bis Poseidonios und „Kraft“ von Galilei bis zur Gegenwart. Was einst Mythos und Kultus großen Stils gewesen war, heißt in dieser Religion der Gebildeten *Natur* und *Tugend*, aber Natur ist ein vernünftiger Mechanismus und *Tugend ist Wissen*: darüber sind Konfuzius, Buddha, Sokrates und Rousseau einer Meinung. Von Gebet und Betrachtungen über das Leben nach dem Tode hielt Konfuzius wenig, von Offenbarungen gar nichts. Wer sich viel mit Opfern und Kulten beschäftigt, ist ungebildet und unvernünftig. Gotamo Buddha und sein Zeitgenosse Mahavira, der Stifter des Jainismus, die beide aus der Staatenwelt am unteren Ganges, östlich vom alten brahmanischen Kulturgebiet stammten, haben bekanntlich weder den Gottesbegriff noch einen Mythos und Kultus anerkannt. Von der wahren Lehre Buddhas ist wenig mehr festzustellen. Alles erscheint in die Farbe der späteren Fellachenreligion seines Namens getaucht. Aber einer der zweifellos echten Gedanken über das „ursachmäßige Entstehen“ ist die Ableitung des Leidens *aus dem Nichtwissen*, nämlich der „vier edlen Wahrheiten“. Das ist echter Rationalismus. Nirwana ist bei ihm eine rein geistige Ablösung und entspricht durchaus der Autarkeia und Eudaimonia der Stoiker. Es ist der Zustand des verstehenden Wachseins, für welchen das Dasein nicht mehr vorhanden ist.

Für den Gebildeten solcher Zeiten ist der Weise das große Ideal. Der Weise kehrt aus Vernunftgründen zur Natur zurück, nach Ferney oder Ermenonville, in attische Gärten oder indische Wälder; es ist die geistigste Art, Großstädter zu sein. Der Weise ist der Mensch der rechten Mitte. Seine Askese besteht in einer maßvollen Geringschätzung der Welt zugunsten der Meditation. Die Weisheit der Aufklärung wird nie die Bequemlichkeit stören. Moral auf dem Hintergrunde des großen Mythos war immer ein Opfer, ein Kult, bis zur härtesten Askese, bis zum Tode. Tugend auf dem Hintergrunde der Weisheit ist eine Art von heimlichem Genuß, ein feinster, geistigster Egoismus, und damit wird aus dem Sittenlehrer jenseits der echten Religion ein Philister. Buddha, Konfuzius, Rousseau sind Erzphilister bei aller Erhabenheit ihrer Gedankengänge, und nichts kann über die Pedanterie der sokratischen Lebensweisheit hinweghelfen.

Zu dieser, man möchte sagen Scholastik des gesunden Menschenverstandes gehört mit innerer Notwendigkeit eine rationalistische Mystik der Gebildeten. Die Aufklärung des Abendlandes ist englischen Ursprungs und das Ergebnis des Puritanismus: von Locke geht der gesamte Rationalismus des Festlands aus. Gegen ihn vor allem lehnen sich in Deutschland die Pietisten auf (seit 1700 die Herrnhuter Brüdergemeinde, Spener und Francke, in Württemberg Oetinger), in England die Methodisten (1738 Wesley von Herrnhut aus „erweckt“). Es ist wieder der Unterschied von Luther und Calvin, daß diese sich alsbald zu einer Weltbewegung organisierten und jene sich in mitteleuropäischen Konventikeln verloren. Die Pietisten des Islam finden sich im *Sufismus*, der nicht „persischen“, sondern allgemein aramäischen Ursprungs ist und sich im 8. Jahrhundert von Syrien aus über die ganze arabische Welt verbreitet. Pietisten oder Methodisten sind die indischen Laien, die kurz vor Buddha die Erlösung vom Kreislauf des Lebens *(sansara)* durch Versenkung in die Gleichheit von *brahman* und *atman* lehrten, aber auch Laotse und seine Anhänger, und trotz ihres Rationalismus die kynischen Bettelmönche und Wanderprediger und die stoischen Erzieher, Hausgeistlichen und Beichtväter des frühen Hellenismus.Es sind Steigerungen möglich bis zur rationalistischen Vision, deren klassisches Beispiel Swedenborg ist, die bei den Stoikern und Sufis eine ganze religiöse Phantasiewelt hervorgebracht hat und die Umbildung des Buddhismus zum Mahayana vorbereitet. Die Entwicklung des Buddhismus und Taoismus in ihrer ursprünglichen Bedeutung ist der methodistischen in Amerika sehr ähnlich, und es ist kein Zufall, daß beide am unteren Ganges und südlich des Jangtsekiang, also in den jungen Siedlungsgebieten beider Kulturen zur vollen Blüte gelangt sind.

20

Zwei Jahrhunderte nach dem Puritanismus steht die mechanistische Weltauffassung auf ihrem Gipfel. Sie ist die wirkliche Religion der Zeit. Auch wer jetzt noch überzeugt ist, im alten Sinne religiös zu sein, „an Gott zu glauben", täuscht sich nur über die Welt, in der sich sein Wachsein spiegelt. Religiöse Wahrheiten sind in seinem Verstehen immer mechanistische Wahrheiten, und meist ist es nur die Gewohnheit der Worte, welche die wissenschaftlich gesehene Natur mythisch überfärbt. Kultur ist immer gleichbedeutend mit religiöser Gestaltungskraft. Jede große Kultur beginnt mit einem gewaltigen Thema, das sich aus dem stadtlosen Lande erhebt, in den Städten mit ihren Künsten und Denkweisen vielstimmig durchgeführt wird und in den Weltstädten im Finale des Materialismus ausklingt. Aber selbst die letzten Akkorde halten streng die Tonart des Ganzen fest. Es gibt einen chinesischen, indischen, antiken, arabischen, abendländischen Materialismus, der in jedem einzelnen Falle nichts ist als die ursprüngliche mythische Gestaltenfülle, unter Abziehung alles Erlebten und Erschauten mechanistisch gefaßt.

Yang-dschu hat in diesem Sinne den konfuzianischen Rationalismus zu Ende gedacht. Das System des Lokayata setzt die dem Gotamo Buddha, Mahavira und den übrigen Pietisten ihrer Zeit gemeinsame Verachtung der entseelten Welt ebenso fort, wie diese Verachtung den Atheismus der Sankhyalehre. Sokrates ist so gut der Erbe der Sophisten wie der Ahnherr der kynischen Wanderprediger und der pyrrhonischen Skepsis. Es ist stets die Überlegenheit des mit dem Irrationalen endgültig fertig gewordenen Weltstadtgeistes, der mit Verachtung auf jedes Wachsein herabsieht, das noch Geheimnisse kennt und anerkennt. Gotische Menschen schauderten auf Schritt und Tritt vor dem Unergründlichen zurück, das in den Wahrheiten der Lehre nur noch ehrfurchtgebietender vor sie hintrat. Aber selbst der moderne Katholik empfindet diese Lehre nur als System, das alle Welträtsel gelöst hat. Das Wunder erscheint ihm gleichsam als physikalisches Ereignis höherer Ordnung, und ein englischer Bischof glaubt an die Möglichkeit, die elektrische Kraft und die Kraft des Gebets aus einem einheitlichen Natursystem ableiten zu können. Es ist der Glaube allein an Kraft und Stoff, auch wenn man die Worte Gott und Welt oder Vorsehung und Mensch gebraucht.

Ganz für sich steht wieder der faustische Materialismus im engeren Sinne, in dem die technische Weltanschauung ihre Vollendung erreicht hat. Die ganze Welt als dynamisches System, exakt, mathematisch angelegt, experimentell bis in die letzten Ursachen aufzuschließen und in Zahlen zu fassen, so daß der Mensch sie beherrschen kann: das unterscheidet diese Rückkehr zur Natur von jeder andern. Wissen ist Tugend – das glaubten auch Konfuzius, Buddha und Sokrates. Wissen ist Macht – das hat nur innerhalb der europäisch-amerikanischen Zivilisation einen Sinn. Diese Rückkehr zur Natur bedeutet die Ausschaltung aller Mächte, die zwischen der praktischen Intelligenz und der Natur stehen. Überall sonst hat sich der Materialismus begnügt, scheinbar einfache Einheiten anschaulich oder begrifflich festzustellen, deren kausales Spiel alles ohne jeden Rest von Geheimnis erklärt, und das Übernatürliche auf Unwissenheit zurückzuführen. Aber der große Verstandesmythos von Energie und Masse ist außerdem eine ungeheure *Arbeitshypothese*. Er zeichnet das Naturbild so, daß man es *gebrauchen* kann. Das Schicksalhafte wird als Evolution, Entwicklung, Fortschritt mechanisiert und mitten in das System gestellt, der Wille ist ein Eiweißprozeß, und alle diese Lehren, nenne man sie Monismus, Darwinismus, Positivismus, erheben sich damit zu einer Zweckmäßigkeitsmoral, die dem amerikanischen Geschäftsmann und englischen Politiker ebenso einleuchtet wie dem deutschen Fortschrittsphilister, und die im letzten Grunde nichts ist als eine intellektuelle Karikatur der Rechtfertigung durch den Glauben.

Der Materialismus würde nicht vollständig sein ohne das Bedürfnis, die geistige Spannung hin und wieder loszuwerden, sich in mythische Stimmungen fallen zu lassen, irgend etwas Kultisches zu betreiben, um zur innern Entlastung den Reiz des Irrationalen, des Wesensfremden, des Absonderlichen, wenn es sein muß, auch des Albernen zu genießen. Was in der Zeit etwa des Meng-tse (372–289) und der ersten buddhistischen Brüdergemeinden noch jetzt deutlich hervortritt, gehört in ganz derselben Bedeutung auch zu den wichtigsten Zügen des Hellenismus. Um 312 wurde in Alexandria von dichtenden Gelehrten in der Art des Kallimachos der Sarapiskult erfunden und mit einer ausgeklügelten Legende versehen. Der Isiskult im republikanischen Rom war etwas, das man mit dem nachmaligen Kult der Kaiserzeit und mit der sehr ernsten Isisreligion Ägyptens nicht verwechseln darf, nämlich ein religiöser Zeitvertreib der guten Gesellschaft, der den Anlaß teils zu öffentlichem Spott gab, teils zu Skandalen und zur Schließung des Kultgebäudes, die 59 – 48 viermal angeordnet wurde. Die chaldäische Astrologie war damals eine *Mode*, gleich weit entfernt von dem echt antiken Orakelglauben und dem magischen Glauben an die Macht der Stunde. Es war „Entspannung“; man machte sich und anderen etwas vor, und dazu kamen die zahllosen Scharlatane und Schwindelpropheten, die alle Städte durchzogen und mit wichtigtuenden Bräuchen den Halbgebildeten eine religiöse Erneuerung einzureden suchten. Dem entspricht in der heutigen europäisch-amerikanischen Welt der okkultistische und theosophische Schwindel, die amerikanische Christian Science, der verlogene Salonbuddhismus, das religiöse Kunstgewerbe, das in Deutschland mehr noch als in England mit gotischen, spätantiken und taoistischen Stimmungen in Kreisen und Kulten betrieben wird. Es ist überall das bloße Spiel mit Mythen, an die man nicht glaubt, und der bloße Geschmack an Kulten, mit denen man die innere Öde ausfüllen möchte. Der wirkliche Glaube ist noch immer der an Atome und Zahlen, aber es bedarf des gebildeten Hokuspokus, um auf die Länge ertragen zu werden. Der Materialismus ist flach und ehrlich, das Spielen mit Religion ist flach und unehrlich; aber damit, daß es überhaupt möglich ist, verweist es schon auf ein neues und echtes Suchen, das sich leise im zivilisierten Wachsein meldet und zuletzt deutlich an den Tag tritt.

Was nun folgt, nenne ich die *zweite Religiosität*. Sie erscheint in allen Zivilisationen, sobald diese zur vollen Ausbildung gelangt sind und langsam in den geschichtslosen Zustand hinübergehen, für den Zeiträume keine Bedeutung mehr haben. Daraus ergibt sich, daß die abendländische Welt von dieser Stufe noch um viele Generationen entfernt ist. Die zweite Religiosität ist das notwendige Gegenstück zum Cäsarismus, der endgültigen *politischen* Verfassung später Zivilisationen. Sie wird demnach in der Antike etwa von Augustus an sichtbar, in China etwa mit Schi Hoang-ti. Beiden Erscheinungen fehlt die schöpferische Urkraft der frühen Kultur. Ihre Größe liegt dort in der tiefen Frömmigkeit, welche das ganze Wachsein ausfüllt – Herodot nannte die Ägypter die frömmsten Menschen der Welt, und denselben Eindruck machen China, Indien und der Islam auf den heutigen Westeuropäer – und hier in der fessellosen Gewalt ungeheuerster Tatsachen, aber die Schöpfungen dieser Frömmigkeit sind ebensowenig etwas Ursprüngliches wie die Form des römischen Imperiums. Es wird nichts aufgebaut, es entfaltet sich keine Idee, sondern es ist, als zöge ein Nebel vom Lande ab und die alten Formen träten erst ungewiß, dann immer klarer wieder hervor. Die zweite Religiosität enthält, nur anders erlebt und ausgedrückt, wieder den Bestand der ersten, echten und frühen. Zuerst verliert sich der Rationalismus, dann kommen die Gestalten der Frühzeit zum Vorschein, zuletzt ist es die ganze Welt der primitiven Religion, die vor den großen Formen des Frühglaubens zurückgewichen war und nun in einem volkstümlichen Synkretismus, der auf dieser Stufe keiner Kultur fehlt, mächtig wieder hervordringt.

Jede Aufklärung schreitet von einem schrankenlosen Verstandesoptimismus, der stets mit dem Typus des Großstadtmenschen verbunden ist, zur unbedingten Skepsis fort. Das souveräne Wachsein, das durch Gemäuer und Menschenwerk rings von der lebendigen Natur und von der Erde unter sich abgeschnitten ist, erkennt nichts an außer sich. Es übt Kritik an seiner vorgestellten, vom alltäglichen Sinneserleben abgezogenen Welt, und zwar so lange, bis es das Letzte und Feinste gefunden hat, die Form der Form – sich selbst, also nichts. Damit sind die Möglichkeiten der Physik als des kritischen

Weltverstehens erschöpft und der Hunger nach Metaphysik meldet sich wieder. Aber es ist nicht der religiöse Zeitvertreib gebildeter und literaturgesättigter Kreise und überhaupt nicht der Geist, aus dem die zweite Religiosität hervorgeht, sondern ein ganz unbemerkter und von selbst entstehender naiver Glaube der Massen an irgendwelche mythische Beschaffenheit des Wirklichen, für die alle Beweisgründe ein Spiel mit Worten, etwas Dürftiges und Langweiliges zu sein beginnen, und zugleich ein naives Herzensbedürfnis, dem Mythos mit einem Kultus demütig zu antworten. Die Formen beider können weder vorausgesehen noch willkürlich gewählt werden. Sie erscheinen von selbst, und wir sind weit von ihnen entfernt.Aber die Meinungen von Comte und Spencer, der Materialismus, Monismus und Darwinismus, die im 19. Jahrhundert die Leidenschaft der besten Geister geweckt hatten, sind heute doch schon die Weltanschauung der Provinz geworden.

Die antike Philosophie hatte um 250 v. Chr. ihre Gründe erschöpft. Das „Wissen" ist von nun an nicht mehr ein beständig durchgeprüfter und vergrößerter Besitz, sondern der zur Gewohnheit gewordene Glaube daran, der durch altgewohnte Methoden immer wieder Überzeugungskraft erhält. Zur Zeit des Sokrates gab es den Rationalismus als Religion der Gebildeten. Darüber stand die gelehrte Philosophie, darunter der „Aberglaube" der Massen. Jetzt entwickelt sich die Philosophie zu einer geistigen, der Synkretismus des Volkes zu einer handgreiflichen Religiosität von ganz derselben Tendenz, und zwar dringen Mythenglaube und Frömmigkeit hinauf, nicht hinab. Die Philosophie hat viel zu empfangen und wenig zu geben. Die Stoa war vom Materialismus der Sophisten und Kyniker ausgegangen und hatte den gesamten Mythos allegorisch erklärt, aber schon von Kleanthes († 232) stammt das Tischgebet an Zeus,eins der schönsten Stücke der antiken zweiten Religiosität. Zur Zeit von Sulla gab es einen durch und durch religiösen Stoizismus höherer Kreise und einen synkretistischen Volksglauben, der phrygische, syrische, ägyptische Kulte und zahllose antike, damals fast vergessene Mysterien verband, und das entspricht genau der Entwicklung der aufgeklärten Weisheit Buddhas zum Hinayana der Gelehrten und Mahayana der Menge, und dem Verhältnis des lehrhaften Konfuzianismus zum Taoismus, der sehr bald das Gefäß des chinesischen Synkretismus geworden ist.

Gleichzeitig mit dem „Positivisten" Meng-tse (372–289) beginnt plötzlich eine mächtige Bewegung von Alchymie, Astrologie und Okkultismus. Es ist längst eine berühmte Streitfrage, ob hier etwas Neues erscheint oder der frühchinesische Mythensinn wieder durchbricht, aber die Antwort kann durch einen Blick auf den Hellenismus gegeben werden. Dieser Synkretismus tritt „gleichzeitig" in der Antike, in Indien, in China, im volkstümlichen Islam auf. Er setzt sich überall an rationalistische Lehren an – die Stoa, Laotse, Buddha – und durchsetzt sie mit bäuerlichen, frühzeitlichen und exotischen Motiven jeder denkbaren Art. Der antike Synkretismus, der von dem der späteren magischen Pseudomorphose wohl zu unterscheiden ist,holte sich seit 200 v. Chr. Motive aus der Orphik, aus Ägypten, aus Syrien; der chinesische hat 67 n. Chr. den indischen Buddhismus in der volkstümlichen Form des Mahayana eingeführt, wobei die heiligen Schriften als Zaubermittel und die Buddhafiguren als Fetische für kräftiger galten, weil sie fremd waren. Die ursprüngliche Lehre des Laotse verschwindet sehr rasch. Zu Beginn der Hanzeit (um 200 v. Chr.) werden die Scharen der *sen* aus moralischen Vorstellungen zu gütigen Wesen. Die Wind-, Wolken-, Donner-, Regengötter kommen wieder. Massenhafte Kulte bürgern sich ein, durch welche die bösen Geister mit Hilfe der Götter ausgetrieben werden. Damals entstand, und zwar sicherlich aus einem Grundbegriff der vorkonfuzianischen Philosophie, der Mythos von Panku, dem Urprinzip, von dem die Reihe der mythischen Kaiser abstammt. Eine ähnliche Entwicklung nahm bekanntlich der Logosbegriff.

Die von Buddha gelehrte Theorie und Praxis der Lebensführung war aus Weltmüdigkeit und intellektuellem Ekel hervorgegangen und stand zu religiösen Fragen in gar keiner Beziehung, aber schon zu Beginn der indischen „Kaiserzeit" um 250 v. Chr. war er selbst ein sitzendes Götterbild geworden, und an Stelle der nur dem Gelehrten verständlichen Nirwanatheorie traten mehr und mehr handfeste Lehren von Himmel, Hölle und Erlösung, die zum Teil vielleicht ebenfalls der Fremde, nämlich der persischen Apokalyptik entlehnt sind. Schon zu Asokas Zeit gab es achtzehn buddhistische Sekten. Der Erlösungsglaube des Mahayana hat in dem Dichter und Gelehrten Asvaghosa (um 50 v. Chr.) den ersten großen Verkünder und in Nagarjuna (um 150 n. Chr.) den eigentlichen Vollender gefunden. Aber daneben wanderte die ganze Masse urindischer Mythen wieder zurück. Die Vischnu- und die Shivareligion waren um 300 v. Chr. schon deutlich ausgebildet, und zwar in synkretistischer Form, so daß die Krishna- und die Ramalegende nun auf Vischnu übertragen werden. Dasselbe Schauspiel bietet sich im ägyptischen Neuen Reiche, wo der Amon von Theben den Mittelpunkt eines mächtigen Synkretismus bildet, und im Arabertum der Abbassidenzeit, wo die Volksreligion mit ihren Vorstellungen von Vorhölle, Hölle, Weltgericht, der himmlischen Kaaba, dem Logos-Mohammed, den Feen, Heiligen und Gespenstern den ursprünglichen Islam ganz in den Hintergrund drängt.

Es gibt in diesen Zeiten noch einige hohe Geister wie den Erzieher Neros, Seneca, und sein Ebenbild Psellos,den Philosophen, Prinzenerzieher und Politiker im cäsarischen Byzanz, wie den Stoiker Marc Aurel und den Buddhisten Asoka, die selbst Cäsaren gewesen sind,und endlich den Pharao Amenophis IV., dessen tiefsinniger Versuch einer Religionsgründung von der mächtigen Priesterschaft des Amon als Ketzerei aufgefaßt und vereitelt worden ist, eine Gefahr, die sicherlich auch Asoka von den Brahmanen gedroht hat. Aber gerade der Cäsarismus hat im chinesischen wie im römischen Imperium einen Kaiserkult ins Leben gerufen und damit den Synkretismus zusammengefaßt. Es ist ein absurder Gedanke, die chinesische Verehrung des lebenden Kaisers sei ein Stück alter Religion gewesen. Kaiser hat es während der ganzen Dauer der chinesischen Kultur überhaupt nicht gegeben. Die Herrscher der Staaten hießen Wang, König, und Meng-tse schrieb kaum hundert Jahre vor dem Endsieg des chinesischen

Augustus ganz im Sinne des 19. Jahrhunderts den Satz: „Das Volk ist das wichtigste im Land; danach kommen die nützlichen Götter des Bodens und Getreides; am wenigsten wichtig ist der Herrscher." Die Mythologie von den Urkaisern ist ohne Zweifel erst von Konfuzius und seiner Zeit, und zwar in rationalistischer Absicht in eine staatsrechtliche und sozialethische Fassung gebracht worden; diesem Mythos hat dann der erste Cäsar Titel und Kultbegriff entnommen. Die Erhebung von Menschen zu Göttern ist die Rückkehr zur Frühzeit, wo man Götter zu Helden machte wie gerade die Urkaiser und die Helden Homers, und sie ist ein bezeichnender Zug fast aller Religionen dieser zweiten Stufe. Konfuzius selbst wurde 57 n. Chr. zum Gott mit offiziellem Kult erhoben. Buddha war es damals längst. Al Ghazali (um 1050), der die „zweite Religiosität" der islamischen Welt vollenden half, ist für den Volksglauben ein göttliches Wesen und einer der beliebtesten Heiligen und Nothelfer geworden. In der Antike gab es in den Philosophenschulen einen Kult des Plato und Epikur, und die Abstammung Alexanders von Herakles und Cäsars von Venus leitet deutlich zum Kult des Divus hinüber, in dem uralte orphische Vorstellungen und Geschlechterkulte ebenso wieder auftauchen wie im chinesischen Kult des Hoang-ti ein Stück der ältesten Mythologie.

Mit diesen beiden Kaiserkulten beginnen aber schon die Versuche, die zweite Religiosität in feste Organisationen zu bringen, die man Gemeinden, Sekten, Orden, Kirchen nennen mag, die aber stets starre Wiederholungen lebendiger Formen der Frühzeit sind und sich zu diesen verhalten wie die Kaste zum Stand.

Etwas davon enthielt schon die Reform des Augustus mit ihrer künstlichen Wiederbelebung längst erstorbener Stadtkulte, wie der Bräuche der Arvalbrüder, aber erst die hellenistischen Mysterienreligionen und selbst noch der Mithraskult, soweit er nicht der magischen Religiosität zugerechnet werden muß, sind solche Gemeinschaften, deren Weiterbildung dann durch den Untergang der Antike abgebrochen worden ist; ihnen entspricht der theokratische Staat, den die ägyptischen Priesterkönige von Theben im 11. Jahrhundert v. Chr. aufrichteten, und die Taokirchen der Hanzeit, vor allem die von Tschang-lu begründete, welche 184 n. Chr. den furchtbaren, an religiöse Provinzaufstände der römischen Kaiserzeit erinnernden Aufstand der gelben Turbane hervorrief, der weite Gebiete verwüstete und den Sturz der Han-Dynastie herbeigeführt hat.Und diese asketischen Kirchen des Taoismus finden mit ihrer Starrheit und wilden Mythologie ihr vollkommenes Seitenstück in den spätbyzantinischen Mönchsstaaten, wie dem Kloster Studion und dem 1100 begründeten reichsunmittelbaren Klosterverband des Athos, der so buddhistisch als möglich wirkt.

Aus dieser zweiten Religiosität gehen endlich die *Fellachenreligionen* hervor, in denen der Gegensatz von weltstädtischer und provinzialer Frömmigkeit ebenso wieder verschwunden ist wie der von primitiver und hoher Kultur. Was das bedeutet, lehrt der Begriff des Fellachenvolkes.Die Religion ist völlig geschichtslos geworden; wo einst Jahrzehnte eine Epoche bedeuteten, haben jetzt Jahrhunderte keine Bedeutung mehr, und das Auf und Nieder oberflächlicher Veränderungen beweist nur, daß die innere Gestalt endgültig und fertig ist. Es ist ganz gleichgültig, ob um 1200 in China eine Abart der konfuzianischen Staatslehre als Dschufuzianismus erscheint, wann sie erscheint und ob sie Erfolg hat oder nicht, ob in Indien der längst zu einer polytheistischen Volksreligion gewordene Buddhismus vor dem Neubrahmanismus verschwindet, dessen größter Theologe Sankara um 800 lebte, und wann dieser endlich in die hinduistische Lehre von Brahma, Vischnu und Shiva übergeht. Es gibt stets eine kleine Zahl äußerst geistiger, überlegener, absolut „fertiger" Menschen, wie die Brahmanen Indiens, die Mandarinen Chinas und die ägyptischen Priester, die Herodot in Erstaunen setzten. Aber die Fellachenreligion selbst ist wieder durch und durch primitiv wie die ägyptischen Tierkulte der 26. Dynastie, die aus Buddhismus, Taoismus und Konfuzianismus gebildete Staatsreligion Chinas, wie der Islam des heutigen Orients und vielleicht doch auch die Religion der Azteken, wie sie Cortez antraf, die sich von der durchgeistigten Mayareligion schon weit entfernt haben muß.

21

Eine Fellachenreligion ist auch das Judentum etwa seit Jehuda ben Halevi, der wie sein islamischer Lehrmeister Al Ghazalidie wissenschaftliche Philosophie mit unbedingter Skepsis betrachtet und sie im „Kuzari" (1140) nur noch als Dienerin der gläubigen Theologie gelten läßt. Das entspricht durchaus der Wendung von der mittleren zur jüngeren Stoa der Kaiserzeit und dem Erlöschen der chinesischen Spekulation unter der westlichen Han-Dynastie. Noch bezeichnender ist Moses Maimonides, der um 1175 den gesamten Lehrstoff des Judentums als etwas Fertiges und Starres in einem großen Werk vom Schlage des chinesischen Li-ki zusammengetragen hat, ohne die geringste Rücksicht darauf, ob das Einzelne noch Sinn hatte oder nicht.Weder in dieser noch in einer andern Zeit ist das Judentum etwas Einzigartiges in der Religionsgeschichte, aber von der Lage aus betrachtet, welche die abendländische Kultur auf ihrem eigenen Boden dafür geschaffen hat, erscheint es so. Und ebensowenig ist die Tatsache, daß der jüdische Name immer wieder etwas anderes bezeichnet, ohne daß seine Träger es bemerken, etwas für sich Stehendes, denn sie wiederholt sich Schritt für Schritt im Persertum.

In ihrer „Merowingerzeit" (etwa 500–0) entwickeln sich beide aus Stammesverbänden zu Nationen magischen Stils, ohne Land, ohne Einheit der Abstammung und schon damals mit der Wohnweise des Ghetto, die bis auf die Parsen in Bombay und die Juden in Brooklyn dieselbe geblieben ist.

In der Frühzeit (etwa 0–500) wird dieser landlose *consensus* von Spanien aus bis nach Schantung verbreitet. Es war die jüdische Ritterzeit und die „gotische" Blütezeit religiöser Gestaltungskraft: die späte Apokalyptik, die Mischna und das Urchristentum, das erst seit Trajan und Hadrian abgestoßen wurde, sind Schöpfungen dieser Nation. Es ist bekannt, daß die Juden damals Bauern, Handwerker und Kleinstädter waren. Die großen Geldgeschäfte führten Ägypter, Griechen, Römer, also „alte" Menschen.

Um 500 beginnt das jüdische Barock, das dem abendländischen Betrachter sehr einseitig im Bilde der spanischen Glanzzeit zu erscheinen pflegt. Der jüdische *consensus* tritt wie der persische, islamische und byzantinische in ein städtisches und geistiges Wachsein und beherrscht von nun an die Formen der städtischen Wirtschaft und Wissenschaft. Tarragona, Toledo und Granada sind vorwiegend jüdische Großstädte. Juden bilden einen wesentlichen Teil der vornehmen maurischen Gesellschaft. Ihre vollendeten Formen, ihren *esprit*, ihre Ritterlichkeit hat der gotische Kreuzzugsadel bewundert und nachzuahmen versucht; aber auch die Diplomatie, Kriegführung und Verwaltung der maurischen Staaten ist ohne die jüdische Aristokratie, welche hinter der islamischen an Rasse nicht zurückstand, gar nicht zu denken. Es gab, wie einst in Arabien einen jüdischen Minnesang, so jetzt eine hohe Literatur und eine aufgeklärte Wissenschaft. Als Alfons X. von Kastilien um 1250 unter Leitung des Rabbiners Isaak ben Said Hassan durch jüdische, islamische und christliche Gelehrte ein neues Planetenwerk ausarbeiten ließ,war das immer noch eine Leistung nicht des faustischen, sondern des magischen Weltdenkens. Erst seit Nicolaus Cusanus wurde es umgekehrt. Aber in Spanien und Marokko lag doch nur ein sehr kleiner Teil des jüdischen *consensus* und dieser selbst hatte nicht nur einen weltlichen, sondern vor allem auch einen geistlichen Sinn. Es gab auch in ihm eine puritanische Bewegung, die den Talmud verwarf und zur reinen Tora zurückkehren wollte. Die Gemeinschaft der Karäer ist nach manchen Vorläufern um 760 im nördlichen Syrien entstanden, eben dort, von wo ein Jahrhundert vorher die bilderstürmenden christlichen Paulikianer und etwas später der islamische Sufismus ausgingen, drei magische Richtungen, deren innere Verwandtschaft niemand verkennen wird. Die Karäer wurden wie die Puritaner jeder andern Kultur von der Orthodoxie wie von der Aufklärung bekämpft. Die rabbinischen Gegenschriften entstanden von Cordova und Fes bis nach Südarabien und Persien hin. Aber damals entstand auch, ein Produkt des „jüdischen Sufismus" und zuweilen an Swedenborg erinnernd, das Hauptwerk der rationalistischen Mystik, das Buch Jezirah, dessen kabbalistische Grundvorstellungen sich mit der byzantinischen Bildersymbolik und dem gleichzeitigen Zauberwesen des griechischen „Christentums zweiter Ordnung" ebenso berühren wie mit der Volksreligion des Islam.

Eine ganz neue Lage wird um die Jahrtausendwende durch den Zufall geschaffen, daß der westlichste Teil des *consensus* sich plötzlich im Bereiche der jungen abendländischen Kultur befindet. Die Juden waren wie die Parsen, Byzantiner und Moslime zivilisiert und weltstädtisch geworden; die germanisch-romanische Welt lebte im stadtlosen Lande, und kaum hatten sich um Klöster und Märkte Ansiedlungen, noch auf Generationen hin ohne eigene Seele gebildet. Die einen waren fast schon Fellachen, die anderen fast noch Urvolk. Der Jude begriff die gotische Innerlichkeit, die Burg, den Dom, der Christ die überlegene, fast zynische Intelligenz und das fertig ausgebildete

„Gelddenken“ nicht. Man haßte und verachtete sich, noch kaum aus dem Bewußtsein eines Rasseunterschiedes, sondern aus Mangel an „Gleichzeitigkeit“. Der jüdische *consensus* baute in die Flecken und Landstädte überall seine großstädtischen – proletarischen – Ghettos ein. Die Judengasse ist der gotischen Stadt um tausend Jahre voraus. Genau so lagen zur Zeit Jesu die Römerstädte zwischen den Dörfern am See Genezareth.

Aber diese jungen Nationen waren außerdem mit dem Boden und der Idee des Vaterlandes fest verbunden; der landlose *consensus*, dessen Zusammenhalt für seine Mitglieder keine Absicht und Organisation, sondern ein ganz unbewußter, ganz metaphysischer Trieb war, ein Ausdruck des unmittelbarsten magischen Weltgefühls, trat ihnen als etwas Unheimliches und völlig Unverständliches entgegen. Damals entstand die Sage vom ewigen Juden. Es war schon viel, wenn ein schottischer Mönch in ein lombardisches Kloster kam, und das starke Heimatgefühl nahm er dahin mit; aber wenn ein Rabbiner aus Mainz, wo sich um 1000 die bedeutendste Talmudschule des Abendlandes befand, oder Salerno nach Kairo, Basra oder Merw kam, so war er in jedem Ghetto zu Hause. In diesem schweigenden Zusammenhalt lag die Idee der magischen Nation; er war Staat, Kirche und Volk zugleich, ganz wie im damaligen Griechentum, Parsentum und Islam – was man im Abendland nicht wußte. Spinoza und Uriel Acosta sind aus diesem *Staat*, der sein eigenes Recht und sein von den Christen gar nicht bemerktes öffentliches Leben hatte und auf die umgebende Welt der Wirtsvölker wie auf eine Art von Ausland herabsah, durch einen wirklichen Hochverratsprozeß ausgewiesen worden, ein Vorgang, dessen tieferen Sinn diese Wirtsvölker überhaupt nicht verstehen konnten; und der bedeutendste Denker der östlichen Chassiden, Senior Salman, ist 1799 von der rabbinischen Gegenpartei der Petersburger Regierung wie einem fremden Staate ausgeliefert worden.

Das Judentum des westeuropäischen Kreises hatte die noch im maurischen Spanien vorhandene Beziehung zum Lande vollständig verloren. Es gibt keine Bauern mehr. Das kleinste Ghetto ist ein wenn auch noch so armseliges Stück Großstadt, und seine Bewohner zerfallen wie die des erstarrten Indien und China in Kasten – die Rabbiner sind die Brahmanen und Mandarinen des Ghetto – und die Masse der Kuli mit einer zivilisierten, kalten, weit überlegenen Intelligenz und einem rücksichtslosen Geschäftssinn. Aber das ist wieder nur für einen engen Geschichtshorizont eine einzigartige Erscheinung. *Alle magischen Nationen* befinden sich seit den Kreuzzügen auf dieser Stufe. Die Parsen besitzen in Indien genau dieselbe geschäftliche Macht wie die Juden in der europäisch-amerikanischen Welt und die Armenier und Griechen in Südosteuropa. Die Erscheinung wiederholt sich in jeder anderen Zivilisation, sobald sie in jüngere Zustände eindringt: die Chinesen in Kalifornien – sie sind der eigentliche Gegenstand des westamerikanischen „Antisemitismus“ – und in Java und Singapur, der indische Händler in Ostafrika, *aber auch der Römer in der früharabischen Welt*, wo die Lage gerade umgekehrt war. Die „Juden“ dieser Zeit waren die Römer, und in dem apokalyptischen Haß der Aramäer gegen sie liegt auch etwas dem westeuropäischen Antisemitismus ganz Verwandtes. Es war ein echter Pogrom, als im Jahre 88 auf einen Wink von Mithridates hin an einem Tage 100000 römische Geschäftsleute von der erbitterten Bevölkerung Kleinasiens ermordet wurden.

Zu diesen Gegensätzen tritt der der Rasse, welcher in demselben Maße aus Verachtung in Haß übergeht, als die abendländische Kultur sich selbst der Zivilisation nähert und der „Altersunterschied" mit seinem Ausdruck in der Lebenshaltung und Vorherrschaft der Intelligenz geringfügiger wird. Aber er hat mit den törichten, der Sprachwissenschaft entnommenen Schlagworten Arier und Semit gar nichts zu tun. Die „arischen" Perser und Armenier sind für uns von den Juden gar nicht zu unterscheiden, und schon in Südeuropa und auf dem Balkan ist ein körperlicher Unterschied zwischen christlichen und jüdischen Einwohnern kaum vorhanden. Die jüdische Nation ist wie jede andre der arabischen Kultur das Ergebnis einer ungeheuren *Mission* und bis in die Zeit der Kreuzzüge hinein durch massenhafte Zu- und Austritte beständig verändert worden.Ein Teil der Ostjuden stimmt körperlich mit den christlichen Bewohnern des Kaukasus, ein andrer mit den südrussischen Tartaren, ein großer Teil der westlichen mit den nordafrikanischen Mauren überein. Es ist vielmehr der Gegensatz zwischen *dem Rasseideal der gotischen Frühzeit*, das züchtend gewirkt hat, und dem Typus des sephardischen Juden, der sich erst in den Ghettos des Abendlandes, und zwar ebenfalls durch seelische Zucht unter sehr harten äußeren Bedingungen ausgebildet hat, zweifellos in dem wirksamen Banne der Landschaft und der Wirtsvölker und in der metaphysischen Verteidigung gegen sie, namentlich seit dieser Teil der Nation durch Verlust der arabischen Sprache eine Welt für sich geworden ist. Dies Gefühl eines tiefen Andersseins tritt auf beiden Seiten um so mächtiger hervor, je mehr Rasse der Einzelne hat. Nur der Mangel an Rasse bei geistigen Menschen, Philosophen, Doktrinären, Utopisten bewirkt es, daß sie diesen abgrundtiefen, metaphysischen Haß nicht verstehen, in welchem der verschiedene Takt zweier Daseinsströme wie eine unerträgliche Dissonanz zum Vorschein kommt, einen Haß, der für beide tragisch werden kann und der auch die indische Kultur durch den Gegensatz des Inders von Rasse und des Tschudra beherrscht hat. Während der Gotik ist dieser Gegensatz tief religiös und richtet sich vor allem gegen den *consensus* als Religion; erst mit Beginn der abendländischen Zivilisation ist er materialistisch geworden und richtet sich gegen die plötzlich vergleichbar gewordene geistige und geschäftliche Seite.

Am tiefsten trennend und erbitternd hat aber die Tatsache gewirkt, welche in ihrer vollen Tragik am wenigsten begriffen worden ist: während der abendländische Mensch von den Tagen der Sachsenkaiser bis zur Gegenwart Geschichte im allerbedeutendsten Sinne durchlebt, und zwar mit einer Bewußtheit, die in keiner andern Kultur ihresgleichen findet, hat der jüdische *consensus* aufgehört Geschichte zu haben.Seine Probleme waren gelöst, seine innere Form abgeschlossen und unveränderlich geworden; Jahrhunderte hatten für ihn wie für den Islam, die griechische Kirche und die Parsen keine Bedeutung mehr, und deshalb kann, wer innerlich diesem *consensus* verbunden ist, die Leidenschaft gar nicht begreifen, mit welcher faustische Menschen die in wenig Jahren zusammengedrängten Entscheidungen ihrer Geschichte, ihres Schicksals durchleben, wie es zu Beginn der Kreuzzüge, in der Reformation, der französischen Revolution, den Freiheitskriegen und an allen Wendepunkten im Dasein der Einzelvölker der Fall war. Das alles liegt für ihn um dreißig Generationen zurück. Geschichte größten Stils strömt draußen vorüber, Epoche folgt auf Epoche, der Mensch ist mit jedem Jahrhundert von Grund aus ein andrer, im Ghetto steht alles still und auch in der Seele des einzelnen. Aber selbst wenn er sich als Angehörigen seines Wirtsvolkes betrachtet und an dessen Geschick teilnimmt, wie es 1914 in vielen Ländern der Fall war, so erlebt er es in Wirklichkeit doch nicht als *sein* Geschick, sondern er nimmt dafür Partei, er beurteilt es als interessierter Zuschauer, und gerade der letzte Sinn dessen, worum gekämpft wird, muß ihm stets verschlossen bleiben. Es gab im Dreißigjährigen Kriege einen jüdischen Reitergeneral – er liegt auf dem alten Judenfriedhof in Prag begraben –, aber was waren die Gedanken Luthers und Loyolas für ihn? Was haben die den Juden nahe verwandten Byzantiner von den Kreuzzügen verstanden? Das gehört zu den tragischen Notwendigkeiten der höheren Geschichte, die aus den Lebensläufen von Einzelkulturen besteht, und hat sich oft wiederholt. Die Römer, damals ein altes Volk, hätten nie begreifen können, was für die Juden in dem Prozeß Jesu und beim Aufstand des Bar Kochba auf dem Spiele stand, und die europäisch-amerikanische Welt hat in den fellachenhaften Revolutionen der Türkei (1908) und Chinas (1911) ihre vollkommene Verständnislosigkeit für das bewiesen, was dort vorging. Da ihr das ganz anders angelegte Denken und Innenleben und also auch der Staatsgedanke und die Idee der Souveränität – dort des Kalifen, hier des Tien-tse – verschlossen blieben, so hat sie den Gang der Dinge nicht beurteilen und auch nicht vorausberechnen können. Der Mensch einer fremden Kultur kann Zuschauer sein und also beschreibender Historiker des Vergangenen, aber niemals Politiker, d. h. ein Mann, der die Zukunft in sich wirken fühlt. Besitzt er nicht die materielle Macht, um in der Form seiner eigenen Kultur handeln und die der fremden mißachten oder lenken zu können, wie es allerdings die Römer im jungen Osten und Disraeli in England durften, so steht er den Ereignissen hilflos gegenüber. Der Römer und Grieche dachte immer die Lebensbedingungen seiner Polis in die fremden Ereignisse hinein, der moderne Europäer blickt überall durch die Begriffe Verfassung, Parlament, Demokratie hindurch auf fremde Schicksale, obwohl die Anwendung solcher Vorstellungen auf andere Kulturen lächerlich und sinnlos ist, und der Angehörige des jüdischen *consensus* verfolgt die Geschichte der Gegenwart, die nichts ist als die der über alle Erdteile und Meere verbreiteten faustischen Zivilisation, mit dem Grundgefühl des magischen Menschen, selbst wenn er von dem abendländischen Charakter seines Denkens fest überzeugt ist.

Da jeder magische *consensus* landfremd und geographisch unbegrenzt ist, so sieht er unwillkürlich in allen Kämpfen um die *faustischen* Ideen des Vaterlandes, der

Muttersprache, des Herrscherhauses, der Monarchie, der Verfassung eine Rückkehr von Formen, die ihm innerlich durchaus fremd und deshalb lästig und sinnlos, zu denen, welche seiner Natur gemäß sind; und aus dem Wort international, das ihn begeistern kann, hört er eben *das Wesen des landlosen und grenzenlosen consensus* heraus, ob es sich nun um Sozialismus, Pazifismus oder Kapitalismus handelt. Wenn für die europäisch-amerikanische Demokratie die Verfassungskämpfe und Revolutionen eine Entwicklung zum zivilisierten Ideal bedeuten, so sind sie für ihn – was ihm so gut wie nie zum Bewußtsein kommt – der Abbau alles dessen, was anders ist als er. Selbst wenn die Macht des *consensus* in ihm erschüttert ist und das Leben seines Wirtsvolkes eine äußere Anziehung bis zu wirklichem Patriotismus auf ihn übt, so ist seine Partei doch immer diejenige, deren Ziele *dem Wesen der magischen Nation* am vergleichbarsten sind. Deshalb ist er in Deutschland Demokrat und in England – wie der Parse in Indien – Imperialist. Genau dasselbe Mißverständnis liegt vor, wenn der Westeuropäer die Jungtürken und Reformchinesen für Geistesverwandte, nämlich für „konstitutionell" hält. Der innerlich zugehörige Mensch bejaht im letzten Grunde doch selbst dort, wo er zerstört; der innerlich fremde verneint, selbst wo er aufbauen möchte. Was die abendländische Kultur in ihren Kolonialgebieten durch Reformen eigenen Stils vernichtet hat, ist nicht auszudenken, und ebenso vernichtend wirkt das Judentum, wo es auch eingreift. Das Gefühl von der Notwendigkeit dieses wechselseitigen Mißverstehens führt zu dem furchtbaren, tief ins Blut gedrungenen Haß, der sich an sinnbildliche Merkmale wie Rasse, Lebenshaltung, Beruf, Sprache heftet, und beide Teile, so oft diese Lage bisher eingetreten ist, verzehrt, verdorben und zu blutigen Ausbrüchen getrieben hat.Das gilt vor allem auch für die Religiosität der faustischen Welt, die sich von einer fremden Metaphysik in ihrer Mitte bedroht, gehaßt, untergraben fühlt. Was ist seit den Reformen Hugos von Cluny, dem heiligen Bernhard, dem Lateranskonzil von 1215 über Luther, Calvin und den Puritanismus bis zur Aufklärung durch unser Wachsein gegangen, während es für die jüdische Religion längst keine Geschichte mehr gab! Innerhalb des westeuropäischen *consensus* hat 1565 Josef Karo im Schulchan Aruch denselben Stoff noch einmal und anders zusammengefaßt wie ehemals Maimonides, aber es hätte auch 1400 oder 1800 geschehen oder ganz unterbleiben können. Mit der Starrheit des heutigen Islam und des byzantinischen Christentums seit den Kreuzzügen, aber auch des späten Chinesentums und des Ägyptizismus bleibt alles formelhaft und gleich, die Speiseverbote, die Schaufäden an den Kleidern, die Gebetsriemen, die Denkzettel und die talmudische Kasuistik, die genau in dieser Form seit Jahrhunderten auch in Bombay am Vendidad und in Kairo am Koran geübt wird. Und ebenso ist die jüdische Mystik, die *reiner Sufismus* ist, seit den Kreuzzügen dieselbe geblieben, ganz wie die islamische, und sie hat in den letzten Jahrhunderten noch drei Heilige im Sinne des morgenländischen Sufismus hervorgebracht, die man als solche nur erkennt, wenn man durch den Anflug abendländischer Denkformen hindurchzusehen vermag. *Spinoza* ist mit seinem Denken in Substanzen, statt in Kräften und seinem durch und durch magischen Dualismus durchaus den letzten Nachzüglern der islamischen Philosophie vergleichbar wie Murtada und Schirazi. Er bedient sich der ganzen Begriffssprache des ihn umgebenden abendländischen Barock und hat sich in dessen Vorstellungsweise bis zur vollkommenen Selbsttäuschung hineingelebt, aber die Herkunft von Maimonides und Avicenna und die talmudische Methode „*more geometrico*" bleiben von allem, was über die Oberfläche seiner Seele hinwegging, ganz unberührt. In dem Baalschem, dem Stifter der Chassidensekte, der um 1698 in Wolhynien geboren wurde, ist ein echter Messias aufgestanden, der lehrend und Wunder vollbringend durch die Welt der polnischen Ghettos wanderte und für den nur das Urchristentum als Vergleich herangezogen werden kann;diese aus uralten Strömungen magischer, kabbalistischer Mystik hervorgegangene Bewegung, welche den größten Teil der Ostjuden ergriffen hat, ohne Zweifel etwas Gewaltiges in der Religionsgeschichte der arabischen Kultur, ist mitten unter einem andersartigen Menschentum verlaufen und doch von diesem so gut wie nicht bemerkt worden. Der friedliche Kampf des Baalschem gegen die damaligen Pharisäer des Talmud und für einen innerweltlichen Gott, seine christusartige Gestalt, die reiche Legende, die sehr bald um seine Person und die seiner Jünger gesponnen worden ist, das ist alles von rein magischem Geiste und uns abendländischen Menschen im letzten Grunde so fremd wie das Urchristentum selbst. Die Gedankengänge der chassidischen Schriften sind dem Nichtjuden so gut wie unverständlich, aber auch der Ritus. In der Erregung der Andacht geraten die einen in Verzückung, andere beginnen wie die Derwische des Islam zu tanzen.Die ursprüngliche Lehre des Baalschem hat einer der Apostel zum Zaddikismus weiter entwickelt, und auch dieser Glaube an Heilige (Zaddiks), die nacheinander von Gott herabgesandt werden und durch ihre bloße Nähe Erlösung bringen, erinnert wieder an den islamischen Mahdismus und noch viel mehr an die schiitische Lehre von den Imamen, in denen das „Licht des Propheten" Herberge genommen hat. Ein andrer Jünger, Salomon Maimon, von dem es eine merkwürdige Selbstbiographie gibt, ging von dem Baalschem zu Kant, dessen abstrakte Denkart auf talmudische Geister immer eine ungeheure Anziehungskraft ausgeübt hat. Der dritte ist Otto *Weininger*, dessen moralischer Dualismus eine rein magische Konzeption und dessen Tod in einem magisch durchlebten Seelenkampf zwischen Gut und Böse einer der erhabensten Augenblicke spätester Religiosität ist.Etwas Verwandtes können Russen erleben, aber weder der antike noch der faustische Mensch ist dessen fähig.

Mit der Aufklärung des 18. Jahrhunderts wird auch die abendländische Kultur großstädtisch und intellektuell und damit plötzlich der Intelligenz des *consensus* zugänglich. Und dieses Versetztsein mitten in eine Epoche, die für den innerlich längst abgestorbenen Daseinsstrom des sephardischen Judentums einer fernen Vergangenheit angehört, aber doch in ihm ein verwandtes Gefühl erwecken mußte, *soweit sie kritisch und verneinend war*, hat in verhängnisvoller Weise verführerisch gewirkt, den geschichtlich fertigen und jeder organischen Entwicklung unfähigen Zusammenhalt in die große Bewegung der Wirtsvölker hineingezogen, ihn erschüttert, gelockert und bis in die Tiefe hinein zersetzt und vergiftet. Denn für den faustischen Geist war die Aufklärung ein Schritt vorwärts auf der eigenen Bahn, über Trümmer hin, gewiß, aber doch im letzten Grund bejahend; für das Judentum ist sie Zerstörung und nichts andres, Abbau von etwas Fremdem, das es nicht begreift. Sehr oft bietet sich dann ein Schauspiel, das auch der Parse in Indien, der Chinese und Japaner in einer christlichen Umgebung und der moderne Amerikaner in China geben: Aufklärung bis zum Zynismus und schroffster Atheismus gegenüber der fremden Religion, während die fellachenhaften Bräuche der eignen davon ganz unberührt bleiben. Es gibt jüdische Sozialisten, die nach außen, und zwar mit Überzeugung jede Art von Religion bekämpfen, für sich aber die Speiseverbote und das Ritual der Gebetsriemen und Denkzettel ängstlich beobachten. Häufiger ist der wirkliche innere Zerfall mit dem *consensus*, soweit er ein Zusammenhang des Glaubens ist, ein Schauspiel wie das jener indischen Studenten, die eine englische Universitätsbildung mit Locke und Mill erhalten haben und nun mit der gleichen zynischen Verachtung auf indische wie auf abendländische Überzeugungen herabsehen und an ihrer innern Zersetzung endlich selbst zugrunde gehen müssen. Seit der napoleonischen Zeit hat sich der altzivilisierte *consensus* mit der neuzivilisierten abendländischen „Gesellschaft" der Städte unter deren Widerspruch vermischt, und ihre wirtschaftlichen und wissenschaftlichen Methoden mit der Überlegenheit des Alters in Gebrauch genommen. Ganz dasselbe hat einige Generationen später die japanische, ebenfalls sehr alte Intelligenz getan, vielleicht mit noch größerem Erfolge. Ein andres Beispiel sind die Karthager, Nachzügler der babylonischen Zivilisation, die schon von der etruskisch-dorischen Stufe der antiken Kultur angezogen wurden und endlich dem Hellenismus ganz erlegen sind,in allem Religiösen und Künstlerischen starr und fertig, aber geschäftlich den Griechen und Römern weit voraus, und ihnen deshalb bis zum äußersten verhaßt.

Nicht weil die Metaphysik beider Kulturen sich näher gekommen wäre – das ist ganz unmöglich –, sondern weil sie in den wurzellosen Intelligenzen der Oberschicht auf beiden Seiten keine Rolle mehr spielt, ist diese magische Nation in Gefahr, mit dem Ghetto und der Religion selbst zu verschwinden. Sie hat alle Arten von innerlichem Zusammenhalt verloren und ist lediglich als Zusammenhalt in praktischen Fragen übriggeblieben. Aber der Vorsprung, den das uralte geschäftliche Denken dieser magischen Nation besaß, wird geringer; dem Amerikaner gegenüber ist er kaum noch vorhanden, und damit verschwindet das letzte starke Mittel, den mit dem Lande zerfallenen *consensus* aufrecht zu erhalten. In dem Augenblick, wo die zivilisierten Methoden der europäisch-amerikanischen Weltstädte zur vollen Reife gelangt sein werden, ist wenigstens innerhalb dieser Welt – die russische bildet ein Problem für sich – das Schicksal des Judentums erfüllt.

Der Islam hat *Boden* unter sich. Er hat den persischen, jüdischen, nestorianischen und monophysitischen *consensus* so gut wie ganz in sich aufgenommen.Der Rest der byzantinischen Nation, die heutigen Griechen, sitzen auch auf eignem Land. Der Rest der Parsen in Indien wohnt innerhalb der starren Formen einer noch älteren, noch fellachenhafteren Zivilisation und ist dadurch in seinem Bestande gesichert. Aber der westeuropäisch-amerikanische Teil des jüdischen *consensus*, der die übrigen Teile meist an sich gezogen und an sein Schicksal gebunden hat, ist nun in das Getriebe einer jungen Zivilisation geraten, ohne Zusammenhang mit irgend einem Stück Land, nachdem er sich Jahrhunderte hindurch ghettomäßig abgeschlossen und so gerettet hatte. Damit ist er zersprengt und geht der völligen Auflösung entgegen. Aber das ist ein Schicksal nicht innerhalb der faustischen, sondern der magischen Kultur.

Viertes Kapitel: Der Staat

I. Das Problem der Stände: Adel und Priestertum

1

Ein unergründliches Geheimnis der kosmischen Flutungen, die wir Leben nennen, ist ihre Sonderung in zwei Geschlechter. Schon in den erdverbundenen Daseinsströmen der Pflanzenwelt strebt es auseinander, wie das Sinnbild der Blüte zeigt: etwas das dieses Dasein *ist*, und etwas, das es aufrecht erhält. Tiere sind frei, kleine Welten inmitten einer großen; Kosmisches, als Mikrokosmos abgeschlossen und dem Makrokosmos gegenübergestellt. Hier steigert sich, und zwar im Verlauf der Tiergeschichte mit immer größerer Entschiedenheit, das Zweierlei der Richtungen zu zweierlei Wesen, männlichen und weiblichen.

2

In karolingischer Vorzeit unterschied man Knechte, Freie und Edle. Das ist ein primitiver Rangunterschied auf Grund bloßer Tatsachen des äußeren Lebens. In frühgotischer Zeit heißt es in Freidanks Bescheidenheit:

> Got hât driu leben geschaffen,
> Gebûre, Ritter, phaffen.

Das sind Standesunterschiede einer hohen, eben erwachenden Kultur. Und zwar stehen „Stola und Schwert“ dem Pfluge gegenüber als die Stände im anspruchsvollsten Sinne dem Übrigen, dem Nichtstand, dem was ebenfalls Tatsache ist, aber ohne tiefere Bedeutung. Der innere, gefühlte Abstand ist so schicksalhaft und gewaltig, daß kein

Verstehen hinüberführt. Haß quillt aus den Dörfern empor, Verachtung strahlt von den Burgen zurück. Weder Besitz noch Macht noch Beruf haben diesen Abgrund zwischen den „Leben“ aufgerichtet. Er läßt sich logisch überhaupt nicht begründen. Er ist metaphysischer Natur.

Später erscheint mit der Stadt, aber jünger als diese, *das Bürgertum*, der „dritte Stand“. Auch der Bürger sieht jetzt verächtlich auf das Land herab, das dumpf, unverändert, Geschichte duldend um ihn liegt, dem gegenüber er sich wacher und freier und deshalb fortgeschrittener auf dem Wege der Kultur empfindet. Er verachtet auch die Urstände, „Junker und Pfaffen“, als etwas, das geistig unter ihm und geschichtlich hinter ihm liegt. Aber den beiden Urständen gegenüber ist der Bürger wie der Bauer ein Rest, ein Nichtstand. Der Bauer zählt im Denken der „Privilegierten“ kaum noch mit. Der Bürger zählt, aber als Gegensatz und Hintergrund. Er ist das, woran die andern sich ihrer jenseits alles Praktischen liegenden Bedeutung bewußt werden. Wenn das in allen Kulturen in genau derselben Form der Fall ist und der Gang der Geschichte sich überall in und mit den Gegensätzen dieser Gruppen vollzieht, so daß triebhafte Bauernkriege die Frühzeit, geistig begründete Bürgerkriege die Spätzeit durchsetzen – mag die Symbolik der einzelnen Kulturen sonst noch so verschieden sein –, so muß der Sinn dieser Tatsache in den letzten Gründen des Lebens selbst gesucht werden.

Es ist eine *Idee*, welche den beiden Urständen *und ihnen allein* zugrunde liegt. Sie gibt ihnen das mächtige Gefühl eines von Gott verliehenen und deshalb aller Kritik enthobenen Ranges, welche Selbstachtung und Selbstbewußtsein, aber auch die härteste Selbstzucht, unter Umständen selbst den Tod zur Pflicht macht und beiden die geschichtliche Überlegenheit, den Zauber der Seele verleiht, der Macht nicht voraussetzt, sondern erzeugt. Menschen, welche diesen Ständen innerlich und nicht nur dem Namen nach angehören, sind wirklich etwas andres als der Rest; ihr Leben ist im Gegensatz zum bäuerlichen und bürgerlichen durch und durch von einer sinnbildlichen Würde getragen. Es ist nicht da, um geführt zu werden, sondern um Bedeutung zu haben. Es sind die beiden Seiten alles frei beweglichen Lebens, die in diesen Ständen zum Ausdruck gelangen, *von denen der eine ganz Dasein, der andre ganz Wachsein ist*.

Jeder Adel ist ein lebendiges Symbol *der* Zeit, jede Priesterschaft eins *des Raumes*. Schicksal und heilige Kausalität, Geschichte und Natur, das Wann und das Wo, Rasse und Sprache, Geschlechtsleben und Sinnenleben: das alles kommt darin zum höchstmöglichen Ausdruck. Der Adel lebt in einer Welt von Tatsachen, der Priester in einer Welt von Wahrheiten; jener ist Kenner, dieser Erkenner, jener Täter, dieser Denker. Aristokratisches Weltgefühl ist durch und durch Takt, priesterliches verläuft durchaus in Spannungen. Zwischen den Zeiten Karls des Großen und Konrads II. hat sich im Strome des Daseins etwas herausgebildet, das man nicht erklären kann, sondern fühlen muß, um den Anbruch einer neuen Kultur zu verstehen. Edle und Geistliche gab es längst, Adel und Priestertum im großen Sinne und mit der vollen Wucht sinnbildlicher Bedeutsamkeit gibt es erst jetzt und nicht für lange Zeit.Die Gewalt dieser Symbolik ist so groß, daß zunächst jeder andre Unterschied nach Landschaften, Völkern und Sprachen dagegen zurücktritt. Die gotische Geistlichkeit bildet durch alle Länder hin, von Irland bis nach Kalabrien, eine einzige große Gemeinschaft; die frühantike Ritterschaft vor Troja und die frühgotische vor Jerusalem wirken wie eine große Familie. Die altägyptischen Gaue und die Lehnsstaaten der ersten Dschouzeit erscheinen den Ständen gegenüber *deshalb* als matte Gebilde, ganz wie das Burgund und Lothringen der Stauferzeit. Kosmopolitisches gibt es am Anfang und am Ende einer Kultur, aber dort, weil die sinnbildliche Gewalt der ständischen Formen noch über die der Nationen hinausragt, hier weil die formlose Masse unter sie herabsinkt.

Beide Stände schließen sich der Idee nach aus. Der Urgegensatz von Kosmischem und Mikrokosmischem, der alle frei im Raum beweglichen Wesen durchdringt, liegt auch ihrem Doppeldasein zugrunde. Jeder ist nur durch den andern möglich und notwendig. In der homerischen Welt herrscht feindliches Schweigen über die orphische, und jene wird für diese, wie die vorsokratischen Denker bezeugen, ein Gegenstand des Zorns und der Verachtung. In gotischer Zeit sind die reformatorischen Geister den Renaissancenaturen in heiliger Begeisterung in den Weg getreten, Staat und Kirche sind nie zu einem Ausgleich gekommen, und dieser Gegensatz hat sich in dem Kampf zwischen Kaisertum und Papsttum zu einer Höhe gesteigert, die nur dem faustischen Menschen möglich war.

Und zwar ist der Adel *der eigentliche Stand*, der Inbegriff von Blut und Rasse, ein Daseinsstrom in denkbar vollendeter Form. Adel ist eben damit höheres Bauerntum. Noch um 1250 galt weithin im Abendlande der Spruch: „Wer morgens ackert, reitet nachmittags zum Turnier“, und die Sitte, daß Ritter Bauerntöchter freiten. Die Burg ist im Gegensatz zum Dom auf dem Wege über den ländlichen Edelsitz etwa der Frankenzeit aus dem Bauernhause herangewachsen. In den isländischen Sagas werden Bauernhöfe wie Burgen belagert und erstürmt. Adel und Bauerntum sind ganz pflanzenhaft und triebhaft, tief im Stammlande wurzelnd, im Stammbaum sich fortpflanzend, züchtend und gezüchtet. Im Vergleich dazu ist das Priestertum der eigentliche *Gegen-Stand*, der Stand des Verneinens, die Nichtrasse, die Unabhängigkeit vom Boden, das freie, zeitlose, geschichtslose Wachsein. In jedem Bauerndorf von der Steinzeit bis zu den Höhepunkten der Kultur, in jedem Bauerngeschlecht spielt sich Weltgeschichte im Kleinen ab. Es sind statt der Völker Familien, statt der Länder Höfe, aber die letzte Bedeutung dessen, um das hier wie dort gekämpft wird, ist dieselbe: die Erhaltung des Blutes, die Geschlechterfolge, das Kosmische, das Weib, die Macht. Macbeth und König Lear hätten auch als Dorftragödien erdacht werden können; das ist ein Beweis von echter Tragik. In allen Kulturen erscheinen Adel und Bauerntum in der Form von *Geschlechtern*, und das Wort dafür berührt sich in allen Sprachen mit der Bezeichnung der beiden Geschlechter, durch die das Leben sich fortpflanzt, Geschichte hat und Geschichte macht. Und da das Weib Geschichte *ist*, so bestimmt sich der innere

Rang von Bauern- und Adelsgeschlechtern danach, wieviel Rasse ihre Frauen haben, bis zu welchem Grade sie Schicksal *sind*. Deshalb liegt ein tiefer Sinn in der Tatsache, daß Weltgeschichte, je echter und rassehafter sie ist, um so mehr den Strom des öffentlichen Lebens in das Privatleben großer Einzelgeschlechter hinüberleitet und ihm einordnet. Eben darauf beruht das dynastische Prinzip, aber auch der Begriff der welthistorischen Persönlichkeit. Die Schicksale ganzer Staaten werden von dem zu ungeheuren Dimensionen gesteigerten Privatschicksal Weniger abhängig. Die Geschichte Athens im 5. Jahrhundert ist zum großen Teil die der Alkmäoniden, die Geschichte Roms die von einigen Geschlechtern von der Art der Fabier und Claudier. Die Staatengeschichte des Barock ist im Umriß identisch mit den Wirkungen der habsburgischen und bourbonischen Familienpolitik, und ihre Krisen haben die Form von Heiraten und Erbfolgekriegen. Die Geschichte von Napoleons zweiter Ehe umfaßt auch den Brand von Moskau und die Schlacht bei Leipzig. Die Geschichte des Papsttums ist bis ins 18. Jahrhundert hinein die Geschichte einiger Adelsgeschlechter, welche die Tiara erstrebten, um einen fürstlichen Familienbesitz zu gründen. Aber das gilt auch von byzantinischen Würdenträgern und von englischen Premierministern, wie die Familiengeschichte der Cecils zeigt, und sogar noch von sehr vielen Führern großer Revolutionen.

Alles das wird vom Priestertum verneint und also auch von der Philosophie, soweit sie Priestertum ist. Der Stand des reinen Wachseins und der ewigen Wahrheiten richtet sich gegen die Zeit, die Rasse, das Geschlecht in jedem Sinne. Der Mann als Bauer oder Ritter ist dem Weibe als dem Schicksal zu-, der Mann als Priester ist ihm abgewandt. Der Adel ist stets in Gefahr, das öffentliche Leben im Privatleben verschwinden zu lassen, indem er den breiten Daseinsstrom in das Bett des kleineren seiner Ahnen und Enkel leitet. Der echte Priester erkennt das Privatleben, das Geschlecht, das „Haus“ der Idee nach überhaupt nicht an. Für den Menschen von Rasse ist erst der Tod ohne Erben der wahre und furchtbare Tod, was die isländischen Sagas so gut wie der chinesische Ahnenkult lehren. Wer in Söhnen und Enkeln fortlebt, stirbt nicht ganz. Aber für den wahren Priester gilt das *media vita in morte sumus*: sein Erbe ist geistig und verwirft den Sinn des Weibes. Die überall wiederkehrenden Erscheinungsformen dieses zweiten Standes sind die Ehelosigkeit, das Kloster, die Bekämpfung des Geschlechtlichen bis zur Selbstentmannung, die Verachtung des Muttertums, die sich im Orgiasmus und der heiligen Prostitution ausspricht und in der begrifflichen Herabwürdigung des Geschlechtslebens bis zu jener unflätigen Definition der Ehe durch Kant.Für die gesamte Antike gilt das Gesetz, daß im heiligen Tempelbezirk, dem *temenos*, niemand geboren werden und sterben darf. Das Zeitlose darf mit der Zeit nicht in Berührung kommen. Es ist möglich, daß ein Priester die großen Augenblicke von Zeugung und Geburt begrifflich anerkennt und durch Sakramente ehrt, aber erleben darf er sie nicht.

Denn der Adel *ist* etwas, das Priestertum *bedeutet* etwas. Auch damit erscheint es als das Gegenteil von allem, was Schicksal, Rasse, Stand ist. Auch die Burg mit ihren

Gemächern, Türmen, Wällen und Gräben redet von einem mächtig strömenden Sein; der Dom mit Wölbung, Pfeilern und Chor aber ist durch und durch Bedeutung, nämlich Ornament; und jede alte Priesterschaft hat sich zu einer wundervoll schweren und prächtigen Art von Haltung entwickelt, in welcher jeder Zug von Miene und Tonfall bis zu Tracht und Gang Ornament ist, und das Privatleben, auch das Innenleben als wesenlos verschwindet, während gerade im Gegenteil eine reife Aristokratie, wie die französische des 18. Jahrhunderts, ein vollendetes Leben zur Schau stellt. Wenn gotisches Denken aus der Idee des Priesters den *character indelebilis* entwickelte, wonach die Idee unzerstörbar und in ihrer Würde von der Lebensführung ihres Trägers in der Welt als Geschichte gänzlich unabhängig ist, so gilt das unausgesprochen von jedem Priestertum und also auch von aller Philosophie im Sinne der Schulen. Hat ein Priester Rasse, so führt er ein äußeres Dasein wie jeder Bauer, Ritter oder Fürst. Die Päpste und Kardinäle der gotischen Zeit waren Lehnsfürsten, Heerführer, Jagdfreunde, Liebhaber und trieben Familienpolitik. Unter den Brahmanen des vorbuddhistischen „Barock" gab es Großgrundbesitzer, gepflegte Abbés, Hofleute, Verschwender, Feinschmecker,aber gerade die Frühzeit hat im Priestertum die Idee von der Person zu unterscheiden gewußt, was dem Wesen des Adels gänzlich widerspricht, und erst die Aufklärung beurteilte den Priester nach seinem Privatleben, nicht weil ihre Augen schärfer sahen, sondern weil ihr die Idee abhanden gekommen war.

Der Adlige ist *der Mensch als Geschichte*, der Priester *der Mensch als Natur*. Geschichte großen Stils ist immer Ausdruck und Nachwirkung des Daseins einer adligen Gemeinschaft gewesen, und der innere Rang der Ereignisse bestimmt sich nach dem Takt in diesem Daseinsstrom. Das ist der Grund, weshalb die Schlacht von Cannä viel und die Schlachten spätrömischer Kaiser gar nichts bedeuten. Der Anbruch einer Frühzeit sieht regelmäßig auch die Geburt eines Uradels – der Fürst wird als *primus inter pares* empfunden und mit Mißtrauen betrachtet, denn eine starke Rasse hat den großen Einzelnen nicht nötig; er stellt ihren Wert sogar in Frage, und deshalb sind Vasallenkriege die vornehmste Form, in der frühzeitliche Geschichte sich vollzieht – und dieser Adel hat fortan das Schicksal der Kultur in Händen. Hier wird in schweigender und deshalb um so nachdrücklicherer Gestaltungskraft das Dasein in Form gebracht, der Takt im Blute herangebildet und gefestigt und zwar *für alle Zukunft*. Denn was für jede Frühzeit dieser schöpferische Aufstieg zur lebendigen Form, das ist für jede Spätzeit *die Macht der Tradition*, nämlich die alte und feste Zucht, der sicher gewordene Takt von solcher Stärke, daß er das Absterben der alten Geschlechter überdauert und unaufhörlich neue Menschen und Daseinsströme aus der Tiefe in seinen Bann zieht. Es kann gar nicht bezweifelt werden, daß alle Geschichte später Zeitalter nach Form, Takt und Tempo schon in den ersten Generationen und zwar unwiderruflich angelegt ist. Ihre Erfolge sind genau so groß wie die Macht der im Blute liegenden Tradition. Es ist in der Politik wie in jeder großen und reifen Kunst: Erfolge setzen voraus, daß das Dasein vollkommen in Form ist, daß der große Schatz uralter Erfahrungen Instinkt und Trieb geworden ist und ebenso unbewußt als selbstverständlich. Eine andere Art von Meisterschaft gibt es nicht; der große Einzelne ist nur dadurch Herr der Zukunft und mehr als ein Zwischenfall, daß er in dieser Form und aus ihr heraus wirkt oder wirkend gemacht wird, Schicksal ist oder Schicksal hat. Das unterscheidet notwendige und überflüssige Kunst und also auch *historisch notwendige und überflüssige Politik*. Mögen dann noch so viel Männer aus dem Volk – das ist hier der Inbegriff der Traditionslosen – in die leitende Schicht gelangen, mögen sie endlich sogar allein übrig sein, sie selbst sind ahnungslos besessen von dem großen Schwung der Tradition, die ihre geistige und praktische Haltung formt, ihre Methoden regelt und die nichts ist als der Takt längst erstorbener Geschlechterfolgen.

Zivilisation aber – wirkliche Rückkehr zur Natur – ist das Erlöschen des Adels nicht als Stamm, was von geringer Bedeutung wäre, sondern als lebendiger Tradition, und der Ersatz des schicksalhaften Taktes durch kausale Intelligenz. Der Adel ist dann nur noch Prädikat; aber zivilisierte Geschichte ist eben damit Oberflächengeschichte, auf zerstreute und nahe Zwecke gerichtet und also formlos im Kosmischen geworden, vom Zufall der großen Einzelnen abhängig, ohne innere Sicherheit, ohne Linie, ohne Sinn. Mit dem Cäsarismus kehrt die Geschichte wieder ins Geschichtslose zurück, in den primitiven Takt der Urzeit und zu den ebenso endlosen als bedeutungslosen Kämpfen um die materielle Macht, welche die Zeit der römischen Soldatenkaiser des 3. Jahrhunderts und der ihnen entsprechenden „sechzehn Staaten" Chinas (265 bis 420) von den Ereignissen im Wildbestand eines Waldes nur noch unwesentlich unterscheidet.

Das Weibliche steht dem Kosmischen näher. Es ist der Erde tiefer verbunden und unmittelbar einbezogen in die großen Kreisläufe der Natur. Das Männliche ist freier, tierhafter, beweglicher auch im Empfinden und Verstehen, wacher und gespannter.

Der Mann *erlebt* das Schicksal und *begreift* die Kausalität, die Logik des Gewordnen nach Ursache und Wirkung. Das Weib aber *ist* Schicksal, *ist* Zeit, *ist* die organische Logik des Werdens selbst. Eben deshalb bleibt das Kausalprinzip ihm ewig fremd. So oft sich der Mensch das Schicksal faßlich zu machen sucht, er hat immer den Eindruck von etwas Weiblichem empfangen, von Moiren, Parzen und Nornen. Der höchste Gott ist nie das Schicksal selbst, sondern er vertritt oder beherrscht es – wie der Mann das Weib. Das Weib ist in ursprünglichen Zeiten auch die Seherin, nicht weil es die Zukunft kennt, sondern weil es sie *ist*. Der Priester deutet nur, das Weib aber ist Orakel. Die Zeit selbst redet aus ihm.

Der Mann *macht* Geschichte, das Weib *ist* Geschichte. In geheimnisvoller Weise enthüllt sich hier ein doppelter Sinn alles lebendigen Geschehens: es ist kosmisches Dahinströmen an sich, und dann doch wieder die Reihenfolge der Mikrokosmen selbst, die das Strömen in sich faßt, schützt und erhält. Diese „zweite" Geschichte ist die eigentlich männliche, die politische und soziale; sie ist bewußter, freier, bewegter. Sie reicht tief in die Anfänge der Tierwelt zurück und empfängt in den Lebensläufen der hohen Kulturen ihre höchste sinnbildliche und welthistorische Gestalt. Weiblich ist die erste, die ewige, mütterliche, pflanzenhafte – die Pflanze selbst hat immer etwas Weibliches –, *die kulturlose Geschichte der Folge von Generationen*, die sich nie ändert, die durch das Dasein aller Tier- und Menschenarten, durch alle kurzlebigen Einzelkulturen gleichmäßig und still hindurchgeht. Blickt man zurück, so ist sie gleichbedeutend mit dem Leben selbst. Auch sie hat ihre Kämpfe und ihre Tragik. Das Weib erringt seinen Sieg im Wochenbett. Bei den Azteken, den Römern der mexikanischen Kultur, wurde die gebärende Frau als tapferer Krieger begrüßt und die an der Geburt gestorbene unter denselben Formeln bestattet wie die in der Schlacht gefallenen Helden. Des Weibes ewige Politik ist die Eroberung des Mannes, durch den sie Mutter von Kindern, durch den sie also Geschichte, Schicksal, Zukunft sein kann. Ihre tiefe Klugheit und Kriegslist richtet sich stets auf den Vater ihres Sohnes. Der Mann aber, der mit dem Schwergewicht seines Wesens der andern Geschichte angehört, will *seinen* Sohn haben als Erben, als Träger seines Blutes und seiner geschichtlichen Tradition.

Hier kämpfen in Mann und Weib *die beiden Arten von Geschichte* um die Macht. Das Weib ist stark und ganz, was es ist, und es erlebt den Mann und die Söhne nur in bezug auf sich und seine Bestimmung. Im Wesen des Mannes liegt etwas Zwiespältiges. Er ist dies und noch etwas andres, was das Weib weder begreift noch anerkennt und als Raub und Gewalt an seinem Heiligsten empfindet. Das ist der geheime Urkrieg der Geschlechter, der ewig dauert, seit es Geschlechter gibt, schweigend, erbittert, ohne Versöhnung, ohne Gnade. Es gibt auch da Politik, Schlachten, Bündnisse, Vertrag und Verrat. Die Rassegefühle von Haß und Liebe, die beide aus den Tiefen der Weltsehnsucht, aus dem Urgefühl der Richtung stammen, herrschen zwischen den Geschlechtern unheimlicher noch als in der andern Geschichte zwischen Mann und Mann. Es gibt Liebeslyrik und Kriegslyrik, Liebestänze und Waffentänze und zwei Arten der Tragödie – Othello und Macbeth –, aber bis an die Abgründe von Klytämnestras und Kriemhilds Rache reicht nichts in der politischen Welt.

Deshalb verachtet das Weib diese andre Geschichte, die Politik des Mannes, die sie nie versteht, von der sie nur weiß, daß sie ihr die Söhne raubt. Was ist ihr eine siegreiche Schlacht, die den Sieg in tausend Wochenbetten vernichtet? Die Geschichte des Mannes opfert die des Weibes sich auf, und es gibt ein weibliches Heldentum, das die Söhne mit Stolz zum Opfer bringt – Katharina Sforza auf den Wällen von Imola –, aber trotzdem ist es die ewige, geheime, bis in die Anfänge der Tierwelt zurückreichende Politik des Weibes, den Mann von ihr abzuziehen, um ihn ganz in die eigne, pflanzenhafte der Geschlechterfolgen einzuspinnen, das heißt in sich selbst. Und trotzdem erfolgt alles in der andern Geschichte nur, um diese ewige Geschichte des Zeugens und Sterbens zu schützen und zu erhalten, man mag es ausdrücken wie man will, für Haus und Herd, für

Weib und Kind, für das Geschlecht, das Volk, die Zukunft. Der Kampf zwischen Mann und Mann geschieht stets um des Blutes, um des Weibes willen. *Das Weib als Zeit ist das, wofür es Staatengeschichte gibt.*

Das Weib von Rasse fühlt das, auch wenn sie es nicht weiß. Sie ist das Schicksal, sie spielt das Schicksal. Es beginnt mit dem Kampfe zwischen den Männern um ihren Besitz – Helena; die Carmentragödie; Katharina IL, Napoleon und Désirée Clary, die Bernadotte zuletzt auf die feindliche Seite zog –, der schon die Geschichte ganzer Tiergattungen ausfüllt, und endet mit ihrer Macht als Mutter, Gattin, Geliebte über das Schicksal von Reichen: die Hallgerd der Njalssaga; die Frankenkönigin Brunhilde; Marozia, die den päpstlichen Stuhl an Männer ihrer Wahl vergibt. Der Mann steigt in *seiner* Geschichte empor, bis er die Zukunft eines Landes in Händen hält – dann kommt ein Weib und zwingt ihn auf die Knie. Mögen darüber Völker und Staaten zugrunde gehen, sie hat in ihrer Geschichte gesiegt. Der politische Ehrgeiz des Weibes von Rasse hat im letzten Grunde nie ein anderes Ziel.

Geschichte besitzt demnach einen heiligen Doppelsinn. Sie ist kosmisch oder politisch. Sie *ist* das Dasein oder *bewahrt* das Dasein. Es gibt zwei Arten von Schicksal, zweierlei Krieg, zweierlei Tragik: *öffentliche und private*. Nichts kann diesen Gegensatz aus der Welt schaffen. Er ist von Anfang an im Wesen des tierischen Mikrokosmos begründet, der zugleich etwas Kosmisches ist. Er tritt in allen bedeutenden Lagen in Gestalt eines Konflikts der Pflichten hervor, der nur für den Mann, nicht für das Weib vorhanden ist, und er wird im Verlauf der hohen Kulturen nicht überwunden, sondern beständig vertieft. Es gibt ein öffentliches und ein Privatleben, öffentliches und privates Recht, Gemeinde- und Hauskulte. Als *Stand* ist das Dasein „in Form“ *für* die eine, als *Stamm* ist es in Fluß *als* die andere Geschichte. Das ist der altgermanische Unterschied der „Schwertseite“ und „Spindelhälfte“ einer Blutsverwandtschaft. Seinen höchsten Ausdruck findet dieser Doppelsinn der gerichteten Zeit in den Ideen *des Staats und der Familie*.

Die Gliederung der Familie ist in lebendigem, was die Gestalt des Hauses in totem Stoff ist.Ein Wandel in Aufbau und Bedeutung des Familiendaseins, und der Grundriß des Hauses wird anders. Der antiken Wohnweise entsprach die Agnatenfamilie antiken Stils, die in hellenischen Stadtrechten noch schärfer ausgeprägt war wie in dem jüngeren römischen.Sie ist ganz auf den gegenwärtigen Stand, das euklidische Jetzt und Hier gestellt, ebenso wie die als Summe gegenwärtig vorhandener Körper aufgefaßte Polis. Blutsverwandtschaft ist also für sie weder notwendig noch ausreichend; sie hört auf mit der Grenze der *patria potestas*, des „Hauses“. Die Mutter ist an sich mit ihren leiblichen Kindern agnatisch *nicht* verwandt; nur insofern sie der *patria potestas* des lebenden Gatten untersteht, ist sie die agnatische Schwester ihrer Kinder.Dem *consensus* dagegen entspricht die magische Kognatenfamilie (hebräisch Mischpacha), die durch väterliche *und* mütterliche Blutsgemeinschaft weithin dargestellt und einen „Geist“

besitzt, einen *consensus* im Kleinen, aber kein bestimmtes Oberhaupt.Es ist für das Erlöschen der antiken und die Entfaltung der magischen Seele bezeichnend, daß das „römische“ Recht der Kaiserzeit von der Agnation allmählich zur Kognation übergeht. Noch einige Novellen Justinians (118, 127) schaffen eine Neuregelung des Erbrechts infolge des Sieges der magischen Familienidee.

Auf der andern Seite erblicken wir Massen von Einzelwesen, die werdend und vergehend, aber Geschichte *machend* dahinströmen. Je reiner, tiefer, stärker, selbstverständlicher der gemeinsame Takt dieser Geschlechterfolgen, desto mehr „Blut“, desto mehr Rasse haben sie. Aus der Unendlichkeit aller heben sich beseelte Einheiten ab,Scharen, die sich im gleichen Wellenschlag des Daseins als Ganzes fühlen, nicht geistige Gemeinschaften wie Orden, Künstlergilden und Gelehrtenschulen, die durch gleiche Wahrheiten verbunden sind, sondern Blutverbände mitten im kämpfenden Leben.

Es sind Daseinsströme *“in Form“*, um einen Sportausdruck zu gebrauchen, der in die Tiefe dringt. In Form ist ein Feld von Rennpferden, das sicher in den Gelenken mit feinem Schwung über die Hürde geht und sich dann wieder im gleichen Takt der Hufe über die Ebene bewegt. In Form sind Ringer, Fechter und Ballspieler, denen das Gewagteste leicht und selbstverständlich von der Hand geht. In Form ist eine Kunstepoche, für welche die Tradition Natur ist wie der Kontrapunkt für Bach. In Form ist eine Armee, wie sie Napoleon bei Austerlitz und Moltke bei Sedan hatten. So gut wie alles, was in der Weltgeschichte geleistet worden ist, im Krieg und in jener Fortsetzung des Krieges durch geistige Mittel, die wir Politik nennen, alle erfolgreiche Diplomatie, Taktik, Strategie, sei es die von Staaten, Ständen oder Parteien, rührt von lebendigen Einheiten her, die sich in Form befanden.

Das Wort für die rassemäßige Art von Erziehung ist *Zucht, Züchtung*, im Unterschied von Bildung, die durch die Gleichheit des Gelernten oder Geglaubten Wachseinsgemeinschaften begründet. Zur Bildung gehören Bücher, zur Zucht gehört der stetige Takt und Einklang der Umgebung, in die man sich hineinfühlt, hinein *lebt*: Klostererziehung und Pagenerziehung der frühen Gotik. Alle guten Formen einer Gesellschaft, jedes Zeremoniell ist versinnlichter Takt einer Art von Dasein. Um sie zu beherrschen, muß man Takt *haben*. Deshalb gewöhnen sich Frauen, weil sie triebhafter und dem Kosmischen näher sind, schneller an die Formen einer neuen Umgebung. Frauen aus der Tiefe bewegen sich nach ein paar Jahren mit voller Sicherheit in einer vornehmen Welt, aber sie sinken ebenso schnell wieder herab. Der Mann ändert sich schwerer, weil er wacher ist. Der Proletarier wird nie ganz Aristokrat, der Aristokrat nie ganz Proletarier. Erst die Söhne haben den Takt der neuen Umgebung.

Je tiefer die Form, desto strenger und abweisender ist sie. Dem nicht Zugehörigen erscheint sie als Sklaverei; der Zugehörige beherrscht sie mit vollkommener Freiheit und

Leichtigkeit. Der Fürst von Ligne war ebenso wie Mozart Herr, nicht Sklave der Form; und das gilt von *jedem* geborenen Aristokraten, Staatsmann und Heerführer.

Deshalb gibt es in allen hohen Kulturen ein *Bauerntum*, das Rasse überhaupt und also gewissermaßen Natur ist, und eine *Gesellschaft*, die in anspruchsvoller Weise „in Form" ist, als Gruppe von Klassen oder Ständen und ohne Zweifel künstlicher und vergänglicher. Aber die Geschichte dieser Klassen und Stände ist *Weltgeschichte in höchster Potenz*. Erst im Hinblick auf sie erscheint das Bauerntum als geschichtslos. Die gesamte Geschichte großen Stils von sechs Jahrtausenden hat sich in den Lebensläufen der hohen Kulturen vollzogen, nur weil diese Kulturen selbst ihren schöpferischen Mittelpunkt *in Ständen* haben, die Zucht besitzen, in Vollendung gezüchtet worden sind. Eine Kultur ist Seelentum, das in sinnbildlichen Formen zum Ausdruck gelangt, aber diese Formen sind lebendig und in Entwicklung begriffen, auch die der Kunst, deren wir uns erst durch ihre Abziehung von der Kunst *geschichte* bewußt geworden sind; sie liegen im gesteigerten Dasein von Einzelnen und Kreisen, eben in dem, was soeben „Dasein in Form" genannt worden ist und durch diese Höhe des Geformtseins erst die Kultur repräsentiert.

Das ist etwas Großes und Einziges innerhalb der organischen Welt. Es ist der einzige Punkt, wo der Mensch sich über die Mächte der Natur erhebt und selbst Schöpfer wird. Noch als Rasse ist er Schöpfung der Natur; da *wird* er gezüchtet; als Stand aber züchtet er sich selbst, ganz wie die edlen Tier- und Pflanzenrassen, mit denen er sich umgeben hat; und eben das ist im höchsten und letzten Sinne Kultur. Kultur und Klasse sind Wechselbegriffe; sie entstehen als Einheit, sie vergehen als Einheit. Die Züchtung erlesener Wein-, Obst- und Blumenarten, die Züchtung von Pferden reinen Blutes *ist* Kultur, und in genau demselben Sinne entsteht erlesene menschliche Kultur als Ausdruck eines Daseins, das sich selbst in große Form gebracht hat.

Aber eben deshalb gibt es in jeder Kultur ein starkes Gefühl dafür, ob jemand dazu gehört oder nicht. Der antike Begriff des Barbaren, der arabische des Ungläubigen – des Amhaarez oder Giaur –, der indische des Tschudra mögen noch so verschieden gedacht sein, sie drücken zunächst weder Haß noch Verachtung aus, sondern stellen eine Verschiedenheit im Takt des Daseins fest, die eine unüberschreitbare Grenze in allen tiefen Dingen zieht. Diese ganz klare und eindeutige Tatsache ist durch den indischen Begriff der „vierten Kaste" verdunkelt worden, die es in Wirklichkeit, wie wir heute wissen, nie gegeben hat.Das Gesetzbuch des Manu mit seinen berühmten Bestimmungen über die Behandlung des Tschudra entstammt dem ausgebildeten Fellachentum Indiens und zeichnet ohne Rücksicht auf die rechtlich vorhandene oder auch nur erreichbare Wirklichkeit das dünkelhafte Brahmanenideal durch seinen Gegensatz, wie es mit dem Begriff des arbeitenden Banausen in der spätantiken Philosophie nicht viel anders gewesen ist. Das hat für uns dort zum Mißverstehen der

Kaste als einer spezifisch indischen Erscheinung, hier zu einer grundfalschen Meinung von der Stellung des antiken Menschen zur Arbeit geführt.

Es handelt sich in allen Fällen um den *Rest*, der für das innere Leben der Kultur und ihre Symbolik nicht in Betracht kommt und von dem bei jeder bedeutungsvollen Einteilung von vornherein abgesehen wird, etwa das, was man heute in Ostasien *outcast* nennt. In dem gotischen Begriff des *corpus christianum* ist ausgesprochen, daß der jüdische Konsensus *nicht* dazu gehört. Innerhalb der arabischen Kultur ist im Bereiche der jüdischen, persischen, christlichen und vor allem islamischen Nation der Andersgläubige nur geduldet und im übrigen mit Verachtung seiner eigenen Verwaltung und Rechtsprechung überlassen. In der Antike sind „ *outcast*" nicht nur Barbaren, sondern in gewissem Sinne auch die Sklaven, vor allem aber Reste der Urbevölkerung wie die Penesten in Thessalien und die Heloten in Sparta, deren Behandlung durch ihre Herren wieder an die Haltung der Normannen im angelsächsischen England und der Ordensritter im slawischen Osten erinnert. Im Gesetzbuch des Manu erscheinen als Namen von Tschudraklassen alte Völkernamen des „Kolonialgebiets" am unteren Ganges, darunter Magadha – danach könnte Buddha so gut wie der Cäsar Asoka, dessen Großvater Tschandragupta von niedrigster Herkunft war, ein Tschudra gewesen sein – andre sind Namen von Berufen und das erinnert daran, daß auch im Abendland und anderswo gewisse Berufe *outcast* waren, so die Bettler – bei Homer ein Stand! –, Schmiede, Sänger und die berufsmäßig Erwerbslosen, die in frühgotischer Zeit durch die Caritas der Kirche und die Wohltätigkeit frommer Laien in Massen förmlich gezüchtet worden sind.

Aber endlich ist Kaste überhaupt ein Wort, das weniger gebraucht als mißbraucht worden ist. Kasten haben im Ägypten des Alten und Mittleren Reiches ebensowenig bestanden wie im vorbuddhistischen Indien und in China vor der Hanzeit. Erst in sehr späten Zuständen tauchen sie auf, dann aber auch in allen Kulturen. Von der 21. Dynastie an (um 1100) befindet sich Ägypten bald in den Händen der thebanischen Priester-, bald der libyschen Kriegerkaste, und die Erstarrung ist dann beständig fortgeschritten bis zu den Tagen Herodots, der den Zustand seiner Zeit ebenso falsch als spezifisch ägyptisch betrachtet hat, wie wir heute den indischen. *Stand und Kaste unterscheiden sich wie früheste Kultur und späteste Zivilisation.* In der Heraufkunft der Urstände Adel und Priestertum entfaltet sich die Kultur, in den Kasten drückt sich das endgültige Fellachentum aus. Der Stand ist das Lebendigste von allem, Kultur in Vollendung begriffen, „geprägte Form, die lebend sich entwickelt"; die Kaste ist das absolute Fertigsein, die Zeit der Vollendung als unbedingte Vergangenheit.

Die großen Stände sind aber auch etwas ganz andres als die *Berufsgruppen* etwa der Handwerker, Beamten, Künstler, die durch technische Tradition und den Geist ihrer Arbeit zunftmäßig zusammengehalten werden: nämlich *Symbole in Fleisch und Blut*, deren gesamtes Sein nach Erscheinung, Haltung und Denkart sinnbildliche Bedeutung besitzt. Und zwar ist innerhalb jeder Kultur das Bauerntum ein reines Stück Natur und Wachstum und also *unpersönlicher* Ausdruck, Adel und Priestertum aber das Ergebnis einer hohen Zucht oder Bildung und also Ausdruck einer *ganz persönlichen Kultur*, die nicht nur den Barbaren, den Tschudra, sondern nun auch alle andern dem Stand nicht Zugehörigen *als Rest*, vom Adel aus gesehen als „Volk", vom Priester aus als Laientum durch die Höhe der Form abweist. Und dieser *Stil der Persönlichkeit* ist es, der im Fellachentum versteinert und zum Typus einer Kaste wird, die nun unverändert durch alle Jahrhunderte fortbesteht. Wenn innerhalb der lebendigen Kultur sich Rasse und Stand als das unpersönliche und persönliche gegenüberstehen, so in Fellachenzeiten *die Masse und die Kaste*, der Kuli und der Brahmane oder Mandarin als *das Formlose und das Förmliche*. Die lebendige Form ist zur Formel geworden, die ebenfalls Stil besitzt, aber stilvolle Starrheit, den versteinerten Stil der Kaste, etwas von höchster Feinheit, Würde und Durchgeistigung, den im Werden begriffenen Menschen einer Kultur sich unendlich überlegen fühlend – wir machen uns kaum eine Vorstellung davon, aus welcher Höhe ein Mandarin oder Brahmane auf europäisches Denken und Tun herabblickt, und wie gründlich die ägyptischen Priester ihre Besucher wie Pythagoras und Plato verachtet haben müssen – aber unbewegt durch alle Zeiten schreitend mit der byzantinischen Erhabenheit einer Seele, die alle Rätsel und Probleme längst hinter sich hat.

3

Und daraus folgt, daß echte Geschichte *nicht* "Kulturgeschichte" in dem antipolitischen Sinne ist, wie er unter Philosophen und Doktrinären jeder beginnenden Zivilisation und also gerade heute wieder beliebt wird, sondern ganz im Gegenteil Rassegeschichte, Kriegsgeschichte, diplomatische Geschichte, das Schicksal von Daseinsströmen in Gestalt von Mann und Weib, Geschlecht, Volk, Stand, Staat, die sich im Wellenschlag der großen Tatsachen verteidigen und gegenseitig überwältigen wollen. *Politik im höchsten Sinne ist Leben, und Leben ist Politik.* Jeder Mensch, er mag wollen oder nicht, ist Glied dieses kämpfenden Geschehens, als Subjekt oder Objekt; etwas drittes gibt es nicht. Das Reich des Geistes ist *nicht* von dieser Welt, gewiß, aber es setzt sie voraus, wie das Wachsein das Dasein voraussetzt; es ist nur möglich als ein beständiges Neinsagen zur Wirklichkeit, die eben und trotzdem *da* ist. Die Rasse kann der Sprache entbehren, aber schon das Sprechen der Sprache ist Rasseausdruck,und ebenso ist alles, was in der Geistes *geschichte* erfolgt – daß es eine solche Geschichte überhaupt gibt, beweist schon die Macht des Blutes über das Empfinden und Verstehen –, alle Religionen, alle Künste, alle Gedanken, weil sie tätiges Wachsein in Form sind, mit allen ihren Entwicklungen, ihrer ganzen Symbolik, ihrer ganzen Leidenschaft Ausdruck auch noch des Blutes, das diese Formen im Wachsein ganzer Geschlechterfolgen durchströmt. Ein Held braucht von dieser zweiten Welt gar nichts zu ahnen; er ist Leben durch und durch, aber ein Heiliger kann nur durch die strengste Askese das Leben in sich niederzwingen, um mit seinem Geist allein zu sein – und die Kraft dazu ist doch wieder das Leben selbst. Der Held verachtet den Tod, und der Heilige verachtet das Leben, aber da dem Heroismus der großen Asketen und Märtyrer gegenüber die Frömmigkeit der meisten von der Art ist, von welcher es in der Bibel heißt: „Weil Du weder kalt noch warm bist, will ich Dich ausspeien aus meinem Munde“, so entdeckt man, daß selbst Größe im Religiösen Rasse voraussetzt, ein starkes Leben, an dem es etwas zu überwinden gibt – der Rest ist bloße Philosophie.

Aber deshalb ist auch Adel im welthistorischen Sinne unendlich viel mehr, als bequeme Spätzeiten gelten lassen, nämlich nicht eine Summe von Titeln, Rechten und Zeremonien, sondern ein innerer Besitz, der schwer zu erwerben und schwer zu halten ist und der, wenn man ihn begreift, schon das Opfer eines ganzen Lebens wert erscheint. Ein altes Geschlecht bedeutet nicht einfach eine Reihe von Vorfahren – Ahnen haben wir alle –, sondern von Vorfahren, die durch ganze Geschlechterfolgen auf den Höhen der Geschichte lebten und Schicksal nicht nur hatten, sondern auch waren, in deren Blut durch jahrhundertelange Erfahrung die Form des Geschehens bis zur Vollendung gezüchtet worden ist. Da Geschichte im großen Sinne mit einer Kultur beginnt, so ist es bloße Spielerei, wenn etwa die Colonna ihr Geschlecht bis in die Römerzeit zurückverfolgen. Aber es hat einen Sinn, wenn es im späten Byzanz für vornehm galt, vom Stamme des großen Konstantin entsprossen zu sein, und heute in den Vereinigten Staaten, seine Familie bis zu einem der 1620 mit der „Mayflower“ Eingewanderten zurückzuführen. In Wirklichkeit beginnt der antike Adel mit der trojanischen Zeit, nicht mit Mykene, und der abendländische mit der Gotik und nicht mit den Franken und Goten, in England mit den Normannen und nicht mit den Sachsen. Erst von da an gibt es Geschichte und also kann es erst von da an statt der Edlen und Helden einen Uradel von sinnbildlichem Range geben. Was am Anfang als kosmischer Takt bezeichnet worden war,erhält in ihm seine Vollendung. Denn alles, was wir in reifen Zeiten diplomatischen und gesellschaftlichen Takt nennen, und dazu gehören der strategische und der geschäftliche Blick, das Auge des Sammlers kostbarer Dinge und das Feingefühl des Menschenkenners, überhaupt alles was man nicht lernt, sondern *hat*, was bei den übrigen den ohnmächtigen Neid des Nichtmitkönnens weckt und was als Form den Gang der Ereignisse leitet, ist nichts als ein Einzelfall jener kosmischen und traumhaften Sicherheit, die in den Wendungen eines Vogelschwarms und den beherrschten Bewegungen edler Pferde sichtbar zum Ausdruck gelangt.

Den Priester *umgibt* die Welt als Natur; er vertieft ihr Bild, indem er es *durchdenkt*. Der Adel *lebt* in der Welt als Geschichte und vertieft sie, indem er ihr Bild verändert. Beides entwickelt sich zur großen Tradition, aber die eine ist das Ergebnis von *Bildung*, die andere das von *Zucht*. Dies ist ein grundlegender Unterschied zwischen beiden Ständen, weshalb nur der eine wirklicher Stand ist und der andere durch den aufs äußerste getriebenen Gegensatz dazu als Stand *erscheint*. Zucht, Züchtung erstreckt sich auf das Blut und geht von den Vätern zu den Söhnen weiter. Bildung aber setzt Begabung voraus, und deshalb ist ein echtes und starkes Priestertum stets eine Sammlung von Einzelbegabungen – eine Wachseinsgemeinschaft – ohne Rücksicht auf Herkunft im Rassesinne und auch darin eine Verneinung von Zeit und Geschichte. Geistesverwandt und blutsverwandt – man vertiefe sich in den Unterschied dieser Worte.

Erbliches Priestertum ist ein Widerspruch in sich selbst. Im vedischen Indien liegt ihm die Tatsache zugrunde, daß es einen zweiten Adel gibt, der die priesterlichen Rechte den Begabungen aus seiner Mitte vorbehält; das Zölibat macht aber anderswo selbst dieser Grenzüberschreitung ein Ende. Der „Priester im Menschen" – mag dieser Mensch von Adel sein oder nicht – bedeutet einen Mittelpunkt der heiligen Kausalität im Weltraume. Die priesterliche Kraft selbst ist kausaler Natur, von höherer Ursache bewirkt und als Ursache weiterhin wirkend. Der Priester ist *der Mittler* im zeitlos Ausgedehnten, das zwischen dem Wachsein des Laien und dem letzten Geheimnis ausgespannt ist, und damit ist das Priestertum aller Kulturen seiner Bedeutung nach durch deren Ursymbol bestimmt. Die antike Seele verneint den Raum und bedarf also des Mittlers nicht; deshalb schwand der antike Priesterstand schon in den Anfängen hin. Der faustische Mensch steht dem Unendlichen gegenüber und nichts schützt ihn vor der drückenden Gewalt dieses Aspekts; deshalb hat das gotische Priestertum sich bis zur Idee des Papsttums gesteigert.

Zwei Anschauungen der Welt, zwei Arten, wie das Blut in den Adern fließt und das Denken ins tägliche Sein und Tun verflochten wird – es sind endlich mit jeder hohen Kultur zwei Moralen entstanden, von denen jede auf die andere herabblickt: adlige Sitte und geistliche Askese, die sich wechselseitig als weltlich oder sklavisch verwerfen. Es war gezeigt worden,wie die eine aus der Burg, die zweite aus Kloster und Dom hervorgeht, die eine aus dem vollen Dasein mitten im Strom der Geschichte, die andere abseits davon aus einem reinen Wachsein inmitten einer gotterfüllten Natur. Späte Zeiten machen sich keine Vorstellung mehr von der Gewalt dieser ursprünglichen Eindrücke. Das weltliche und geistliche Standesgefühl sind im Aufstieg begriffen und prägen sich ein *sittliches Standesideal,* das nur dem Zugehörigen und diesem nur durch eine lange und strenge Schule erreichbar ist. Der *große* Daseinsstrom *fühlt* sich als Einheit gegenüber dem Rest, in dem das Blut träge und ohne Takt dahinfließt; die *große* Wachseinsgemeinschaft *weiß* sich als Einheit gegenüber dem Rest der Nichteingeweihten. Das ist die Heldenschar und die Gemeinschaft der Heiligen.

Es wird immer das große Verdienst Nietzsches bleiben, als erster das Doppelwesen aller Moral erkannt zu haben.Er hat mit seinen Begriffen Herren- und Sklavenmoral die Tatsachen nicht richtig gezeichnet und „das Christentum" viel zu eindeutig auf die eine Seite gestellt, aber das liegt klar und stark all seinen Betrachtungen zugrunde: *gut und schlecht sind adlige, gut und böse priesterliche Unterscheidungen*. gut und schlecht, die Totembegriffe schon der primitiven Männerbünde und Sippen, bezeichnen nicht Gesinnungen, sondern Menschen und zwar nach der Ganzheit ihres lebendigen Seins.

Die Guten sind die Mächtigen, Reichen, Glücklichen. Gut bedeutet stark, tapfer, von edler Rasse, und zwar im Sprachgebrauch aller Frühzeiten. Schlecht, feil, elend, gemein im ursprünglichen Sinne sind die Machtlosen, Besitzlosen, Unglücklichen, Feigen, Geringen, die Söhne Niemands, wie man im alten Ägypten sagte. Gut und böse, die Tabubegriffe, werten den Menschen hinsichtlich seines Empfindens und Verstehens, also seiner *wachen* Gesinnung und bewußten Handlungen. Gegen die Liebessitte im Rassesinne verstoßen ist gemein; gegen das Kirchengebot der Liebe fehlen ist böse. Die vornehme Sitte ist das ganz unbewußte Ergebnis einer langen und beständigen Zucht. Man lernt sie im Umgang und nicht aus Büchern. Sie ist gefühlter Takt und nicht Begriff. Die andre Moral aber ist Satzung, nach Grund und Folge durchaus gegliedert und also lernbar und Ausdruck einer *Überzeugung.*

Die eine ist durch und durch geschichtlich und erkennt alle Rangunterschiede und Vorrechte als tatsächlich und gegeben an. Ehre ist immer Standesehre; eine Ehre der ganzen Menschheit gibt es nicht. Der Zweikampf steht dem Unfreien nicht zu. Jeder Mensch hat, sei er Beduine, Samurai oder Korse, Bauer, Arbeiter, Richter oder Räuber, seine eigenen, verpflichtenden Begriffe von Ehre, Treue, Tapferkeit, Rache, die auf keine andre Art von Leben anwendbar sind. Jedes Leben *hat* Sitte; anders ist es gar nicht zu denken. Schon die Kinder haben sie, wenn sie spielen. Sie wissen sofort und von selbst, was sich schickt. Niemand hat diese Regeln gegeben, aber sie sind da. Sie entstehen ganz unbewußt aus dem „Wir", das sich durch den einheitlichen Takt des Kreises gebildet hat. Auch im Hinblick darauf ist jedes Dasein „in Form". Jede Menge, die sich aus irgendeinem Anlaß auf der Straße zusammenballt, hat im Augenblick auch ihre Sitte; wer sie nicht als selbstverständlich in sich trägt – „befolgen" ist schon viel zu verstandesmäßig –, der ist schlecht, gemein, er gehört nicht dazu. Ungebildete und Kinder besitzen eine erstaunliche Feinfühligkeit dafür. Kinder haben aber auch den Katechismus zu lernen. Da erfahren sie von gut und böse, die gesetzt sind und nichts weniger als selbstverständlich. Sitte ist nicht, was *wahr* ist, sondern was *da* ist. Sie ist gewachsen, angeboren, erfühlt, von organischer Logik. Moral ist im Gegensatz dazu niemals Wirklichkeit – sonst wäre alle Welt heilig – sondern eine ewige Forderung, die über dem Bewußtsein hängt und zwar der Idee nach über dem aller Menschen, unabhängig von allen Unterschieden des wirklichen Lebens und der Geschichte. Deshalb ist jede Moral verneinend, jede Sitte bejahend. *Ehrlos* ist hier das Schlimmste, *sündlos* dort das Höchste.

Der Grundbegriff aller lebendigen Sitte ist die Ehre. Alles andere, Treue, Demut, Tapferkeit, Ritterlichkeit, Selbstbeherrschung, Entschlossenheit liegen darin. Und Ehre ist Sache des Blutes, nicht des Verstandes. Man überlegt nicht – sonst ist man schon ehrlos. Die Ehre verlieren, heißt für das Leben, die Zeit, die Geschichte vernichtet sein. Die Ehre des Standes, der Familie, des Mannes und Weibes, des Volkes und Vaterlandes, die Ehre des Bauern, Soldaten, selbst des Banditen: Ehre bedeutet, daß das Leben in einer Person etwas wert ist, historischen Rang, Abstand, Adel besitzt. Sie gehört zur gerichteten Zeit wie die Sünde zum zeitlosen Räume. Ehre im Leibe haben, heißt beinahe soviel wie Rasse haben. Das Gegenteil sind die Thersitesnaturen, die Kotseelen, der Pöbel: „Tritt mich, aber laß mich leben." Eine Beleidigung hinnehmen, eine Niederlage vergessen, vor dem Feinde winseln –, das ist alles Zeichen wertlos und überflüssig gewordenen Lebens und also etwas ganz anderes als priesterliche Moral, die sich nicht an das wenn auch noch so verächtlich gewordene Leben klammert, sondern vom Leben und damit der Ehre überhaupt absieht. Es war schon gesagt worden: jede moralische Handlung ist im tiefsten Grunde ein Stück Askese und Abtötung des Daseins. Und eben damit steht sie außerhalb des Lebens und der geschichtlichen Welt.

4

Hier muß etwas vorweggenommen werden, was der Weltgeschichte namentlich in den Spätzeiten der großen Kulturen und der beginnenden Zivilisation erst ihren Farbenreichtum und die sinnbildliche Tiefe der Ereignisse gibt. Die Urstände Adel und Priestertum sind der *reinste* Ausdruck der beiden Lebensseiten, aber nicht der *einzige*. Schon ganz früh, und im primitiven Zeitalter vielfach vorgedeutet, brechen noch andere Daseinsströme und Wachseinsverbindungen hervor, in denen die Symbolik von Zeit und Raum zu lebendigem Ausdruck gelangt und die erst zusammen mit jenen die ganze Fülle dessen ausmachen, was wir *soziale Gliederung oder Gesellschaft* nennen.

Das Priestertum ist mikrokosmisch und tierhaft, der Adel kosmisch und pflanzenhaft; daher seine tiefe Verbundenheit mit dem Lande. Er ist selbst eine Pflanze, fest in der Erde wurzelnd, bodenständig und auch darin ein gesteigertes Bauerntum. Aus dieser Art von kosmischer Verbundenheit ist die *Idee des Eigentums* hervorgegangen, die dem frei im Räume beweglichen Mikrokosmos als solchem ganz fremd ist. Eigentum ist ein Urgefühl, kein Begriff, und es gehört zur Zeit, zur Geschichte und zum Schicksal und nicht zu *Raum und Kausalität*. Begründen läßt es sich nicht, aber es ist da.Das „Haben" beginnt mit *der Pflanze* und setzt sich in der Geschichte des höheren Menschen genau so weit fort, als er Pflanzenhaftes, als er Rasse in sich hat. Deshalb ist Eigentum im eigentlichsten Sinne immer *Grundeigentum*, und der Trieb, Erworbenes in Grund und Boden zu verwandeln, immer das Zeugnis für Menschen von gutem Schlage. Die Pflanze *besitzt* den Boden, in dem sie wurzelt. Er ist ihr Eigentum,das sie mit Verzweiflung ihr ganzes Dasein hindurch verteidigt, gegen fremde Keime, gegen übermächtige Nachbarpflanzen, gegen die ganze Natur. So verteidigt ein Vogel das Nest, in dem er brütet. Die erbittertsten Kämpfe um das Eigentum werden nicht in den Spätzeiten der großen Kulturen und zwischen reich und arm um bewegliches Gut geführt, sondern hier, in den Anfängen der Pflanzenwelt. Wer mitten in einem Walde fühlt, wie der schweigende Kampf um den Boden rings um ihn vor sich geht, Tag und Nacht, ohne Gnade, den erfaßt ein Grauen vor der Tiefe dieses Triebes, der mit dem Leben beinahe eins ist. Hier gibt es jahrelanges, zähes, erbittertes Ringen, aussichtslosen Widerstand des Schwachen gegen den Mächtigen, der so lange dauert, bis auch der

Sieger gebrochen ist, Tragödien, wie sie sich nur im ursprünglichsten Menschentum wiederholen, wenn ein altes Bauerngeschlecht von der Scholle, *aus dem Nest* getrieben oder eine Familie von adligem Stamm durch das Geld in des Wortes eigentlichster Bedeutung entwurzelt wird.Die weithin sichtbaren Kämpfe in den späten Städten haben eine ganz andere Bedeutung, denn hier, im Kommunismus jeder Art, handelt es sich nicht um das Erlebnis, sondern den Begriff des Eigentums als eines rein materiellen Mittels. Verneinung des Eigentums ist nie ein Rassetrieb – ganz im Gegenteil –, sondern der doktrinäre Protest des rein geistigen, städtischen, entwurzelten, das Pflanzenhafte verleugnenden Wachseins von Heiligen, Philosophen und Idealisten. Der mönchische Einsiedler wie der wissenschaftliche Sozialist, heiße er Moh-ti, Zenon oder Marx, verwerfen es aus demselben Grunde; die Menschen von Rasse verteidigen es aus demselben Gefühl. Auch hier stehen sich Tatsachen und Wahrheiten gegenüber. Eigentum ist Diebstahl; das ist in denkbar materialistischer Form der alte Gedanke: Was hülfe es dem Menschen, wenn er die ganze Welt gewönne und nähme doch Schaden an seiner Seele? Der Priester gibt mit dem Eigentum etwas Gefährliches und Fremdes, der Adel sich selbst auf.

Von hier aus entwickelt sich nun ein doppeltes Eigentumsgefühl: *Haben als Macht und Haben als Beute.* Beides liegt im ursprünglichen Rassemenschen unvermittelt nebeneinander. Jeder Beduine und Wikinger will beides zugleich. Der Seeheld ist stets auch Seeräuber; jeder Krieg geht auch um Besitz und zwar vor allem den Besitz von Land; nur ein Schritt ist nötig und der Ritter wird zum Raubritter, der Abenteurer zum Eroberer und König, wie der Normanne Rurik in Rußland und mancher achäische und etruskische Pirat in homerischer Zeit. In aller Heldendichtung findet sich neben der starken und natürlichen Lust am Kampf, an der Macht, am Weibe, und den ungezügelten Ausbrüchen von Glück, Schmerz, Zorn und Liebe die mächtige Freude am „Haben“. Als Odysseus in seiner Heimat landet, zählt er zuerst die Schätze im Boot, und als in der isländischen Saga die Bauern Hjalmar und Ölvarod sehen, daß der andere keine Güter im Schiff hat, lassen sie sofort vom Zweikampf ab: ein Tor, wer aus Übermut und um die Ehre kämpft. Im indischen Heldenepos bedeutet kampflustig soviel wie viehlüstern, und die „kolonisierenden“ Griechen des 10. Jahrhunderts waren zunächst Räuber wie die Normannen. Auf dem Meere ist ein fremdes Schiff ohne weiteres gute Prise. Aber aus den Fehden südarabischer und persischer Ritter von 200 n. Chr. und den *guerres privées* der provenzalischen Barone von 1200, die nicht viel mehr waren als Viehdiebstähle, entwickelt sich mit dem Ende der Feudalzeit der große Krieg mit dem Ziel der Eroberung von Land und Leuten. Alles das bringt die hohe adlige Kultur zuletzt in Zucht und Form, während es Priester und Philosophen verachten.

Diese Urtriebe treten mit steigender Kultur weit auseinander und geraten unter sich in Kampf. Die *Geschichte davon ist beinahe die Weltgeschichte.* Aus dem Machtgefühl stammen *Eroberung, Politik und Recht*, aus dem Beutegefühl stammen *Handel, Wirtschaft und Geld*. Recht ist das Eigentum des Mächtigen. Sein Recht ist das Recht aller. Geld ist die stärkste Waffe des Erwerbenden. Mit ihm unterwirft er sich die Welt. Die Wirtschaft will einen Staat, der schwach ist und ihr dient; die Politik fordert die Einordnung des wirtschaftlichen Lebens in den Machtbereich des Staates: Adam Smith und Friedrich List, Kapitalismus und Sozialismus. Es gibt in allen Kulturen am Anfang einen Kriegs- und einen Kaufmannsadel, dann einen Grund- und Geldadel, zuletzt eine militärische und wirtschaftliche Kriegführung und einen ununterbrochenen Kampf des Geldes mit dem Rechte.

Auf der anderen Seite trennen sich *Priestertum und Gelehrsamkeit*. Sie sind beide nicht auf das Tatsächliche, sondern auf das Wahre gerichtet, beide zur Tabuseite des Lebens und zum Raume gehörig. Die Furcht vor dem Tode ist nicht nur der Ursprung aller Religion sondern auch aller Philosophie und Naturwissenschaft. Aber der heiligen wird nun die profane Kausalität entgegengestellt. *Profan* ist der neue Gegenbegriff zum Religiösen, das die Gelehrsamkeit nur als Dienerin geduldet hatte. Profan ist die gesamte späte Kritik, ihr Geist, ihre Methode und ihr Ziel. Auch die späte Theologie macht davon keine Ausnahme; aber trotzdem bewegt sich die Gelehrsamkeit aller Kulturen durchaus in den Formen des voraufgegangenen Priestertums und beweist damit, daß sie nur aus dem Widerspruch erwachsen und von dem Urbild in allem und jedem abhängig ist und bleibt. Die antike Wissenschaft lebt deshalb in Kultgemeinden orphischen Stils wie die milesische Schule, der Pythagoräerbund, die Ärzteschulen von Kroton und Kos, die attischen Schulen der Akademie, des Peripatos und der Stoa, deren Schulhäupter insgesamt zum Typus des Opferpriesters und Sehers gehören, bis zu den römischen Rechtsschulen der Sabinianer und Proculianer. Arabisch ist auch in der Wissenschaft das heilige Buch, der Kanon wie der naturwissenschaftliche des Ptolemäos (Almagest), der medizinische des Ibn Sina, das philosophische Korpus des „Aristoteles“ mit vielen unechten Stücken, und dazu wieder meist ungeschriebene Zitiergesetze und -methoden,der Kommentar als Form des Gedankenfortschritts, die Hochschulen als Klosteranlagen (Medressen), welche den Lehrern und Hörern eine Zelle, Kost und Kleidung gewährten, und die gelehrten Richtungen als Bruderschaften. Die Gelehrtenwelt des Abendlandes besitzt durchaus die Gestalt der katholischen Kirche, besonders in den protestantischen Gebieten. Den Übergang von den gelehrten Orden der gotischen Zeit zu den ordensartigen Schulen des 19. Jahrhunderts, wie die Hegel-, Kant- und historische Rechtsschule, aber auch manche englischen Colleges, bilden die Mauriner und Bollandisten Frankreichs, die seit 1650 die historischen Hilfswissenschaften beherrscht und zum Teil begründet haben. Es gibt in allen Fachwissenschaften, Medizin und Kathederphilosophie einbegriffen, eine ausgebildete Hierarchie mit Schulpäpsten, Graden, Würden – der Doktor als die Priesterweihe –, Sakramenten und Konzilen. Der Laienbegriff wird schroff aufrecht erhalten und das allgemeine Priestertum der Gläubigen in Gestalt der populären Wissenschaft wie der darwinistischen leidenschaftlich bekämpft. Die Gelehrtensprache war ursprünglich das Latein; heute haben sich überall Fachsprachen ausgebildet, die z. B. auf dem Gebiete der

Radioaktivität oder im Obligationenrecht nur noch dem verständlich sind, der die höheren Weihen empfangen hat. Es gibt Sektenstifter wie manche Jünger Kants und Hegels, eine Mission unter Ungläubigen wie die der Monisten, Ketzer wie Schopenhauer und Nietzsche, den großen Bann und als Index eine Übereinkunft des Schweigens. Es gibt ewige Wahrheiten wie die Teilung der Rechtsobjekte in Personen und Sachen, und Dogmen wie das von Energie und Masse und die Vererbungstheorie, einen Ritus des Zitierens rechtgläubiger Schriften und eine Art von wissenschaftlicher Seligsprechung.

Dazu kommt, daß der Typus des abendländischen Gelehrten, der um die Mitte des 19. Jahrhunderts seinen Höhepunkt erreichte – gleichzeitig mit dem Tiefpunkt des Priestertypus –, auch die Gelehrtenstube als Zelle eines profanen Mönchtums und die unbewußten Gelübde dieses Mönchtums zu hoher Vollendung gebracht hat: Armut in Gestalt einer ehrlichen Geringschätzung von Wohlleben und Besitz, in Verbindung mit der ungeheuchelten Verachtung des kaufmännischen Berufes und jeder Verwertung wissenschaftlicher Ergebnisse zum Gelderwerb, Keuschheit bis zur Entwicklung eines Gelehrtenzölibats, dessen Vorbild und Gipfel Kant ist, Gehorsam bis zur Aufopferung für den Standpunkt der Schule. Dazu kommt endlich eine Art von Weltfremdheit, welche der profane Nachhall der gotischen Weltflucht ist und zur Geringschätzung fast des gesamten öffentlichen Lebens und aller Formen der guten Gesellschaft geführt hat: wenig Zucht und viel zuviel Bildung. Was für den Adel auch noch in seinen späten Verzweigungen, für den Richter, Gutsbesitzer und Offizier die naturwüchsige Freude an der Fortdauer des Stammes, an Besitz und Ehre ist, das scheint ihm gering gegenüber dem Besitz eines reinen Gelehrtengewissens und der Fortdauer einer Methode oder Einsicht fern von allen Händeln der Welt. Daß der Gelehrte heute aufgehört hat, weltfremd zu sein, und die Wissenschaft oft mit großem Verständnis in den Dienst der Technik und des Geldverdienens stellt, ist ein Zeichen dafür, daß der reine Typus im Abstieg begriffen ist, und daß also die große Zeit des Verstandesoptimismus, dessen lebendiger Ausdruck er ist, bereits der Vergangenheit angehört.

Aus alledem ergibt sich ein natürlicher Aufbau der Stände, der in seiner Entwicklung und Wirkung das Grundgerüst im Lebenslauf einer jeden Kultur bildet. Kein Entschluß hat ihn geschaffen und kann ihn abändern; Revolutionen ändern ihn nur, wenn sie Formen der Entwicklung und nicht Ergebnis eines privaten Willens sind: er kommt dem handelnden und denkenden Menschen in seiner letzten kosmischen Bedeutung gar nicht zum Bewußtsein, weil er zu tief im menschlichen Dasein liegt und also selbstverständlich ist; nur dem Oberflächenbild werden die Schlagworte und Anlässe entnommen, um die man in jener Seite der Geschichte kämpft, die von der Theorie als sozial abgetrennt wird und sich in Wirklichkeit doch gar nicht trennen läßt. *Adel und Priestertum* erwachsen zuerst aus dem freien Lande und stellen die reine Symbolik von Dasein und Wachsein, Zeit und Raum dar: aus den Seiten des Beutemachens und Grübelns entwickelt sich dann ein doppelter Typus von geringerer Symbolik, der in städtischen Spätzeiten in Gestalt von *Wirtschaft und Wissenschaft* zur Vormacht aufsteigt. In diesen beiden Daseinsströmen sind rücksichtslos und traditionsfeindlich die Ideen von Schicksal und Kausalität zu Ende gedacht; es entstehen Mächte, die eine Todfeindschaft von den Standesidealen des Heldentums und der Heiligkeit trennt: *das Geld und der Geist*. Sie verhalten sich beide zu jenen wie die Seele der Stadt zu der des Landes. Eigentum heißt von nun an Reichtum und Weltanschauung Wissen: entheiligtes Schicksal und profane Kausalität. Aber auch Wissenschaft und Adel sind ein Widerspruch. Der Adel beweist und forscht nicht, sondern *ist*. Es ist bürgerlich-unvornehm, das *de omnibus dubitandum*, aber es widerspricht andrerseits auch dem Grundgefühl des Priestertums, das die Kritik in eine dienende Rolle verweist. Weiterhin stößt die reine Wirtschaft hier auf eine asketische Moral, die den Geldgewinn verwirft, so wie ihn der echte auf seinem Boden sitzende Adel verachtet. Selbst der alte Kaufmannsadel ist vielfach zugrunde gegangen, z. B. in den Hansestädten und in Venedig und Genua, weil er die unbedenklichen Formen des großstädtischen Geschäfts aus Tradition nicht mitmachen wollte oder konnte. Und endlich stehen Wirtschaft und Wissenschaft selbst sich feindlich gegenüber und wiederholen in dem Kampfe zwischen Geldgewinn und Erkenntnis, zwischen *Kontor und Gelehrtenstube*, geschäftlichem und doktrinärem Liberalismus die alte große Gegnerschaft von Handeln und Schauen, Burg und Dom. In irgendeiner Gestalt wiederholt sich diese Gliederung im Aufbau jeder Kultur und macht damit eine vergleichende Morphologie auch im Sozialen möglich.

Ganz außerhalb der echten Standesordnung stehen überall die *Berufsklassen* der Handwerker, Beamten, Künstler und Arbeiter, die z. B. in den Gilden der Schmiede (China), Schreiber (Ägypten) und Sänger (Antike) bis in die Urzeit zurückreichen und zuweilen infolge der beruflichen, bis zur Aufhebung des Conubiums gehenden Absonderung zu wirklichen Volksstämmen geworden sind wie die Falascha Abessiniensund mehrere der im Gesetzbuch des Manu aufgezählten Tschudraklassen. Ihre Sonderung beruht auf bloßen technischen Fertigkeiten und also nicht auf der Symbolik von Zeit und Raum; ihre Tradition beschränkt sich ebenfalls auf Technik und nicht auf eine *eigne* Sitte oder Moral, wie sie in Wirtschaft und Wissenschaft durchaus vorhanden ist. Weil sie sich vom Adel ableiten, sind Offiziere und Richter Stände, die Beamten ein Beruf; weil vom Priestertum abgeleitet, ist der Gelehrte ein Stand, der Künstler ein Beruf. Ehrgefühl und Gewissen haften dort am Stande, hier an der Leistung. Es ist etwas Symbolisches, mag es auch noch so schwach sein, in der Gesamtheit der ersten, was den letzten fehlt. Infolgedessen haftet ihnen etwas Fremdes, Regelloses, oft etwas Verächtliches an; man denke an den Scharfrichter, Schauspieler und fahrenden Sänger oder die antike Einschätzung des bildenden Künstlers. Ihre Klassen und Gilden sondern sich von der Gesellschaft ab oder suchen den Schutz der andern Stände – oder einzelner Patrone und Mäzene –, aber einfügen können sie sich ihnen nicht, was in den Zunftkriegen der alten Städte und den gesellschaftsfeindlichen Trieben und Gewohnheiten jeder Art von Künstlerschaft zum Ausdruck kommt.

5

Eine Geschichte der Stände, die von den Berufsklassen grundsätzlich abzusehen hat, ist also eine Darstellung des Metaphysischen im höheren Menschentum, soweit es sich in Arten von dahinströmendem Leben zu großer Symbolik erhebt, Arten, in und an denen die Geschichte der Kulturen sich vollzieht.

Schon der scharf ausgeprägte Typus des Bauern am Anfang ist etwas Neues. Zur Karolingerzeit und im zarischen Rußland des „Mir"gab es Freie und Knechte, die Landbau trieben, aber keine *Bauernschaft*. Erst aus dem Gefühl eines tiefen Andersseins gegenüber den beiden symbolischen „Leben" – wenn wir uns des Freidank erinnern – ist dieses Leben Stand geworden, *Nährstand* in der vollen Bedeutung des Wortes, nämlich die Wurzel der großen Pflanze Kultur, die ihre Fasern tief in den mütterlichen Boden gesenkt hat und dumpf und emsig alle Säfte an sich zieht und nach oben sendet, wo Stamm und Wipfel in das Licht der Historie ragen. Er dient dem großen Leben nicht nur durch die Nahrung, die er dem Boden abgewinnt, sondern auch mit jenem andern Ertrag der Mutter Erde, seinem eigenen Blut, das aus den Dörfern jahrhundertelang in die hohen Stände strömt, dort ihre Formen empfängt und ihr Leben aufrecht erhält. Der ständische Ausdruck dafür ist die *Hörigkeit* – mögen ihre Anlässe im Oberflächenbild der Geschichte sein, welche sie wollen –, die sich 1000–1400 im Abendlande und „gleichzeitig" in allen andern Kulturen entwickelt hat. Das spartanische Helotentum gehört ebenso dahin wie die altrömische Klientel, aus welcher seit 471 die *ländliche* Plebs, also ein freier Bauernstand hervorgegangen ist.Erstaunlich ist die Macht dieses Strebens nach sinnbildlicher Form in der Pseudomorphose des „spätrömischen" Ostens, wo die von Augustus begründete Kastenordnung des Prinzipats mit ihrer Unterscheidung von senatorischem und ritterlichem Beamtentum sich rückwärts entwickelt, bis sie um 300 überall dort, wo magisches Weltgefühl die Herrschaft führt, auf dem frühgotischen Stande von 1300 und damit auf dem des Sassanidenreichsangelangt ist. Aus der Beamtenschaft einer hochzivilisierten Verwaltung entwickelt sich ein kleiner Adel, die Dekurionen, Dorfritter und Stadtpatrizier, die dem Herrn für alle Abgaben mit Leib und Vermögen haftbar sind – ein durch Rückbildung entstandenes Lehnswesen – und deren Stellung allmählich erblich wird, ganz wie unter der 5. ägyptischen Dynastie, wie in den ersten Jahrhunderten der Dschou, wo schon I-wang (934–909) die Eroberungen den Vasallen überlassen mußte, die Grafen und Vögte ihrer Wahl einsetzten, und wie während der Kreuzzüge. Ebenso wird der Offiziers- und Soldatenstand erblich – die Lehnspflicht der Heeresfolge –, was alles Diokletian dann gesetzlich festgelegt hat. Der Einzelne wird dem Stande fest eingegliedert *(corpori adnexus)*, und das Prinzip wird als Zunftzwang wie in gotischer und frühägyptischer Zeit auf alle Gewerbe ausgedehnt. Vor allem aber entsteht mit innerer Notwendigkeit aus der spätantiken Latifundienwirtschaft mit Sklavendas Kolonat erblicher Kleinpächter, während die

Gutsbezirke Verwaltungssprengel werden und der Gutsherr die Abgaben zu erheben und das Soldatenkontingent zu stellen hat.Zwischen 250 und 300 wird der Kolone gesetzlich an die Scholle gefesselt, *glebae adscriptus; damit ist der ständische Unterschied von Feudalherrn und Hörigen erreicht*.

Adel und Priestertum sind als Möglichkeiten mit jeder neuen Kultur gegeben. Die scheinbaren Ausnahmen beruhen lediglich auf einem Mangel an greifbarer Überlieferung. Wir wissen heute, daß ein wirklicher Priesterstand im alten China vorhanden war,und für die Anfänge orphischer Religiosität im 11. Jahrhundert v. Chr. ist die Annahme eines Priestertums als Stand, der auch durch die epischen Gestalten des Kalchas und Teiresias angedeutet wird, selbstverständlich. Ebenso setzt die Entwicklung des ägyptischen Lehnsstaates einen Uradel schon für die 3. Dynastie voraus.Aber in welcher Form und Stärke diese Stände sich verwirklichen und dann in die folgende Geschichte eingreifen, sie schaffen, tragen und sogar durch ihre eigenen Schicksale darstellen, das hängt von dem Ursymbol ab, das jeder Kultur und ihrer gesamten Formensprache zugrunde liegt.

Der Adel, ganz Pflanze, geht überall vom Lande als dem Ureigentum aus, mit dem er fest verwachsen ist. Er besitzt überall die Grundform des *Geschlechts*, in dem auch die „andere" Geschichte, die des Weibes, zum Ausdruck kommt, und stellt sich durch den Willen zur Dauer, nämlich des Blutes, als das große Sinnbild von Zeit und Geschichte dar. Es wird sich zeigen, daß das frühe, auf persönlichem Vertrauen beruhende hohe Beamtentum des Vasallenstaates überall, in China und Ägypten so gut wie in der Antike und im Abendland, vom Marschalk (chinesisch *sse-ma*), Kämmerer(*chen*) und Truchseß (*ta-tsai*) bis zum Vogt(*nan*) und Grafen(*peh*),zuerst lehnsartige Hofämter und Würden schafft, dann die erbliche Verbindung mit dem Boden sucht und so endlich zum Ursprung adliger Geschlechter wird.

Der faustische Wille zum Unendlichen kommt in dem *genealogischen Prinzip* zum Ausdruck, das, so sonderbar es klingt, dieser Kultur allein angehört, hier aber auch alle historischen Gebilde, vor allem die Staaten selbst bis ins Innerste durchdringt und gestaltet. Der historische Sinn, der über Jahrhunderte hinweg das Schicksal des eignen Blutes kennen und das Wann und Woher bis zu den Urahnen *urkundlich* belegt sehen will, die sorgfältige Gliederung des Stammbaums, die den gegenwärtigen Besitz und seine Erbfolge vom Schicksal einer Ehe abhängig machen kann, die vielleicht ein halbes Jahrtausend vorher geschlossen worden ist, die Begriffe *des reinen Blutes*, der Ebenbürtigkeit, der Mißheirat, das alles ist Wille zur Richtung in die zeitliche Ferne, wie sie vielleicht nur noch im ägyptischen Adel zu einer verwandten, aber sehr viel schwächeren Form gelangt ist.

Dagegen ist der Adel antiken Stils durchaus auf den augenblicklichen Stand des agnatischen Geschlechts gerichtet, und dann auf einen *mythischen Stammbaum*, der nicht den geringsten historischen Sinn verrät, sondern lediglich das um die historische

Wahrscheinlichkeit ganz unbekümmerte Bedürfnis nach einem prunkvollen Hintergrund für das Jetzt und Hier der Lebenden. Daher die sonst ganz unerklärliche Naivität, mit welcher der Einzelne hinter seinem Großvater gleich Theseus und Herakles erblickt und sich einen phantastischen Stammbaum zimmert, womöglich mehr als einen wie Alexander, und die Leichtigkeit, mit welcher römische Familien angebliche Ahnen in die ältere Konsulnliste hineinfälschen konnten. Bei den Begräbnissen der römischen Nobilität wurden die Wachsmasken großer Vorfahren im Leichenzug einhergetragen, aber es kam nur auf Zahl und Klang der berühmten Namen an, nicht im geringsten auf den genealogischen Zusammenhang mit der Gegenwart. Dieser Zug geht durch den gesamten antiken Adel, der wie der gotische auch dem inneren Bau und Geiste nach eine Einheit bildet von Etrurien bis nach Kleinasien hin. Auf ihm beruht die Macht, die noch zu Beginn der Spätzeit die ordensartigen Geschlechterverbände durch alle Städte hindurch besaßen, jene Phylen, Phratrien und Tribus, die einen rein gegenwärtigen Bestand und Zusammenhang in sakraler Form pflegten wie die drei dorischen, die vier ionischen Phylen und die drei etruskischen Tribus, die im ältesten Rom als Tities, Ramnes und Luceres erscheinen. In den Veden haben die „Väter"- und „Mütter"seelen nur für drei nähere und drei fernere Generationen Anspruch auf den Seelenkult,dann verfallen sie der Vergangenheit, und weiter zurück reichte auch der antike Seelenkult nirgends: das ist der äußerste Gegensatz zum Ahnenkult der Chinesen und Ägypter, welcher der Idee nach niemals endet und damit das Geschlecht selbst über den leiblichen Tod hinaus in bestimmten Ordnungen aufrecht erhält. In China lebt heute noch ein Herzog Kung als Nachkomme des Konfuzius und ebenso ein Nachkomme des Laotse, des Tschang-lu und anderer. Von einem weitverzweigten Stammbaum ist nicht die Rede; die Linie, das *tao* des Wesens wird fortgeführt, augenscheinlich auch durch Adoption, die den Adoptierten durch Verpflichtung zum Ahnenkult dem Geschlecht seelisch einverleibt, oder durch andere Mittel.

Eine unbändige Lebenslust durchströmte die blühenden Jahrhunderte dieses eigentlichsten Standes, der durch und durch Richtung, Schicksal und Rasse ist. Das Weib, weil es Geschichte *ist*, und der Kampf, weil er Geschichte *macht*, stehen unbedingt im Mittelpunkte seines Denkens und Treibens. Der nordischen Skaldenpoesie und dem südlichen Minnesang entsprechen die alten Liebeslieder im Schi-king aus chinesischer Ritterzeit,die im Pi-yung vorgetragen wurden, der Stätte adliger Zucht, des *hiao*; und ebenso gehört das feierliche öffentliche Bogenschießen ganz im Geiste der frühantiken Agone und der gotischen wie der persisch-byzantinischen Turniere zu dieser *homerischen* Seite des chinesischen Lebens.

Dem gegenüber steht die *orphische*, die durch den Stil des Priestertums das Raumerlebnis einer Kultur ausdrückt. Es entspricht der euklidischen Art der antiken Ausgedehntheit, die keines Vermittlers bedarf, um mit den nahen leibhaften Göttern Verkehr zu pflegen, wenn das Priestertum hier von den Anfängen eines Standes zu einer Summe städtischer Ämter herabsinkt. Es entspricht dem *tao* der Chinesen, daß es statt des erblichen Priestertums am Anfang später nur noch die Berufsklassen der Beter, Schriftkundigen und Orakelpriester gibt, welche die Kulthandlungen der Behörden und Familienhäupter mit den vorgeschriebenen Riten begleiten. Es entspricht dem sich in maßlose Weiten verlierenden Weltgefühl des Inders, daß der Priesterstand dort ein zweiter Adel wird, der sich mit ungeheurer Macht und in das gesamte Leben eingreifend zwischen das Volk und seine wüste Götterwelt lagert; und es ist endlich ein Ausdruck des Höhlengefühls, wenn der eigentliche Priester magischen Stils der Mönch und Einsiedler ist, und zwar mit steigendem Nachdruck, während die Weltpriesterschaft an sinnbildlicher Bedeutung mehr und mehr verliert.

Dagegen erhebt sich nun das faustische Priestertum, das noch um 900 ohne jede tiefere Bedeutung und Würde gewesen war, in steilem Aufstieg zu jener ungeheuren Mittlerrolle, die sich der Idee nach zwischen die gesamte Menschheit und die mit dem vollen Pathos der dritten Dimension ausgespannte Weite des Makrokosmos stellt, die aus der Geschichte durch das Zölibat, aus der Zeit durch den *character indelebilis* ausgeschlossen ist und im Papsttum gipfelt, das das größte überhaupt denkbare Symbol des heiligen dynamischen Raumes darstellt und in der protestantischen Idee des allgemeinen Priestertums der Gläubigen nicht aufgehoben, sondern nur von einem Punkt und einer Person in die Brust jedes einzelnen Gläubigen verlegt worden ist.

Der in jedem Mikrokosmos vorhandene Widerspruch zwischen Dasein und Wachsein treibt mit innerer Notwendigkeit auch die beiden Stände gegeneinander. Die Zeit will den Raum, der Raum die Zeit sich einordnen. Geistliche und weltliche Macht sind Größen von so verschiedener Ordnung und Tendenz, daß eine Versöhnung oder auch nur Verständigung unmöglich erscheint. Aber in allen andern Kulturen ist dieser Kampf nicht zu welthistorischem Ausbruch gekommen: in China war dem Adel um des *tao*, in Indien dem Priestertum um des endlos verschwimmenden Raumes willen die Vorherrschaft gesichert; innerhalb der arabischen Kultur ist die Einordnung des sichtbar weltlichen Zusammenhangs der Rechtgläubigen in den großen geistigen *consensus* mit dem magischen Weltgefühl unmittelbar gegeben und damit also auch die Einheit von weltlichem und geistlichem Staat, Recht, Herrschertum. Das hat die Reibungen beider Stände nicht verhindert und im Sassanidenreich zu blutigen Fehden zwischen dem Adel der Dinkane und der Magierpartei und zu Mordtaten selbst an einzelnen Herrschern geführt, in Byzanz das ganze 5. Jahrhundert mit Kämpfen zwischen Kaisergewalt und Geistlichkeit ausgefüllt, die überall im Hintergrunde der monophysitischen und nestorianischen Streitigkeiten stehen,aber das grundsätzliche Verhältnis stand dabei *nicht* in Frage.

In der Antike, die das Unendliche in jedem Sinne von sich wies, waren die Zeit auf die Gegenwart, das Ausgedehnte auf den greifbaren Einzelkörper zurückgeführt, und die Stände von großer Symbolik mithin so bedeutungslos geworden, daß sie gegenüber dem

Stadtstaat, der das antike Ursymbol in denkbar stärkster Form zum Ausdruck bringt, als selbständige Mächte nicht in Betracht kamen. Dagegen läßt die Geschichte des ägyptischen Menschentums, in dem ein gewaltiger Tiefendrang mit gleicher Kraft in die zeitliche und räumliche Ferne strebt, das Ringen beider Stände und ihrer Symbolik bis in das ausgebildete Fellachentum hinein beständig erkennen. Denn der Übergang von der vierten zur fünften Dynastie ist auch mit einem deutlichen Triumph des priesterlichen über das ritterliche Weltgefühl verbunden; der Pharao wird vom Leibe und Träger zum Diener der höchsten Gottheit, und das Heiligtum des Re überwindet an architektonischer wie an sinnbildlicher Wucht den Totentempel des Herrschers. Das Neue Reich sieht gleich nach den ersten großen Cäsaren die politische Allmacht der Amonspriesterschaft von Theben und dagegen wieder die Umwälzung des Ketzerkönigs Amenophis IV., die doch auch eine sehr fühlbare politische Seite hat, bis die Geschichte der ägyptischen Welt nach endlosem Ringen zwischen Krieger- und Priesterkaste mit der Fremdherrschaft zu Ende geht.

Dieser Kampf zweier gleich mächtiger Symbole ist in der faustischen Kultur mit verwandtem Geist, aber noch viel größerer Leidenschaft geführt worden und läßt zwischen Staat und Kirche von der frühesten Gotik an den Frieden nur als Waffenstillstand möglich erscheinen. In diesem Kampf kommt die Bedingtheit des Wachseins zum Ausdruck, das vom Dasein unabhängig sein möchte und doch nicht kann. Die Sinne bedürfen des Blutes, das Blut aber nicht der Sinne. Der Krieg gehört in die Welt der Zeit und Geschichte – *geistig ist nur der Streit mit Gründen, die Disputation* – , eine *kämpfende* Kirche begibt sich aus dem Reich der Wahrheiten in das der Tatsachen, aus dem Reich Jesu in das des Pilatus; sie wird ein Element innerhalb der Rassengeschichte und unterliegt durchaus der Gestaltungskraft der *politischen* Seite des Lebens; sie kämpft mit Schwert und Geschütz, mit Gift und Dolch, mit Bestechung und Verrat, mit allen Mitteln des jeweiligen Parteikampfes von der Feudalzeit bis zur modernen Demokratie; sie opfert Glaubenssätze gegen weltliche Vorteile und verbündet sich mit Ketzern und Heiden gegen rechtgläubige Mächte. Das Papsttum *als Idee* besitzt eine Geschichte für sich, aber unabhängig davon waren die Päpste des 6. und 7. Jahrhunderts byzantinische Statthalter syrischer und griechischer Herkunft, dann mächtige Landbesitzer mit Scharen höriger Bauern; endlich wurde das Patrimonium Petri zu Beginn der Gotik eine Art Herzogtum im Besitz der großen Adelsgeschlechter der Campagna, die abwechselnd Päpste stellten, voran die Colonna, Orsini, Savelli, Frangipani, bis das allgemein abendländische Lehnswesen auch hier herrschend wurde und der Stuhl Petri innerhalb der Familien römischer Barone zur Verleihung kam, so daß der neue Papst wie jeder deutsche und französische König die Rechte seiner Vasallen zu bestätigen hatte. Die Grafen von Tusculum ernannten 1032 einen zwölfjährigen Knaben zum Papst. Achthundert Burgtürme erhoben sich damals im Stadtgebiet zwischen und auf den antiken Ruinen. Im Jahre 1045 hatten sich drei Päpste im Vatikan, Lateran und in Santa Maria Maggiore verschanzt und wurden von ihrer adligen Gefolgschaft verteidigt.

Dazu tritt nun die Stadt mit ihrer Seele, die sich von der Seele des Landes erst löst, dann sich ihr gleichstellt, endlich sie zu unterdrücken und auszulöschen sucht. Aber diese Entwicklung vollzieht sich in *Arten des Lebens* und gehört also auch der Ständegeschichte an. Kaum ist das Stadt *leben* als solches aufgetaucht und in der Bewohnerschaft dieser kleinen Siedlungen ein Gemeingeist erwachsen, der das eigne Leben als etwas anderes empfindet als das Leben draußen, da beginnt der Zauber *persönlicher Freiheit* zu wirken und immer neue Daseinsströme in die Mauern zu ziehen. Es gibt da eine Art Leidenschaft, Städter zu sein und Stadtleben auszubreiten. Aus ihr und nicht aus materiellen Anlässen geht das Fieber der antiken Gründungszeit hervor, die uns in ihren letzten Ausläufern noch erkennbar ist und da nicht ganz richtig als Kolonisation bezeichnet wird. Es ist die zeugende Begeisterung des Menschen der Stadt, die seit dem 10. Jahrhundert in der Antike und „gleichzeitig" in den anderen Kulturen immer neue Geschlechterfolgen in den Bann eines neuen Lebens zwingt, mit dem zum erstenmal inmitten der Menschengeschichte die *Idee der Freiheit* erscheint. Sie ist nicht politischen und noch viel weniger abstrakten Ursprungs, sondern sie bringt die Tatsache zum Ausdruck, daß innerhalb der Stadtmauern das pflanzenhafte Verbundensein mit dem Lande ein Ende hat und die das ganze Landleben durchsetzenden Bindungen zerrissen sind. Ihr Wesen hat deshalb immer etwas Verneinendes. Sie löst, erlöst, verteidigt; frei ist man immer *von* etwas. Die Stadt ist der Ausdruck *dieser* Freiheit; städtischer Geist ist freigewordnes Verstehen, und alles was in Spätzeiten unter dem Namen Freiheit an geistigen, sozialen und nationalen Bewegungen hervorbricht, leitet seinen Ursprung zu dieser einen *Urtatsache des Freiseins vom Lande* zurück.

Aber die Stadt ist älter als der „Bürger". Sie zieht zunächst die Berufsklassen an, die außerhalb der symbolischen Ständeordnung stehen und hier die Form von Zünften erhalten, dann aber die Urstände selbst, die wie der Kleinadel ihre Burgen und wie die Franziskaner ihre Klöster in das Weichbild verlegen, ohne daß damit innerlich viel geändert wäre. Nicht nur das päpstliche Rom, alle italienischen Städte dieser Zeit sind mit den Festungstürmen der Geschlechter erfüllt, von denen aus die Fehden in den Straßen ausgefochten werden. Auf einem bekannten Gemälde von Siena aus dem 14. Jahrhundert ragen sie wie Fabrikschlote rings um den Markt empor, und der florentinische Palast der Renaissance ist nicht nur durch das prachtvolle Leben in ihm ein Nachfolger der provenzalischen Edelhöfe, sondern mit seiner Rustikafassade auch ein Abkomme der gotischen Burg, welche die deutsche und französische Ritterschaft noch für lange Zeit auf den Bergen baute. Erst langsam sondert sich ein neues Leben ab. 1250–1450 haben sich im ganzen Abendland die eingewanderten Geschlechter den Zünften gegenüber zum Patriziat zusammengeschlossen und eben damit auch geistig vom Landadel gelöst; genau dasselbe war im frühen China, Ägypten und im byzantinischen Reiche der Fall, und erst von hier aus sind die ältesten antiken Städtebünde wie der etruskische, vielleicht noch der latinische, und die sakrale Verbindung der kolonialen Tochterstädte mit der Mutterstadt zu verstehen: nicht die Polis als solche, sondern das Patriziat der Phylen und Phratrien in ihnen ist Träger der Ereignisse. *Die ursprüngliche Polis ist mit dem Adel identisch*, wie es in Rom bis 471 und in Sparta und den etruskischen Städten dauernd der Fall war; von ihm geht der Synoikismus und die Bildung des Stadtstaates aus, aber auch in den andern Kulturen ist der Unterschied von Land- und Stadtadel zunächst ganz ohne Bedeutung gegenüber dem starken und tiefen zwischen dem Adel überhaupt und dem Rest.

Das Bürgertum entsteht erst aus dem grundsätzlichen Widerspruch zwischen Stadt und Land, der die „Geschlechter und Zünfte", so schroff sie sich sonst bekämpfen, dem Uradel und dem Lehnsstaat überhaupt, auch dem Lehnswesen der Kirche gegenüber sich als Einheit fühlen läßt. Der Begriff des *dritten Standes*,des *›tiers‹*, um das berühmte Wort der französischen Revolution zu gebrauchen, ist eine Einheit *lediglich des Widerspruchs* und inhaltlich also gar nicht zu bestimmen, ohne eigene Sitte und Symbolik, denn die vornehme bürgerliche Gesellschaft artet dem Adel und die städtische Frömmigkeit dem frühen Priestertum nach; und der Gedanke, daß das Leben nicht einem praktischen Zweck, sondern vor allem mit seiner ganzen Haltung dem Ausdruck der Symbolik von Zeit und Raum zu dienen habe und allein dadurch einen hohen Rang in Anspruch nehmen dürfe, reizt gerade die städtische Vernunft zu erbittertem Widerspruch. Diese Vernunft, zu deren Domäne die gesamte politische Literatur der Spätzeit gehört, nimmt eine neue Gruppierung der Stände von der Stadt aus vor, die zunächst Theorie ist, aber durch die Allmacht des Rationalismus endlich Praxis, sogar die blutige Praxis von Revolutionen wird. Adel und Priestertum erscheinen, soweit sie noch da sind, mit einer gewissen Betonung als privilegierte Stände, womit stillschweigend ausgedrückt wird, daß ihr Anspruch auf verbriefte Vorrechte auf Grund ihres geschichtlichen Ranges vor dem zeitlosen Vernunft- oder Naturrecht veraltet und sinnlos ist. Sie haben jetzt ihren Mittelpunkt in *Hauptstädten* – ein wichtiger Begriff der Spätzeit – und entwickeln erst jetzt die aristokratischen Formen zu jener ehrfurchtgebietenden Vornehmheit, wie sie z. B. aus den Bildnissen von Reynolds und Lawrence spricht. Ihnen treten die geistigen Mächte der zur Herrschaft gelangten Stadt, *Wirtschaft und Wissenschaft*, entgegen, die zusammen mit der Masse der Handwerker, Beamten und Arbeiter sich als Partei fühlen, uneinig in sich selbst, aber einig stets, sobald der Kampf der Freiheit, also der städtischen Unverbundenheit gegen die großen Symbole der alten Zeit und die aus ihnen fließenden Rechte beginnt. Sie alle sind Bestandteile des dritten Standes, der nicht nach dem Range, sondern nach Köpfen zählt, in allen Spätzeiten aller Kulturen irgendwie „liberal", nämlich frei von den innerlichen Mächten nichtstädtischen Lebens, die Wirtschaft frei für den Gelderwerb, die Wissenschaft frei in der Kritik, wobei in allen großen Entscheidungen der Geist in Büchern und Versammlungen das Wort führt – Demokratie – und das Geld den Vorteil zieht – Plutokratie – und das Ende nie der Sieg der Ideen ist, sondern der des Kapitals. Aber das ist wieder der Gegensatz von Wahrheiten und Tatsachen, so wie er sich aus dem Stadtleben entwickelt.

Und aus Protest gegen die uralten Symbole des erdverbundenen Lebens stellt die Stadt nun dem Geburtsadel die Begriffe des Geldadels und des Geistesadels entgegen: der eine kein lauter Anspruch, aber eine um so wirksamere Tatsache, der andre eine Wahrheit, aber weiter nichts und für das Auge ein zweifelhaftes Schauspiel. In jeder Spätzeit entwickelt sich zum Uradel – Kreuzzugsadel ist ein gewichtiges Wort –, in dem ein Stück gewaltiger Geschichte Form und Takt geworden ist und der an den großen Höfen vielfach innerlich zugrunde geht, ein echter Nachwuchs. So entsteht im 4. Jahrhundert durch das Eindringen großer plebejischer Geschlechter als *conscripti* in den römischen Staat der *patres* die Nobilität als grundbesitzender Amtsadel innerhalb des Senatorenstandes. Im päpstlichen Rom bildet sich in ganz ähnlicher Weise der Nepotenadel; es gab um 1650 kaum fünfzig Familien von mehr als dreihundertjährigem Stammbaum. In den Südstaaten der Union entwickelt sich seit dem späten Barock jene Pflanzeraristokratie, die im Sezessionskriege von 1861–65 von den Geldmächten des Nordens vernichtet wurde. Der alte Kaufmannsadel im Stile der Fugger, Welser, Medici und der großen Häuser von Venedig und Genua, dem fast das gesamte Patriziat der hellenischen Koloniestädte von 800 an zuzurechnen ist, hat immer etwas Aristokratisches gehabt, Rasse, Tradition, gute Sitte und den natürlichen Trieb, durch Grunderwerb die Verbindung mit dem Boden wiederherzustellen (obwohl das alte Stammhaus in der Stadt kein übler Ersatz war). Aber der neue Geldadel der Händler und Spekulanten dringt mit seinem schnell erworbenen Geschmack an vornehmen Formen zuletzt auch in den Geburtsadel ein – in Rom als *equites* seit dem l. Punischen Kriege, in Frankreich unter Ludwig XIV.–, erschüttert und verdirbt ihn, während der Geistesadel der Aufklärung ihn mit Hohn überschüttet. Die Konfuzianer haben den altchinesischen Begriff des *shi* von der adligen Sitte zur geistigen Tugend herabgezogen und das Pi-yung aus einer Stätte ritterlicher Kampf spiele zur „geistigen Ringschule", zum Gymnasium gemacht, ganz im Sinne des 18. Jahrhunderts.

Mit dem Ausgang der Spätzeit jeder Kultur kommt auch die Ständegeschichte zu mehr oder weniger gewaltsamem Abschluß. Es ist der Sieg des bloßen Lebenwollens in wurzelloser Freiheit über die großen bindenden Kultursymbole, welche das jetzt ganz von der Stadt beherrschte Menschentum weder versteht noch erträgt. Aus dem Geldwesen verschwindet jeder Sinn für die bodenständigen, unbeweglichen Werte, aus der wissenschaftlichen Kritik jeder Rest von Pietät. Ein Sieg über sinnbildliche Ordnungen ist zum Teil auch die Bauernbefreiung; der Bauer wird dem Druck der Hörigkeit enthoben, aber der Macht des Geldes ausgeliefert, das nun den Boden zur beweglichen Ware macht; sie erfolgt bei uns im 18. Jahrhundert, in Byzanz um 740 durch den Nomos Georgikos, den Gesetzgeber Leos III.,womit der Kolonat langsam verschwindet, in Rom im Zusammenhang mit der Begründung der Plebs im Jahre 471. In Sparta hat damals Pausanias die Helotenbefreiung vergeblich angestrebt.

Die Plebs ist der *verfassungsmäßig als Einheit anerkannte ›tiers‹*, der durch unverletzliche Tribunen, nicht Beamte, sondern Vertrauensmänner, vertreten wird. Man hat den Vorgang von 471,der auch die altadligen etruskischen drei Geschlechtertribus durch vier städtische Tribus (Bezirke) ersetzt hat, was manches Weitere erraten läßt, als reine Bauernbefreiung angesehenoder auch als Organisation der Kaufmannschaft.Aber die Plebs ist als dritter Stand, als Rest, nur negativ zu bestimmen: alles was *nicht* Grundadel oder Inhaber der großen Priesterämter ist, gehört dazu. Das Bild ist ebenso bunt wie das des *tiers* von 1789. Nur der Protest hält sie zusammen. Es gab Kaufleute, Handwerker, Lohnarbeiter, Schreiber darunter. Das Geschlecht der Claudier enthielt patrizische *und* plebejische, also grundherrliche und großbäuerliche Familien (wie die Claudii Marcelli). Innerhalb des Stadtstaates ist die Plebs, was in einem abendländischen Staate des Barock *Bauern und Bürger zusammen* sind, wenn sie gegen fürstliche Allgewalt in einer Ständeversammlung protestieren. Außerhalb der Politik, nämlich gesellschaftlich, ist die Plebs im Unterschied von Adel und Priestertum überhaupt nicht vorhanden, sondern zerfällt sofort in die Sonderberufe von ganz verschiedenen Interessen. Sie ist *Partei* und vertritt als solche die Freiheit im städtischen Sinne. Das wird noch deutlicher durch den Erfolg, den der Grundadel gleich darauf errungen hat, indem er sechzehn ländliche, nach Geschlechtern benannte Tribus, in denen er das unbedingte Übergewicht besaß, den vier städtischen hinzufügte, die das eigentliche Bürgertum, Geld und Geist, vertreten. Erst in dem großen Ständekampf während der Samnitenkriege, zur Zeit Alexanders, der ganz der französischen Revolution entspricht und 287 mit der Lex Hortensia endete, wurde der Standesbegriff rechtlich aufgehoben und die Geschichte der ständischen Symbolik abgeschlossen. *Die Plebs wird zum Populus Romanus* in demselben Sinne, wie sich 1789 der *tiers* als Nation konstituierte. Was in allen Kulturen von da an unter dem Bilde sozialer Kämpfe vor sich geht, ist etwas grundsätzlich anderes.

Der Adel aller Frühzeiten war *der* Stand im ursprünglichsten Sinne gewesen, die fleischgewordene Geschichte, die Rasse in höchster Potenz. Das Priestertum trat als Gegen-Stand neben ihn, überall Nein sagend, wo der Adel bejahte, und damit die andere Seite des Lebens durch ein großes Sinnbild zur Schau stellend.

Der dritte Stand, innerlich ohne alle Einheit, wie wir sahen, war der NichtStand, der Protest in ständischer Form gegen das Ständewesen, und zwar nicht gegen diese oder jene, sondern gegen die sinnbildliche Form des Lebens überhaupt. Er verwirft alle Unterschiede, die von der Vernunft und durch den Nutzen nicht gerechtfertigt sind, aber trotzdem „bedeutet" er selbst etwas, und zwar mit voller Deutlichkeit: er ist *das städtische Leben als Stand* dem ländlichen entgegengesetzt; er ist *die Freiheit als Stand* gegenüber der Verbundenheit. Aber er ist von sich selbst aus betrachtet keineswegs der Rest, wie es von den Urständen aus erscheint. Das Bürgertum hat Grenzen; es gehört zur Kultur; es umfaßt im besten Sinne alle ihre Zugehörigen, und zwar unter der Bezeichnung Volk, *populus, demos*, wobei Adel und Priestertum, Geld und Geist, Handwerk und Lohnarbeit als Einzelbestandteile ihm eingeordnet werden.

Diesen Begriff findet die Zivilisation vor und vernichtet ihn durch den Begriff des vierten Standes, der *Masse*, der die Kultur mit ihren gewachsenen Formen grundsätzlich ablehnt. Es ist das absolut Formlose, das jede Art von Form, alle Rangunterschiede, den geordneten Besitz, das geordnete Wissen mit Haß verfolgt. Es ist das neue Nomadentum der Weltstädte,für das die Sklaven und Barbaren in der Antike, der Tschudra in Indien, alles was Mensch ist, gleichmäßig ein flutendes Etwas bilden, das mit seinem Ursprung gänzlich zerfallen ist, seine Vergangenheit nicht anerkennt und eine Zukunft nicht besitzt. Damit wird der vierte Stand zum Ausdruck der Geschichte, die ins Geschichtslose übergeht. Die Masse ist das Ende, das radikale Nichts.

II. Staat und Geschichte

6

Innerhalb der Welt als Geschichte, in die wir lebend verwoben sind, so daß unser Empfinden und Verstehen beständig dem Fühlen gehorcht, erscheinen die kosmischen Flutungen als das, was wir Wirklichkeit, wirkliches Leben nennen, Daseinsströme in leiblicher Gestalt. Man kann sie, die das Merkmal der Richtung tragen, verschieden erfassen: hinsichtlich der *Bewegung* oder des *Bewegten*. Jenes heißt Geschichte, dieses Geschlecht, Stamm, Stand, Volk, aber eins ist nur durch das andre möglich und vorhanden. Geschichte gibt es nur von etwas. Meinen wir die Geschichte der großen Kulturen, so ist Nation das Bewegte. Staat, *status* heißt Zustand. Den Eindruck des Staates erhält man, wenn man von einem in bewegter Form dahinströmenden Dasein die Form für sich ins Auge faßt, als etwas in zeitlosem Beharren Ausgedehntes, und von der Richtung, dem Schicksal ganz absieht. Der Staat ist die Geschichte als stillstehend, Geschichte der Staat als fließend gedacht. Der wirkliche Staat ist die Physiognomie einer geschichtlichen Daseinseinheit; nur der ausgedachte Staat der Theoretiker ist ein System.

Eine Bewegung *hat Form*, das Bewegte *ist in Form* oder, um wieder einen Sportausdruck von Bedeutung anzuwenden: ein vollendet Bewegtes befindet sich in vollkommener *Verfassung*. Das gilt von einem Rennpferde oder Ringer ebenso wie von einem Heer oder Volk. Die vom Lebensstrom eines Volkes abgezogene Form ist dessen Verfassung in bezug auf das Ringen in und mit der Geschichte. Verstandesmäßig abziehen aber läßt sie sich nur zum kleinsten Teile. Keine wirkliche Verfassung, für sich betrachtet und als System zu Papier gebracht, ist vollständig. Das Ungeschriebene, Unbeschreibliche, Gewohnte, Gefühlte, Selbstverständliche überwiegt in dem Grade –

was Theoretiker nie begreifen werden –, daß eine Staatsbeschreibung oder Verfassungsurkunde nicht einmal ein Schattenbild von dem geben, was der lebendigen Wirklichkeit eines Staates als wesentliche Form zugrunde liegt, so daß eine Daseinseinheit für die Geschichte verdorben wird, wenn man ihre Bewegung einer geschriebenen Verfassung ernstlich unterwirft.

Das Einzelgeschlecht ist die kleinste, das Volk die größte Einheit im Strom der Geschichte.Und zwar unterliegen Urvölker einer Bewegung, die im höheren Sinne geschichtslos ist, langatmig oder stürmisch, aber ohne organischen Zug, ohne tiefere Bedeutung. Immerhin sind Urvölker durch und durch bewegt bis zu dem Grade, daß sie dem flüchtigen Betrachter gänzlich formlos erscheinen; Fellachenvölker dagegen sind starre Objekte einer von außen kommenden Bewegung, die ohne Sinn und in zufälligen Stößen sich an ihnen übt. Zu jenen gehört der „*Status*" der mykenischen, der Thinitenzeit, der chinesischen Schang-Dynastie etwa bis zur Übersiedlung nach Yin (1400), das Frankenreich Karls des Großen, das Westgotenreich Eurichs und das petrinische Rußland, staatliche Formen von oft großartiger Leistungsfähigkeit, aber noch ohne Symbolik, ohne Notwendigkeit; zu diesen das römische, chinesische und die andern Imperien, deren Form keinerlei Ausdrucksgehalt mehr besitzt.

Dazwischen aber liegt die Geschichte der hohen Kulturen. Ein Volk im Stile einer Kultur, ein historisches Volk also heißt Nation.Eine Nation besitzt, insofern sie lebt und kämpft, einen Staat nicht nur als Bewegungszustand, sondern vor allem *als Idee*. Mag der Staat im einfachsten Sinne so alt sein wie das frei im Raum bewegliche Leben überhaupt, so daß Schwärme und Herden selbst sehr einfacher Tiergattungen in irgendeiner „Verfassung" sind, die bei Ameisen, Bienen, manchen Fischen, Wandervögeln und Bibern eine erstaunliche Vollkommenheit erreicht: der Staat großen Stils ist nur so alt wie die Urstände Adel und Priestertum, nicht älter: sie entstehen *mit* einer Kultur, sie vergehen mit ihr, ihre Schicksale sind in hohem Maße identisch. Kultur ist das Dasein von Nationen in staatlicher Form.

Ein Volk ist *als* Staat, eine Geschlecht *als* Familie „in Form". Das ist, wie wir sahen, der Unterschied von politischer und kosmischer Geschichte, öffentlichem und privatem Leben, *res publica* und *res privata*. Und zwar sind *beide* Symbole der Sorge. Das Weib *ist* Weltgeschichte. Es sorgt durch Empfängnis und Geburt für die Dauer des Blutes. Die Mutter, das Kind an der Brust, ist das große Sinnbild kosmischen Lebens. Nach dieser Seite hin ist das Leben von Mann und Weib „in Form" als Ehe. Der Mann aber *macht* die Geschichte, die ein nie endender Kampf um die Erhaltung jenes andern Lebens ist. Zur mütterlichen tritt die väterliche Sorge. Der Mann, die Waffe in der Hand, ist das andre große Sinnbild des Willens zur Dauer. Ein Volk „in Verfassung" ist ursprünglich eine Kriegerschaft, die tiefinnerlich gefühlte Gemeinschaft der Wehrfähigen. Staat ist eine Männersache, ist Sorge um die Erhaltung des Ganzen, auch um jene seelische Selbsterhaltung, die man als Ehre und Selbstachtung bezeichnet, ist

Vereitelung von Angriffen, Voraussicht von Gefahren und vor allem der eigne Angriff, der jedem im Aufstieg begriffenen Leben natürlich und selbstverständlich ist.

Wäre alles Leben *ein* gleichförmiger Daseinsstrom, so würden wir die Worte Volk, Staat, Krieg, Politik, Verfassung nicht kennen. Aber das ewige und gewaltige *Verschiedensein* des Lebens, das durch die Gestaltungskraft der Kulturen bis aufs Äußerste gesteigert wird, ist eine Tatsache, die mit all ihren Folgen geschichtlich schlechthin gegeben ist. Pflanzenleben gibt es nur in bezug auf tierisches; die beiden Urstände bedingen sich gegenseitig; *ebenso ist ein Volk nur wirklich in bezug auf andre Völker*, und diese Wirklichkeit besteht in natürlichen und unaufhebbaren Gegensätzen, in Angriff und Abwehr, Feindschaft und Krieg. Der Krieg ist der Schöpfer aller großen Dinge. Alles Bedeutende im Strom des Lebens ist durch Sieg und Niederlage entstanden.

Ein Volk gestaltet Geschichte, soweit es sich in Verfassung befindet. Es erlebt eine innere Geschichte, die es in diesen Zustand versetzt, in dem allein es schöpferisch *wird*, und eine äußere Geschichte, die in Schöpfung *besteht*. Die Völker als Staaten sind deshalb die eigentlichen Mächte alles menschlichen Geschehens. Es gibt in der Welt als Geschichte nichts über ihnen. Sie *sind* das Schicksal.

Res publica, das öffentliche Leben, die „Schwertseite" menschlicher Daseinsströme, ist in Wirklichkeit unsichtbar. Der Fremde sieht nur die Menschen, nicht ihren innern Zusammenhang. Dieser ruht vielmehr tief im Strome des Lebens und wird dort mehr gefühlt als verstanden. Ebenso *sehen* wir in Wirklichkeit nicht die Familie, sondern nur einige Menschen, deren Zusammenhalt in einem ganz bestimmten Sinne wir aus innerer Erfahrung kennen und begreifen. Aber es gibt für jedes dieser Gebilde einen Kreis von Zugehörigen, die durch gleiche Verfassung des äußeren und inneren Seins zur Lebenseinheit verbunden sind. Diese Form, in welcher das Dasein dahinströmt, heißt *Sitte*, wenn sie unwillkürlich aus dessen Takt und Gang entsteht und dann erst ins Bewußtsein tritt, *Recht*, wenn sie *mit Absicht gesetzt* und zur *Anerkennung* gebracht wird. Recht ist die *gewollte* Form des Daseins, gleichviel ob sie gefühlsmäßig und triebhaft anerkannt – ungeschriebenes Recht, Gewohnheitsrecht, *equity* – oder durch Nachdenken abgezogen, vertieft und in ein System gebracht worden ist – *Gesetz*. Das sind zweierlei Rechtstatsachen von zeithafter Symbolik, zwei Arten von Sorge, Vorsorge, Fürsorge, aber schon aus dem Gradunterschied der Bewußtheit in ihnen ergibt sich, daß im ganzen Verlauf wirklicher Geschichte sich zwei Rechte feindlich gegenüberstehen müssen: das Recht der Väter, der Tradition, das verbriefte, ererbte, gewachsene, bewährte Recht, das heilig ist, weil es von je war, aus Erfahrung des Blutes stammend und deshalb den Erfolg verbürgend, und das erdachte, entworfene Vernunft-, Natur- und allgemeine Menschenrecht, aus Nachdenken hervorgegangen und deshalb der Mathematik verwandt, vielleicht nicht erfolgreich, aber „gerecht". In ihnen beiden reift der Gegensatz von Landleben und Stadtleben, Lebenserfahrung und gelehrter Erfahrung bis zu jener revolutionären Höhe der Erbitterung, wo man sich ein Recht nimmt, das nicht gegeben wird, und eins zertrümmert, das nicht weichen will.

Ein Recht, das von einer Gemeinschaft gesetzt ist, bedeutet eine Pflicht für jeden Zugehörigen, aber es ist kein Beweis für dessen *Macht*. Vielmehr ist es eine Schicksalsfrage, wer es setzt und für wen es gesetzt *wird*. Es gibt Subjekte und Objekte der Recht *setzung*, obwohl ein jeder Objekt der Rechts *geltung* ist, und zwar gilt das ohne Unterschied vom inneren Recht der Familien, Zünfte, Stände und Staaten. Für den Staat als das höchste in der geschichtlichen Wirklichkeit vorhandene Rechtssubjekt tritt aber noch ein Außenrecht hinzu, das er dem Fremden feindlich auferlegt. Zu jenem gehört das bürgerliche Recht, zu diesem der Friedensvertrag. In jedem Falle aber ist das Recht des Stärkeren auch das des Schwächeren. Recht haben ist ein Ausdruck von Macht. Das ist eine geschichtliche Tatsache, die jeder Augenblick bestätigt, aber sie wird im Reiche der Wahrheit – das *nicht*von dieser Welt ist – nicht anerkannt. Unversöhnt stehen sich auch in der Auffassung des Rechts Dasein und Wachsein, Schicksal und Kausalität gegenüber. Zur priesterlichen und ideologischen Moral von gut und böse gehört der *moralische Unterschied von Recht und Unrecht*; zur Rassemoral von gut und schlecht gehört der *Rangunterschied von Gebern und Empfängern des Rechts*. Ein abstraktes Ideal von Gerechtigkeit geht durch die Köpfe und Schriften aller Menschen, deren Geist edel und stark und deren Blut schwach ist, durch alle Religionen, durch alle Philosophien, aber die Tatsachenwelt der Geschichte kennt nur den *Erfolg*, der das Recht des Stärkeren zum Recht aller macht. Sie geht erbarmungslos über die Ideale hin, und wenn je ein Mensch oder Volk auf die Macht der Stunde verzichtet hat, um gerecht zu sein, so war ihm wohl der theoretische Ruhm in jener zweiten Welt der Gedanken und Wahrheiten gewiß, aber auch der Augenblick, wo er einer andern Lebensmacht erlag, die sich besser auf Wirklichkeiten verstand als er.

Solange eine geschichtliche Macht den ihr ein- und untergeordneten Einheiten so überlegen ist wie der Staat und Stand sehr oft den Familien und Berufsklassen oder das Familienhaupt den Kindern, ist ein gerechtes Recht *zwischen* den Schwächeren aus der allmächtigen Hand des Unbeteiligten möglich. Aber Stände fühlen selten und Staaten so gut wie nie eine Macht von diesem Range über sich, und zwischen ihnen gilt also mit unmittelbarer Gewalt das Recht des Stärkeren, wie es sich in einseitig festgesetzten Verträgen und mehr noch in deren Auslegung und Innehaltung durch den Sieger zeigt. Das unterscheidet *Innen- und Außenrechte* der geschichtlichen Lebenseinheiten. In jenen kommt der Wille eines Schiedsrichters zur Geltung, unparteiisch und gerecht zu sein, obwohl man sich sehr über den Grad von Unparteilichkeit täuscht, die selbst in den besten Gesetzbüchern der Geschichte wirksam gewesen ist, auch in jenen, die sich bürgerlich nennen und damit schon andeuten, daß *ein Stand* sie kraft seiner Übermacht für alle geschaffen hat.Innenrechte sind das Ergebnis eines streng logisch-kausalen, auf Wahrheit gerichteten Denkens, aber eben deshalb bleibt ihre Geltung jederzeit abhängig von der materiellen Macht ihres Urhebers, sei er Stand oder Staat. Eine Revolution vernichtet mit dieser Macht sofort auch die Macht der Gesetze. Sie bleiben wahr, aber sie sind nicht mehr wirklich. Außenrechte wie alle Friedensverträge aber sind dem Wesen nach nie wahr und stets wirklich – wirklich oft im erschreckenden Sinne – und erheben gar nicht den Anspruch, gerecht zu sein. Es genügt, daß sie wirksam sind. Aus ihnen spricht das *Leben*, das keine kausale und moralische Logik besitzt, aber eine um so folgerichtigere organische. Es will *selbst* Geltung besitzen; es fühlt mit innerlicher Gewißheit, was es dazu braucht, und im Hinblick darauf weiß es, was *ihm* recht ist und für andere deshalb recht zu sein hat. Diese Logik erscheint in jeder Familie, namentlich in den alten rasseechten Bauerngeschlechtern, sobald die Autorität erschüttert ist und ein anderer als das Oberhaupt bestimmen will, „was ist". Sie erscheint in jedem Staate, sobald eine einzelne Partei die Lage beherrscht. Jede Feudalzeit ist erfüllt von dem Kampf zwischen Lehnsherrn und Vasallen um das „Recht auf das Recht". Dieser Kampf endet in der Antike fast überall mit dem unbedingten Sieg des ersten Standes, der dem Königtum die Gesetzgebung entzieht und es selbst zum Objekt der eigenen Rechtsetzung macht, wie Ursprung und Bedeutung der Archonten in Athen und der Ephoren in Sparta mit Sicherheit beweisen, auf abendländischem Boden aber *vorübergehend* auch in Frankreich mit der Einsetzung der Generalstände (1302) und *für immer* in England, wo die normannischen Barone und der hohe Klerus 1215 die Magna Charta erzwangen, aus welcher die tatsächliche Souveränität des Parlaments hervorgegangen ist. Aus diesem Grunde ist das alte normannische Standesrecht hier dauernd in Geltung geblieben. Dagegen war es die Verteidigung der schwachen kaiserlichen Gewalt in Deutschland gegen die Ansprüche der großen Lehnsträger, die das justinianische römische Recht als das Recht einer unbedingten Zentralgewalt gegen die frühdeutschen Landrechte zu Hilfe rief.

Die Verfassung Drakons, die ðÜôñéïò ðïëéôåßá der Oligarchen, wurde ebenso wie das streng patrizische Zwölftafelrecht vom Adel gegeben,schon tief in der antiken Spätzeit mit den voll entwickelten Mächten der Stadt und des Geldes, aber gegen sie gerichtet und deshalb sehr bald durch ein Recht des dritten Standes, der „andern" verdrängt – das des Solon und der Tribunen –, das nicht weniger Standesrecht war. Der Kampf zwischen den beiden Urständen um das Recht der Rechtsetzung hat die ganze Geschichte des Abendlandes erfüllt von dem frühgotischen Streit um den Vorrang des weltlichen oder des kanonischen Rechts bis zu dem noch heute nicht abgeschlossenen um die Zivilehe.Die Verfassungskämpfe seit dem Ende des 18. Jahrhunderts bedeuten doch auch, daß der dritte Stand, der nach jener berühmten Bemerkung von Sieyès im Jahre 1789 „nichts war, aber alles sein konnte", die Gesetzgebung im Namen aller an sich brachte und sie in genau demselben Sinne zu einer bürgerlichen gemacht hat, wie die der Gotik eine adlige gewesen war. Am unverhülltesten tritt, wie gesagt, das Recht als Ausdruck der Macht in den zwischenstaatlichen Rechtssetzungen hervor, in Friedensverträgen und in jenem Völkerrecht, von dem schon Mirabeau meinte, daß es das Recht der Mächtigen sei, dessen Innehaltung dem Machtlosen auferlegt werde. In Rechten von dieser Art wird ein großer Teil der welthistorischen Entscheidungen festgelegt. Sie sind die Verfassung, in welcher die kämpfende Geschichte fortschreitet, solange sie nicht zu der ursprünglichen Form des Kampfes mit Waffen zurückkehrt, dessen geistige Fortsetzung jeder geltende Vertrag in seinen beabsichtigten Wirkungen ist. Ist die Politik ein Krieg mit anderen Mitteln, so ist das „Recht auf das Recht“ die Beute der siegreichen Partei.

7

Es ist demnach klar, daß auf den Höhen der Geschichte zwei große Lebensformen um den Vorrang kämpfen, Stand und Staat, beides Daseinsströme von großer innerer Form und sinnbildlicher *Kraft*, beide entschlossen, ihr eigenes Schicksal zum Schicksal des Ganzen zu machen. Das ist, wenn man es aus der Tiefe versteht und die alltägliche Auffassung von Volk, Wirtschaft, Gesellschaft und Politik ganz beiseite läßt, der Sinn des Gegensatzes von *sozialer und politischer Geschichtsleitung*. Erst mit dem Anbruch einer großen Kultur trennen sich soziale und politische Ideen, und zwar zuerst in der Erscheinung des ausgehenden Lehnsstaates, wo Herr und Vasall die soziale, Herrscher und Nation die politische Seite darstellen. Aber sowohl die frühen Sozialmächte: Adel und Priestertum, als die späten: Geld und Geist, und die in den heranwachsenden Städten zu einer gewaltigen Macht aufsteigenden Berufsgruppen der Handwerker, Beamten und Arbeiter wollen jeder für sich den Staatsgedanken dem eignen Standesideal oder häufiger dem Standesinteresse unterordnen, und so erhebt sich, von der nationalen Gesamtheit angefangen bis in das Bewußtsein jedes Einzelnen hinein, ein Kampf um die Grenzen und Ansprüche beider, dessen Ausgang im äußersten Falle die eine Größe vollkommen zum Werkzeug der andern macht.

In jedem Falle aber ist der Staat die Form, welche die *äußere* Lage bestimmt, so daß die geschichtlichen Beziehungen zwischen Völkern *stets politischer und nicht sozialer Natur sind*. Innenpolitisch ist die Lage dagegen derart von ständischen Gegensätzen beherrscht, daß hier die soziale und politische Taktik auf den ersten Blick untrennbar erscheinen und beide Begriffe im Denken von Menschen, die ihr eigenes, etwa bürgerliches Standesideal mit der geschichtlichen Wirklichkeit gleichsetzen und deshalb nicht außenpolitisch denken können, sogar identisch sind. Im Außenkampfe sucht ein Staat Bündnisse mit anderen Staaten; im Innenkampf ist er stets auf ein Bündnis mit Ständen angewiesen, so daß die antike Tyrannis des 6. Jahrhunderts auf dem Zusammenschluß des Staatsgedankens mit den Interessen des dritten Standes gegenüber der urständischen Oligarchie beruhte, und die französische Revolution in dem Augenblick unvermeidlich wurde, wo der *tiers*, also Geist und Geld, die für ihn eintretende Krone im Stich ließ und zu den beiden ersten Ständen überging (seit der ersten Notabelnversammlung von 1787). Daher wird mit einem sehr richtigen Gefühl zwischen Staaten- und Klassengeschichte,politischer („horizontaler“) und sozialer („vertikaler“) Geschichte, Krieg und Revolution unterschieden, aber es ist ein großer

Irrtum moderner Doktrinäre, den Geist der Innengeschichte für den der Geschichte überhaupt zu halten. *Weltgeschichte ist Staatengeschichte* und wird es immer sein. Die innere Verfassung einer Nation hat immer und überall den Zweck, für den äußeren Kampf, sei er militärischer, diplomatischer oder wirtschaftlicher Art, „ *in Verfassung*“ zu sein. Wer sie als Selbstzweck und Ideal an sich behandelt, richtet mit seiner Tätigkeit nur den Körper der Nation zugrunde. Aber andrerseits gehört es zum innerpolitischen Takt einer herrschenden Schicht, gehöre sie dem ersten oder vierten Stande an, die ständischen Gegensätze so zu behandeln, daß die Kräfte und Gedanken der Nation nicht im Parteikampf festgelegt werden und der Landesverrat nicht als *ultima ratio* erscheint.

Und da ist es deutlich, daß der *Staat und der erste Stand* als Lebensformen bis in die Wurzel hinein verwandt sind, nicht nur mit ihrer Symbolik von Zeit und Sorge, ihrer *gemeinsamen* Beziehung zur Rasse, zu den Tatsachen der Geschlechterfolge, zur Familie und damit zu den Urtrieben allen Bauerntums, auf das jeder Staat und jeder Adel von Dauer sich letzten Endes stützen, nicht nur in ihrer Beziehung zum Boden, zum Stammsitz, Erbgut oder Vaterland, das in seiner Bedeutung für die Nationen magischen Stils nur deshalb zurücktritt, weil die Rechtgläubigkeit ihr vornehmster Zusammenhalt ist, sondern vor allem in der großen Praxis inmitten aller Tatsachen der geschichtlichen Welt, in der *gewachsenen* Einheit des Taktes und der Triebe, in der Diplomatie, der Menschenkenntnis, der Kunst des Befehlens, im Männerwillen nach Erhaltung und Erweiterung der Macht, der in Urzeiten Adel und Volk aus ein und derselben Heeresversammlung hervorgehen läßt, und endlich in dem Sinn für Ehre und Tapferkeit, so daß bis in die letzten Zeiten hinein der Staat am festesten steht, in dem der Adel oder die von ihm geschaffene Tradition ganz in den Dienst der allgemeinen Sache gestellt ist, wie es in Sparta den Athenern, in Rom den Karthagern, im chinesischen Staate Tsin dem taoistisch gestimmten Tsu gegenüber der Fall war.

Der Unterschied ist, daß der ständisch geschlossene Adel wie *jeder* Stand den Rest der Nation nur in bezug auf sich selbst erlebt und nur in diesem Sinne Macht ausüben will, der Staat aber der Idee nach die Sorge für alle ist und erst insofern auch die für den Adel. Aber ein echter und alter Adel stellt sich *dem Staate gleich* und sorgt für alle wie für ein Eigentum. Das gehört zu seinen vornehmsten und am tiefsten in sein Bewußtsein gedrungenen Pflichten. Er fühlt sogar ein angebornes *Vorrecht* auf diese Pflicht und betrachtet den Dienst in Heer und Verwaltung als seinen eigentlichen Beruf.

Ganz anders ist der Unterschied zwischen dem Staatsgedanken und der Idee der übrigen Stände, die sämtlich dem Staat als solche innerlich fernstehen und von ihrem Leben aus ein Staatsideal prägen, das nicht aus dem Geist der tatsächlichen Geschichte und ihrer politischen Mächte erwachsen ist und eben deshalb gern mit Betonung als sozial bezeichnet wird. Und zwar ist die Kampflage der Frühzeit die, daß dem Staat als geschichtliche Tatsache schlechthin die kirchliche Gemeinschaft zur Verwirklichung *religiöser* Ideale gegenübertritt, während die Spätzeit noch das *geschäftliche* Ideal des freien Wirtschaftslebens und die *utopischen* Ideale der Träumer und Schwärmer hinzufügt, in denen irgendwelche Abstraktionen verwirklicht werden sollen.

Aber in der geschichtlichen Wirklichkeit gibt es keine Ideale; es gibt nur Tatsachen. Es gibt keine Wahrheiten; es gibt nur Tatsachen. Es gibt keine Gründe, keine Gerechtigkeit, keinen Ausgleich, kein Endziel; es gibt nur Tatsachen – wer das nicht begreift, der schreibe Bücher der Politik, aber er *mache* keine Politik. In der wirklichen Welt gibt es keine nach Idealen aufgebauten, sondern nur *gewachsene* Staaten, die nichts sind als lebendige Völker in Form. Allerdings: „geprägte Form, die lebend sich entwickelt“, aber geprägt vom Blut und Takt eines *Daseins*, ganz triebhaft und ungewollt; und entwickelt entweder von staatsmännischen Begabungen in der im Blute liegenden Richtung, oder von Idealisten in der Richtung ihrer Überzeugungen, das *heißt ins Nichts*.

Die Schicksalsfrage für wirklich vorhandene und nicht in den Köpfen entworfene Staaten ist aber nicht die ihrer idealen Aufgabe und Gliederung, sondern die ihrer *innern Autorität*, die auf die Dauer nicht durch materielle Mittel aufrechterhalten wird, sondern durch das Vertrauen selbst der Gegner auf ihre Leistungsfähigkeit. Die entscheidenden Probleme liegen *nicht* in der Ausarbeitung von Verfassungen, sondern in der Organisation einer gut arbeitenden Regierung; nicht in der Verteilung politischer Rechte nach „gerechten“ Grundsätzen, die in der Regel nichts sind als die Vorstellung, welche *ein Stand* sich von seinen berechtigten Ansprüchen macht, sondern im arbeitenden Takt des Ganzen – arbeiten wieder im Sportsinne verstanden: die Arbeit der Muskeln und Sehnen im gestreckten Galopp eines Pferdes, das sich dem Ziel nähert – in jenem Takt, der starke Begabungen von selbst in seinen Bann zieht; und endlich nicht in einer weltfremden Moral, sondern in der Beständigkeit, Sicherheit und Überlegenheit der politischen Führung. Je selbstverständlicher das alles ist, je weniger man darüber redet oder gar streitet, desto vollkommener ist ein Staat, desto höher ist der Rang, die geschichtliche Leistungsfähigkeit und damit das Schicksal einer Nation. Staatshoheit, Souveränität ist ein Lebenssymbol erster Ordnung. Sie unterscheidet *Subjekte und Objekte* der politischen Ereignisse nicht nur in der innern, sondern, was sehr viel wichtiger ist, in der äußeren Geschichte. Die Stärke der Führung, die in der klaren Scheidung beider Faktoren zum Ausdruck kommt, ist das unzweideutige Kennzeichen der Lebenskraft einer politischen Einheit, und zwar bis zu dem Grade, daß die Erschütterung der bestehenden Autorität etwa durch die Anhänger eines entgegengesetzten Verfassungsideals so gut wie immer nicht etwa diese Anhängerschaft zum Subjekt der innern, sondern die ganze Nation zum Objekt einer fremden Politik macht, und zwar sehr oft für immer.

Aus diesem Grunde ist in jedem gesunden Staat der Buchstabe der geschriebenen Verfassung von geringer Bedeutung gegenüber dem Brauch der lebendigen „Verfassung“

im Sportsinne, die sich aus Erfahrungen der Zeit, der Lage und vor allem aus den Rasseeigenschaften der Nation ganz von selbst und unbemerkt entwickelt hat. Je kräftiger diese *natürliche* Form des Staatskörpers herausgebildet ist, desto sicherer arbeitet er in jeder unvorhergesehenen Lage, wobei es zuletzt ganz gleichgültig wird, ob der tatsächliche Führer den Titel König, Minister, Parteiführer oder überhaupt kein bestimmbares Verhältnis zum Staate besitzt, wie Cecil Rhodes in Südafrika. Die römische Nobilität, welche die Politik im Zeitalter der drei Punischen Kriege beherrscht hat, war staatsrechtlich gar nicht vorhanden. In jedem Falle aber ist der Staat auf eine Minderheit von staatsmännischem Instinkt angewiesen, welche den Rest der Nation im Kampf der Geschichte repräsentiert.

Deshalb muß die Tatsache unzweideutig ausgesprochen werden: es gibt *nur* Standesstaaten, Staaten, in denen ein einzelner Stand *regiert*. Man verwechsle das nicht mit dem Ständestaat, dem der einzelne nur vermöge seiner Zugehörigkeit zu einem Stande *angehört*. Das letzte ist der Fall in der älteren Polis, in den Normannenstaaten von England und Sizilien, aber auch in dem Frankreich der Verfassung von 1791 und in Sowjetrußland. Das erste bringt dagegen die allgemeine geschichtliche Erfahrung zum Ausdruck, daß es stets eine einzige soziale Schicht ist, von welcher, gleichviel ob verfassungsmäßig oder nicht, die politische Führung ausgeht. Es ist immer eine entschiedene Minderheit, welche die welthistorische Tendenz eines Staates vertritt, und innerhalb dieser wieder eine mehr oder weniger geschlossene Minderheit, welche die Leitung kraft ihrer Fähigkeiten tatsächlich, und oft genug im Widerspruch mit dem Geist der Verfassung in Händen hat. Und wenn man von revolutionären Zwischenzeiten und von cäsarischen Zuständen absieht, die als Ausnahme die Regel bestätigen, wo Einzelne und zufällige Gruppen die Macht lediglich mit materiellen Mitteln und oft ohne jede Begabung behaupten – so ist es die Minderheit *innerhalb eines Standes*, welche durch Tradition regiert, weitaus am meisten innerhalb des Adels, der als Gentry den parlamentarischen Stil Englands, als Nobilität die römische Politik im Zeitalter der Punischen Kriege, als Kaufmannsaristokratie die Diplomatie Venedigs, als jesuitisch geschulter Barockadeldie Diplomatie der römischen Kurie ausgebildet hat. Daneben erscheint die politische Begabung einer geschlossenen Minderheit im Priesterstand, eben in der römischen Kirche, aber auch in Ägypten und Indien und noch viel mehr in Byzanz und im Sassanidenreich; sehr selten dagegen im dritten Stand, der keine Lebenseinheit bildet, etwa in einer kaufmännisch gebildeten Schicht in der römischen Plebs des dritten Jahrhunderts, in juristisch gebildeten Kreisen in Frankreich seit 1789, hier und in allen anderen Fällen durch einen geschlossenen Kreis von gleichartiger praktischer Begabung gesichert, der sich beständig ergänzt und in seiner Mitte die volle Summe ungeschriebener politischer Tradition und Erfahrung bewahrt.

Das ist die Organisation *wirklicher* Staaten im Unterschied von den auf dem Papier und in den Köpfen von Schulfuchsern entstandenen. Es gibt keinen besten, wahren, gerechten Staat, der entworfen und irgendwann einmal verwirklicht werden könnte. Jeder in der Geschichte auftauchende Staat ist nur einmal da und ändert sich unbemerkt mit jedem Augenblick, auch unter der Kruste einer noch so starren gesetzlich festgelegten Verfassung. Deshalb bedeuten Worte wie Republik, Absolutismus, Demokratie in jedem einzelnen Falle etwas anderes und werden zur Phrase, sobald man sie als feststehende Begriffe anwendet, wie es unter Philosophen und Ideologen Regel ist. Eine Staatengeschichte ist Physiognomik und nicht Systematik. Sie hat nicht zu zeigen, wie „die Menschheit" allmählich zur Eroberung ihrer ewigen Rechte, zu Freiheit und Gleichheit und der Entwicklung des weisesten und gerechtesten Staates fortschreitet, sondern die in der Tatsachenwelt wirklich vorhandenen politischen Einheiten zu beschreiben, wie sie aufblühen, reifen und welken, ohne je etwas anderes zu sein als wirkliches Leben in Form. In diesem Sinne sei sie hier versucht.

8

Die Geschichte großen Stils beginnt in jeder Kultur mit dem Lehnsstaat, der nicht Staat im kommenden Sinne ist, sondern die Ordnung des Gesamtlebens in bezug auf einen *Stand*. Das edelste Gewächs des Bodens, die Rasse im stolzesten Sinne, baut sich da eine Rangordnung auf, von der einfachen Ritterschaft bis zum *primus inter pares*, dem Lehnsherrn unter seinen Pairs. Das geschieht gleichzeitig mit der Architektur der großen Dome und Pyramiden: hier der Stein, dort das Blut zum Sinnbild erhoben, hier die *Bedeutung*, dort das Sein. Der Gedanke des Feudalwesens, der alle Frühzeiten beherrscht hat, ist der Übergang aus dem urzeitlichen, rein praktischen und tatsächlichen Verhältnis des Machthabers zu den Gehorchenden – mögen sie ihn gewählt haben oder von ihm unterworfen sein – in das *privatrechtliche* und eben dadurch tiefsymbolische des Lehnsherrn zu den Vasallen. Dieses beruht durchaus auf der adligen Sitte, auf Ehre und Gefolgstreue, und beschwört die härtesten Konflikte herauf zwischen der Anhänglichkeit an den Herrn und der an das eigne Geschlecht. Der Abfall Heinrichs des Löwen ist ein tragisches Beispiel dafür.

Der „Staat" existiert hier nur vermöge der Grenzen des Lehnsverbandes und erweitert sein Gebiet durch den Eintritt fremder Vasallen in diesen. Der ursprünglich persönliche und zeitlich begrenzte Dienst und Auftrag des Herrschers wird sehr bald dauerndes Leben, das bei einem Heimfall wieder verliehen werden *muß* – schon um das Jahr 1000 gilt im Abendland der Grundsatz „kein Land ohne Herrn" – und endlich zum Erblehen wird, in Deutschland durch das Lehnsgesetz Konrads II. vom 28. Mai 1037. Damit sind die ehemals unmittelbaren Untertanen des Herrschers mediatisiert – sie sind nur noch als Untertanen eines Vasallen auch die seinen. Allein die starke gesellschaftliche Bindung des Standes sichert den Zusammenhalt, der auch unter diesen Bedingungen Staat heißt.

Die Begriffe von Macht und Beute erscheinen hier in klassischer Verbindung. Als 1066 die normannische Ritterschaft unter Herzog Wilhelm England eroberte, wurde der gesamte Grund und Boden Eigentum des Königs und Lehen und ist es dem Namen nach noch heute. Das ist die echte Wikingerfreude am „Haben“, und die Sorge des heimkehrenden Odysseus, der zuerst seine Schätze zählt. Aus diesem Beutesinn kluger Eroberer ist das vielbewunderte Rechnungswesen und Beamtentum der Frühkulturen ganz plötzlich entstanden. Diese Beamten sind von den Inhabern der großen Vertrauensämter, die aus persönlicher Sendung hervorgehen,wohl zu unterscheiden – *Clerici*, Schreiber, nicht Ministerialen oder Minister, was ebenfalls Diener heißt, aber jetzt im stolzen Sinne den Diener des Herrn bedeutet. Die rein rechnende und schreibende Beamtenschaft ist ein Ausdruck der Sorge und entwickelt sich also in genau demselben Maße wie das dynastische Prinzip. Sie hat deshalb in Ägypten gleich zu Anfang des Alten Reiches eine erstaunliche Ausbildung erfahren.Der im Dschou-li beschriebene frühchinesische Beamtenstaat ist so umfangreich und kompliziert, daß die Echtheit des Buches daraufhin bezweifelt worden ist,aber er entspricht dem Geist und der Bestimmung nach vollkommen dem diokletianischen, der eine feudale Ständeordnung aus den Formen eines ungeheuren Steuerwesens hat entstehen lassen.In der frühen Antike fehlt er mit Betonung. *Carpe diem* ist der Wahlspruch der antiken Finanzwirtschaft bis in ihre letzten Tage. Die *Sorglosigkeit*, die Autarkeia der Stoiker ist auch auf diesem Gebiet zum Prinzip erhoben. Gerade die besten Rechner machen darin keine Ausnahme, wie Eubulos, der um 350 in Athen auf Überschüsse hin wirtschaftete, um sie dann unter die Bürgerschaft zu verteilen.

Den äußersten Gegensatz dazu bilden die rechnenden Wikinger des frühen Abendlandes, die in der Finanzverwaltung ihrer Normannenstaaten den Grund zu der faustischen, heute über die ganze Welt verbreiteten Art von Geldwirtschaft gelegt haben. Von dem schachbrettartig ausgelegten Tisch in der Rechnungskammer Roberts des Teufels von der Normandie (1028–35) stammen der Name des englischen Schatzamtes (Exchequer) und das Wort Scheck. Ebenso sind hier die Worte Konto, Kontrolle, Quittung, Rekordentstanden. Von hier aus wird England 1066 als Beute unter rücksichtsloser Knechtung der Angelsachsen organisiert und ebenso der Normannenstaat Siziliens, den Friedrich II. von Hohenstaufen schon vorfand und in den Konstitutionen von Melfi (1231), seinem persönlichsten Werke, nicht geschaffen, sondern durch Methoden der arabischen, also einer hochzivilisierten Geldwirtschaft, nur bis zur Meisterschaft vervollkommnet hat. Von hier aus sind dann die finanztechnischen Methoden und Bezeichnungen in die lombardische Kaufmannschaft und von da in alle Handelsstädte und Verwaltungen des Abendlandes gedrungen.

Aber Aufschwung und Abbau des Lehnswesens liegen dicht nebeneinander. Inmitten der blühenden Vollkraft der Urstände regen sich die künftigen Nationen und damit die eigentliche Staatsidee. Der Gegensatz zwischen adliger und geistlicher Gewalt und zwischen der Krone und ihren Vasallen wird immer wieder durch den von deutschem und französischem Volkstum (schon unter Otto dem Großen) unterbrochen, oder von deutschem und italienischem, der die Stände in Guelfen und Ghibellinen zerriß und das deutsche Kaisertum vernichtete, und von englischem und französischem, der zur englischen Herrschaft über Westfrankreich geführt hat. Indessen tritt das weit zurück hinter den großen Entscheidungen innerhalb des Lehnsstaates selbst, der den Begriff der Nation nicht kennt. England war in 60215 Lehen zerlegt worden, die in dem noch heute zuweilen nachgeschlagenen Domesday Book von 1084 verzeichnet wurden, und die straff organisierte Zentralgewalt ließ sich auch von den Untervasallen der Pairs den Treueid schwören, aber trotzdem wurde schon 1215 die Magna Charta durchgesetzt, welche die tatsächliche Gewalt vom König auf das Parlament der Vasallen überträgt – die Großen und die Kirche im Oberhaus, die Vertreter der Gentry und der Patrizier im Unterhaus vereinigt –, das von nun an Träger der *nationalen* Entwicklung geworden ist. In Frankreich erzwangen die Barone in Verbindung mit dem Klerus und den Städten 1302 die Berufung der Generalstände; durch das Generalprivilegium von Saragossa 1283 wurde Aragonien fast eine von den Cortes regierte Adelsrepublik, und in Deutschland machte einige Jahrzehnte vorher eine Gruppe großer Vasallen als Kurfürsten das Königtum von ihrer Wahl abhängig.

Den gewaltigsten Ausdruck nicht nur in der abendländischen Kultur, sondern in allen Kulturen überhaupt hat der Lehnsgedanke in dem Kampf zwischen Kaisertum und Papsttum gefunden, dem als letztes Ziel die Verwandlung der ganzen Welt in einen ungeheuren Lehnsverband vorschwebte, und beide Mächte haben sich mit dem Ideal so tief verschwistert, daß sie mit dem Verfall des Lehnswesens zugleich von ihrer Höhe jäh herabstürzten.

Die Idee eines Herrschers, dessen Machtbereich die ganze geschichtliche Welt, dessen Schicksal das der ganzen Menschheit ist, trat bis jetzt dreimal in Erscheinung, zuerst in der Auffassung des Pharao als des Horus,dann in der gewaltigen chinesischen Vorstellung vom Herrscher der Mitte, dessen Reich *tien-hia* ist, alles unter dem Himmel Liegende,endlich in frühgotischer Zeit, als Otto d. Gr. 962 aus einem tiefen mystischen Gefühl und Sehnen nach geschichtlicher und räumlicher Unendlichkeit, das damals durch alle Welt ging, den Gedanken eines Heiligen Römischen Reiches Deutscher Nation empfing. Aber vorher schon hatte Papst Nikolaus I. (860), noch ganz in augustinischen, also magischen Gedanken befangen, von einem päpstlichen Gottesstaat geträumt, der über den Fürsten dieser Welt stehen sollte, und seit 1059 ging Gregor VII. mit der vollen Urgewalt seiner faustischen Natur daran, eine päpstliche Weltherrschaft in den Formen eines universalen Lehnsverbandes mit Königen als Vasallen zu verwirklichen. Das Papsttum selbst bildete zwar nach innen den kleinen Lehnsstaat der Campagna, deren Adelsgeschlechter die Wahl beherrschten und die sehr bald auch das 1059 mit der Papstwahl betraute Kardinalskollegium in eine Art Adelsoligarchie verwandelten. Nach außen aber hat Gregor VII. die Lehnshoheit über die Normannenstaaten in England und Sizilien *erreicht*, die beide mit seiner Unterstützung begründet wurden, und die Kaiserkrone vergab er wirklich, wie vorher Otto der Große die Tiara. Aber dem Staufen Heinrich VI. gelang wenige Jahre später das Gegenteil; selbst Richard Löwenherz leistete ihm den Vasalleneid für England, und das allgemeine Kaisertum war der Verwirklichung nahe, als der größte aller Päpste, Innocenz III. (1198 bis 1216), die Lehnshoheit der Welt für kurze Zeit zur Tatsache machte. England wurde 1213 päpstliches Lehen, Aragonien, Leon, Portugal, Dänemark, Polen, Ungarn, Armenien, das eben begründete lateinische Kaisertum in Byzanz folgten, aber mit seinem Tode begann der Zerfall innerhalb der Kirche selbst, und zwar mit dem Streben der großen geistlichen Würdenträger, den durch die Investitur *auch zu ihrem* Lehnsherrn gewordenen Papst durch eine Standesvertretung zu beschränken.Der Gedanke, daß ein allgemeines Konzil über dem Papst stehe, ist nicht religiösen Ursprungs, sondern zunächst aus dem Lehnsprinzip hervorgegangen. Seine Tendenz entspricht genau dem, was die englischen Großen durch die Magna Charta erreicht hatten. Auf den Konzilen von Konstanz (seit 1414) und Basel (seit 1431) ist zum letzten Male der Versuch gemacht worden, die Kirche nach ihrer weltlichen Seite hin in einen Lehnsverband der Geistlichkeit zu verwandeln, wodurch eine Kardinalsoligarchie Vertreterin des gesamten abendländischen Klerus an Stelle des römischen Adels geworden wäre. Aber der Lehnsgedanke war damals längst vor dem des Staates zurückgetreten, und so trugen die römischen Barone, die den Wahlkampf auf den engsten Kreis der Umgebung Roms beschränkten und eben damit dem Gewählten die unumschränkte Macht nach außen im Organismus der Kirche sicherten, den Sieg davon, nachdem das Kaisertum schon vorher ganz wie das ägyptische und chinesische ein ehrwürdiger Schatten geworden war.

Im Vergleich zu der ungeheuren Dynamik dieser Entscheidungen baut sich das antike Lehnswesen ganz langsam, statisch, fast geräuschlos ab, so daß es beinahe nur aus den Spuren dieses Überganges erkennbar wird. Im homerischen Epos, wie es heute vorliegt, hat jeder Ort seinen Basileus, der doch sicherlich einst Lehnsträger war, denn in der Gestalt Agamemnons scheint noch ein Zustand durch, in welchem ein Herrscher über weite Gebiete mit dem Gefolge seiner Pairs zu Felde zog. Aber hier erfolgt die Auflöung der Lehnsgewalt im Zusammenhang mit der Ausbildung des Stadtstaates, des politischen Punktes. Das hat zur Folge, daß die höfischen Erbämter, die *archai* und *timai* wie die Prytanen, Archonten, vielleicht der urrömische Prätor,sämtlich städtischer Natur sind, und die großen Geschlechter also nicht einzeln in ihren Grafschaften heranwachsen wie in Ägypten, China und im Abendland, sondern in engster Fühlung innerhalb der Stadt, wo sie die Rechte des Königtums eins nach dem andern in ihren Besitz bringen, bis das Herrscherhaus allein übrig behält, was man ihm mit Rücksicht auf die Götter nicht nehmen konnte: den Titel, den es bei Opferhandlungen führt. So ist der *rex sacrorum* entstanden. In den jüngeren Teilen des Epos (seit 800) sind es die Adligen, welche den König zur Sitzung laden, ihn sogar absetzen. Die Odyssee kennt das Königtum eigentlich nur noch, weil es zur Sage gehört. In der wirklichen Handlung ist Ithaka eine von Oligarchen beherrschte Stadt.Die Spartiaten sind ebenso wie das in den Kuriatkomitien tagende römische Patriziat aus einem Lehnsverhältnis hervorgegangen.In den Phiditien erscheint noch ein Rest der früheren offenen Hoftafel, aber die Macht der Könige ist bis zur Schattenwürde des Opferkönigs in Rom (und Athen) und der spartanischen Könige gesunken, die von den Ephoren jederzeit ins Gefängnis geworfen und abgesetzt werden können. Die Gleichartigkeit dieser Zustände zwingt zu der Annahme, daß in Rom der tarquinischen Tyrannis von 500 eine Zeit oligarchischer Übermacht voraufgegangen ist, und das wird durch die zweifellos echte Überlieferung vom Interrex bestätigt, den der Adelsrat des Senats aus seiner Mitte bestellte, bis es ihm beliebte, wieder einen König zu wählen.

Es gab hier wie überall eine Zeit, in welcher das Lehnswesen im Zerfall begriffen, der heraufkommende Staat aber noch nicht vollendet, die Nation noch nicht in Form war. Das ist die furchtbare Krise, welche überall als Interregnum in Erscheinung tritt und die Grenze *zwischen Lehnsverband und Ständestaat* bildet. In Ägypten war um die Mitte der fünften Dynastie das Lehnswesen voll entwickelt. Gerade der Pharao Asosi gab Stück um Stück des Hausgutes an die Vasallen preis, und dazu kamen die reichen geistlichen Lehen, die ganz wie in gotischer Zeit abgabenfrei blieben und allmählich bleibendes Eigentum der großen Tempel wurden.Mit der fünften Dynastie (um 2320) ist die „Stauferzeit“ zu Ende. Unter der Schattenherrschaft der kurzlebigen sechsten Dynastie werden die Fürsten *(rpati)* und Grafen *(hetio)* selbständig; die hohen Ämter sind sämtlich erblich geworden und in den Grabinschriften tritt der Stolz auf alten Adel mehr und mehr hervor. Was späte ägyptische Historiker unter einer angeblichen 7. und 8. Dynastie versteckt haben,ist ein halbes Jahrhundert voller Anarchie und regelloser Kämpfe der Fürsten um ihre Gebiete oder den Pharaonentitel. In China wurde schon I-wang (934–909) von seinen Vasallen verpflichtet, alles eroberte Land als Lehen zu vergeben, und zwar an Untervasallen ihrer Wahl. 842 wurde Li-wang gezwungen, mit dem Thronfolger zu fliehen, worauf die Reichsverwaltung durch zwei Einzelfürsten fortgeführt wurde. Mit diesem Interregnum beginnt der Niedergang des Hauses der Dschou und das Sinken des Kaisernamens zu einem ehrwürdigen, aber bedeutungslosen Titel. Das ist das Seitenstück zur kaiserlosen Zeit in Deutschland, die 1254 beginnt und unter Wenzel um 1400 zum Tiefpunkt der Kaisergewalt überhaupt führt, gleichzeitig mit dem Renaissancestil der Condottieri und Stadttyrannen und dem vollen Verfall der päpstlichen Gewalt. Nach dem Tode Bonifaz' VIII., der 1302 in der Bulle *Unam sanctam* noch einmal die Lehnsgewalt des Papstes vertreten hatte und daraufhin von den Vertretern Frankreichs verhaftet worden war, erlebte das Papsttum ein Jahrhundert in Verbannung, Anarchie und Ohnmacht, während im folgenden der normannische Adel Englands in den Kämpfen der Häuser Lancaster und York um den Thron größtenteils zugrunde ging.

9

Diese Erschütterung bedeutet *den Sieg des Staates über den Stand*. Dem Lehnswesen lag das Gefühl zugrunde, daß Alle um eines „Lebens“ willen da seien, das mit Bedeutung geführt wurde. Die Geschichte erschöpfte sich in den Schicksalen adligen Blutes. Jetzt bricht ein Gefühl hervor, daß es *noch etwas gibt*, dem auch der Adel untersteht und zwar in Gemeinschaft mit allem andren, sei es Stand oder Beruf, etwas Ungreifbares, eine Idee. Die unbeschränkte privatrechtliche Auffassung der Ereignisse geht in eine staatsrechtliche über. Mag dieser Staat noch so sehr Adelsstaat sein, und das ist er fast ohne Ausnahme, mag sich äußerlich im Übergang vom Lehnsverband zum Ständestaat noch so wenig ändern, mag der Gedanke, daß es außerhalb der Urstände nicht nur Pflichten, sondern auch Rechte gibt, noch so unbekannt sein – das Gefühl ist *doch* anders geworden, und das Bewußtsein, daß das Leben auf den Höhen der Geschichte da sei, um gelebt zu werden, ist dem andern gewichen, daß es eine *Aufgabe* enthält. Der Abstand wird sehr deutlich, wenn man die Politik Rainalds von Dassel († 1167), eines der größten deutschen Staatsmänner aller Zeiten, mit der Kaiser Karls IV. († 1378) vergleicht, und damit den entsprechenden Übergang von der antiken *themis* der Ritterzeit zur *dike* der werdenden Polis.*Themis* enthält nur einen Rechts *anspruch, dike* auch eine *Aufgabe*.

Der urwüchsige Staatsgedanke ist immer, mit einer bis tief in die Tierwelt hineinragenden Selbstverständlichkeit, mit dem Begriff des Einzelherrschers verbunden. Das ist ein Zustand, der sich für jede beseelte Menge in allen entscheidenden Lagen ganz von selbst einstellt, wie es jede öffentliche Zusammenrottung und jeder Augenblick einer plötzlichen Gefahr aufs neue beweisen.Solche Mengen sind gefühlte Einheiten, aber blind. „In Form“ sind sie für die andrängenden Ereignisse nur in der Hand eines Führers, der plötzlich aus ihrer Mitte entsteht und eben aus der Einheit des Fühlens mit einem Schlage ihr Kopf wird und unbedingten Gehorsam findet. Das wiederholt sich in der Bildung der großen Lebenseinheiten, die wir Völker und Staaten nennen, nur langsamer und bedeutsamer, und es wird in den hohen Kulturen nur um eines großen Symbols willen und künstlich zuweilen durch andere Arten, in Form zu sein, ersetzt, aber so, daß unter der Maske dieser Formen doch tatsächlich so gut wie immer eine Einzelherrschaft besteht, und sei es die eines königlichen Ratgebers oder Parteiführers, und daß in jeder revolutionären Erschütterung der Urzustand wieder zurückkehrt. Mit dieser kosmischen Tatsache ist einer der innerlichsten Züge alles gerichteten Lebens verbunden, der *Erbwille*, der sich in jeder starken Rasse mit Naturgewalt meldet und selbst den Führer des Augenblicks oft ganz unbewußt zwingt, seinen Rang für die Dauer seines persönlichen Daseins oder darüber hinaus für das in seinen Kindern und Enkeln fortströmende Blut zu behaupten. Der gleiche, tiefe, durch und durch pflanzenhafte Zug beseelt jede wahre Gefolgschaft, die in der Dauer des führenden Blutes auch die eigne verbürgt und sinnbildlich vertreten sieht. Gerade in Revolutionen tritt dieses Urgefühl voll und stark und im Widerspruch mit allen Grundsätzen hervor; deshalb sah das Frankreich von 1800 in Napoleon und der Erblichkeit seiner Stellung die eigentliche Vollendung der Revolution. Theoretiker, die wie Rousseau und Marx von begrifflichen Idealen statt von den Tatsachen des Blutes ausgehen, haben diese ungeheure Macht innerhalb der geschichtlichen Welt nicht bemerkt und ihre Wirkungen deshalb als verwerflich und reaktionär bezeichnet; aber sie sind da und zwar mit einer so nachdrücklichen Gewalt, daß auch die Symbolik der hohen Kulturen sie nur künstlich und vorübergehend überwinden kann, wie es der Übergang antiker Wahlämter in den Besitz einzelner Familien und der Nepotismus der Barockpäpste beweisen. Hinter der Tatsache, daß die Führung sehr oft frei vergeben wird, und hinter dem Spruch, daß dem Tüchtigsten der erste Platz gehöre, verbirgt sich so gut wie immer die Rivalität der Mächtigen, die eine Erbfolge nicht grundsätzlich, aber tatsächlich verhindern, weil jeder sie insgeheim für sein Geschlecht in Anspruch nimmt. Auf diesem Zustand schöpferisch gewordener Eifersucht beruhen die Regierungsformen der antiken Oligarchie.

Beides zusammen ergibt den Begriff der *Dynastie*. Er ist so tief im Kosmischen begründet und so eng mit allen Tatsachen des geschichtlichen Lebens verflochten, daß die Staatsgedanken aller einzelnen Kulturen *Abwandlungen dieses einen Prinzips* sind, von dem leidenschaftlichen Ja der faustischen bis zum entschiedenen Nein der antiken Seele. Das Reifen der Staatsidee einer Kultur aber heftet sich schon an die heranwachsende Stadt. Nationen, historische Völker sind städtebauende Völker.Die *Residenz* wird statt der Burg und Pfalz der Mittelpunkt großer Geschichte, und in ihr geht das Gefühl des Ausübens von Macht – der *themis* – in das des *Regierens* – der *dike* – über. Hier wird der Lehnsverband innerlich durch die Nation überwunden, gerade auch im Bewußtsein des ersten Standes selbst, und hier erhebt sich die bloße Tatsache des Herrschertums zum Symbol der *Souveränität*.

Und so wird mit dem Sinken des Lehnswesens die faustische Geschichte dynastische Geschichte. Von kleinen Mittelpunkten, wo Fürstengeschlechter sitzen – „angestammt" sind, wie der erdhafte, an Pflanze und Eigentum gemahnende Ausdruck lautet –, geht die Bildung von Nationen aus, die streng ständisch gegliedert sind, aber so, daß der Staat das Dasein des Standes bedingt. Das schon im Lehnsadel und in den Bauerngeschlechtern waltende genealogische Prinzip, der Ausdruck des Weitengefühls und des Willens zur Geschichte, ist so stark geworden, daß die Entstehung von Nationen über die mächtigen Bindungen von Sprache und Landschaft hinaus vom Schicksal regierender Häuser abhängig wird; Erbfolgeordnungen wie das salische Gesetz, Urkundenbücher, in denen man die Geschichte des Blutes nachlas, Heiraten und Todesfälle trennen oder verschmelzen das Blut ganzer Bevölkerungen.Weil es nicht zur Bildung einer lothringischen und burgundischen Dynastie kam, sind auch die beiden im Keim schon angelegten Nationen nicht zur Entwicklung gekommen. Das Verhängnis über dem Hohenstaufengeschlecht hat in Deutschland und Italien die Kaiserkrone und *mit ihr* die einheitliche deutsche und italienische Nation zu einer tiefen Sehnsucht durch Jahrhunderte hin gemacht, während das Haus Habsburg nicht eine deutsche, sondern eine österreichische Nation hat entstehen lassen.

Ganz anders gestaltet sich das dynastische Prinzip aus dem Höhlengefühl der arabischen Welt. Der antike Prinzeps, der legitime Nachfolger der Tyrannen und Tribunen, ist die Verkörperung des Demos. Wie Janus die Tür, Vesta der Herd, so ist der

Cäsar das Volk. Es ist die letzte Schöpfung orphischer Religiosität. Magisch ist demgegenüber der Dominus et Deus, der Schah, der des himmlischen Feuers teilhaftig geworden ist (des *hvareno* im mazdaistischen Sassanidenreich und danach der Strahlenkrone, der Aureole im heidnischen und christlichen Byzanz), das ihn umstrahlt und ihn *pius felix* und *invictus* macht: dies die offiziellen Titel seit Commodus.Im dritten Jahrhundert hat sich in Byzanz im Typus des Herrschers derselbe Übergang vollzogen wie in der Rückbildung des augustischen Beamtenstaates zum diokletianischen Lehnsstaat. „Die Neuschöpfung, welche Aurelian und Probus begonnen, Diokletian und Konstantin auf den Trümmern ausgeführt haben, steht dem Altertum und dem Prinzipat bereits ungefähr ebenso fern wie das Reich Karls des Großen."Der magische Herrscher regiert den sichtbaren Teil des allgemeinen *consensus* der Rechtgläubigen, der Kirche, Staat und Nation zugleich ist,wie es Augustin in seinem Gottesstaat beschrieben hat; der abendländische Herrscher ist von Gottes Gnaden Monarch innerhalb der *geschichtlichen* Welt; sein Volk ist ihm Untertan, weil Gott es ihm verliehen hat. In Sachen des Glaubens aber ist er selbst Untertan, nämlich entweder der des irdischen Stellvertreters Gottes oder der seines Gewissens. Das ist die Trennung von Staatsgewalt und Kirchengewalt, der große faustische Konflikt zwischen Zeit und Raum. Als im Jahre 800 der Papst den Kaiser krönte, *wählte* er sich einen neuen Gebieter, um selbst zu wachsen. Der Kaiser in Byzanz war nach magischem Weltgefühl sein Herr auch im Geistigen; der im Frankenland war in religiösen Dingen sein *Diener*, in weltlichen – vielleicht – sein Arm. Das Papsttum konnte als Idee nur durch die Trennung vom Kalifat entstehen, denn im Kalifen ist der Papst *enthalten*.

Die Wahl des magischen Herrschers kann aber eben deshalb nicht durch ein genealogisches Erbfolgegesetz festgelegt sein; sie erfolgt aus dem *consensus* der herrschenden Blutsgemeinschaft, aus dem der heilige Geist spricht und den Erkorenen bezeichnet. Als Theodosius 450 starb, reichte eine Verwandte, die Nonne Pulcheria, dem greisen Senator Markianos formell die Hand, um durch die Aufnahme dieses Staatsmannes in den Familienverband ihm den Thron und damit der „Dynastie" die Fortdauer zu sichern,und das ist wie zahlreiche verwandte Akte auch im Sassaniden- und Abbassidenhause wie ein höherer Wink betrachtet worden.

In China war der mit dem Lehnswesen fest verbundene Kaisergedanke der frühesten Dschouzeit schnell ein Traum geworden, in dem sich bald und zwar mit steigender Deutlichkeit auch die ganze Vorwelt in Gestalt von drei Dynastien und einer Reihe noch älterer Sagenkaiser spiegelte.Für die Dynastien des nun heranwachsenden Staatensystems aber, in dem der Titel Wang, König, zuletzt ganz allgemein üblich wird, bildeten sich strenge Thronfolgeordnungen heraus, und die der Frühzeit ganz fremde Legitimität wird eine Macht,die in dem Aussterben einzelner Linien, in Adoptionen und Mißheiraten wie im abendländischen Barock Anlässe zu zahllosen Erbfolgekriegen findet.Ein Legitimitätsprinzip liegt sicherlich auch der seltsamen Tatsache zugrunde, daß die Herrscher der 12. Dynastie Ägyptens, mit welcher die Spätzeit endet, ihre Söhne schon zu Lebzeiten krönen lassen; die innere Verwandtschaft dieser drei dynastischen Ideen ist wieder ein Beweis für die Verwandtschaft des Daseins in diesen Kulturen überhaupt.

Es bedarf eines tiefen Eindringens in die politische Formensprache der frühen Antike, um zu erkennen, daß die Entwicklung der Dinge hier ganz dieselbe ist und nicht nur den Übergang vom Lehnsverband zum Ständestaat, sondern sogar das dynastische Prinzip enthält. Aber das antike Dasein hat zu allem, was es zeitlich und räumlich in die Ferne zog, Nein gesagt und auch in der Tatsachenwelt der Geschichte sich rings mit Schöpfungen umstellt, denen etwas Defensives anhaftet. Indessen setzt doch all diese Enge und Kürze das voraus, wogegen sie aufrecht erhalten werden soll. Die dionysische Vergeudung und die orphische Verneinung des antiken Leibes enthält gerade in der *Form* dieses Protestes das apollinische Ideal des vollkommenen leiblichen Seins.

Die Einzelherrschaft und der Erbwille waren im frühesten Königtum unzweideutig gegeben,aber schon um 800 fragwürdig geworden, wie die Rolle des Telemach in den älteren Teilen der Odyssee zeigt. Der Königstitel wird oft auch von großen Vasallen und den Angesehensten des Adels geführt. In Sparta und Lykien sind es zwei, in der Phäakenstadt des Epos und in manchen wirklichen Städten noch mehr. Dann kommt die Abspaltung der Ämter und Würden. Endlich wird das Königtum selbst ein Amt, das der Adel vergibt, erst vielleicht innerhalb der alten Königsfamilie wie in Sparta, wo die Ephoren als Vertreter des ersten Standes an keine Wahlordnung gebunden sind, und in Korinth, wo das Königsgeschlecht der Bakchiaden um 750 die Erblichkeit aufhebt und aus seiner Mitte jedesmal einen Prytanen mit Königsrang bestellt. Die großen Ämter, die zunächst ebenfalls erblich waren, werden lebenslänglich, dann auf Frist, endlich auf ein Jahr beschränkt und zwar so, daß bei einer Mehrzahl von Inhabern auch noch ein regelmäßiger Wechsel der Führung eintritt, was bekanntlich den Verlust der Schlacht von Cannä veranlaßt hat. Diese Jahresämter, von der etruskischen Jahresdiktaturbis zum dorischen Ephorat, das auch in Herakleia und Messene vorkommt, sind mit dem Wesen der Polis fest verbunden und erreichen ihre volle Ausbildung um 650 gerade dann, als im abendländischen Ständestaat gegen Ende des 15. Jahrhunderts die dynastische Erbgewalt durch Kaiser Maximilian I. und seine Heiratspolitik – den Wahlansprüchen der Kurfürsten gegenüber –, durch Ferdinand von Aragonien, Heinrich VII. Tudor und Ludwig XI. von Frankreich gesichert war.

Aber durch die zunehmende Beschränkung auf das Jetzt und Hier war gleichzeitig das Priestertum aus den Ansätzen zu einem Stande eine bloße Summe staatlicher Ämter geworden; die Residenz des homerischen Königtums, statt den Mittelpunkt eines nach allen Seiten ins Weite strebenden Staatswesens zu bilden, zieht ihren Bannkreis zusammen, bis Staat und Stadt identisch sind. Aber damit fallen auch Adel und Patriziat zusammen, und da die Vertretung der frühen Städte auch in gotischer Zeit, im englischen Unterhaus wie in den französischen Generalständen ausschließlich eine solche der Patrizier ist, so stellt sich der mächtige antike Ständestaat *nicht der Idee, aber den Tatsachen nach* als reiner, königloser Adelsstaat dar. Diese streng apollinische Form der werdenden Polis heißt *Oligarchie.*

Und so stehen am Ausgang beider Frühzeiten das faustisch-genealogische und das apollinisch-oligarchische Prinzip nebeneinander, zwei Arten von staatlichem Recht, von *dike,* die eine von unermeßlichem Weitengefühl getragen, mit einer urkundlichen Tradition tief in die Vergangenheit zurückreichend und mit dem gleichen Willen zur Dauer auf die entlegenste Zukunft bedacht, in der Gegenwart aber auf die politische Wirkung im weiten Räume, durch planvolle dynastische Heiraten und durch jene echt faustische, dynamische, kontrapunktische Politik der Ferne, die wir *Diplomatie* nennen; die andre ganz körperhaft und statuenhaft und sich durch die Politik der Autarkeia auf die strengste Nähe und Gegenwart beschränkend, überall da schroff ablehnend, wo das abendländische Dasein bejaht.

Der dynastische wie der Stadtstaat setzen die Stadt selbst *voraus,* aber während die westeuropäischen Regierungssitze oft bei weitem nicht die größten Orte des Landes sind, sondern Mittelpunkte eines Kraftfeldes politischer Spannungen, in dem jedes Ereignis an noch so entfernter Stelle mit einem fühlbaren Zittern das Ganze durchläuft, drängt sich in der Antike das Leben immer enger zusammen und gelangt so zu der grotesken Erscheinung des Synoikismos. Es ist der Gipfel des euklidischen Formwollens innerhalb der politischen Welt. Man kann sich den Staat nicht denken, solange nicht die Nation auf einem Haufen, *als ein Leib* ganz körperlich zusammensitzt; man will ihn *sehen,* sogar übersehen, und während die faustische Tendenz dahin geht, die Zahl der dynastischen Mittelpunkte immer mehr zu verringern, und schon Maximilian I. eine genealogisch gesicherte Universalmonarchie seines Hauses in der Ferne auftauchen sah, zerfällt die antike Welt in zahllose solcher winzigen Punkte, die, sobald sie vorhanden sind, in das für antike Menschen beinahe denknotwendige Verhältnis der wechselseitigen Vernichtung als des reinsten Ausdrucks der Autarkeia eintreten.

Der Synoikismos und damit die Begründung der eigentlichen Polis ist *ausschließlich ein Werk des Adels,* der für sich allein den antiken Ständestaat darstellte und diesen also durch Zusammenziehung von Landadel und Patriziat in Form brachte, wobei die Berufsklassen ohnehin am Orte waren und der Bauer im Ständesinne nicht mitzählte. Durch die Sammlung der adligen Macht an einem Punkte ist das Königtum der Lehnszeit gebrochen worden.

Auf Grund dieser Einblicke darf der Versuch gewagt werden, die Urgeschichte Roms unter allem Vorbehalt zu zeichnen. Der römische Synoikismos, eine örtliche Zusammenfassung verbreiteter adliger Geschlechter, ist identisch mit der „Gründung“ Roms, einem etruskischen Unternehmen wahrscheinlich am Anfang des 7. Jahrhunderts,während schon lange vorher zwei Ansiedlungen auf dem Palatin und Quirinal gegenüber der Königsburg des Capitols bestanden hatten. Zur ersten gehört die uralte Göttin Diva Ruminaund das etruskische Geschlecht der Ruma,zur zweiten der Gott Quirinus pater. Von daher stammen der Doppelname Römer und Quiriten und die doppelten Priestertümer der Salier und Luperci, die an den beiden Hügeln haften. Da die drei Geschlechtertribus der Ramnes, Tities und Luceres sich sicherlich durch alle etruskischen Orte zogen,so müssen sie hier wie dort vorhanden gewesen sein, und daraus erklären sich nach vollzogenem Synoikismos die Sechszahl der Reiterzenturien, der Kriegstribunen und der hochadligen Vestalinnen, aber andrerseits auch die *beiden* Prätoren oder Konsuln, die dem Königtum schon früh als Vertreter des Adels zur Seite gestellt wurden und ihm allmählich jeden Einfluß entzogen. Schon um 600 muß die Verfassung Roms eine starke Oligarchie der Patres mit einem Schattenkönigtuman der Spitze gewesen sein, aber daraus folgt wieder, daß die alte Annahme einer Vertreibung der Könige und die moderne eines langsamen Abbaus der Königsgewalt nebeneinander zu Recht bestehen, denn die eine bezieht sich auf den Sturz der tarquinischen Tyrannis, die um die Mitte des 6. Jahrhunderts wie damals überall gegen die Oligarchie aufgerichtet worden war, in Athen durch Peisistratos, die andere auf die langsame Auflösung der Lehnsgewalt des, man darf auch hier sagen homerischen Königtums *vor* der „Gründung“ durch den Ständestaat der Polis, eine Krise, die hier vielleicht durch das Hervortreten der Prätoren ebenso bezeichnet wurde wie anderswo durch das der Archonten und Ephoren.

Diese Polis ist streng adlig wie der abendländische Ständestaat (dieser einschließlich des höheren Klerus und der Städtevertreter). Der Rest der Zugehörigen ist schlechthin Objekt – der politischen Sorge, hier also der *Sorglosigkeit*. Denn *Carpe diem* ist der Wahlspruch gerade auch dieser Oligarchie, wie die Lieder des Theognis und des Kreters Hybrias laut genug verkünden; in der Finanzwirtschaft, die bis in die spätesten Zeiten der Antike mehr oder weniger gesetzloser Raub geblieben ist, um die Mittel für den Augenblick zu beschaffen, von dem organisierten Piratentum des Polykrates seinen eigenen Untertanen gegenüber bis zu den Proskriptionen der römischen Triumvirn; in der Rechtssetzung bis zu der mit beispielloser Konsequenz auf den Augenblick gerichteten Ediktalgesetzgebung des einjährigen römischen Prätors;endlich in der sich immer mehr verbreitenden Sitte, gerade die wichtigsten Heeres-, Rechts- und Verwaltungsämter durch das Los zu besetzen – eine Art Huldigung an Tyche, die Göttin des Augenblicks.

Ausnahmen von dieser Art, politisch in Form zu sein und entsprechend zu fühlen und zu denken, gibt es nicht. Die Etrusker sind von ihr ebenso beherrscht wie die Dorer und Makedonier.Wenn Alexander und seine Nachfolger den Osten weithin mit hellenistischen Städten bedeckten, so geschah es ganz unbewußt auch deshalb, weil sie sich eine andere Form der politischen Organisation nicht vorstellen konnten. Antiochia sollte Syrien sein und Alexandria Ägypten. Und in der Tat war Ägypten unter den Ptolemäern wie später unter den Cäsaren nicht rechtlich, aber tatsächlich eine Polis in ungeheurem Maßstabe; das längst fellachenhafte und wieder stadtlose Land lag mit seiner uralten Verwaltungstechnik als Feldmark vor den Toren.Das römische Imperium ist nichts als der letzte und größte Stadtstaat der Antike auf Grund eines riesenhaften Synoikismos. Der Redner Aristides konnte unter Marc Aurel mit vollem Recht sagen (in seiner Rede auf Rom): „Rom hat diese Welt im Namen *einer Stadt* zusammengefaßt. Wo man auch in ihr geboren sein mag, man wohnt doch in ihrer Mitte.“ Aber auch die unterworfene Bevölkerung, wandernde Wüstenstämme und die Bewohner kleiner Alpentäler, werden als *civitates* konstituiert. Livius denkt durchaus in den Formen des Stadtstaates, und für Tacitus ist die Provinzialgeschichte überhaupt nicht vorhanden. Pompejus war im Jahre 49 verloren, als er vor Cäsar zurückwich und das militärisch bedeutungslose Rom preisgab, um sich im Osten eine Operationsbasis zu schaffen. In den Augen der herrschenden Gesellschaft hatte er damit den Staat preisgegeben. Rom war ihnen alles.

Diese Stadtstaaten sind der Idee nach nicht erweiterungsfähig; ihre Zahl kann wachsen, nicht ihr Umfang. Es ist nicht richtig, wenn man den Übergang der römischen Klientel in die stimmberechtigte Plebs und die Schaffung der ländlichen Tribus als Durchbrechung des Polisgedankens auffaßt. Es ist hier wie in Attika: Das gesamte Leben des Staates, der *res publica* bleibt nach wie vor auf einen Punkt beschränkt und dieser ist die Agora, das römische Forum. Mag das Bürgerrecht an noch so viele Fernwohnende verliehen sein, zur Zeit Hannibals weithin in Italien und später in der ganzen Welt, zur Ausübung der politischen Seite dieses Rechts ist die *persönliche Gegenwart* auf dem Forum erforderlich. Damit ist die große Mehrzahl der Bürger nicht gesetzlich, aber tatsächlich ohne Einfluß auf die politischen Geschäfte.Das Bürgerrecht bedeutet also für sie lediglich die Dienstpflicht und den Genuß des städtischen Privatrechts.Aber selbst für die nach Rom kommenden Bürger ist die politische Macht durch einen zweiten, *künstlichen Synoikismos* beschränkt, der sich erst nach und infolge der Bauernbefreiung vollzogen hat – sicherlich ganz unbewußt –, um die Idee der Polis streng aufrecht zu erhalten: die Neubürger werden ohne Rücksicht auf ihre Zahl in ganz wenige Tribus eingeschrieben, nach der *lex Julia* in acht, und sind in den Komitien deshalb stets in der Minderheit gegenüber der alten Bürgerschaft.

Denn diese Bürgerschaft wird durchaus als *ein* Leib empfunden, als *soma*. Wer nicht dazu gehört, ist rechtlos, *hostis*. Die Götter und Heroen stehen oberhalb, der Sklave, der nach Aristoteles kaum ein Mensch zu nennen ist, unterhalb dieser Gesamtheit von Personen.Der einzelne aber ist æ?ïí ðïëéôéêüí

in einem Sinne, der uns aus dem Weitengefühl Denkenden und Lebenden als Inbegriff von Sklaverei erscheinen würde; er existiert *nur* vermöge seiner Zugehörigkeit zu einer einzelnen Polis. Infolge dieses euklidischen Gefühls war zuerst der Adel als festgeschlossenes *soma* mit der Polis gleichbedeutend, bis zu dem Grade, daß noch im Zwölftafelrecht die Ehe zwischen Patriziern und Plebejern verboten war und in Sparta die Ephoren nach alter Sitte bei ihrem Amtsantritt eine Kriegserklärung gegen die

Heloten erließen. Das Verhältnis kehrt sich um, ohne seinen Sinn zu verändern, sobald infolge einer Revolution der Demos gleichbedeutend mit den *Nicht*adligen wird. Und wie nach innen, so ist nach außen das politische *soma* die Grundlage aller Ereignisse durch die ganze antike Geschichte hindurch. Zu Hunderten lagen diese kleinen Staaten auf der Lauer, jeder nach Möglichkeit politisch und wirtschaftlich in sich abgeschlossen, bissig, auf den geringsten Anlaß losfahrend, um einen Kampf zu beginnen, dessen Ziel nicht die Ausdehnung des eignen Staates ist, sondern die Vernichtung des fremden: die Stadt wird zerstört, die Bürgerschaft getötet oder in die Sklaverei verkauft, genau wie eine Revolution

Im Stadtstaat aber ist die Geltung des Privatrechts für den einzelnen erst eine Folge des Bürgerrechts. Die *civitas* bedeutet deshalb unendlich viel mehr als die moderne Staatsangehörigkeit, denn ohne sie ist der Mensch rechtlos und als Person nicht vorhanden. damit endet, daß die Unterliegenden erschlagen oder vertrieben werden und ihre Habe der siegreichen Partei zufällt. Der natürliche zwischenstaatliche Zustand ist in der abendländischen Welt ein dichtes Netz diplomatischer Beziehungen, die durch Kriege unterbrochen werden können. Das antike Völkerrecht setzt aber den Krieg als normalen Zustand voraus, der durch Friedensverträge zeitweise unterbrochen wird. Eine Kriegserklärung stellt hier also die natürliche politische Lage wieder her; erst so lassen sich die 40- und 50jährigen Friedensverträge, *spondai*, wie der berühmte des Nikias von 421 erklären, die lediglich eine vorübergehende Sicherheit gewährleisten sollen.

Diese beiden Staatsformen und damit die zugehörigen Stile der Politik sind mit dem Ausgang der Frühzeit gesichert. Der Staatsgedanke hat über den Lehnsverband gesiegt, aber vertreten wird er doch durch die Stände und nur als ihre Summe ist die Nation politisch vorhanden.

10

Eine entscheidende Wendung vollzieht sich mit dem Beginn der Spätzeit, dort wo Stadt und Land sich im Gleichgewicht befinden und die eigentlichen Mächte der Stadt, Geld und Geist, so stark geworden sind, daß sie sich als Nichtstand den Urständen gewachsen fühlen. Es ist der Augenblick, wo der Staatsgedanke sich endgültig über die Stände erhebt, um sie durch den Begriff der Nation zu *ersetzen*.

Der Staat hatte sein Recht erkämpft auf dem Wege vom Lehnsverband zum Ständestaat. In diesem sind die Stände nur noch vermöge des Staates vorhanden, nicht umgekehrt. Aber es lag doch so, daß die Regierung der regierten Nation nur derart gegenübertrat, als und soweit diese ständisch gegliedert war. Der Nation zugehörig waren alle, den Ständen aber eine Auswahl, und nur diese kam politisch in Betracht.

Je mehr sich aber der Staat seiner reinen Form nähert, je *absoluter* er wird, abgelöst nämlich von jedem andern Formideal, desto mehr gewinnt der Begriff der Nation dem des Standes gegenüber an Gewicht, und es kommt der Augenblick, wo die Nation *als solche* regiert wird und die Stände nur noch gesellschaftliche Unterschiede bezeichnen. Gegen diese Entwicklung, die zu den Notwendigkeiten der Kultur gehört und unvermeidlich und unwiderruflich ist, erheben sich noch einmal die frühen Mächte, Adel und Priestertum. Für sie steht *alles* auf dem Spiel, das Heldenhafte und Heilige, das alte Recht, der Rang, das Blut, und von ihnen aus betrachtet – gegen was?

Dieser Kampf der Urstände gegen die Staatsgewalt besitzt im Abendlande die Gestalt der *Fronde*; in der Antike, wo keine Dynastie die Zukunft vertritt und der Adel politisch allein da ist, *bildet* sich etwas Dynastisches, das den Staatsgedanken verkörpert und, gestützt auf den nichtständischen Teil der Nation, diesen selbst erst zu einer Macht erhebt. Das ist die Mission der *Tyrannis*.

In dieser *Wendung vom Ständestaat zum absoluten Staat*, der alles nur in bezug auf sich gelten läßt, haben die Dynastien des Abendlandes und ebenso diejenigen Ägyptens und Chinas den Nichtstand, das *"Volk"*, zu Hilfe gerufen und damit *als politische Größe anerkannt*. Darin liegt die Bedeutung des Kampfes gegen die Fronde, und die Mächte der großen Stadt konnten für sich zunächst nur einen Vorteil darin erblicken. Der Herrscher steht hier im Namen des *Staates*, der Sorge für *alle*, und er bekämpft den Adel, weil dieser den *Stand* als politische Größe aufrecht erhalten will.

In der Polis aber, wo der Staat ausschließlich in der Form lag und in keinem Oberhaupt erblich verkörpert war, erhob sich aus dem Bedürfnis, den Nichtstand für den Staatsgedanken einzusetzen, die Tyrannis, in welcher eine Familie oder Faktion des Adels selbst die dynastische Rolle übernahm, ohne welche eine Aktion des dritten Standes unmöglich gewesen wäre. Spätantike Historiker haben den Sinn dieses Vorgangs nicht mehr erkannt und sich an Äußerlichkeiten des Privatlebens gehalten. In Wahrheit ist die Tyrannis *der Staat*, und sie wird von der Oligarchie im Namen des Standes bekämpft. Deshalb stützt sie sich auf Bauern und Bürger; in Athen waren das um 580 die Parteien der Diakrier und Paralier. Deshalb hat sie die dionysischen und orphischen Kulte zum Nachteil der apollinischen unterstützt; in Attika förderte Peisistratos den Dionysoskult unter den Bauern,in Sikyon verbot um dieselbe Zeit Kleisthenes den Vortrag der homerischen Gesänge;in Rom wurde sicherlich noch unter den Tarquiniern die Götterdreiheit Demeter (Ceres), Dionysos und Koreeingeführt. Ihr Tempel wurde 483 durch Sp. Cassius geweiht, der gleich danach bei einem Versuch, die Tyrannis wieder aufzurichten, umkam. Dieser Cerestempel war das Heiligtum der Plebs und seine Vorsteher, die Ädilen, deren Vertrauensmänner, bevor es Tribunen gab.Die Tyrannen waren wie die Fürsten des abendländischen Barock in einem großen Sinne liberal, wie es unter der späteren Herrschaft des dritten Standes gar nicht mehr möglich ist. Aber damals kam auch in der Antike das Wort in Umlauf, daß das Geld den Mann macht, χρήματ' ἀνήρ.Die Tyrannis des sechsten Jahrhunderts hat den Polisgedanken zu Ende geführt und den staatsrechtlichen Begriff des *Bürgers*, des Politen, des Civis geschaffen, deren Summe ohne Rücksicht auf den Stand das *soma* des Stadtstaates bildet. Als die

Oligarchie dann doch wieder siegte, und zwar infolge des antiken Hanges zur Gegenwart, der in der Tyrannis die Neigung zur Dauer fürchtete und haßte, war der Begriff des Bürgers fest vorhanden, und der Nichtpatrizier hatte gelernt, sich dem Rest gegenüber als Stand zu fühlen. Er war eine politische Partei geworden – das Wort Demokratie im spezifisch antiken Sinne bekommt jetzt einen bedeutungsschweren Inhalt – und er geht daran, nicht mehr dem Staat zu Hilfe zu kommen, sondern wie vorher der Adel *der Staat zu sein*. Er beginnt zu zählen – das Geld wie die Köpfe, denn sowohl der Geldzensus wie das allgemeine Wahlrecht sind bürgerliche Waffen; der Adel zählt nicht, sondern wertet; er stimmt nach Ständen. Wie der absolute Staat aus der Fronde und ersten Tyrannis hervorgegangen war, so geht er mit der Französischen Revolution und der zweiten Tyrannis zu Ende. In diesem zweiten Kampfe, der schon Verteidigung ist, tritt die Dynastie auf die Seite der Urstände zurück, um den Staatsgedanken gegen eine neue Standesherrschaft, die bürgerliche, zu schützen.

Zwischen Fronde und Revolution liegt auch die Geschichte des Mittleren Reiches in Ägypten. Hier hat die 12. Dynastie (1990 bis 1790), voran Amenemhet I. und Sesostris I., in schweren Kämpfen gegen die Barone den absoluten Staat begründet. Der erste Herrscher ist, wie ein berühmtes Gedicht dieser Zeit meldet, nur mit Mühe einer Verschwörung am Hofe entgangen. Daß nach seinem zunächst geheimgehaltenen Tode ein Aufruhr drohte, verrät die Lebensbeschreibung des Sinuhet;der dritte wurde von Palastbeamten ermordet. Aus den Inschriften im Familiengrabe der Grafen Chnemhotep erfahren wir,daß die Städte reich und fast unabhängig geworden waren und Kriege untereinander führten. Sicherlich sind sie damals nicht kleiner gewesen als die antiken Städte zur Zeit der Perserkriege. Auf sie und auf eine Anzahl treugebliebener Großer hat die Dynastie sich gestützt.Sesostris III. (1876–1842) konnte den Feudaladel endlich ganz aufheben. Es gab von da an nur noch einen Hofadel und einen einheitlichen, mustergültig geordneten Beamtenstaat,aber schon jetzt erheben sich Klagen im Tone des Herzogs von Saint Simon, daß die Vornehmen ins Elend geraten und die „Söhne Niemands" zu Rang und Ansehen kommen.Die Demokratie beginnt und die große soziale Revolution der Hyksoszeit bereitet sich vor.

Dem entspricht in China die Zeit der Ming-dschu (oder Pa, 685 bis 591). Es sind Protektoren fürstlicher Herkunft, die eine rechtlich nicht begründete, aber tatsächliche Macht über diese ganze, in wüste Anarchie versunkene Staatenwelt ausüben, Fürstenkongresse berufen, um die Ordnung herzustellen und gewisse politische Grundsätze zur Anerkennung zu bringen, sogar den gänzlich bedeutungslosen „Herrscher der Mitte" aus dem Hause Dschou vorladen. Der erste war Hoang von Tsi († 645), der den Fürstentag von 659 berief und von dem Konfuzius schrieb, daß er China vor dem Rückfall in die Barbarei gerettet habe. Die Bezeichnung Ming-dschu ist später wie der Tyrannenname ein Schimpfwort geworden, weil man in ihrer Erscheinung nur noch die Macht ohne Recht bemerken wollte, aber diese großen Diplomaten sind ganz ohne Zweifel ein Element, das sich voller Sorge um den Staat und die geschichtliche Zukunft gegen die alten Stände richtet und dabei auf die jungen stützt, auf Geist und Geld. Eine hohe Kultur spricht aus dem Wenigen, was bis jetzt aus chinesischen Quellen über sie bekannt geworden ist. Einige waren Schriftsteller, andere haben Philosophen zu Ministern berufen. Es ist gleichgültig, ob man an Richelieu oder Wallenstein oder Periander denkt – jedenfalls tritt mit ihnen zuerst „das Volk" als politische Größe auf.Das ist echte Barockgesinnung und Diplomatie von hohem Rang. Der absolute Staat hat sich der Idee nach dem Ständestaat gegenüber durchgesetzt.

Eben darin liegt die enge Verwandtschaft mit der abendländischen Zeit der Fronde. Hier hat die Krone in Frankreich seit 1614 keine Generalstände mehr berufen, nachdem diese sich den vereinigten Gewalten von Staat und Bürgertum überlegen gezeigt hatten. In England versuchte Karl I. seit 1628 ebenfalls ohne Parlament zu regieren. In Deutschland kommt der Dreißigjährige Krieg, der doch auch, ganz abgesehen von seiner religiösen Bedeutung, die Entscheidung zwischen Kaisergewalt und der *großen* kurfürstlichen Fronde einerseits und zwischen den Einzelfürsten und der *kleinen* Fronde ihrer Landstände andrerseits herbeiführen sollte, dadurch zum Ausbruch, daß 1618 die böhmischen Stände das Haus Habsburg absetzten und ihre Macht daraufhin 1620 durch ein furchtbares Strafgericht vernichtet wurde. Aber der Mittelpunkt der Weltpolitik lag damals in *Spanien*, wo mit der gesellschaftlichen Kultur überhaupt auch der diplomatische Stil des Barock entstanden ist, nämlich im Kabinett Philipps II., und wo das dynastische Prinzip, in dem sich der absolute Staat den Cortes gegenüber verkörperte, seine gewaltigste Ausbildung erfahren hat, und zwar im Kampfe gegen das Haus Bourbon. Der Versuch, auch England genealogisch dem spanischen System einzugliedern, war unter Philipp II. gescheitert, weil der schon angekündigte Erbe aus seiner Ehe mit Maria von England ausblieb. Jetzt, unter Philipp IV., taucht noch einmal der Gedanke einer alle Ozeane beherrschenden Universalmonarchie auf, nicht mehr jenes mystische Kaisertum der frühen Gotik, das Heilige Römische Reich Deutscher Nation, sondern das greifbare Ideal der Weltherrschaft des Hauses Habsburg, die sich von Madrid aus auf den realen Besitz von Indien und Amerika und auf die schon fühlbar hervortretende Macht des Geldes stützen sollte. Damals haben es die Stuarts versucht, ihre gefährdete Stellung durch die Ehe des Thronfolgers mit einer spanischen Infantin zu verstärken, aber man zog in Madrid zuletzt die Verbindung mit der eigenen Seitenlinie in Wien vor, und so wandte sich Jakob I. – ebenfalls vergeblich – an die Gegenpartei der Bourbonen mit dem Vorschlag eines Ehebündnisses. Der Mißerfolg dieser Familienpolitik hat mehr als alles andre dazu beigetragen, die puritanische Bewegung mit der englischen Fronde zu einer großen Revolution zu verbinden.

In diesen großen Entscheidungen treten wie im „gleichzeitigen" China die Inhaber der Throne selbst ganz in den Hintergrund vor einzelnen Staatsmännern, in deren Hand Jahrzehnte hindurch das Schicksal der abendländischen Welt liegt. Graf Olivarez in Madrid und der spanische Gesandte in Wien Oñate waren damals die mächtigsten Persönlichkeiten in Europa; ihnen standen als Verteidiger des Reichsgedankens

Wallenstein und des absoluten Staatsgedankens in Frankreich Richelieu gegenüber, und später sind in Frankreich Mazarin, in England Cromwell, in Holland Oldenbarneveldt, in Schweden Oxenstierna gefolgt. Erst mit dem Großen Kurfürsten erscheint wieder ein Monarch von staatsmännischer Bedeutung.

Wallenstein knüpft unbewußt dort an, wo die Hohenstaufen aufgehört hatten. Nach dem Tode Friedrichs II. (1250) war die Gewalt der Reichsstände eine unbedingte geworden und gegen diese, für einen absoluten Kaiserstaat, trat er während seines ersten Kommandos ein. Wäre er ein größerer Diplomat, klarer, vor allem entschlossener gewesen – er fürchtete sich vor Entscheidungen –, hätte er wie Richelieu die Notwendigkeit erkannt, vor allem die Person des Monarchen unter seinen Einfluß zu bringen, so wäre mit dem Reichsfürstentum vielleicht aufgeräumt worden. Er sah in diesen Fürsten Rebellen, die abgesetzt und deren Land konfisziert werden müßte, und auf dem Gipfel seiner Macht, Ende 1629, als er Deutschland militärisch fest in der Hand hatte, ließ er im Gespräch verlauten, der Kaiser müsse Herr im Reiche sein wie die Könige von Frankreich und Spanien. Sein Heer, das „sich selbst ernährte“ und auch durch seine Stärke von den Ständen unabhängig blieb, war zum ersten Male in Deutschland eine Kaiserarmee von europäischer Bedeutung; neben ihm kam das von Tilly geführte Heer der Fronde, denn das war die Liga, nicht in Betracht. Als Wallenstein 1628 vor Stralsund lag, um den Gedanken einer habsburgischen Seemacht in der Ostsee zu verwirklichen, von wo aus das bourbonische System im Rücken gefaßt werden konnte – während gleichzeitig Richelieu mit besserem Erfolg La Rochelle belagerte –, waren Feindseligkeiten zwischen der Liga und ihm kaum noch zu vermeiden. Auf dem Reichstag zu Regensburg 1630 war er abwesend, weil, wie er sagte, sein Quartier demnächst in Paris sein werde. Es war der schwerste politische Fehler seines Lebens, denn hier siegte die Fronde der Kurfürsten über den Kaiser durch die Drohung, Ludwig XIII. an seine Stelle zu setzen, und erzwang die Abdankung des Generals. Damit hatte die Zentralgewalt in Deutschland, ohne die Tragweite des Schrittes zu erkennen, ihr Heer aus der Hand gegeben. Von nun an unterstützte Richelieu die große Fronde in Deutschland, um hier die spanische Stellung zu erschüttern, während auf deren Seite Olivarez und der wieder zum Kommando gelangte Wallenstein sich mit der Ständepartei in Frankreich verbündeten, die daraufhin unter der Königin-Mutter und Gaston von Orléans zum Angriff überging. Aber die kaiserliche Gewalt hatte den großen Augenblick versäumt. In beiden Fällen behielt der Kardinal die Oberhand. Er ließ 1632 den letzten Montmorency hinrichten und brachte die katholischen Kurfürsten Deutschlands in ein offenes Bündnis mit Frankreich. Von da an trat Wallenstein, der in seinen Endzielen unsicher wurde, mehr und mehr dem spanischen Gedanken entgegen, den er von dem Reichsgedanken trennen zu können glaubte, und näherte sich (wie in Frankreich der Marschall Turenne) damit von selbst den Ständen. *Es ist die entscheidende Wendung in der späteren deutschen Geschichte.* Erst mit diesem Abfall ist der absolute Kaiserstaat unmöglich geworden. Wallensteins Ermordung 1634 änderte daran nichts mehr, denn man fand für ihn keinen Ersatz.

Und eben jetzt wären die Umstände noch einmal günstig gewesen, denn 1640 brach in Spanien, Frankreich und England der Entscheidungskampf zwischen Staatsgewalt und Ständen aus. Gegen Olivarez erhoben sich die Cortes in fast allen Provinzen. Portugal und damit Indien und Afrika gingen für immer verloren; Neapel und Katalonien konnten erst nach Jahren wieder unterworfen werden. In England muß – ganz wie im Dreißigjährigen Kriege – der Verfassungskampf zwischen dem Königtum und der im Unterhaus herrschenden Gentry von der religiösen Seite der Revolution sorgfältig getrennt werden, so tief die beiden Tendenzen sich auch durchdringen. Aber der wachsende Widerstand, den Cromwell gerade in der Unterklasse gefunden hat und der ihn ganz gegen seinen Willen in eine Militärdiktatur hineintrieb, und dann die Volkstümlichkeit des zurückkehrenden Königtums beweisen, in welchem Grade der Sturz der Dynastie über alle Zwistigkeiten in religiösen Dingen hinaus durch ständische Interessen bewirkt war.

Als Karl I. hingerichtet wurde, kam es auch in Paris zum Aufstand, der die königliche Familie zur Flucht zwang. Man baute Barrikaden und rief die Republik aus (1649). Wäre der Kardinal von Retz Cromwell ähnlicher gewesen, so war ein Sieg der Ständepartei über Mazarin wohl möglich. Aber der Ausgang dieser großen abendländischen Krise ist durchaus vom Gewicht und Schicksal weniger Persönlichkeiten bestimmt und gestaltete sich deshalb so, daß in England *allein* die im Parlament vertretene Fronde den Staat und das Königtum ihrer Führung unterwarf und diesen Zustand in der „glorreichen Revolution" von 1688 dauernd begründet hat, so daß heute noch wesentliche Teile des alten Normannenstaates zu Recht bestehen. In Frankreich und Spanien siegte das Königtum unbedingt. In Deutschland wurde im Westfälischen Frieden für die große Fronde der Reichsfürsten gegen den Kaiser das englische, für die kleine Fronde den Landesfürsten gegenüber das französische Verhältnis durchgesetzt. Im Reich regieren die Stände, in deren Gebieten aber die Dynastie. Von da an war das Kaisertum wie das englische Königtum ein Name, umgeben mit Resten des spanischen Prunks aus dem frühen Barock; die Einzelfürsten und ebenso die führenden Familien der englischen Aristokratie erlagen dem Vorbild von Paris, und ihr Absolutismus kleinen Formats ist der Träger des Stils von Versailles geworden, politisch wie sozial. Damit war zugleich der Sieg des Hauses Bourbon über das Haus Habsburg entschieden, was schon im Pyrenäenfrieden von 1659 vor aller Welt zum Ausdruck kam.

Mit dieser Epoche war der im Dasein jeder Kultur als Möglichkeit angelegte Staat verwirklicht und eine Höhe des politischen Geformtseins erreicht, die nicht mehr überboten, aber auch nicht lange aufrecht erhalten werden konnte. Ein leiser herbstlicher Zug geht schon durch die Zeit, als Friedrich der Große in Sanssouci Tafel hielt. Es sind die Jahre, in welchen auch die großen Sonderkünste ihre letzte, zarteste, geistigste Reife erlangen, neben den Rednern der athenischen Agora Zeuxis und Praxiteles, neben dem Filigran der Kabinettsdiplomatie die Musik von Bach und Mozart.

Diese Kabinettspolitik ist selbst eine hohe Kunst geworden, ein artistischer Genuß für den, der seine Finger darin hatte, wundervoll in ihrer Feinheit und Eleganz, höflich, raffiniert, unheimlich in die Ferne wirkend, wo jetzt schon Rußland, die nordamerikanischen Kolonien, selbst die indischen Staaten angesetzt werden, um an ganz anderen Punkten der Erde durch das bloße Gewicht einer überraschenden Kombination Entscheidungen herbeizuführen. Es ist ein Spiel in strengen Regeln mit eröffneten Briefen und geheimen Vertrauten, mit Allianzen und Kongressen innerhalb eines Systems von Regierungen, das damals schon mit tiefbedeutendem Ausdruck das Konzert der Mächte genannt worden ist, voller *noblesse* und *esprit,* um die Worte der Zeit zu gebrauchen, eine Art, die Geschichte in Form zu halten, wie sie nie und nirgends sonst auch nur denkbar ist.

In der abendländischen Welt, deren Einflußgebiet jetzt schon mit der Erdoberfläche beinahe gleichbedeutend war, umfaßt die Zeit des absoluten Staates kaum eineinhalb Jahrhunderte, von 1660, wo im Pyrenäenfrieden das Haus Bourbon über Habsburg triumphiert und die Stuarts nach England zurückkehren, bis zu den Koalitionskriegen gegen die französische Revolution, in denen London über Paris siegt, oder dem Wiener Kongreß, auf welchem die alte Diplomatie des Blutes, nicht des Geldes, der Welt zum letzten Male ein großes Schauspiel gab. Das entspricht dem Zeitalter des Perikles in der Mitte zwischen erster und zweiter Tyrannis, und dem *tschun-tsiu,* „Frühling und Herbst“, wie die Chinesen die Zeit zwischen den Protektoren und den „Kämpfenden Staaten“ nennen.

In dieser letzten Zeit vornehmer Politik in den Formen eines Herkommens, das Abstand besitzt, werden die Höhepunkte dadurch bezeichnet, daß die beiden habsburgischen Linien rasch nacheinander aussterben, und die diplomatischen wie die kriegerischen Ereignisse sich 1710 um die spanische, 1760 um die österreichische Erbfolge drängen.Es ist der Höhepunkt auch des genealogischen Prinzips. *Bella gerant alii, tu felix Austria nube* – das war in der Tat eine Fortsetzung des Krieges mit anderen Mitteln. Das Wort ist einst mit Beziehung auf Maximilian I. geprägt worden, aber das Prinzip erlangt erst jetzt seine höchste Wirkung. Die Kriege der Fronde gehen in Erbfolgekriege über, die im Kabinett beschlossen und mit kleinen Heeren kavaliermäßig und nach strengen Regeln ausgefochten werden. Es handelt sich um die Erbschaft der halben Welt, welche durch die habsburgische Heiratspolitik des frühen Barock zusammengekommen war. Der Staat ist noch immer fest in Form; der Adel ist loyal, Dienst- und Hofadel geworden; er führt die Kriege der Krone und organisiert die Verwaltung. Neben dem Frankreich Ludwigs XIV. entsteht in Preußen ein Meisterstück staatlicher Organisation. Der Weg vom Kampfe des Großen Kurfürsten mit seinen Ständen (1660) bis zum Tode Friedrichs des Großen, der Mirabeau 1786, drei Jahre vor dem Bastillesturm noch empfangen hat, ist genau derselbe und hat zur Schöpfung eines Staates geführt, der wie der französische in jedem Punkt das Gegenteil der englischen Gestaltung der Dinge ist.

Denn es steht anders im Reich und in England, wo die Fronde siegreich war und die Nation nicht absolut, sondern ständisch regiert wurde. Aber es besteht der gewaltige Unterschied, daß hier das Inseldasein den größten Teil der staatlichen Vorsorge ersetzte und der herrschende erste Stand, die Peers im Oberhaus wie die Gentry, die Größe Englands als selbstverständliches Ziel ihren Handlungen zugrunde legten, während im Reich die Oberschicht der Landesfürsten – mit dem Reichstag in Regensburg als Oberhaus bestrebt war, die von ihnen beherrschten zufälligen Fragmente der Nation zu „Völkern“ zu erziehen und deren zerstreute „Vaterländer“ so schroff als möglich gegeneinander abzugrenzen. An Stelle des Welthorizonts, der zur Zeit der Gotik vorhanden war, wurde hier ein Provinzhorizont in Tun und Denken gezüchtet. Die Idee der Nation selbst verfiel dem Reich der Träume, jener *andern* Welt nicht der Rasse, sondern der Sprache, nicht des Schicksals, sondern der Kausalität. Es entstand die Vorstellung und endlich die Tatsache des Volkes der Dichter und Denker, das sich eine Republik im Wolkenreiche der Verse und Begriffe gründete und zuletzt zu dem Glauben kam, daß Politik in idealem Schreiben, Lesen und Reden und nicht in Tat und Entschluß bestehe, so daß man sie noch heute mit dem Ausdruck von Gefühlen und Gesinnungen verwechselt.

In England war in der Tat mit dem Sieg der Gentry und der *Declaration of rights* von 1689 der Staat abgeschafft. Das Parlament hat damals Wilhelm von Oranien als König eingesetzt und später Georg I. und Georg II. an der Abdankung verhindert, und zwar im Standesinteresse. Das noch unter den Tudors ganz geläufige Wort *state* kommt außer Gebrauch, so daß man Ludwigs XIV.: „ *L'état c'est moi*“ und Friedrichs des Großen: „Ich bin der erste Diener meines Staates“ heute nicht mehr ins Englische übersetzen kann. Dagegen bürgert sich *society* ein als Ausdruck dafür, daß die Nation ständisch, nicht staatlich in Form ist, ein Wort, das mit bezeichnendem Mißverständnis von Rousseau und überhaupt von den Rationalisten des Festlandes übernommen wird, um dem Haß des *dritten* Standes gegen die Autorität zu dienen.Aber die Autorität ist in England als *government* sehr nachdrücklich ausgeprägt und sie wird *verstanden*. Ihr Mittelpunkt liegt seit Georg I. in dem verfassungsmäßig gar nicht vorhandenen Kabinett als dem regierenden Ausschuß der gerade herrschenden Adelsfaktion. Der Absolutismus ist vorhanden, aber er ist der einer Standesvertretung. Der Begriff der Majestätsbeleidigung wird auf das Parlament übertragen, wie die Unverletzlichkeit der römischen Könige auf die Tribunen. Auch das genealogische Prinzip ist da, aber es kommt in den Familienbeziehungen innerhalb des hohen Adels zum Ausdruck, welche auf die parlamentarische Lage einwirken. Im Familieninteresse der Cecils hat 1902 Salisbury seinen Neffen Balfour an Stelle Chamberlains als Nachfolger vorgeschlagen. Die Adelsfaktionen der Tories und Whigs sondern sich immer deutlicher, und zwar sehr oft innerhalb derselben Familie, nach dem Überwiegen des Macht- oder des

Beutestandpunktes, nach der höheren Wertschätzung von Grundbesitz also und von Geld,was noch im 18. Jahrhundert innerhalb des höheren Bürgertums die Begriffe *respectable* und *fashionable* entstehen läßt, als zwei entgegengesetzte Auffassungen des Gentleman.

Die staatliche Sorge für alle ist unbedingt durch das Standesinteresse ersetzt, für das der einzelne Freiheit in Anspruch nimmt – das ist englische Freiheit –, aber das Inseldasein und der Aufbau der *society* haben Verhältnisse geschaffen, in welchen zuletzt jeder, *der dazu gehört* – ein wichtiger Begriff in einer Standesdiktatur –, sein Interesse in dem einer der beiden Adelsparteien vertreten findet.

Diese aus dem historischen Gefühl des abendländischen Menschen entspringende Beständigkeit der letzten, tiefsten und reifsten Form ist der Antike versagt. Die Tyrannis verschwindet. Die strenge Oligarchie verschwindet. Der Demos, den die Politik des 6. Jahrhunderts als Summe aller einer Polis zugehörigen Menschen geschaffen hatte, bricht in Adel und Nichtadel in ungeregelten Stößen hervor und beginnt einen Kampf, *in* den Staaten und *zwischen* den Staaten, in dem beide Parteien den Gegner auszurotten suchen, um nicht ausgerottet zu werden. Als Sybaris noch im Zeitalter der Tyrannis 511 von den Pythagoräern vernichtet wurde, wirkte das erste Ereignis dieser Art erschütternd auf die ganze antike Welt. Selbst im fernen Milet legte man Trauer an. Jetzt wird die Vertilgung einer Polis oder Partei so gewöhnlich, daß sich feste Sitten und Methoden ausbilden, entsprechend dem Schema der abendländischen Friedensschlüsse des späten Barock: ob man die Bewohner tötet oder als Sklaven verkauft, ob man die Häuser dem Erdboden gleichmacht oder als Beute austeilt. Der Wille zum Absolutismus ist da, und zwar seit den Perserkriegen überall, in Rom und Sparta so gut wie in Athen, aber die *gewollte* Enge der Polis, des politischen Punktes, und die *gewollte* Kurzfristigkeit ihrer Ämter und Ziele machen eine geordnete Entscheidung darüber unmöglich, wer „der Staat sein soll“.Jener Meisterschaft der mit Tradition gesättigten abendländischen Kabinettsdiplomatie tritt hier ein Dilettantismus entgegen, der nicht im zufälligen Mangel an Persönlichkeiten begründet ist – die waren vorhanden –, sondern allein in der politischen Form. Der Weg dieser Form von der ersten zur zweiten Tyrannis ist unverkennbar und entspricht ganz der Entwicklung in allen Spätzeiten, aber der spezifisch antike Stil ist die Unordnung, der Zufall, wie es in diesem am Augenblick haftenden Leben nicht anders sein kann.

Das wichtigste Beispiel dafür ist die Entwicklung Roms während des 5. Jahrhunderts, die bis jetzt auch deshalb so umstritten geblieben ist, weil man in ihr eine Beständigkeit suchte, die hier wie in allen antiken Staaten gar nicht vorhanden sein kann. Es kommt dazu, daß man diese Entwicklung wie etwas ganz Primitives behandelt, während in Wirklichkeit die Stadt der Tarquinier schon sehr fortgeschrittene Zustände besessen haben muß und das primitive Rom viel weiter zurückliegt. Die Verhältnisse des 5. Jahrhunderts sind klein gegenüber der Zeit Cäsars, aber nicht altertümlich. Allein da die schriftliche Überlieferung mangelhaft war – wie überall außer in Athen –, so hat der literarische Geschmack seit den Punischen Kriegen die Lücken mit Dichtung ausgefüllt, und zwar, wie das in der Zeit des Hellenismus nicht anders zu erwarten ist, mit idyllischer Altertümelei; man denke an Cincinnatus. Die moderne Forschung glaubt nichts mehr von diesen Geschichten, aber sie steht unter dem Eindruck des Geschmacks, in dem sie erfunden sind, und verwechselt ihn mit den Zeitumständen, um so mehr, als griechische und römische Geschichte wie zwei getrennte Welten behandelt werden und man nach schlechter Gewohnheit den Anfang der Geschichte mit dem Anfang der gesicherten Kunde von ihr gleichsetzt. Aber die Zustände von 500 v. Chr. sind nichts weniger als homerisch. Rom war unter den Tarquiniern, wie der Umfang der Mauern beweist, neben Capua die größte Stadt Italiens und größer als das themistokleische Athen.Eine Stadt, mit der Karthago Handelsverträge schließt, ist keine Bauerngemeinde. Aber daraus folgt, daß die Bevölkerung der vier städtischen Tribus von 471 sehr stark und vielleicht größer gewesen ist als die der sechzehn räumlich unbedeutenden Landtribus zusammen.

Der große Erfolg des Grundadels, der im Sturz der sicherlich sehr volkstümlichen Tyrannis und in der Aufrichtung einer unumschränkten Senatsherrschaft lag, ist durch eine Gruppe gewaltsamer Ereignisse um 471 wieder vernichtet worden: den Ersatz der Geschlechtertribus durch die vier großen Stadtbezirke, deren Vertretung durch Tribunen, die sakrosankt sind, also ein Königsrecht besitzen, das keinem einzigen der adligen Verwaltungsämter zukommt, endlich die Befreiung der kleinen Bauernschaft aus der Klientel des Adels.

Das Tribunat ist die glücklichste Schöpfung dieser Zeit und damit der antiken Polis überhaupt. Es ist *die Tyrannis zum integrierenden Bestandteil der Verfassung erhoben* und zwar *neben* den oligarchischen Ämtern, die sämtlich fortbestehen. Aber damit ist auch die soziale Revolution in *gesetzmäßige Formen* geleitet, und während sie sich überall sonst in wilden Stößen entlud, ist sie hier zu einem Kampf auf dem Forum geworden, der sich im allgemeinen in den Grenzen von Redestreit und Abstimmung hielt. Man brauchte keinen Tyrannen auszurufen, denn er war da. Der Tribun besitzt Hoheitsrechte, kein Amtsrecht, und er konnte vermöge seiner Unverletzlichkeit revolutionäre Akte vollziehen, die in jeder andern Polis ohne Straßenkämpfe nicht denkbar waren. Diese Schöpfung ist ein Zufall, aber kein anderer hat den Aufstieg Roms in gleichem Grade unterstützt. Hier allein hat sich der Übergang von der ersten zur zweiten Tyrannis und die fernere Entwicklung noch über Zama hinaus ohne Katastrophen vollzogen, wenn auch nicht ohne Erschütterung. Der Tribun leitet von den Tarquiniern zu den Cäsaren hinüber. Mit der lex Hortensia von 287 wird er allmächtig: *Es ist die zweite Tyrannis in verfassungsmäßiger Form*. Im 2. Jahrhundert haben die Tribunen Konsuln und Censoren verhaften lassen. Die Gracchen waren Tribunen, Cäsar übernahm das beständige Tribunat, und im Prinzipat des Augustus ist diese Würde der wesentliche Bestandteil, der einzige, der ihm Hoheitsrechte verleiht.

Die Krise von 471 war allgemein antik und richtete sich gegen die Oligarchie, die auch jetzt noch innerhalb des von der Tyrannis geschaffenen Demos, der Gesamtheit aller Zugehörigen, den Ausschlag geben wollte. Es ist nicht mehr die Oligarchie als Stand gegenüber dem Nichtstand wie zur Zeit Hesiods, sondern als *Partei gegenüber einer zweiten* und zwar innerhalb des absoluten Staates, der schlechthin gegeben war. In Athen erfolgte 487 der Sturz der Archonten und die Übertragung ihrer Rechte an das Strategenkollegium.461 wurde der dem Senat entsprechende Areopag gestürzt. Auf Sizilien, das mit Rom in engem Verkehr stand, siegte die Demokratie 471 in Akragas, 465 in Syrakus, 461 in Rhegion und Messana. In Sparta haben die Könige Kleomenes (488) und Pausanias (470) vergeblich versucht, die Heloten, römisch gesprochen die Klientel, zu befreien und damit dem Königtum selbst den oligarchischen Ephoren gegenüber die Bedeutung des römischen Tribunats zu geben. Hier fehlt wirklich, was die Forschung in Rom nur übersieht, die Bevölkerung einer Verkehrsstadt, die solchen Bewegungen die Führung und die Wucht gibt, und daran ist endlich auch der große Helotenaufstand von 464 gescheitert, nach welchem vielleicht die römische Legende von einer Auswanderung der Plebs auf den heiligen Berg erfunden worden ist.

In einer Polis fallen Landadel und städtisches Patriziat zusammen – das ist, wir wir sahen, der Zweck des Synoikismos –, Bürger und Bauern aber nicht. Diese sind im Kampf gegen die Oligarchie *eine einzige* Partei, die demokratische nämlich, abgesehen davon aber sind es *zwei*. Das kommt in der nächsten Krise zum Ausdruck, in welcher das römische Patriziat um 450 seine Macht als *Partei* wieder herzustellen versucht. Denn so hat man die Einsetzung von Dezemvirn zu verstehen, mit welcher das Tribunat fortfiel; das Zwölftafelrecht, in welchem der eben erst zum politischen Dasein gelangten Plebs *conubium* und *commercium* versagt wurden, und vor allem die Schaffung der kleinen Landtribus, in denen der Einfluß der alten Geschlechter nicht rechtlich, aber tatsächlich vorherrschte, und die in den Tributkomitien, die jetzt neben die früheren Zenturiatkomitien traten, die unbedingte Stimmenmehrheit besaßen: 16 gegen 4. Damit war die Bürgerschaft durch das Bauerntum entrechtet, und das war sicherlich ein Schachzug der patrizischen Partei, welche die von ihr geteilte Abneigung des Landes gegen die Geldwirtschaft der Stadt in einem gemeinsamen Schlage wirksam machte.

Die Gegenwirkung erfolgte rasch und ist in der Zehnzahl von Tribunen erkennbar, welche nach dem Rücktritt der Dezemvirn erscheinen,aber von diesem Ereignis sind der Tyrannisversuch des Sp. Maelius (439), die Einsetzung von Konsulartribunen durch das Heer an Stelle der Zivilbeamten (438) und die lex Canuleja (445), welche das Verbot des Conubiums zwischen Patriziern und Plebejern wieder aufhob, nicht zu trennen.

Daß es damals in Rom Faktionen unter Patriziern wie Plebejern gegeben hat, welche den Grundzug der römischen Polis, das Gegenüber von Senat und Tribunat antasten und je nachdem eine der beiden Größen beseitigen wollten, kann gar nicht zweifelhaft sein, aber diese Form war so glücklich geraten, daß sie nie ernsthaft in Frage gestellt worden ist. Mit der vom Heere durchgesetzten Zulassung der Plebs zum höchsten Staatsamt (399) nahm der Kampf eine ganz andere Richtung. Man kann das 5. Jahrhundert innerpolitisch als das des Ringens um die gesetzmäßige Tyrannis bezeichnen; von da an ist die polare Ordnung anerkannt und die Parteien kämpfen nicht mehr um die Aufhebung, sondern um die Eroberung der großen Ämter. Das ist der Inhalt der Revolution zur Zeit der Samnitenkriege. Mit dem Jahre 287 hat die Plebs den Zutritt zu *allen* Ämtern erlangt, und die von ihr genehmigten Anträge der Tribunen erhalten ohne weiteres Gesetzeskraft; andrerseits ist es von da an dem Senat praktisch immer möglich, wenigstens einen der Tribunen, etwa durch Bestechung, zur Interzession zu veranlassen und damit die Macht der Institution aufzuheben. In dem *Ringen zweier Kompetenzen* hat sich das juristische Feingefühl der Römer entwickelt. Während anderswo die Entscheidungen mit Fäusten und Knütteln üblich wurden – der technische Ausdruck dafür ist Cheirokratie –, gewöhnte man sich in der klassischen Zeit des römischen Staatsrechts, dem 4. Jahrhundert, an den Wettstreit der Begriffe und Interpretationen, in welchem die leiseste Unterscheidung im gesetzlichen Wortlaut den Ausschlag geben konnte.

Aber mit diesem Gleichgewicht von Senat und Tribunat stand Rom in der Antike ganz allein. Überall sonst gab es nicht ein Mehr oder Weniger, sondern ein Entweder-Oder, nämlich zwischen Oligarchie und Ochlokratie. Die absolute Polis und die mit ihr identische Nation waren gegeben, aber von inneren Formen stand nichts fest. Der Sieg einer Partei führte zur Beseitigung auch aller Institutionen der andern, und man gewöhnte sich daran, nichts für so ehrwürdig oder zweckmäßig zu halten, daß es über dem Kampf des Tages stünde. Sparta war, wenn man so sagen darf, in senatorischer, Athen in tribunizischer Form, und die Alternative war zu Beginn des Peloponnesischen Krieges (431) derart zur festen Meinung geworden, daß es andre als radikale Lösungen nicht mehr gab.

Damit war die Zukunft Roms gesichert. Es war der einzige Staat, in dem die politische Leidenschaft sich gegen Personen, nicht mehr gegen Institutionen richtete, der einzige, welcher fest in Form war– *senatus populusque Romanus, das heißt Senat und Tribunat*, ist die eherne Form, die keine Partei mehr angreift – während alle andern durch die Grenzen ihrer Machtentfaltung innerhalb der antiken Staatenwelt aufs neue beweisen, daß Innenpolitik lediglich da ist, um Außenpolitik möglich zu machen.

11

An diesem Punkte, wo die Kultur im Begriff ist, Zivilisation zu werden, greift der Nichtstand entscheidend in die Ereignisse ein und zwar zum ersten Male als selbständige Macht. Unter der Tyrannis und Fronde hatte der Staat ihn gegen die eigentlichen Stände zu Hilfe gerufen, und er hatte sich erst damit als Macht fühlen gelernt. Jetzt verwendet er diese Macht *für sich* und zwar als Stand der Freiheit gegen den Rest, und er sieht im absoluten Staate, in der Krone, in den starken Institutionen die natürlichen Verbündeten der Urstände und die eigentlichen und letzten Vertreter der sinnbildlichen Tradition. Das ist der Unterschied zwischen erster und zweiter Tyrannis, zwischen Fronde und bürgerlicher Revolution, zwischen Cromwell und Robespierre.

Der Staat mit seinen großen Forderungen an jeden einzelnen wird von der städtischen Vernunft als Last empfunden, genau wie man eben jetzt die großen Formen der Barockkünste als Last zu empfinden beginnt und klassisch oder romantisch, das heißt schwächlich in der Form oder formlos wird; die deutsche Literatur seit 1770 ist eine einzige Revolution starker Einzelpersönlichkeiten gegen die strenge Poesie; das „in Form sein für etwas" der ganzen Nation wirkt unerträglich, weil es der Einzelne innerlich selbst nicht mehr ist. Das gilt von der Sitte, das gilt in den Künsten und im Gedankenbau, das gilt vor allem in der Politik. Das Kennzeichen jeder bürgerlichen Revolution, als deren Ort ausschließlich die große Stadt erscheint, ist der Mangel an Verständnis für die alten Symbole, an deren Platz jetzt handgreifliche Interessen treten, und sei es auch nur der Wunsch begeisterter Denker und Weltverbesserer, ihre Begriffe verwirklicht zu sehen. Wert hat nur noch, was sich vor der Vernunft rechtfertigen läßt; aber ohne die Höhe einer Form, die durch und durch symbolisch und eben deshalb in metaphysischer Weise wirksam ist, verliert das nationale Leben die Kraft, sich inmitten der geschichtlichen Daseinsströme zu behaupten. Man verfolge die verzweifelten Versuche der französischen Regierung, das Land in Form zu halten, die unter dem beschränkten Ludwig XVI. von einer ganz kleinen Zahl fälliger und vorausblickender Männer unternommen wurden, nachdem die äußere Lage sich durch den Tod von Vergennes sehr ernst gestaltet hatte (1787). Mit dem Tode dieses Diplomaten scheidet Frankreich auf Jahre aus den politischen Kombinationen Europas aus; gleichzeitig bleibt die großartige Reform, welche die Krone trotz aller Widerstände durchgeführt hatte, vor allem die allgemeine Verwaltungsreform dieses Jahres auf der Grundlage freiester Selbstverwaltung, vollkommen unwirksam, weil für die Stände angesichts der Nachgiebigkeit des Staates plötzlich die Machtfrage in den Vordergrund rückte.Ein europäischer Krieg nahte wie ein Jahrhundert vorher und nachher mit unerbittlicher Notwendigkeit, der dann in Form der Revolutionskriege zur Entwicklung gekommen ist, aber niemand beachtete mehr die äußere Lage. Der Adel als Stand hat selten, das Bürgertum als Stand aber nie außenpolitisch und weltgeschichtlich gedacht: ob der Staat in einer neuen Form sich unter den andern Staaten überhaupt noch halten kann, danach fragt man nicht; ob er die „Rechte" sichert, ist alles.

Aber das Bürgertum, der Stand der städtischen „Freiheit", so stark auch sein Standesgefühl auf mehrere Generationen hin blieb, in Westeuropa noch über die Märzrevolution hinaus, war durchaus nicht immer Herr seiner Handlungen. Denn zunächst trat in jeder kritischen Lage der Umstand hervor, daß diese Einheit *negativ* und nur in Momenten des Widerstandes gegen irgendetwas andres wirklich vorhanden war – dritter Stand und Opposition sind beinahe identisch –, daß aber überall da, wo etwas

Eignes aufgebaut werden sollte, die Interessen der einzelnen Gruppen weit auseinandergingen. Frei sein von etwas – das wollten alle; aber der Geist wollte den Staat als Verwirklichung der „Gerechtigkeit“ gegenüber der Gewalt geschichtlicher Tatsachen oder der allgemeinen Menschenrechte oder der kritischen Freiheit gegenüber der herrschenden Religion; das Geld wollte freie Bahn für den geschäftlichen Erfolg. Es gab sehr viele, die Ruhe und Verzicht auf geschichtliche Größe verlangten oder Achtung vor mancher Tradition und ihren Verkörperungen, von denen sie – leiblich oder seelisch – lebten. Aber dazu kam von hier an ein Element, das in den Kämpfen der Fronde und also der englischen Revolution und der ersten Tyrannis noch gar nicht vorhanden war, nun aber eine Macht darstellte: das was man in allen Zivilisationen eindeutig als Hefe, Mob oder Pöbel bezeichnet. In den großen Städten, die jetzt allein entscheiden – das flache Land kann höchstens zu vollzogenen Ereignissen Stellung nehmen, wie das ganze 19. Jahrhundert beweist –,sammelt sich eine Masse wurzelloser Bevölkerungsteile an, die außerhalb jeder gesellschaftlichen Bindung stehen. Sie fühlen sich weder einem Stande zugehörig noch einer Berufsklasse – im innersten Herzen auch nicht der wirklichen Arbeiterklasse, obwohl sie zur Arbeit gezwungen sind; dem Instinkt nach gehören Glieder aller Stände und Klassen dazu, entwurzeltes Bauernvolk, Literaten, ruinierte Geschäftsleute, vor allem aus der Bahn geratener Adel, wie die Zeit Catilinas mit erschreckender Deutlichkeit gezeigt hat. Ihre Macht übersteigt bei weitem ihre Zahl, denn sie sind immer am Platze, immer in der Nähe der großen Entscheidungen, zu allem bereit und ohne jede Achtung vor irgend etwas Geordnetem und sei es selbst die Ordnung innerhalb einer Revolutionspartei. Sie erst geben den Ereignissen die vernichtende Gewalt, welche die französische von der englischen Revolution und die zweite von der ersten Tyrannis unterscheidet. Das Bürgertum wehrt sich mit wahrer Angst gegen diese Menge, von der es sich unterschieden sehen will – einem dieser Abwehrakte, dem 13. Vendémiaire, verdankt Napoleon seinen Aufstieg –, aber die Grenze läßt sich im Gedränge der Tatsachen nicht ziehen, und überall, wo das Bürgertum seine im Verhältnis zur Zahl geringe Stoßkraft gegen die älteren Ordnungen ansetzt, gering, weil die innere Einheit in jedem Augenblick auf dem Spiele steht, hat sich diese Masse in seine Reihen und an die Spitze gedrängt, die Erfolge zum weitaus größten Teil erst entschieden und die gewonnene Stellung sehr oft für sich zu behaupten gewußt, und zwar häufig mit der ideellen Unterstützung durch die Gebildeten, welche das Begriffliche daran fesselte, oder der materiellen durch die Mächte des Geldes, welche die Gefahr von sich auf Adel und Priestertum ablenkten.

Aber diese Epoche hat auch noch die Bedeutung, daß zum erstenmal die abstrakten Wahrheiten in den Bereich der Tatsachen einzugreifen suchen. Die Hauptstädte sind so groß geworden und der städtische Mensch so überlegen in seinem Einfluß auf das Wachsein der gesamten Kultur – *dieser Einfluß heißt öffentliche Meinung* –, daß die Mächte des Blutes und der im Blut liegenden Tradition in ihrer bis dahin unangreifbaren Stellung erschüttert werden. Denn man bedenke, daß gerade der Barockstaat und die absolute Polis in der letzten Vollendung ihrer Form durch und durch lebendiger Ausdruck einer Rasse sind und die Geschichte, so wie sie sich in dieser Form vollzieht, den vollkommenen Takt dieser Rasse besitzt. Wenn es hier eine Staatstheorie gibt, so ist sie aus den Tatsachen abgezogen und beugt sich vor deren Größe. Die Idee des Staates hatte endlich das Blut der ersten Stände gebändigt und ganz, ohne Rest, in ihren Dienst gestellt. Absolut – das bedeutet, daß der große Daseinsstrom *als Einheit* in Form ist, *eine* Art von Takt und Instinkt besitzt, möge er als diplomatischer oder strategischer Takt, als vornehme Sitte oder als erlesener Geschmack an Künsten und Gedanken in Erscheinung treten.

Im Widerspruch zu dieser großen Tatsache breitet sich nun der Rationalismus aus, jene *Wachseinsgemeinschaft der Gebildeten*deren Religion in Kritik besteht und deren Numina nicht Gottheiten sind, sondern Begriffe. Jetzt gewinnen Bücher und allgemeine Theorien Einfluß auf die Politik, im China des Laotse wie im sophistischen Athen und zur Zeit Montesquieus, und die von ihnen gestaltete öffentliche Meinung tritt als politische Größe von ganz neuer Art der Diplomatie in den Weg. Es würde eine sinnlose Annahme sein, daß Peisistratos oder Richelieu oder selbst Cromwell ihre Entschlüsse unter der Einwirkung abstrakter Systeme gefaßt hätten, aber seit dem Sieg der Aufklärung ist das der Fall.

Allerdings ist die geschichtliche Rolle der großen zivilisierten Begriffe sehr verschieden von der Beschaffenheit, die sie innerhalb der gelehrten Ideologien selbst besitzen. Die Wirkung einer Wahrheit ist immer ganz anders als ihre Tendenz. In der Tatsachenwelt sind Wahrheiten nur *Mittel*, insofern sie die Geister beherrschen und damit die Handlungen bestimmen. Nicht ob sie tief, richtig oder auch nur logisch sind, sondern ob sie wirksam sind, entscheidet über ihren geschichtlichen Rang. Ob man sie mißversteht oder überhaupt nicht zu verstehen vermag, ist vollkommen gleichgültig. Das liegt in der Bezeichnung *Schlagwort*. Was für die großen Frühreligionen einige zum Erlebnis gewordene Symbole sind, wie das Heilige Grab für die Kreuzfahrer oder die Substanz Christi für die Zeit des Konzils von Nikäa, das sind zwei oder drei begeisternde Wortklänge für jede zivilisierte Revolution. Allein die Schlagworte sind Tatsachen; der Rest aller philosophischen oder sozialethischen Systeme kommt für die Geschichte nicht in Betracht. Aber als solche sind sie für etwa zwei Jahrhunderte Mächte ersten Ranges und erweisen sich stärker als der Takt des Blutes, der innerhalb der steinernen Welt ausgebreiteter Städte matt zu werden beginnt.

Aber – der kritische Geist ist nur *eine* der beiden Tendenzen, die sich aus der ungeordneten Masse des Nichtstandes herausheben. Neben den abstrakten Begriffen erscheint das abstrakte, von den Urwerten des Landes abgelöste Geld, neben der Denkerstube das Kontor als politische Macht. Beide sind innerlich verwandt und untrennbar. Es ist der frühe Gegensatz von Priestertum und Adel, der mit ungeminderter Schärfe innerhalb des Bürgertums in städtischer Fassung fortbesteht.Und zwar erweist sich das Geld als reine Tatsache den idealen Wahrheiten unbedingt überlegen, die wie gesagt nur als Schlagworte, als Mittel für die Tatsachenwelt vorhanden sind. Versteht man unter Demokratie die Form, welche der dritte Stand als solcher dem gesamten öffentlichen Leben zu geben wünscht, so muß hinzugefügt werden, daß Demokratie und Plutokratie gleichbedeutend sind. Sie verhalten sich wie der Wunsch zur Wirklichkeit, wie Theorie zur Praxis, wie die Erkenntnis zum Erfolg. Es ist das Tragikomische an dem verzweifelten Kampf, den Weltverbesserer und Freiheitslehrer auch gegen die Wirkung des Geldes führen, daß sie es eben damit unterstützen. Zu den Standesidealen des Nichtstandes gehört sowohl die Achtung vor der großen Zahl, wie sie in den Begriffen der Gleichheit aller, der angebornen Rechte und weiterhin im Prinzip des allgemeinen Wahlrechts zum Ausdruck kommt, als auch die Freiheit der öffentlichen Meinung, vor allem die Pressefreiheit. Das sind Ideale, aber in Wirklichkeit gehört zur Freiheit der öffentlichen Meinung die Bearbeitung dieser Meinung, die Geld kostet, zur Pressefreiheit der Besitz der Presse, der eine Geldfrage ist, und zum Wahlrecht die Wahlagitation, die von den Wünschen des Geldgebers abhängig bleibt. Die Vertreter der Ideen erblicken nur die eine Seite, die Vertreter des Geldes arbeiten mit der andern. Alle Begriffe des Liberalismus und Sozialismus sind erst durch Geld in Bewegung gesetzt worden und zwar im Interesse des Geldes. Die Volksbewegung des Ti. Gracchus ist durch die Partei der großen Geldleute, der *equites*, erst möglich gemacht worden und war zu Ende, sobald diese den für sie vorteilhaften Teil der Gesetze gesichert sah und sich zurückzog. Cäsar und Crassus haben die catilinarische Bewegung finanziert und statt gegen den Besitz gegen die Senatspartei gerichtet. In England stellten angesehene Politiker schon um 1700 fest, „daß man an der Börse mit Wahlen wie mit Wertpapieren handle und daß der Preis einer Stimme ebenso wohl bekannt sei wie der eines Morgens Land.“Als die Kunde von Waterloo nach Paris kam, stieg dort der Kurs der französischen Rente: die Jakobiner hatten die alten Bindungen des Blutes zerstört und damit das Geld emanzipiert; jetzt trat es hervor und ergriff die Herrschaft über das Land.Es gibt keine proletarische, nicht einmal eine kommunistische Bewegung, die nicht, ohne daß es den Idealisten unter ihren Führern irgend zum Bewußtsein käme, im Interesse des Geldes wirkte, in welcher Richtung das Geld es will und solange es will.Der Geist denkt, das Geld lenkt: so ist es die Ordnung aller ausgehenden Kulturen, seit die große Stadt Herr über den Rest geworden ist. Und zuletzt ist das nicht einmal ein Unrecht gegen den Geist. Er hat damit doch gesiegt, im Reich der Wahrheiten nämlich, dem der Bücher und Ideale, das nicht von dieser Welt ist. Seine Begriffe sind der beginnenden Zivilisation heilig geworden. Aber das Geld siegt eben durch sie in *seinem* Reich, das *nur* von dieser Welt ist.

Innerhalb der abendländischen Staatenwelt haben beide Seiten der bürgerlichen Standespolitik, die ideale wie die reale, ihre hohe Schule in England durchgemacht. Hier allein war es möglich, daß der dritte Stand nicht gegen einen absoluten Staat vorzugehen brauchte, um ihn zu zerstören und auf den Trümmern seine eigne Herrschaft aufzurichten, sondern in die starke Form des ersten Standes hineinwuchs, wo er eine ausgebildete Interessenpolitik vorfand und als deren Methode eine Taktik von altem Herkommen, die er für seine eignen Zwecke nicht vollkommener wünschen konnte. Hier ist der echte und gar nicht nachzuahmende Parlamentarismus zu Hause, der ein Inseldasein statt des Staates und die Gewohnheiten des ersten statt des dritten Standes voraussetzt und außerdem den Umstand, daß diese Form noch im blühenden Barock gewachsen ist, also Musik in sich hat. Der parlamentarische Stil ist völlig identisch mit dem der Kabinettsdiplomatie ,auf dieser *antidemokratischen* Herkunft beruht das Geheimnis seiner Erfolge.

Aber ebenso sind die rationalistischen Schlagworte sämtlich auf englischem Boden entstanden und zwar in enger Fühlung mit den Grundsätzen der Manchesterlehre: Hume war der Lehrer von Adam Smith. *Liberty* bedeutet mit Selbstverständlichkeit geistige *und* geschäftliche Freiheit. In England ist der Gegensatz von Tatsachenpolitik und Schwärmerei für abstrakte Wahrheiten ebenso unmöglich, wie er im Frankreich Ludwigs XVI. unvermeidlich war. Später konnte Edmund Burke gegen Mirabeau betonen: „Wir verlangen unsere Freiheiten nicht als Menschenrechte, sondern als Rechte von Engländern." Frankreich hat die revolutionären Ideen ohne jeden Rest von England erhalten, wie es den Stil des absoluten Königtums von Spanien empfing; es hat beiden eine glänzende und unwiderstehliche Fassung gegeben, die weit über das Festland hin vorbildlich blieb, aber auf die praktische Verwendung verstand es sich nicht. Die Ausnützung der bürgerlichen Schlagwortefür den politischen Erfolg setzt den Kennerblick einer vornehmen Klasse für die geistige Verfassung der Schicht voraus, die jetzt zur Herrschaft kommen wollte, ohne herrschen zu können, und ist deshalb in England ausgebildet worden; aber ebenso die rücksichtslose Anwendung des Geldes in der Politik, nicht jene Bestechung einzelner Persönlichkeiten von Rang, wie sie dem spanischen und venezianischen Stil geläufig war, sondern die Bearbeitung der demokratischen Mächte selbst. Hier sind während des 18. Jahrhunderts erst die Parlamentswahlen und dann die Entschließungen des Unterhauses planmäßig durch Geld geleitet worden,und hier hat man mit dem Ideal der Pressefreiheit zugleich auch die Tatsache entdeckt, daß die Presse dem dient, der sie besitzt. Sie verbreitet nicht, sondern sie erzeugt die „freie Meinung". Beides *zusammen* ist liberal, frei nämlich von den Hemmungen des erdverbundenen Lebens, seien es Rechte, Formen oder Gefühle, der Geist frei für jede Art von Kritik, das Geld frei für jede Art von Geschäft. Beides ist aber auch rücksichtslos auf die Herrschaft eines *Standes* gerichtet, der die Hoheit des Staates über sich nicht anerkennt. Geist und Geld, anorganisch wie sie sind, wollen den Staat nicht als gewachsene Form von großer Symbolik, die Achtung fordert, sondern als Einrichtung, die einem Zweck dient. Darin liegt der Unterschied von den Mächten der Fronde, die nur die gotische Art, lebendig in Form zu sein, gegen die des Barock, das Lehnswesen gegen den Absolutismus verteidigt haben, und die jetzt, in die Verteidigung gedrängt, von diesem kaum noch zu unterscheiden sind. Allein in England hat die

Fronde nicht nur den Staat in offenem Kampf, sondern auch den dritten Stand durch innere Überlegenheit entwaffnet und deshalb die einzige Art von demokratischem In-Form-Sein erreicht, die nicht entworfen oder nachgeahmt, sondern herangereift ist, Ausdruck einer alten Rasse und eines ungebrochenen und sicheren Taktes, der mit jedem neuen, durch die Zeit gegebenen Mittel fertig zu werden weiß. Deshalb hat das englische Parlament die Erbfolgekriege der absoluten Staaten mitgeführt, aber als Wirtschaftskriege mit geschäftlichem Endziel.

Das Mißtrauen gegen die hohe Form ist in dem innerlich formlosen Nichtstand so groß, daß er immer und überall bereit gewesen ist, seine Freiheit – *von* aller Form – durch eine Diktatur zu retten, die regellos und deshalb allem Gewachsenen feind ist, aber gerade durch das Mechanisierende ihrer Wirksamkeit dem Geschmack von Geist und Geld entgegenkommt; man denke an den Aufbau der französischen Staatsmaschine, den Robespierre begonnen und Napoleon vollendet hat. Die Diktatur im Interesse eines Standesideals haben Rousseau, Saint Simon, Rodbertus und Lassalle ebenso gewünscht, wie die antiken Ideologen des 4. Jahrhunderts, Xenophon in der Kyropädie und Isokrates im Nikokles.

In dem bekannten Satze Robespierres: „Die Regierung der Revolution ist der Despotismus der Freiheit gegen die Tyrannei" kommt aber auch die tiefe Furcht zum Ausdruck, die jede Menge befällt, welche sich im Angesicht ernster Ereignisse nicht sicher in Form fühlt. Eine in ihrer Disziplin erschütterte Truppe räumt den Führern des Zufalls und Augenblicks freiwillig eine Macht ein, die der legitimen Führung weder dem Umfang noch dem Wesen nach erreichbar ist und als legitim auch gar nicht ertragen werden könnte. Aber das, ins Große übertragen, ist die Lage zu Beginn jeder Zivilisation. Nichts ist für das Sinken der politischen Form bezeichnender als *die Heraufkunft formloser Gewalten*, die man nach ihrem berühmtesten Fall als *Napoleonismus* bezeichnen kann. Wie vollständig war noch das Dasein Richelieus und Wallensteins in das unerschütterliche Herkommen ihrer Zeit gebunden! Wie formvoll ist die englische Revolution gerade unter der Decke äußerer Unordnung! Hier steht es umgekehrt. Die Fronde kämpft *um* die Form, der absolute Staat *in* ihr, das Bürgertum *gegen* sie. Nicht daß eine verjährte Ordnung zertrümmert wird, ist neu. Das haben Cromwell und die Häupter der ersten Tyrannis auch getan. Sondern daß hinter den Ruinen der sichtbaren keine unsichtbare Form mehr steht, daß Robespierre und Bonaparte nichts um sich und in sich finden, was die *selbstverständliche* Grundlage jeder Neugestaltung bleibt, daß statt einer Regierung der großen Tradition und Erfahrung ein Zufallsregiment unvermeidlich wird, dessen Zukunft nicht mehr durch die Eigenschaften einer langsam herangezüchteten Minderheit gesichert ist, sondern ganz davon abhängt, ob sich gerade ein Nachfolger von Bedeutung findet – das kennzeichnet diese Zeitwende und gibt den Staaten, die sich eine Tradition länger als andere zu erhalten wissen, auf Generationen hin ihre ungeheure Überlegenheit.

Die erste Tyrannis hatte mit Hilfe des Nichtadels die Polis vollendet; der Nichtadel hat sie mit Hilfe der zweiten Tyrannis zerstört. Mit der bürgerlichen Revolution des vierten Jahrhunderts geht sie als Idee zugrunde, mochte sie als Einrichtung, als Gewohnheit, als Werkzeug der jeweiligen Gewalt auch fortbestehen. Der antike Mensch hat niemals aufgehört, in ihrer Form politisch zu denken und zu leben, aber ein mit heiliger Scheu verehrtes Sinnbild war sie für die Menge nicht mehr, so wenig wie die abendländische Monarchie von Gottes Gnaden, seit Napoleon nahe daran gewesen war, „seine Dynastie zur ältesten von Europa zu machen".

Auch in dieser Revolution gibt es wie immer in der Antike nur örtliche und augenblickliche Lösungen, nichts wie der prachtvolle Bogen, in dem die französische Revolution mit dem Bastillesturm aufsteigt und bei Waterloo endet; und die Szenen sind um so grauenvoller, als das euklidische Grundgefühl dieser Kultur nur ganz körperhafte Zusammenstöße der Parteien und statt der funktionalen Einordnung der unterlegenen in die siegreiche nur deren Ausrottung möglich erscheinen läßt. In Korkyra (427) und Argos (370) wurden die Besitzenden in Masse erschlagen, in Leontinoi (422) trieben diese die Unterklasse aus der Stadt und wirtschafteten mit Sklaven, bis sie aus Furcht vor einer Rückkehr die Stadt überhaupt preisgaben und nach Syrakus übersiedelten. Die Flüchtlinge aus Hunderten solcher Revolutionen überschwemmten alle antiken Städte, füllten die Söldnerheere der zweiten Tyrannis und machten die Landstraßen und Meere unsicher. Unter den Friedensgeboten der Diadochen und später der Römer erscheint beständig die Wiederaufnahme der vertriebenen Volksteile. Aber die zweite Tyrannis stützte sich selbst auf Akte dieser Art. Dionysios I. (405 bis 367) sicherte sich die Herrschaft über Syrakus, dessen vornehme Gesellschaft vor und neben der attischen der Mittelpunkt reifster hellenischer Kultur war – hier hat Aischylos um 470 seine Persertrilogie aufgeführt –, durch Massenhinrichtung der Gebildeten und Beschlagnahme aller Vermögen. Er hat dann die Einwohnerschaft ganz neu aufgebaut, oben durch Verleihung des großen Besitzes an seine Anhänger, unten durch Massenaufnahme von Sklaven, unter welche – wie anderswo – die Frauen und Töchter der ausgerotteten Oberschicht verteilt wurden, in den Bürgerstand.

Es ist wieder für die Antike bezeichnend, daß der Typus dieser Revolutionen nur eine Vergrößerung ihrer Zahl, nicht ihres Umfangs gestattet. Sie treten in Masse auf, aber jede entwickelt sich vollkommen für sich und an einem Punkte, und nur die Gleichzeitigkeit aller gibt ihnen den Charakter einer Gesamterscheinung, die Epoche macht. Dasselbe gilt vom Napoleonismus, mit dem sich zum erstenmal ein formloses Regiment über das Gefüge des Stadtstaates erhebt, ohne sich innerlich ganz von ihm befreien zu können. Er stützt sich auf das Heer, das sich gegenüber der außer Form geratenen Nation als selbständige politische Größe zu fühlen beginnt. Das ist auch der kurze Weg von Robespierre zu Bonaparte; mit dem Sturz der Jakobiner geht das Schwergewicht von der Zivilverwaltung auf die ehrgeizigen Generale über. Wie tief dieser neue Geist in alle Staaten des Abendlandes eingedrungen war, zeigt neben der Laufbahn Bernadottes und

Wellingtons die Geschichte des Aufrufs „An mein Volk“ von 1813; hier wurde von militärischer Seite die Fortdauer der preußischen Dynastie in Frage gestellt, falls der König sich nicht zum Bruch mit Napoleon entschließe.

Die zweite Tyrannis kündigt sich denn auch an mit der die innere Form der Polis aufhebenden Stellung, welche Alkibiades und Lysander gegen Ende des Peloponnesischen Krieges im Heer ihrer Stadt einnahmen. Der erste übte seit 411, obwohl verbannt und also ohne Amt und gegen den Willen der Heimat, die tatsächliche Herrschaft über die athenische Flotte aus; der zweite, der nicht einmal Spartiat war, fühlte sich im Kommando eines ihm persönlich ergebenen Heeres vollkommen unabhängig. Im Jahre 408 hatte sich der Kampf zweier Mächte in den zweier Männer um die Herrschaft über die ägäische Staatenwelt entwickelt.Bald darauf hat Dionysios von Syrakus dem antiken Krieg durch die Ausbildung der ersten großen Berufsarmee – er hat auch die Kriegsmaschinen und Geschütze eingeführt– eine neue, auch für die Diadochen und Römer vorbildliche Form gegeben. Von nun an ist der Geist des Heeres eine politische Macht für sich, und es wird eine sehr ernste Frage, bis zu welchem Grade der Staat Herr oder Werkzeug der Soldaten ist. Daß die Regierung Roms 390–367ausschließlich von einem Militärausschuß geführt wurde,verrät eine Sonderpolitik des Heeres deutlich genug. Es ist bekannt, daß Alexander, der Romantiker der zweiten Tyrannis, in zunehmende Abhängigkeit vom Willen seiner Soldaten und Generale geriet, die nicht nur den Rückzug aus Indien erzwangen, sondern auch mit Selbstverständlichkeit über seinen Nachlaß verfügt haben.

Das gehört zum Wesen des Napoleonismus, und ebenso die Ausdehnung der *persönlichen* Herrschaft über Gebiete, deren Einheit weder nationaler, noch rechtlicher, sondern lediglich militärischer und verwaltungstechnischer Natur ist. Aber gerade diese Ausdehnung ist mit dem Wesen der Polis unvereinbar. Der antike Staat ist der einzige, der keiner organischen Erweiterung fähig ist, und die Eroberungen der zweiten Tyrannis führen deshalb zu einem *Nebeneinander* von zwei politischen Einheiten, der Polis und dem unterworfenen Gebiet, deren Zusammenhang zufällig und immer gefährdet bleibt. So entsteht das merkwürdige und in seiner tieferen Bedeutung noch gar nicht erkannte Bild der hellenistisch-römischen Welt: ein Kreis von *Randgebieten* und mitten darin das Gewimmel der winzigen Poleis, mit denen der Begriff des eigentlichen Staates, der *res publica*, ausschließlich verbunden bleibt. In dieser Mitte, und zwar für jede dieser Herrschaften in einem einzigen Punkt, befindet sich *der* Schauplatz aller wirklichen Politik. Der *orbis terrarum* – ein sehr bezeichnender Ausdruck – ist lediglich ihr Mittel oder Objekt. Die römischen Begriffe des *imperium*, der diktatorischen Amtsgewalt jenseits des Stadtgrabens, die mit dem Überschreiten des *pomerium* sofort erlischt, und der *provincia* als Gegensatz zur *res publica*, entsprechen einem allgemein antiken Grundgefühl, das nur den Körper der Stadt als Staat und politisches Subjekt und in bezug auf ihn ein „draußen“ als Objekt kennt. Dionysios hat das festungsartig ausgebaute Syrakus „mit einem Trümmerfeld von

Staaten umgeben“ und sein Machtgebiet von hier aus über Unteritalien und die dalmatische Küste bis in die nördliche Adria ausgedehnt, wo er Ancona und Atria an der Pomündung besaß. Den umgekehrten Plan führte Philipp von Makedonien nach dem Vorbilde seines Lehrmeisters, des 370 ermordeten Jason von Pherä, aus: den Schwerpunkt in das Randgebiet, das heißt praktisch in das Heer zu verlegen und von da aus eine Vorherrschaft über die hellenische Staatenwelt auszuüben. So wurde Makedonien bis zur Donau ausgedehnt, und nach dem Tode Alexanders traten das Seleukiden- und das Ptolemäerreich hinzu, die je von einer Polis aus – Antiochia und Alexandria – regiert wurden und zwar vermittels der vorgefundenen einheimischen Verwaltung, die immer noch besser war als irgendeine antike. Rom selbst hat gleichzeitig (etwa 326–265) sein mittelitalisches Reich wie *einen Randstaat* ausgebaut und nach allen Seiten durch ein System von Kolonien, Bundesgenossen und Gemeinden latinischen Rechts befestigt. Dann haben seit 237 Hamilkar Barkas für das längst in antiken Formen lebende Karthago das spanische Reich, C. Flaminius seit 225 für Rom die Po-Ebene und endlich Cäsar sein gallisches Reich erobert. Auf dieser Unterlage beruhen zuerst die napoleonischen Kämpfe der Diadochen im Osten, dann die westlichen zwischen Scipio und Hannibal, die ebenfalls beide den Schranken der Polis entwachsen waren, und endlich die cäsarischen der Triumvirn, die sich auf die Summe *aller* Randgebiete und ihre Mittel stützten, um „in Rom der erste zu sein“.

12

In Rom hat die starke und glückliche Form des Staates, wie sie um 340 erreicht war, die soziale Revolution in verfassungsmäßigen Grenzen gehalten. Eine napoleonische Erscheinung wie der Censor von 310, Appius Claudius, Erbauer der ersten Wasserleitung und der Via Appia, der in Rom fast wie ein Tyrann herrschte, ist sehr bald mit seinem Versuch gescheitert, die Bauernschaft durch die großstädtische Masse auszuschalten und damit die Politik in eine einseitig athenische Richtung zu lenken. Denn das war der Zweck jener Aufnahme von Sklavensöhnen in den Senat, der neuen Centurienordnung nach Geld statt nach Grundbesitzund der Verteilung der Freigelassenen und Besitzlosen über alle Tribus, wo sie die selten zur Stadt kommenden Landleute überstimmen sollten und jederzeit konnten. Schon die nächsten Censoren haben diese Leute ohne Grundbesitz wieder in die vier großen Stadttribus überschrieben. Der Nichtstand selbst, der durch eine Minderheit angesehener Geschlechter gut geführt wurde, sah das Ziel, wie schon erwähnt, nicht mehr in der Zerstörung, sondern der Eroberung des senatorischen Verwaltungsorganismus. Er hat endlich den Zugang zu allen Ämtern erzwungen, durch die lex Ogulnia von 300 sogar zu den politisch wichtigen Priestertümern der Pontifices und Auguren und durch den Aufstand von 287 die Rechtsgültigkeit der Plebiszite auch ohne Genehmigung des Senats.

Das praktische Ergebnis dieser Freiheitsbewegung war gerade das Gegenteil von dem, was Ideologen – die es in Rom nicht gab – erwartet hätten. Der große Erfolg nahm dem

Protest des Nichtstandes das Ziel und damit diesem selbst, der abgesehen von der Opposition politisch ein Nichts war, die treibende Kraft. Seit 287 war die Staatsform da, um mit ihr politisch zu arbeiten, und zwar in einer Welt, in der nur noch die großen Randstaaten Rom, Karthago, Makedonien, Syrien, Ägypten ernsthaft zählten; sie hatte aufgehört, als Objekt von „Volksrechten" in Gefahr zu sein, und eben darauf beruht der Aufstieg des Volkes, das allein in Form geblieben war.

Einerseits hatte sich innerhalb der formlosen und durch die Massenaufnahme von Freigelassenen in ihren Rassetrieben längst erschütterten Plebseine durch große praktische Fähigkeiten, Rang und Reichtum ausgezeichnete Oberschicht gebildet, die sich mit einer entsprechenden innerhalb des Patriziats zusammenschloß. So entsteht im engsten Kreise eine starke Rasse von vornehmen Lebensgewohnheiten und weitem politischen Horizont, in deren Mitte sich der ganze Schatz von Erfahrungen der Regierung, Heerführung und Diplomatie sammelt und vererbt, welche die Leitung des Staates als ihren einzigen standesgemäßen Beruf und als ihr überkommenes Vorrecht betrachtet und den Nachwuchs allein auf die Kunst des Befehlens hin und im Bann einer maßlos stolzen Tradition heranzüchtet. Ihr verfassungsmäßiges Werkzeug findet diese staatsrechtlich nicht vorhandene Nobilität im Senat, der ursprünglich die Interessenvertretung der Patrizier, also des „homerischen" Adels gewesen war, in dem seit Mitte des vierten Jahrhunderts aber die ehemaligen Konsuln – Herrscher und Heerführer zugleich – als lebenslängliche Mitglieder einen geschlossenen Kreis großer Begabungen bilden, der die Versammlung und durch sie den Staat beherrscht. Schon dem Gesandten des Pyrrhus, Kineas, erschien der Senat wie ein Rat von Königen (279), und endlich kommen die Titel *princeps* und *clarissimus* auf für eine kleine Gruppe von Führern in ihm, die nach Rang, Macht und Auftreten den Herrschern der Diadochenreiche vollkommen ebenbürtig waren.Es entsteht eine Regierung, wie sie kein Großstaat in irgendeiner andern Kultur jemals besessen hat, und eine Tradition, die höchstens unter ganz anders gearteten Bedingungen in Venedig und in der päpstlichen Kurie während des Barock ihresgleichen findet. Es gibt hier keine Theorie, woran Athen zugrunde ging, keinen Provinzialismus, durch den Sparta zuletzt verächtlich wurde, nur eine Praxis großen Stils. Wenn das Römertum eine ganz einzige, wundervolle Erscheinung innerhalb der Weltgeschichte ist, so verdankt es das nicht dem „römischen Volk", das an sich ebenso ein Rohstoff ohne Form war wie jedes andere, sondern dieser Klasse, die es in Form brachte und mit oder gegen seinen Willen hielt, so daß dieser Daseinsstrom, der noch um 350 kaum eine mittelitalische Bedeutung hatte, allmählich die gesamte antike Geschichte in sein Bett gefaßt und ihre letzte große Zeit zu einer *römischen* gemacht hat.

Die Vollendung seines politischen Taktes beweist dieser kleine Kreis, der keinerlei öffentliches Recht besaß, in der Handhabung der von der Revolution geschaffenen demokratischen Formen, die wie überall das wert waren, was man aus ihnen machte. Gerade was in ihnen gefährlich werden konnte, sobald man daran rührte, das

Nebeneinander zweier sich ausschließender Gewalten, ist mit vollkommener Meisterschaft und *schweigend* so behandelt worden, daß die höhere Erfahrung stets den Ausschlag gab und das Volk stets überzeugt blieb, die Entscheidung selbst und in seinem Sinne herbeigeführt zu haben. *Volkstümlich und doch von höchstem geschichtlichen Erfolg,* das ist das Geheimnis dieser Politik und die einzige Möglichkeit der Politik überhaupt in allen solchen Zeiten, eine Kunst, in welcher das römische Regiment bis jetzt unerreicht geblieben ist.

Aber auf der andern Seite war das Ergebnis der Revolution trotz alledem *die Emanzipation des Geldes,* das von nun an in den Zenturiatkomitien herrschte. Was hier sich *populus* nannte, wird mehr und mehr ein Werkzeug in der Hand der großen Vermögen, und es bedurfte der ganzen taktischen Überlegenheit der regierenden Kreise, um in der *plebs* ein Gegengewicht aufrechtzuerhalten und in ihren einunddreißig ländlichen Tribus wirklich eine Vertretung des bäuerlichen Grundbesitzes unter Leitung der adligen Geschlechter bereit zu haben, von welcher die großstädtische Masse ausgeschlossen blieb. Daher die energische Art, mit welcher die Anordnungen des Appius Claudius wieder beseitigt worden sind. Das natürliche Bündnis zwischen Hochfinanz und Masse, wie es sich später unter den Gracchen und dann unter Marius verwirklichte, um die Tradition des Blutes zu zerstören, und wie es unter anderm auch den deutschen Umsturz von 1918 vorbereitet hat, ist auf viele Generationen hin unmöglich gemacht worden. Bürgertum und Bauerntum, Geld und Grundbesitz hielten sich in gesonderten Organen das Gleichgewicht und wurden durch den in der Nobilität verkörperten Staatsgedanken zusammengefaßt und wirksam gemacht, bis deren innere Form zerfiel und beide Tendenzen feindselig auseinandertraten. Der erste Punische Krieg war ein Handelskrieg und gegen die Interessen der Landwirtschaft gerichtet, weshalb der Konsul Appius Claudius, ein Nachkomme des großen Zensors, die Entscheidung 264 den Zenturiatkomitien vorlegte. Die Eroberung der Poebene seit 225 dagegen lag im Interesse der Bauernschaft und wurde durch den Tribun C. Flaminius, die erste wirklich cäsarische Erscheinung Roms, den Erbauer der Via Flaminia und des Circus Flaminius, in den Tributkomitien durchgesetzt. Aber gerade weil er in Verfolgung dieser Politik als Zensor von 220 den Senatoren Geldgeschäfte verbot und gleichzeitig die altadligen Rittercenturien der Plebs zugänglich machte, was in Wirklichkeit nur dem neuen Geldadel aus der Zeit des ersten Punischen Krieges zugute kam, ist er ganz gegen seinen Willen der Schöpfer einer *als Stand organisierten Hochfinanz* geworden, eben der *equites,* welche ein Jahrhundert später der großen Zeit der Nobilität ein Ende gemacht haben. Von da an – seit dem Siege über Hannibal, gegen den Flaminius fiel – wird das Geld auch für die Regierung das letzte Mittel, um ihre Politik fortzusetzen, die letzte wirkliche Staatspolitik, die es in der Antike gab.

Als die Scipionen und ihr Kreis aufgehört hatten, die leitende Macht zu sein, gab es nur noch eine Privatpolitik von Einzelnen, die rücksichtslos ihr Interesse verfolgten und für die der *orbis terrarum* eine willenlose Beute war. Wenn Polybios, der jenem Kreis angehörte, in Flaminius einen Demagogen und den Urheber des ganzen Unglücks der Gracchenzeit sah, so irrte er sich vollkommen in dessen Absichten, aber nicht in der Wirkung. Flaminius hat ebenso wie der ältere Cato, der mit dem blinden Eifer des Bauernführers den großen Scipio um seiner Weltpolitik willen stürzte, das Gegenteil von dem erreicht, was er wollte. An Stelle des führenden Blutes trat das Geld, und das Geld hat in weniger als drei Generationen den Bauernstand vernichtet.

Wenn es inmitten der antiken Völkerschicksale ein unwahrscheinlicher Glücksfall war, daß Rom als der einzige Stadtstaat die soziale Revolution in fester Verfassung überstand, so war es im Abendlande mit seinen auf die Ewigkeit gegründeten genealogischen Formen fast ein Wunder, daß doch an einem Ort eine gewaltsame Revolution zum Ausbruch kam, in Paris. Nicht die Stärke, sondern die Schwäche des französischen Absolutismus ist es gewesen, welche hier die englischen Ideen in Verbindung mit der Dynamik des Geldes zu einer Explosion führte, die den Schlagworten der Aufklärung eine lebendige Gestalt gab, die Tugend mit dem Schrecken, die Freiheit mit der Despotie verband und noch in den kleinen Bränden von 1830 und 1848 und in der sozialistischen Katastrophensehnsucht nachwirkte.In England selbst, wo der Adel absoluter herrschte als irgend jemand in Frankreich, hat zwar ein kleiner Kreis um Fox und Sheridan die Ideen der französischen Revolution – sie waren sämtlich englischer Herkunft – begrüßt; man sprach von allgemeinem Stimmrecht und Parlamentsreform.Aber das genügte, um beide Parteien unter Führung eines Whig, des jüngeren Pitt, zu den schärfsten Maßregeln zu veranlassen, die alle Versuche vereitelt haben, das Adelsregiment zugunsten des dritten Standes auch nur anzurühren. Der englische Adel hat den zwanzigjährigen Krieg gegen Frankreich entfesselt und alle Monarchen Europas in Bewegung gesetzt, um endlich bei Waterloo nicht dem Kaisertum, sondern der Revolution ein Ende zu machen, die es gewagt hatte, die Privatansichten englischer Denker ganz naiv in die praktische Politik einzuführen und damit dem gänzlich formlosen *tiers* eine Stellung zu geben, deren Folgen man nicht in den Pariser Salons, aber um so besser im englischen Unterhause voraussah.

Was man hier Opposition nannte, war die Haltung der einen Adelspartei, solange die andre die Regierung führte. Sie bedeutete hier nicht, wie überall auf dem Festland, berufsmäßige Kritik an einer Arbeit, die zu leisten der Beruf anderer war, sondern den praktischen Versuch, die Regierungstätigkeit in eine Form zu zwingen, die man jeden Augenblick bereit und fähig war, selbst aufzunehmen. Aber diese Opposition wurde sofort unter völliger Unkenntnis ihrer gesellschaftlichen Voraussetzungen vorbildlich für das, was die Gebildeten in Frankreich und anderswo erstrebten, eine Standesherrschaft des *tiers* unter den Augen der Dynastie, über deren fernere Stellung man sich immerhin nicht ganz klar war. Die Einrichtungen Englands wurden seit Montesquieu mit einem begeisterten Mißverständnis gepriesen, obwohl all diese Staaten keine Inseln waren und deshalb die wesentlichste Voraussetzung der englischen Entwicklung nicht besaßen. Nur in einem Punkte war England wirklich ein Vorbild. Als das Bürgertum daranging, den absoluten Staat wieder in einen Ständestaat zu verwandeln, fand es drüben ein Gebilde, das nie etwas andres gewesen war. Allerdings war es der Adel allein, der regierte, aber zum wenigsten war es nicht die Krone.

Das Ergebnis der Epoche und die Grundform der Festlandstaaten zu Beginn der Zivilisation ist die „konstitutionelle Monarchie", als deren äußerste Möglichkeit die Republik erscheint, so wie wir heute das Wort verstehen. Denn man muß sich endlich von dem Geschwätz der Doktrinäre befreien, die in zeitlosen und also wirklichkeitsfremden Begriffen denken und für welche „die Republik" eine Form an sich ist. So wenig England eine Konstitution im festländischen Sinne besitzt, so wenig hat das republikanische Ideal des 19. Jahrhunderts irgend etwas mit der antiken *res publica* oder auch nur mit Venedig und den Schweizer Urkantonen zu tun. Was *wir* so nennen, ist eine *Negation*, die das Verneinte mit innerer Notwendigkeit als beständig möglich voraussetzt. Es ist die Nichtmonarchie in Formen, die der Monarchie entlehnt sind. Das genealogische Gefühl ist im abendländischen Menschen so ungeheuer stark und straft sein Bewußtsein bis zu dem Grade Lügen, daß die Dynastie die gesamte politische Haltung bestimmt, auch wenn sie gar nicht mehr da ist. In ihr verkörpert sich das Historische, und unhistorisch können wir nicht leben. Es ist ein großer Unterschied, ob der antike Mensch das dynastische Prinzip aus dem Grundgefühl seines Seins heraus überhaupt nicht kennt oder ob es der abendländische Gebildete seit der Aufklärung und für die Dauer von etwa zwei Jahrhunderten aus abstrakten Gründen in sich niederzukämpfen sucht. Dies Gefühl ist der geheime Feind aller entworfenen und nicht gewachsenen Verfassungen, die im letzten Grunde nichts als Abwehrmaßregeln und aus Furcht und Mißtrauen geboren sind. Der Freiheitsbegriff der Stadt – frei sein *von* etwas – verengt sich bis zu einer lediglich antidynastischen Bedeutung; die republikanische Begeisterung lebt nur von diesem Gefühl.

Zum Wesen einer solchen Verneinung gehört unvermeidlich ein Vorwiegen der Theorie. Während die Dynastie und die ihr innerlich nahestehende Diplomatie die alte Tradition, den Takt bewahren, haben in den Verfassungen Systeme, Bücher und Begriffe ein Übergewicht, wie es in England, wo der Regierungsform nichts Verneinendes und Defensives anhaftet, ganz undenkbar ist. Nicht umsonst ist die faustische Kultur die des Schreibens und Lesens. Das gedruckte Buch ist ein Sinnbild der zeitlichen, die Presse außerdem ein Sinnbild der räumlichen Unendlichkeit. Gegenüber der ungeheuren Macht und Tyrannei dieser Symbole erscheint selbst die chinesische Zivilisation beinahe schriftlos. In den Verfassungen wird die Literatur gegen die Kenntnis der Menschen und Dinge, die Sprache gegen die Rasse, das abstrakte Recht gegen die erfolgreiche Tradition angesetzt, ohne Rücksicht darauf, ob die Nation mitten im Strom der Ereignisse noch arbeitsfähig und in Form bleibt. Mirabeau hat ganz allein und vergeblich gegen eine Versammlung gekämpft, welche „die Politik mit einem Roman verwechselte". Nicht nur die drei doktrinärsten Verfassungen des Zeitalters, die französische von 1791, die deutschen von 1848 und 1919, sondern so gut wie alle wollen das große Schicksal der

Tatsachenwelt nicht sehen und glauben es damit widerlegt zu haben. Statt des Unvorhergesehenen, des Zufalls der starken Persönlichkeiten und Umstände soll die Kausalität herrschen, zeitlos, gerecht, immer derselbe verständige Zusammenhang von Ursache und Wirkung. Es ist bezeichnend, daß kein Verfassungstext das Geld als politische Größe kennt. Sie enthalten sämtlich reine Theorie.

Dieser Zwiespalt im Wesen der konstitutionellen Monarchie läßt sich nicht aufheben. Hier stehen Wirkliches und Gedachtes, Arbeit und Kritik schroff gegeneinander, und die wechselseitige Reibung ist das, was dem Gebildeten vom Durchschnitt als innere Politik erscheint. Nur in England – wenn man von Preußen-Deutschland und von Österreich absieht, wo anfangs eine Verfassung zwar vorhanden, aber der politischen Tradition gegenüber nicht sehr einflußreich war – erhielten sich Regierungsgewohnheiten aus einem Guß. Hier behauptete sich die Rasse gegenüber dem Prinzip. Man ahnte, daß wirkliche, das heißt ausschließlich auf den geschichtlichen Erfolg gerichtete Politik auf Zucht und nicht auf Bildung beruhe. Das war kein aristokratisches Vorurteil, sondern eine kosmische Tatsache, die in den Erfahrungen englischer Vollblutzüchter viel deutlicher hervortritt als in sämtlichen Philosophiesystemen der Welt. Bildung kann die Zucht verfeinern, aber nicht ersetzen. Und so werden die hohe englische Gesellschaft, die Schule von Eton, das Balliol College in Oxford die Stätten, wo Politiker gezüchtet werden mit einer Folgerichtigkeit, die nur in der Züchtung des preußischen Offizierskorps ihresgleichen hatte, Kenner nämlich, die den geheimen Takt der Dinge beherrschen, auch den stillen Gang der Meinungen und Ideale, und die deshalb seit 1832 den ganzen Strom der bürgerlich-revolutionären Grundsätze über das von ihnen gelenkte Dasein hingehen ließen ohne die Gefahr, den Zügel aus der Hand zu verlieren. Sie besaßen das *training*, die Biegsamkeit und Beherrschtheit eines menschlichen Leibes, der, das jagende Pferd unter sich, den Sieg heran *fühlt*. Man ließ die großen Grundsätze die Masse bewegen, weil man wußte, daß es das Geld war, mit dem man die großen Grundsätze bewegen konnte, und man fand statt der brutalen Methoden des 18. Jahrhunderts feinere und nicht weniger wirksame, von denen die Drohung mit den Kosten einer Neuwahl die einfachste ist. Die doktrinären Verfassungen des Festlands sahen nur die eine Seite der Tatsache Demokratie. Hier, wo man keine Verfassung hatte, sondern in Verfassung war, übersah man sie ganz.

Ein dunkles Gefühl davon ist auf dem Festland nie verschwunden. Für den absoluten Barockstaat gab es eine klare Form; für die konstitutionelle Monarchie gab es nur schwankende Kompromisse, und die konservative und liberale Partei unterscheiden sich nicht wie in England – seit Canning – nach längst erprobten Regierungsmethoden, die sie abwechselnd zur Anwendung brachten, sondern nach der Richtung, in welcher sie die Verfassung abzuändern wünschten, nämlich nach der Tradition oder der Theorie hin. Sollte die Dynastie dem Parlament dienen oder umgekehrt? Das war die Streitfrage, über welcher man den außenpolitischen Endzweck vergaß. Die „spanische" und die – mißverstandene – „englische" Seite der Verfassung wuchsen nicht zusammen und konnten es nicht, so daß während des 19. Jahrhunderts der diplomatische Außendienst und die parlamentarische Tätigkeit sich nach zwei ganz verschiedenen Seiten hin entwickelten, sich dem Grundgefühl und der Methode nach vollkommen fremd wurden und einander gründlich verachteten. Das Leben rieb sich wund in einer Form, die es nicht aus sich selbst entwickelt hatte. Frankreich verfiel seit dem Thermidor einer Herrschaft der Börse, gemildert durch gelegentliche Aufrichtung einer Militärdiktatur: 1800,1851,1871,1918. In der Schöpfung Bismarcks, die in den Grundzügen dynastischer Natur war, mit einem entschieden untergeordneten parlamentarischen Bestandteil, wurde die innere Reibung so stark, daß sie die gesamte politische Energie und zuletzt, seit 1916, den Organismus selbst verbraucht hat. Das Heer hatte seine eigne Geschichte und eine große Tradition von Friedrich Wilhelm I. an, ebenso die Verwaltung. Hier liegt der Ursprung des Sozialismus als einer Art, politisch in Form zu sein, die der englischen streng entgegengesetzt ist,aber ebenso wie diese der vollkommene Ausdruck einer starken Rasse. Der Offizier und der Beamte wurden in Vollendung gezüchtet, aber die Aufgabe, den entsprechenden politischen Typus zu züchten, wurde nicht erkannt. Die hohe Politik wurde „verwaltet", die niedere war hoffnungsloses Gezänk. So wurden Heer und Verwaltung endlich Selbstzweck, seit mit Bismarck der Mann gegangen war, für den sie Mittel sein konnten auch ohne die Mitarbeit eines Stammes von Politikern, den nur eine Tradition erzeugt. Als mit dem Ausgang des Weltkriegs der Oberbau verschwand, blieben die nur zur Opposition erzogenen Parteien allein übrig und brachten die Regierungstätigkeit plötzlich auf ein Niveau herab, das unter zivilisierten Staaten bis jetzt unbekannt war.

Aber der Parlamentarismus ist heute in vollem Verfall begriffen. r war *eine Fortsetzung der bürgerlichen Revolution mit andern Mitteln*, die Revolution des dritten Standes von 1789, in gesetzmäßige Form gebracht und mit ihrer Gegnerin, der Dynastie, zur Regierungseinheit verbunden. In der Tat ist jeder moderne Wahlkampf ein mit dem Stimmzettel und allen Mitteln der Aufreizung durch Rede und Schrift geführter Bürgerkrieg und jeder große Parteiführer eine Art bürgerlicher Napoleon. Diese auf Dauer berechnete Form, die ausschließlich der abendländischen Kultur angehört und in jeder andern sinnlos und unmöglich wäre, enthüllt wieder den Hang zum Unendlichen, die historische Voraussichtund Vorsorge und den Willen, *die ferne Zukunft* zu ordnen und zwar nach bürgerlichen Grundsätzen der Gegenwart.

Trotzdem ist der Parlamentarismus kein Gipfel wie die absolute Polis und der Barockstaat, sondern ein kurzer Übergang, nämlich von der Spätzeit mit ihren gewachsenen Formen zum Zeitalter der großen Einzelnen inmitten einer formlos gewordenen Welt. Er enthält einen Rest guten Barockstils wie die Häuser und Möbel aus der ersten Hälfte des 19. Jahrhunderts. Die parlamentarische Sitte ist englisches Rokoko, aber nicht mehr selbstverständlich und im Blute liegend, sondern oberflächlich nachgeahmt und Sache des guten Willens. Nur in den kurzen Zeiten anfänglicher Begeisterung besitzt sie einen Schein von Tiefe und Dauer und nur deshalb, weil man eben gesiegt hatte und aus Achtung vor dem eignen Stand die guten Manieren der Besiegten sich zur Pflicht machte. Die Form zu wahren, auch wo sie dem Vorteil widerspricht: auf dieser Übereinkunft beruht die *Möglichkeit* des Parlamentarismus. *Dadurch, daß er erreicht ist, ist er eigentlich schon überwunden*. Der Nichtstand zerfällt wieder in natürliche Interessengruppen; das Pathos des leidenden und siegreichen Widerstandes ist zu Ende. Und sobald die Form nicht mehr die Anziehungskraft eines jungen Ideals besitzt, für das man auf die Barrikaden geht, erscheinen die außerparlamentarischen Mittel, um trotz der Abstimmung und ohne sie das Ziel zu erreichen: darunter das Geld, der wirtschaftliche Druck, vor allem der Streik. Weder die großstädtische Masse noch der starke Einzelne haben wahre Achtung vor dieser Form ohne Tiefe und Vergangenheit, und sobald man entdeckt, daß sie *nur* Form ist, ist sie auch schon Maske und Schatten geworden. Mit dem Anfang des 20. Jahrhunderts nähert sich der Parlamentarismus, auch der englische, mit schnellen Schritten der Rolle, die er selbst dem Königtum bereitet hat. Er wird ein eindrucksvolles Schauspiel für die Menge der Gläubigen, während der Schwerpunkt der großen Politik, wie er rechtlich von der Krone zur Volksvertretung hinüberging, nun aus dieser in Privatkreise und den Willen von Privatpersonen verlegt wird. Der Weltkrieg hat diese Entwicklung beinahe abgeschlossen. Von der Herrschaft Lloyd Georges führt kein Weg zum alten Parlamentarismus zurück und ebensowenig von dem Napoleonismus der französischen Militärpartei. Und für Amerika, das bis jetzt für sich dalag und eher ein Gebiet als ein Staat war, ist mit dem Eintritt in die Weltpolitik das einer Theorie von Montesquieu entstammende Nebeneinander von Präsidentschaft und Kongreß unhaltbar geworden und wird in Zeiten wirklicher Gefahr formlosen Gewalten Platz machen, wie sie Südamerika und Mexiko längst kennen gelernt haben.

13

Damit ist der Eintritt in das Zeitalter der Riesenkämpfe vollzogen, in dem wir uns heute befinden. Es ist der Übergang vom Napoleonismus zum Cäsarismus, eine allgemeine Entwicklungsstufe vom Umfang wenigstens zweier Jahrhunderte, die in allen Kulturen nachzuweisen ist. Die Chinesen nennen sie *tschan-kuo*,Zeit der kämpfenden Staaten (480–230, antik etwa 300–50). Am Anfang werden sieben Großmächte gezählt, die erst planlos, dann mit immer klarerem Blick für das unvermeidliche Endergebnis in diese dichte Folge von ungeheuren Kriegen und Revolutionen eintreten. Ein Jahrhundert später sind es noch fünf. 441 wird der Herrscher der Dschou-Dynastie zum Staatspensionär des „östlichen Herzogs“, und damit verschwindet der Rest von Land, den er besaß, aus der ferneren Geschichte. Gleichzeitig beginnt der rasche Aufstieg des Römerstaates Tsin im unphilosophischen Nordwesten,der seinen Einfluß nach West und Süd über Tibet und Yünnan ausdehnt und die übrige Staatenwelt in weitem Bogen umklammert. Den Mittelpunkt der Gegnerschaft bildet das Königreich Tsu im taoistischen Süden,von wo aus die chinesische Zivilisation langsam in die damals noch wenig bekannten Länder jenseits des großen Stromes dringt. Das ist in der Tat ein Gegensatz wie der zwischen Römertum und Hellenismus: dort der harte und klare Wille zur Macht, hier der Hang zur Träumerei und Weltverbesserung. 368–320 (antik etwa Zeit des Zweiten Punischen Krieges) steigert sich der Kampf zu einem ununterbrochenen Ringen der gesamten chinesischen Welt, mit Massenheeren, die bis zur äußersten Anspannung der Bevölkerungszahl aufgebracht werden. „Die Verbündeten, deren Länder zehnmal so groß waren als die von Tsin, wälzten umsonst eine Million Menschen heran. Tsin hatte immer noch Reserven in Bereitschaft. Von Anfang bis zu Ende fiel eine Million Mann", schreibt Se-ma-tsien. Su-tsin, zuerst Kanzler von Tsin, der dann als Anhänger der Völkerbundsidee *(hoh-tsung)* zu den Gegnern überging, brachte zwei große Koalitionen zustande (333 und 321), die an innerer Uneinigkeit mit den ersten Schlachten zusammenbrachen. Sein großer Gegner, der Kanzler Dschang-yi, ein entschiedener Imperialist, war 311 nahe daran, die chinesische Staatenwelt zu freiwilliger Unterwerfung zu bringen, als ein Thronwechsel seine Kombination vereitelte. 294 beginnen die Feldzüge des Pe-ki.Unter dem Eindruck seiner Siege nimmt der König von Tsin 288 den mystischen Kaisertitel der Sagenzeit an,was den Anspruch auf Weltherrschaft zum Ausdruck bringt und von dem Herrscher von Tsi im Ostensofort nachgeahmt wird.

Damit beginnt ein zweites Maximum der Entscheidungskämpfe. Die Zahl der selbständigen Staaten wird immer kleiner. 255 verschwindet auch der Heimatstaat des Konfuzius, Lu, und 249 findet die Dschou-Dynastie ihr Ende. 246 wird der gewaltige Wang-dscheng als 13jähriger Knabe Kaiser von Tsin und führt mit Unterstützung seines Kanzlers Lui-schi, des chinesischen Mäcenas, Piton, Lü-pu-weih, China Rev. XIII, S. 365 ff. den Endkampf durch, in dem der letzte Gegner, das Reich von Tsu, 241 den letzten Angriff wagt. 221 hat er als tatsächlicher Alleinherrscher den Titel Schi (Augustus) angenommen. Das ist der Anfang der chinesischen Kaiserzeit.

Kein Zeitalter zeigt so deutlich wie das der kämpfenden Staaten die weltgeschichtliche Alternative: *große Form oder große Einzelgewalten*. In demselben Grade wie die Nationen aufhören, politisch in Verfassung zu sein, wachsen die Möglichkeiten für den energischen Privatmann, der politisch schöpferisch sein, der um jeden Preis Macht besitzen will und durch die Wucht seiner Erscheinung das Schicksal ganzer Völker und Kulturen wird. Die Ereignisse sind der Form nach voraussetzungslos geworden. An Stelle der gesicherten Tradition, die des Genies entbehren kann, weil sie selbst kosmische Kraft in höchster Potenz ist, tritt nun der Zufall großer Tatsachenmenschen; der Zufall ihres Aufstiegs führt ein schwaches Volk wie das makedonische über Nacht an die Spitze der Ereignisse und der Zufall ihres Todes kann die Welt aus persönlich gefestigter Ordnung unvermittelt in das Chaos stürzen, wie die Ermordung Cäsars beweist.

Das hat sich früher schon in den kritischen Übergangszeiten offenbart. Die Epoche der Fronde, der Ming-dschu, der ersten Tyrannis, wo man nicht in Form war, sondern um die Form kämpfte, hat jedesmal eine Reihe großer Gestalten heraufgeführt, die über alle Schranken eines Amtes hinauswuchsen. Die Wende von der Kultur zur Zivilisation tut es noch einmal im Napoleonismus. Mit diesem aber, der das Zeitalter der unbedingten geschichtlichen Formlosigkeit einleitet, bricht die eigentliche Blütezeit der großen Einzelnen an, die für uns mit dem Weltkrieg fast auf ihren Höhepunkt gelangt ist. In der Antike geschah das mit Hannibal, der im Namen des Hellenismus, dem er innerlich angehörte, den Kampf gegen Rom eröffnet hat, aber zugrunde ging, weil der hellenistische Osten, ganz antik, den Sinn der Stunde zu spät oder gar nicht begriff. Mit seinem Untergang beginnt jene stolze Reihe, die von den beiden Scipionen über Aemilius Paulus, Flaminius, die Catonen, die Gracchen, über Marius und Sulla zu Pompejus, Cäsar und Augustus führt. Ihnen entspricht jene Folge von Staatsmännern und Feldherrn im China der kämpfenden Staaten, die sich wie dort um Rom, so hier um Tsin sammeln. Bei der Verständnislosigkeit, mit welcher die politische Seite der chinesischen Geschichte behandelt zu werden pflegt, hat man sie als Sophisten bezeichnet.Sie waren es auch, aber in dem Sinne, wie die vornehmen Römer der gleichen Zeit Stoiker waren, nachdem sie im griechischen Osten philosophischen und rhetorischen Unterricht empfangen hatten. Sie waren alle geschulte Redner und haben alle gelegentlich über Philosophie geschrieben, Cäsar und Brutus so gut wie Cato und Cicero, aber nicht als Berufsphilosophen, sondern auf Grund einer vornehmen Sitte und aus ihrem *otium cum dignitate* heraus. Abgesehen davon waren sie Meister der Tatsachen, auf dem Schlachtfelde wie in der hohen Politik, und genau dasselbe gilt von den Staatskanzlern Dschang-yi und Su-tsin,dem gefürchteten Diplomaten Fan-sui, der den General Pe-ki gestürzt hat, dem Gesetzgeber von Tsin Wei-yang, dem Mäcenas des ersten Kaisers Lui-schi, und andern.

Die Kultur hatte alle Kräfte in strenge Form gebunden. Jetzt sind sie entfesselt und „die Natur", das heißt das Kosmische, bricht unvermittelt hervor. Die Wendung vom absoluten Staat zur – kämpfenden – Völkergemeinschaft jeder beginnenden Zivilisation mag für Idealisten und Ideologen bedeuten, was sie will; in der Tatsachenwelt bedeutet sie den Übergang vom Regieren im Stil und Takt einer strengen Tradition zu dem *sic volo, sic jubeo* des schrankenlosen persönlichen Regiments. Das Maximum von sinnbildlicher, *über*persönlicher Form fällt mit dem Gipfel der Spätzeiten zusammen, in China um 600, in der Antike um 450, für uns um 1700; das Minimum liegt in der Antike unter Sulla und Pompejus und wird für uns im nächsten Jahrhundert erreicht und vielleicht schon durchschritten sein. Die großen zwischenstaatlichen Kämpfe sind überall mit innerstaatlichen durchsetzt, Revolutionen von einer furchtbaren Art, aber sie dienen – ob sie es wissen und wollen oder nicht – ohne Ausnahme außerstaatlichen und zuletzt rein persönlichen Machtfragen; was sie selbst theoretisch erstreben, ist geschichtlich bedeutungslos, und wir brauchen nicht zu wissen, unter welchen Schlagworten die chinesischen und arabischen Revolutionen dieser Epoche ausbrachen oder ob sie ohne dergleichen geführt worden sind. Keine der zahllosen Revolutionen dieses Zeitalters, die mehr und mehr blinde Ausbrüche entwurzelter großstädtischer Massen werden, haben je ein Ziel erreicht oder auch nur erreichen können. Eine *geschichtliche Tatsache* bleibt nur der beschleunigte Abbau uralter Formen, der für cäsarische Gewalten freie Bahn schafft.

Aber dasselbe gilt auch von den Kriegen, in denen die Heere und ihre Taktik mehr und mehr Schöpfungen nicht mehr der Epoche, sondern unumschränkter Einzelführer werden, die oft genug ihr Genie erst spät und durch Zufall entdeckt haben. Um 300 gibt es *römische* Heere, seit 100 gibt es nur noch Heere des Marius, Sulla, Cäsar, und Oktavian wurde von seinem Heere, dem der Veteranen Cäsars, mehr geführt als daß er es führte. Aber damit nehmen die Methoden der Kriegführung, ihre Mittel und Ziele ganz andere, naturalistische, erschreckende Formen an. Es sind nicht mehr wie im 18. Jahrhundert Duelle in ritterlichen Formen wie ein Zweikampf im Park von Trianon, bei denen es feste Regeln dafür gibt, wann jemand seine Kräfte für erschöpft erklärt, was als das Höchstmaß aufzubringender Streitkräfte gilt und welche Bedingungen der Sieger als Kavalier stellen darf. Es sind Ringkämpfe wütender Menschen mit allen Mitteln, mit Fäusten und Zähnen, die bis zum körperlichen Zusammenbruch des einen und zur schrankenlosen Ausnutzung des Erfolgs durch den andern geführt werden. Das erste große Beispiel dieser Rückkehr zur Natur geben die Heere der Revolution und Napoleons, welche an die Stelle kunstvollen Manövrierens mit kleinen Truppenkörpern den Sturmangriff von Massen ohne Rücksicht auf die Verluste setzen und damit die ganze feine Strategie des Rokoko in Trümmer schlagen. Die Muskelkraft eines ganzen Volkes auf den Schlachtfeldern anzusetzen, wie es durch die Anwendung der allgemeinen Wehrpflicht geschieht, ist ein Gedanke, welcher dem Zeitalter Friedrichs des Großen gänzlich fern lag.

Und ebenso ist in allen Kulturen die Technik des Krieges der des Handwerks zögernd gefolgt, bis sie zu Beginn einer jeden Zivilisation plötzlich die Führung übernimmt, alle mechanischen Möglichkeiten rücksichtslos in ihren Dienst stellt und ganz neue Gebiete durch das militärische Bedürfnis überhaupt erst erschließt, damit aber auch das persönliche Heldentum des Rassemenschen, das adlige Ethos und den feinen Geist der Spätzeit in weitem Umfange ausschaltet. Innerhalb der Antike, wo das Wesen der Polis Massenheere unmöglich machte – im Verhältnis zur Kleinheit aller antiken Formen, auch der taktischen, sind die Zahlen von Cannä, Philippi und Actium ganz ungeheuer – , hat die zweite Tyrannis die mechanische Technik eingeführt, und zwar durch Dionys von Syrakus gleich in großartigem Maßstab.Erst jetzt werden Belagerungen möglich wie die von Rhodos (305), Syrakus (213), Karthago (146) und Alesia (52), an denen sich zugleich die steigende Bedeutung der Schnelligkeit selbst für die antike Kriegführung erkennen läßt; und aus demselben Grunde wirkt eine römische Legion, deren Aufbau ja erst eine Schöpfung der hellenistischen Zivilisation ist, wie eine Maschine gegenüber den athenischen und spartanischen Aufgeboten des 5. Jahrhunderts. Dem entspricht es, wenn im „gleichzeitigen“ China seit 474 Eisen für die Hieb- und Stichwaffen verarbeitet wird, seit 450 die leichte Reiterei nach mongolischem Vorbild den schweren Kriegswagen verdrängt und der Festungskampf plötzlich einen gewaltigen Aufschwung nimmt.Die Grundneigung des zivilisierten Menschen zur Schnelligkeit, Beweglichkeit und Massenwirkung hat sich endlich in der westeuropäisch-amerikanischen Welt mit dem faustischen Willen zur Herrschaft über die Natur verbunden und zu dynamischen Methoden geführt, die noch Friedrich der Große für wahnwitzig erklärt haben würde, die aber in der Nachbarschaft unserer Verkehrs- und Industrietechnik etwas ganz Natürliches haben. Napoleon machte die Artillerie beritten und also schnell beweglich, wie er auch das Massenheer der Revolution in ein System schnell zu verschiebender Einzelkörper aufgelöst hat, und er hat schon bei Wagram und an der Moskwa ihre rein physikalische Wirkung bis zum wirklichen Schnell- und Trommelfeuer gesteigert. Die zweite Stufe bringt, was sehr bezeichnend ist, der amerikanische Bürgerkrieg von 1861–65, der auch hinsichtlich der Truppenstärke zum erstenmal die Größenordnung der napoleonischen Zeit bei weitem überschritten hat,und in dem zuerst für die Verschiebung großer Truppenmassen die Eisenbahn, für den Nachrichtendienst der elektrische Telegraph, für die Blockade eine monatelang auf hoher See gehaltene Dampferflotte erprobt und das Panzerschiff, der Torpedo, die gezogenen Schußwaffen und die ganz großen Geschütze von außerordentlicher Tragweite erfunden wurden.

Die dritte Stufe bezeichnet nach dem Vorspiel des russisch-japanischen Kriegesder Weltkrieg, der die Luft- und Unterseewaffen in seinen Dienst stellte, das Tempo der Erfindungen zu einer neuen Waffe erhob, und mit dem vielleicht der Umfang, aber durchaus noch nicht die Intensität der verwendeten Mittel den Höhepunkt erreicht hat. Aber dem Aufwand an Kraft entspricht denn auch allenthalben in diesem Zeitalter die Härte der Entscheidungen. Gleich am Eingang der chinesischen Periode *tschan-kuo* steht die vollständige Vernichtung des Staates Wu (472), die unter den ritterlichen Sitten der voraufgegangenen Periode *tschun-tsiu* nicht möglich gewesen wäre; Napoleon überschritt schon im Frieden von Campo Formio bei weitem die Konvenienz des 18. Jahrhunderts und begründete seit Austerlitz eine Gewohnheit der Ausnützung von kriegerischen Erfolgen, für die es andere als materielle Schranken überhaupt nicht mehr gab. Den letzten noch möglichen Schritt vollzieht der Typus des Versailler Friedens, der gar keinen Abschluß mehr enthalten will, sondern die Möglichkeit offen läßt, aus jeder Neugestaltung der Lage heraus neue Bedingungen zu stellen. Dieselbe Entwicklung zeigt die Folge der drei Punischen Kriege. Der Gedanke, eine der führenden Großmächte von der Erdoberfläche zu vertilgen, wie er durch Catos ganz nüchtern gemeintes *Carthaginem esse delendam* jedem geläufig geworden war, ist dem Sieger von Zama nicht in den Sinn gekommen und würde trotz der wilden Gewohnheiten der antiken Polis dem Lysander, als er Athen bezwungen hatte, wie ein Frevel an allen Göttern erschienen sein.

Die Zeit der kämpfenden Staaten beginnt für die Antike mit der Schlacht bei Ipsus (301), durch welche die Dreizahl der östlichen Großmächte festgelegt wurde, und dem römischen Sieg von Sentinum (295) über Etrusker und Samniten, der im Westen neben Karthago noch eine mittelitalische Großmacht schuf. Das antike Haften an der Nähe und Gegenwart hat dann aber bewirkt, daß Rom, ohne beobachtet zu werden, durch das Abenteuer mit Pyrrhus den italischen Süden, durch den ersten Krieg mit Karthago das Meer, durch C. Flaminius den keltischen Norden gewann, und daß selbst Hannibal noch unverstanden blieb, vielleicht der einzige Mensch seiner Zeit, die Römer nicht ausgenommen, der den Gang der Entwicklung deutlich voraussah. *Bei Zama* und nicht erst bei Magnesia und Pydna sind auch die hellenistischen Ostmächte besiegt worden. Es war ganz umsonst, wenn der große Scipio mit wahrer Angst vor dem Schicksal, dem eine mit den Aufgaben der Weltherrschaft belastete Polis entgegenging, von nun an jede Eroberung zu vermeiden suchte. Es war umsonst, wenn seine Umgebung gegen den Willen aller Kreise den makedonischen Krieg durchsetzte, nur um den Osten dann gefahrlos sich selbst überlassen zu können. Der Imperialismus ist ein so notwendiges Ergebnis jeder Zivilisation, daß er ein Volk im Nacken packt und in die Herrenrolle stößt, wenn es sie zu spielen sich weigert. Das römische Reich ist *nicht* erobert worden. Der *orbis terrarum* hat sich in diese Form hineingedrängt und die Römer gezwungen, ihr den Namen zu geben. Das ist ganz antik. Während die chinesischen Staaten auch noch den letzten Rest ihrer Selbständigkeit in erbitterten Kriegen verteidigt haben, ging Rom seit 146 nur deshalb an die Verwandlung der östlichen Ländermasse in Provinzen, weil es ein anderes Mittel gegen die Anarchie nicht mehr gab. Und auch das hatte zur Folge, daß die innere Form Roms, die letzte, die noch aufrecht geblieben war, sich unter dieser Belastung in den gracchischen Unruhen auflöste. Es ist ohne Beispiel, daß hier der Endkampf um das Imperium überhaupt nicht mehr zwischen Staaten stattfindet, sondern zwischen den Parteien einer Stadt; aber die Form der Polis ließ einen andern Ausweg gar nicht zu. Was einst Sparta und Athen gewesen war, heißt jetzt Optimaten- und Popularpartei. In der gracchischen Revolution, der 134 schon der erste Sklavenkrieg voraufging, wurde der jüngere Scipio heimlich ermordet und C. Gracchus öffentlich erschlagen: das sind der erste Prinzeps und der erste Tribun als die politischen Mittelpunkte einer formlos gewordenen Welt. Wenn die stadtrömische Masse 104 zum erstenmal ein Imperium in gesetzloser und tumultuarischer Weise einem Privatmann – Marius – übertrug, so ist die tiefere Bedeutung dieses Schauspiels der Annahme des mythischen Kaisertitels durch Tsin 288 vergleichbar: der unvermeidliche Ausgang des Zeitalters, der Cäsarismus, zeichnet sich plötzlich am Horizont.

Der Erbe des Tribunen ist Marius, der wie jener den Mob mit der Hochfinanz verbindet und 87 den alten Adel in Masse hinmordet; der Erbe des Prinzeps war Sulla, der 82 den Stand der großen Geldleute durch seine Proskriptionen vernichtet hat. Von nun an vollziehen sich die letzten Entscheidungen schnell, wie in China seit dem Auftreten des Wang-dscheng. Der Prinzeps Pompejus und der Tribun Cäsar – Tribun nicht dem Amte, aber der Haltung nach – vertreten noch Parteien, aber sie haben auch schon in Lucca zusammen mit Crassus zum ersten Male die Welt unter sich verteilt. Als bei Philippi die

Erben gegen die Mörder Cäsars kämpften, waren es nur noch Gruppen; bei Actium waren es nur noch Einzelpersonen: damit ist auch auf diesem Wege der Cäsarismus erreicht.

Der entsprechenden Entwicklung innerhalb der arabischen Welt liegt statt der körperhaften Polis der magische *consensus* als die Form zugrunde, in welcher und durch welche die Tatsachen sich vollziehen, und die eine Trennung politischer und religiöser Tendenzen bis zu dem Grade ausschließt, daß selbst der städtische, bürgerliche Drang nach Freiheit, mit dessen Ausbrüchen das Zeitalter der kämpfenden Staaten auch hier beginnt, in orthodoxer Verkleidung erscheint und deshalb bis jetzt kaum bemerkt worden ist.Es ist das Loswollen vom Kalifat, das einst von den Sassaniden und nach deren Vorbild von Diokletian in den Formen des Feudalstaates begründet worden war. Es hatte seit Justinian und Chosru Nuschirwan den Ansturm der Fronde zu bestehen, in dem neben den Häuptern der griechischen und der mazdaischen Kirche der persisch-mazdaische Adel vor allem des Irak, der griechische vor allem Kleinasiens und der nach beiden Religionen gespaltene armenische Hochadel voranstehen. Der im 7. Jahrhundert schon fast erreichte Absolutismus ist dann durch den Ansturm des in seinen *politischen* Anfängen streng aristokratischen Islams plötzlich gestürzt worden. Denn von dieser Seite aus betrachtet bilden die wenig zahlreichen Arabergeschlechter,die allenthalben die Führung in der Hand behalten, in den eroberten Ländern sehr bald einen neuen Hochadel von starker Rasse und ungeheurem Selbstgefühl, der die islamische Dynastie auf den Rang der „gleichzeitigen" englischen herabdrückt. Der Bürgerkrieg zwischen Othman und Ali (656–61) ist der Ausdruck einer echten Fronde und bewegt sich ausschließlich um die Interessen zweier Sippen und ihres Anhangs. Die islamischen Tories und Whigs des 8. Jahrhunderts machen wie die englischen des 18. die große Politik *allein,* und ihre Koterien und Familienzwiste sind für die Geschichte der Zeit wichtiger als alle Ereignisse im regierenden Hause der Ommaijaden (661–750).

Aber mit dem Sturz dieser heitren und aufgeklärten Dynastie, die in Damaskus, also im westaramäischen – und monophysitischen – Syrien residiert hatte, wird der natürliche Schwerpunkt der arabischen Kultur wieder bemerkbar: das ostaramäische Gebiet, einst Stützpunkt der Sassaniden, jetzt der Abbassiden, das, gleichviel ob von persischer oder arabischer Bildung, mazdaischer, nestorianischer oder islamischer Religion, immer ein und dieselbe große Linie der Entwicklung zum Ausdruck bringt und für Syrien wie für Byzanz immer vorbildlich geblieben ist. Von Kufa geht die Bewegung aus, welche zum Untergang der Ommaijaden und ihres *ancien régime* führt, und sie hat, was in seiner ganzen Tragweite bis jetzt noch nie erkannt worden ist, den *Charakter einer sozialen, gegen die Urstände und die vornehme Tradition überhaupt gerichteten Revolution.*Sie beginnt unter den Mavali, dem kleinen Bürgertum im Osten, und wendet sich mit erbitterter Feindschaft gegen das Arabertum, nicht insofern es Verfechter des Islam, sondern insofern es ein neuer Adel war. Die eben bekehrten Mavali, fast sämtlich frühere Mazdaisten, nahmen den Islam ernster als die Araber selbst, die außerdem noch ein Standesideal vertraten. Schon im Heere Alis hatten sich die ganz demokratischen und puritanischen Charidschiten abgesondert. In ihren Kreisen erscheint jetzt zum erstenmal die Verbindung von fanatischem Sektenwesen und Jakobinertum. Hier ist damals nicht nur die schiitische Richtung entstanden, sondern auch der früheste Ansatz zur kommunistischen Churramija, die sich bis auf Mazdakzurückleiten läßt und später die ungeheuren Aufstände unter Babak hervorrief. Die Abbassiden waren den Aufständischen in Kufa durchaus nicht willkommen; sie verdankten es nur ihrem großen diplomatischen Geschick, wenn sie als Offiziere überhaupt zugelassen wurden und endlich – fast wie Napoleon – die Erbschaft der über den ganzen Osten verbreiteten Revolution antreten konnten. Nach dem Siege haben sie Bagdad erbaut, ein neu erstandenes Ktesiphon und das Denkmal der Niederlage des feudalen Arabertums; und diese erste Weltstadt der jungen Zivilisation wird 800–1050 der Schauplatz jener Ereignisse, welche vom Napoleonismus zum Cäsarismus führen, *vom Kalifat zum Sultanat*, denn das ist in Bagdad wie in Byzanz der magische Typus der formlosen Gewalten, die endlich auch hier allein noch möglich sind.

Man mache sich also klar, daß Demokratie auch in der arabischen Welt ein Standesideal, und zwar von Stadtmenschen und ein Ausdruck ihres Freiseinwollens von den alten Bindungen des Landes, sei es Wüste oder Ackerboden, ist. Das Nein gegenüber der Kalifentradition verkleidet sich in sehr viele Formen und kann des Freidenkertums und der Verfassung in unserem Sinne ganz entbehren. *Magischer Geist und magisches Geld sind in anderer Weise „frei"*. Das byzantinische Mönchtum ist liberal bis zum Aufruhr, und zwar nicht nur gegen Hof und Adel, sondern auch gegen die hohen geistlichen Gewalten, die sich, der gotischen Hierarchie entsprechend, schon vor dem Konzil von Nikäa herausgebildet hatten. Der *consensus* der Rechtgläubigen, das „Volk" im verwegensten Sinne, ist von Gott – Rousseau würde gesagt haben von der Natur – *gleich* gewollt und frei von allen Mächten des Blutes. Die berühmte Szene, in welcher der Abt Theodor von Studion dem Kaiser Leo V. den Gehorsam kündigte (813), hat die Bedeutung eines Bastillesturms in magischen Formen.Bald danach beginnt der Aufstand der sehr frommen und in sozialen Dingen ganz radikalen Paulikianer,die jenseits des Taurus einen eigenen Staat aufrichteten, Kleinasien brandschatzten, ein kaiserliches Aufgebot nach dem andern schlugen und erst 874 niedergeworfen werden konnten. Das entspricht der kommunistisch-religiösen Bewegung der Churramija östlich des Tigris bis nach Merw hin, deren Führer Babak erst nach 20jährigem Kampf (817–837) unterlag,und jener andern der Karmaten im Westen (890–904), deren Verbindungen von Arabien aus durch alle syrischen Städte reichten und den Aufruhr bis zur persischen Küste verpflanzten. Aber daneben gab es noch ganz andere Verkleidungen für den politischen Parteikampf. Wenn wir hören, daß die byzantinische Armee bilderfeindlich war und der Militärpartei deshalb eine bilderfreundliche Mönchspartei gegenüberstand, so erscheint die Leidenschaft im Jahrhundert des Bildersturms (740–840) plötzlich in einem ganz neuen Licht und wir verstehen, daß das Ende der Krise (843), die endgültige Niederlage der Bilderfeinde *und zugleich* der freikirchlichen Mönchspolitik, die Bedeutung einer Restauration im Sinne von 1815 hatte.Und endlich fällt in diese Zeit der furchtbare Sklavenaufstand im Irak, dem Kerngebiet der Abbassiden, der plötzliches Licht auf eine ganze Reihe von andern sozialen Erschütterungen wirft, von denen die landläufigen Historiker nichts erzählen. Ali, der Spartakus des Islam, gründete 869 südlich von Bagdad mit den entlaufenen Massen einen wirklichen Negerstaat, erbaute sich eine Residenz, Muchtara, und dehnte seine Macht tief nach Arabien und Persien hinein aus, wo ganze Stämme sich mit ihm verbündeten. 871 wurde Basra, die erste Hafenstadt der islamischen Welt mit beinahe einer Million Einwohnern, genommen, ausgemordet und niedergebrannt; erst 883 ist dieser Sklavenstaat vernichtet worden.

So wird die sassanidisch-byzantinische Staatsform langsam ausgehöhlt, und an die Stelle uralter Traditionen der hohen Beamtenschaft und des Hofadels tritt die voraussetzungslose, ganz persönliche Gewalt zufälliger Begabungen: *das Sultanat*. Denn das ist die spezifische arabische Form, die in Byzanz und Bagdad gleichzeitig erscheint und von den napoleonischen Anfängen um 800 bis zum vollendeten Cäsarismus der seldschuckischen Türken seit 1050 fortschreitet. Diese Form ist rein magisch; sie gehört nur dieser Kultur an und ist ohne die tiefsten Voraussetzungen ihrer Seele nicht zu verstehen. Das Kalifat, ein Inbegriff politischen, um nicht zu sagen kosmischen Taktes und Stils, wird nicht aufgehoben, denn der Kalif ist heilig als der durch den *consensus* der Berufenen erkannte Vertreter Gottes; aber es wird ihm alle Macht entzogen, welche mit dem Begriff des Cäsarismus verbunden ist, genau wie Pompejus und Augustus tatsächlich und Sulla und Cäsar auch dem Namen nach diese Macht von den alten Verfassungsformen Roms abgezogen haben. Es bleibt dem Kalifen zuletzt ebensoviel von seiner Gewalt wie dem Senat und den Komitien etwa unter Tiberius. Die ganze Fülle hohen Geformtseins in Recht, Tracht und Sitte war einst Symbol gewesen. Jetzt ist sie Kostüm geworden, und zwar das des formlosen, rein tatsächlichen Regiments.

So steht neben Michael III. (842–67) Bardas, neben Konstantin VII. (912–59) der zum Mitkaiser ernannte Romanos.Im Jahre 867 stürzt der frühere Stallknecht Basileios, eine napoleonische Erscheinung, den Bardas und gründet die Säbeldynastie der Armenier (bis 1081), in der meist Generale statt Kaiser regieren, Gewaltmenschen wie Romanos, Nikephoros und Bardas Phokas. Der größte unter ihnen ist Johann Tzimiskes (969–76), armenisch Kiur Zan. In Bagdad haben die *Türken* die Rolle der Armenier gespielt. Einem ihrer Führer hat der Kalif Al Watik 842 zuerst den Sultanstitel verliehen. Seit 862 üben die türkischen Prätorianer die Vormundschaft über den Herrscher aus, und 945 wird der abbassidische Kalif durch Achmed, den Begründer der Sultansdynastie der Bujiden, in aller Form auf die geistliche Würde beschränkt. Von da an erhebt sich in beiden Weltstädten ein rücksichtsloser Kampf der mächtigen Provinzgeschlechter um die höchste Gewalt. Wenn auf der christlichen Seite vor allem Basileios II. gegen die großen Latifundienbesitzer vorgeht, so hat das nicht im geringsten die Bedeutung einer sozialen

Gesetzgebung. Es ist ein Akt der Verteidigung des augenblicklichen Gewalthabers gegen die möglichen Erben und deshalb am nächsten den Proskriptionen Sullas und der Triumvirn verwandt. Den Dukas, Phokas und Skieros gehörte halb Kleinasien; der Kanzler Basileios, der mit seinem fabelhaften Vermögen eine Armee bezahlen konnte,ist längst mit Crassus verglichen worden. Aber die eigentliche Kaiserzeit beginnt erst mit den seldschukischen Türken.Ihr Führer Togrulbek nahm 1043 den Irak, 1049 Armenien und zwang 1055 den Kalifen, ihm das erbliche Sultanat zu übertragen. Sein Sohn Alp Arslan eroberte Syrien und durch die Schlacht von Mantzikert 1071 das östliche Kleinasien. Der Rest von Byzanz ist von da an ohne alle Bedeutung für das weitere Schicksal des türkisch-arabischen Imperiums.

Und dieses Zeitalter ist es, das sich in Ägypten hinter dem Namen der Hyksoszeit verbirgt. Zwischen der 12. und 18. Dynastie liegen zwei Jahrhunderte,welche mit dem Zusammenbruch des unter Sesostris III.auf den Gipfel gelangten *ancien régime* beginnen und an deren Ende die Kaiserzeit des Neuen Reiches steht. Schon die Zählung der Dynastien läßt eine Katastrophe erkennen. In den Königslisten erscheinen die Namen dicht nach- und nebeneinander, Usurpatoren dunkelster Herkunft, Generale, Leute mit seltsamen Titeln, manchmal nur einige Tage regierend. Ägypten zerfällt in eine Anzahl ephemerer Völker und Herrschaftsgebiete. Gleich mit dem ersten König der 13. Dynastie brechen die Nilhöheangaben in Semne ab, mit seinem Nachfolger die Urkunden in Kahun. Es ist die Zeit, aus welcher der Leidener Papyrus ein Bild der großen sozialen Revolution entwirft.Auf den Sturz der Regierung und den Sieg der Masse folgen die Aufstände im Heer und der Aufstieg ehrgeiziger Soldaten. Hier taucht, seit 1680 etwa, der Name der „Verruchten“, der Hyksosauf, mit dem die Historiker des Neuen Reiches, die den Sinn der Epoche nicht mehr begriffen oder begreifen wollten, die Schmach dieser Jahre zugedeckt haben. Diese Hyksos haben ganz ohne Zweifel die Rolle der Armenier in Byzanz gespielt, und nicht anders wäre das Schicksal der Kimbern und Teutonen geworden wenn sie über Marius und seine aus der großstädtischen Hefe ergänzten Legionen gesiegt, mit ihren stets erneuerten Massen die Heere der Triumvirn gefüllt und ihre Führer zuletzt vielleicht an deren Stelle gesetzt hätten. Was Landfremde damals wagen durften, zeigt das Beispiel Jugurthas. Es ist ganz gleichgültig, welcher Herkunft und Zusammensetzung sie waren, ob Leibwachen, aufständische Sklaven, Jakobiner oder ganz fremde Stämme. Was sie für die ägyptische Welt ein Jahrhundert lang gewesen sind, darauf kommt es an. Im östlichen Delta haben sie zuletzt einen Staat begründet und eine Residenz, Auaris, gebaut.Einer ihrer Führer, Chian, der sich statt des Pharaonentitels die ganz revolutionären Namen „Umarmer der Länder“ und „Fürst der jungen Mannschaft“ gab – ebenso revolutionär wie „ *consul sine collega*“ und „ *dictator perpetuus*“ in cäsarischer Zeit –, ein Mann vielleicht wie Johann Tzimiskes, gebot über ganz Ägypten und trug seinen Namen bis nach Kreta und an den Euphrat. Aber nach ihm beginnt der Kampf aller Gaue um das Imperium und aus ihm geht mit Amosis die Dynastie von Theben als Sieger hervor.

Für uns hat das Zeitalter der kämpfenden Staaten mit Napoleon und der Gewaltsamkeit seiner Maßregeln begonnen. In seinem Kopf ist zuerst der Gedanke einer militärischen und zugleich volkstümlichen Weltherrschaft wirksam geworden, etwas ganz anderes als das Reich Karls V. und das englische Kolonialreich noch zu seiner Zeit. Wenn das 19. Jahrhundert an großen Kriegen – und Revolutionen – arm gewesen ist und die schwersten Krisen auf Kongressen diplomatisch überwunden hat, so beruht das gerade auf einer beständigen so ungeheuren Bereitschaft zum Kriege, daß die Furcht vor den Folgen in letzter Stunde immer wieder zur Vertagung der endgültigen Entscheidung und zum Ersatz des Krieges durch politische Schachzüge geführt hat. Denn dieses Jahrhundert ist das der stehenden Riesenheere und der allgemeinen Wehrpflicht. Wir sind ihm noch zu nahe, um das Schauerliche dieses Anblicks und das Beispiellose innerhalb der gesamten Weltgeschichte zu empfinden. Seit Napoleon stehen beständig Hunderttausende, zuletzt Millionen marschbereit, liegen gewaltige Flotten, die alle zehn Jahre erneuert werden, in den Häfen. Es ist ein Krieg ohne Krieg, ein Krieg des Überbietens mit Rüstungen und Schlagfertigkeit, ein Krieg der Zahlen, des Tempos, der Technik, und die Diplomaten verhandeln nicht von Hof zu Hof, sondern von Hauptquartier zu Hauptquartier. Je länger die Entladung verzögert wird, desto ungeheuerlicher werden die Mittel, desto unerträglicher wächst die Spannung. Das ist die faustische, die dynamische Form der kämpfenden Staaten in ihrem ersten Jahrhundert, aber sie ist mit der Entladung des Weltkriegs zu Ende. Denn durch das Aufgebot dieser vier Jahre ist das der französischen Revolution entstammende, in dieser Form durch und durch revolutionäre Prinzip der allgemeinen Wehrpflicht samt den aus ihr entwickelten taktischen Mitteln überwunden.An Stelle der stehenden Heere werden von nun an allmählich Berufsheere freiwilliger und kriegsbegeisterter Soldaten treten, an Stelle der Millionen wieder die Hunderttausende, aber eben damit wird dieses zweite Jahrhundert wirklich das der kämpfenden Staaten sein. Das bloße Dasein dieser Heere ist kein Ersatz des Krieges. Sie sind für den Krieg da und sie wollen ihn. In zwei Generationen werden sie es sein, deren Wille stärker ist als der aller Ruhebedürftigen. In diesen Kriegen um das Erbe der ganzen Welt werden Kontinente angesetzt, Indien, China, Südafrika, Rußland, der Islam aufgeboten, neue Techniken und Taktiken gegeneinander ausgespielt werden. Die großen weltstädtischen Machtmittelpunkte werden über die kleineren Staaten, ihr Gebiet, ihre Wirtschaft und Menschen nach Gutdünken verfügen; das alles ist nur noch Provinz, Objekt, Mittel zum Zweck; sein Schicksal ist ohne Bedeutung für den großen Gang der Dinge. Wir haben in wenigen Jahren gelernt, Ereignisse kaum noch zu beachten, die vor dem Kriege die Welt hätten erstarren lassen. Wer denkt heute ernsthaft an die Millionen, die in Rußland zugrunde gehen? Daß zwischen diesen Katastrophen voller Blut und Entsetzen immer wieder der Ruf nach Völkerversöhnung und Frieden auf Erden erschallt, ist in dem Grade notwendig, als Hintergrund und Widerhall eines großartigen Geschehens, daß man es auch dort noch annehmen muß, wo nichts davon überliefert ist wie im Ägypten der

Hyksoszeit, in Bagdad und Byzanz. Man mag den Wunsch einschätzen, wie man will, aber man sollte den Mut haben, die Dinge zu sehen, wie sie sind. Das zeichnet den Menschen von Rasse aus, durch dessen Dasein *allein* es Geschichte gibt. Das Leben ist hart, wenn es groß sein soll. Es läßt *nur* die Wahl zwischen Sieg und Niederlage, nicht zwischen Krieg und Frieden, und die Opfer des Sieges gehören zum Siege. Denn es ist nichts als Literatur, geschriebene, gedachte, gelebte Literatur, die hier anklagend und eifernd neben den Ereignissen einhergeht. Es sind bloße Wahrheiten, die sich im Gedränge der Tatsachen verlieren. Die Geschichte hat nie geruht, von diesen Vorschlägen Kenntnis zu nehmen. In der chinesischen Welt hat Hiang-sui schon 535 v. Chr. eine Friedensliga zu stiften versucht. Zur Zeit der kämpfenden Staaten wird dem Imperialismus *(lienheng)* vor allem in den südlichen Ländern am Jangtse die Völkerbundsidee *(hohtsung)*entgegengesetzt; sie war von Anfang an zum Tode verurteilt wie alles Halbe, das dem Ganzen in den Weg tritt, und verschwand schon vor dem Endsieg des Nordens. Aber beide wandten sich gegen den antipolitischen Geschmack der Taoisten, die in diesen furchtbaren Jahrhunderten eine geistige Selbstentwaffnung vornahmen und sich damit zum bloßen Material herabsetzten, das in den großen Entscheidungen von andern und für andre verbraucht wurde. Auch die römische Politik, so fern dem antiken Geiste sonst das Vorausdenken liegt, hat noch einmal versucht, die Welt in ein System gleichgeordneter Mächte zu bringen, das fernere Kriege zwecklos machen sollte: damals, als sie nach der Niederlage Hannibals auf die Einverleibung des Ostens verzichtete. Das Ergebnis war so trostlos, daß die Partei des jüngeren Scipio zum entschiedenen Imperialismus überging, um dem Chaos ein Ende zu machen, obwohl ihr Führer mit klarem Blick das Schicksal seiner Stadt voraussah, welche die antike Unfähigkeit, irgend etwas zu organisieren, im höchsten Grade besaß. Aber der Weg von Alexander zu Cäsar ist eindeutig und unvermeidlich, und die stärkste Nation jeder Kultur hat ihn gehen müssen, ob sie es wollte und wußte oder nicht.

Vor der Härte dieser Tatsachen gibt es keine Ausflucht. Die Friedenskonferenz im Haag von 1907 war das Vorspiel zum Weltkrieg, die in Washington von 1921 wird das Vorspiel neuer Kriege sein. Die Geschichte dieser Zeit ist nicht mehr ein geistreiches Spiel in guten Formen um ein Mehr oder Weniger, aus dem man sich jederzeit zurückziehen kann. Standhalten oder untergehen – ein drittes gibt es nicht. Die einzige Moral, welche die Logik der Dinge uns heute gestattet, ist die eines Bergsteigers auf steilem Grat. Ein Augenblick der Schwäche, und alles ist zu Ende. Aber alle „Philosophie“ ist heute nichts als ein innerliches Abdanken und Sichgehenlassen und die feige Hoffnung, durch Mystik den Tatsachen zu entschlüpfen. Sie war zur Römerzeit nichts anderes. Tacitus erzählt,wie der berühmte Musonius Rufus durch Vorträge über die Güter des Friedens und die Übel des Krieges auf die Legionen, die im Jahre 70 vor den Toren Roms standen, einzuwirken versuchte und ihren Schlägen kaum entging. Der Heerführer Avidius Cassius nannte den Kaiser Marc Aurel ein philosophisches altes Weib.

Was den Nationen des 20. Jahrhunderts an alter und großer Tradition erhalten bleibt, an historischem Geformtsein, an Erfahrung, die ins Blut gedrungen ist, erhebt sich damit zu einer Macht ohne gleichen. Die *schöpferische* Pietät oder, um es tiefer zu fassen, ein uralter Takt aus ferner Frühzeit, der im Wollen gestaltend weiterwirkt, haftet für uns nur an Formen, die älter sind als Napoleon und die Revolution,die gewachsen und nicht entworfen sind. Jeder noch so bescheidene Rest davon, der sich im Dasein irgendeiner geschlossenen Minderheit erhält, wird bald genug zu unermeßlichem Werte steigen und geschichtliche Wirkungen hervorbringen, die im Augenblick noch niemand für möglich hält. Die Traditionen einer alten Monarchie, eines alten Adels, einer alten vornehmen Gesellschaft, soweit sie noch gesund genug sind, um die Politik als Geschäft oder um einer Abstraktion willen von sich fernzuhalten, soweit sie Ehre, Entsagung, Disziplin, das echte Gefühl einer großen Sendung besitzen, *Rasseeigenschaften* also, Zucht, Sinn für Pflichten und Opfer, können zu einem Mittelpunkt werden, der den Daseinsstrom eines ganzen Volkes zusammenhält, es diese Zeit überdauern und die Küste der Zukunft erreichen läßt. In Verfassung sein ist alles. Es handelt sich um die schwerste Zeit, welche die Geschichte einer hohen Kultur kennt. Die letzte Rasse in Form, die letzte lebendige Tradition, der letzte Führer, der beides hinter sich hat, gehen als Sieger durchs Ziel.

14

Cäsarismus nenne ich die Regierungsart, welche trotz aller staatsrechtlichen Formulierung in ihrem inneren Wesen wieder gänzlich formlos ist. Es ist gleichgültig, ob Augustus in Rom, Hoang-ti in China, Amosis in Ägypten, Alp Arslan in Bagdad ihre Stellung mit altertümlichen Bezeichnungen umkleiden. Der Geist dieser alten Formen ist tot.Und deshalb sind alle Institutionen, sie mögen noch so peinlich aufrecht erhalten werden, von nun an ohne Sinn und Gewicht. Bedeutung hat nur die ganz persönliche Gewalt, welche der Cäsar oder an seiner Stelle irgend jemand durch seine Fähigkeiten ausübt. Es ist die Heimkehr aus einer formvollendeten Welt ins Primitive, ins Kosmisch-Geschichtslose. Biologische Zeiträume nehmen weder den Platz historischer Epochen ein.

Am Anfang, dort, wo die Zivilisation sich zur vollen Blüte entfaltet – heute – steht das Wunder der Weltstadt, das große steinerne Sinnbild des Formlosen, ungeheuer, prachtvoll, im Übermut sich dehnend. Sie zieht die Daseinsströme des ohnmächtigen Landes in sich hinein, Menschenmassen, die wie Dünen aus einer in die andre verweht werden, wie loser Sand zwischen den Steinen verrieseln. Hier feiern Geist und Geld ihre höchsten und letzten Siege. Es ist das Künstlichste und Feinste, was in der Lichtwelt des menschlichen Auges erscheint, etwas Unheimliches und Unwahrscheinliches, das fast schon jenseits der Möglichkeiten kosmischer Gestaltung steht.

Dann aber treten die ideenlosen Tatsachen wieder nackt und riesenhaft hervor. Der ewig-kosmische Takt hat die geistigen Spannungen einiger Jahrhunderte endgültig überwunden. In Gestalt der Demokratie hatte das Geld triumphiert. Es gab eine Zeit, wo es allein oder fast allein Politik machte. Aber sobald es die alten Ordnungen der Kultur zerstört hat, taucht aus dem Chaos eine neue, übermächtige, bis in den Urgrund alles Werdens hinabreichende Größe empor: die Menschen von cäsarischem Schlage. An ihnen geht die Allmacht des Geldes zugrunde. *Die Kaiserzeit bedeutet, und zwar in jeder Kultur, das Ende der Politik von Geist und Geld.* Die Mächte des Blutes, die urwüchsigen Triebe alles Lebens, die ungebrochne körperliche Kraft treten ihre alte Herrschaft wieder an. Die Rasse bricht rein und unwiderstehlich hervor: der Erfolg des Stärksten und der Rest als Beute. Sie ergreift das Weltregiment, und das Reich der Bücher und Probleme erstarrt oder versinkt in Vergessenheit. Von nun an werden Heldenschicksale im Stil der Vorzeit wieder möglich, die nicht durch Kausalitäten für das Bewußtsein verschleiert sind. Es gibt keinen inneren Unterschied mehr zwischen dem Leben des Septimius Severus und Gallienus oder dem Alarichs und Odoakers. Ramses, Trajan, Wu-ti gehören in das gleichförmige Auf und Nieder geschichtsloser Zeiträume.

Seit dem Anbruch der Kaiserzeit gibt es keine politischen Probleme mehr. Man findet sich ab mit den Lagen und Gewalten, die vorhanden sind. Ströme von Blut hatten zur Zeit der kämpfenden Staaten das Pflaster aller Weltstädte gerötet, um die großen Wahrheiten der Demokratie in Wirklichkeit zu verwandeln und Rechte zu erkämpfen, ohne die das Leben nicht wert schien, gelebt zu werden. Jetzt *sind* diese Rechte erobert, aber die Enkel sind selbst durch Strafen nicht mehr zu bewegen, von ihnen Gebrauch zu machen. Hundert Jahre später, und sogar die Historiker verstehen die alten Streitfragen nicht mehr. Schon zur Zeit Cäsars beteiligte sich die anständige Bevölkerung kaum noch an den Wahlen.Es hat dem großen Tiberius das Leben verbittert, daß die fähigsten Männer seiner Zeit sich von aller Politik zurückhielten, und Nero konnte auch durch Drohungen die Ritter nicht mehr zwingen, zur Ausübung ihrer Rechte nach Rom zu kommen. Das ist das Ende der großen Politik, die einst ein Ersatz des Krieges durch geistigere Mittel gewesen war und nun dem Kriege in seiner ursprünglichsten Gestalt wieder Platz macht.

Es heißt deshalb den Sinn der Zeit vollständig verkennen, wenn Mommseneine tiefsinnige Zergliederung der von Augustus geschaffenen „Dyarchie" mit ihrer Gewaltenteilung zwischen Prinzeps und Senat vornimmt. Ein Jahrhundert vorher wäre diese Verfassung etwas Wirkliches gewesen, eben deshalb aber auch keinem der damaligen Gewaltmenschen in den Sinn gekommen. Jetzt bedeutet sie nichts als den Versuch einer schwachen Persönlichkeit, sich über unwiderrufliche Tatsachen durch bloße Formen hinwegzutäuschen. Cäsar sah die Dinge, wie sie waren, und richtete seine Herrschaft ohne Sentimentalität nach praktischen Gesichtspunkten ein. Die Gesetzgebung seiner letzten Monate beschäftigte sich ausschließlich mit Übergangsbestimmungen, von denen keine einzige für die Dauer gedacht war. Eben das hat man immer übersehen. Er war ein viel zu tiefer Kenner der Dinge, um in diesem Augenblick, dicht vor dem Partherfeldzug, die Entwicklung vorauswissen und endgültige Formen für sie festsetzen zu wollen. Augustus aber war wie vor ihm Pompejus nicht der Herr seines Anhangs, sondern durchaus von ihm und dessen Anschauungen abhängig. Die Form des Prinzipats ist gar nicht seine Erfindung, sondern die doktrinäre Durchführung eines veralteten Parteiideals, das ein anderer Schwächling, Cicero, entworfen hatte.Als Augustus am 13. Januar 27 in einer ehrlich gemeinten, aber eben deshalb um so sinnloseren Szene dem „Senat und Volk von Rom" die Staatsgewalt zurückgab, behielt er das Tribunat für sich, und das war in der Tat das einzige Stück politischer Wirklichkeit, das damals zum Vorschein kam. Der Tribun war der legitime Nachfolger des Tyrannen,und schon C. Gracchus hatte 122 dem Titel einen Inhalt gegeben, der nicht mehr durch die gesetzmäßigen Schranken eines Amtes, sondern nur noch durch die persönlichen Talente des Inhabers begrenzt wurde. Von ihm führt eine gerade Linie über Marius und Cäsar zu dem jungen Nero, als er den politischen Absichten seiner Mutter Agrippina entgegentrat. Dagegen war der Prinzepsvon nun an ein Kostüm, ein Rang, vielleicht eine gesellschaftliche, sicherlich aber nicht mehr eine politische Tatsache. Gerade dieser Begriff war in der Theorie Ciceros mit einem verklärenden Schimmer umgeben und *schon von ihm* mit dem des Divus verbunden worden.Dagegen ist die „Mitarbeit" von Senat und Volk eine altertümliche Zeremonie, in der nicht mehr Leben enthalten war als in den ebenfalls von Augustus wieder hergestellten Bräuchen der Arvalbrüder. Aus den großen Parteien der Gracchenzeit waren längst Gefolgschaften geworden, Cäsarianer und Pompejaner, und endlich war auf der einen Seite die formlose Allgewalt geblieben, „die Tatsache" im brutalsten Sinne, „der Cäsar" oder wer ihn unter seinen Einfluß zu bringen vermochte, und auf der andern Seite das Häuflein beschränkter Ideologen, die ihr Mißvergnügen hinter einer Philosophie verbargen und von da aus mit Verschwörungen ihrem Ideal aufzuhelfen suchten. Es waren in Rom die Stoiker, in China die Konfuzianer. Erst jetzt versteht man die berühmte „große Bücherverbrennung", die der chinesische Augustus 212 v. Chr. anordnete und die in den Köpfen später Literaten den Schein einer ungeheuerlichen Barbarei angenommen hat. Aber Cäsar war den stoischen Schwärmern für ein unmöglich gewordenes Ideal zum Opfer gefallen ;dem Divuskult wurde in stoischen Kreisen ein Cato- und Brutuskult entgegengestellt; die Philosophen im Senat (damals nur noch eine Art von Adelsklub) wurden nicht müde, den Untergang der „Freiheit" zu beklagen und Verschwörungen wie die pisonische von 65 anzustiften, was beim Tode Neros beinahe die Zustände der Zeit Sullas wieder heraufbeschworen hätte. Deshalb ließ Nero den Stoiker Paetus Thrasea, und Vespasian den Helvidius Priscus hinrichten, und deshalb wurde das Geschichtswerk des Cremutius Cordus, in dem Brutus als der letzte Römer gepriesen worden war, überall in Rom eingesammelt und verbrannt. Es war ein Akt der Notwehr des Staates gegenüber einer blinden Ideologie, wie wir ähnliche von Cromwell und Robespierre kennen, und in genau derselben Lage befanden sich die chinesischen Cäsaren gegenüber der Schule des Konfuzius, die einst ihr Ideal einer Staatsordnung herausgearbeitet hatte und nun die Wirklichkeit nicht zu ertragen verstand. Die große Bücherverbrennung war nichts als die Zerstörung eines Teils der politisch-philosophischen Literatur und die Aufhebung der Lehrbetriebe und geheimen Organisationen.Diese Abwehr hat in beiden Imperien ein Jahrhundert gedauert; dann war selbst die Erinnerung an parteipolitische Leidenschaften geschwunden, und die beiden Philosophien – des Zenon und des Konfuzius – wurden die herrschende Weltstimmung der reifen Kaiserzeit.Die Welt aber ist nun der Schauplatz tragischer *Familiengeschichten*, welche die Staatengeschichte ablösen, wie sie das julisch-claudische Haus und das des Schi Hoang-ti (schon 206 vor Chr.) vernichtet haben und wie sie aus den Schicksalen der ägyptischen Herrscherin Hatschepsut und ihrer Brüder (1501–1447) düster aufleuchten. Es ist der letzte Schritt zum Definitiven. Mit dem Weltfrieden – *dem Frieden der hohen Politik* – tritt die „Schwertseite"des Daseins zurück und die „Spindelhälfte" herrscht wieder; es gibt nur noch *Privat*geschichte, private Schicksale, privaten Ehrgeiz, von den kümmerlichen Nöten des Fellachen angefangen bis zu den wüsten Fehden der Cäsaren um den *Privatbesitz der Welt*. Die Kriege im Zeitalter des Weltfriedens sind Privatkriege, furchtbarer als alle Staatenkriege, weil sie formlos sind.

Denn der Weltfriede – der oft schon dagewesen ist – enthält den privaten Verzicht der ungeheuren Mehrzahl auf den Krieg, damit aber auch die uneingestandene Bereitschaft, die Beute der andern zu werden, die *nicht* verzichten. Es beginnt mit dem staatenzerstörenden Wunsch einer allgemeinen Versöhnung und endet damit, daß niemand die Hand rührt, sobald das Unglück nur den Nachbar trifft. Schon unter Marc Aurel dachte jede Stadt und jeder Landstrich nur an sich, und die Tätigkeit des Herrschers war eine Privatsache neben den andern. Den Fernwohnenden waren er, seine Truppen und Ziele ebenso gleichgültig wie die Absichten der feindlichen germanischen Heerhaufen. Auf dieser *seelischen* Voraussetzung entfaltet sich ein zweites Wikingertum. Das „In Form sein" geht von den Nationen auf die Scharen und Gefolgschaften von Abenteurern über, mögen sie Cäsaren, abtrünnige Heerführer oder Barbarenkönige heißen, für welche die Bevölkerung zuletzt nichts als ein Bestandteil der Landschaft ist. Es besteht eine tiefe Verwandtschaft zwischen den Helden der mykenischen Vorzeit und den römischen Soldatenkaisern, zwischen Menes vielleicht und Ramses II. Für die germanische Welt werden die Geister Alarichs und Theoderichs wieder erwachen, wovon die Erscheinung Cecil Rhodes' eine erste Ahnung gibt; und die stammfremden Henker der russischen Vorzeit von Dschingiskhan bis Trotzki, zwischen denen die Episode des petrinischen Zarentums liegt, sind doch nicht allzu verschieden von manchen Prätendenten der romanischen Republiken Mittelamerikas, deren Privatkämpfe dort die formvolle Zeit des spanischen Barock längst abgelöst haben. Mit dem geformten Staat hat auch die hohe Geschichte sich schlafen gelegt. Der Mensch wird wieder Pflanze, an der Scholle haftend, dumpf und dauernd. Das zeitlose Dorf, der „ewige" Bauertreten hervor, Kinder zeugend und Korn in die Mutter Erde versenkend, ein emsiges, genügsames Gewimmel, über das der Sturm der Soldatenkaiser hinbraust. Mitten im Lande liegen die alten Weltstädte, leere Gehäuse einer erloschenen Seele, in die sich geschichtslose Menschheit langsam einnistet. Man lebt von der Hand in den Mund, mit einem kleinen, sparsamen Glück, und duldet. Massen werden zertreten in den Kämpfen der Eroberer um Macht und Beute dieser Welt, aber die Überlebenden füllen mit primitiver Fruchtbarkeit die Lücken und dulden weiter. Und während man in den Höhen siegt und unterliegt in ewigem Wechsel, betet man in der Tiefe, betet mit jener mächtigen Frömmigkeit der zweiten Religiosität, die alle Zweifel für immer überwunden hat.Da, in den Seelen, ist der Weltfriede Wirklichkeit geworden, der Friede Gottes, die Seligkeit greiser Mönche und Einsiedler, und da allein. Er hat jene Tiefe im Ertragen von Leid geweckt, welche der historische Mensch in dem Jahrtausend seiner Entfaltung nicht kennen lernt. Erst mit dem Ende der großen Geschichte tritt das heilige, stille Wachsein wieder hervor. Es ist ein Schauspiel, das in seiner Zwecklosigkeit erhaben ist, zwecklos und erhaben wie der Gang der Gestirne, die Drehung der Erde, der Wechsel von Land und Meer, von Eis und Urwäldern auf ihr. Man mag es bewundern oder beweinen – aber es ist da.

III. Philosophie der Politik

15

Über den Begriff der Politik haben wir mehr nachgedacht, als für uns gut war. Um so weniger verstanden wir uns auf die Beobachtung wirklicher Politik. Die großen Staatsmänner pflegen unmittelbar zu handeln und zwar aus einem sichern Sinn für die Tatsachen heraus. Das ist für sie so selbstverständlich, daß die Möglichkeit, über allgemeine Grundbegriffe dieses Handelns nachzudenken, ihnen gar nicht in den Sinn kommt, gesetzt, daß es solche Begriffe überhaupt gibt. Sie wußten von jeher, was sie zu tun hatten. Eine Theorie darüber entsprach weder ihrer Begabung noch ihrem Geschmack. Denker von Beruf aber, die ihren Blick auf die von Menschen geschaffenen Tatsachen lenkten, standen diesem Handeln innerlich so fern, daß sie sich in Abstraktionen vergrübelten, am liebsten in mythische Gebilde wie Gerechtigkeit, Tugend, Freiheit, und danach dem historischen Geschehen der Vergangenheit und vor allem der Zukunft das Maß anlegten. Darüber vergaßen sie zuletzt den Rang bloßer Begriffe und kamen zu der Überzeugung, daß Politik da sei, um den Lauf der Welt nach einem idealischen Rezept zu gestalten. Da dergleichen nie und nirgends geschah, so erschien ihnen das politische Tun dem abstrakten Denken gegenüber so gering, daß sie sich in ihren Büchern darum stritten, ob es ein „Genie der Tat“ überhaupt gebe.

Demgegenüber wird hier der Versuch gemacht, statt eines ideologischen Systems eine *Physiognomik* der Politik zu schaffen, wie sie im Ablauf der gesamten Geschichte wirklich gemacht worden ist, und nicht wie sie hätte gemacht werden sollen. In den letzten Sinn großer Tatsachen eindringen, sie „sehen“, das symbolisch Bedeutsame in ihnen erfühlen und umschreiben, war die Aufgabe. Die Entwürfe von Weltverbesserern haben mit der geschichtlichen Wirklichkeit nichts zu tun.

Die menschlichen Daseinsströme nennen wir Geschichte, sobald wir sie als Bewegung,-Geschlecht, Stand, Volk, Nation, sobald wir sie als etwas Bewegtes ins Auge fassen. Politik ist die Art und Weise, in der dieses strömende Dasein sich behauptet, *wächst*, über andere Lebensströme triumphiert. *Das ganze Leben ist Politik*, in jedem triebhaften Zuge, bis ins innerste Mark.Was wir heute gern als Lebensenergie (Vitalität) bezeichnen, jenes „es“ in uns, das vorwärts und aufwärts will um jeden Preis, der blinde, kosmische, sehnsüchtige Drang nach Geltung und Macht, der pflanzenhaft und rassehaft mit der Erde, der „Heimat“ verbunden bleibt, das Gerichtetsein und Wirkenmüssen ist es, was überall unter höheren Menschen als politisches Leben die großen Entscheidungen sucht und suchen muß, um ein Schicksal entweder zu sein oder zu erleiden. Denn man wächst *oder stirbt ab*. Es gibt keine dritte Möglichkeit.

Deshalb ist der Adel als Ausdruck einer starken Rasse der eigentlich politische Stand, und Zucht, nicht Bildung die eigentlich politische Art der Erziehung. Jeder große Politiker, eine Kraftmitte im Strom des Geschehens, hat etwas Adliges in seinem Sichberufenfühlen und innerlich Gebundensein. Dagegen ist alles Mikrokosmische, aller „Geist“ unpolitisch, und deshalb besitzt alle Programmpolitik und Ideologie etwas Priesterliches. Die besten Diplomaten sind die Kinder, wenn sie spielen oder etwas haben wollen. Da bricht das im Einzelwesen gebundene kosmische „es“ sich unmittelbar und mit nachtwandlerischer Sicherheit Bahn. Sie lernen nicht, sie verlernen diese Meisterschaft der ersten Jahre mit dem Wachwerden der Jugend. Eben deshalb ist unter Männern der Staatsmann etwas so Seltenes.

Diese Daseinsströme im Bereich einer hohen Kultur, in und zwischen denen allein es große Politik gibt, sind nur in Mehrzahl möglich. Ein Volk ist wirklich nur in bezug auf andere Völker.Aber das natürliche, rassehafte Verhältnis zwischen ihnen ist eben deshalb der Krieg. Das ist eine Tatsache, die durch Wahrheiten nicht verändert wird. Der Krieg ist die Urpolitik *alles* Lebendigen und zwar bis zu dem Grade, daß Kampf und Leben in der Tiefe eins sind und mit dem Kämpfenwollen auch das Sein erlischt. Altgermanische Worte dafür wie *orrusta* und *orlog* bedeuten Ernst und Schicksal im Gegensatz zu Scherz und Spiel; das ist eine Steigerung, nichts dem Wesen nach Verschiedenes. Und wenn alle hohe Politik der Ersatz des Schwertes durch geistigere Waffen sein will und der Ehrgeiz des Staatsmannes auf der Höhe aller Kulturen dahin geht, den Krieg fast nicht mehr nötig zu haben, so bleibt doch die Urverwandtschaft zwischen Diplomatie und Kriegskunst bestehen: der Charakter des Kampfes, dieselbe Taktik, dieselbe Kriegslist, die Notwendigkeit materieller Kräfte im Hintergrund, um den Operationen Gewicht zu geben; und auch das Ziel bleibt das gleiche: das Wachstum der eignen Lebenseinheit – Stand oder Nation – auf Kosten der andern. Und jeder Versuch, dies rassemäßige Element auszuschalten, führt nur zu seiner Verlegung auf ein andres Gebiet: statt zwischen Parteien zwischen Landschaften, oder wenn auch da der Wille zum Wachstum erlischt, zwischen den Gefolgschaften von Abenteurern, denen sich der Rest der Bevölkerung freiwillig fügt.

In jedem Kriege zwischen Lebensmächten handelt es sich darum, wer das Ganze regiert. Es ist stets ein Leben, nie ein System, Gesetz oder Programm, das im Strom des Geschehens den Takt angibt.Das Aktionszentrum, die handelnde Mitte einer Menge sein,die innere Form der eignen Person zur Form ganzer Völker und Zeitalter erheben, das Kommando der Geschichte haben, um das eigne Volk oder Geschlecht und seine Ziele an die Spitze der Ereignisse zu führen, das ist der kaum bewußte und unwiderstehliche Trieb in jedem Einzelwesen von historischem Beruf. Es gibt nur *persönliche* Geschichte und deshalb nur *persönliche* Politik. Der Kampf nicht von Grundsätzen, sondern von Menschen, nicht von Idealen, sondern von Rassezügen um die ausübende Macht ist das erste und letzte, und auch die Revolutionen bilden keine Ausnahme, denn „Souveränität des Volkes" ist nichts als ein Wort dafür, daß die herrschende Gewalt den Titel Volksführer statt König angenommen hat. Die Methode des Regierens verändert sich damit kaum, die Lage der Regierten gar nicht. Und selbst der Weltfriede, so oft er schon da war, ist nichts gewesen als die Sklaverei einer ganzen Menschheit unter dem Regiment einer kleinen Zahl zum Herrschen entschlossener Kraftnaturen.

Zum Begriff der ausübenden Gewalt gehört, daß eine Lebenseinheit – schon unter Tieren – in Subjekte und Objekte der Regierung zerfällt. Das ist so selbstverständlich, daß diese innere Struktur jeder Masseneinheit selbst in den schwersten Krisen wie der von 1789 auch nicht einen Augenblick verloren geht. Nur der Inhaber verschwindet, nicht das Amt, und wenn wirklich ein Volk im Strom der Ereignisse jede Führung verliert und regellos dahintreibt, so bedeutet das nur, daß seine Führung nach auswärts verlegt, daß es *als Ganzes* Objekt geworden ist.

Politisch begabte Völker gibt es nicht. Es gibt nur Völker, die fest in der Hand einer regierenden Minderheit sind und die sich deshalb gut in Verfassung fühlen. Die Engländer sind als Volk ebenso urteilslos, eng und unpraktisch in politischen Dingen wie irgendeine andre Nation, aber sie besitzen eine *Tradition des Vertrauens*, bei allem Geschmack an öffentlichen Debatten. Der Unterschied besteht lediglich darin, daß der Engländer Objekt einer Regierung von sehr alten und erfolgreichen Gewohnheiten ist, der er zustimmt, weil er den Vorteil davon aus Erfahrung kennt. Von dieser Zustimmung, die nach außen als Verständnis erscheint, ist es nur ein Schritt zur Überzeugung, daß diese Regierung von seinem Willen abhängt, obwohl es umgekehrt sie ist, die ihm diese Ansicht aus technischen Gründen immer wieder einhämmert. Die regierende Klasse in England hat ihre Ziele und Methoden ganz unabhängig vom „Volk" entwickelt, und sie arbeitet mit – in – einer ungeschriebenen Verfassung, deren im Gebrauch entstandene völlig untheoretische Feinheiten dem Nichteingeweihten ebenso undurchsichtig wie unverständlich sind. Aber der Mut einer Truppe hängt vom Vertrauen auf die Führung ab; Vertrauen, das heißt unwillkürlich Verzicht auf Kritik. Der Offizier ist es, der Feiglinge zu Helden oder Helden zu Feiglingen macht. Das gilt von Heeren, Völkern, Ständen wie von Parteien. *Politische Begabung einer Menge ist nichts als Vertrauen auf die Führung*. Aber sie will erworben werden; sie will langsam reifen, durch Erfolge bewährt und zur Tradition geworden sein. Mangel an Führereigenschaften in der herrschenden Schicht ist es, was als mangelndes Gefühl der Sicherheit bei den Beherrschten zum Vorschein kommt, und zwar in jener Art von instinktloser, sich einmischender Kritik, die durch ihr bloßes Vorhandensein ein Volk außer Form geraten läßt.

16

Wie man Politik *macht*? – Der geborene Staatsmann ist vor allem Kenner, Kenner der Menschen, Lagen, Dinge. Er hat den „Blick", der ohne Zögern, unbestechlich den Kreis des Möglichen umfaßt. Der Pferdekenner prüft mit *einem* Blick die Haltung des Tieres und weiß, welche Aussichten es im Rennen besitzt. Der Spieler wirft einen Blick auf den Gegner und kennt den nächsten Zug. Das Richtige tun, ohne es zu „wissen", die sichere Hand, die den Zügel unmerklich kürzer faßt oder fallen läßt – es ist das Gegenteil von der Begabung des theoretischen Menschen. Der geheime Takt alles Werdens ist in ihm und in den geschichtlichen Dingen ein und derselbe. Sie ahnen einander; sie sind für einander da. Der Tatsachenmensch kommt nie in Gefahr, Gefühls- und Programmpolitik zu treiben. Er glaubt nicht an die großen Worte. Er hat die Frage des Pilatus beständig auf den Lippen. Wahrheiten – der geborne Staatsmann steht jenseits von wahr und falsch. Er verwechselt die Logik der Ereignisse nicht mit der Logik der Systeme. „Wahrheiten" oder „Irrtümer", was hier dasselbe ist – kommen für ihn nur als geistige Strömungen in Betracht, hinsichtlich ihrer *Wirkung*, deren Stärke, Dauer und Richtung er überblickt und für das Schicksal der von ihm gelenkten Macht in seine Rechnung stellt. Er hat Überzeugungen, die ihm teuer sind, gewiß, aber als Privatmann; kein Politiker von Rang hat sich, solange er handelte, von ihnen abhängig gefühlt. „Der Handelnde ist immer gewissenlos; es hat niemand Gewissen, als der Betrachtende" (Goethe). Das gilt von Sulla und Robespierre so gut wie von Bismarck und Pitt. Die großen Päpste und englischen Parteiführer haben, solange sie die Dinge zu meistern hatten, keine andern Grundsätze befolgt als die Eroberer und Empörer aller Zeiten. Man leite aus den *Handlungen* Innocenz' III., der die Kirche beinahe zur Weltherrschaft geführt hat, die Grundregeln ab und man erhält einen Katechismus des Erfolges, der das äußerste Gegenteil aller religiösen Moral darstellt, ohne den es aber keine Kirche, keine englischen Kolonien, keine amerikanischen Vermögen, keine siegreiche Revolution und endlich weder einen Staat, noch eine Partei, noch überhaupt ein Volk in erträglicher Lage geben würde. Das *Leben*, nicht der Einzelne ist gewissenlos.

Deshalb gilt es die Zeit verstehen, *für die* man geboren ist. Wer ihre geheimsten Mächte nicht ahnt und begreift, wer nicht in sich selbst etwas Verwandtes fühlt, das ihn vorwärts drängt auf einer Bahn, die sich mit Begriffen nicht umschreiben läßt, wer an die Oberfläche, die öffentliche Meinung, die großen Worte und Ideale des Tages glaubt, ist ihren Ereignissen nicht gewachsen. Sie haben ihn, nicht er sie in der Gewalt. Nicht zurückblicken und den Maßstab aus der Vergangenheit holen! Noch weniger zur Seite auf irgendein System! Es gibt in Zeiten wie der heutigen oder der des Gracchus zwei Arten von verhängnisvollem Idealismus, den reaktionären und den demokratischen. Der eine glaubt an die Umkehrbarkeit der Geschichte, der zweite an ein Ziel in ihr. Aber für den notwendigen Mißerfolg, mit dem beide die Nation belasten, über deren Schicksal sie Macht besitzen, ist es gleichgültig, ob man sie einer Erinnerung opfert oder einem Begriff. Der echte Staatsmann ist die Geschichte in Person, ihr Gerichtetsein als Einzelwille, ihre organische Logik als Charakter.

Der Staatsmann von Rang sollte aber auch Erzieher in einem großen Sinne sein, nicht Vertreter einer Moral oder Doktrin, sondern vorbildlich in seinem Tun.Es ist eine bekannte Tatsache, daß keine neue Religion den Stil des Daseins je verändert hat. Sie durchdrang das Wachsein, den *geistigen* Menschen, sie warf neues Licht auf eine jenseitige Welt, sie schuf unermeßliches Glück durch die Kraft des Sichbescheidens, des Entsagens und des Duldens bis zum Tode; über die Mächte des Lebens besaß sie keine Gewalt. Schöpferisch im Lebendigen, nicht bildend, sondern züchtend, den Typus ganzer Stände und Völker verwandelnd wirkt nur die große Persönlichkeit, das „es", die Rasse in ihr, die in ihr gebundene kosmische Kraft. Nicht *die* Wahrheit, *das* Gute, *das* Erhabene, sondern *der* Römer, *der* Puritaner, *der* Preuße ist eine Tatsache. Ehrgefühl, Pflichtgefühl, Disziplin, Entschlossenheit – das lernt man nicht aus Büchern. Es wird im strömenden Dasein *geweckt* durch ein lebendiges Vorbild. Deshalb war Friedrich Wilhelm I. einer der größten Erzieher aller Zeiten, dessen persönliche rassebildende Haltung aus der Folge von Generationen nicht wieder verschwindet. Es unterscheidet den echten Staatsmann von dem Nurpolitiker, dem Spieler aus Freude am Spiel, dem Glücksjäger auf den Höhen der Geschichte, dem Habgierigen und Rangsüchtigen, dem Schulmeister eines Ideals, daß er Opfer fordern darf und sie erhält, weil sein Gefühl, für die Zeit und Nation notwendig zu sein, von Tausenden geteilt wird, sie bis ins Innerste umgestaltet und zu Taten befähigt, denen sie sonst nicht gewachsen wären.

Das Höchste aber ist nicht handeln sondern *befehlen können*. Erst damit wächst der Einzelne über sich selbst hinaus und wird zum Mittelpunkt einer tätigen *Welt*. Es gibt eine Art des Befehlens, die das Gehorchen zu einer stolzen, freien und vornehmen Gewohnheit macht und die z. B. Napoleon *nicht* besaß. Ein Rest von subalterner Gesinnung hat ihn verhindert, Männer und nicht Zubehöre einer Registratur zu erziehen, durch Persönlichkeiten und nicht durch Verordnungen zu herrschen; und weil er sich auf diesen feinsten Takt des Befehlens nicht verstand und deshalb alles wirklich Entscheidende selbst zu tun hatte, ist er am Mißverhältnis zwischen den Aufgaben seiner Stellung und den Grenzen menschlicher Leistungsfähigkeit langsam zugrunde gegangen. Wer aber diese höchste und letzte Gabe vollkommensten Menschentums besitzt wie Cäsar oder Friedrich der Große, der empfängt am Abend einer Schlacht, wenn die Operationen dem gewollten Ende zueilen und mit dem Sieg der Feldzug sich entscheidet, oder in einer Stunde, wo mit der letzten Unterschrift eine Epoche der Geschichte beschlossen wird, ein wunderbares Gefühl von Macht, das dem Wahrheitsmenschen für immer verschlossen bleibt. Es gibt Augenblicke, und sie bezeichnen die Höhepunkte kosmischer Strömungen, in denen ein Einzelner sich mit dem Schicksal und der Weltmitte identisch weiß und seine Persönlichkeit beinahe als Hülle empfindet, in welche die Geschichte der Zukunft sich zu kleiden im Begriff ist.

Die erste Aufgabe ist: selbst etwas zu machen; die zweite, unscheinbarer, aber schwerer und größer in ihrer Fernwirkung: *eine Tradition zu schaffen*, andere dahin zu bringen, daß sie das eigne Werk fortsetzen, dessen Takt und Geist; einen Strom einheitlicher Tätigkeit zu entfesseln, der des ersten Führers nicht mehr bedarf, um in Form zu bleiben. Damit wächst der Staatsmann zu etwas empor, das die Antike wohl als Gottheit bezeichnet hätte. Er wird zum Schöpfer eines neuen Lebens, zum *geistigen* Ahnherrn einer jungen Rasse. Er selbst als Wesen entschwindet nach wenig Jahren aus diesem Strom. Aber eine von ihm ins Dasein gerufene Minderheit, ein anderes Wesen von seltsamster Art, tritt an seine Stelle, und zwar für unabsehbare Zeit. Dies kosmische Etwas, diese Seele einer herrschenden Schicht kann ein Einzelner erzeugen und als Erbe hinterlassen, und das ist es, was in aller Geschichte die Wirkungen von Dauer hervorgebracht hat. Der große Staatsmann ist selten. Ob er kommt, ob er zur Geltung kommt, zu früh, zu spät – das alles ist Zufall. Die großen Einzelnen zerstören oft mehr, als sie aufgebaut haben – durch die Lücke, die ihr Tod im Strom des Geschehens läßt. Aber eine Tradition schaffen, heißt den Zufall ausschalten. Eine Tradition züchtet einen hohen Durchschnitt, mit dem die Zukunft sicher rechnen darf, keinen Cäsar, aber einen Senat, keinen Napoleon, aber ein unvergleichliches Offizierkorps. Eine starke Tradition zieht von allen Seiten die Talente an und erzielt mit kleinen Begabungen große Erfolge. Das beweisen die Malerschulen in Italien und Holland nicht weniger wie das preußische Heer und die Diplomatie der römischen Kurie. Es war eine große Schwäche Bismarcks im Vergleich zu Friedrich Wilhelm I., daß er zwar zu handeln, aber keine Tradition zu bilden verstand, daß er neben dem Offizierkorps Moltkes keine entsprechende Rasse von Politikern schuf, die sich mit seinem Staat und dessen neuen Aufgaben identisch fühlte, die fortgesetzt bedeutende Menschen von unten aufnahm und ihrem Takt des Handelns für immer einverleibte. Geschieht das nicht, so bleibt statt einer regierenden Schicht aus einem Guß eine Sammlung von Köpfen, die dem Unvorhergesehenen hilflos gegenübersteht. Glückt es aber, *so entsteht ein „souveränes“* Volk in dem einzigen Sinne, der eines Volkes würdig und in der Tatsachenwelt möglich ist: eine sich selbst ergänzende hochgezüchtete Minderheit mit sicherer, in langer Erfahrung gereifter Tradition, die jede Begabung in ihren Bann zieht und ausnützt und sich eben deshalb mit dem von ihr regierten Rest der Nation in Einklang befindet. Eine solche Minderheit wird langsam zur echten Rasse, selbst wenn sie einmal Partei gewesen war, und sie entscheidet mit der Sicherheit des Blutes, nicht des Verstandes. Eben deshalb aber geschieht in ihr alles „von selbst“; sie bedarf des

Genies nicht mehr. Das bedeutet, wenn man so sagen darf, *den Ersatz des großen Politikers durch die große Politik.*

Aber was ist Politik? – Die Kunst des Möglichen; das ist ein altes Wort und mit ihm ist beinahe alles gesagt. Der Gärtner kann eine Pflanze aus dem Samen ziehen oder ihren Stamm veredeln. Er kann die in ihr verborgenen Anlagen, ihren Wuchs und ihre Tracht, ihre Blüten und Früchte zur Entfaltung bringen oder verkümmern lassen. Von seinem Blick für das Mögliche und also Notwendige hängt ihre Vollkommenheit, ihre Kraft, ihr ganzes Schicksal ab. Aber die Grundgestalt und Richtung ihres Daseins, dessen Stufen, Geschwindigkeit und Dauer, das „Gesetz, nach dem sie angetreten", stehen *nicht* in seiner Gewalt. Sie muß es erfüllen oder sie verdirbt, und dasselbe gilt von der ungeheuren Pflanze „Kultur" und den in ihre politische Formenwelt gebannten Daseinsströmen menschlicher Geschlechter. Der große Staatsmann ist der Gärtner eines Volkes.

Jeder Handelnde ist in eine Zeit und für eine Zeit geboren. Damit ist der Umkreis des *für ihn* Erreichbaren bestimmt. Für die Großväter und Enkel ist etwas anderes gegeben und also Ziel und Aufgabe. Der Kreis verengt sich weiter durch die Schranken seiner Persönlichkeit und durch die Eigenschaften seines Volkes, der Lage und der Menschen, mit denen er arbeiten muß. Es kennzeichnet den Politiker von Rang, daß er selten Opfer zu bringen hat, weil er sich über diese Grenzen täuschte, daß er aber auch nichts, was sich verwirklichen ließe, übersieht. Dahin gehört – gerade unter Deutschen kann das nicht oft genug wiederholt werden –, daß er das, was sein sollte, nie mit dem verwechselt, was sein *wird*. Die Grundformen des Staates und des politischen Lebens, die Richtung und der Stand ihrer Entwicklung sind mit einer Zeit gegeben und unabänderlich. Alle politischen Erfolge werden mit ihnen, nicht an ihnen erzielt. Die Anbeter politischer Ideale allerdings schaffen aus dem Nichts. Sie sind – in ihren Köpfen – erstaunlich frei; aber ihre Gedankenbauten aus den luftigen Begriffen Weisheit, Gerechtigkeit, Freiheit, Gleichheit sind schließlich ewig dieselben, und sie fangen immer wieder von vorn an. Dem Meister der Tatsachen genügt es, das für ihn schlechthin Vorhandene unmerklich zu lenken. Das erscheint wenig, und doch beginnt erst hier die Freiheit in einem großen Sinne. Auf die *kleinen* Züge, den letzten vorsichtigsten Druck auf das Steuerruder, das Feingefühl für die zartesten Schwankungen der Völker- und Einzelseelen kommt es an. Staatskunst ist der klare Blick für die großen Linien, die unverrückbar gezogen sind, *und* die sichere Hand für das *Einmalige, das Persönliche*, das in ihrem Rahmen aus einem nahenden Verhängnis einen entscheidenden Erfolg machen kann. Das Geheimnis aller Siege liegt in der Organisation des Unscheinbaren. Wer sich darauf versteht, kann als Vertreter des Besiegten den Sieger beherrschen wie Talleyrand in Wien. Cäsar, dessen Lage damals fast verzweifelt war, hat in Lucca die Macht des Pompejus unvermerkt seinen Zielen dienstbar gemacht und damit untergraben; aber es gibt eine gefährliche Grenze des Möglichen, welche der vollendete Takt der großen Barockdiplomaten kaum je verletzt hat, während es Vorrecht des Ideologen ist, beständig darüber zu stolpern. Es gibt Wendungen in der Geschichte, von denen der Kenner sich eine Zeitlang treiben läßt, um die Herrschaft nicht zu verlieren. Jede Lage besitzt ihr Maß von Elastizität, über das man sich nicht im geringsten täuschen darf. Eine zum Ausbruch gekommene Revolution beweist immer einen Mangel an politischem Takt bei den Regierenden *und* ihren Gegnern.

Das Notwendige soll man *rechtzeitig* tun, solange es nämlich ein Geschenk ist, mit dem die regierende Macht sich das Vertrauen sichert, und nicht als ein Opfer gebracht werden muß, das eine Schwäche offenbart und Verachtung weckt. Politische Formen sind lebendige Formen, die sich unerbittlich in einer bestimmten Richtung verändern. Man hört auf „in Form" zu sein, wenn man diesen Gang hemmen oder in Richtung eines Ideals ablenken will. Die römische Nobilität besaß den Takt dafür, die spartanische nicht. Im Zeitalter der aufsteigenden Demokratie ist immer wieder der verhängnisvolle Augenblick erreicht worden, in Frankreich vor 1789, in Deutschland vor 1918, wo es zu spät war, mit einer notwendigen Reform ein freies Geschenk zu machen, und man sie also mit rücksichtsloser Energie hätte verweigern müssen, weil sie nunmehr *als Opfer* die Auflösung herbeizog. Wer aber das erste nicht rechtzeitig sieht, wird die zweite Notwendigkeit noch sicherer verkennen. Auch der Gang nach Canossa kann zu früh oder zu spät angetreten werden; darin liegt die Entscheidung für ganze Völker, ob man künftig ein Schicksal für andere ist oder von andern erleidet. Aber die absteigende Demokratie wiederholt den gleichen Fehler, halten zu wollen, was das Ideal von gestern war. Es ist die Gefahr des 20. Jahrhunderts. Auf jedem Pfade zum Cäsarismus findet sich ein Cato.

Der Einfluß, den selbst ein Staatsmann von ungewöhnlich starker Stellung auf die politischen *Methoden* besitzt, ist sehr gering, und es gehört zum Range des Staatsmannes, daß er sich darüber nicht täuscht. Seine Aufgabe ist es, mit und in der vorliegenden geschichtlichen Form zu arbeiten; nur der Theoretiker begeistert sich daran, idealere Formen zu erfinden. Zum politischen „in Form sein" gehört aber die unbedingte *Beherrschung der modernsten Mittel*. Hier gibt es keine Wahl. Die Mittel und Methoden sind durch die Zeit gegeben und gehören zur inneren Form einer Zeit. Wer sich in ihnen vergreift, wer seinem Geschmack und Gefühl Macht über seinen Takt gestattet, verliert die Tatsachen aus der Hand. Die Gefahr einer Aristokratie ist es, konservativ in den Mitteln zu sein; die Gefahr der Demokratie ist die Verwechslung der Formel mit der Form. Die Mittel der Gegenwart sind noch auf Jahre hinaus die parlamentarischen: Wahlen und Presse. Man kann über sie denken, wie man will, sie verehren oder verachten, aber man muß sie *beherrschen*. Bach und Mozart *beherrschten* die musikalischen Mittel ihrer Zeit. Das ist das Kennzeichen jeder Art von Meisterschaft. Mit der Staatskunst steht es nicht anders. Aber die allgemein sichtbare Außenform ist allerdings nicht die, auf welche es ankommt, sondern nur deren Verkleidung. Deshalb läßt sie sich ändern, ohne daß am Wesen des Geschehens etwas geändert wird, auf Begriffe und in Verfassungstexte bringen, ohne die Wirklichkeit auch nur zu berühren, und der Ehrgeiz aller Revolutionäre erschöpft sich darin, sich in dieses Spiel von Rechten, Grundsätzen und Freiheiten an der geschichtlichen Oberfläche zu mischen. Der Staatsmann weiß, daß die Ausdehnung eines Wahlrechts ganz unwesentlich ist gegenüber der athenischen oder römischen, jakobinischen, amerikanischen und nun auch deutschen Technik, Wahlen zu *machen*. Wie die englische Verfassung lautet, ist gleichgültig gegenüber der Tatsache, daß ihre Anwendung von einer kleinen Schicht vornehmer Familien beherrscht wird, so daß Eduard VII. ein Minister seines Ministeriums war. Und was die moderne Presse betrifft, so mag der Schwärmer zufrieden sein, wenn sie verfassungsmäßig „frei" ist; der Kenner fragt nur danach, wem sie zur Verfügung steht.

Politik ist endlich die Form, in der die Geschichte einer Nation innerhalb einer Mehrzahl von Nationen vollzogen wird. Die große Kunst ist, die eigene innerlich in Form zu halten für die Ereignisse draußen. Das ist nicht nur für Völker, Staaten und Stände, sondern für lebendige Einheiten jeder Art bis zu den einfachsten Tierschwärmen und bis zum einzelnen Körper hinab das natürliche Verhältnis von Innen- und Außenpolitik, *von denen die erste ausschließlich für die zweite da ist, nicht umgekehrt*. Der echte Demokrat pflegt jene als Selbstzweck zu behandeln, der Durchschnittsdiplomat denkt nur an diese. Aber eben deshalb hängen die Einzelerfolge beider in der Luft. Der politische Meister zeigt sich ohne Zweifel am sichtbarsten in der Taktik innerer Reformen, in seiner wirtschaftlichen und sozialen Tätigkeit, in dem Geschick, die öffentliche Form des Ganzen, die „Rechte und Freiheiten" mit dem Zeitgeschmack in Einklang *und zugleich* leistungsfähig zu halten, in der Erziehung von Gefühlen, ohne die es nicht möglich ist, daß ein Volk in Verfassung bleibt: Vertrauen, Achtung vor der Führung, Machtbewußtsein, Zufriedenheit und, wenn es notwendig wird, Begeisterung. Aber das alles erhält seinen Wert erst im Hinblick auf die Grundtatsache der höheren Geschichte, daß ein Volk nicht allein in der Welt ist und daß über seine Zukunft durch das Kräfteverhältnis zu andern Völkern und Mächten entschieden wird und nicht durch die bloße Ordnung in sich selbst. Und da der Blick des gewöhnlichen Menschen so weit nicht reicht, ist es die regierende Minderheit, welche ihn für den Rest besitzen muß, jene Minderheit, in welcher der Staatsmann erst das Werkzeug findet, mit dem er seine Absichten ausführen kann.

17

Für die frühe Politik aller Kulturen sind die leitenden Mächte fest gegeben. Das gesamte Dasein ist streng in patriarchalischer und sinnbildlicher Form; die Bindungen des mütterlichen Landes sind so stark, der Lehnsverband und auch noch der Ständestaat sind für das in sie gebannte Leben etwas so Selbstverständliches, daß die Politik der homerischen und gotischen Zeit sich darauf beschränkt, im Rahmen der schlechthin gegebenen Form zu handeln. Diese Formen ändern sich gewissermaßen von selbst. Daß das eine *Aufgabe* der Politik sei, kommt niemand deutlich zum Bewußtsein, selbst wenn ein Königtum gestürzt oder ein Adel untertänig wird. Es gibt nur Standespolitik, kaiserliche, päpstliche, Vasallenpolitik. Das Blut, die Rasse, spricht aus triebhaften, halbbewußten Unternehmungen, denn auch der Priester, soweit er Politik betreibt, handelt hier als Mensch von Rasse. Die „Probleme" des Staates sind noch nicht erwacht. Das Herrschertum und die Urstände, die ganze frühe Formenwelt überhaupt ist gottgegeben, und nur unter ihrer *Voraussetzung* bekämpfen sich organische Minderheiten, *Faktionen*. Zum Wesen der Faktion gehört, daß ihr der Gedanke, die Ordnung der Dinge könne planmäßig geändert werden, gar nicht zugänglich ist. Sie will innerhalb dieser Ordnung einen Rang erkämpfen, Macht und Besitz, wie alles Wachsende in einer wachsenden Welt. Es sind Gruppen, in denen Verwandtschaft der Häuser, Ehre, Treue, Bündnisse von fast mystischer Innerlichkeit eine Rolle spielen und abstrakte Ideen ganz ausgeschlossen bleiben. So sind die Faktionen in homerischer und gotischer Zeit, Telemach und die Freier in Ithaka, die Blauen und Grünen unter Justinian, die Welfen und Waiblinger, die Häuser Lancaster und York, die Protestanten,die Hugenotten und auch noch die treibenden Mächte der Fronde und der ersten Tyrannis. Das Buch von Macchiavelli ruht ganz auf diesem Geist.

Die Wendung tritt ein, sobald mit der großen Stadt der Nichtstand, das Bürgertum die Führung übernimmt.Jetzt ist es im Gegenteil die politische *Form*, die zum Gegenstand des Kampfes, zum Problem erhoben wird. Bis dahin war sie gereift, jetzt soll sie geschaffen werden. Die Politik wird wach, nicht nur begriffen, sondern auch auf Begriffe gebracht. Gegen Blut und Tradition erheben sich die Mächte des Geistes und Geldes. An Stelle des Organischen tritt das Organisierte, *an Stelle des Standes die Partei*. Eine Partei ist kein Rassegewächs, sondern eine Sammlung von Köpfen und deshalb an Geist den alten Ständen ebenso überlegen, wie sie an Instinkt ärmer ist als sie. Sie ist der Todfeind aller gewachsenen ständischen Gliederung, deren bloßes Vorhandensein ihrem Wesen widerspricht. Eben deshalb ist der Begriff der Partei immer mit dem unbedingt *verneinenden*, auflösenden, gesellschaftlich einebnenden der *Gleichheit* verbunden. Nicht Standesideale, sondern nur noch Berufsinteressen werden anerkannt.Aber auch mit dem ebenso verneinenden der Freiheit:*Parteien sind eine rein städtische Erscheinung*. Mit der völligen Befreiung der Stadt vom Lande weicht die Standespolitik überall der Parteipolitik, ob wir davon Kenntnis haben oder nicht, in Ägypten mit dem Ende des Mittleren Reiches, in China mit den kämpfenden Staaten, in Bagdad und Byzanz mit der Abbassidenzeit. In den Hauptstädten des Abendlandes bilden sich die Parteien parlamentarischen Stils, in den Stadtstaaten der Antike die Parteien des Forums, und Parteien magischen Stils kennen wir in den Mavali und den Mönchen des Theodor von Studion.

Immer aber ist es der *Nicht*stand, die Einheit des Protestes gegen das Wesen des Standes überhaupt, dessen führende Minderheit – „Bildung und Besitz" – als Partei auftritt, mit einem Programm, einem nicht gefühlten, sondern definierten Ziel und der Ablehnung alles dessen, was sich verstandesmäßig nicht erfassen läßt. *Es gibt deshalb im*

Grunde nur eine Partei, die des Bürgertums, die liberale, und sie ist sich dieses Ranges auch bewußt. Sie setzt sich dem „Volke“ gleich. Ihre Gegner, die echten Stände vor allem, „Junker und Pfaffen“, sind Feinde und Verräter *“des Volkes“*, die eigne Meinung ist die *“Stimme des Volkes“*, die diesem mit allen Mitteln parteipolitischer Bearbeitung, der Rede des Forums, der Presse des Abendlandes eingeimpft wird, um dann vertreten zu werden.

Die *Urstände* sind Adel und Priestertum. Die *Urpartei* ist die des Geldes und Geistes, die liberale, die der großen Stadt. Hier liegt die tiefe Berechtigung der Begriffe Aristokratie und Demokratie, und zwar für *alle* Kulturen. Aristokratisch ist die Verachtung des Geistes der Städte, demokratisch die Verachtung des Bauern, der Haß gegen das Land.Es ist der Unterschied von Standespolitik und Parteipolitik, von Standes *bewußtsein* und Partei *gesinnung*, von Rasse und Geist, Wachstum und Konstruktion. Aristokratisch ist die vollendete Kultur, demokratisch die beginnende weltstädtische Zivilisation, bis der Gegensatz im Cäsarismus aufgehoben wird. So gewiß der Adel der Stand ist, und der *tiers* es niemals dahin bringt, in dieser Weise wirklich in Form zu sein, so gewiß mißlingt es dem Adel, als Partei sich nicht zu organisieren, aber zu fühlen.

Aber der Verzicht darauf steht ihm nicht frei. Alle modernen Verfassungen verleugnen die Stände und sind auf die Partei als die selbstverständliche Grundform der Politik hin angelegt. Das 19. Jahrhundert, und also auch das vorchristliche dritte, ist die Glanzzeit der Parteipolitik. Ihr demokratischer Zug erzwingt die Bildung von *Gegenparteien*, und während einst – noch im 18. Jahrhundert! – der *tiers* sich nach dem Vorbild des Adels als Stand konstituierte, so entsteht jetzt nach dem Vorbild der liberalen das *Abwehrgebilde* der konservativen Partei,durchaus von deren Formen beherrscht, verbürgerlicht, ohne bürgerlich zu sein, und auf eine Taktik verwiesen, deren Mittel und Methoden ausschließlich durch den Liberalismus bestimmt sind. Sie haben nur die Wahl, diese Mittel besser zu handhaben als der Gegneroder zu unterliegen, aber es ist tief im Wesen eines Standes begründet, daß er diese Lage nicht begreift und nicht den Feind, sondern die Form bekämpfen will: ein Appell an die äußersten Mittel, der zu Beginn jeder Zivilisation die Innenpolitik ganzer Staaten verheert und sie dem äußeren Gegner wehrlos überliefert. Der Zwang jeder Partei, der Erscheinung nach bürgerlich zu sein, erhebt sich zur Karikatur, sobald sich unterhalb der städtischen Schichten von Bildung und Besitz auch noch der Rest als Partei organisiert. Der Marxismus z. B., der Theorie nach eine Verneinung des Bürgertums, ist als Partei nach Haltung und Führung spießbürgerlich durch und durch. Es besteht ein fortwährender Konflikt zwischen dem Wollen, das notwendig aus dem Rahmen der Parteipolitik und damit jeder Verfassung heraustritt – beides ist ausschließlich liberal – und ehrlicherweise nur als Bürgerkrieg bezeichnet werden kann, und dem Auftreten, das man sich schuldig zu sein glaubt und das man jedenfalls haben muß, um in dieser Zeit irgendeinen dauernden Erfolg zu erzielen. Aber das Auftreten einer Adelspartei in einem Parlament ist innerlich ebenso unecht wie das einer proletarischen. Nur das Bürgertum ist hier zu Hause.

In Rom haben Patrizier und Plebejer von der Einsetzung der Tribunen 471 bis zur Anerkennung ihrer gesetzgeberischen Vollmacht in der Revolution von 287im wesentlichen als Stände gekämpft. Von da an besitzt dieser Gegensatz nur noch genealogische Bedeutung, und es entwickeln sich Parteien, die man sehr wohl als liberal und konservativ bezeichnen kann: der auf dem Forum tonangebende Populusund die Nobilität mit ihrem Stützpunkt im Senat. Dieser hat sich um 287 aus einem Familienrat der alten Geschlechter in einen Staatsrat der Verwaltungsaristokratie verwandelt. Dem Populus stehen die nach dem Besitz abgestuften Zenturiatkomitien und die Gruppe der großen Geldleute, der *equites*, nahe, der Nobilität die in den Tributkomitien einflußreiche Bauernschaft. Man denke dort an die Gracchen und Marius, hier an C. Flaminius; und man braucht nur schärfer hinzusehen, um die ganz veränderte Stellung der Konsuln und Tribunen zu bemerken. Sie sind nicht mehr die ernannten Vertrauensmänner des ersten und dritten Standes, deren Haltung damit bestimmt ist, sondern sie vertreten und wechseln die Partei. Es gibt „liberale" Konsuln wie den älteren Cato und „konservative" Tribunen wie Octavius, den Gegner des Ti. Gracchus. Beide Parteien stellen für die Wahlen ihre Kandidaten auf und suchen sie mit allen Mitteln demagogischer Bearbeitung durchzubringen, und wenn das Geld bei den Wahlen keinen Erfolg gehabt hat, so gelingt es ihm bei den Gewählten immer besser.

In England haben Tories und Whigs zu Beginn des 19. Jahrhunderts sich selbst als Parteien konstituiert, der Form nach verbürgerlicht und dem Wortlaut nach beide das liberale Programm angenommen, wodurch die öffentliche Meinung wie immer vollkommen überzeugt und zufriedengestellt war.Durch diese meisterhaft und rechtzeitig vollzogene Schwenkung ist es überhaupt nicht zur Bildung einer standesfeindlichen Partei gekommen wie in dem Frankreich von 1789. Die Mitglieder des Unterhauses wurden aus Sendboten der herrschenden Schicht zu Volksvertretern, die von ihr weiterhin finanziell abhängig waren; die Führung blieb in derselben Hand und der Parteigegensatz, für den sich seit 1830 die Worte liberal und konservativ wie von selbst einstellten, beruhte auf einem Mehr oder Weniger, nicht auf einem Entweder-Oder. Es sind dieselben Jahre, in denen die literarische Freiheitsstimmung des „Jungen Deutschland" in eine Parteigesinnung überging, und wo in Amerika unter Präsident Jackson sich der republikanischen Partei gegenüber die demokratische organisierte und der Grundsatz, daß Wahlen ein Geschäft und sämtliche Staatsämter die Beute des Siegers seien, in aller Form anerkannt wurde.

Aber die Form der regierenden Minderheit entwickelt sich *vom Stand über die Partei hinaus unaufhaltsam weiter zur Gefolgschaft von Einzelnen*. Das Ende der Demokratie und ihr Übergang zum Cäsarismus äußert sich deshalb darin, daß nicht etwa die Partei des dritten Standes, der Liberalismus verschwindet, sondern die Partei als Form überhaupt. Die Gesinnung, das volkstümliche Ziel, die abstrakten Ideale aller echten Parteipolitik lösen sich auf, und an ihre Stelle tritt die *Privat*politik, der ungehemmte Machtwille weniger Rassemenschen. Ein Stand hat Instinkte, eine Partei hat ein Programm, eine Gefolgschaft hat einen Herrn: das ist der Weg von Patriziat und Plebs über Optimaten und Populären zu den Pompejanern und Cäsarianern. Das Zeitalter der echten Parteiherrschaft umfaßt kaum zwei Jahrhunderte und ist für uns seit dem Weltkrieg bereits in vollem Niedergang begriffen. Daß die gesamte Masse der Wählerschaft aus einem gemeinsamen Antrieb heraus Männer entsendet, die ihre Sache führen sollen, wie es in allen Verfassungen ganz naiv gemeint ist, war nur im ersten Anlauf möglich und setzt voraus, daß nicht einmal die Ansätze zur Organisation bestimmter Gruppen vorhanden sind. So war es 1789 in Frankreich, 1848 in Deutschland. Mit dem Dasein einer Versammlung ist aber sofort die Bildung taktischer Einheiten verbunden, deren Zusammenhalt auf dem Willen beruht, die einmal errungene herrschende Stellung zu *behaupten*, und die sich nicht im geringsten mehr als Sprachrohr ihrer Wähler betrachten, sondern umgekehrt diese mit allen Mitteln der Agitation sich gefügig machen, um sie für ihre Zwecke einzusetzen. Eine Richtung im Volk, die sich organisiert hat, ist damit bereits das *Werkzeug* der Organisation geworden und sie schreitet unaufhaltsam auf diesem Wege weiter, bis auch die Organisation das Werkzeug der Führer geworden ist. Der Wille zur Macht ist stärker als alle Theorie. Am Anfang entsteht die Führung und der Apparat des Programms wegen; dann werden sie von den Inhabern um der Macht und Beute willen verteidigt, wie es heute schon ganz allgemein der Fall ist, wo in allen Ländern Tausende von der Partei und den von ihr vergebenen Ämtern und Geschäften leben, und endlich verschwindet das Programm aus der Erinnerung und die Organisation arbeitet für sich allein.

Beim älteren Scipio und Qu. Flaminius ist noch von Freunden die Rede, die sie in den Krieg begleiten, aber der jüngere Scipio hat sich eine *cohors amicorum* gebildet, wohl das erste Beispiel eines organisierten Gefolges, das dann auch vor Gericht und bei den Wahlen arbeitet.Ebenso entwickelt sich das ursprünglich ganz patriarchalische und aristokratische Treuverhältnis des Patrons zu seinen Klienten zu einer Interessengemeinschaft auf sehr materieller Grundlage, und schon vor Cäsar gibt es schriftliche Verträge zwischen Kandidaten und Wählern mit genauer Festsetzung von Zahlung und Gegenleistung. Auf der anderen Seite bilden sich, ganz wie im heutigen Amerika,die Klubs und Wahlvereine der Tribulen, welche die Masse der Wähler des Bezirks beherrschen oder verscheuchen, um mit den großen Führern, den Vorläufern der Cäsaren, von Macht zu Macht über das Wahlgeschäft zu verhandeln. Das ist nicht ein Scheitern, sondern der Sinn und das notwendige Endergebnis der Demokratie, und die Klage weltfremder Idealisten über diese Zerstörung ihrer Hoffnungen kennzeichnet nur deren Blindheit für das unerbittliche Zweierlei von Wahrheiten und Tatsachen und die innere Verbundenheit von Geist und Geld.

Die politisch-soziale *Theorie* ist nur eine, aber eine notwendige Unterlage der Parteipolitik. Die stolze Reihe von Rousseau bis Marx hat ihr Seitenstück in der antiken von den Sophisten bis zu Plato und Zenon. In China sind die Grundzüge der entsprechenden Lehren aus der konfuzianischen und taoistischen Literatur noch zu ermitteln; es genügt, den Namen des Sozialisten Moh-ti zu nennen. In der byzantinischen und arabischen Literatur der Abbassidenzeit, wo der Radikalismus stets in strenggläubiger Fassung auftritt, nehmen sie einen breiten Raum ein und wirken als treibende Kräfte in allen Krisen des 9. Jahrhunderts; in Indien und Ägypten wird ihr Vorhandensein durch den Geist der Ereignisse zur Zeit Buddhas und der Hyksos bewiesen. Einer literarischen Fassung bedürfen sie nicht; ebenso wirksam ist die mündliche Verbreitung, die Predigt und Propaganda in Sekten und Bünden, wie sie am Ausgang puritanischer Strömungen, also im Islam und im englisch-amerikanischen Christentum ganz allgemein ist.

Ob diese Lehren „wahr" oder „falsch" sind, ist für die Welt der politischen Geschichte – das muß immer wieder betont werden – eine Frage ohne Sinn. Die „Widerlegung" etwa des Marxismus gehört in den Bereich akademischer Erörterungen oder öffentlicher Debatten, wo jeder recht hat und die andern immer unrecht. Ob sie *wirksam* sind, – seit wann und für wie lange der Glaube, die Wirklichkeit nach einem Gedankensystem verbessern zu können, überhaupt eine Macht ist, mit der die Politik zu rechnen hat, darauf kommt es an. Wir befinden uns in einer Zeit grenzenlosen Vertrauens auf die Allmacht der Vernunft. Die großen allgemeinen Begriffe Freiheit, Recht, Menschheit, Fortschritt sind heilig. Die großen Theorien sind Evangelien. Ihre Überzeugungskraft beruht nicht auf Gründen, denn die Masse einer Partei besitzt weder die kritische Energie noch die Distanz, um sie ernsthaft zu prüfen, sondern auf der sakramentalen Weihe ihrer Schlagworte. Allerdings beschränkt sich dieser Zauber auf die Bevölkerung der großen Städte und das Zeitalter des Rationalismus, dieser „Religion der Gebildeten".Auf das Bauerntum wirkt er gar nicht und auf die städtischen Massen nur für gewisse Zeit, da aber mit der Gewalt einer neuen Offenbarung. Man wird bekehrt, man hängt mit Inbrunst an Worten und ihren Verkündern; man wird zum Märtyrer auf Barrikaden, auf den Schlachtfeldern, am Galgen; vor den Blicken öffnet sich ein politisches und soziales Jenseits, und die nüchterne Kritik erscheint niedrig und profan und ist des Todes würdig.

Aber damit sind Schriften wie der *Contrat social* und das kommunistische Manifest Machtmittel ersten Ranges in der Hand von Gewaltmenschen, die innerhalb des Parteilebens emporgekommen sind und die Überzeugung der beherrschten Masse zu bilden und benützen wissen.

Indessen, diese abstrakten Ideale besitzen eine Macht, die sich kaum über zwei Jahrhunderte – die der Parteipolitik – erstreckt. Sie werden zuletzt nicht etwa widerlegt sondern langweilig. Rousseau ist es längst und Marx wird es in kurzem sein. Man gibt endlich nicht diese oder jene Theorie auf, sondern den Glauben an Theorien überhaupt und damit den schwärmerischen Optimismus des 18. Jahrhunderts, unzulängliche Tatsachen durch Anwendung von Begriffen verbessern zu können. Als Plato, Aristoteles und ihre Zeitgenossen die antiken Verfassungsarten definierten und mischten, um die weiseste und schönste zu erhalten, hörte alle Welt zu, und gerade Plato hat mit seinem Versuch, Syrakus nach einem ideologischen Rezept umzugestalten, diese Stadt zugrunde gerichtet.Es scheint mir ebenso sicher, daß die südlichen Staaten Chinas durch philosophische Experimente gleicher Art außer Form gebracht und damit dem Imperialismus von Tsin ausgeliefert worden sind.Die jakobinischen Fanatiker der Freiheit und Gleichheit haben Frankreich seit dem Direktorium für immer der wechselnden Herrschaft von Armee und Börse ausgeliefert, und jeder sozialistische Aufruhr bricht dem Kapitalismus neue Bahnen. Aber als Cicero sein Buch vom Staate für Pompejus und Sallust seine beiden Mahnschriften an Cäsar schrieb, achtete niemand mehr darauf. Bei Ti. Gracchus wird man vielleicht noch einen Einfluß jenes stoischen Schwärmers Blossius entdecken, der später Selbstmord beging, nachdem er auch Aristoneikos von Pergamon ins Verderben geführt hatte,aber im letzten vorchristlichen Jahrhundert sind die Theorien ein verbrauchtes Schulthema geworden und es handelt sich von da an um die Macht allein.

Niemand sollte sich darüber täuschen, daß das Zeitalter der Theorie auch für uns zu Ende geht. Die großen Systeme des Liberalismus und Sozialismus sind sämtlich zwischen 1750 und 1850 entstanden. Das von Marx ist heute schon fast ein Jahrhundert alt und ist das letzte geblieben. Innerlich bedeutet es mit seiner materialistischen Geschichtsauffassung die äußerste Konsequenz des Rationalismus und demnach einen Abschluß. Aber wie der Glaube an Rousseaus Menschenrechte etwa mit 1848, so hat der Glaube an ihn mit dem Weltkrieg seine Kraft verloren. Wer die Hingabe bis zum Tode, die Rousseaus Gedanken in der französischen Revolution gefunden haben, mit der Haltung der Sozialisten von 1918 vergleicht, die eine Überzeugung, welche sie nicht mehr besaßen, vor ihrer Anhängerschaft und in ihr aufrecht erhalten mußten, nicht um der Idee, sondern um der Macht willen, die davon abhängig war, der sieht auch den ferneren Weg vorgezeichnet, auf dem endlich jedes Programm fallen wird, weil es dem Kampf um die Gewalt nur noch im Wege steht. Der Glaube daran hatte die Großväter *ausgezeichnet*; für die Enkel ist er ein Beweis von Provinzialismus. An seiner Stelle keimt heute schon aus Seelennot und Gewissensqual eine neue resignierte Frömmigkeit empor, die es aufgibt, ein neues Diesseits zu begründen, die statt der grellen Begriffe das Geheimnis sucht und es in den Tiefen der zweiten Religiositätauch endlich finden wird.

18

Dies ist die eine, die sprachliche Seite der großen Tatsache Demokratie. Es bleibt übrig, die andere und entscheidende zu betrachten, die der Rasse.Die Demokratie würde in den Köpfen und auf dem Papier geblieben sein, wenn unter ihren Verfechtern nicht echte Herrennaturen gewesen wären, für die das Volk nichts als Objekt und die Ideale nichts als Mittel waren, so wenig sie sich dessen oft bewußt geworden sind. Alle, auch die unbedenklichsten Methoden der Demagogie, die innerlich ganz dasselbe ist wie die Diplomatie des *ancien régime*, nur statt auf Fürsten und Gesandte auf Massen, statt auf erlesene Geister auf wüste Meinungen, Stimmungen, Willensausbrüche hin angelegt, ein Orchester von Blechinstrumenten statt alter Kammermusik, sind von ehrlichen, aber praktischen Demokraten ausgebildet worden, und die Parteien der Tradition haben sie erst von ihnen gelernt.

Aber es kennzeichnet allerdings den Weg der Demokratie, daß die Urheber volkstümlicher Verfassungen niemals die tatsächliche Wirkung ihrer Entwürfe geahnt haben, weder der Schöpfer der „servianischen" Verfassung in Rom noch die Nationalversammlung in Paris. Da alle diese Formen nicht gewachsen sind wie das Lehnswesen, sondern ausgedacht, und zwar nicht auf Grund einer tiefen Kenntnis der Menschen und Dinge sondern abstrakter Vorstellungen von Recht und Gerechtigkeit, so klafft ein Abgrund zwischen dem Geist der Gesetze und den praktischen Gewohnheiten, die sich unter ihrem Druck in der Stille herausbilden, um sie dem Takt des wirklichen Lebens anzupassen oder fernzuhalten. Erst die Erfahrung hat gelehrt und erst am Ende der ganzen Entwicklung, daß Rechte des Volkes und Einfluß des Volkes zweierlei sind. Je allgemeiner das Wahlrecht, desto *geringer* wird die Macht einer Wählerschaft.

In den Anfängen einer Demokratie gehört dem Geiste das Feld allein. Es gibt nichts Edleres und Reineres als die Nachtsitzung des 4. August 1789 und den Schwur im Ballhause oder die Gesinnung in der Frankfurter Paulskirche, wo man mit der Macht in Händen so lange über allgemeine Wahrheiten beriet, bis die Mächte der Wirklichkeit sich gesammelt hatten und die Träumer beiseite schoben. Bald genug indessen meldet sich die andere Größe jeder Demokratie und mahnt an die Tatsache, daß man von verfassungsmäßigen Rechten nur Gebrauch machen kann, wenn man Geld hat.Daß ein Wahlrecht annähernd leistet, was der Idealist sich dabei denkt, setzt voraus, daß es keine organisierte Führerschaft gibt, die in *ihrem* Interesse und im Maßstabe des verfügbaren Geldes auf die Wähler einwirkt. Sobald sie da ist, hat die Wahl nur noch die Bedeutung einer Zensur, welche die Menge den einzelnen Organisationen erteilt, auf deren Gestaltung sie zuletzt nicht den geringsten Einfluß mehr besitzt. Und ebenso bleibt das ideale Grundrecht abendländischer Verfassungen, das der Masse, ihre Vertreter frei zu bestimmen, bloße Theorie, denn jede entwickelte Organisation ergänzt sich in Wirklichkeit selbst.Endlich erwacht ein Gefühl davon, daß das allgemeine Wahlrecht überhaupt kein wirkliches Recht enthält, nicht einmal das der Wahl zwischen den Parteien, weil die auf seinem Boden erwachsenen Machtgebilde durch das Geld alle geistigen Mittel der Rede und Schrift beherrschen und damit die Meinung des Einzelnen *über* die Parteien nach Belieben lenken, während sie andrerseits durch ihre Verfügung über Ämter, Einfluß und Gesetze einen Stamm unbedingter Anhänger züchten, eben den „Caucus“, der den Rest ausschaltet und ihn zu einer Wahlmüdigkeit führt, die endlich selbst in den großen Krisen nicht mehr überwunden werden kann.

Scheinbar besteht ein gewaltiger Unterschied zwischen der abendländischen, parlamentarischen Demokratie und denen der ägyptischen, chinesischen, arabischen Zivilisation, welchen der Gedanke allgemeiner Volkswahlen ganz fremd ist. Aber für uns ist in diesem Zeitalter die Masse *als Wählerschaft* “in Form“, in genau demselben Sinne, wie sie es vorher als Untertanenverband gewesen war, *als Objekt nämlich für ein Subjekt,* und wie sie es in Bagdad und Byzanz als Sekte oder Mönchtum und anderswo als regierendes Heer, Geheimbund oder Sonderstaat im Staate ist. Die Freiheit ist wie immer lediglich *negativ.*Sie besteht in der Ablehnung der Tradition: der Dynastie, der Oligarchie, des Kalifats; aber die ausübende Macht geht von diesen sofort und ungeschmälert an neue Gewalten über, an Parteihäupter, Diktatoren, Prätendenten, Propheten und ihren Anhang, und ihnen gegenüber bleibt die Menge weiterhin *bedingungslos Objekt.*“Selbstbestimmungsrecht des Volkes“ ist eine höfliche Redensart; tatsächlich hat mit jedem allgemeinen – anorganischen – Wahlrecht sehr bald der ursprüngliche Sinn des Wählens überhaupt aufgehört. Je gründlicher die gewachsenen Gliederungen der Stände und Berufe politisch ausgelöscht werden, desto formloser, desto hilfloser wird die Wählermasse, desto unbedingter ist sie den neuen Gewalten ausgeliefert, den Parteileitungen, welche der Menge mit allen Mitteln geistigen Zwanges ihren Willen diktieren, den Kampf um die Herrschaft unter sich ausfechten, mit Methoden, von denen die Menge zuletzt weder etwas sieht noch versteht, und welche die öffentliche Meinung lediglich als selbstgeschmiedete Waffe gegeneinander erheben. Aber eben deshalb treibt ein unwiderstehlicher Zug jede Demokratie auf diesem Wege weiter, der sie zu ihrer Aufhebung durch sich selbst führt.

Die Grundrechte eines antiken Volkes *(demos, populus)* erstrecken sich auf die Besetzung der hohen Staatsämter und die Rechtsprechung.Dafür war man „in Form“ auf dem Forum, ganz euklidisch, als körperhaft gegenwärtige Masse an einem Punkt versammelt, und hier war man Objekt einer Bearbeitung antiken Stils, nämlich mit körperlichen, nahen, sinnlichen Mitteln, mit einer Rhetorik, die unmittelbar auf jedes Ohr *und Auge* wirkte, und die mit ihren uns zum Teil widerlichen und kaum zu ertragenden Mitteln, einstudierten Tränen, zerrissenen Gewändern,mit schamlosem Lob der Anwesenden, wahnwitzigen Lügen über den Gegner, einem festen Bestand glänzender Wendungen und wohlklingender Kadenzen ausschließlich an dieser Stelle und zu diesem Zweck entstanden ist; mit Spielen und Geschenken, mit Drohungen und Schlägen, vor allem aber mit Geld. Wir kennen die Anfänge aus dem Athen von 400,das Ende in erschreckendem Maßstabe aus dem Rom Cäsars und Ciceros. Es ist wie überall: die Wahlen sind aus der Ernennung von Standesvertretern zum Kampf zwischen Parteikandidaten geworden. Aber damit ist die Arena gegeben, in der das Geld angreift und zwar seit Zama mit ungeheurer Steigerung der Dimensionen. „Je größer der Reichtum wurde, der sich in den Händen einzelner konzentrieren konnte, desto mehr gestaltete sich der Kampf um die politische Macht zu einer Geldfrage."Damit ist alles gesagt. Aber es ist in einem tieferen Sinne trotzdem falsch, von Korruption zu reden. Es ist nicht die Ausartung der Sitte, es ist die Sitte selbst, die der reifen Demokratie, welche mit schicksalhafter Notwendigkeit solche Formen annimmt. Der Censor Appius Claudius (310), ohne Zweifel ein echter Hellenist und Verfassungsideologe (wie nur irgend jemand aus dem Kreise der Madame Roland), hat bei seinen Reformen sicherlich stets an Wahlrechte und nicht an die Kunst, Wahlen zu machen, gedacht, aber jene Rechte bereiten dieser Kunst nur den Weg. Die Rasse kommt erst in dieser zum Vorschein und setzt sich sehr bald vollkommen durch. Innerhalb einer Diktatur des Geldes kann aber die Arbeit des Geldes nicht als Verfall bezeichnet werden.

Die römische Ämterlaufbahn forderte, seit sie sich in der Form von Volkswahlen vollzog, ein Kapital, das den angehenden Politiker zum Schuldner seiner ganzen Umgebung machte. Vor allem die Ädilität, wo man durch öffentliche Spiele die Vorgänger überbieten mußte, um später die Stimmen der Zuschauer zu haben. Sulla fiel bei der ersten Bewerbung um die Prätur durch, weil er nicht Ädil gewesen war. Dann das glänzende Gefolge, mit dem man sich täglich auf dem Forum zu zeigen hatte, um der müßigen Menge zu schmeicheln. Ein Gesetz verbot das Geleit gegen Bezahlung, aber die Verpflichtung von Vornehmen durch Darlehen, Empfehlung zu Ämtern und Geschäften und Verteidigung vor Gericht, die diese wiederum zu Begleitung und zu täglichen Morgenbesuchen verpflichtete, war teurer. Pompejus war Patron der halben Welt, von den picenischen Bauern an bis zu den Königen im Orient; er vertrat und beschützte alles; das war sein politisches Kapital, das er gegen die zinslosen Darlehen des Crassus und die „Vergoldung"aller Ehrgeizigen durch den Eroberer Galliens einsetzen konnte. Man läßt den Wählern bezirksweise Frühstücke servieren,Freiplätze für die Gladiatorenspiele anweisen oder auch wie Milo unmittelbar Geld ins Haus senden. Cicero nennt das „die Sitten der Väter achten". Das Wahlkapital nahm amerikanische Dimensionen an und betrug zuweilen Hunderte von Millionen Sesterzen. Bei den Wahlen von 54 stieg der Zinsfuß von 4 auf 8%, weil der größte Teil der ungeheuren Bargeldmasse, die in Rom vorhanden war, in der Agitation festgelegt wurde. Cäsar hatte als Ädil so viel ausgegeben, daß Crassus für 20 Millionen bürgen mußte, damit die Gläubiger ihm die Abreise in die Provinz gestatteten, und bei der Wahl zum Pontifex maximus hatte er seinen Kredit noch einmal so überspannt, daß sein Gegner Catulus ihm Geld für den Rücktritt bieten konnte, weil er im Fall einer Niederlage verloren war. Aber die auch deshalb unternommene Eroberung und Ausbeutung Galliens machte ihn zum reichsten Mann der Welt; hier ist eigentlich Pharsalus schon gewonnen worden.Denn Cäsar hat diese Milliarden um der *Macht* willen erobert, wie Cecil Rhodes, und nicht aus Freude am Reichtum, wie Verres und im Grunde auch Crassus, ein großer Geldmann mit politischem Nebenberuf. Er begriff, daß auf dem Boden einer Demokratie die verfassungsmäßigen Rechte ohne Geld nichts, mit Geld alles bedeuten. Als Pompejus noch davon träumte, er könne Legionen aus der Erde stampfen, hatte sie Cäsar durch sein Geld längst zur Wirklichkeit verdichtet. Er hatte diese Methoden vorgefunden; er beherrschte sie, aber er identifizierte sich nicht mit ihnen. Man muß sich klar machen, daß sich etwa seit 150 die um Grundsätze versammelten Parteien zu persönlichen Gefolgschaften auflösen um Männer, die ein privatpolitisches Ziel hatten und sich auf die Waffen ihrer Zeit verstanden.

Dazu gehört neben dem Geld auch der Einfluß auf die Gerichte. Da die antiken Volksversammlungen nur abstimmen, nicht beraten, so ist der Prozeß vor den Rostra *eine Form des Parteikampfes* und die eigentliche Schule *politischer Beredsamkeit.* Der junge Politiker begann seine Laufbahn, indem er eine große Persönlichkeit anklagte und womöglich vernichtete,wie der 19jährige Crassus den berühmten Papirius Carbo, den Freund der Gracchen, der später zu den Optimaten übergegangen war. Cato wurde aus diesem Grunde 44mal angeklagt und immer freigesprochen. Die Rechtsfrage tritt dabei ganz zurück.Die Parteistellung der Richter, die Zahl der Patrone und der Umfang des Gefolges ist ausschlaggebend, und die Zahl der Zeugen ist eigentlich nur da, um die politische und finanzielle Macht des Klägers ins Licht zu rücken. Ciceros ganze Beredsamkeit gegen Verres will die Richter unter der Maske eines prachtvollen sittlichen Pathos überzeugen, daß seine Verurteilung in ihrem *Standes*interesse liegt. Nach allgemein antiker Auffassung ist es selbstverständlich, daß der Sitz im Gericht den Privatinteressen und denen der Partei zu dienen hat. Demokratische Ankläger in Athen pflegten am Schluß ihrer Rede die Geschwornen aus dem Volke darauf aufmerksam zu machen, daß sie durch Freisprechung des reichen Angeklagten um ihre Prozeßgebühren kämen.Die gewaltige Macht des Senats beruht zum großen Teil darauf, daß er durch die Besetzung aller Gerichte das Schicksal jedes Bürgers in Händen hatte; danach kann man die Tragweite des gracchischen Gesetzes von 122 ermessen, das die Gerichte dem Ritterstand übertrug und die Nobilität, das heißt die hohen Beamten, damit der Finanzwelt auslieferte.Sulla hat im Jahre 83 zugleich mit den Proskriptionen der großen Geldleute auch die Gerichte wieder dem Senat zurückgegeben, *als politische Waffe*, wie sich versteht, und der Endkampf der Machthaber findet auch in dem beständigen Wechsel der Richterauswahl ihren Ausdruck.

Aber während die Antike, an der Spitze das Forum von Rom, die Volksmasse zu einem sichtbaren und dichten Körper zusammenzog, um ihn zu zwingen, von seinen Rechten den Gebrauch zu machen, den man wollte, schuf „gleichzeitig" die europäisch-amerikanische Politik *durch die Presse* ein Kraftfeld von geistigen und Geldspannungen über die ganze Erde hin, in das jeder einzelne eingeordnet ist, ohne daß es ihm zum Bewußtsein kommt, so daß er denken, wollen und handeln muß, wie es irgendwo in der Ferne eine herrschende Persönlichkeit für zweckmäßig hält. Das ist Dynamik gegen Statik, faustisches gegen apollinisches Weltgefühl, das Pathos der dritten Dimension gegen die reine, sinnliche Gegenwart. Man spricht nicht von Mann zu Mann; die Presse und in Verbindung mit ihr der elektrische Nachrichtendienst halten das Wachsein ganzer Völker und Kontinente unter dem betäubenden Trommelfeuer von Sätzen, Schlagworten, Standpunkten, Szenen, Gefühlen, Tag für Tag, Jahr für Jahr, so daß jedes Ich zur bloßen Funktion eines ungeheuren geistigen Etwas wird. Das Geld nimmt seinen politischen Weg nicht als Metall aus einer Hand in die andre. Es verwandelt sich nicht in Spiele und Wein. Es wird in Kraft umgesetzt und bestimmt durch seine Menge die Intensität dieser Bearbeitung.

Schießpulver und Buchdruck gehören zusammen, beide in der hohen Gotik erfunden, beide aus germanischem technischen Denken heraus, als die *beiden* großen Mittel faustischer Ferntaktik. Die Reformation sah zu Beginn der Spätzeit die ersten Flugschriften *und* Feldgeschütze, die französische Revolution zu Beginn der Zivilisation den ersten Broschürensturm vom Herbst 1788 *und* bei Valmy das erste Massenfeuer einer Artillerie. Aber damit erhebt sich das in Masse hergestellte und über endlose Flächen verbreitete gedruckte Wort zu einer unheimlichen Waffe in den Händen dessen, der sie zu führen weiß. In Frankreich handelte es sich 1788 noch um einen ursprünglichen Ausdruck privater Überzeugungen, aber in England war man schon dabei, den *Ein*druck auf die Leser planmäßig zu erzeugen. Der von London aus mit Artikeln, Flugblättern und unechten Memoiren auf französischem Boden gegen Napoleon geführte Krieg ist das erste große Beispiel. Die vereinzelten Blätter der Aufklärungszeit verwandeln sich in „die Presse", wie man mit bezeichnender Anonymitätsagt. Der *Pressefeldzug* entsteht als die Fortsetzung – oder Vorbereitung – des Krieges mit andern Mitteln, und seine Strategie der Vorpostengefechte, Scheinmanöver, Überfälle, Sturmangriffe wird während des 19. Jahrhunderts bis zu dem Grade durchgebildet, daß ein Krieg schon verloren sein kann, bevor der erste Schuß fällt – weil die Presse ihn inzwischen gewonnen hat.

Heute leben wir so widerstandslos unter der Wirkung dieser geistigen Artillerie, daß kaum jemand den inneren Abstand gewinnt, um sich das Ungeheuerliche dieses Schauspiels klarzumachen. Der Wille zur Macht in rein demokratischer Verkleidung hat sein Meisterstück damit vollendet, daß dem Freiheitsgefühl der Objekte mit der vollkommensten Knechtung, die es je gegeben hat, sogar noch geschmeichelt wird. Der liberale Bürgersinn ist *stolz* auf die Abschaffung der Zensur, der letzten Schranke, während der Diktator der Presse – Northcliffe! – die Sklavenschar seiner Leser unter der Peitsche seiner Leitartikel, Telegramme und Illustrationen hält. *Die Demokratie hat das Buch aus dem Geistesleben der Volksmassen vollständig durch die Zeitung verdrängt.* Die Bücherwelt mit ihrem Reichtum an Gesichtspunkten, die das Denken zur Auswahl und Kritik nötigte, ist nur noch für enge Kreise ein wirklicher Besitz. Das Volk liest die *eine,* "seine" Zeitung, die in Millionen Exemplaren täglich in alle Häuser dringt, die Geister vom frühen Morgen an in ihren Bann zieht, durch ihre Anlage die Bücher in Vergessenheit bringt, und, wenn eins oder das andre doch einmal in den Gesichtskreis tritt, seine Wirkung durch eine vorweggenommene Kritik ausschaltet.

Was ist Wahrheit? Für die Menge das, was man ständig liest und hört. Mag ein armer Tropf irgendwo sitzen und Gründe sammeln, um „die Wahrheit" festzustellen – es bleibt *seine* Wahrheit. Die andre, die öffentliche des Augenblicks, auf die es in der Tatsachenwelt der Wirkungen und Erfolge allein ankommt, ist heute ein Produkt der Presse. Was sie will, ist wahr. Ihre Befehlshaber erzeugen, verwandeln, vertauschen Wahrheiten. Drei Wochen Pressearbeit, und alle Welt hat die Wahrheit erkannt.Ihre Gründe sind so lange unwiderleglich, als Geld vorhanden ist, um sie ununterbrochen zu wiederholen. Auch die antike Rhetorik war auf den Eindruck und nicht den Inhalt berechnet - Shakespeare hat in der Leichenrede des Antonius glänzend gezeigt, worauf es ankam - aber sie beschränkte sich auf die Anwesenden und den Augenblick. Die Dynamik der Presse will *dauernde* Wirkungen. Sie muß die Geister *dauernd* unter Druck halten. Ihre Gründe sind widerlegt, sobald die größere Geldmacht sich bei den Gegengründen befindet und sie noch häufiger vor aller Ohren und Augen bringt. In demselben Augenblick dreht sich die Magnetnadel der öffentlichen Meinung nach dem stärkeren Pol. Jedermann überzeugt sich sofort von der neuen Wahrheit. Man ist plötzlich aus einem Irrtum erwacht.

Mit der politischen Presse hängt das Bedürfnis nach allgemeiner Schulbildung zusammen, das der Antike durchaus fehlt. Es ist ein ganz unbewußter Drang darin, die Massen als Objekte der Parteipolitik dem Machtmittel der Zeitung zuzuführen. Dem Idealisten der frühen Demokratie erschien das als Aufklärung ohne Hintergedanken, und heute noch gibt es hier und da Schwachköpfe, die sich am Gedanken der Pressefreiheit begeistern, aber gerade damit haben die kommenden Cäsaren der Weltpresse freie Bahn. Wer lesen gelernt hat, verfällt ihrer Macht, und aus der erträumten Selbstbestimmung wird die späte Demokratie zu einem radikalen Bestimmt *werden* der Völker durch die Gewalten, denen das gedruckte Wort gehorcht.

Man bekämpft sich heute, indem man sich diese Waffe entreißt. In den naiven Anfängen der Zeitungsmacht wurde sie durch Zensurverbote geschädigt, mit denen die Vertreter der Tradition sich wehrten, und das Bürgertum schrie auf, die Freiheit des Geistes sei in Gefahr. Jetzt zieht die Menge ruhig ihres Wegs; sie hat diese Freiheit endgültig erobert, aber im Hintergrunde bekämpfen sich ungesehen die neuen Mächte, indem sie die Presse kaufen. Ohne daß der Leser es merkt, wechselt die Zeitung und damit er selbst den Gebieter.Das Geld triumphiert auch hier und zwingt die freien Geister in seinen Dienst. Kein Tierbändiger hat seine Meute besser in der Gewalt. Man läßt das Volk als Lesermasse los, und es stürmt durch die Straßen, wirft sich auf das bezeichnete Ziel, droht und schlägt Fenster ein. Ein Wink an den Pressestab und es wird still und geht nach Hause. Die Presse ist heute eine Armee mit sorgfältig organisierten Waffengattungen, mit Journalisten als Offizieren, Lesern als Soldaten. Aber es ist hier wie in jeder Armee: der Soldat gehorcht blind, und die Wechsel in Kriegsziel und Operationsplan vollziehen sich ohne seine Kenntnis. Der Leser weiß nichts von dem, was man mit ihm vor hat, und soll es auch nicht, und er soll auch nicht wissen, welch eine

Rolle er damit spielt. Eine furchtbarere Satire auf die Gedankenfreiheit gibt es nicht. Einst durfte man nicht wagen, frei zu denken; jetzt darf man es, aber man kann es nicht mehr. Man will nur noch denken, was man wollen soll, und eben das empfindet man als seine Freiheit.

Und die andere Seite dieser späten Freiheit: es ist jedem erlaubt zu sagen, was er will; aber es steht der Presse frei, davon Kenntnis zu nehmen oder nicht. Sie kann jede „Wahrheit" zum Tode verurteilen, indem sie ihre Vermittlung an die Welt nicht übernimmt, eine furchtbare Zensur des Schweigens, die um so allmächtiger ist, als die Sklavenmasse der Zeitungsleser ihr Vorhandensein gar nicht bemerkt.Hier taucht, wie überall in den Geburtswehen des Cäsarismus, ein Stück versunkener Frühzeit auf.Der Bogen des Geschehens ist im Begriff, sich zu schließen. Wie in den Bauten von Beton und Stahl noch einmal der Ausdruckswille der ersten Gotik hervorbricht, aber nun kalt, beherrscht, zivilisiert, so meldet sich hier der eiserne Machtwille der gotischen Kirche über die Geister – als „Freiheit der Demokratie". Die Zeit des „Buches" wird durch die gotische Predigt und die moderne Zeitung eingefaßt. Bücher sind ein persönlicher *Ausdruck*, Predigt und Zeitung gehorchen einem unpersönlichen *Zweck*. Die Jahre der Scholastik bieten in der Weltgeschichte das einzige Beispiel einer geistigen Zucht, die über alle Länder hin keine Schrift, keine Rede, keinen Gedanken hervortreten ließ, die der *gewollten* Einheit widersprachen. Das ist geistige Dynamik. Antike, indische, chinesische Menschen würden entsetzt auf dies Schauspiel geblickt haben. Aber gerade das kehrt als *notwendiges* Ergebnis des europäisch-amerikanischen Liberalismus wieder, so wie es Robespierre meinte: „Der Despotismus der Freiheit gegen die Tyrannei". An Stelle der Scheiterhaufen tritt das große Schweigen.

Die Diktatur der Parteihäupter stützt sich auf die Diktatur der Presse. Man sucht durch das Geld Leserscharen und ganze Völker der feindlichen Hörigkeit zu entreißen und unter die eigne Gedankenzucht zu bringen. Hier erfahren sie nur noch, was sie wissen *sollen*, und ein höherer Wille gestaltet das Bild ihrer Welt. Man braucht nicht mehr, wie die Fürsten des Barock, die Untertanen zum Waffendienst zu verpflichten. Man peitscht ihre Geister auf, durch Artikel, Telegramme, Bilder – Northcliffe! – bis sie Waffen *fordern* und ihre Führer zu einem Kampfe zwingen, zu dem diese gezwungen sein *wollten*.

Das ist das Ende der Demokratie. Wenn in der Welt der Wahrheiten der *Beweis* alles entscheidet, so in der Tatsachenwelt der *Erfolg*. Erfolg, das bedeutet den Triumph eines Daseinsstromes über die andern. Das Leben *hat* sich durchgesetzt; die Träume der Weltverbesserer sind Werkzeuge von *Herren*naturen geworden. In der späten Demokratie bricht die *Rasse* hervor und knechtet die Ideale oder wirft sie mit Gelächter in den Abgrund. So war es im ägyptischen Theben, in Rom, in China, aber in keiner zweiten Zivilisation erhielt der Wille zur Macht eine so unerbittliche Form. Das Denken und dadurch das Handeln der Masse wird unter eisernem Druck gehalten. Deshalb und nur deshalb ist man Leser und Wähler, also in zweifacher Sklaverei, während die Parteien zu gehorsamen Gefolgschaften von Wenigen werden, über welche der Cäsarismus schon seine ersten Schatten wirft. Wie das englische Königtum im 19. Jahrhundert, so werden die Parlamente im 20. langsam ein feierliches und leeres Schauspiel. Wie dort Szepter und Krone, so werden hier die Volksrechte mit großem Zeremoniell vor der Menge einhergetragen und um so peinlicher geachtet, je weniger sie bedeuten. Das ist der Grund, weshalb der *kluge* Augustus keine Gelegenheit versäumt hat, die altgeheiligten Bräuche römischer Freiheit zu betonen. Aber die Macht verlagert sich heute schon aus den Parlamenten in private Kreise, und ebenso sinken die Wahlen unaufhaltsam zu einer Komödie herab, für uns wie für Rom. Das Geld organisiert den Vorgang im Interesse derer, die es besitzen,und die Wahlhandlung wird ein verabredetes Spiel, das als Selbstbestimmung des Volkes inszeniert ist. Und wenn eine Wahl ursprünglich eine *Revolution in legitimen Formen war*,so hat sich diese Form erschöpft und man „wählt" sein Schicksal wieder mit den ursprünglichen Mitteln blutiger Gewalt, wenn die Politik des Geldes unerträglich wird.

Durch das Geld vernichtet die Demokratie sich selbst, nachdem das Geld den Geist vernichtet hat. Aber eben *weil* alle Träume verflogen sind, daß die Wirklichkeit sich jemals durch die Gedanken irgendeines Zenon oder Marx verbessern ließe, und man gelernt hat, daß im Reiche der Wirklichkeit ein Machtwille *nur durch einen andern* gestürzt werden kann – das ist die große Erfahrung im Zeitalter der kämpfenden Staaten –, erwacht endlich eine tiefe Sehnsucht nach allem, was noch von alten, edlen Traditionen lebt. Man ist der Geldwirtschaft müde bis zum Ekel. Man hofft auf eine Erlösung irgendwoher, auf einen echten Ton von Ehre und Ritterlichkeit, von innerem Adel, von Entsagung und Pflicht. Und nun bricht die Zeit an, wo in der Tiefe die formvollen Mächte des Blutes wieder erwachen, die durch den Rationalismus der großen Städte verdrängt worden sind. Alles was sich an dynamischer Tradition, an altem Adel für die Zukunft aufgespart hat, an vornehmer, über das Geld erhabener Sitte, alles was in sich stark genug ist, um nach dem Worte Friedrichs des Großen *Diener* des Staates zu sein in harter, entsagungsvoller, sorgender Arbeit, gerade im Besitz einer schrankenlosen Gewalt, alles was ich dem Kapitalismus gegenüber als Sozialismus bezeichnet hatte,alles das wird plötzlich zum Sammelpunkt ungeheurer Lebenskräfte. Der Cäsarismus *wächst* auf dem Boden der Demokratie, aber seine Wurzeln reichen tief in die Untergründe des Blutes und der Tradition hinab. Seine Gewalt verdankt der antike Cäsar dem Tribunat, seine Würde und damit seine Dauer aber besitzt er als Prinzeps. Auch hier erwacht die Seele der frühen Gotik noch einmal: Der Geist der Ritterorden überwindet das beutelustige Wikingertum. Mögen die Machthaber der Zukunft, da die große politische Form der Kultur unwiderruflich zerfallen ist, die Welt als Privatbesitz beherrschen, so enthält diese formlose und grenzenlose Macht doch eine *Aufgabe*, die der unermüdlichen Sorge um diese Welt, die das Gegenteil aller Interessen im Zeitalter der Geldherrschaft ist und die ein hohes Ehrgefühl und Pflichtbewußtsein fordert. Aber eben deshalb erhebt sich nun der Endkampf zwischen Demokratie und Cäsarismus, zwischen den führenden Mächten einer diktatorischen Geldwirtschaft und dem *rein politischen* Ordnungswillen der Cäsaren. Um das zu verstehen, diesen Endkampf zwischen *Wirtschaft und Politik*, in welchem die Politik ihr Reich *zurück*erobert, bedarf es eines Blickes auf die Physiognomie der Wirtschaftsgeschichte.

Fünftes Kapitel: Die Formenwelt des Wirtschaftslebens

I. Das Geld

1

Der Standpunkt, von dem aus die Wirtschaftsgeschichte der hohen Kulturen verstanden werden kann, darf auf dem Boden der Wirtschaft selbst nicht gesucht werden. Wirtschaftliches Denken und Handeln ist eine *Seite* des Lebens, die in falsche Beleuchtung rückt, sobald man sie als eine selbständige *Art* von Leben betrachtet. Am allerwenigsten findet man ihn auf dem Boden der heutigen Weltwirtschaft, die seit 150 Jahren einen phantastischen, gefährlichen, zuletzt fast verzweifelten Aufstieg genommen hat, der ausschließlich abendländisch und dynamisch ist und nichts weniger als allgemein menschlich.

Was wir heute Nationalökonomie nennen, ist aufgebaut aus lauter spezifisch englischen Voraussetzungen. Die allen andern Kulturen ganz unbekannte Maschinenindustrie steht in der Mitte, als ob das selbstverständlich wäre, und beherrscht durchaus die Begriffsbildung und die Ableitung sogenannter Gesetze, ohne daß man sich dessen bewußt wird. Das Kreditgeld in der besonderen Gestalt, welche sich aus dem englischen Verhältnis von Welthandel und Exportindustrie in einem bauernlosen Lande ergeben hat, dient als Unterlage von Definitionen der Worte Kapital, Wert, Preis, Vermögen, die dann ohne weiteres auf andere Kulturstufen und Lebenskreise angewandt werden. Die Insellage Englands hat in allen ökonomischen Theorien die Auffassung der Politik und ihrer Beziehung zur Wirtschaft bestimmt. Die Schöpfer dieses Wirtschafts *bildes* sind David Humeund Adam Smith.Was seitdem über sie hinaus und gegen sie geschrieben worden ist, setzt immer die kritische Anlage und Methode ihrer Systeme unbewußt voraus. Das gilt von Carey und List so gut wie von Fourier und Lassalle. Und was den größten Gegner von Adam Smith, Marx betrifft, so macht es wenig aus, ob man, ganz in der Vorstellungswelt des englischen Kapitalismus befangen, laut gegen ihn protestiert: man erkennt ihn eben damit an und will nur durch eine andre Art von Verrechnung dessen Objekten den Vorteil der Subjekte zuwenden.

Es handelt sich von Smith bis Marx um die bloße Selbstanalyse des wirtschaftlichen Denkens einer einzigen Kultur und zwar auf einer einzigen Stufe. Sie ist rationalistisch durch und durch und geht also vom *Stoff* aus und seinen Bedingungen, Nöten und Reizen, statt von der *Seele* der Geschlechter, Stände, Völker und ihrer Gestaltungskraft. Sie betrachtet den Menschen als Zubehör der Lage und weiß nichts von der großen Persönlichkeit und dem geschichtsbildenden Willen Einzelner und ganzer Scharen, der in den wirtschaftlichen Tatsachen Mittel und nicht Zwecke sieht. Sie hält das Wirtschaftsleben für etwas, das man ohne Rest aus sichtbaren Ursachen und Wirkungen erklären kann, das ganz mechanisch angelegt und völlig in sich abgeschlossen ist, und das endlich zu den ebenfalls für sich gedachten Kreisen der Politik und Religion in einem irgendwie kausalen Verhältnis steht. Weil diese Betrachtungsweise systematisch und nicht geschichtlich ist, so glaubt sie an die zeitlose Gültigkeit ihrer Begriffe und Regeln und hat den Ehrgeiz, die allein richtige Methode „der" Wirtschaftsführung aufstellen zu wollen. Deshalb hat sie überall, wo ihre Wahrheiten mit den Tatsachen zusammentrafen, ein vollkommenes Fiasko erlebt, wie es mit den Voraussagen für den Ausbruch des Weltkriegs durch bürgerlicheund mit der Einrichtung der Sowjetwirtschaft durch proletarische Theoretiker der Fall war.

Es gibt also noch keine Nationalökonomie, insofern man darunter eine Morphologie der Wirtschaftsseite des Lebens versteht und zwar des Lebens der hohen Kulturen mit ihrer nach Stufe, Tempo und Dauer gleichartigen Ausbildung eines wirtschaftlichen *Stils.* Denn die Wirtschaft besitzt kein System sondern eine Physiognomie. Um das Geheimnis ihrer inneren Form, ihrer *Seele* zu ergründen, bedarf es des physiognomischen Taktes. Um in ihr Erfolg zu haben, muß man Kenner sein, so wie man Menschenkenner und Pferdekenner ist, und braucht kein „Wissen", so wenig der Reiter etwas von der Zoologie zu „wissen" braucht. Aber diese Kennerschaft kann geweckt werden und zwar durch einen mitfühlenden Blick auf die Geschichte, der eine Ahnung von den geheimen Rassetrieben gibt, die auch in wirtschaftlich tätigen Wesen am Werke sind, um die äußere Lage – den ökonomischen „Stoff", die *Not* – nach dem eignen Innern sinnbildlich zu gestalten. *Jedes Wirtschaftsleben ist Ausdruck eines Seelenlebens.*

Das ist eine neue, eine deutsche Wirtschaftsauffassung, jenseits von Kapitalismus *und* Sozialismus, die beide aus der nüchtern bürgerlichen Verständigkeit des 18. Jahrhunderts hervorgegangen sind und die nichts sein wollten als eine stoffliche Analyse – und daraufhin eine Konstruktion – der wirtschaftlichen Oberfläche. Was bis jetzt gelehrt worden ist, bereitet nur vor. Das Wirtschaftsdenken steht wie das Rechtsdenken noch vor seiner eigentlichen Entfaltung,die heute wie in hellenistisch-römischer Zeit erst dort einsetzt, wo Kunst und Philosophie unwiderruflich Vergangenheit geworden sind.

Der folgende Versuch will nichts sein als ein flüchtiger Blick auf die hier vorhandenen Möglichkeiten.

Wirtschaft und Politik sind Seiten des *einen* lebendig dahinströmenden Daseins, nicht des Wachseins, des Geistes.In beiden offenbart sich der Takt kosmischer Flutungen, die in Geschlechterfolgen von Einzelwesen eingefangen sind. Sie *haben* nicht etwa, sondern sie *sind* Geschichte. Die nichtumkehrbare Zeit, das Wann regiert in ihnen. Sie gehören beide zur Rasse und nicht zur Sprache mit ihren raumhaft-kausalen Spannungen wie Religion und Wissenschaft; sie richten sich beide auf Tatsachen und nicht auf Wahrheiten. Es gibt politische und wirtschaftliche *Schicksale*, so wie es in allen religiösen und wissenschaftlichen Lehren einen zeitlosen *Zusammenhang von Ursache und Wirkung* gibt.

Das Leben besitzt also eine politische *und* eine wirtschaftliche Art, für die Geschichte „in Form" zu sein. Sie überlagern, stützen oder bekämpfen sich, aber die politische ist unbedingt die erste. Das Leben will sich erhalten *und* durchsetzen oder vielmehr, es will sich stärker machen, *um* sich durchzusetzen. In wirtschaftlicher Verfassung befinden sich die Daseinsströme nur für sich selbst, in politischer für ihr Verhältnis zu den andern. Daran ändert sich nichts von den einfachsten einzelligen Pflanzen bis zu den Schwärmen und Völkern der höchsten frei im Räume beweglichen Wesen. Sich ernähren und sich bekämpfen: den Rangunterschied beider Lebensseiten läßt ihr Verhältnis zum Tode erkennen. Es gibt keinen tieferen Gegensatz als den von *Hungertod* und *Heldentod*. Wirtschaftlich wird das Leben bedroht, entwürdigt, *erniedrigt* durch den Hunger im weitesten Sinne; auch die Unmöglichkeit, seine Kräfte zur vollen Entwicklung zu bringen, gehört dazu, die Enge im Lebensraum, die Dunkelheit, der Druck, nicht nur die unmittelbare Gefahr. Ganze Völker haben durch die zehrende Kümmerlichkeit ihrer Lebenshaltung die Spannkraft der Rasse verloren. Hier stirbt man *an* etwas, nicht *für* etwas. Die Politik opfert Menschen für ein Ziel; sie fallen für eine Idee; die Wirtschaft läßt sie nur verderben. *Der Krieg ist der Schöpfer, der Hunger der Vernichter aller großen Dinge*. Dort wird das Leben durch den Tod gehoben, oft bis zu jener unwiderstehlichen Kraft, deren bloßes Vorhandensein schon den Sieg bedeutet; hier weckt der Hunger jene häßliche, gemeine, ganz unmetaphysische Art von Lebensangst, unter welcher die höhere Formenwelt einer Kultur jäh zusammenbricht und der nackte Daseinskampf menschlicher Bestien beginnt.

Es war schon die Rede von dem Doppelsinn aller Geschichte, wie er im Gegensatz von Mann und Weib zutage tritt.Es gibt eine private Geschichte, die als Zeugungsfolge der Generationen das „Leben im Räume" *darstellt*, und eine öffentliche, die es als politisches In-Form-sein *verteidigt und sichert*: die „Spindelhälfte" und die „Schwertseite" des Daseins. Sie finden ihren Ausdruck in den Ideen der Familie und des Staates, aber auch in der Urgestalt des Hauses,in dem die guten Geister des Ehebetts – der Genius und die Juno jeder altrömischen Wohnstätte – von der Tür, dem Janus, geschützt werden. Der *privaten* Geschichte des Geschlechts tritt nun die Wirtschaft zur Seite. Von der Dauer eines blühenden Lebens kann seine Kraft, vom Geheimnis der Zeugung und Empfängnis die Ernährung nicht getrennt werden. Am reinsten erscheint der

Zusammenhang im Dasein rassestarker Bauerngeschlechter, die gesund und fruchtbar in ihrer Scholle wurzeln. Und wie im Bilde des Leibes das Geschlechtsorgan mit dem des Kreislaufs verbunden ist,so bildet die Mitte des Hauses im *andern* Sinne der heilige Herd, die Vesta.

Eben deshalb bedeutet Wirtschaftsgeschichte etwas ganz anderes als politische Geschichte. Hier stehen die großen einmaligen Schicksale im Vordergrund, die sich zwar in den bindenden Formen der Epoche vollziehen, aber jede für sich streng persönlich sind. Dort handelt es sich wie in der Geschichte der Familie um den Entwicklungsgang der Formen *sprache*, und alles Einmalige und Persönliche ist ein wenig bedeutendes Privatschicksal. Nur die Grundform von Millionen Fällen kommt in Betracht. Aber die Wirtschaft ist doch nur die Unterlage alles irgendwie sinnvollen Daseins.Es kommt nicht eigentlich darauf an, *daß* man in Verfassung, gut genährt und fruchtbar ist, als Einzelner oder als Volk, sondern wofür man es ist, und je höher der Mensch geschichtlich steigt, desto weiter überragt sein politisches und religiöses Wollen an Innerlichkeit der Symbolik und Gewalt des Ausdrucks alles, was das Wirtschaftsleben als solches an Form und Tiefe besitzt. Erst wenn mit der Heraufkunft einer Zivilisation die Ebbe der gesamten Formenwelt beginnt, treten die Umrisse der bloßen Lebenshaltung nackt und aufdringlich hervor: das ist denn die Zeit, wo der platte Spruch von „Hunger und Liebe“ als den Triebkräften des Daseins aufhört, schamlos zu sein, wo nicht das Starkwerden für eine Aufgabe, sondern das Glück der Meisten, Behagen und Bequemlichkeit, „ *panem et circenses*“ den Sinn des Lebens bilden und an Stelle der großen Politik die Wirtschaftspolitik als Selbstzweck tritt.

Weil die Wirtschaft zur Rasseseite des Lebens gehört, so besitzt sie wie die Politik eine Sitte und keine Moral,denn das unterscheidet Adel und Priestertum, Tatsachen und Wahrheiten. Jede Berufsklasse hat wie jeder Stand ein *selbstverständliches* Gefühl nicht für Gut und Böse, sondern für Gut und Schlecht. Wer es nicht besitzt, ist unehrenhaft und gemein. Denn die Ehre steht auch hier im Mittelpunkt und trennt das Fein *gefühl* für das, was sich schickt, das Takt *gefühl* wirtschaftlich tätiger Menschen von der religiösen Welt *betrachtung* und ihrem Grundbegriff der Sünde. Es gibt eine sehr bestimmte Berufsehre unter Kaufleuten, Handwerkern, Bauern, mit feinen und doch nicht weniger bestimmten Abstufungen für den Ladenbesitzer, Exportkaufmann, Bankier, Unternehmer, für Bergleute, Matrosen, Ingenieure, sogar, wie jeder weiß, für Räuber und Bettler, insofern sie sich als Berufsgenossen fühlen. Niemand hat diese Sitten gesetzt oder aufgeschrieben, aber sie sind da; sie sind wie alle Standessitten überall und zu allen Zeiten anders und jedesmal nur innerhalb des Kreises der Zugehörigen verbindlich. Neben den adligen Tugenden der Treue, Tapferkeit, Ritterlichkeit, Kameradschaft, die keiner Berufsgenossenschaft fremd sind, erscheinen scharf ausgeprägte Anschauungen über den ethischen Wert des Fleißes, des Erfolges, der Arbeit und ein erstaunliches Distanzgefühl. Dergleichen *hat* man, ohne viel darum zu wissen – erst der Verstoß bringt die Sitte zum Bewußtsein –, im Gegensatz zu religiösen Geboten, die zeitlos und allgemeingültig sind, aber als nie verwirklichte Ideale, und die man lernen muß, um sie zu wissen und befolgen zu können.

Die religiös-asketischen Grundbegriffe wie „selbstlos“ und „sündlos“ sind innerhalb des Wirtschaftslebens ohne Sinn. Für den wahren Heiligen ist die Wirtschaft überhaupt Sünde,nicht nur das Zinsnehmen und die Freude am Reichtum oder der Neid der Armen darauf. Das Wort von den Lilien auf dem Felde ist für tief religiöse – und philosophische – Naturen unbedingt wahr. Sie stehen mit dem ganzen Schwergewicht ihres Wesens außerhalb der Wirtschaft und Politik und aller andern Tatsachen „dieser Welt“. Das lehrt die Zeit Jesu ebenso wie die des heiligen Bernhard und das Grundgefühl im heutigen Russentum, und ebenso die Lebensführung eines Diogenes oder Kant. Deshalb wählt man freiwillige Armut und Wanderschaft oder flüchtet sich in Mönchszellen und Gelehrtenstuben. Wirtschaftlich betätigt sich *nie* eine Religion oder Philosophie sondern immer nur der politische Organismus einer *Kirche* oder der soziale einer theoretisierenden Genossenschaft. Es ist immer ein Kompromiß mit „dieser Welt“ und ein Zeichen des Willens zur Macht.

2

Was man das Wirtschaftsleben einer Pflanze nennen darf, vollzieht sich an und in ihr, ohne daß sie selbst etwas andres wäre als der Schauplatz und willenlose Gegenstand eines Naturvorgangs.Dies pflanzenhafte, traumhafte Element liegt unverändert der “Wirtschaft“ auch noch des menschlichen Leibes zugrunde, wo es in Gestalt der Kreislauforgane sein fremdartiges und willenloses Dasein führt. Mit dem frei im Raum beweglichen Leibe des Tieres aber tritt zum Dasein das Wachsein, das verstehende Empfinden und damit der Zwang, für die Erhaltung des Lebens selbständig zu *sorgen*. Hier beginnt die Lebens *angst* und führt zu einem Tasten, Wittern, Spähen, Horchen mit immer schärferen Sinnen und daraufhin zu Bewegungen im Raume, zum Suchen, Sammeln, Verfolgen, Überlisten, Rauben, das sich bei manchen Arten wie den Bibern, Ameisen, Bienen, vielen Vögeln und Raubtieren bis zu den Anfängen einer wirtschaftlichen Technik steigert, welche Überlegung, das heißt eine gewisse Ablösung des Verstehens vom Empfinden voraussetzt. Der Mensch ist eigentlich Mensch in dem Grade, als sich sein Verstehen vom Empfinden befreit hat und als Denken in die Beziehungen zwischen Mikrokosmos und Makrokosmos schöpferisch eingreift.Ganz tierhaft ist noch die Frauenlist dem Manne gegenüber und jene Bauernschlauheit im Erobern kleiner Vorteile, die sich beide von der Schlauheit des Fuchses in nichts unterscheiden und mit *einem* verstehenden Blick das ganze Geheimnis ihres Opfers durchdringen; aber darüber erhebt sich nun das Wirtschafts *denken*, das den Acker bestellt, das Vieh zähmt, die Dinge verwandelt, veredelt, tauscht und tausend Mittel und Methoden erfindet, um die Lebenshaltung zu erhöhen und die Abhängigkeit von der Umwelt in eine Herrschaft über sie zu verwandeln. Dies ist die Unterlage aller Kulturen.

Die Rasse bedient sich eines Wirtschaftsdenkens, das so mächtig werden kann, daß es sich von seinen Zwecken löst, abstrakte Theorien aufbaut und sich in utopische Weiten verliert.

Alles höhere Wirtschaftsleben entwickelt sich an und über einem Bauerntum. Nur das Bauerntum selbst setzt nichts andres voraus.Es ist gewissermaßen die Rasse an sich, pflanzenhaft und geschichtslos,ganz für sich erzeugend und verbrauchend, mit einem Blick auf die Welt, vor dem sich alles andre Wirtschaftswesen beiläufig und verächtlich ausnimmt. Dieser *erzeugenden* tritt nun eine erobernde Art von Wirtschaft entgegen, die sich der ersten als eines Objekts bedient, sich von ihr nähren läßt, sie tributpflichtig macht oder beraubt. Politik und Handel sind in den Anfängen durchaus untrennbar, beide herrenmäßig, persönlich, kriegerisch, mit einem Hunger nach Macht und Beute, der einen ganz andern Blick auf die Welt mit sich führt – nicht aus einem Winkel auf sie hinaus sondern auf ihr Gewimmel herab –, wie er sich in der Wahl des Löwen, Bären, Geiers, Falken zu Wappentieren deutlich genug ausspricht. Der Urkrieg ist immer auch Raubkrieg, der Urhandel mit Plünderung und Piraterie aufs engste verwandt. Die isländischen Sagas erzählen, wie die Wikinger oft mit der Bevölkerung einen Marktfrieden von zwei Wochen verabreden, um Handel zu treiben, worauf man zu den Waffen greift und das Beutemachen beginnt.

Politik und Handel in entwickelter Form – die Kunst, durch geistige Überlegenheit Sacherfolge über den Gegner zu erzielen – sind beide ein Ersatz des Krieges durch andere Mittel. Jede Art Diplomatie ist geschäftlicher, jedes Geschäft diplomatischer Natur, und beide beruhen auf eindringender Menschenkenntnis und physiognomischem Takt. Der Unternehmungsgeist großer Seefahrer, wie wir sie unter den Phönikern, Etruskern, Normannen, Venezianern, Hanseaten finden, kluger Bankherren wie die Fugger und Medici, mächtiger Geldleute wie Crassus und die Minen- und Trustmagnaten unserer Tage erfordert die strategische Begabung von *Feldherrn,* wenn die Operationen glücken sollen. Der Stolz auf das Stammhaus, das väterliche Erbe, die Familientradition bilden sich hier wie dort in gleicher Weise heraus; die „großen Vermögen“ sind wie Königreiche und haben ihre Geschichte;und Polykrates, Solon, Lorenzo de'Medici, Jürgen Wullenweber sind durchaus nicht die einzigen Beispiele von politischem Ehrgeiz, der sich aus kaufmännischem entwickelt hat.

Aber der echte Fürst und Staatsmann will herrschen, der echte Geschäftsmann will nur reich sein; hier trennt sich die erobernde Wirtschaft als Mittel und als Zweck.Man kann die Beute um der Macht und die Macht um der Beute willen suchen. Auch der große Herrscher wie Hoang-ti, Tiberius oder Friedrich II. will „reich an Land und Leuten“ sein, aber mit dem Bewußtsein einer vornehmen Verpflichtung. Man nimmt mit gutem Gewissen und als etwas Selbstverständliches die Schätze der ganzen Welt in Anspruch und kann ein Leben in strahlendem Glanz und selbst in Verschwendung führen, wenn man sich zugleich als Träger einer Sendung fühlt wie Napoleon, Cecil Rhodes und auch der römische Senat des 3. Jahrhunderts, und deshalb den Begriff des Privatbesitzes in bezug auf sich selbst kaum kennt.

Wer auf bloße Wirtschaftsvorteile aus ist wie zur Römerzeit die Karthager und heute in noch viel höherem Grade die Amerikaner, der vermag auch nicht rein politisch zu denken. Er wird bei den Entscheidungen der hohen Politik immer ausgenützt und betrogen sein, wie das Beispiel Wilsons zeigt, zumal wenn der Mangel an staatsmännischem Instinkt durch moralische Stimmungen ersetzt ist. Deshalb häufen die großen Wirtschaftsverbände der Gegenwart wie Unternehmertum und Arbeiterschaft einen politischen Mißerfolg auf den andern, wenn sie nicht einen echten Politiker als Führer finden, der – sich ihrer bedient. Wirtschaftliches und politisches Denken sind bei hoher Übereinstimmung der Form in der Richtung und damit in allen taktischen Einzelheiten grundverschieden. Große geschäftliche Erfolgewecken ein schrankenloses Gefühl von *öffentlicher* Macht. Man wird diesen Unterton im Worte „Kapital" nicht verkennen. Aber nur bei einzelnen ändert sich damit Farbe und Richtung ihres Wollens und ihr Maßstab für die Lagen und Dinge. Erst wenn man wirklich aufgehört hat, sein Unternehmen als Privatsache zu empfinden und als dessen Ziel die bloße Anhäufung von Besitz, besteht die Möglichkeit, aus einem Unternehmer ein Staatsmann zu werden. Das war der Fall von Cecil Rhodes. Aber umgekehrt besteht für Menschen der politischen Welt die Gefahr, daß ihr Wollen und Denken von geschichtlichen Aufgaben zur bloßen Sorge für die private Lebenshaltung herabsinkt. Dann wird aus dem Adel ein Raubrittertum; es erscheinen die bekannten Fürsten, Minister, Volksmänner und Revolutionshelden, deren Eifer sich in einem Schlaraffenleben und dem Sammeln gewaltiger Reichtümer erschöpft – zwischen Versailles und dem Jakobinerklub, Unternehmern und Arbeiterführern, russischen Gouverneuren und Bolschewisten besteht da kaum ein Unterschied –, und in der reif gewordenen Demokratie ist die Politik der „Arrivierten" nicht nur mit Geschäft, sondern mit den schmutzigsten Arten großstädtischer Spekulationsgeschäfte identisch.

Gerade darin aber offenbart sich der geheime Gang einer hohen Kultur. Am Anfang erscheinen die Urstände Adel und Priestertum mit ihrer Symbolik von Zeit und Raum. Damit haben, in einer wohlgeordneten Gesellschaft,das politische Leben wie das religiöse Erleben ihren festen Platz, ihre berufenen Träger und ihre für Tatsachen wie für Wahrheiten schlechthin gegebenen Ziele, und in der Tiefe bewegt sich das Wirtschaftsleben in einer unbewußten sicheren Bahn. Der Strom des Daseins verfängt sich im steinernen Gehäuse der Stadt und von hier aus übernehmen Geld und Geist die geschichtliche Führung. Das Heldenhafte und Heilige mit der sinnbildlichen Wucht ihrer frühen Erscheinung werden selten und ziehen sich in enge Kreise zurück. Eine kühle bürgerliche Klarheit tritt an ihre Stelle. Im Grunde erfordern ein Systemabschluß und ein Geschäftsabschluß ein und dieselbe Art von fachmännischer Intelligenz. Durch den symbolischen Rang kaum noch getrennt, dringen politisches und wirtschaftliches Leben, religiöse und wissenschaftliche Erkenntnis aufeinander ein, berühren und mischen sich. Der Strom des Daseins verliert die strenge und reiche Form im Treiben der großen Städte. Elementare Wirtschaftszüge treten an die Oberfläche und treiben mit den Resten formvoller Politik ihr Spiel, wie gleichzeitig die souveräne Wissenschaft die Religion unter ihre Objekte aufnimmt. Über ein Leben von wirtschaftspolitischem Selbstgenügen breitet sich eine kritisch-erbauliche Weltstimmung. Aber aus ihm treten endlich an Stelle der zerfallenen Stände einzelne Lebensläufe von echt politischer und religiöser Gewalt hervor, die für das Ganze zum Schicksal werden.

Daraus ergibt sich die Morphologie der Wirtschaftsgeschichte. Es gibt eine *Urwirtschaft* "des" Menschen, die ebenso wie die der Pflanze und des Tiers ihre Form in biologischen Zeiträumenverändert. Sie beherrscht das primitive Zeitalter vollkommen und bewegt sich zwischen und in den hohen Kulturen ohne erkennbare Regel unendlich langsam und verworren fort. Tiere und Pflanzen werden herangezogen und durch Zähmung, Züchtung, Veredlung, Aussaat umgeschaffen, das Feuer und die Metalle ausgenützt, die Eigenschaften der unlebendigen Natur durch technische Verfahren in den Dienst der Lebenshaltung gestellt. Alles das ist durchdrungen von politisch-religiöser Sitte und Bedeutung, ohne daß *totem* und *tabu*, Hunger, Seelenangst, Geschlechtsliebe, Kunst, Krieg, Opferbrauch, Glaube und Erfahrung deutlich zu trennen wären.

Etwas ganz anderes nach Begriff und Entwicklung ist die strenggeformte und in Tempo und Dauer scharf begrenzte *Wirtschaftsgeschichte der hohen Kulturen*, von denen jede einzelne einen eignen Wirtschaftsstil besitzt. Zum Lehnswesen gehört die Wirtschaft des stadtlosen Landes. Mit dem von Städten aus regierten Staat erscheint die Stadtwirtschaft des Geldes, die sich mit dem Anbruch jeder Zivilisation zur Diktatur des Geldes erhebt, gleichzeitig mit dem Sieg der weltstädtischen Demokratie. Jede Kultur besitzt ihre selbständig entwickelte Formenwelt. Das körperhafte Geld apollinischen Stils – die geprägte Münze – steht dem faustisch-dynamischen Beziehungsgelde – der Buchung von Krediteinheiten – ebenso fern wie die Polis dem Staate Karls V. Aber das wirtschaftliche Leben bildet sich ganz wie das gesellschaftliche zu einer Pyramide aus.Im dörflichen Untergrunde hält sich eine völlig primitive, kaum von der Kultur berührte Lage. Die späte Stadtwirtschaft, bereits das Tun einer entschiedenen Minderheit, sieht beständig auf eine frühzeitliche Landwirtschaft herab, die rings umher ihr Wesen weiter treibt und voll Argwohn und Haß auf den durchgeistigten Stil innerhalb der Mauern blickt. Zuletzt führt die Weltstadt eine – zivilisierte – Weltwirtschaft herauf, die von ganz engen Kreisen weniger Mittelpunkte ausstrahlt und den Rest als Provinzwirtschaft sich unterwirft, während in entlegenen Landschaften oft noch durchaus die primitive – „patriarchalische" – Sitte herrscht. Mit dem Wachstum der Städte wird die Lebenshaltung immer künstlicher, feiner, verwickelter. Der Großstadtarbeiter im cäsarischen Rom, im Bagdad Harun al Raschids und im heutigen Berlin empfindet vieles als selbstverständlich, was dem reichen Bauern fern im Lande als wahnwitziger Luxus erscheint, aber dieses Selbstverständliche ist schwer zu erreichen und schwer zu behaupten; das Arbeitsquantum aller Kulturen wächst in ungeheurem Maße, und so entwickelt sich am Anfang jeder Zivilisation eine Intensität des Wirtschaftslebens, die in ihrer Spannung übertrieben und stets gefährdet ist und nirgends lange aufrecht erhalten werden kann. Zuletzt bildet sich ein starrer und dauerhafter Zustand heraus mit einem seltsamen Gemisch raffiniert durchgeistigter und ganz primitiver Züge, wie ihn die Griechen in Ägypten und wir im heutigen Indien und China kennen lernen, wenn er nicht vor dem unterirdischen Nachdrängen einer jungen Kultur dahinschwindet wie der antike zur Zeit Diokletians.

Dieser Wirtschaftsbewegung gegenüber sind die Menschen als Wirtschafts *klasse* in Form, wie sie es der Weltgeschichte gegenüber als politischer *Stand* sind. Jeder einzelne hat eine wirtschaftliche Stellung *innerhalb der ökonomischen Gliederung* so, wie er irgend einen Rang innerhalb der *Gesellschaft* einnimmt. Beide Arten von Zugehörigkeit nehmen gleichzeitig sein Fühlen, Denken und Sichverhalten in Anspruch. Ein Leben will da sein und darüber hinaus noch etwas bedeuten; und die Verwirrung unserer Begriffe ist endlich noch dadurch gesteigert worden, daß politische Parteien, heute wie in hellenistischer Zeit, gewisse wirtschaftliche Gruppen, deren Lebenshaltung sie glücklicher gestalten wollten, durch Erhebung in einen politischen Stand gewissermaßen adelten, wie es Marx mit der Klasse der Fabrikarbeiter getan hat.

Denn der erste und echte Stand ist der Adel. Von ihm leitet sich der Offizier und Richter ab und alles, was zu den hohen Regierungs- und Verwaltungsämtern gehört. Es sind standesartige Gebilde, die etwas *bedeuten*. Ebenso gehört zum Priestertum die Gelehrtenschaftmit einer sehr ausgeprägten Art von ständischer Abgeschlossenheit. Aber mit Burg und Dom ist die große Symbolik zu Ende. Der *tiers* ist bereits der Nichtstand, der Rest, eine bunte und vielfältige Sammlung, die als solche wenig bedeutet außer in Augenblicken des politischen Protestes, und die sich deshalb Bedeutung *gibt*, indem sie Partei ergreift. Man fühlt sich, nicht als Bürger, sondern weil man „liberal" ist, und also eine große Sache zwar nicht durch seine Person *repräsentiert*, aber ihr durch seine Überzeugung *angehört*. Infolge der Schwäche dieses gesellschaftlichen Geformtseins tritt das wirtschaftliche in „bürgerlichen" Berufen, Gilden und Verbänden um so sichtbarer hervor. In den Städten wenigstens ist ein Mensch zuerst durch das bezeichnet, wovon er lebt.

Wirtschaftlich ist das erste und ursprünglich fast das einzige das Bauerntum,die schlechthin *erzeugende* Art von Leben, die jede andre erst möglich macht. Auch die Urstände gründen ihre Lebenshaltung in früher Zeit durchaus auf Jagd, Viehhaltung und Ackerbesitz, und noch für Adel und Geistlichkeit der Spätzeiten ist es die einzig vornehme Möglichkeit, „begütert" zu sein. Ihr steht die *vermittelnde*, erbeutende Lebensart des Handelsgegenüber, im Verhältnis zur kleinen Zahl von gewaltiger Macht und schon ganz früh unentbehrlich, ein feiner Parasitismus, vollkommen unproduktiv und deshalb landfremd und schweifend, „frei", auch seelisch unbeschwert von Sitten und

Bräuchen der Erde, ein Leben, das von anderem Leben sich nährt. Dazwischen wächst nun eine dritte Art von Wirtschaft heran, die *verarbeitende der Technik* in zahllosen Handwerken, Gewerben und Berufen, welche ein Nachdenken über die Natur zur schöpferischen Anwendung bringen und deren Ehre und Gewissen an der Leistung haftet.Ihre älteste, bis in die Urzeit zurückreichende Zunft und zugleich ihr Urbild mit einer Fülle dunkler Sagen, Bräuche und Anschauungen sind die Schmiede, die infolge ihrer stolzen Absonderung vom Bauerntum und der um sie verbreiteten Scheu, die zwischen Achtung und Ächtung wechselt, oft zu wirklichen Volksstämmen eigner Rasse geworden sind wie die Falascha in Abessinien.

Im erzeugenden, verarbeitenden und vermittelnden Wirtschaftswesen gibt es wie in allem, was zur Politik und überhaupt zum Leben gehört, *Subjekte und Objekte der Leitung* und also ganze Gruppen, die anordnen, entscheiden, organisieren, erfinden, und andere, denen lediglich die Ausführung zusteht. Der Rangunterschied kann schroff oder kaum fühlbar,der Aufstieg unmöglich oder selbstverständlich, die Würde der Tätigkeit fast dieselbe mit langsamen Übergängen oder ganz verschieden sein. Tradition und Gesetz, Begabung und Besitz, Volkszahl, Kulturstufe und Wirtschaftslage beherrschen den Gegensatz, aber er ist da und zwar mit dem Leben selbst gegeben *und unabänderlich*. Trotzdem gibt es *wirtschaftlich keine "Arbeiterklasse*"; das ist eine Erfindung von Theoretikern, welche die Lage der Fabrikarbeiter in England, einem fast bauernlosen Industrielande, gerade in einer Übergangszeit vor Augen hatten und das Schema auf alle Kulturen zu allen Zeiten ausdehnten, bis es von Politikern zum Mittel von Parteigründungen erhoben wurde. In Wirklichkeit gibt es eine unabsehbare Zahl von Tätigkeiten rein dienender Art in Werkstatt und Kontor, Schreibstube und Schiffsraum, auf Landstraßen, in Schächten und in Wiese und Feld. Diesem Rechnen, Tragen, Laufen, Hämmern, Nähen, Aufpassen fehlt oft genug, was dem Leben über seine bloße Erhaltung hinaus Würde und Reiz gibt, wie es mit den standesgemäßen Aufgaben des Offiziers und Gelehrten oder den persönlichen Erfolgen des Ingenieurs, Verwalters und Kaufmanns der Fall ist, aber unter sich ist das alles ganz und gar nicht vergleichbar. Geist und Schwere der Arbeit, ihr Ort in Dorf oder Großstadt, Umfang und Gespanntheit des Betriebes lassen den Bauernknecht, Bankbeamten, Heizer und Schneidergesellen in ganz verschiedenen Welten der Wirtschaft leben und erst, ich wiederhole es, die Parteipolitik sehr später Zustände hat sie durch Schlagworte in eine Verbindung des Protestes gesetzt, um sich ihrer Masse zu bedienen. Dagegen ist der antike Sklave ein staatsrechtlicher Begriff, nämlich für den politischen Körper der antiken Polis *nicht vorhanden*,während er wirtschaftlich Bauer, Handwerker, selbst Direktor und Großkaufmann mit gewaltigem Vermögen (*peculium*), mit Palästen und Villen und einer Schar von Untergebenen, auch auch „freien", sein kann. Was er abgesehen davon in spätrömischer Zeit *noch* ist, wird sich weiter unten zeigen.

3

Mit dem Anbruch jeder Frühzeit beginnt ein Wirtschaftsleben in fester Form.Die Bevölkerung lebt durchaus bäuerlich im freien Lande. Das Erlebnis der Stadt ist für sie nicht vorhanden. Was sich vom Dorfe, von Burg, Pfalz, Kloster, Tempelbezirk abhebt, ist nicht eine Stadt, sondern ein *Markt*, ein bloßer Treffpunkt bäuerlicher Interessen, der gleichzeitig und selbstverständlich eine gewisse religiöse und politische Bedeutung besitzt, ohne daß von einem Sonderleben die Rede sein kann. Die Einwohner, auch wenn sie Handwerker oder Kaufleute sind, *empfinden* doch als Bauern und werden irgendwie auch als solche tätig sein.

Was sich von einem Leben absondert, in dem jeder erzeugt und verbraucht, sind *Güter*, und Güterumlauf ist das Wort für jeden frühzeitlichen Verkehr, mag das Einzelne aus weiter Ferne herankommen oder nur innerhalb des Dorfes oder selbst des Hofes wandern. Ein Gut ist, was mit leisen Fäden seines Wesens, seiner *Seele* an dem Leben haftet, das es hervorgebracht hat oder braucht. Ein Bauer treibt „seine" Kuh zu Markte, eine Frau bewahrt „ihren" Schmuck in der Truhe. Man ist „begütert", und das Wort *Be-sitz* führt bis in den pflanzenhaften Ursprung des Eigentums zurück, mit dem gerade dieses eine und kein anderes Dasein wurzelhaft verwachsen ist.Tausch ist in dieser Zeit ein Vorgang, durch den Güter aus einem Lebenskreise in einen andern übergehen. Sie werden vom Leben gewertet, nach einem gleitenden, *gefühlten* Maße des Augenblicks. Es gibt weder einen Wertbegriff noch ein allgemein messendes Gut. Auch Gold und Münzen sind nichts als Güter, deren seltene und unzerstörbare Art sie wertvoll macht.

In den Takt und Gang dieses Güterumlaufs greift der Händler nur als *Mittler* ein.Auf dem Markt stoßen die erobernde und die erzeugende Wirtschaft zusammen, aber selbst dort, wo Flotten landen und Karawanen eintreffen, entwickelt sich der Handel nur als *Organ* des ländlichen Verkehrs.Es ist die „ewige" Form der Wirtschaft, die sich heute noch mit der ganz urzeitlichen Figur des Hausierers in stadtarmen Landschaften hält, selbst in abgelegenen Vorstadtgassen, wo sich kleine Umlaufkreise bilden, und im Privathaushalt von Gelehrten, Beamten und überhaupt von Menschen, die dem großstädtischen Wirtschaftsleben nicht tätig eingegliedert sind.

Eine ganz andere Art von Leben erwacht mit der Seele der Stadt. Vgl.Sobald der Markt zur Stadt geworden ist, gibt es nicht mehr bloße Schwerpunkte des Güterstroms, der durch eine rein bäuerliche Landschaft geht, sondern eine zweite Welt innerhalb der Mauern, für die das schlechthin erzeugende Leben „da draußen" nichts ist als Mittel und Objekt, und aus der heraus ein anderer Strom zu kreisen beginnt. Das ist das Entscheidende: der echte Städter ist *nicht* erzeugend im ursprünglich erdhaften Sinne. Ihm fehlt die innere Verbundenheit mit dem Boden wie mit dem Gut, das durch seine

Hände geht. Er lebt nicht mit ihm, sondern er betrachtet es von außen und nur in bezug auf seinen Lebensunterhalt.

Damit wird das Gut zur Ware, der Tausch zum Umsatz, und an Stelle *des Denkens in Gütern tritt das Denken in Geld*.

Damit wird ein rein ausgedehntes Etwas, eine Form der Grenzsetzung, von den sichtbaren Wirtschaftsdingen abgezogen, ganz wie das mathematische Denken von der mechanisch aufgefaßten Umwelt etwas abzieht, und das Abstraktum Geld entspricht durchaus dem Abstraktum Zahl.Beides ist vollkommen anorganisch. Das Wirtschaftsbild wird ausschließlich auf Quantitäten zurückgeführt, unter Absehen von der Qualität, die gerade das wesentliche Merkmal des Gutes bildet. Für den frühzeitlichen Bauern ist „seine" Kuh zuerst gerade dieses eine Wesen und dann erst Tauschgut; für den Wirtschaftsblick eines echten Städters gibt es nur einen abstrakten Geldwert in der zufälligen Gestalt einer Kuh, der jederzeit in die Gestalt etwa einer Banknote umgesetzt werden kann. Ebenso erblickt der echte Techniker in einem berühmten Wasserfall nicht ein einzigartiges Naturschauspiel, sondern ein reines Quantum unverwerteter Energie.

Es ist ein Fehler aller modernen Geldtheorien, daß sie von den Wertzeichen oder sogar vom Stoff der Zahlungsmittel statt von der Form des wirtschaftlichen Denkens ausgehen.Aber Geld ist wie Zahl und Recht *eine Kategorie des Denkens*. Es gibt ein Gelddenken so wie es ein juristisches, mathematisches, technisches Denken der Umwelt gibt. Von dem Sinnenerlebnis eines Hauses wird ganz Verschiedenes abgezogen, je nachdem man es als Händler, Richter oder Ingenieur im Geiste prüft und in bezug auf eine Bilanz, einen Rechtsstreit oder eine Einsturzgefahr hin wertet. Am nächsten aber steht dem Denken in Geld die Mathematik. Geschäftlich denken heißt rechnen. Der Geldwert ist ein Zahlenwert, der an einer Rechnungseinheit gemessen wird.Diesen exakten „Wert an sich" hat, wie die Zahl an sich, erst das Denken des Städters, des wurzellosen Menschen hervorgebracht. Für den Bauern gibt es nur flüchtige, gefühlte Worte in bezug auf ihn, die er im Tausch von Fall zu Fall geltend macht. Was er nicht braucht oder besitzen will, hat für ihn „keinen Wert". Erst im Wirtschaftsbilde des echten Städters gibt es objektive Werte und Wertarten, die als Elemente des Denkens unabhängig von seinem privaten Bedarf bestehen und der Idee nach allgemeingültig sind, obwohl in Wirklichkeit jeder einzelne sein eignes Wertsystem und seine eigne Fülle der verschiedensten Wertarten besitzt und von ihnen aus die geltenden Wertansätze (Preise) des Marktes als teuer oder billig empfindet.

Während der frühe Mensch Güter *vergleicht* und nicht nur mit dem Verstande, *berechnet* der späte den Wert der Ware, und zwar nach einem starren qualitätslosen Maß. Jetzt wird nicht mehr das Geld an der Kuh, sondern die Kuh am Gelde gemessen und das Ergebnis durch eine abstrakte Zahl, den Preis, ausgedrückt. Ob und in welcher Weise dieses Wertmaß in einem *Wertzeichen* sinnbildlichen Ausdruck findet – so wie das geschriebene, gesprochene, vorgestellte Zahlzeichen Sinnbild einer

Zahlenart ist –, das hängt vom Wirtschaftsstil der einzelnen Kulturen ab, die jedesmal eine andere Art von Geld hervorbringen. Diese Geldart ist vorhanden nur infolge des Vorhandenseins einer städtischen Bevölkerung, die in ihr wirtschaftlich denkt, und sie bestimmt weiterhin, ob das Wertzeichen zugleich als Zahlungsmittel dient wie die antike Münze aus Edelmetall und *vielleicht* die babylonischen Silbergewichte. Dagegen ist der ägyptische *deben*, das nach Pfunden abgewogene Rohkupfer, ein Tauschmaß, aber weder Zeichen noch Zahlungsmittel, die abendländische und die „gleichzeitige" chinesische Banknoteein Mittel, aber kein Maß, und über die Rolle, welche Münzen aus Edelmetall in *unserer* Art von Wirtschaft spielen, pflegen wir uns vollkommen zu täuschen: sie sind eine in Nachahmung der antiken Sitte hergestellte *Ware* und besitzen deshalb, am Buchwert des Kreditgeldes gemessen, einen Kurs.

Aus dieser Art von Denken heraus wird der mit dem Leben und dem Boden verbundene *Besitz* zum *Vermögen*, das dem Wesen nach beweglich und qualitativ unbestimmt ist: es *besteht* nicht in Gütern, sondern es wird in solchen „ *angelegt*". An sich betrachtet ist es ein rein zahlenmäßiges Quantum von Geldwert.

Als Sitz dieses Denkens wird die Stadt zum Geldmarkt (Geldplatz) und Wertmittelpunkt, und ein Strom von Geldwerten beginnt den Güterstrom zu durchdringen, zu durchgeistigen und zu beherrschen. *Aber damit erhebt sich der Händler vom Organ zum Herrn des Wirtschaftslebens.* Denken in Geld ist immer irgendwie kaufmännisches, „ *geschäftliches*" Denken. Es setzt die erzeugende Wirtschaft des Landes voraus und ist deshalb zunächst immer erobernd, denn es gibt nichts Drittes. Die Worte Erwerb, Gewinn, Spekulation deuten auf einen Vorteil, welcher den zum Verbraucher wandernden Dingen unterwegs abgelistet wird, auf *intellektuelle Beute*, und sind deshalb auf das frühe Bauerntum nicht anwendbar. Man muß sich ganz in den Geist und Wirtschaftsblick des echten Städters versetzen. Er arbeitet nicht für den Bedarf, sondern für den Verkauf, „für Geld".

Die geschäftliche Auffassung durchdringt allmählich jede Art von Tätigkeit. Mit dem Güterverkehr innerlich verbunden war der ländliche Mensch Geber und Nehmer zugleich; auch der Händler auf dem frühen Markte macht kaum eine Ausnahme. Mit dem Geldverkehr erscheint zwischen Erzeuger und Verbraucher wie zwischen zwei getrennten Welten „ *der Dritte*", dessen Denken das Geschäftsleben alsbald beherrscht. Er zwingt den ersten zum Angebot, den zweiten zur Nachfrage an ihn; er erhebt die Vermittlung zum Monopol und dann zur Hauptsache im Wirtschaftsleben, und zwingt die beiden andern, in *seinem* Interesse in Form zu sein, die Ware nach *seiner* Berechnung herzustellen und unter dem Druck *seiner* Angebote abzunehmen.

Wer dieses Denken beherrscht, ist Meister des Geldes.Die Entwicklung geht in allen Kulturen diesen Weg. Lysias stellt in seiner Rede gegen die Getreidehändler fest, daß die Spekulanten im Piräus manchmal das Gerücht verbreiteten, eine Getreideflotte sei gescheitert oder ein Krieg ausgebrochen, um eine einträgliche Panik hervorzurufen. In hellenistisch-römischer Zeit war es eine verbreitete Sitte, auf Verabredung den Anbau zu beschränken oder die Einfuhr stocken zu lassen, um die Preise hinaufzutreiben. In Ägypten machte das dem abendländischen Bankverkehr vollkommen ebenbürtige Girowesen des Neuen ReichesGetreidecorner amerikanischen Stils möglich. Kleomenes, der Finanzverwalter Alexanders des Großen für Ägypten, konnte durch Buchkäufe den gesamten Getreidevorrat in seine Hand bringen, was eine Hungersnot weithin in Griechenland hervorrief und ungeheuren Gewinn abwarf. Wer wirtschaftlich anders denkt, sinkt damit zum bloßen Objekt großstädtischer Geldwirkungen herab. Dieser Stil ergreift bald das Wachsein der gesamten Stadtbevölkerung und damit aller, welche für die Lenkung der Wirtschaftsgeschichte ernsthaft in Betracht kommen. Bauer und Bürger bedeutet nicht nur den Unterschied von Land und Stadt, sondern auch den von Gut und Geld. Die prunkvolle Kultur der homerischen und provenzalischen Fürstenhöfe ist etwas, das mit dem Menschen gewachsen und verwachsen ist wie heute noch vielfach das Leben auf den Landsitzen alter Familien; die feinere Kultur des Bürgertums, der „Komfort", ist etwas von außen Kommendes, das *bezahlt* werden kann.Alle hochentwickelte Wirtschaft ist Stadtwirtschaft. Die Weltwirtschaft, diejenige aller Zivilisationen, sollte man Weltstadtwirtschaft nennen. Die Schicksale auch der Wirtschaft entscheiden sich nur noch an wenigen Punkten, den Geldplätzen,in Babylon, Theben, Rom, in Byzanz und Bagdad, in London, New York, Berlin und Paris. Der Rest ist Provinzwirtschaft, die ihre Kreise dürftig im Kleinen zieht, ohne sich des vollen Umfangs ihrer Abhängigkeit bewußt zu sein. Geld ist zuletzt die Form von geistiger Energie, in welcher der Herrscherwille, die politische, soziale, technische, gedankliche Gestaltungskraft, die Sehnsucht nach einem Leben von großem Zuschnitt zusammengefaßt sind. Shaw hat vollkommen recht: „Die allgemeine Achtung vor dem Gelde ist die einzige hoffnungsvolle Tatsache in unserer Zivilisation ... Geld und Leben sind unzertrennlich ... Geld *ist* das Leben."Zivilisation bezeichnet also die Stufe einer Kultur, auf welcher Tradition und Persönlichkeit ihre unmittelbare Geltung verloren haben und jede Idee zunächst in Geld umgedacht werden muß, um verwirklicht zu werden. Am Anfang war man begütert, weil man mächtig war. Jetzt ist man mächtig, weil man Geld hat. Erst das Geld erhebt den Geist auf den Thron. Demokratie ist die vollendete Gleichsetzung von Geld und politischer Macht.

Es geht ein Verzweiflungskampf durch die Wirtschaftsgeschichte jeder Kultur, den die im Boden wurzelnde Tradition einer Rasse, ihre *Seele*, gegen den Geist des Geldes führt. Die Bauernkriege zu Beginn einer Spätzeit – in der Antike 700–500, bei uns 1450–1650, in Ägypten am Ausgang des Alten Reiches – sind die erste Auflehnung des Blutes gegen das Geld, das von den mächtig werdenden Städten her seine Hand nach dem Boden ausstreckt.Die Warnung des Freiherrn vom Stein: „Wer den Boden mobilisiert, löst ihn in Staub auf", deutet auf eine Gefahr *jeder* Kultur; kann das Geld den Besitz nicht angreifen, so dringt es in das bäuerliche und adlige Denken selbst ein; der ererbte, mit dem Geschlecht verwachsene Besitz erscheint dann als Vermögen, das in Grund und Boden nur angelegt und an und für sich beweglich ist.Das Geld erstrebt die Mobilisierung *aller* Dinge. Weltwirtschaft ist die zur Tatsache gewordene Wirtschaft in abstrakten, vom Boden völlig fortgedachten, verflüssigten Werten.Das antike Gelddenken hat seit den Tagen Hannibals ganze Städte in Münze, ganze Völkerschaften in Sklaven verwandelt und damit in Geld, das sich von allen Seiten nach Rom bewegt, um dort als Macht zu wirken. Das faustische Gelddenken „erschließt" ganze Kontinente, die Wasserkräfte riesenhafter Stromgebiete, die Muskelkraft der Bevölkerung weiter Landschaften, Kohlenlager, Urwälder, Naturgesetze und wandelt sie in finanzielle Energie um, die irgendwo in Gestalt der Presse, der Wahlen, der Budgets und Heere angesetzt wird, um Herrscherpläne zu verwirklichen. Immer neue Werte werden aus dem geschäftlich noch indifferenten Weltbestand abgezogen, „des Goldes schlummernde Geister", wie John Gabriel Borkmann sagt; was die Dinge abgesehen davon noch sind, kommt wirtschaftlich nicht in Betracht.

4

Jede Kultur besitzt, wie ihre eigne Art in Geld zu denken, so auch ihr eignes Symbol des Geldes, durch das sie ihr Prinzip der Wertung im Wirtschaftsbilde sichtbar zum Ausdruck bringt. Dies Etwas, eine Versinnlichung des Gedachten, steht den für Ohr und Auge gesprochenen, geschriebenen, gezeichneten Ziffern, Figuren und andern Symbolen der Mathematik an Bedeutung völlig gleich, ein tiefes und reiches Gebiet, das noch fast unerforscht daliegt. Nicht einmal die Grundfragen sind richtig gestellt worden. Es ist deshalb heute noch ganz unmöglich, die Geldidee zu umschreiben, welche dem ägyptischen Naturalien- und Geldgiroverkehr, dem babylonischen Bankwesen, der chinesischen Buchführung und dem Kapitalismus der Juden, Parsen, Griechen, Araber seit Harun al Raschid zugrunde liegt. Möglich ist nur eine Gegenüberstellung des apollinischen und faustischen Geldes, des *Geldes als Größe* und des *Geldes als Funktion*

Dem antiken Menschen erscheint auch wirtschaftlich die Umwelt als Summe von Körpern, die ihren Ort wechseln, wandern, sich drängen, stoßen, vernichten, so wie es Demokrit von der Natur beschreibt. Der Mensch ist Körper unter Körpern. Die Polis ist als Summe davon ein Körper höherer Ordnung. Der gesamte Lebensbedarf besteht aus körperlichen Größen. Also stellt auch ein Körper das Geld dar, so wie eine Apollostatue die Gottheit darstellt. Um 650 ist, gleichzeitig mit dem Steinkörper des dorischen Tempels und der allseitig frei durchgebildeten Statue auch die *Münze* entstanden, ein Metallgewicht von schön geprägter Form. Der *Wert als Größe* war längst vorhanden und ist so alt wie diese Kultur überhaupt. Bei Homer wird unter Talent eine kleine Menge goldener Geräte und Schmucksachen von bestimmtem Gesamtgewicht verstanden. Auf dem Schilde des Achill sind „zwei Talente" abgebildet, und noch zur Römerzeit war die Gewichtsangabe auf Silber- und Goldgefäßen allgemein üblich.

Die Erfindung des klassisch geformten Geldkörpers aber ist so außerordentlich, daß wir seine tiefe, rein antike Bedeutung noch gar nicht begriffen haben. Wir halten ihn für eine jener berühmten „Errungenschaften der Menschheit". Allenthalben werden seitdem Münzen geprägt, so wie überall Statuen auf Straßen und Plätzen herumstehen. So weit reicht unsere Macht. Wir können die Gestalt nachahmen, aber ihr die gleiche wirtschaftliche Bedeutung geben können wir nicht. Die Münze *als Geld* ist eine rein antike Erscheinung und nur in einer ganz euklidisch gedachten Umgebung möglich; hier hat sie aber auch das gesamte Wirtschaftsleben gestaltend beherrscht. Begriffe wie Einkommen, Vermögen, Schuld, Kapital bedeuten in antiken Städten etwas ganz anderes als bei uns, weil nicht wirtschaftliche Energie damit gemeint ist, die von einem Punkte ausstrahlt, sondern eine Summe von Wertgegenständen, die sich in einer Hand befinden. Vermögen ist immer ein beweglicher *Barvorrat*, der durch Addition und Subtraktion von Wertsachen verändert wird und mit Grundbesitz gar nichts zu tun hat. Beide sind im antiken Denken völlig getrennt. Kredit besteht im Leihen von Bargeld in der Erwartung, daß es als solches wieder zurückgegeben werden kann. Catilina war arm, weil er trotz seiner großen Güterniemand fand, der ihm zu politischen Zwecken Bargeld anvertraute, und die ungeheuren Schulden römischer Politikerhaben nicht einen entsprechenden Grundbesitz zur Unterlage, sondern die bestimmte Aussicht auf eine Provinz, deren bewegliche Sachwerte ausgebeutet werden konnten.Erst das Denken in *körperlichem* Geld macht eine Reihe von Erscheinungen begreiflich: die Massenhinrichtung von Reichen unter der zweiten Tyrannis und die römischen Proskriptionen, um einen größeren Teil der umlaufenden Bargeldmasse in die Hand zu bekommen, das Einschmelzen der delphischen Tempelschätze durch die Phoker im Heiligen Kriege, der Kunstschätze von Korinth durch Mummius, der letzten römischen Weihgeschenke durch Cäsar, der griechischen durch Sulla, der kleinasiatischen durch Brutus und Cassius, ohne Rücksicht auf den Kunstwert, weil man die edlen Stoffe, Metalle und Elfenbein, brauchte.Was bei den Triumphen an Statuen und Gefäßen aufgeführt wurde, war in den Augen der Zuschauer bares Geld, und Mommsen konnte den Versuch machen,den Ort der Varusschlacht nach Münzfunden zu bestimmen, weil der römische Veteran sein ganzes Vermögen in Edelmetall auf dem Körper trug. Antiker Reichtum ist kein Guthaben, sondern ein Geldhaufen; ein antiker Geldplatz ist nicht Mittelpunkt des Kredits wie die heutigen Börsenplätze und das ägyptische Theben, sondern eine Stadt, in welcher sich ein erheblicher Teil des Bargeldbestandes der Welt gesammelt hat. Man darf annehmen, daß zur Zeit Cäsars weit über die Hälfte des antiken Goldes sich jederzeit in Rom befand.

Aber als diese Welt in das Zeitalter der unbedingten Geldherrschaft getreten war, etwa seit Hannibal, reichte die natürlich begrenzte Masse von Edelmetall und stofflich wertvollen Kunstwerken innerhalb ihres Machtgebietes nicht mehr aus, um den Bedarf an Barmitteln zu decken, und es entstand ein wahrer Heißhunger nach neuen geldfähigen Körpern. Da fiel der Blick auf den Sklaven, der eine andere Art von Körper, aber nicht Person sondern Sache warund deshalb als Geld gedacht werden konnte. Erst von da an wird der antike Sklave etwas Einzigartiges in der gesamten Wirtschaftsgeschichte. Die Eigenschaften der Münze haben sich auf lebendige Objekte ausgedehnt, und damit tritt neben den Metallbestand der durch die Plünderungen von Statthaltern und Steuerpächtern wirtschaftlich „erschlossenen" Gebiete deren Menschenbestand. Es entwickelt sich eine bizarre Art von Doppelwährung. Der Sklave hat einen Kurs, was vom Grund und Boden *nicht* gilt. Er dient zur Anhäufung großer Barvermögen, und erst infolge davon erscheinen jene ungeheuren Sklavenmassen der Römerzeit, die aus einem andern Bedarf gar nicht zu erklären sind. Solange man nur soviel Sklaven hielt, als man gewerblich brauchte, war ihre Zahl gering und aus Kriegsbeute und Schuldknechtschaft leicht zu decken.Erst im 6. Jahrhundert hat Chios mit der Einfuhr gekaufter Sklaven (Argyroneten) den Anfang gemacht. Ihr Unterschied gegen die viel zahlreicheren Lohnarbeiter war zunächst politisch-rechtlicher und nicht wirtschaftlicher Natur. Da die antike Wirtschaft statisch und nicht dynamisch ist und die planmäßige Erschließung von Energiequellen nicht kennt, so waren die Sklaven der Römerzeit nicht da, um ausgebeutet zu werden, sondern sie wurden beschäftigt, so gut es ging, um in möglichst großer Zahl gehalten werden zu können. Man bevorzugte Prunksklaven, die sich auf irgend etwas verstanden, weil sie bei gleichem Unterhalt einen höheren Wert darstellten; man vermietete sie, wie man bares Geld auslieh; man ließ sie Geschäfte auf eigene Rechnung treiben, so daß sie reich werden konnten;man unterbot mit ihnen die freie Arbeit, alles nur, um wenigstens die Erhaltungskosten dieses Kapitals zu decken.Die Mehrzahl konnte gar nicht voll beschäftigt werden. Sie erfüllten ihren Zweck, indem sie einfach da waren, als ein Geldvorrat, den man zur Hand hatte und dessen Umfang nicht an die natürlichen Grenzen der damals vorhandenen Goldmenge gebunden war. Und damit stieg allerdings der Sklavenbedarf ins Ungemessene und führte über Kriege, die nur der Sklavenbeute wegen unternommen wurden, hinaus zu Sklavenjagden von Privatunternehmern längs allen Küsten des Mittelmeeres, die von Rom geduldet wurden, und zu einer neuen Art, Vermögen zu machen, indem man als Statthalter die Bevölkerung ganzer Landstriche aussog und dann in die Schuldknechtschaft verkaufte. Auf dem Markt von Delos sollen an einem Tage zehntausend Sklaven verkauft worden sein. Als Cäsar nach Britannien ging, wurde die Enttäuschung in Rom über die Goldarmut des Volkes durch die Aussichten auf reiche Sklavenbeute aufgewogen. Für antikes Denken war es ein und dieselbe Operation, wenn etwa bei der Zerstörung von Korinth die Statuen ausgemünzt und die Einwohner auf den Sklavenmarkt gebracht wurden: in beiden Fällen hatte man körperliche Gegenstände in Geld verwandelt. Den äußersten Gegensatz dazu bildet das Symbol des faustischen Geldes, des Geldes als Funktion, als Kraft, dessen Wert in seiner Wirkung, nicht in seinem bloßen Dasein liegt. Der neue Stil dieses Wirtschaftsdenkens erscheint schon in der Art, wie die Normannen um 1000 ihre Beute an Land und Leuten zu *einer wirtschaftlichen Macht* organisierten.Man vergleiche den reinen Buchwert im

Rechnungswesen ihrer Herzöge, aus dem die Worte Scheck, Konto und Kontrolle stammen,mit den gleichzeitigen „Talenten Goldes“ der Ilias, und man erhält gleich am Anfang den Begriff des modernen Kredits, der aus dem Vertrauen auf die Kraft und Dauer einer Wirtschaftsführung hervorgeht und mit der Idee unseres Geldes beinahe identisch ist. Diese durch Roger II. auf das sizilische Normannenreich übertragene Finanzmethode hat der Hohenstaufe Friedrich II. um 1230 zu einem gewaltigen System ausgebaut, das in seiner Dynamik weit über das Vorbild hinausging und ihn „zur ersten Kapitalkraft der Welt“machte. Und während diese Verschwisterung von mathematischer Denkkraft und königlichem Machtwillen von der Normandie nach Frankreich eindrang und 1066 auf das erbeutete England in großartigem Maßstab angewandt wurde – der englische Boden ist heute noch dem Namen nach königliche Domäne –, wurde sie in Sizilien von den italienischen Städterepubliken nachgeahmt, deren regierende Patrizier sie bald vom Gemeindehaushalt auf ihre eigenen Handelsbücher und damit auf das kaufmännische Denken und Rechnen der ganzen abendländischen Welt übertrugen. Wenig später wurde die sizilische Praxis auch vom Deutschritterorden und der aragonischen Dynastie übernommen, worauf sich vielleicht das mustergültige Rechnungswesen Spaniens unter Philipp II. und Preußens unter Friedrich Wilhelm I. zurückführen läßt.

Entscheidend aber wurde, „gleichzeitig“ mit der Erfindung der antiken Münze um 650, die der doppelten Buchführung durch Fra Luca Pacioli (1494). „Es ist eine der schönsten Erfindungen des menschlichen Geistes“, heißt es in Goethes Wilhelm Meister. In der Tat darf sich ihr Urheber seinen Zeitgenossen Kolumbus und Kopernikus ohne Scheu zur Seite stellen. Den Normannen verdanken wir die Kontenrechnung, den Lombarden diese Buchführung. Es sind die germanischen Stämme, welche die *beiden* verheißungsvollsten Rechtswerke der frühen Gotik geschaffen habenund von deren Sehnsucht nach fernen Meeren die *beiden* Entdeckungen Amerikas ihren Anstoß erhielten. „Die doppelte Buchhaltung ist aus demselben Geiste geboren wie die Systeme Galileis und Newtons. ... Mit denselben Mitteln wie diese ordnet sie die Erscheinungen zu einem kunstvollen System, und man kann sie als den ersten auf dem Grundsatz des mechanischen Denkens aufgebauten Kosmos bezeichnen. Die doppelte Buchhaltung erschließt uns den Kosmos der wirtschaftlichen Welt nach derselben Methode wie später die großen Naturforscher den Kosmos der Sternenwelt. ... Die doppelte Buchhaltung ruht auf dem folgerichtig durchgeführten Grundgedanken, alle Erscheinungen nur als Quantitäten zu erfassen.“

Die doppelte Buchführung ist eine reine Analysis des Wertraums, bezogen auf ein Koordinatensystem, dessen Anfangspunkt „die Firma“ ist. Die antike Münze hatte nur ein arithmetisches Rechnen mit Wert *größen* gestattet. Wiederum stehen sich Pythagoras und Descartes gegenüber. Man darf von der Integration eines Unternehmens sprechen, und die graphische Kurve ist in der Wirtschaft wie der Wissenschaft das gleiche optische Hilfsmittel. Die antike Wirtschaftswelt gliedert sich wie der Kosmos Demokrits nach *Stoff und Form*. Ein Stoff in der Form der Münze ist Träger der wirtschaftlichen

Bewegung und drängt die Bedarfsgrößen von gleichem Wertquantum an den Ort ihrer Verwendung. Unsere Wirtschaftswelt gliedert sich nach *Kraft und Masse*. Ein Kraftfeld von Geldspannungen liegt im Raume und erteilt jedem Objekt, unter Absehen von dessen besonderer Art, einen positiven oder negativen Wirkungswert,der durch einen Bucheintrag dargestellt wird. „*Quod non est in libris, non est in mundo.*" Aber das Sinnbild des hier gedachten funktionalen Geldes, das was *allein* mit der antiken Münze verglichen werden darf, ist nicht der Buchvermerk und auch nicht der Wechsel, Scheck oder die Banknote, *sondern der Akt, durch welchen die Funktion schriftlich vollzogen wird* und als dessen bloßes *geschichtliches* Zeugnis das Wertpapier im weitesten Sinne zu gelten hat.

Aber daneben hat das Abendland in starrer Bewunderung der Antike Münzen geprägt, nicht nur als Hoheitszeichen, sondern in dem Glauben, daß das bewiesenes Geld sei, dem Wirtschaftsdenken wirklich entsprechendes Geld. Ganz ebenso ist schon in gotischer Zeit das römische Recht übernommen worden mit seiner Gleichsetzung von Sache und körperlicher Größe, und die euklidische Mathematik, die auf dem Begriff der Zahl als Größe aufgebaut war. So kam es, daß die Entwicklung dieser drei geistigen Formenwelten sich nicht wie die der faustischen Musik in rein aufblühender Entfaltung vollzog, sondern in Gestalt *einer fortschreitenden Emanzipation vom Größenbegriff*. Die Mathematik ist bereits mit dem Ausgang des Barock zum Ziele gelangt.Die Rechtswissenschaft hat ihre eigentliche Aufgabe bis jetzt noch nicht einmal erkannt,aber sie ist diesem Jahrhundert gestellt, und zwar fordert sie, was für den römischen Juristen selbstverständlich war, die innere Kongruenz von Wirtschaftsdenken und Rechtsdenken und die gleiche Vertrautheit mit beiden. Der durch die Münze symbolisierte Geldbegriff deckt sich vollkommen mit dem Geist des antiken Sachenrechts; für uns ist das nicht im entferntesten der Fall. Unser gesamtes Leben ist dynamisch angelegt, nicht statisch und stoisch; deshalb sind Kräfte, Leistungen, Beziehungen, Fähigkeiten – Organisationstalent, Erfindergeist, Kredit, Ideen, Methoden, Energiequellen – das Wesentliche, und nicht das bloße Dasein körperlicher Sachen. Das „römische" Sachdenken unsrer Juristen ist deshalb ebenso lebensfremd wie eine Geldtheorie, die bewußt oder unbewußt vom Geldstück ausgeht. Der gewaltige Münzbestand, der in Nachahmung der Antike bis zum Ausbruch des Weltkriegs stets vermehrt worden ist, hat sich zwar eine Rolle abseits vom Wege geschaffen, aber mit der inneren Form der modernen Wirtschaft, ihren Aufgaben und Zielen hat er *nichts* zu tun, und sollte er infolge des Krieges endgültig aus dem Verkehr verschwinden, so würde damit nichts verändert sein.

Unglücklicherweise entstand die moderne Nationalökonomie im Zeitalter des Klassizismus, wo nicht nur Statuen, Vasen und steife Dramen als die allein wahre Kunst galten, sondern auch schön geprägte Münzen als das allein wahre Geld. Was Wedgwood seit 1768 mit seinen zartgetönten Reliefs und Tassen, das erstrebte im Grunde Adam Smith eben damals mit seiner Werttheorie: die reine Gegenwart greifbarer Größen. Denn es entspricht durchaus der Verwechslung von Geld und Geldstück, wenn der Wert einer Sache an der Größe einer Arbeitsmenge gemessen wird. Da ist „Arbeit“ nicht mehr ein *Wirken* innerhalb einer Welt von Wirkungen, *das Arbeiten*, das dem inneren Range, der Intensität und der Tragweite nach unendlich verschieden ist, in immer weiteren Kreisen fortwirkt und wie ein elektrisches Kraftfeld gemessen, aber nicht abgegrenzt werden kann, sondern das ganz stofflich vorgestellte *Resultat davon, das Gearbeitete*, ein greifbares Etwas, an dem nichts bemerkenswert erscheint als eben der Umfang.

Aber die Wirtschaft der europäisch-amerikanischen Zivilisation ist ganz im Gegenteil auf einer Arbeit aufgebaut, die einzig durch ihren inneren Rang gekennzeichnet ist, mehr als jemals in China und Ägypten, um von der Antike zu schweigen. Wir leben nicht umsonst in einer Welt wirtschaftlicher Dynamik: die Arbeit der Einzelnen wird nicht euklidisch addiert, sondern steht in funktionaler Beziehung zueinander. Die lediglich *ausführende* Arbeit, von der Marx allein Kenntnis nimmt, ist nichts als die Funktion einer erfindenden, anordnenden, organisierenden Arbeit, die der andern erst Sinn, relativen Wert und die Möglichkeiten gibt, überhaupt getan zu werden. Die ganze Weltwirtschaft seit Erfindung der Dampfmaschine ist die Schöpfung einer ganz kleinen Zahl überlegener Köpfe, ohne deren hochwertige Arbeit alles andere nicht da wäre, aber diese Leistung ist schöpferisches Denken und kein „Quantum“,und ihr Gegenwert besteht also auch nicht in einer Anzahl von Geldstücken, sondern sie ist Geld, faustisches Geld nämlich, das nicht geprägt, sondern *als Wirkungszentrum gedacht* wird aus einem Leben heraus, dessen innerer Rang den Gedanken zur Bedeutung einer Tatsache erhebt. *Denken in Geld* erzeugt Geld: das ist das Geheimnis der Weltwirtschaft. Wenn ein Organisator großen Stils eine Million auf ein Papier schreibt, so ist sie da, denn seine Persönlichkeit als Wirtschaftszentrum bürgt für eine entsprechende Erhöhung der Wirtschaftsenergie seines Gebietes. Das und nichts anderes bedeutet für uns das Wort Kredit. Aber alle Goldstücke der Welt würden nicht ausreichen, der Tätigkeit des Handarbeiters einen Sinn und damit Geldwert zu geben, wenn mit der berühmten „Expropriation der Expropriateure“ die überlegenen Fähigkeiten aus ihren Schöpfungen beseitigt und diese damit entseelt, willenlos, zu leeren Gehäusen würden. Darin ist Marx Klassizist wie Adam Smith und ein echtes Produkt des römischen Rechtsdenkens: er sieht nur die fertige Größe, nicht die Funktion. Er möchte die Produktionsmittel von denen trennen, deren Geist durch Erfindung von Methoden, Organisation von leistungsfähigen Betrieben, Eroberung von Absatzgebieten aus einem Haufen Stahl und Mauerwerk erst eine Fabrik macht, und die ausbleiben, wenn ihre Kraft keinen Spielraum findet.

Wer eine Theorie der modernen Arbeit geben will, der denke an diesen Grundzug alles Lebens; es gibt Subjekte und Objekte jeder Art von Lebensführung, und der Unterschied ist um so ausgeprägter, je bedeutender, je formvoller das Leben ist. Jeder Strom von Dasein besteht aus einer Minderheit von Führern und einer gewaltigen Mehrheit von Geführten, *jede Art von Wirtschaft also aus Führerarbeit und ausführender Arbeit.* Aus der Froschperspektive von Marx und den sozialethischen Ideologen überhaupt wird nur die letzte, kleine, massenhafte sichtbar, aber sie ist nur vermöge der ersten da, und der Geist dieser Welt von Arbeit kann nur von den höchsten Möglichkeiten aus erfaßt werden. Der Erfinder der Dampfmaschine ist maßgebend, nicht der Heizer. Auf das *Denken* kommt es an.

Und ebenso gibt es Subjekte und Objekte des Denkens in Geld: solche, die es kraft ihrer Persönlichkeit erzeugen und lenken, und solche, die von ihm erhalten werden. Das Geld faustischen Stils ist die aus der Wirtschaftsdynamik faustischen Stils abgezogene *Kraft*, und es gehört zum Schicksal des Einzelnen – zur Wirtschaftsseite seines Lebensschicksals –, ob er durch den inneren Rang seiner Persönlichkeit einen Teil dieser Kraft darstellt oder ihr gegenüber nichts als Masse ist.

5

Das Wort Kapital bezeichnet den Mittelpunkt dieses Denkens, nicht den Inbegriff dieser Werte, sondern das, was sie als solche *in Bewegung hält*. Kapitalismus gibt es erst mit dem weltstädtischen Dasein einer Zivilisation, und er beschränkt sich auf den ganz kleinen Kreis derer, welche dies Dasein durch ihre Person und Intelligenz darstellen. Der Gegensatz dazu ist Provinzwirtschaft. Erst die unbedingte Herrschaft der Geldmünze über das antike Leben, auch dessen politische Seite, erzeugt das statische Kapital, die ?öïñìÞ, den „Ausgangspunkt“, der durch sein Vorhandensein immer neue Massen von Dingen mit einer Art von Magnetismus an sich zieht. Erst die Herrschaft der Buchwerte, deren abstraktes System durch die doppelte Buchführung von der Persönlichkeit gleichsam abgelöst ist und mit eigener innerer Dynamik fortarbeitet, hat das moderne Kapital hervorgebracht, dessen Kraftfeld die Erde umspannt.

Unter der Einwirkung des antiken Kapitals nimmt das Wirtschaftsleben die Form eines Goldstroms an, der von den Provinzen nach Rom und zurück fließt und der immer neue Gebiete sucht, deren Bestände an verarbeitetem Gold noch nicht „erschlossen“ sind. Brutus und Cassius führten das Gold der kleinasiatischen Tempel in langen Maultierkolonnen auf das Schlachtfeld von Philippi – man begreift, was für eine Wirtschaftsoperation die Plünderung eines Lagers nach der Schlacht sein konnte –, und schon C. Gracchus wies darauf hin, daß die mit Wein gefüllten Amphoren, die von Rom in die Provinzen gingen, mit Gold gefüllt zurückkehrten. Dieser Zug nach dem Goldbesitz fremder Völker entspricht durchaus dem heutigen Zug zur Kohle, die im tieferen Sinn keine „Sache“, sondern ein Schatz von Energie ist.

Es entspricht aber auch dem antiken Hang zur Nähe und Gegenwart, wenn zum Ideal der Polis das *Wirtschaftsideal der Autarkeia* tritt. Der politischen Atomisierung der antiken Welt sollte die wirtschaftliche entsprechen. Jede dieser winzigen Lebenseinheiten wollte einen eignen und ganz in sich geschlossenen Wirtschaftsstrom haben, der unabhängig von allen andern, und zwar in Sehweite, kreiste. Den äußersten

Gegensatz dazu bildet der abendländische Begriff der Firma, ein ganz unpersönlich und unkörperlich gedachtes Kraftzentrum, dessen Wirkung nach allen Seiten ins Unendliche ausstrahlt und das der „Inhaber" durch seine Fähigkeit, in Geld zu denken, nicht darstellt, sondern wie einen kleinen Kosmos *besitzt* und *leitet*, das heißt in seiner Gewalt hat. Diese Zweiheit von Firma und Inhaber wäre dem antiken Denken gänzlich unvorstellbar gewesen.

Deshalb bedeuten die abendländische und die antike Kultur ein Maximum und Minimum von *Organisation*, die dem antiken Menschen selbst als Begriff vollkommen gefehlt hat. Seine Finanzwirtschaft ist das zur Regel erhobene Provisorium: da werden reiche Bürger in Athen und Rom mit der Ausrüstung von Kriegsschiffen belastet; die politische Macht des römischen Ädils und seine Schulden beruhen darauf, daß er Spiele, Straßen und Gebäude nicht nur ausführt, sondern auch bezahlt, und sich später allerdings durch die Plünderung seiner Provinz wieder bezahlt machen durfte. An Einnahmequellen dachte man erst, wenn man sie brauchte, und man nahm sie ohne jedes Vorausdenken so in Anspruch, wie es der augenblickliche Bedarf forderte, auch wenn sie dadurch zerstört werden mußten. Plünderung der eignen Tempelschätze, Seeraub an Schiffen der eignen Stadt, Konfiskation von Vermögen der eignen Mitbürger waren alltägliche Finanzmethoden. Waren Überschüsse vorhanden, so wurden sie an die Bürger verteilt, ein Verfahren, dem z. B. Eubulos in Athen seinen Ruf verdankte.Es gab weder einen Etat noch etwas wie Wirtschaftspolitik. Die „Bewirtschaftung" der römischen Provinzen war ein öffentlicher und privater Raubbau, der von Senatoren und Geldleuten betrieben wurde ohne Rücksicht darauf, ob und wie die abgeführten Werte wieder ergänzt werden konnten. Der antike Mensch hat nie an eine planmäßige Steigerung des Wirtschaftslebens gedacht, nur an das augenblickliche Ergebnis, das erreichbare Quantum von barem Geld. Ohne das alte Ägypten wäre das kaiserliche Rom verloren gewesen: hier lag zum Glück eine Zivilisation, die seit einem Jahrtausend an *nichts* gedacht hatte als an die Organisation ihrer Wirtschaft. Der Römer verstand weder diesen Lebensstil noch konnte er ihn nachahmen,aber der Zufall, daß hier eine unerschöpfliche Quelle von Geld für den floß, welcher die politische Macht über diese Fellachenwelt besaß, hat die Erhebung der Proskriptionen zu einer *Sitte* unnötig gemacht. Die letzte dieser Finanzoperationen in Gestalt einer Schlächterei war die vom Jahre 43, kurze Zeit vor der Einverleibung Ägyptens.Die Goldmasse, welche Brutus und Cassius damals aus Asien heranführten und die ein Heer und damit die Weltherrschaft bedeutete, machte die Ächtung der 2000 reichsten Bewohner Italiens nötig, deren Köpfe um der ausgesetzten Belohnung willen in Säcken auf das Forum geschleppt wurden. Man war nicht mehr in der Lage, die eignen Verwandten, Kinder und Greise, Leute, die sich nie mit Politik befaßt hatten, zu schonen, wenn sie einen Schatz an barem Gelde besaßen. Das Ergebnis wäre zu gering geworden.

Aber mit dem Hinschwinden des antiken Weltgefühls in der frühen Kaiserzeit erlischt auch diese Art des Denkens in Geld. Die *Geldmünzen werden wieder zu Gütern*, weil der

Mensch wieder bäuerlich lebt,und so erklärt sich das ungeheure Abströmen des Goldes seit Hadrian in den fernen Osten, für das man bis jetzt keine Erklärung fand. Das Wirtschaftsleben in Gestalt eines Goldstroms war unter dem Heraufdringen einer jungen Kultur erloschen, und deshalb hat auch der Sklave aufgehört, Geld zu sein. Dem Abfluß des Goldes geht jene massenhafte Freilassung der Sklaven zur Seite, die durch keins der zahlreichen kaiserlichen Gesetze seit Augustus aufzuhalten war, und unter Diokletian, dessen berühmter Maximaltarif sich überhaupt nicht mehr auf eine Geldwirtschaft bezieht, sondern *eine Tauschordnung für Güter* darstellt, ist der Typus des antiken Sklaven nicht mehr vorhanden.

II. Die Maschine

6

Die Technik ist so alt wie das frei im Raume bewegliche Leben überhaupt. Nur die Pflanze ist, so wie wir die Natur sehen, der bloße Schauplatz technischer Vorgänge. Das Tier hat, da es sich bewegt, auch eine Technik der Bewegung, um sich zu erhalten und sich zu wehren.

Die ursprüngliche Beziehung zwischen einem wachen Mikrokosmos und seinem Makrokosmos - der „ *Natur*“ - besteht in einem Abtasten durch die Sinne,das sich vom bloßen *Eindruck* der Sinne zum *Urteil* der Sinne erhebt und damit schon kritisch („scheidend“) oder, was dasselbe ist, *kausal zerlegend wirkt*. Das Festgestelltewird zu einem möglichst vollständigen System ursprünglichster Erfahrungen - „Kennzeichen“ - ergänzt,eine unwillkürliche Methode, durch die man sich in seiner Welt zu Hause fühlt, die bei vielen Tieren zu einer erstaunlichen Fülle von Erfahrungen geführt hat und über die kein menschliches Naturwissen hinausführt. Aber ursprüngliches Wachsein ist immer tätiges Wachsein, fernab von aller bloßen „Theorie“, und so ist es die kleine Technik des Alltags, an welcher diese Erfahrungen ohne Absicht erworben werden, und zwar an Dingen, *insofern sie tot sind*.Das ist der Unterschied von Kultus und Mythos,denn auf dieser Stufe gibt es keine Grenze zwischen Religion und Profanem. Alles Wachsein *ist* Religion.

Die entscheidende Wendung in der Geschichte des höheren Lebens erfolgt, wenn das Fest-stellen der Natur – um sich danach zu richten – in ein Fest-machen übergeht, durch das sie *absichtlich verändert* wird. Damit wird die Technik gewissermaßen souverän, und die triebhafte Urerfahrung geht in ein *Urwissen* über, dessen man sich deutlich „bewußt“ ist. Das Denken hat sich vom Empfinden emanzipiert. Erst die *Wortsprache* hat diese Epoche heraufgeführt. Durch die Ablösung der Sprache vom Sprechenist für die Mitteilungssprachen ein Schatz von Zeichen entstanden, die mehr sind als Kennzeichen, nämlich mit einem Bedeutungsgefühl verbundene *Namen*, mit denen der Mensch das Geheimnis der Numina, seien es Gottheiten oder Naturkräfte, in seiner Gewalt hat, und *Zahlen* (Formeln, Gesetze einfachster Art), durch welche die innere Form des Wirklichen vom Zufällig-Sinnlichen abgezogen wird.

Damit entsteht aus dem System von Kennzeichen eine Theorie, ein *Bild*, das sich auf den Höhen zivilisierter Technik ebenso wie in ihren primitiven Anfängen aus der Technik des Tages *ablöst*, als ein Stück untätigen Wachseins, nicht umgekehrt sie hervorgebracht hat.Man „weiß", was man will, aber es muß vieles geschehen sein, um das Wissen zu haben, und man täusche sich nicht über den Charakter dieses „Wissens". Durch die zahlenmäßige Erfahrung kann der Mensch mit dem Geheimnis schalten, aber er hat es nicht enthüllt. Das Bild des modernen Zauberers: eine Schalttafel mit ihren Hebeln und Bezeichnungen, an welcher der Arbeiter durch einen Fingerdruck gewaltige Wirkungen ins Dasein ruft, ohne von ihrem Wesen eine Ahnung zu haben, ist das Symbol der menschlichen Technik überhaupt. Das Bild der Lichtwelt um uns, so wie wir es kritisch, zerlegend, *als* Theorie, *als* Bild entwickelt haben, ist nichts als eine solche Tafel, auf der gewisse Dinge so bezeichnet sind, daß auf eine Berührung hin gewisse Wirkungen mit Sicherheit erfolgen. Das Geheimnis bleibt nicht weniger drückend.Aber durch diese Technik greift das Wachsein doch gewaltsam in die Tatsachenwelt; das Leben *bedient* sich des Denkens wie eines Zauberschlüssels, und auf der Höhe mancher Zivilisation, in deren großen Städten, erscheint endlich der Augenblick, wo technische Kritik es müde ist, dem Leben zu dienen, und sich zu seinem Tyrannen aufwirft. Eine Orgie dieses entfesselten Denkens von wahrhaft tragischen Maßen erlebt die abendländische Kultur eben jetzt.

Man hat den Gang der Natur belauscht und sich Zeichen gemerkt. Man beginnt sie nachzuahmen durch Mittel und Methoden, welche die Gesetze kosmischen Taktes sich zunutze machen. Der Mensch wagt es, die Gottheit zu spielen und man begreift, daß die frühesten Verfertiger und Kenner dieser künstlichen Dinge – denn hier ist *Kunst als Gegenbegriff von Natur* entstanden –, vor allem die Hüter der Schmiedekunst von den andern als etwas ganz Seltsames betrachtet, scheu verehrt oder verabscheut wurden. Es gab einen immer wachsenden Schatz solcher Erfindungen, die oft gemacht, wieder vergessen, nachgeahmt, gemieden, verbessert wurden und die endlich doch für ganze Erdteile einen Bestand von *selbstverständlichen* Mitteln ergaben, Feuer, Metallbehandlung, Werkzeuge, Waffen, Pflug und Boot, Hausbau, Tierzucht und Getreidesaat. Vor allem sind es die Metalle, an deren Ort ein unheimlich mystischer Zug den primitiven Menschen lockt. Uralte Handelsbahnen ziehen sich nach geheim gehaltenen Erzlagern durch das Leben des besiedelten Landes und über durchruderte Meere hin, auf denen dann später Kulte und Ornamente wandern; sagenhafte Namen wie Zinninseln und Goldland haften in der Phantasie. Der Urhandel ist Metallhandel: so dringt in die erzeugende und verarbeitende Wirtschaft eine dritte, fremde und abenteuerliche, frei durch die Länder schweifende ein.

Auf dieser Grundlage erhebt sich nun die Technik der hohen Kulturen, in deren Rang, Farbe und Leidenschaft sich die ganze Seele dieser großen Wesen ausspricht. Es versteht sich fast von selbst, daß der antike Mensch, euklidisch wie er sich in seiner Umwelt fühlt, schon dem Gedanken der Technik feindselig gegenübersteht. Meint man mit antiker Technik etwas, das sich mit entschiedenem Streben über die allverbreiteten Fertigkeiten der mykenischen Zeit erhebt, so gibt es keine antike Technik.Diese Trieren sind vergrößerte Ruderboote, die Katapulte und Onager ersetzen Arme und Fäuste und können sich mit den assyrischen und chinesischen Kriegsmaschinen nicht messen, und was Heron und andere seines Schlages betrifft, so sind Einfälle keine Erfindungen. Es fehlt das innere Gewicht, das Schicksalvolle des Augenblicks, die tiefe Notwendigkeit. Man spielt hier und da mit Kenntnissen – warum auch nicht –, die wohl aus dem Osten stammten, aber niemand achtet darauf, und niemand denkt vor allem daran, sie ernstlich in die Lebensgestaltung einzuführen.

Etwas ganz anderes ist die faustische Technik, die mit dem vollen Pathos der dritten Dimension, und zwar von den frühesten Tagen der Gotik an auf die Natur eindringt, um sie zu *beherrschen*. Hier und nur hier ist die Verbindung von Einsicht und Verwertung selbstverständlich.Die Theorie ist von Anfang an Arbeitshypothese.Der antike Grübler „schaut" wie die Gottheit des Aristoteles, der arabische sucht als Alchimist nach dem Zaubermittel, dem Stein der Weisen, mit dem man die Schätze der Natur *mühelos* in seinen Besitz bringt,der abendländische will die Welt nach seinem Willen *lenken*.

Der faustische Erfinder und Entdecker ist etwas Einziges. Die Urgewalt seines Wollens, die Leuchtkraft seiner Visionen, die stählerne Energie seines praktischen Nachdenkens müssen jedem, der aus fremden Kulturen herüberblickt, unheimlich und unverständlich sein, aber sie liegen uns allen im Blute. Unsre ganze Kultur hat eine Entdeckerseele. Entdecken, das was man *nicht* sieht, in die Lichtwelt des inneren Auges ziehen, um sich seiner zu bemächtigen, das war vom ersten Tage an ihre hartnäckigste Leidenschaft. Alle ihre großen Erfindungen sind in der Tiefe langsam gereift, durch vorwegnehmende Geister verkündigt und versucht worden, um mit der Notwendigkeit eines Schicksals endlich hervorzubrechen. Sie waren alle schon dem seligen Grübeln frühgotischer Mönche ganz nahegerückt.Wenn irgendwo, so offenbart sich hier der religiöse Ursprung alles technischen Denkens.Diese inbrünstigen Erfinder in ihren Klosterzellen, die unter Beten und Fasten Gott sein Geheimnis *abrangen*, empfanden das als einen Gottesdienst. Hier ist die Gestalt Fausts entstanden, das große Sinnbild einer echten Erfinderkultur. Die *scientia experimentalis*, wie zuerst Roger Bacon die Naturforschung definiert hatte, die *gewaltsame* Befragung der Natur mit Hebeln und Schrauben beginnt, was als Ergebnis in den mit Fabrikschloten und Fördertürmen übersäten Ebenen der Gegenwart vor unsern Augen liegt. Aber für sie alle bestand auch die eigentlich faustische Gefahr, daß der Teufel seine Hand im Spiele hatte,um sie im Geist auf jenen Berg zu führen, wo er ihnen alle Macht der Erde versprach. Das bedeutet der Traum jener seltsamen Dominikaner wie Petrus Peregrinus vom *perpetuum mobile*, mit dem Gott seine

Allmacht entrissen gewesen wäre. Sie erlagen diesem Ehrgeiz immer wieder; sie zwangen der Gottheit ihr Geheimnis ab, um selber Gott zu sein. Sie belauschten die Gesetze des kosmischen Taktes, um sie zu vergewaltigen, und sie schufen so die *Idee der Maschine* als eines kleinen Kosmos, der nur noch dem Willen des Menschen gehorcht. Aber damit überschritten sie jene feine Grenze, wo für die anbetende Frömmigkeit der andern die Sünde begann, und daran gingen sie zugrunde, von Bacon bis Giordano Bruno. Die Maschine ist des Teufels: so hat der echte Glaube immer wieder empfunden.

Eine Leidenschaft im Erfinden zeigt schon die gotische Architektur – die man mit der gewollten Formenarmut der dorischen vergleiche – und unsre gesamte Musik. Es erscheinen der Buchdruck und die Fernwaffe..Auf Kolumbus und Kopernikus folgen das Fernrohr, das Mikroskop, die chemischen Elemente und endlich die ungeheure Summe der technischen Verfahren des frühen Barock.

Dann aber folgt zugleich mit dem Rationalismus die Erfindung der *Dampfmaschine*, die alles umstürzt und das Wirtschaftsbild von Grund aus verwandelt. Bis dahin hatte die Natur Dienste geleistet, jetzt wird sie als *Sklavin* ins Joch gespannt und ihre Arbeit wie zum Hohn nach Pferdestärken bemessen. Man ging von der Muskelkraft des Negers, die in organisierten Betrieben angesetzt wurde, zu den organischen Reserven der Erdrinde über, wo die Lebenskraft von Jahrtausenden als Kohle aufgespeichert liegt, und richtet heute den Blick auf die anorganische Natur, deren Wasserkräfte schon zur Unterstützung der Kohle herangezogen sind. Mit den Millionen und Milliarden Pferdekräften steigt die Bevölkerungszahl in einem Grade, wie keine andre Kultur es je für möglich gehalten hätte. Dieses Wachstum ist ein *Produkt der Maschine*, die bedient und gelenkt sein will und dafür die Kräfte jedes Einzelnen verhundertfacht. Um der Maschine willen wird das Menschenleben kostbar. *Arbeit* wird das große Wort des ethischen Nachdenkens. Es verliert im 18. Jahrhundert in allen Sprachen seine geringschätzige Bedeutung. Die Maschine arbeitet und zwingt den Menschen zur Mitarbeit. Die ganze Kultur ist in einen Grad von Tätigkeit geraten, unter dem die Erde bebt.

Was sich nun im Laufe kaum eines Jahrhunderts entfaltet, ist ein Schauspiel von solcher Größe, daß den Menschen einer künftigen Kultur mit andrer Seele und andern Leidenschaften das Gefühl überkommen muß, als sei damals die Natur ins Wanken geraten. Auch sonst ist die Politik über Städte und Völker hinweggeschritten; menschliche Wirtschaft hat tief in die Schicksale der Tier- und Pflanzenwelt eingegriffen, aber das rührt nur an das Leben und verwischt sich wieder. Diese Technik aber wird die Spur ihrer Tage hinterlassen, wenn alles andere verschollen und versunken ist. Diese faustische Leidenschaft hat das Bild der Erdoberfläche verändert.

Es ist das hinaus- und hinaufdrängende und eben deshalb der Gotik tief verwandte Lebensgefühl, wie es in der Kindheit der Dampfmaschine durch die Monologe des Goetheschen Faust zum Ausdruck gelangte. Die trunkene Seele will Raum und Zeit überfliegen. Eine unnennbare Sehnsucht lockt in grenzenlose Fernen. Man möchte sich von der Erde lösen, im Unendlichen aufgehen, die Bande des Körpers verlassen und im Weltraum unter Sternen kreisen. Was am Anfang die glühend hinaufschwebende Inbrunst des heiligen Bernhard suchte, was Grünewald und Rembrandt in ihren Hintergründen und Beethoven in den erdfernen Klängen seiner letzten Quartette ersannen, das kehrt nun wieder in dem durchgeistigten Rausch dieser dichten Folge von Erfindungen. Deshalb entsteht dieser phantastische Verkehr, der Erdteile in wenigen Tagen kreuzt, der mit schwimmenden Städten über Ozeane setzt, Gebirge durchbohrt, in unterirdischen Labyrinthen rast, von der alten, in ihren Möglichkeiten längst erschöpften Dampfmaschine zur Gaskraftmaschine übergeht und von Straßen und Schienen sich endlich zum Flug in die Lüfte erhebt; deshalb wird das gesprochene Wort in einem Augenblick über alle Meere gesandt; deshalb bricht dieser Ehrgeiz der Rekorde und Dimensionen hervor, die Riesenhallen für Riesenmaschinen, ungeheure Schiffe und Brückenspannungen, wahnwitzige Bauten bis in die Wolken hinauf, fabelhafte Kräfte, die auf einen Punkt zusammengedrängt sind und dort der Hand eines Kindes gehorchen, stampfende, zitternde, dröhnende Werke aus Stahl und Glas, in denen sich der winzige Mensch als unumschränkter Herr bewegt und endlich die Natur unter sich fühlt.

Und diese Maschinen werden in ihrer Gestalt immer mehr entmenschlicht, immer asketischer, mystischer, esoterischer. Sie umspinnen die Erde mit einem unendlichen Gewebe feiner Kräfte, Ströme und Spannungen. Ihr Körper wird immer geistiger, immer verschwiegener. Diese Räder, Walzen und Hebel reden nicht mehr. Alles, was entscheidend ist, zieht sich ins Innere zurück. Man hat die Maschine als teuflisch empfunden, und mit Recht. Sie bedeutet in den Augen eines Gläubigen die Absetzung Gottes. Sie liefert die heilige Kausalität dem Menschen aus und sie wird schweigend, unwiderstehlich, mit einer Art von vorausschauender Allwissenheit von ihm in Bewegung gesetzt.

7

Niemals hat sich ein Mikrokosmos dem Makrokosmos überlegener gefühlt. Hier gibt es kleine Lebewesen, die durch ihre geistige Kraft das Unlebendige von sich abhängig gemacht haben. Nichts scheint diesem Triumph zu gleichen, der nur *einer* Kultur geglückt ist und vielleicht nur für eine kleine Zahl von Jahrhunderten.

Aber gerade damit ist der faustische Mensch *zum Sklaven seiner Schöpfung* geworden. Seine Zahl und die Anlage seiner Lebenshaltung werden durch die Maschine auf eine Bahn gedrängt, auf der es keinen Stillstand und keinen Schritt rückwärts gibt. Der Bauer, der Handwerker, selbst der Kaufmann erscheinen plötzlich unwesentlich gegenüber den drei Gestalten, *welche sich die Maschine auf dem Weg ihrer Entwicklung herangezüchtet hat: dem Unternehmer, dem Ingenieur, dem Fabrikarbeiter*. Aus einem ganz kleinen Zweige des Handwerks, der verarbeitenden Wirtschaft, ist *in dieser einen Kultur und keiner andern* der mächtige Baum aufgewachsen, welcher über alle sonstigen Berufe seinen Schatten wirft: *die Wirtschaftswelt der Maschinenindustrie*.Sie zwingt den Unternehmer wie den Fabrikarbeiter zum Gehorsam. *Beide* sind Sklaven, nicht Herren der Maschine, die ihre teuflische geheime Macht erst jetzt entfaltet. Aber wenn die sozialistische Theorie der Gegenwart nur die Leistung des letzten hat sehen wollen und für sie allein das Wort Arbeit in Anspruch nahm, so ist diese doch nur durch die souveräne und entscheidende Leistung des ersten möglich. Das berühmte Wort von dem starken Arm, der alle Räder stillstehen läßt, ist falsch gedacht. Anhalten – ja, aber dazu braucht man nicht Arbeiter zu sein. In Bewegung halten – nein. Der Organisator und Verwalter bildet den Mittelpunkt in diesem künstlichen und komplizierten Reich der Maschine. Der Gedanke hält es zusammen, nicht die Hand. Aber gerade deshalb ist *eine* Gestalt noch wichtiger, um diesen stets gefährdeten Bau zu erhalten, als die ganze Energie unternehmender Herrenmenschen, die Städte aus dem Boden wachsen lassen und das Bild der Landschaft verändern, eine Gestalt, die man im politischen Streit zu vergessen pflegt: der *Ingenieur*, der wissende Priester der Maschine. Nicht nur die Höhe, das *Dasein* der Industrie hängt vom Dasein von hunderttausend begabten, streng geschulten Köpfen ab, welche die Technik beherrschen und immer weiter entwickeln. Der Ingenieur ist in aller Stille ihr eigentlicher Herr und ihr Schicksal. Sein Denken ist als Möglichkeit, was die Maschine als Wirklichkeit ist. Man hat, ganz materialistisch, die Erschöpfung der Kohlenlager gefürchtet. Aber solange es technische Pfadfinder von Rang gibt, gibt es keine Gefahren dieser Art. Erst wenn der Nachwuchs dieser Armee ausbleibt, deren Gedankenarbeit mit der Arbeit der Maschine eine innere Einheit bildet, muß die Industrie trotz Unternehmertum und Arbeiterschaft erlöschen. Gesetzt den Fall, daß das Heil der Seele den Begabtesten künftiger Generationen näher liegt als alle Macht in dieser Welt, daß unter dem Eindruck der Metaphysik und Mystik, die heute den Rationalismus ablösen, das wachsende Gefühl für den *Satanismus* der Maschine gerade die Auslese des Geistes ergreift, auf die es ankommt – es ist der Schritt von Roger Bacon zu Bernhard von Clairvaux –, so wird nichts das Ende dieses großen Schauspiels aufhalten, das ein Spiel der Geister ist, bei dem die Hände nur helfen dürfen.

Die abendländische Industrie hat die alten Handelsbahnen der übrigen Kulturen verlagert. Die Ströme des Wirtschaftslebens bewegen sich nach den Sitzen der „Königin Kohle“ und den großen Rohstoffgebieten hin; die Natur wird erschöpft, der Erdball dem faustischen Denken in Energien geopfert. Die *arbeitende* Erde ist der faustische Aspekt; in ihrem Anblick stirbt der Faust des zweiten Teils, in dem die unternehmende Arbeit ihre höchste Verklärung erfahren hat. Nichts ist dem ruhend gesättigten Sein der antiken Kaiserzeit mehr entgegengesetzt. Der Ingenieur ist es, der dem römischen Rechtsdenken am fernsten steht, und er wird es durchsetzen, daß seine Wirtschaft ihr eignes Recht erhält, in dem Kräfte und Leistungen die Stelle von Person und Sache einnehmen.

8

Aber ebenso titanisch ist nun der Ansturm des Geldes auf diese geistige Macht. Auch die Industrie ist noch erdverbunden wie das Bauerntum. Sie hat ihren Standort und ihre dem Boden entströmenden Quellen der Stoffe. Nur die Hochfinanz ist *ganz* frei, ganz ungreifbar. Die Banken und damit die Börsen haben sich seit 1789 am Kreditbedürfnis der ins Ungeheure wachsenden Industrie zur eigenen Macht entwickelt und sie wollen, wie das Geld in *allen* Zivilisationen, die *einzige* Macht sein. Das uralte Ringen zwischen erzeugender und erobernder Wirtschaft erhebt sich zu einem schweigenden Riesenkampf der Geister, der auf dem Boden der Weltstädte ausgefochten wird. Es ist der Verzweiflungskampf des technischen Denkens um seine Freiheit gegenüber dem Denken in Geld.

Die Diktatur des Geldes schreitet vor und nähert sich einem natürlichen Höhepunkt, in der faustischen wie in jeder andern Zivilisation. Und nun geschieht etwas, das nur begreifen kann, wer in das Wesen des Geldes eingedrungen ist. Wäre es etwas Greifbares, so wäre sein Dasein ewig; da es eine Form des Denkens ist, *so erlischt es, sobald es die Wirtschaftswelt zu Ende gedacht hat,* und zwar aus Mangel an Stoff. Es drang in das Leben des bäuerlichen Landes ein und setzte den Boden in Bewegung; es hat jede Art von Handwerk geschäftlich umgedacht; es dringt heute siegreich auf die Industrie ein, um die erzeugende Arbeit von Unternehmern, Ingenieuren und Ausführenden gleichmäßig zu seiner Beute zu machen. Die Maschine mit ihrer menschlichen Gefolgschaft, die eigentliche Herrin des Jahrhunderts, ist in Gefahr, einer stärkeren Macht zu verfallen. Aber damit steht das Geld am Ende seiner Erfolge, und der letzte Kampf beginnt, in welchem die Zivilisation ihre abschließende Form erhält: der zwischen *Geld und Blut.*

Die Heraufkunft des Cäsarismus bricht die Diktatur des Geldes und ihrer politischen Waffe, der Demokratie. Nach einem langen Triumph der weltstädtischen Wirtschaft und ihrer Interessen über die politische Gestaltungskraft erweist sich die politische Seite des Lebens doch als stärker. Das Schwert siegt über das Geld, der Herrenwille unterwirft sich wieder den Willen zur Beute. Nennt man jene Mächte des Geldes Kapitalismus,und Sozialismus den Willen, über alle Klasseninteressen hinaus eine mächtige politisch-wirtschaftliche Ordnung ins Leben zu rufen, ein System der *vornehmen* Sorge und Pflicht, die das Ganze für den Entscheidungskampf der Geschichte in fester Form hält, so ist das zugleich ein Ringen zwischen *Geld und Recht.*Die *privaten* Mächte der Wirtschaft wollen freie Bahn für ihre Eroberung großer Vermögen. Keine Gesetzgebung soll ihnen im Wege stehen. Sie wollen die Gesetze machen, in ihrem Interesse, und sie bedienen sich dazu ihres selbstgeschaffenen Werkzeugs, der Demokratie, der bezahlten Partei. Das Recht bedarf, um diesen Ansturm abzuwehren, einer vornehmen Tradition, des Ehrgeizes starker Geschlechter, der nicht im Anhäufen von Reichtümern sondern in den Aufgaben echten Herrschertums jenseits aller Geldvorteile Befriedigung findet. *Eine*

Macht läßt sich nur durch eine andere stürzen, nicht durch ein Prinzip, und es gibt dem Geld gegenüber keine andere. Das Geld wird nur vom Blut überwältigt und aufgehoben. Das Leben ist das erste und letzte, das kosmische Dahinströmen in mikrokosmischer Form. Es ist *die* Tatsache innerhalb der Welt als Geschichte. Vor dem unwiderstehlichen Takt der Geschlechterfolgen schwindet zuletzt alles hin, was das Wachsein in seinen Geisteswelten aufgebaut hat. Es handelt sich in der Geschichte um das Leben und immer nur um das Leben, die Rasse, den Triumph des Willens zur Macht, und nicht um den Sieg von Wahrheiten, Erfindungen oder Geld. *Die Weltgeschichte ist das Weltgericht*: sie hat immer dem stärkeren, volleren, seiner selbst gewisseren Leben Recht gegeben, Recht nämlich auf das Dasein, gleichviel ob es vor dem Wachsein recht war, und sie hat immer die Wahrheit und Gerechtigkeit der Macht, der Rasse geopfert und die Menschen und Völker zum Tode verurteilt, denen die Wahrheit wichtiger war als Taten, und Gerechtigkeit wesentlicher als Macht. So schließt das Schauspiel einer hohen Kultur, diese ganze wundervolle Welt von Gottheiten, Künsten, Gedanken, Schlachten, Städten, wieder mit den Urtatsachen des ewigen Blutes, das mit den ewig kreisenden kosmischen Fluten ein und dasselbe ist. Das helle, gestaltenreiche Wachsein taucht wieder in den schweigenden Dienst des Daseins hinab, wie es die chinesische und römische Kaiserzeit lehren; die Zeit siegt über den Raum, und die Zeit ist es, deren unerbittlicher Gang den flüchtigen Zufall Kultur auf diesem Planeten in den Zufall Mensch einbettet, eine Form, in welcher der Zufall Leben eine Zeitlang dahinströmt, während in der Lichtwelt unserer Augen sich dahinter die strömenden Horizonte der Erdgeschichte und Sternengeschichte auftun.

Für uns aber, die ein Schicksal in diese Kultur und diesen Augenblick ihres Werdens gestellt hat, in welchem das Geld seine letzten Siege feiert und sein Erbe, der Cäsarismus, leise und unaufhaltsam naht, ist damit in einem eng umschriebenen Kreise die Richtung des Wollens und Müssens gegeben, ohne das es sich nicht zu leben lohnt. Wir haben nicht die Freiheit, dies oder jenes zu erreichen, aber die, das Notwendige zu tun oder nichts. Und eine Aufgabe, welche die Notwendigkeit der Geschichte gestellt hat, *wird* gelöst, *mit* dem einzelnen oder gegen ihn.

Ducunt fata volentem, nolentem trahunt.